BIG PICTURE로 보는

소비자행동론

이종명 저

세명서관

▌머리말

본 교재는 소비자행동론을 처음 접하는 대학생이나, 마케팅에 관심을 갖고 있는 경영자, 관리자, 직원 등 일반인들을 대상으로 한 마케팅 전략보고서 작성 시 소비자의 행동을 분석하는 입문서의 성격을 갖고 있다.

우리는 4차 산업혁명을 맞이하여 마케팅환경이 기하급수적으로 변하고 있는 시대에 살고 있는 것은 분명해 보인다. 4차 산업혁명 환경 속에서 정치·경제·사회·문화·기술적 환경의 급격한 변화는 기업의 마케팅환경의 패러다임(Paradigm)을 급속하게 변화시켰으며 각 기업의 신제품 개발 주기까지 앞당기게 되었다. 이러한 환경들 속에 소비자(Consumer)의 욕구에 대한 기업들의 연구도 계속해서 진행되고 있으며 기업들은 소비자들이 어떠한 정보처리과정을 통해 제품의 구매의사결정과정이 이루어지는지를 연구하는 등 급변하는 환경 속에서 소비자들의 심리적 욕구를 충족시키기 위해 많은 노력을 기울인 것이 사실이다.

이러한 환경적인 변화에 대비하기 위해서 기업의 경영자와 마케팅 관리자, 직원들은 기업의 수명주기를 지속시켜 장수기업을 만들기 위한 전사적 전략계획 수립과정과 사업부 전략 계획서를 작성하고 수립하는 방법에 대한 이론과 실무를 학습하여 기업을 지속 가능한 기업으로 성장시키기 위해서는 소비자의 행동을 분석하는 것이 그 어떤 때보다 중요하다고 할 수 있다.

본 교재는 제1부-제5부로 구성되었으며 기업의 입장에서 소비자의 행동을 분석하는 3가지 이론(소비자 구매의사결정과정, 소비자 정보처리과정, 하이어라키모델)을 한눈에 보여준다. "BIG PICTURE로 보는 소비자행동론"은 제1부에서 제4부를 통해 '마케팅 전략보고서' 상에 광고의 위치를 알 수 있으며 이러한 광고가 '소비자 정보처리과정'을 통해 기억되고 '소비자 구매의사결정과정'을 통해 기억된 광고를 정보탐색을 통해 구매결정을 하게 되는 '소비자 행동론'의 핵심적인 이론을 다루고 있으며 제5부에서는 소비자 정보처리과정에 근거한 주의를 증대시키는 광고에 대한 실사례 분석을 제시할 것이다.

제1부의 제1장에서는 소비자들이 제품을 구매하는 의사결정을 하게 하는 광고가 경영학과 마케팅 속에 어떻게 연결되어 있는지 BIG PICTURE를 통해 광고의 위치에 대해서 거시적인 시점에서 볼 수 있는 시야를 가지게 될 것이다. 제2장에서는 '소비자행동론'을 분석하는 데 있어 '소비자의 정보처리과정'에 등장하는 광고가 마케팅 전략보고서에서 어느 위치에 있는지 마케팅 전략보고서의 BIG PICTURE를 통해서 분석해 보고자 한다.

제2부의 제3장에서는 소비자행동론의 BIG PICTURE 이론 3가지 중 '소비자 구매의사결정과정'과 '소비자 정보처리과정'에 대해서 핵심적인 내용을 간략하게 알아보기로 한다. 제3장 1단원에서는 '소비자 구매의사결정과정'에 대한 포괄적인 개념에 대해서 알아보기로 한다. 소비자는 제품을 구매할 때 제품에 노출되는 순간에 구매한다고 소비자들은 생각하지만, 사실은 문제인식 → 정보탐색 → 대안평가 → 구매결정 → 구매 후 행동의 단계를 거치면서 제품을 구매하고 구매 후에는 제품을 구매한 부분에 대해서 만족과 불만족이라고 하는 감정을 통해 구매한 제품에 대해서 재구매 여부를 판단하게 된다. 본 단원에서는

'소비자 구매의사결정과정'은 5단계에 대한 핵심적인 부분만을 알아볼 것이며 구체적인 내용은 제4부 제6장, 제7장, 제8장을 통해서 알아볼 것이다. 제3장 2단원에서는 '소비자 정보처리과정'에 대한 핵심적인 이론에 대해서 간략하게 공부해 보고자 한다. '소비자 정보처리과정'은 소비자는 TV 광고에 노출되는 순간 TV 광고를 기억한다고 생각을 하지만 사실은 우리의 뇌는 노출 → 주의 → 지각 → 반응/태도 → 기억의 5단계를 거치면서 광고를 기억하게 된다. '소비자 정보처리과정'에 대한 구체적인 이론은 제3부 제4장, 제5장을 통해 구체적으로 제시할 것이다.

제3부 제4장에서는 소비자행동론의 BIG PICTURE 이론 3가지 중 '소비자의 정보처리과정' 속 태도이론에 관한 이론으로 "정교화 가능성 모델(ELM : Elaboration Likelihood Model)"로 소비자가 광고 노출 시 광고에 대한 태도를 형성할 때 인지(생각)적 저노력(주변경로처리)과 인지(생각)적 고노력(중심경로처리)에 감정적 저노력(주변경로처리)과 감정적 고노력(중심경로처리) 4가지 상황에 의한 태도형성 요인 15가지에 대해서 구체적으로 공부하고자 한다. 제5장에서는 소비자행동론의 BIG PICTURE 이론 3가지 중 '소비자 정보처리과정' 속 기억에 관한 이론으로 4가지에 대해서 공부해 보고자 한다. 첫째는 기억의 종류, 둘째는 기억을 향상시키는 방법, 셋째는 기억을 끄집어내는 인출 관련 이론, 넷째는 인출을 향상시키는 방법에 대해서 구체적으로 공부해 보고자 한다.

제4부의 제6장에서는 소비자행동론 BIG PICTURE의 3가지 이론 중 첫 번째 이론인 '소비자 구매의사결정과정'의 5단계 중 첫 번째와 두 번째 단계인 "문제인식과 정보탐색의 내적탐색"에 대해서 공부해 보고자 한다. 제7장에서는 소비자행동론 BIG PICTURE의 3가지 이론 중 첫 번째 이론인 '소비자 구매의사결정과정'의 5단계 중 두 번째 단계인 "정보탐색의 외적탐색"에 대해서 공부해 보고자 한다. 제8장에서는 소비자행동론 BIG PICTURE의 3가지 이론 중 첫 번째 이론인 '소비자 구매의사결정과정'의 5단계 중 마지막 단계인 "구매 후 행동"에 대해서 공부해 보고자 한다.

제5부의 9장에서는 소비자행동론 BIG PICTURE의 3가지 이론 중 첫 번째 이론인 '소비자 구매의사결정과정의 5단계'와 두 번째 이론이 '소비자 정보처리과정의 5단계'에 대한 이론을 근거로 광고가 마케팅전략보고서에서 어디쯤 위치하고 있고 이런 광고를 제작하기 위해 소비자행동론의 BIG PICTURE 3가지 중 '소비자 구매의사결정과정'과 '소비자 정보처리과정'에 근거한 이론을 근거로 "소비자의 주의를 증대시키는 광고 유형의 사례"에 대한 3가지에 대해서 소개하고자 한다.

마지막으로 수년간 경영학도를 양성하고 배출할 수 있도록 물심양면(物心兩面)으로 도움을 주신 이갑준 아버님, 오영환 어머님과 하늘에 계신 하느님과 김순재 데레사님께도 다시 한번 깊은 감사를 드리며 이 책의 출판을 허락해 주신 출판부 관계자분들에게도 깊은 감사를 드리는 바이다.

저자 문천 이 종 명

차 례

제 1 부
경영학 속 광고의 이해

제2부
소비자행동론의 이해

제 3 부
소비자 정보처리과정의 이해

제 4 부

소비자 구매의사결정과정의 이해

제 5 부

TV 광고의 이해

제 1 부
경영학 속 광고의 이해

제1부의 제1장에서는 소비자행동론이 경영학과 마케팅 속에 어떻게 연결되어 있는지 Big Picture를 통해 경영학의 필수과목들과 그 속의 소비자행동론의 위치에 대해서 거시적인 시점에서 볼 수 있는 시야를 가지게 될 것이며 기업의 마케팅부서에서 하는 업무를 '마케팅원론', '소비자행동론', '마케팅조사론'과 같은 마케팅 필수과목에 대한 Big Picture를 통해 마케팅을 전공하고자 하는 학생들에게 한눈에 볼 수 있는 마케팅 공부의 방향을 제시해 줄 것이다.

제2장에서는 '소비자행동론'을 분석하는 데 있어 소비자의 정보처리과정에 등장하는 광고가 '마케팅원론'에서 어느 위치에 있는지 마케팅원론의 Big Picture를 통해서 분석해 보고자 한다.

학습내용 및 핵심포인트

1. 경영이란 조직의 목적이나 목표를 달성할 수 있도록 경영자는 조직구성원들에게 기업이 나가야 할 방향(vision)을 제시해 주는 활동을 말한다.
2. 기업의 경영구조를 보면 직원들이 배치되어 하는 일들을 직무별로 나누어 보면 크게 마케팅, 회계관리, 생산관리, 인적자원관리(HR), 경영정보시스템(MIS)으로 5가지의 기능관리적 측면으로 나누어 볼 수 있다.
3. 마케팅이란 소비자의 needs & wants에 맞는 재화와 서비스를 제공해 주고 그에 대한 대가로 화폐를 받아 기업들은 성장과 생존하는 일련의 활동을 말한다.
4. 소비자행동론의 Big Picture(소비자 구매의사결정과정 5단계와 소비자 정보처리과정 5단계, 하이어라키모델 3단계)는 기업이 소비자의 심리를 파악하는 중요한 이론이다.

제 1 장

소비자행동론의 기본 개념

이 장에서 학습하는 내용

- 소비자행동론의 개요
- 경영학의 구조
- 마케팅의 구조
- 소비자행동론의 구조

이 장의 학습목표

- 경영의 정의와 경영학에서 다루는 필수 교과에 대해서 이해한다.
- 마케팅의 정의와 마케팅과 연관과목에 대해서 이해한다.
- 마케팅에서 소비자행동 분석의 중요성에 대해서 이해한다.
- 경영학, 마케팅원론, 소비자행동론의 Big Picture에 대해서 공부한다.

1 소비자행동론의 빅피쳐

1.1 소비자행동론의 개요

1.1.1 경영학의 구조

1.1.1.1 경영학의 정의

경영학(Business Administration or Management)은 '경영활동의 합리성을 추구하기 위한 다양한 경영방법을 연구하는 학문'이다. 다시 말하면 경영학이란 기업에 있어서 어떠한 의사결정이 목표달성의 최적수단이 될 수 있는지에 대한 접근방식을 탐색해 보고 또한 전략적 측면에서 최적의 경영수단 확보를 위한 여러 기법을 연구하는 학문이라고 할 수 있다.

경영학의 정의에 대하여 학자들에 따라 다양한 의견을 제시하고 있다. 피터 드러크(P.Drucker)는 "경영은 기업의 목표를 달성하기 위하여 나아갈 방향을 제시하여 리더십을 발휘하고 경영자원을 사용하는 방법을 결정해 나가는 과정"이라 하였고 폴레트(M.P.Follet)는 "경영은 사람을 통하여 일을 성취하는 기술"이라 하였다.

바하(G.L.Bach)는 "경영학이란 기업을 효율적으로 운영하는 방법을 연구하는 학문이다"라고 하였으며, 또한 페욜(H.Fayol)은 "경영의 개념을 동태적인 순환과정으로 정의하고" 경영을 계획(Planning), 조직(Organizing), 지휘(Directing), 통제(Controlling)하는 과정으로 보고 오늘날의 경영과정론(Management process theory)의 기틀을 제공하기도 하였다.

이들을 종합해 보면 경영학은 '기업의 목표를 달성하기 위하여 한정된 인적, 물적자원을 효율적으로 배분하고 집행하는 순환활동'을 의미한다고 할 수 있다.

1.1.1.2 경영학의 BIG PICTURE

기업은 경영하기 위해 하나의 제품을 만들기 위해서는 [그림 1-1]과 같이 '경영자원(제품을 만들기 위한 원자재)'을 구입하여 구입한 원자재를 가지고 기업의 내부 조직인 '경영전략'을 만드는 부서, 경영하기 위한 조직을 만드는 '경영조직' 부서, 기업의 인적자원을 모집하고 훈련하는 '사람관리' 부서, 기업을 운영하는 생산관리, 마케팅, 재무 · 회계, 정보시스템을 관리하는 '기능관리' 부서와 같이 크게 4개의 부서로 나눌 수 있다. 이러한 4개의 부서에 의해서 경영자원(제품을 만들기 위한 원자재)는 경영성과(제품)의 성과물을 만들어 기업은 매출을 극대화해 기업의 생존과 성장을 이루게 된다.

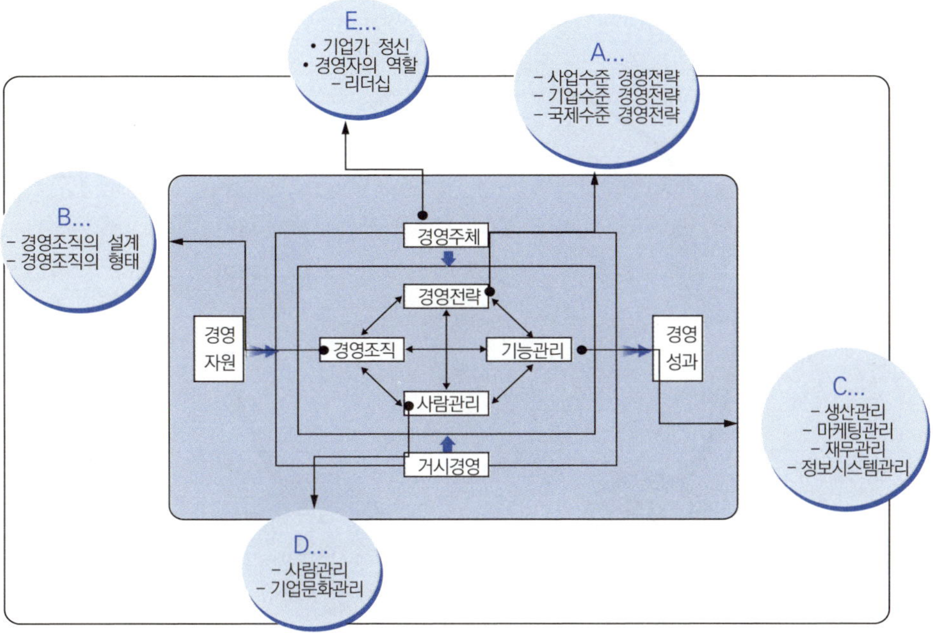

[그림 1-1] 경영학의 BIG PICTURE(1)

이러한 기업이 경영성과물(제품)을 만들어 내는 데 있어 가장 중요한 '사람관리'와 '기능관리'를 구체화한 모형이 [그림 1-2]로 경영을 하기 위한 경영의 기술(Skill)을 배우는 과목으로 경영학개론, 국제경영, 경영사례연구, 경영전략론, 경영조직론과 같은 과목을 통해 경영관리 기술을 공부하며 기업의 마케팅부서에서 주로 하는 핵심적인 내용을 다룬 과목으로는 마케팅원론, 소비자행동론(Consumer behavior), 마케팅조사론, 인터넷마케팅, 브랜드, 광고론과 같은 과목을 통해 마케팅부서의 업무를 습득할 수 있으며 생산관리 부서에서 주로 하는 핵심적인 내용을 다룬 과목으로는 생산관리론, 유통물류관리 등과 같은 과목을 통해 생산관리부서의 업무를 습득할 수 있으며 경영정보시스템(MIS) 부서에서 주로 하는 핵심적인 내용을 다룬 과목으로는 경영정보시스템 등과 같은 과목이 있으며 인적자원관리(HR) 부서에서 주로 하는 핵심적인 과목으로는 인적자원관리, 노사관계론, 리더십 등과 같은 과목이 있으며 회계 부서에서 주로 하는 핵심적인 내용을 다룬 과목으로는 회계원리, 재무관리, 세법 등과 같은 과목을 통해 경영학에서 말하고자 하는 '경영주체(경영인)가 세운 한해의 목표를 향해 우리 회사의 마케팅, 생산관리, 경영정보시스템, 인적자원관리, 회계 부서가 그 목표를 향해 갈 수 있도록 인도해 주고 이끌어 주는 역할을 하는 것'이 경영이다. 그러므로 우리는 경영학이 무엇인지 알기 위해서는 경영관리의 기술(Skill)과 5개의 부서가 어떤 일을 하는지 각 부서를 알기 위해 다룬 과목들을 통해서 기업을

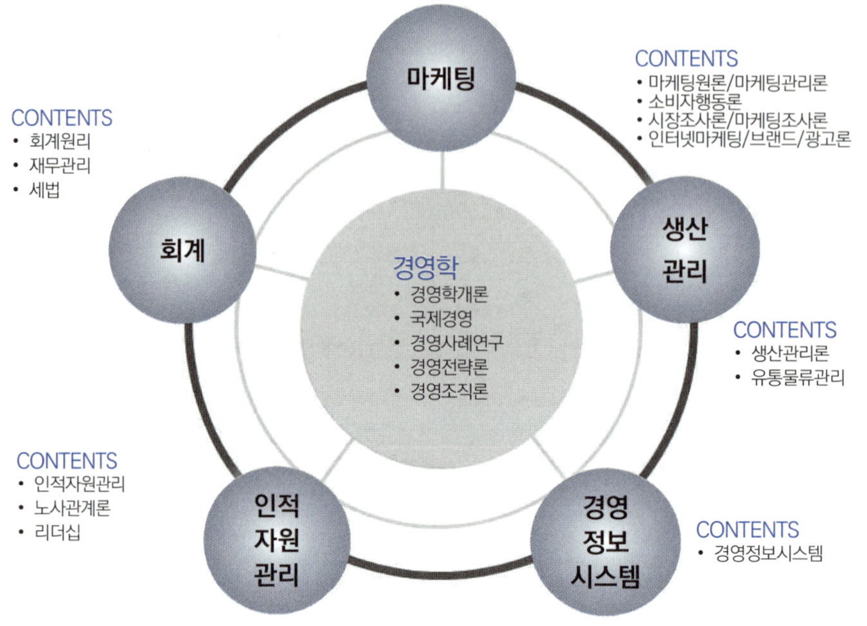

[그림 1-2] 경영학의 BIG PICTURE(2)

파악하는 것이 경영학이라고 할 수 있다.

이러한 경영학의 정의는 좁은 의미로는 영리를 목적으로 하는 기업조직을 대상으로 하고 있지만 넓은 의미로는 기업은 물론이고 학교와 병원, 교회, 사찰, 사회공동체 등과 같은 비영리 조직체와 공동조직인 국가, 지방자치단체 그리고 가정 단위인 가계와 개인의 자기경영에 이르기까지 경영의 주요 기능 도입과 활동이 필요하다. 이는 경영이 모든 조직을 운영하는 기본원리가 되고 있기 때문이며, 경영이라는 기본원리를 도입한 조직은 뚜렷한 경영성과를 나타내고 있기 때문이다.

이러한 성과를 바탕으로 하여 경영학은 같은 사회과학 분야인 경제학이나 행정학, 법학, 사회학 등에 비하여 짧은 역사적 배경에도 불구하고 사회과학분야를 선도하는 독립된 지위를 확보하고 있는데, 이는 인간사회의 모든 조직에 경영원리가 적용되고 있고 이에 따라 국가경영, 학교경영, 종교기관경영, 마을경영 등 모든 분야에서 경영마인드가 요구되는 경영의 시대를 맞이하고 있기 때문이다.

경영학은 이러한 시대적 요구에 맞춰 기업 등의 경영체가 경영성과 창출을 통해 지속가능한 경영을 할 수 있도록 경영이론을 연구개발하고 다양한 경영사례 발굴과 실제 기업현장에서 이루어진 성공과 실패 사례를 분석하여 기업경영의 현실에 영향을 미치는 요인들을 포괄적이고 체계적으로 제시할 수 있도록 하는 학문적이고 실무적인 노력도 함께 요구되고 있다.

1.1.2 마케팅의 구조

1.1.2.1 마케팅의 정의

많은 사람이 마케팅(Marketing)하면 판매와 광고를 주로 떠올린다. 일상적으로 TV 광고, 직접우편광고, 판매원 방문, 인터넷광고의 홍수 속에 사는 우리가 마케팅에 대해 그렇게 생각하는 것이 당연해 보인다. 그러나 판매와 광고는 마케팅이라는 빙산의 일각일 뿐이다.

마케팅은 '판매를 하는 행위'라는 오래된 개념에서 벗어나 고객욕구를 충족시키는 과정이라는 새로운 관점에서 이해되어야 한다. 마케터가 고객욕구를 이해하고, 탁월한 고객가치를 제공하는 제품과 서비스를 개발하고, 효과적인 가격책정, 유통정책, 그리고 촉진정책을 개발한다면, 제품의 판매는 매우 쉬워질 것이다. 경영학 분야의 석학이었던 Peter Drucker는 "마케팅의 목적은 판매노력을 불필요하게 만드는 것이다"라고 제안했다. 판매와 광고는 '마케팅믹스(제품전략, 가격전략, 유통전략, 촉진전략)' 중 일부분일 뿐인데, 여기서 마케팅믹스란 고객욕구를 충족시키고 고객관계를 구축시키기 위해 사용되는 마케팅 도구들의 집합을 말한다.

넓은 의미에서 마케팅은 개인과 조직들이 자신들이 원하는 것을 가치창출 및 거래 상대방과의 가치교환을 통해 얻기 위해 이루어지는 사회적 · 관리적 과정을 말한다. 기업과 관련지어 상대적으로 좁은 의미에서 본다면 마케팅은 수익성과 가치를 발생시키는 고객과의 교환관계를 구축하는 과정이다. 이 책에서는 마케팅을 기업이 고객을 위해 가치를 창출하고 강한 고객관계를 구축함으로써 그 대가로 고객들로부터 상응한 가치를 얻는 과정으로 정의한다.

1.1.2.2 마케팅과 소비자 욕구의 관계

기업들이 고객과의 관계를 구축하여 매출을 극대화시키기 위해서 [그림 1-3]의 그림에서와 같이 우리는 할인점 방문 시 구매하고자 하는 제품을 구매한 후에 쇼핑커트를 밀고 계산대에 서면 카드결재와 포인트 카드를 적립하게 된다. 이러한 포인트 카드는 소비자들에게 포인트 점수를 통해 새로운 물건들을 살 수 있게도 해 주지만 이런 포인트 카드결재를 통해 소비자의 정보(구매제품 목록, 구매 날짜, 성별, 구매 시간 등)를 할인점에 제공하는 조건으로 포인트 점수를 받는 것이다. 이렇게 할인점은 마케팅을 통해 매출을 극대화시키기 위해 구매한 제품에 대한 설문조사를 하는 번거로움을 피하기 위해 포인트 카드를 통해 소비자들이 4계절 중 어떠한 계절이 어떠한 물건이 잘 팔리는지에 대한 정보를 수집하여 2~3년에 한 번씩 매장의 디스플레이를 바꾸어 소비자들이 많은 왕래가 있는 할인점 내부의 통행로에 가장 많이 팔리는 제품을 진열함으로 제품에 대한 많은 노출을 통해 구매 욕구를 높여 제품의 매출을 극대화시키는 마케팅전략을 구사하는데 소비자 욕구(Consumer needs)를 분석하고 있다.

이러한 사례로 아마존의 경우 로고에서 제시하는 것과 같이 A부터 Z까지 모든 제품을 구매할

[그림 1-3] 마케팅의 구조

수 있는 매장의 경우 '대시 버튼(Dash button)'과 '알렉사(Alexa) - 음성인식스피커'를 통해 소비자의 욕구를 분석하여 고정비를 줄이기도 한다.

'대시 버튼'의 경우 아마존은 세탁기에 대시 버튼을 부착하여 대시 버튼만 누르면 다음날 집까지 세제를 배달해 주는 사물인터넷(IoT) 서비스를 진행하고 있다. 대시 버튼에는 구매자의 이름, 성별, 나이, 주소, 전화번호와 같은 개인정보가 입력되어 있어 버튼만 누르면 플랫폼에 의해 자동으로 다음날 집으로 배달해 주므로 소비자에게 여러 세제 중 선택을 해야 하는 불편함을 해소하였으며 인터넷에 접근하여 시간을 소비하는 불편함을 해소시켜 줌으로써 소비자의 욕구를 충족시켰다고 할 수 있다. 또한 아마존의 입장에서는 대시 버튼을 사용함으로써 정기적인 구매가 이루어지는 소비자의 파악을 통해 도시별로 물류창고의 규모를 정할 수 있어 물류보관비용에 대한 절약을 할 수 있게 됨으로써 고정비를 줄일 수 있는 장점이 있다고 할 수 있다.

이렇게 기업들은 마케팅을 통해 소비자의 욕구를 분석함으로써 매출을 극대화시킬 뿐 아니라 생산물량을 파악함으로써 고정비를 줄이는 데 활용하고 있다. 그러므로 소비자의 욕구, 즉 소비자의 심리는 마케팅과 분리해서 생각하려고 해도 할 수 없으며 소비자의 욕구를 분석하는 마케팅은 소비자의 심리를 분석하는 심리학과도 밀접한 관계가 있는 학문이라고 할 수 있을 것이다. 그러므로 마케팅을 공부하기 위한 여러 심리학(가족심리학, 긍정심리학, 인지심리학, 범죄심리학, 사회심리학, 행동심리학, 소비자심리학, 정서심리학, 설득심리학, 생물심리학 등)을 소비자 행동론이라는 과목을 통해 소비자의 심리와 행동을 분석하고 있다.

1.1.2.3 소비자 욕구의 종류

소비자 욕구는 [그림 1-4]에서 보는 바와 같이 일반적으로 본원적 욕구와 구체적 욕구(Specific wants)로 구분할 수 있다. 본원적 욕구는 인간이 가지고 있는 어떤 기본적인 욕구의 만족이 결핍된 상태를 말한다. 인간은 의식주와 같은 생리적 욕구와 안전, 소속감, 애정과 같은 사회적 욕구, 자아실현욕구 등을 가지고 있는데, 이런 기본적인 욕구가 결핍된 것을 느낄 때 본원적 욕구가 발생한다. 만약 소비자가 배가 고프다거나 갈증을 느낄 때 무엇인가를 먹고 싶다든지, 피곤할 때 휴식을 취하고 싶다든지 하는 기본적인 욕구나 욕망이 결핍되었을 때 주로 발달할 것이다.

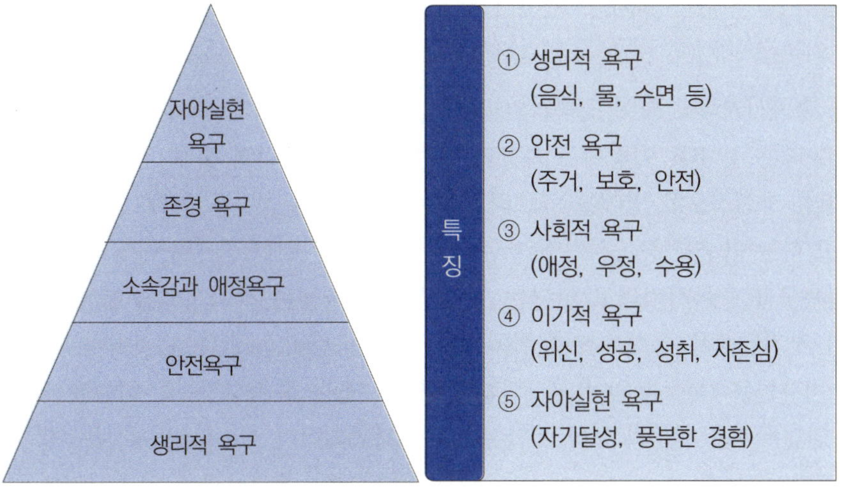

〈Maslow의 욕구 피라미드〉

[그림 1-4] Maslow의 욕구 5단계

구체적 욕구는 인간의 본원적 욕구를 만족시켜주는 구체적인 수단에 대해 필요로 하는 것을 말한다. 이는 인간의 지식, 문화, 개성에 의해서 형성되는 욕구이다. 소비자가 배고픔을 느낄 때 배고픔을 채워줄 수 있는 음식은 무엇이든지 본원적 욕구에 해당된다. 만일 배가 고파서 식사하기 위해 식당을 찾을 경우에 소비자들은 우선 한식당, 중식당, 일식당 등을 선택해야 할 것이고, 일단 식당이 선정되면 그 다음에는 된장찌개, 불고기, 자장면, 짬뽕, 회초밥 등 식당의 주요 메뉴 중에서 선택함으로써 구체화될 수 있는데, 이와 같이 소비자의 본원적 욕구를 만족시켜주는 수단들을 구체적 욕구라고 할 수 있다.

매슬로(Abranham Masolw)에 의하면 소비자들은 항상 부족한 부분, 즉 결핍을 보충해 가면서 삶을 영위하는데 이러한 결핍을 충족하는 단계에는 5가지가 있다고 주장하였다.

① 생리적 욕구 : 배고픔, 목마름, 수면
② 안전욕구 : 보호, 질서, 안정
③ 소속감과 애정욕구 : 소속감, 우정, 사랑
④ 존경욕구 : 위신, 성공, 성취
⑤ 자아실현욕구 : 자기개발과 자기실현

첫째, 생리적 욕구의 단계로 소비자들은 음식을 먹고 옷을 입고 수면을 취하는 등과 같은 욕구를 충족하려고 한다는 것이다. 이러한 생리적 욕구가 충족되면 둘째, 안전욕구를 충족하려고 한다는 것이다. 즉 주거공간을 소유함으로써 소비자의 몸을 보호와 안전을 지키려고 하는 욕구를 충족하려고 한다는 것이다. 이러한 안전욕구가 충족되면 셋째, 소속감과 애정욕구를 충족시키려고 한다는 것이다. 직장에 취직한다든지 모임을 통해 친구를 사귀고 행위를 통해 소속감의 욕구를 충족시키려고 하며 소속감의 안정감이 생기면 이성과 애정활동을 통해 애정욕구를 충족하려고 한다는 것이다. 이렇게 소속감과 애정욕구가 충족되면 넷째, 존경욕구를 충족하려고 한다는 것이다. 사회적으로 명예를 얻으려고 하며 직장에서 승진을 통해 주위의 조직원들에게 존경받으려고 하는 욕구를 충족시키려고 한다는 것이다. 이러한 존경욕구가 충족되면 마지막으로 자아실현욕구를 충족시키려고 한다는 것이다. 소비자들은 자기개발을 통해 소비자가 세운 목표에 대한 자기달성을 통해 자아실현의 욕구를 충족하려고 한다는 것이다.

이렇게 소비자들은 Masolw의 욕구 5단계를 통해 결핍을 충족시키려고 하는데 생리적 욕구가 충족되어야 안전욕구를 채우려고 하고 안전욕구가 충족되어야 소속감과 애정욕구를 충족시키려고 한다는 것이다. 또한 소속감과 애정욕구가 충족되어야 존경욕구를 충족시키며 존경욕구가 충족되어야만 자아실현욕구를 충족시킨다는 것이다. 즉 자아실현욕구를 충족하려는 소비자는 생리적 욕구, 안전욕구, 소속감과 애정욕구, 존경욕구가 충족된 소비자만이 자아실현욕구를 충족하려 한다는 것이다.

이러한 Maslow의 욕구 5단계에서 시사하는 것은 기업이 마케팅전략을 수립하는 데 있어 마케팅 타깃(Targeting)을 정한 시장의 소비자들이 Maslow 욕구 5단계 중 어느 단계에 있는지 파악을 할 수 있어야만 소비자의 욕구에 적합한 제품을 만들 수 있고 소비자의 욕구에 적합한 제품을 만들어야만 기업의 매출을 극대화할 수 있다는 것이다. 그러므로 마케팅전략을 수립하는 마케팅부서에서는 소비자의 욕구를 분석하는 것이 기업의 매출을 극대화시키는 데 있어 중요한 요소라고 할 수 있다.

1.1.2.4 마케팅의 BIG PICTURE

[그림 1-5]는 4단계로 구성된 마케팅부서에서 마케팅전략 계획서를 작성하는 마케팅 과정 모형을 보여준다. 'BIG PICTURE로 보는 소비자행동론'은 Step1에서 Step4까지의 단계로 내용의 구성이 진행되며 소비자행동을 분석하는 데 있어 기업들이 광고를 만들기 위해 어떤 과정을 거치면서 광고가 만들어지는지 Step 1, Step 2, Step 4를 제2장을 통해서 공부해 볼 것이며 제3장부터 제8장까지는 이렇게 만들어진 광고가 소비자행동론의 BIG PICTURE 이론 3가지(소비자 구매의사결정과정, 소비자 정보처리과정, 하이어라키모델)에 어떻게 영향을 주는지에 관해서 공부해 볼 것이다.

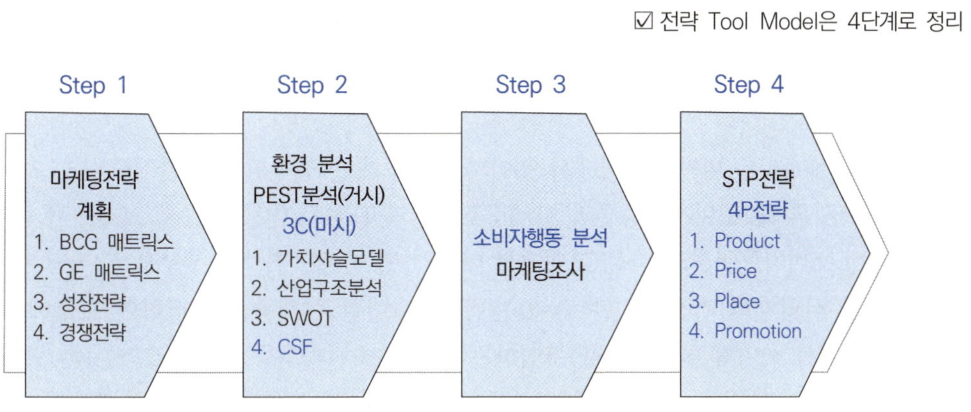

[그림 1-5] 전사적 마케팅 전략보고서

Step1 단계를 통해 기업은 보유하고 있는 많은 사업부 중에 어떠한 사업부에 더 많은 예산지원을 할 것인지 분류를 하는 단계로 예를 들면 삼성그룹의 경우 삼성전자, 삼성중공업, 에버랜드, 삼성SDS, 삼성SDI, 제일모직, 삼성건설 등과 같은 많은 사업부 중에서 한정된 예산을 모든 사업부에 지급해 줄 수 없다. 그러므로 성과물(Output)을 가장 많이 낼 수 있는 사업부를 선정하여 밀어주어야 한다. 그러한 사업부를 선정하는 단계로 BCG와 GE 매트릭스를 통해 가장 많은 성과물을 낼 수 있는 사업부를 선정하여 사업부의 규모를 키워 세계의 기업과 싸울 수 있도록 사업부의 규모를 키우는 전략인 성장전략 9가지에 관해서 공부할 것이며 이렇게 사업부의 규모를 키운 후에 세계시장의 경쟁기업과 경쟁해서 이기기 위한 경쟁전략 3가지에 관해서 공부할 것이다.

Step 2 단계에서는 Step 1 단계를 통해 선발된 사업부가 높은 성과를 내기 위해서는 어떠한 일을 잘하는지 분석을 하는 과정으로 선발된 사업부의 거시적 환경(PEST 분석)과 미시적 환경

(3C 분석)을 통해 도출된 요인을 가지고 Swot 분석을 통해 사업부의 강점과 약점, 기회요인과 위협이 되는 요인을 분석하여 가장 잘할 수 있는 핵심성공요인(CSF)를 뽑아서 핵심성공요인을 수행할 구체적인 실행 행동사항인 핵심성과지표(KPI)를 뽑아내어 팀과 조직원에게 우리 사업부가 성공할 수 있는 일을 배치하는 과정을 배울 것이다. 즉 Step 2단계에서는 환경분석을 통해 선발된 사업부가 가장 성공할 수 있는 일이 무엇인지 선발해 내는 과정을 공부할 것이다.

Step4 단계에서는 소비자의 욕구에 맞게 신제품에 대한 시장세분화(Segmentation)를 시키는 방법에 대해서 공부할 것이며 시장세분화 이후 신제품이 기존의 제품과의 차이점이 무엇인지 소비자의 기억에 차별점을 인식시키는 포지셔닝(Positioning)작업에 대해서 공부할 것이며 이렇게 포지셔닝시킨 제품에 대해서 몇 개의 제품을 생산하여 몇 개의 시장에 목표시장 설정(Targeting)을 할 것인지에 대한 STP 전략에 관해서 공부해 볼 것이다. 또한 목표로 정한 시장에 촉진은 어떤 방법으로 했을 때 현재의 매출보다 몇 % 이상을 더 신장시킬 수 있는지 촉진전략 4가지(인적판매, 광고, 판매촉진, PR) 중 광고가 기업의 마케팅전략에서 어떻게 만들어지는지 볼 것이다.

Step 3 단계에서는 마케팅부서에서 해야 할 일에 대한 필수과목인 마케팅원론, 소비자행동론, 마케팅조사론 중 소비자행동론과 마케팅조사론과 관련된 내용으로 본 교재에서 중점적으로 공부하게 될 소비자행동론과 다음 교재에서 다루게 될 마케팅조사론 부분으로 Step 1, 2단계를 통해 선발된 사업부의 가장 잘 할 수 있는 일과 관련된 신제품을 제작하여 노출에서 구매에 이르는 과정에서 소비자들의 행동을 분석하는 단계로 소비자행동론이라고 하는 본 교재의 과목을 통해 구체적인 내용은 제2부, 제3부, 제4부의 여러 장을 통해 소비자의 행동을 분석해 볼 것이며 본 교재에서는 소비자들이 제품을 구매할 때 기업이 광고를 매스미디어(Mass media)를 통해 소비자에게 노출시키면 어떠한 과정을 거치면서 기억하게 되는지 그리고 소비자들이 제품을 구매하는 판단을 할 때 좋은지 좋지 않은지에 대해서 제품의 종류와 관여도에 따라서 어떻게 판단하는지와 같은 소비자의 행동에 대해서 분석해 볼 것이며 이러한 신제품이 시장에서 높은 매출을 일으킬 수 있을지에 대한 합리적인 마케팅조사 방법을 통해 신제품을 사업화를 할지에 관한 사업성분석을 배우는 과목으로는 다음 교재인 마케팅조사론에서 공부하게 될 것이다.

제2장에서는 기업이 마케팅전략을 구사하는 데 있어 촉진방법 중의 한 가지인 광고를 제작하는 과정에 관해서 공부할 것이며 제3장, 제4장, 제5장에서는 이렇게 만들어진 광고가 소비자의 기억에 인식되는 과정인 소비자행동론 BIG PICTURE 이론 3가지 중 소비자 정보처리과정에 관해서 공부해 볼 것이다.

1.1.3 소비자행동론의 구조

소비자들은 일상생활에서 많은 구매의사결정을 하게 되는데, 소비자들의 구매의도와 구매행동을 이해한다면, 마케팅관리자들로서는 소비자들의 욕구를 효율적으로 충족시켜 줄 뿐만 아니라, 소비자들의 만족을 극대화시킬 수 있을 것이다. 그러나 소비자구매행동을 이해한다는 것은 그렇게 쉬운 일은 아니다. 왜냐하면, 소비자행동은 정치, 경제, 사회, 문화, 기술 등 여러 가지 환경요인들뿐만 아니라, 기업이 사용하는 마케팅활동을 통해 전달되는 다양한 자극과 소비자의 개인적 · 심리적 요인들에 의해 나타나는 소비자반응의 결과이기 때문이다. 그래서 소비자행동과 관련된 대부분의 연구는 여러 가지 자극물에 대해 소비자의 반응이 어떠한 과정을 거쳐서 나타나며, 이러한 반응에 영향을 미치는 요소들이 무엇인가를 조사하는 데 중점을 두고 있다.

이에 [그림 1-6]은 기업의 입장에서 소비자의 욕구를 충족시키는 제품을 만들어 매출을 극대화하기 위해서는 소비자의 행동을 분석할 필요성이 있다. 이러한 소비자의 욕구와 행동을 분석한 과목이 바로 '소비자행동론(Consumer behavior)'이다. 소비자행동론은 앞에서 제시한 바와 같이 마케팅부서에서 하는 일을 분석한 필수과목 3가지(마케팅원론, 소비자행동론, 마케팅조사론) 중 한 가지로 아래의 3가지 이론을 근거로 소비자의 행동을 분석할 수 있다.

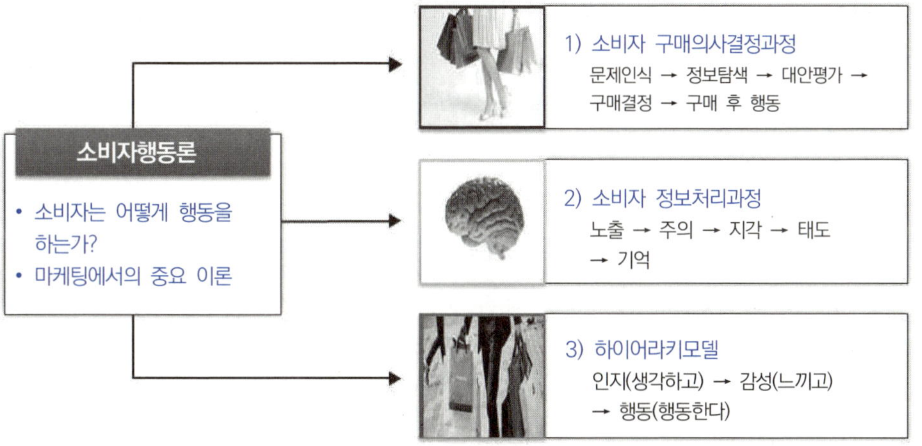

[그림 1-6] 소비자행동론의 BIG PICTURE

1.1.3.1 소비자 구매의사결정과정

기업은 소비자가 제품을 구매할 때 제품을 보자마자 구매하는 것이 아니라 문제인식 → 정보탐색 → 대안평가 → 구매결정 → 구매 후 행동의 5개 단계를 거치면서 제품을 구매한다는 이론이다. 소비자들은 현재 사용하고 있는 제품과 사고자 하는 신제품에 대한 성능의 차이가 크면 클수록 신제품을 사고자 하는 문제인식을 느끼게 되며 이러한 문제인식을 통해 신제품을 구매하고자 하는 확신이 들게 되면 정보탐색과정을 통해 광고에서 선전하는 제품이나 혹은 여러 지인의 추천이나 댓글의 사용 후기 등을 통해 여러 제품에 대한 정보를 습득하게 된 후 여러 제품을 사고자 하는 후보군에 올리게 된다. 이런 많은 사고자 하는 후보군 중에 신제품이 가지고 있는 속성을 분석하여 몇 개의 살만한 제품군으로 압축시키는 대안평가과정을 거친 후 구매결정을 하게 되며 구매를 한 후에는 제품을 사용해 본 후 구매 전에 생각했던 신제품의 성능과 신제품을 사용했을 때의 차이를 통해 구매 후 행동을 통해 만족과 불만족이라는 감정이 발생하게 된다. 소비자 구매의사결정과정(Consumer decision making process)은 소비자행동론의 3가지 이론 중 소비자의 정신과 행동 중 소비자의 행동을 연구한 이론이라고 할 수 있다.

1.1.3.2 소비자 정보처리과정

기업은 몇억 혹은 몇십억의 광고비를 투자하여 광고를 제작한다. 이러한 광고가 소비자에게 노출이 되어 광고에 대한 태도를 형성하고 기억에 이르기까지 소비자들은 TV에서 광고를 보자마자 광고를 기억한다고 생각하지만, 기업들은 소비자의 두뇌를 분석하여 광고가 어떠한 단계(노출 → 주의 → 지각 → 태도 → 기억)를 거치면서 광고가 소비자의 기억에 이르는지를 분석함으로써 어떻게 하면 좀 더 효과적으로 올바른 광고 태도를 형성시키는 광고를 만들 수 있는지 연구하여 매출을 극대화시키는 데 노력하고 있다. 소비자 정보처리과정(Consumer information process)은 소비자행동론의 3가지 이론 중 소비자의 정신과 행동 중 소비자의 정신을 분석한 이론이라고 할 수 있다.

1.1.3.3 하이어라키모델

기업들은 소비자들이 제품을 구매하는 행동을 할 때 제품에 대해 좋은지 좋지 않은지에 대한 태도를 형성하는데 이러한 태도형성은 이성과 감성을 가지고 태도를 형성하게 되는데 어떠한 제품은 이성적인 측면으로 제품에 대한 태도를 형성하고 어떠한 제품은 감성적인 측면에 더 치중해서 제품에 대한 태도를 형성하여 제품을 구매하는 행동을 하게 된다. 이렇게 제품에 대한 태도를 형성할 때 예를 들면 가격이 비싼 제품 집과 자동차와 같은 제품을 구매할 경우는 감성보다는 이성적으로 제품에 대한 속성(가격, 품질, 브랜드 등)을 구체적으로 신중하게 제품에 대해서 분석한 후 제품을 구매하는 행동을 한다. 반면 가격이 저렴한 치약이나 비누 등과 같은 저가격의 제품을 구매할 경우 소비자들은 이성보다는 감성에 의해 제품에 대한 태도를 형성하는 예를 들면 TV 광고를 통해 많은 노출이 된 비누나 치약의 브랜드만을 보고 제품에 대한 속성을 분석하려 하지 않고 브랜드만 보고 좋은 제품일 것으로 판단하여 제품을 구매하는 행동을 하게 된다. 이렇게 소비자들은 제품을 구매할 때 이성과 감성을 통해 제품을 구매하는 행동을 한다는 이론이 하이어라키모델(Hierarchy model)로 소비자의 정신과 행동을 모두 분석한 이론이라고 할 수 있다.

학습정리

1. 경영학의 구조
   1) 경영학의 정의
      ① 경영이란 조직의 목적이나 목표를 달성할 수 있도록 조직구성원들에게 방향(비전)을 제시해 주는 활동의 형태이다.
      ② 경영의 주체(CEO)가 4가지(경영전략 · 경영조직 · 사람관리 · 기능관리)의 조직이 회사의 비전에 맞는 방향으로 활동할 수 있도록 방향을 제시해 주는 것이 경영이다.
      ③ 경영 주체(CEO)의 특권은 조직의 조직도와 인사권을 행사할 수 있다.
   2) 경영학의 BIG PICTURE
      ① 조직의 경영구조를 보면 직원들이 배치되어 있는 직무별로 나누어 보니 크게 5가지의 기능관리적 측면으로 나누어 볼 수 있다.
      ② 기능관리적 측면 : 마케팅, 생산관리, 경영정보시스템(MIS), 인적자원관리(HR), 회계

2. 마케팅의 구조
   1) 마케팅의 정의
      마케팅은 시장(Market)을 움직이는 것을 말하며 시장을 움직이기 위해서는 소비자가 필요로 하는 제품의 편익과 욕구가 무엇인지 알고 그러한 Need & Wants에 맞는 재화와 서비스를 제공해 주고 그에 대한 대가로 화폐를 받아 기업들은 성장과 생존하는 쌍방향의 활동을 말한다.
   2) 마케팅과 소비자 욕구의 관계
      ① 소비자의 Need & Wants를 알기 위해서는 소비자가 어떻게 행동하고 생각하는지와 관련한 소비자심리를 분석해야 하므로 마케팅과 소비자심리학은 매우 깊은 관계를 가지고 있다.
      ② 예 할인점 포인트 카드를 통한 소비자 욕구분석, 아마존의 대시 버튼과 알렉사-음성인식스피커를 통해 소비자 욕구분석을 통해 고정비 지출을 줄이고 매출을 극대화시킨다.
   3) 소비자 욕구의 종류
      소비자의 욕구에는 Maslow의 욕구 5단계가 있다.
      ① 생리적욕구 : 음식, 물, 수면 등에 대한 욕구를 말한다.
      ② 안전욕구 : 주거, 보호 안전에 대한 욕구를 말한다.
      ③ 소속 · 애정욕구 : 애정, 우정, 수용에 대한 욕구를 말한다.
      ④ 존경욕구 : 위신, 성공, 성취, 자존심에 대한 욕구를 말한다.
      ⑤ 자아실현욕구 : 자기달성, 풍부한 경험에 대한 욕구를 말한다.
   4) 마케팅의 BIG PICTURE
      ① Step1 : 마케팅전략계획 : BCG 매트릭스, GE 매트릭스, 성장전략 9가지, 경쟁전략 3가지
      ② Step2 : 환경분석 : PEST분석, 3C분석, 가치사슬분석, 산업구조분석, SWOT, CSF
      ③ Step4 : STP 분석, 4P 분석 중 광고
      ④ Step3 : 소비자행동론, 마케팅조사론

3. 소비자행동론의 구조

1) 소비자행동론

① 소비자 구매의사결정과정(Consumer decision making process)
소비자들이 제품을 구매하는 의사결정 과정 5단계를 알 수 있다.
(문제인식 → 정보탐색 → 대안평가 → 구매결정 → 구매 후 행동)

② 소비자 정보처리과정(Consumer information process)
소비자들이 어떠한 광고를 기억하는 과정 5단계에 대해서 알 수 있다.
(노출 → 주의 → 지각 → 태도 → 기억)

③ 하이어라키모델(Hierarchy model)
소비자들이 제품을 구매하는 행동하기 전 태도를 형성하는 3단계를 알 수 있다.
(인지 : 생각하고 → 감성 : 느끼고 → 행동 : 행동한다)

연습문제

해설 및 정답

[객관식 문제]

1. 다음 경영학의 정의에 대해서 주장한 학자는?

> 경영은 '기업의 목표를 달성하기 위하여 나아갈 방향을 제시하여 리더십을 발휘하고 경영자원을 사용하는 방법을 결정해 나가는 과정'이다.

① 폴레트(M.P.Follet) ② 바하(G.L.Bach)
③ 피터 드러크(P.Drucker) ④ 페욜(H.Fayol)

경영학이란 기업에 있어서 어떠한 의사결정이 목표달성의 최적수단이 될 수 있는지에 대한 접근방식을 탐색해 보고 또한 전략적 측면에서 최적의 경영수단 확보를 위한 여러 기법을 연구하는 학문이라고 할 수 있다.
[정답] ③

2. 경영학의 BIG PICTURE1에서 제시한 '기능관리' 부서 5가지를 바르게 연결한 것은?

① 마케팅, 생산관리, 경영정보시스템, 인적자원관리, 회계
② 경영, 마케팅, 생산관리, 국제경영, 회계
③ 경영, 경영정보시스템, 인적자원관리, 회계, 경영전략
④ 마케팅, 경영, 회계, 인적자원관리, 경영사례연구

경영학의 BIG PICTURE1의 기능관리 부서에는 기업이 운영되는 핵심부서로 마케팅, 생산관리, 경영정보시스템, 인적자원관리, 회계부서가 있다.
[정답] ①

3. 경영학에서 마케팅부서의 일과 관련된 주요 과목이 아닌 것은?

① 마케팅원론 ② 소비자행동론
③ 마케팅조사론 ④ 인적자원관리

인적자원관리는 마케팅부서의 일과 관련된 과목이 아니라 인적자원관리를 하는 HR부서에서 직원을 교육시키고 모집하는 부서에서의 일을 공부하는 과목이다.
[정답] ④

4. 마케팅하면 가장 중요하게 생각되어야 하는 것은?

① 생산자 ② 유통
③ 개인적 관련성 ④ 소비자욕구

소비자에 비해 생산자가 많아지면서 자사의 제품을 팔기 위해서는 소비자의 욕구에 맞는 제품을 만들지 않으면 제품을 판매할 수 없게 되었다.
[정답] ④

5. 아마존의 경우 소비자의 정기적인 구매수량을 파악하고 물류창고의 규모를 정할 수 있어 보관비용을 절약할 수 있게 되므로 고정비를 줄일 수 있는 장점을 갖춘 추진 중인 플랫폼은?

① 사물인터넷(IoT) ② 포인트카드
③ 알렉사 - 음성인식스피커 ④ 대시 버튼

대시 버튼을 세탁기에 부착하여 누르기만 하면 다음날 세제가 배달된다. 이렇게 미리 대시 버튼에 미리 저장된 소비자의 정보에 의해 소비자의 구매시기와 물량을 미리 측정이 가능한 플랫폼이다.
[정답] ④

6. 다음 매슬로(Maslow)의 욕구 5단계에 해당하지 않는 것은?

① 자아실현욕구 ② 본능욕구
③ 애정욕구 ④ 생리적 욕구

매슬로(Maslow)의 욕구 5단계로는 생리적 욕구, 안전욕구, 소속감과 애정욕구, 존경욕구, 자아실현욕구가 있다. 가장 상위의 욕구로는 자아실현욕구로 자아실현욕구를 실현하기 위해서는 아래의 욕구가 충족되어야 실현할 수 있다.
[정답] ②

7. 마케팅 BIG PICTURE 중 환경분석 도구(TOOL)가 아닌 것은?

① PEST분석 ② 성장전략
③ 3C분석 ④ SWOT분석

환경분석에 활용되는 도구들로는 PEST분석(거시적 환경분석)과 3C분석(미시적 환경분석), SWOT분석, CSF(핵심성공요인) 등이 있다. 성장전략은 마케팅 전략계획의 도구이다.
[정답] ②

8. 다음 소비자행동론의 BIG PICTURE 이론 3가지가 아닌 것은?

① 소비자 구매의사결정과정 ② 소비자 정보처리과정
③ 하이어라키모델 ④ GE 매트릭스모델

GE 매트릭스모델은 마케팅 전략계획을 세우는 도구 중 한 가지이다.
[정답] ④

9. 다음 소비자의 처리과정에 해당하는 소비자행동론의 이론은?

노출 → 주의 → 지각 → 태도 → 기억

① 하이어라키모델 ② 소비자 정보처리과정
③ 소비자 구매의사결정과정 ④ 동기이론

동기이론은 소비자의 욕구를 분석하는 이론으로 소비자 구매의사결정과정에 근접한 이론이다.
[정답] ②

10. 다음 소비자행동론 이론 중 '소비자가 제품을 구매할 때 좋은지 좋지 않은지 판단을 할 때 제품에 따라 이성과 감성을 가지고 태도를 형성하는 이론'을 무슨 이론이라고 하는가?

① 하이어라키모델 ② 소비자 정보처리과정
③ 소비자 구매의사결정과정 ④ 동기이론

하이어라키모델은 소비자는 어떤 제품인지에 따라 이성과 감성이 다르게 태도를 형성하는데 예를 들면 가격이 저렴한 치약이나 비누 등과 같은 저가격의 제품을 구매할 경우 소비자들은 이성보다는 감성에 의해 제품에 대한 태도를 형성한다는 이론이다.
[정답] ①

[주관식 문제]

11. '마케팅부서'를 공부하는 핵심과목 3가지는?

마케팅부서를 공부하는 핵심과목으로 마케팅전략 보고서를 세우는 '마케팅원론'과 마케팅전략 보고서를 세우기 위한 소비자의 욕구를 분석하는 '소비자행동론' 그리고 소비자 욕구에 맞는 제품을 판매했을 때의 매출을 극대화시킬 수 있을지를 판단하는 합리적 의사결정을 하는 '마케팅조사론'이다.

[정답] 마케팅원론, 소비자행동론, 마케팅조사론(시장조사론)

12. 전사적 마케팅 전략보고서 BIG PICTURE 4단계 중 '마케팅전략 계획'단계 4가지는?

그룹사 전체의 사업부에 대한 전사적 전략계획을 작성하는 첫 번째 단계로 BCG와 GE매트릭스를 통해 사업을 전개할 사업부를 선정한 후 성장전략과 경쟁전략을 통해 다른 경쟁사와 경쟁할 수 있게 만드는 단계를 말한다.

[정답] BCG매트릭스, GE매트릭스, 성장전략, 경쟁전략

13. 소비자 구매의사결정과정 5단계는?

소비자들은 제품을 구매하기 위한 '문제인식 → 정보탐색 → 대안평가 → 구매결정 → 구매 후 행동'의 단계를 거친다.

[정답] 문제인식, 정보탐색, 대안평가, 구매결정, 구매 후 행동

[토론식 문제]

14. 전사적 마케팅 전략보고서 BIG PICTURE 4단계에 대해서 토론해 봅시다.

15. 소비자행동론 BIG PICTURE 3가지에 대해서 토론해 봅시다.

제 2 장

광고의 빅피쳐

이 장에서 학습하는 내용

- 마케팅의 기본 개념 : 마케팅의 정의
- 마케팅전략 프로세스 : 전략계획 프로세스의 절차 및 고려사항
- 마케팅 환경분석
  환경분석 – 거시적환경과 미시적환경요인
  거시적 환경분석(PEST분석)
  미시적 환경분석(3C분석)
  SWOT 분석
- STP 전략
  시장세분화 전략
  표적시장 전략
  포지셔닝 전략
- 4P 전략
  촉진믹스
  광고

이 장의 학습목표

- 경영학 속에 광고의 위치에 대해서 이해한다.
- 마케팅 속에 광고의 위치에 대해서 이해한다.
- 광고가 소비자행동론의 Big Picture 이론에 미치는 영향에 대해서 이해한다.

1 마케팅의 기본 개념

1.1 마케팅의 정의

마케팅(Marketing)은 기본적으로 기업과 소비자 간의 교환과정이라고 할 수 있다. 이런 교환과정에서 기업은 자사의 목적을 달성하기 위해서 제품이나 서비스를 제공하고, 소비자는 자신의 욕구를 충족시키기 위해 그 대가를 지불하게 된다. 그리고 교환과정은 시장에서 이루어진다.

일반적으로 생각하기에 따라서는 인적판매와 같은 단순한 판매활동으로 생각하는 사람도 있을 것이고, 어떤 경우에는 광고, 판매촉진 등의 촉진활동과 같은 의미로 받아들이는 사람도 있을 것이다. 또 어떤 경우에는 상점에서 판매 가능한 제품을 만들어서 진열시키고, 앞으로 판매할 재고품을 유지하는 일과 관련된 것으로 생각할 수도 있다. 실제로 마케팅은 이러한 모든 활동을 포함하는 훨씬 더 넓고 광범위한 활동을 나타낸다. 즉 마케팅은 생산자가 원재료를 구입해서 제품이나 서비스를 생산하여 최종소비자에게 이전시키는데 필요한 모든 활동을 포함한다. 이러한 점에서 볼 때, 마케팅은 제품이나 서비스를 고객에게 단순히 이동시키는 판매라는 개념보다도 더 넓은 영역을 포함하고 있다고 할 수 있다.

1980년대에는 마케팅개념의 확장론을 기초로 하여 오늘날의 마케팅개념을 확립하였다. 이 시대의 대표적인 정의로는 1985년에 발표된 미국마케팅협회(AMA : American Marketing Association)의 정의를 들 수 있는데, 그 내용을 보면 다음과 같다.

마케팅은 '개인과 조직의 목적을 달성하게 해주는 교환을 창출하기 위해 제품, 서비스, 아이디어의 개념, 가격, 촉진, 유통을 계획하고 실행하는 과정'으로 정의하였다. 다시 말해서 기업과 소비자는 시장에서 각자의 욕구를 충족시킬 목적으로 행하는 교환활동이며 기업측면에서 생존과 성장을 위해서 고객을 만족시킬 수 있는 제품과 서비스, 가격, 유통, 촉진활동을 계획하고 실행하는 관리과정이라고 할 수 있다. 일반적으로 경영관리라고 하는 것은 조직의 목적을 달성하기 위해서 기업이 처해 있는 상황을 분석하고 과업을 수행하기 위한 계획을 수립하고 실행하며 통제하는 일련의 과정을 말한다.

따라서 마케팅관리란 마케팅개념을 기업의 관리적 차원에서 구체화시키는 과정이라고 할 수 있다. 마케팅개념과 마케팅 관리개념을 통합하여 마케팅관리를 정의해 보면, 마케팅관리는 '조직의 목적을 달성하고 표적시장의 욕구를 충족시키기 위한 바람직한 교환을 초래하기 위해 조직이 처한 시장상황을 분석하고, 효과적인 프로그램을 계획하며, 집행하고, 통제하는 경영활동'이라고 할 수 있다.

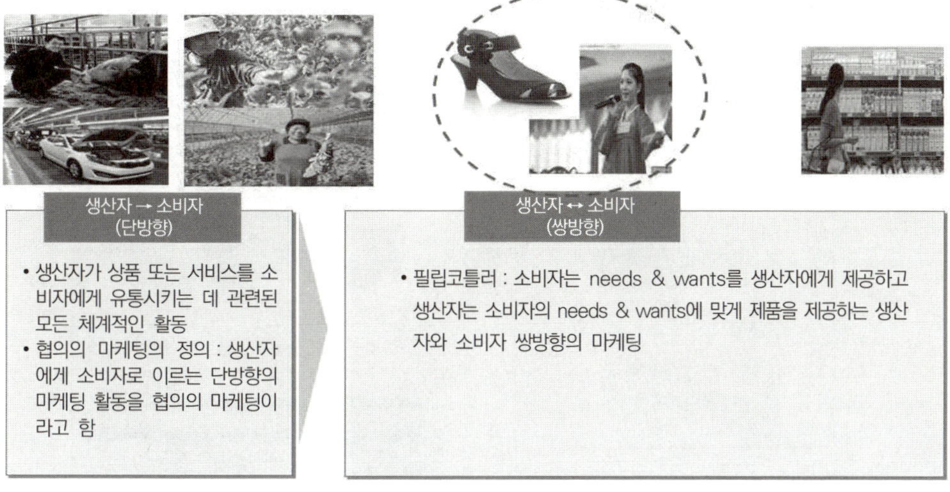

[그림 2-1] 마케팅의 정의

이러한 마케팅의 정의는 여러 해에 걸쳐서 미국 마케팅협회에서 마케팅에 대한 새로운 정의를 제시하고 있다. 그러나 현재까지 가장 보편적으로 마케팅에 대한 정의로 널리 알려진 것은 필립 코틀러(Philip Kotler)의 마케팅은 "소비자의 Needs & Wants를 생산자에게 제공하고 생산자는 소비자의 Needs & Wants에 맞게 제품을 제공하는 생산자와 소비자의 쌍방향 커뮤니케이션"이라는 마케팅의 정의이다. 최초의 마케팅은 '단방향적인 마케팅'으로 생산자가 한 개이던 우리나라의 경우 1970년대의 경우에는 치약하면 럭키치약만을 판매하였다. 이 당시는 생산자가 한곳이기 때문에 기업은 제품을 어떻게 하면 저렴하게 대량으로 만들 수 있을 것인가에만 신경을 쓰면 되었다. 이렇게 기업이 만들어서 유통만을 관리하는 마케팅을 '단방향적인 마케팅'이라고 하였다. 시간이 흐르면서 이렇게 생산자가 한곳에서 여러 생산자가 생기면서 기업들은 경쟁을 하게 되었고 경쟁이 치열해지면서 기업들은 제품을 판매하기 위해서는 소비자의 Needs & Wants를 분석하여 소비자 욕구에 맞는 제품을 만들게 되었는데 이런 마케팅을 '쌍방향적인 마케팅'이라고 한다(그림 2-1).

오늘날 많은 기업이 고객지향적인 경영철학을 갖고 운영하고 있으며, 그들은 고객들이 무엇을 원하는지를 찾아내어 교환과정을 거쳐서 자사의 고객들이 원하는 제품이나 서비스를 제공하며 적절한 가격을 결정하고, 유통 및 촉진활동을 하길 원한다. 이러한 경영철학이 곧 마케팅개념이고 활동인 것이다. 마케팅개념에서 핵심적인 용어는 교환이며, 마케팅은 기본적으로 기업과 소비자 간의 교환과정이라고 할 수 있다. [그림 2-2]와 같이, 기업은 자사의 목표를 달성하기 위해

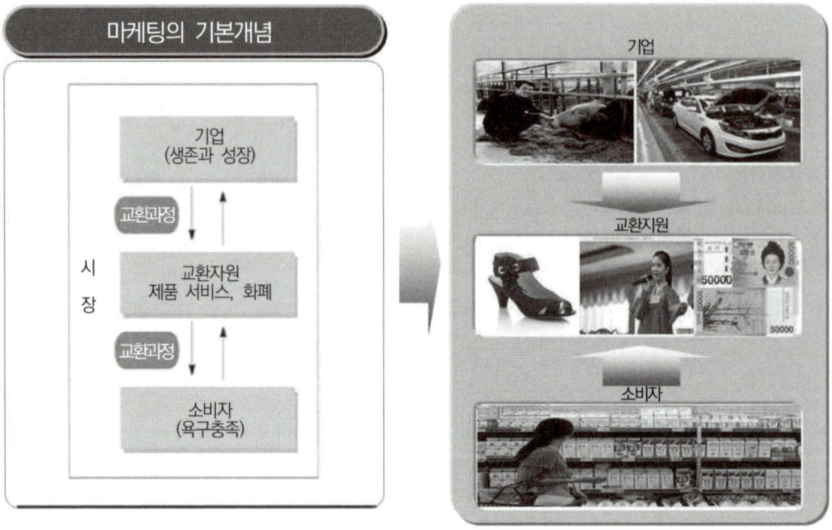

[그림 2-2] 마케팅의 기본개념

제품이나 서비스를 생산하여 시장에서 판매하면, 소비자는 자신의 욕구를 충족시키기 위해 일정한 대가(화폐)를 지불하고 구매할 것이다. 이와 같이 시장에서 이루어지는 기업과 소비자 간에 이루어지는 일련의 과정이 교환과정이다.

2 마케팅전략 프로세스

마케팅의 BIG PICTURE는 4단계로 구성된 마케팅부서에서 마케팅전략 계획서를 작성하는 마케팅 과정 모형을 보여준다. 'BIG PICTURE로 보는 소비자행동론'은 Step1에서 Step4까지의 단계로 내용의 구성이 진행되며 소비자행동을 분석하는 데 있어 기업들이 광고를 만들기 위해 어떤 과정을 거치면서 광고가 만들어지는지 Step 1, Step 2, Step 4를 제2장을 통해서 공부해 볼 것이며 제3장부터 제8장까지는 이렇게 만들어진 광고가 소비자행동론의 BIG PICTURE 이론 3가지(소비자 구매의사결정과정, 소비자 정보처리과정, 하이어라키모델)에 어떻게 영향을 주는지에 대해서 공부해 볼 것이다(그림 2-3).

Step 1 단계를 통해 기업은 보유하고 있는 많은 사업부 중에 어떠한 사업부에 더 많은 예산

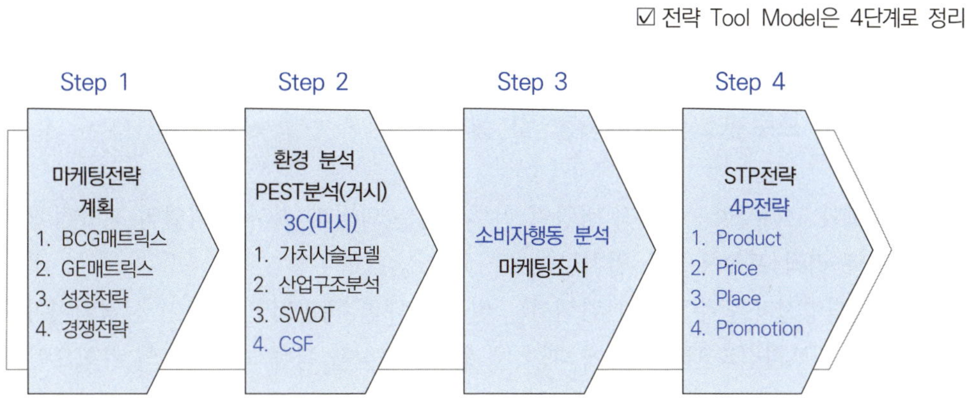

[그림 2-3] 마케팅의 BIG PICTURE

지원을 할 것인지 분류를 하는 단계로 예를 들면 삼성그룹의 경우 삼성전자, 삼성중공업, 에버랜드, 삼성SDS, 삼성SDI, 제일모직, 삼성건설 등과 같은 많은 사업부 중에서 한정된 예산을 모든 사업부에 지급을 해 줄 수 없다. 그러므로 성과물(Output)을 가장 많이 낼 수 있는 사업부를 선정하여 밀어주어야 한다. 그러한 사업부를 선정하는 단계로 BCG와 GE 매트릭스를 통해 가장 많은 성과물을 낼 수 있는 사업부를 선정하여 사업부의 규모를 키워 세계의 기업과 싸울 수 있도록 사업부의 규모를 키우는 전략인 성장전략 9가지에 대해서 공부할 것이며 이렇게 사업부의 규모를 키운 후에 세계시장의 경쟁기업과 경쟁해서 이기기 위한 경쟁전략 3가지에 대해서 공부할 것이다.

Step 2 단계에서는 Step1 단계를 통해 선발된 사업부가 높은 성과를 내기 위해서는 어떠한 일을 잘하는지 분석을 하는 과정으로 선발된 사업부의 거시적 환경(PEST분석)과 미시적 환경(3C분석)을 통해 도출된 요인을 가지고 Swot 분석을 통해 사업부의 강점과 약점, 기회요인과 위협이 되는 요인을 분석하여 가장 잘할 수 있는 핵심성공요인(CSF)을 뽑아서 핵심성공요인을 수행할 구체적인 실행 행동사항인 핵심성과지표(KPI)를 뽑아내어 팀과 조직원에게 우리 사업부가 성공할 수 있는 일을 배치시키는 과정을 배울 것이다. 즉 Step 2단계에서는 환경분석을 통해 선발된 사업부가 가장 성공할 수 있는 일이 무엇인지 선발해 내는 과정을 공부할 것이다.

Step4 단계에서는 소비자의 욕구에 맞게 신제품에 대한 시장세분화(Segmentation)를 시키는 방법에 대해서 공부할 것이며 시장세분화 이후 신제품이 기존의 제품과의 차이점이 무엇인지 소비자의 기억에 차별점을 인식시키는 포지셔닝(Positioning) 작업에 대해서 공부할 것이며 이렇게 포지셔닝시킨 제품에 대해서 몇 개의 제품을 생산하여 몇 개의 시장에 목표시장 설정(Targeting)을 할 것인지에 대한 STP전략에 대해서 공부해 볼 것이다. 또한 목표로 정한 시장에 촉진은 어떤 방법으로 했을 때 현재의 매출보다 몇 % 이상을 더 신장시킬 수 있는지 촉진전략

4가지(인적판매, 광고, 판매촉진, PR) 중 광고가 기업의 마케팅전략에서 어떻게 만들어지는지 볼 것이다.

2.1 전략계획 프로세스의 고려사항 및 절차

① 전략계획 고려사항 : 전략적 경영이 이루어지는 과정과 순서는 기업의 전략적 의사결정과정의 논리적 프로세스와 일치한다.

첫째, 경영전략을 수립하기 위해서는 현상에 대한 객관적인 분석이 선행되어야 한다. 즉 기업의 외부환경과 내부역량에 대한 체계적인 분석을 통해 외부환경의 기회요인과 위협요인, 그리고 기업내부의 강점과 약점을 파악할 필요가 있다.

둘째, 현상에 대한 객관적 분석이 이루어지면 몇 개의 전략적 대안을 도출한다. 새로운 전략적 대안을 도출하기 위해서는 기존의 관행이나 고정관념에서 탈피하여 과감하고 혁신적인 사고의 발상을 하는 것이 중요하다. 각 전략적 대안은 예상되는 재무적 효과, 실행상의 난이도 및 예상되느니 위험요인을 평가한 후 최적의 전략안을 선정한다.

셋째, 선정된 전략안이 성공적으로 실행되기 위해서는 현장부서의 적극적인 참여하에 세부적인 활동계획이 준비되고, 명확한 책임소재와 일정계획 하에 경영자원의 배분이 이루어져야 한다. 그리고 경영전략의 실행여부 및 중간결과가 수시로 관리되고 평가될 수 있어야 한다.

그 과정을 구체적으로 살펴보면 전략경영과정은 기업에서 전략이 개발되거나 형성되는 과정과 이 전략들이 조직 내에서 여러 요인과 상호작용하면서 실행되는 과정 및 이에 대한 통제에 이르기까지의 전 과정을 포괄한다.

② 전략계획 프로세스의 절차 : 전략적 마케팅계획(Strategic marketing planning)이란 전사적 차원의 마케팅계획으로서 기업의 목표와 자원을 변동적인 마케팅 기회에 전략적으로 접목시켜 기업의 생존과 성장을 도모하기 위한 관리과정을 의미한다. 전략적 마케팅계획의 목표는 변동적인 마케팅환경과 치열한 경쟁상황 하에서 기업의 사업과 제품들이 만족스러운 수익과 성장을 창출할 수 있도록 결속하기 위하여 그 사업과 제품들을 구성해 나가는 데 있다.

기업 전체적인 관점에서 전사적 전략적 마케팅계획을 수립하는 과정은 다음과 같다(그림 2-4).

먼저, 기업은 기업 수준에서 기업의 사명(Mission)을 정의하고 이를 달성하기 위한 기업(사업)목표를 설정한다. 그런 다음, 기업의 제한된 가용자원을 최적으로 배분할 수 있는 사업(또는 제품) 포트폴리오를 결정하고 기업의 성장전략을 수립한다. 그리고 사업부 수준

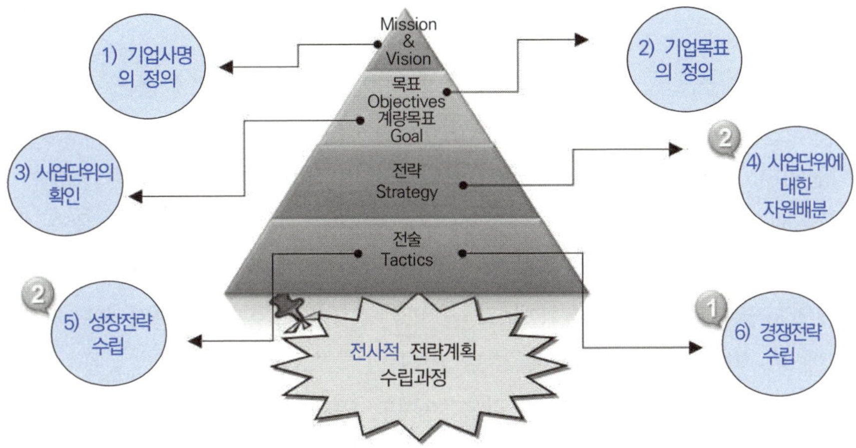

[그림 2-4] 전사적 전략계획 수립과정

에서 사업(제품) 단위별 경쟁전략을 수립하고, 마지막으로 각 사업(제품)단위의 사업목표를 달성할 수 있는 마케팅계획과 전략을 수립하게 된다. 물론 이 단계에서는 마케팅계획뿐만 아니라 생산 · 재무 · 인적자원부문 등의 기능전략계획이 함께 수립되어야 한다.

전사적 전략계획 수립과정 6단계에 대해서 명확하게 검토해 보기로 한다.

1) 기업사명이 정의

- 기업사명(corporate mission)이란 기업의 존립목적을 제시하는 것
  - ► 기업의 사명문 (1) 실질적이고 구체적인 내용으로 구성
    (2) 구성원들에게 동기를 부여
    (3) 기업의 비전과 방향을 포함
    (4) 표적시장의 욕구를 반영하는 것
    (5) 시장지향적인 것
  - ► 사업 초기에는 명확한 기업사명을 갖지만, 점차 불명확해지기도 한다.

2) 기업목표의 정의

- 기업의 목표는 소비자지향적 목표로 정의되어야 한다.
  - ► 기업의 사명이 정의되고 나면 (1) 회사의 사업목표 (2) 마케팅목표 (3) 마케팅전략이 수립된다.
  - ► 전략사업단위(SBU)는 기업의 다른 사업부와 독립적으로 계획을 실행할 수 있는 사업단위

[그림 2-5] 전사적 전략계획 수립 과정(1 → 6단계)

2.1.1 기업사명의 정의

기업의 존재 의의와 목적을 규정하고 미래의 모습에 대하여 기술하여 놓은 것을 기업사명이라고 한다(그림 2-5). 사명은 기업이 최우선으로 하는 가치이며 장기적으로 추구하는 바람직한 모습이며 비전이다. 그리고 기업에서 전략수립의 기초가 되며 자원의 활용과 배분에 대한 기준이며 의사결정 및 구성원들의 행동 지침인 동시에 평가의 기준이 된다. 사업을 처음 시작하는 대부분 기업들은 명확한 기업사명을 갖지만, 기업의 성장을 통해 새로운 사업이나 제품이 추가됨에 따라 기업사명이 점차 불명확하게 된다. 또는 기업사명이 명확하더라도 새로이 변화된 마케팅 환경에 더 이상 적합하지 않을 수도 있다.

바람직한 기업사명은 다음과 같은 특징을 가지고 있어야 하겠다.

첫째, 명확한 가치를 제공하여야 한다. 기업사명은 조직원들이 독립적으로 수행하는 업무 수행이 전체 기업목표와 조화되도록 이끌어 주는 보이지 않는 손의 역할을 하여야 한다. 그러기 위해서 모든 것을 나열하는 것은 바람직하지 않다.

둘째, 기업사명은 기업이 활동할 사업영역(Business domain or competitive domain)을 명시해야 한다. 기업사명 속에는 그 기업이 진출할 산업의 범위와 각 산업 내에서 해당 기업이 공략해야 할 시장의 범위가 명확히 제시되어 있어야 한다.

사명문(Mission statement)은 사명을 글로써 구체적으로 표현한 것으로 기업의 목적과 철학이 명시되어 있어야 한다. 기업의 존재 목적은 성장과 수익성 및 생존이며 이러한 것들이 잘 나타나게 사명문이 작성되고 기업 내 조직원들에게 공유되어야 한다.

2.1.2 기업목표의 정의

기업목표란 기업사명을 구체화한 것이라고 말할 수 있다. 바람직한 기업목표는 다음과 같은 특성을 지니고 있다.

첫째, 수행되어야 할 여러 가지 기업목표들은 추상적인 것에서부터 구체적인 것으로의 순서 혹은 기업목표의 중요성에 따라 계층적으로 서술되어야 한다.

둘째, 기업목표는 가능한 한 계량적으로 서술되어야 한다. 계층적 구조 속의 상위에 위치한 기업목표들은 계량화하기가 쉽지 않지만, 가능한 한 측정 가능하도록 기업목표를 결정짓는 것이 바람직하다. 예를 들면, '시장점유율의 증가'라는 기업목표보다는 '올해 안에 시장점유율을 10% 증대시킨다'라는 기업목표가 보다 구체적인 목표로 서술된 점에서 더 바람직하다는 뜻이다.

셋째, 기업목표는 실현 가능한 것이어야 한다(Realistic). 기업목표는 시장기회와 자사의 경쟁적 강·약점 등을 토대로 한 객관적 분석에 의해 설정되어야 하며 단순히 경영자의 바람(Wish)을 반영한 것만으로는 적합하지 않다.

[그림 2-6] 전사적 전략계획 수립 과정(1 → 6단계)

넷째, 기업목표들은 서로 상쇄되지 않고 일관성이 유지되어야 한다. 우리는 흔히 '매출과 이익을 동시에 극대화한다'라는 기업목표나 '최소의 비용과 최선의 서비스 제공을 통해 최대의 매출을 실현한다'라는 기업목표를 본다. 그러나 이러한 목표들을 유심히 살펴보면 각 목표가 일관성이 없고 실현 가능성도 상당히 낮은 것임을 알 수 있다.

마지막으로 마케팅목표를 실천하기 위한 마케팅전략(Marketing strategy)이 수립된다. 전략사업단위(SBU : Strategic Business Unit)는 개별적인 사업과 목표를 갖는 기업의 구성단위로서, 기업의 다른 사업부와 독립적으로 계획을 실행할 수 있는 사업단위를 말한다.

2.1.3 사업단위의 확인

기업의 사명과 목표를 결정한 다음, 마케터는 자사가 거느리고 있는 기존사업들의 매력도를 평가하여 기업의 강점과 시장기회를 가장 잘 살릴 수 있는 매력적인 사업들로만 구성되는 최적의 사업포트폴리오(혹은 사업Mix)를 유지해야 한다. 마케터는 기존 사업믹스의 매력도에 대한 평가를 내리기에 앞서 기업을 구성하는 복수의 사업이나 제품들을 전략수립에 용이한 전략사업단위로 나누는 작업을 먼저 수행해야 한다.

많은 대기업이나 중견기업들(혹은 중소기업들)은 수많은 사업과 제품들을 거느리고 있다. 예를 들어, CJ제일제당은 서로 특성이 다른 2천여 종의 제품들을 생산 · 판매하고 있다. 문제는 서로 특성의 사업들이나 제품 간에 추구하는 목표 및 전략에서 차이가 있을 수 있다는 것이다.

예를 들어 CJ제일제당의 식품사업과 제약사업이 추구하는 목표와 전략은 상당히 다를 것이다. 그러므로 전략적 마케팅계획의 수립을 용이하게 하기 위해, 마케터는 관련된 사업들이나 제품들을 묶어 별개의 사업단위(사업부)로 분류한다. 이러한 사업단위는 전략수립계획과 관련하여 전략사업단위라고 불린다. 전략사업단위는 독자적인 마케팅전략수립이 필요한 관련 사업끼리 함께 묶은 조직으로 정의될 수 있다. 한 전략사업단위는 다른 전략사업단위와 별개로 비용지출 및 마케팅전략의 수립·집행이 이루어진다(그림 2-6).

이와 같이 전략사업단위의 수준은 개별사업 간의 관련성에 의해 결정된다. 만약 생산공정, 유통경로, 고객 등에서 공통성을 가지고 있는 사업들을 하나의 전략사업단위로 묶으면, 전략의 수립·집행과정에서 각 사업 간 조정이 용이해지는 이점이 있다. 그러나 전략사업단위(SBU)를 너무 넓게 정의한다면(가령, 각 사업부가 너무 많은 사업이나 제품들을 포함한다면), 각 SBU를 구성하는 개발사업이나 제품군에 대한 구체적이면서 시너지효과를 거둘 수 있는 전략적 방향을 제시하기 어려울 것이다. 마찬가지로 SBU를 너무 좁게 정의한다면, 기업수준에서의 전략적 마케팅계획을 담당하는 경영층이 너무 많은 수의 SBU들을 평가하고 이에 대한 전략적 방향을 제시하는 데 상당한 시간과 노력을 투입해야 할 것이다. 바람직한 SBU는 잘 정의된 자체 고객과 경쟁자를 가지며, 독자적인 마케팅전략을 가지고 있을 뿐 아니라 사업단위 자체에 대한 이익과 비용의 측정과 이에 대한 책임이 일어지는 조직단위이어야 한다.

2.1.4 사업단위에 대한 자원배분

자사의 사업단위가 모두 시장 내에서 보다 큰 이익을 창출하기를 바라지만, 주변 환경변화, 경쟁상황 변화, 자사가 보유한 자원의 한정 등으로 인해서 모든 사업단위를 시장에서 경쟁적 우위로 유지시켜 나가는 일은 쉽지 않다. 그러므로 많은 이익을 창출시켜줄 강점이 있는 사업단위에는 더 많은 자원을 배분해 주고, 향후 시장전망이 밝지 않은 사업단 위에는 배분되는 자원의 양을 줄이는 것이 자원의 효율적 배분 및 수익성 제고에 효과적이다. 따라서 사업단위들에 대한 포트폴리오 분석의 첫 번째 단계는 기업을 구성하고 있는 핵심 사업 부문인 전략사업단위를 식별하는 것이다.

이러한 전략사업단위 식별을 통하여 기업이 가장 매력적인 사업기회를 포착하여 각 사업단위에 대한 자원배분을 위한 의사결정을 내려야 한다. 즉 전략사업단위의 매력도 분석을 통한 자원배분 전략을 강구해야 되는데, 이러한 자원 배분결정을 돕기 위해 여러 가지 포트폴리오 분석모델(Portfolio analysis model)이 개발되었다. 그중에서 가장 많이 사용되는 도구가 BCG 모델(Boston Consulting Group model)과 GE 모델(General Electric model)이다.

2.1.4.1 BCG 매트릭스 모델

미국의 보스턴 경영자문회사(BCG : Boston Consulting Group)에 의해 개발된 BCG 매트릭스(BCG matrix)는 기업의 전략사업단위를 시장성장률(market growth rate)과 상대적 시장점유율(Relative market share)의 두 가지 차원으로 분류하여 각 전략사업단위의 위치를 평가하고 새로운 전략을 제시해 주는 모델이다. [그림 2-7]은 시장성장률과 상대적 시장점유율의 두 가지 차원에 대한 각 사업단위의 위치를 좌표상에 나타낸 것으로 각 원의 크기는 각 전략사업단위의 매출액을 나타내고, 종축의 시장성장률은 당해 전략사업단위가 속해 있는 시장의 연간 성장률로서 시장의 매력도를 나타내는 척도이다. 그리고 횡축의 상대적 시장점유율은 동일 산업에서 가장 큰 경쟁자의 시장점유율에 비해 당해 전략사업단위의 상대적 시장점유율을 나타낸 것으로 전략사업단위의 경쟁력을 반영하고 있다.

BCG 매트릭스의 기본적인 특성은 시장성장률과 시장점유율이 기업의 현금흐름과 관련 있다고 보는 것인데, 일반적으로 시장의 성장률이 높으면 시설 및 운전자본에 대한 투자가 많이 필요하므로 성장률이 높을수록 자금의 유출도 늘어난다. 그리고 시장점유율이 높을수록 수익성이 높아질 경우가 많기 때문에 시장점유율이 높을수록 현금이 많이 들어온다고 보는 것이다.

1. BCG 매트릭스 유형의 정의

BCG 매트릭스 기법에서 전략사업 부문은 시장성장률과 시장점유율을 기준으로 4가지 유형별(물음표, 별, 자금젖소, 개)로 구분된다(그림 2-7, 그림 2-8).

- 문제해결에 동원되는 대표적인 수단으로서 전사적 차원에서 한정된 자원의 최적배분을 모색하게 해줌
  - 목적 : 개별적인 SBU의 경쟁시장에서의 시장위치와 발전가능성에 관하여 가능한 한 정확한 판단을 하는 일
    → 기업으로부터 현금지원 가능 평가
  - BCG 도표와 GE 도표가 있음
- BCG 도표 (BCG matrix)
  ① 시장 성장률-시장점유율 매트릭스(growth-share matrix)
  ② BCG(Boston Consulting Group)에 의해서 개발
- 포트폴리오분석법
  - 시장성장률
    - 시장에서의 연평균 성장률
    - 그 시장 또는 산업의 매력의 척도
  - 상대적 시장점유율
    - 해당 SBU의 시장점유율÷산업 최대경쟁자의 시장점유율

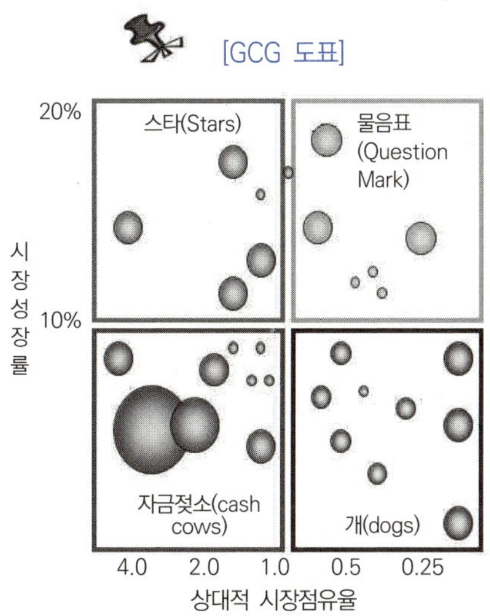

[그림 2-7] BCG 매트릭스(전시적 전략계획을 수립하는 과정 : 1 → 6단계)

스타(Stars)	- 고 시장성장률과 고 시장점유율의 전략사업단위 - 자체 사업으로 많은 현금 유입하지만 급속히 성장하는 시장으로 계속 많은 자금 필요
자금젖소(Cash cows)	- 저 시장성장률과 고 시장점유율의 사업단위 - 저 성장시장이므로 신규설비투자 지출이 필요 없으며 고 시장점유율로 많은 이익 창출
개(Dogs)	- 저 시장성장률과 저 시정점유율을 가진 사업단위 - 시장점유율이 낮아 많은 현금을 창출하지 못하지만 투자를 위한 자금수요도 높지 않아 자체적인 운영이 가능 / 그러나 대체로 철수가 바람직
물음표(Question mark)	- 고 시장성장률과 저 시장점유율의 전략단위들을 지칭하는 말 - 시장점유율을 유지. 증가시키는데 있어 많은 현금이 필요

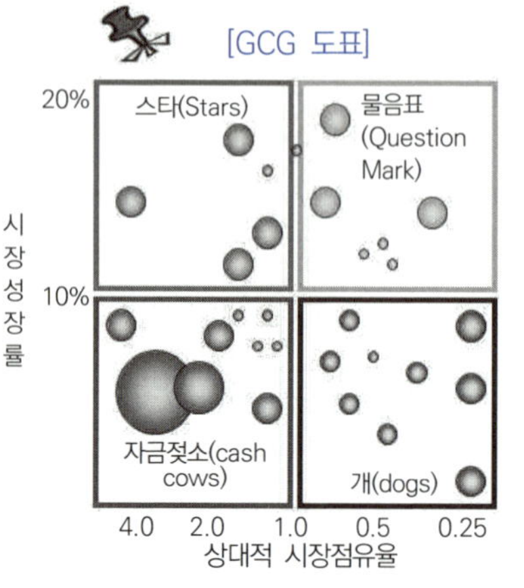

[그림 2-8] BCG 매트릭스 유형의 정의(전시적 전략계획을 수립하는 과정 : 1 → 6단계)

1) 물음표(Question mark)

시장성장률은 높으나 시장점유율은 낮은 사업 부분이다. 성장률은 높으나 이익이 적어 다량의 자금을 필요로 한다. 따라서 자금을 공급 지원하지 않는 한 저성장으로 바뀔 경우 캐시 트립이 되기 쉽다. 전략으로 집중투자를 통하여 신규판매의 잠식을 대량으로 시도하거나 경쟁사를 합병하여 기존의 시장점유율을 흡수함으로써 스타의 위치에 올려놓거나 사업에서 손을 떼는 양자택일의 방법을 생각할 수 있고, 가능한 특정된 시장 부문을 발견하여 이 부문으로의 진출도 꾀할 수도 있다.

2) 스타(Stars)

시장성장률도 높고 상대적 시장점유율도 높은 전략사업 부문이다. 자체의 성장유지를 위하여 많은 자금이 필요하므로 급격한 고도성장을 뒷받침하기 위하여 여기에서 획득한 이익을 재투자할 필요가 있다. 이익은 많이 거두고 있으나 성장유지를 위한 자체 자금이 필요하기 때문에 가격인하 · 제품 개량 · 시장범위 확대 · 생산성 제고 등의 형태로 재투자를 함으로써 기존 시장점유율을 보호하는데 전략의 주안점을 두어야 한다. 특히 관심을 두어야 할 부분은 신규고객의 창출과 제품의 용도 확대를 통하여 성장을 기하는 것이다.

3) 자금젖소(Cash cows)

시장성장률은 낮으나 시장점유율이 높은 전략사업 부문이다. 자체의 사업뿐만 아니라 여타의 전략사업 부문에 필요한 자금을 공급하여 주는 역할을 할 수 있다. 기술개발이나 가격 면에서의 주도권을 중심으로 시장지배를 유지하는데, 모든 전략을 집중하여야 할 필요가 있고, 1차 수요가 특별히 크지 않는 한 제품 다양화나 시장 확대는 가능한 한 배제할 필요가 있으며, 그 대신 여유 자금을 기술개발과 여타의 성장가능 사업 분야에 투입할 필요가 있다.

4) 개(Dogs)

낮은 시장성장률과 낮은 상대적 시장점유율을 가진 사업단위를 말한다. 이 사업단위는 시장점유율이 낮아 많은 현금을 창출하지 않지만, 투자를 위한 자금수요도 높지 않으므로 자체적인 운영이 가능하다. 그러나 개라고 불리는 사업 단위는 대체로 수익성이 낮고 시장전망이 어두우므로 가능한 한 빨리 철수하는 것이 바람직하다.

2. BCG 매트리스 유형의 전략

BCG 매트릭스 상에 나타난 4가지 유형의 사업단위들은 각기 다른 전략을 필요로 한다. 4가지 유형의 사업단위들에게 적용될 수 있는 전략은 다음과 같다(그림 2-9).

1) 확대전략(Build)

사업단위의 시장점유율을 증가시키는 전략으로, 사업을 확장하여 스타로 이동시키기로 결정한 물음표에 적절한 전략이다.

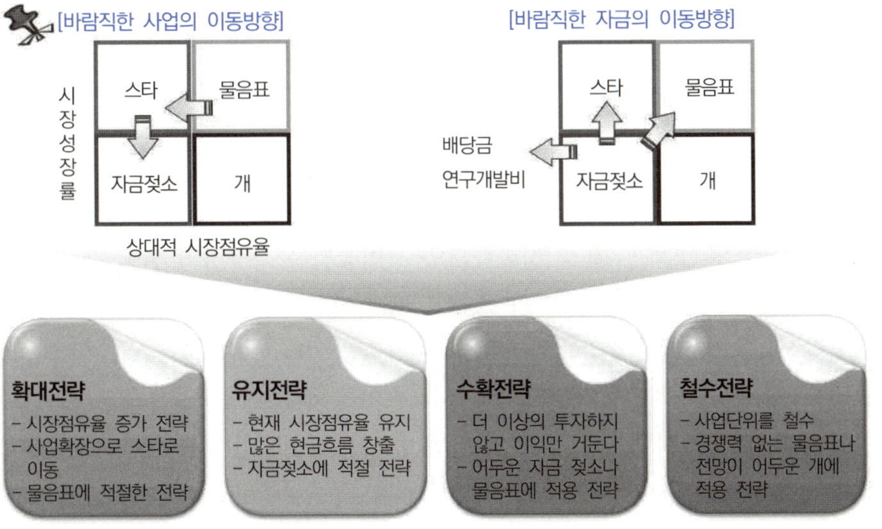

[그림 2-9] BCG 매트릭스 유형의 전략(전시적 전략계획을 수립하는 과정 : 1 → 6단계)

2) 유지전략(Hold)

사업단위의 현재 시장점유율로 유지하는 것으로, 많은 현금 흐름을 창출하는 강한 자금젖소에 적절한 전략이다.

3) 수확전략(Harvest)

사업단위의 단기적인 현금흐름을 증가시키는 것이다. 수확전략은 장래가 어두운 약한 자금젖소나 물음표에 적용되며, 더 이상의 투자를 하지 않고 이익만 거두어들인다.

4) 철수전략(Divest)

사업단위를 처분하는 것으로, 일반적으로 경쟁력이 전혀 없는 것으로 판단된 물음표나 전망이 어두워 기존의 시장점유율을 유지하는 것이 무의미한 개에 적용된다.

일반적으로 전략사업단위는 기업으로부터 많은 자금유입을 필요로 하는 물음표로부터 출발하며, 시장점유율을 확대하는 데 성공한 사업단위는 스타가 된다. 시장성장률이 둔화하기 시작하면, 오늘의 스타는 내일의 자금젖소가 되어 기업을 위해 많은 자금을 창출한다. 결국 자금젖소는 제품수명주기의 쇠퇴기에 접어들면서 개가 된다.

기업은 균형된 사업포트폴리오를 유지해야 하므로, 물음표에 위치한 사업단위들을 지원하기 위하여 자금젖소로 불리는 사업단위들을 충분히 보유하고 있어야 한다. 또한 스타 사업단위도 앞으로 자금젖소가 될 가능성이 크므로 계속 유지해야 한다. 개 사업단위는 가능한 한 처분하는 것이 바람직하지만, 원매자를 찾는 것이 쉽지 않을 수 있다. 그러므로 물음표 사업들을 유지하는 데 필요한 것보다 훨씬 많은 수의 자금젖소들을 보유한 기업은 일부 자금젖소를 처분하는 것도 고려해 볼 수 있다. 왜냐하면 이러한 사업단위들은 다른 기업들의 관심을 끌 만큼 충분히 매력적이므로 비싼 가격으로 쉽게 처분할 수 있기 때문이다.

2.1.4.2 GE 매트릭스 모델

BCG 매트릭스는 각 사업단위의 시장매력도와 사업강점을 측정하기 위해 각각 시장성장률과 상대적 시장점유율을 사용하였으나, 여러 요인에 의해 결정되는 사업의 경쟁우위를 단순히 시장성장률과 시장점유율에 의해 파악하려는 문제점을 갖고 있다. BCG 매트릭스의 이러한 단점을 개선하기 위해 GE는 경영자문회사인 Mckinsey의 자문받아 시장성장률과 시장점유율 이외의 여러 변수를 함께 고려한 산업매력도 - 사업 강점 매트릭스(Industry attractiveness- business strength matrix)라는 전략계획도구를 개발하였다. 산업매력도 - 사업강점 매트릭스는 GE Screening Grid라고도 불리운다. GE의 산업매력도 - 사업강점 분석에서는 각 사업단위들을 산업매력도와 사업강점이라는 두 차원에 의해 평가하고 있다. 각 차원은 여러 요인으로 구성되

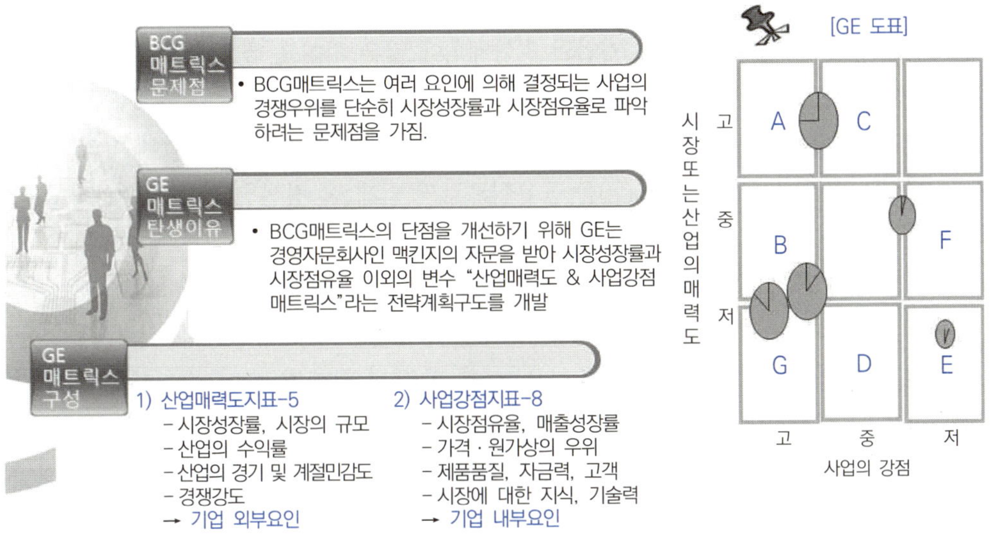

[그림 2-10] GE 매트릭스 산업매력도와 사업강점(전시적 전략계획을 수립하는 과정 : 1 → 6단계)

는 지표(Index)이다.

산업매력도지표(Industry attractiveness index)는 시장성장률, 시장의 규모, 산업의 수익률, 산업의 경기 및 계절 민감도(Cyclicality and seasonality), 경쟁강도 등의 기업외부요인들에 대한 평가를 종합하여 결정된다. 사업강점지표(Business strength index)는 시장점유율, 매출성장률, 가격 · 원가상의 우위, 제품품질, 자금력, 고객 · 시장에 대한 지식, 기술력 등과 같은 기업내부요인들에 대한 평가를 종합하여 결정된다(그림 2-10).

사업단위의 사업매력도와 사업강점은 각각 높음, 중간, 낮음으로 나누어지므로, GE 산업매력도-사업강점 매트릭스는 9개의 칸으로 구성된다. 기업 내 각 사업단위에 대한 산업매력도와 사업강점지표의 값을 토대로 사업단위는 9개의 칸 중 한 곳에 표시된다. 각 사업단위의 위치는 원으로 표시된다. 원의 크기는 각 사업단위가 진출한 산업의 크기를 나타내며, 원내에 진하게 표시된 부분은 각 사업단위의 산업 내 시장점유율을 나타낸다. 전략적 의사결정을 위해 9개의 칸은 크게 세 구역으로 나누어진다. 왼쪽 상단의 세 칸에 위치한 사업단위들은 경쟁력이 있는 사업단위이므로 투자에 의해 지속적으로 성장시켜야 한다(Invest/Grow strategy). 대각선 상에 위치한 세 칸들은 전반적인 매력도에서 중간인 사업단위들을 표시하므로, 경쟁력이 있을 것으로 판단되는 사업단위들에 대해서만 선별적인 투자를 하고, 가능한 현금흐름을 증가시킬 필요가 있다(Selectivity/Earning strategy). 오른쪽 하단의 세 칸은 경쟁력이 약하거나 시장전망이 어두운 사업단위들을 나타내므로 이러한 사업단위로부터 철수하거나 최소한의 투자를 통해 현금흐름을 극대화하는 전략이 바람직하다(Harvest/Divest strategy).

1. 사업포트폴리오 분석기법의 문제점

BCG 매트릭스나 GE 매트릭스는 기업의 전략계획에 많은 기여를 했으나, 이들은 실제 운영상 많은 문제점을 갖고 있다.

첫째, 사업포트폴리오 분석기법은 각 전략사업단위의 자율성을 너무 강조함에 따라, 사업단위들 간에 핵심역량(Core competence)을 공유함으로써 얻게 될 경쟁우위와 사업 기회를 상실하게 되는 문제점을 갖는다.

둘째, 복잡한 성격의 각 사업단위들을 너무 단순하게 시장매력도와 사업강점이라는 두 가지 변수에 의해 평가하고, 이에 따라 단순한 전략대안(확대전략, 유지전략, 수확전략, 철수전략)을 제안함으로써 창의적인 전략적 사고를 키우는 데 방해가 된다.

셋째, BCG 매트릭스의 경우, 경험곡선효과를 과신하여 시장점유율 증대만이 경쟁우위를 확보하는 데 있어 유일한 전략대안인 듯한 인상을 주었다. 규모의 경제를 활용할 수 있는 산업에서는 시장점유율이 경쟁우위의 확보에 매우 중요한 변수이지만, 패션산업과 같이 규모의 경제가 크게 중요하지 않은 산업에서는 시장점유율은 경쟁우위의 결정에 큰 영향을 주지 않을 수 있다(그림 2-11).

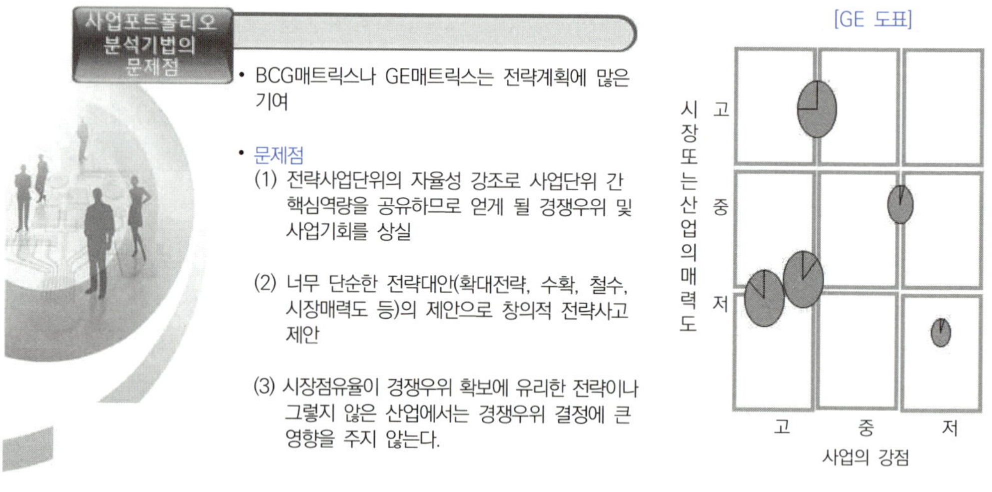

[그림 2-11] 사업포트폴리오 분석기법의 문제점(전시적 전략계획을 수립하는 과정 : 1 → 6단계)

2.1.5 성장전략 수립

기업의 기존 전략사업단위에 대한 포트폴리오 분석이 끝나고 나면, 기존시장확대, 새로운 시장개척, 신제품 개발 등을 포함하는 성장전략을 구사하여야 한다. 과거 국내 맥주시장에서 수년

[기업성장전략의 유형]

집중적 성장전략	통합적 성장전략	다각화전략
1. 시장침투전략	1. 전방통합전략	1. 집중적 다각화전략
2. 시장개발전략	2. 후방통합전략	2. 수평적 다각화전략
3. 제품개발전략	3. 수평적 통합전략	3. 복합적 다각화전략

* 집중적 성장전략과 다각화 성장전략은 제품/시장 매트릭스에 의한 성장전략으로 설명될 수 있다.

[제품/시장 매트릭스에 의한 성장전략]

시장 \ 제품	기존제품	신제품
기존시장	시장침투전략	제품개발전략
신시장	시장개발전략	다각화전략

[그림 2-12] 기업성장전략의 유형(전시적 전략계획을 수립하는 과정 : 1 → 6단계)

간 판매량 1위를 차지할 만큼 누구도 넘보지 못할 정도의 시장점유율을 갖고 있던 하이트진로(주)였지만, 정체 위기의 맥주시장의 활로를 개척하기 위해 다양한 신제품 개발에 노력하고 있다. 이는 기업들이 소비자 욕구의 다양화와 치열한 경쟁상황으로 인해 신규시장의 개척이나, 신제품을 통한 새로운 성장전략을 수립하지 않으면 시장에서 도태되는 무한경쟁환경에 처해 있기 때문이다.

앞서 살펴본 포트폴리오 분석에 의하여 현 사업단위들에 대한 평가가 이루어진 후, 기업은 성장전략을 결정해야 한다. 성장과 관련된 주요 성장전략에는 집중적 성장전략, 통합적 성장전략, 다각화 성장전략의 세 가지 전략이 있다.

2.1.5.1 집중적 성장전략

집중적 성장전략은 기업이 기존시장이나 기존상품을 보다 잘 활용하여 성장을 도모하는 전략으로 신제품 도입, 신시장 개척 등을 통한 성장전략이다. 이 전략은 앤소프(H.I.Ansoff)의 제품·시장 매트릭스에서 시장침투전략, 시장개발전략, 신상품개발전략 등이 있다(그림 2-12).

1. 시장침투전략(Market Penetration Strategy)

기존에 생산·판매해 오던 제품으로 기존시장을 공략하는 전략이다. 자사 제품을 지속적으로 구매해 오던 소비자에게는 구매량 증대를 유도하고, 타사제품 구매자 및 구매 경험이 전혀 없는 사람들에게는 자사 브랜드로의 전환행위 유도와 신규 구매를 유도하는 전략을 구사해야 한다.

예를 들어, "하루에 세 번 양치하세요"라는 치약회사의 광고나, '완전식품'을 강조하는 우유 광고는 제품사용량을 늘리고자 하는 의도를 포함한다.

2. 시장개발전략(Market development strategy)

기존에 생산·판매해 오던 제품으로 새로운 시장을 공략하는 전략이다. 기존제품의 다양한 용도를 유용하게 활용하면 잠재소비자층을 유인할 수 있어서 신규시장 공략이 가능하다. 건성피부를 보호하는 베이비오일이나 겨울철 햇빛을 차단하는 선블록 용품이나 화이트닝 제품들은 기존시장 이외에도 새로운 시장을 개발한 예라 할 수 있다.

3. 제품개발전략(Product development strategy)

기존에 공략해 오던 시장에 대해 새롭게 제품을 개발하여 기존 고객의 신제품 구매를 유도하는 전략이다. 신제품 개발에 대해서는 기존제품과는 전혀 다른 제품의 개발뿐만 아니라 기존제품의 다양한 속성을 새롭게 적용한 제품 등도 포함된다. '건조뿐만 아니라 살균처리기능'이 있는 세탁기나 '빵도 굽는 전자레인지' 등은 기존제품을 발전시켜 새로운 수요를 창출하는 제품들이다.

2.1.5.2 통합적 성장전략

마케팅경로상(공급업체 → 제조업체 → 중간상 → 소비자)에 위치하고 있는 다른 조직이나 기구의 통합을 통한 성장전략이다.

1. 전방통합(Forward integration)

마케팅경로상에서는 소비자 쪽에 이르는 방향이 전방에 속한다. 공급업체, 제조업체, 중간상의 단계에서 어떠한 특정 단위에서 소비자 쪽의 단위를 통합하는 전략이 전방통합에 해당된다. 예를 들어, 제조업체가 유통업체를 통합하는 경우가 이에 속한다. CJ엔터테인먼트는 CJ CGV라는 멀티플레스 극장체인을 보유하고 지방극장의 임차를 통해 직접 통제할 수 있는 스크린 수를 확대해 시장지배력을 강화해가고 있다.

2. 후방통합(Backward integration)

전방통합의 경우와 반대의 흐름으로 통합하는 경우를 말하는데, 유통업체가 제조업체를 통합하거나, 제조업체가 원료공급업체를 통합하는 경우가 이에 속한다. CJ엔터테인먼트사의 드림웍스 제작영화에 대한 독점적 배급권의 소유와 한국영화 제작사들과 투자를 통한 제휴 관계 확대 사례나, 현대자동차의 부품업체와의 제휴관계 강화 등이 이에 해당된다.

3. 수평적 통합(Horizontal integration)

마케팅경로상에서 어떤 특정 단위와 동일한 위치의 경쟁업체를 통합하는 경우로, 홈플러스가 홈에버를 통합한 경우가 이에 속한다.

2.1.5.3 다각화 전략

다각화 전략(Diversification straergy)이란, 기존시장이나 기존상품과 관련이 없는 새로운 시장, 새로운 제품을 통하여 성장을 도모하는 전략이다. 여기에는 세 가지 형태가 있는데 간략히 정리하면 다음과 같다.

1. 집중적 다각화

신제품을 소구하는 소비자 집단이 기존제품의 소비자와 다를지라도 새로 개발되는 신제품이 생산기술이나 마케팅 효율성에서 현재의 제품라인과 시너지 효과를 가질 수 있는 방향으로 선정하는 전략이다.

2. 수평적 다각화

현재의 제품 계열과 기술적으로 관계가 없지만, 현재의 고객에게 소구될 수 있는 신제품을 개발하는 전략이다.

3. 복합적 다각화

현재의 기술, 제품 및 시장과 관련이 전혀 없는 신사업을 개발하는 전략이다.

2.1.6 경쟁전략 수립

한 기업이 경쟁사들보다 높은 수익을 얻는 데에는 크게 원가우위(Cost advantage)와 차별화우위(Differentiation)의 두 가지 방법이 있다. 원가우위전략이란 동일한 품질의 제품을 경쟁사보다 낮은 비용에 생산하여 저렴하게 판매하는 것을 말하며, 차별화우위전략은 경쟁사들이 모방하기 힘든 차별화된 제품을 만들어 경쟁사들보다 비싼 가격으로 판매하는 방법이다.

Porter는 기업이 원가우위와 차별화우위 중 어느 것을 선택하느냐와 그 기업이 전체시장과 특정 세분시장 중 어디를 표적으로 하느냐에 따라 원가우위전략(Cost leadership strategy), 차별화전략(Differentiation strategy), 집중화전략(Focus strategy)의 세 가지 본원적전략(Generic strategy)으로 나누었다(그림 2-13).

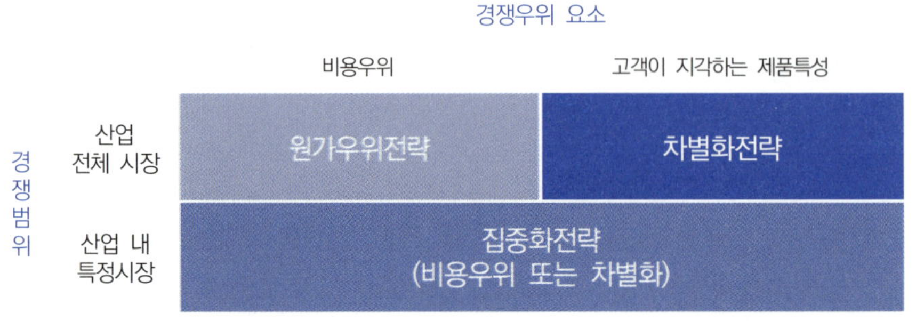

[그림 2-13] 본원적 경쟁전략의 유형(전시적 전략계획을 수립하는 과정 : 1 → 6단계)

2.1.6.1 원가우위전략

기업이 특정산업에서 경쟁우위를 획득하기 위해서는 여러 가지 전략적 방법 중 원가우위전략은 원가우위에 영향을 미치는 여러 가지 수단을 이용하여 특정산업에서의 원가우위를 통해 경쟁우위를 획득하려는 전략을 말하는 것이다. 그러므로 원가우위전략을 추구하는 기업의 목표는 경쟁사보다 더 낮은 가격으로 제품이나 서비스를 생산할 수 있는 모든 방법을 동원하여 경쟁사에 대한 우위를 확보하는 것이다. 이러한 원가우위전략은 다음과 같은 두 가지 측면에서 우위를 확보할 수 있다.

첫째, 경쟁사보다 낮은 가격으로 제품을 공급함으로써 시장점유율을 제고할 수 있으며, 둘째 만약 경쟁사와 유사한 가격으로 제품을 공급하는 경우에는 원가가 낮기 때문에 경쟁사보다 더 높은 이윤을 창출할 수 있다.

하지만 원가주도자는 대체로 제품차별화의 수준이 낮다. 이는 제품차별화에는 추가적인 원가부담이 필요하기 때문이다.

따라서 원가주도자는 차별화를 추구하는 경쟁자의 제품차별화 정도에 비해 뚜렷이 열등하지 않은 정도만이 차별화와 낮은 원가로 가능한 차별화 수준을 목표로 한다. 또한 일반적으로 평균적인 고객을 주 대상으로 하며 시장세분화는 크게 염두에 두지 않는다. 왜냐하면, 서로 상이한 세분화된 시장의 욕구에 맞는 제품개발에는 추가적인 비용이 소요되어 원가우위기반이 상실될 수 있기 때문이다.

이와 같은 이유 때문에 원가절감에만 관심을 기울이다 소비자의 기호변화에 적절히 대응하지 못하여 큰 타격을 입을 수도 있는 전략이기도 하다.

2.1.6.2 차별화전략

원가우위전략이 원가를 낮추는데 주안점을 두는 전략이라면 차별화전략은 그 목적이 제품이나 서비스를 차별화하는 것, 즉 고객에게 자사의 제품이 독특한 것으로 인식되도록 함으로써 경쟁우위를 획득하는 것에 목적이 있는 전략이라고 볼 수 있다. 따라서 원가우위전략을 사용하는 기업들이 낮은 원가로 가능한 수준에서 차별화가 머물렀던 것에 비해 차별화전략을 사용하는 기업들은 고객의 욕구나 행동을 주의 깊게 파악하고, 그들이 무엇에 가치를 두는지 면밀히 분석하여 보다 소비자들이 원하는 가치에 차별화를 두게 된다.

이러한 차별화 방법에는 여러 가지가 있지만 크게 제품의 품질이나 기술 등과 같은 기술적 요인에 의한 기술차별화와 상표 · 광고 · 고객서비스 등과 같은 마케팅활동에 의한 마케팅차별화의 두 측면으로 나누어 살펴볼 수 있다. 그리고 성공적인 차별화는 높은 제품가격을 설정할 수 있고 경쟁사보다 더 많은 제품판매를 통한 시장점유율을 증대시킴은 물론 자사 제품에 대한 고객충성도까지 제고할 수 있다는 장점을 가지게 된다. 이와 같이 차별화는 차별화를 달성하는데 소요되는 비용보다 더 높은 가격으로 제품 판매를 가능하게 함으로써 수익성 향상에 기여를 한다. 하지만, 만약 고객이 차별화의 가치를 인정하지 않는 경우에는 이 모든 것이 무의미해지는 것이며, 차별화의 달성에 필요한 추가적 비용보다 더 높은 가격을 고객에게 부담시킬 수 없을 때에는 수익성의 저하를 초래하게 되기도 한다.

2.1.6.3 집중화전략

앞에서 살펴본 원가우위전략이나 차별화전략은 산업 전체를 대상으로 하는 전략들이었다. 하지만 집중화전략은 특정 구매자집단이나 특정 제품 또는 지역적으로 제한된 시장만을 집중적인 목표를 삼는 전략으로 그 대상부터가 다르다고 할 수 있다. 그러므로 집중화전략의 요체는 고객들이 독특한 요구를 가지고 있는 시장에서의 적소를 선택하는 것에 있다. 이러한 적소는 지리적 영역 · 제품사용에서의 특정요구 · 고객유형 등에 의해 정의될 수 있다. 집중화전략을 사용하는 기업들은 대체로 규모가 작고 한정된 제품 · 시장영역 내에서 차별화 또는 원가우위를 통해 경쟁우위를 획득하는 방법을 택하는 특징을 가지고 있다. 따라서 집중화전략은 다시 원가 집중화와 차별화 집중화로 나눌 수 있게 된다.

집중화전략은 경쟁자들이 이와 유사한 제품을 공급하기 어렵기 때문에 산업 내 타 기업들과의 경쟁을 회피하게 해 주며 구매자의 교섭력도 약화된다. 또한 기업 활동이 고객과 밀착되어 이루어짐으로써 고객의 욕구변화에 대응하기 쉽다는 장점을 가지고 있다.

3 마케팅 환경분석

3.1 환경분석

넓은 의미에서 마케팅환경(Marketing environment)의 개념은 '기업에 영향을 미치는 모든 요인과 기업에 대해서 영향을 미치는 모든 요인의 상황전제'라고 표현할 수 있다.

환경은 기업경영에 영향을 미치는 모든 요소의 집합이라고 할 수 있다. 이들 환경요소는 고객이나 경쟁기업의 행동에서부터 넓게는 산업의 일반적 특성과 함께 정부의 규제와 시장개입을 위한 각종 정책을 포함한다. 환경은 기업에게 있어 위협이자 또는 동시에 기회가 되기도 하며, 환경변화는 기업에게 직·간접적으로 영향을 준다. 즉 동일한 환경변화라고 하더라도 기업의 내부능력이나 환경대처 방식에 따라 위협이 되기도 하고 기회가 되기도 한다. 기회란 기업이 적정하게 대응할 경우 기업의 목표달성에 긍정적 영향을 줄 가능성이 있는 사건이나 추세를 의미하며, 위협은 기업이 적절하게 대응하지 못할 경우 기업의 목표달성에 부정적인 영향을 줄 가능성이 있는 사건이나 추세를 의미한다.

환경분석은 첫째, 기업을 둘러싸고 있는 거시적 환경에 대한 분석을 통해 기업의 목표달성에 영향을 줄 수 있는 사건이나 추세를 파악하거나 예측하고 둘째, 이들이 기업에 미치는 영향을 평가함으로써 기회와 위협을 파악하는 데 그 목적이 있다. 환경분석에 있어 경영자들에게 요구되는 중요한 과제는 환경위협에 대해 적절히 대처하면서 환경에 잠재되어 있는 기회를 적극적으로 활용하는 것이다. 이 책에서는 환경분석을 외부환경과 내부환경으로 나뉘어서 분석하여 우리 기업의 SWOT 분석을 통해 CSF(핵심성공요인)과 KPI(핵심성과지표)를 도출시키는 방법에 대해서 고찰해 보고자 한다.

환경분석의 궁극적 목적은 주변 환경의 변화추세 및 그 원인을 확인함으로써 변화에 환경대응적인 보다 효과적인 전략을 개발하는 데 그 목적이 있으며, 기업의 일반적인 환경분석은 정치적·법적, 경제적, 사회·문화적, 기술적인 환경변화와 변화요인들을 분석함으로써 주변 환경의 변화추세 및 일반적인 동향을 파악하는 것이다. 이처럼 기업은 환경분석을 통해 전략수립에 필요한 유효한 정보를 얻을 수 있다. 예를 들면 환경분석을 통해 목표시장에 대한 이해를 높일 수 있는데 구체적으로 앞으로 어떤 시장의 성장 가능성이 높으며, 어떤 시장이 생성하고 있는가에 대한 정보를 얻을 수 있다(그림 2-14).

이러한 정보는 어떤 시장에 어떤 제품을 판매하여야 할 것인가에 대한 의사결정을 가능하게 해준다. 이러한 의사결정이 바로 전략수립과 실행에 있어서 핵심과제가 된다. 따라서 결론적으로 기업은 가능한 정확한 환경분석을 통하여 손익이나 위험부담에 대한 용기를 갖고 자주적인

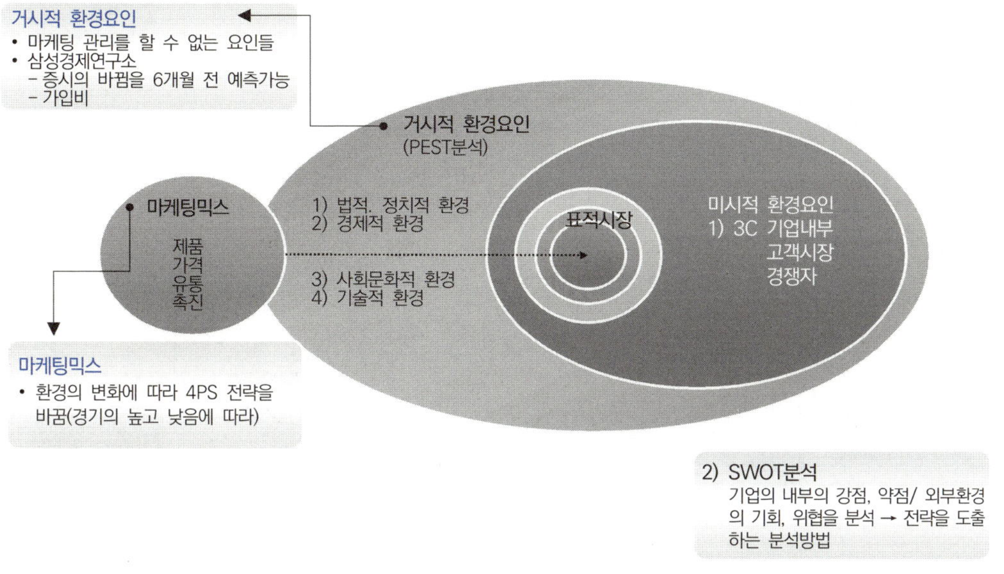

[그림 2-14] 마케팅 환경

규제력으로 환경에 도전하려는 개척정신과 주변 환경에 대응할 수 있는 전략적 경영을 통하여 기업이익뿐만 아니라 기업의 사회적 책임을 완수함으로써 세계 속의 기업으로 발전해 나가는 것이다.

3.2 거시적 환경분석(PEST분석)

기업은 새로운 사업에 진출하는 데 있어 거시적 환경요인으로는 크게 정치적 · 법적 환경, 경제적 환경, 사회문화적 환경, 기술적 환경에 영향을 받는다.

첫째, 정치적 · 법적 환경 내에서의 규제활동은 제품개발에서부터 추진에 이르기까지 마케팅의 모든 측면에 영향을 미친다. 특히 우리 회사가 진출하려는 사업에 정부의 규제 중 독과점 금지, 소비자 보호, 환경보호의 규제가 있는지 기업은 엄밀하게 분석해 보아야 한다.

둘째, 경제적 환경으로 원재료, 가격, 임금, 세금, 이자율, 임대료, 소득의 변화, 실업률의 증가 등은 우리 기업의 새로운 사업에 진출하는 데 있어 부정적인 요소가 되므로 파악해 보아야 한다.

셋째, 사회문화적 환경으로 맞벌이 부부의 증가, 가족 구성원의 감소, 독신, 분가, 이별, 사별과 같은 사회문화적 환경이 증가하므로 인해 우리 기업에 영향을 줄 수 있다.

넷째, 우리 기업이 처한 기술적 환경이 개선단계인지 복합단계인지 와해단계인지에 따라서 우리 기업이 성장가능성을 파악할 수 있다(그림 2-15).

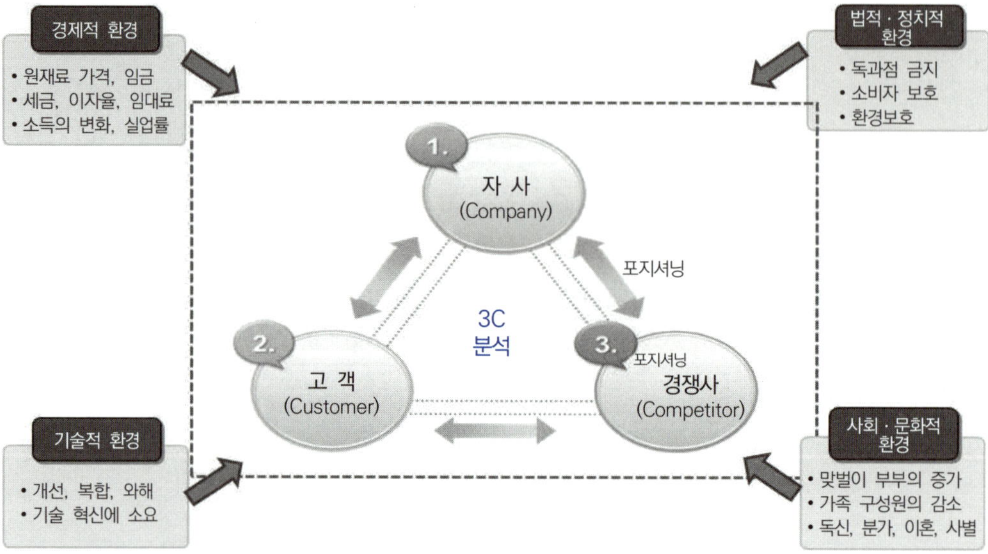

[그림 2-15] PEST분석과 3C분석

3.3 미시적 환경분석(3C분석)

미시적 환경은 기업과 밀접한 관계를 가지면서 기업의 마케팅활동에 영향을 줄 수 있고, 고객과 상호작용을 하면서 교환관계를 구축하고 유지하며, 발전시키는데 직접적으로 영향을 미치는 조직 및 세력들로 구성되어 있다. 미시적 환경요인으로는 자사분석(기업내부), 고객 및 시장환경에 대한 분석, 경쟁자와 경쟁우위 분석 등의 환경요인들로 구성되어 있는데, 각 요인이 마케팅전략의 계획과 실행에 어떠한 영향을 미치는지를 살펴본다(그림 2-15).

3.3.1 자사분석

마케팅 전략수립은 환경분석과 더불어 기업의 내부능력에 대한 평가를 바탕으로 이루어진다. 외부환경의 좋은 기회도 이를 활용할 수 있는 기업의 내부능력이 없다면 무용지물에 불과하다. 이러한 측면에서 내부환경분석은 환경분석과 함께 경영전략 수립에 있어 중요한 요소가 아닐 수 없다. 기업내부에 대한 분석은 기업내부의 자원에 대한 분석을 통하여 강점과 약점을 파악하여 산업분석에서 파악된 주요성공요인(Critical Success Factor)과의 적합성을 이루는 전략을 수립하는 데 있어 기초자료를 마련하려는 데 있으며, 기업의 현재 및 미래의 경영능력을 진단하여 Vision을 실현할 수 있는 능력을 파악하고 그 결과를 통해 기업의 강점과 약점을 도출하는

데 그 목적이 있다. 따라서 현재 수행하고 있는 전략적 사업단위 또는 개별사업 단위가 속해 있는 산업환경이 사업수익을 얻는 데 있어서 기회적인 요소를 얼마만큼 가지고 있으며 개별사업 단위가 동종 산업의 경쟁기업의 사업단위와 비교분석해 볼 때 더 높은 수익과 성과를 얻을 수 있은 경쟁우위를 접하고 있는지 평가하여 경쟁우위를 점할 수 있는 전략을 선택하여야 한다.

3.3.1.1 시장성과 분석

시장성과 분석은 시장점유율(Market share) 분석이라고도 한다. 시장점유율 분석은 기업의 내부를 평가하는 가장 보편적이고 쉬운 평가 방법으로서 시장의 점유율을 가지고 기업의 내부를 평가하는 것이다.

[그림 2-16]에서 제시한 시장점유율 분석 사례를 보면 기업은 전체시장에 대한 마케팅을 전개하는 데는 한계가 있다. 마케팅을 통해 대응을 할 수 있는 범위와 대응을 못 하는 범위로 나누어지게 되고 대응을 할 수 있는 범위가 60%라면 60%의 시장에 마케팅한다고 모두 자사의 고객이 될 수는 없다. 그러므로 60% 중 타사와의 경쟁을 통해서 우리 회사의 고객으로 만들 수 있는 50%의 고객, 즉 30%의 고객만이 우리 기업의 시장점유율이라고 할 수 있다. 이렇게 형성된 시장점유율 30%를 분석해서 오른쪽 누출시장분석 사례를 보면 30%의 소비자 중 20%만이 마케팅을 통해서 확보한 고객이며 10%는 마케팅을 하지 않았어도 확보할 수 있었던 고객이라는

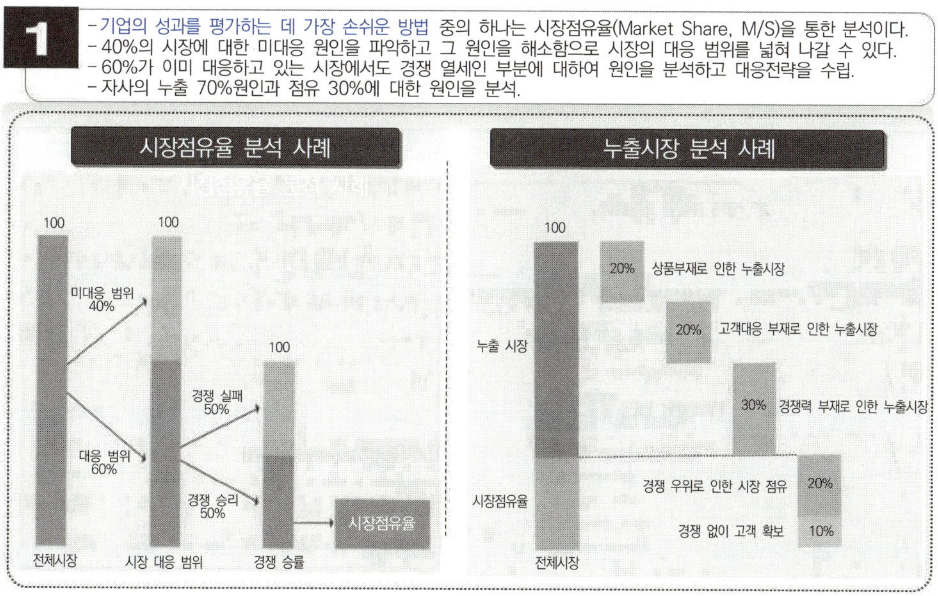

[그림 2-16] 시장성과 분석

결론을 얻을 수 있다. 또한 70%의 다른 경쟁사에게 누출된 소비자를 분석해 보면 자사의 상품의 종류가 부재해서 타 브랜드를 찾았다는 고객이 20%이고 고객에 대한 대응이 미숙해서 타 브랜드를 찾았다는 고객이 20%를 차지하였으며 타 브랜드에 비해 디자인과 품질과 같은 속성에 대한 경쟁력이 부족했다는 고객이 30%와 같은 방식으로 분석하는 방법을 시장점유율에 의한 분석이라고 한다.

시장점유율에 의한 분석을 통해서 우리 고객이 타 브랜드를 찾는 이유가 무엇인지를 파악하여 어떤 부분을 개선하여 매출을 더욱 증대시킬 것인지 파악하고 앞으로의 우리 기업이 나아가야 할 방향을 손쉽게 알 수 있는 분석이라고 할 수 있다.

3.3.1.2 기업의 가치사슬 분석

가치사슬(Value chain)이란 고객에게 가치를 제공하면서 부가가치 창출에 직 · 간접적으로 관련된 일련의 활동 · 기능 · 프로세스의 연계를 의미한다. 가치사슬은 하버드대 마이클 포터 교수에 의해 전략에 있어서의 일반화된 가치사슬은 전략적 단위활동을 구분하여 자사의 강점과 약점을 파악하고 원가 발생의 원천 및 경쟁기업과의 현존 및 잠재적 차별화 원천을 분석하기 위해 개발된 개념이다.

가치사슬 분석은 회사의 경쟁하는 방법을 검증하는 중요한 기법으로서 회사 전체의 Business

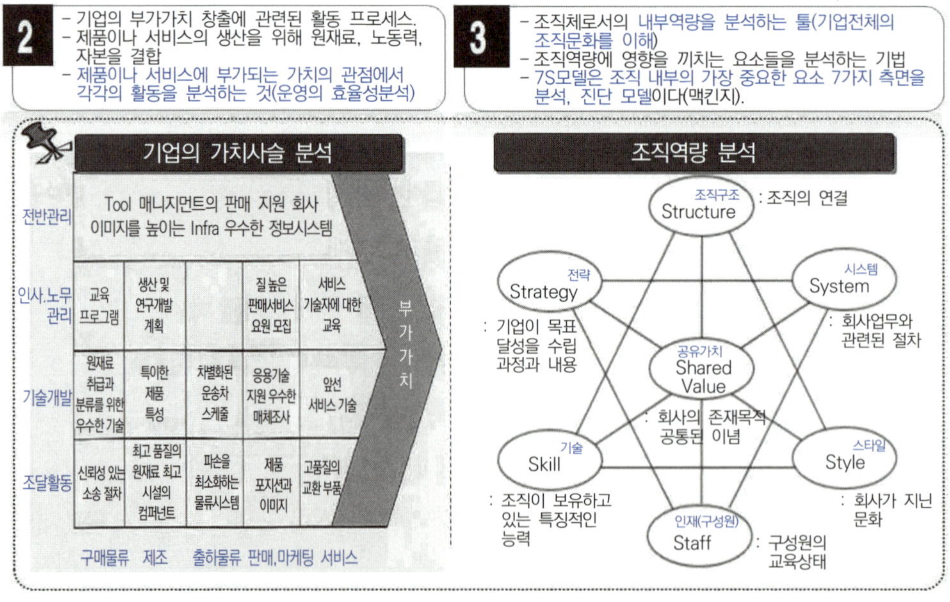

[그림 2-17] 가치사슬 분석과 조직역량 분석

process와 활동을 연구하고, 정해진 프로세스에 대한 Cost의 할당과 서로 다른 프로세스에 의해 발생된 가치를 결정한다. 이러한 부분이 Cost(원가), Speed(속도), Efficiency(효율성)를 분석하여 경쟁우위 구축을 위한 도구로 활용된다는 것에 그 의미가 있다. 가치사슬 분석에 있어서 각 가치 활동들을 상호 독립적 활동들로 분리하여 분석해서는 아니 되며, 상호 이론적 활동으로 그 연계를 통한 시너지효과를 고려하여 분석하여야 한다.

가치시스템의 경쟁우위는 가치시스템 참여 기업들의 집단인 산업의 경쟁우위를 결정하게 되며, 회사의 경쟁우위 평가는 자사의 가치사슬, 공급자의 가치사슬, 전방 채널 참가자의 가치사슬을 포함하여 가치시스템에 대한 이해를 필요로 한다. 가치사슬 분석은 최종 사용자에게 제공되는 제품이나 서비스를 형성하는 모든 활동에 대한 전략적 우위 및 열위를 결정함으로써 경쟁우위를 평가하는 하나의 방법이다(그림 2-17). 이러한 활동들은 회사의 활동뿐만 아니라 회사 밖 외부기업들인 공급자 · 유통업자 · 물류업자 · 처리 업자를 포함하며, 회사는 고객에게 Focus된 프로세스를 창출하는 전체 가치사슬의 한 부분이다.

가치사슬 분석은 최고의 경쟁우위를 가져오는 가치사슬의 조합으로 가치사슬 분석의 핵심개념은 기능적 구조에 대한 강조를 줄이고, 제품 투입과 함께 시작하여 제품 산출 및 고객으로 종결되는 조직에 대한 수평적 관점인 프로세스 시작을 채택하는 것이다.

3.3.1.3 조직역량 분석

조직에 대한 내부역량을 분석하는 분석 방법으로서 조직역량에 끼치는 요소를 분석하는 기법을 말하며 7S 모델이라고 하며 조직 내부에서 가장 중요한 요소 7가지 측면을 분석 진단하는 모델로서 맥킨지(Mckinsey)에서 개발한 모델 분석방법이다.

조직문화가 무엇으로 구성되어 있는지에 대한 이해를 돕기 위해 7S 개념이 많이 활용된다. 7S 개념에 의하면 조직문화란 공유가치(Shared Values), 전략(Strategy), 조직구조(Structure), 시스템(System), 스타일(Style), 인재(Staff), 기술(Skill)의 일곱 가지 요소로 구성되어 있다고 본다. 여기에서 전략과 조직구조는 조직의 하드웨어에 해당되고, 스타일, 시스템, 인재, 기술, 공유가치는 소프트웨어에 해당되는데, 특히 소프트웨어의 중요성을 강조하고 있다. 다시 말해, 조직 내에서 일이 수행되는 방식이 구조나 전략 못지않게 중요하다는 것이다. 스타일은 조직구성원들을 이끌어가는 관리 및 리더십 스타일을 일컫는다.

시스템은 의사결정과 운영의 틀이 되는 제도와 절차 등을 말한다. 예를 들어, 보상제고, 인사평가제도, 정보시스템, 의사결정 시스템 등이 포함된다. 이들 요소가 일관성 있게 연결되어 있을수록 강력한 문화를 형성하게 되고 이는 조직의 성과를 결정짓는 역할을 한다. 즉 조직이 추구하고자 하는 기본적인 공유가치와 전략, 조직구조, 운영 시스템, 경영스타일 등이 '따로따로'가 아니라 밀접하게 조화되어 일관성을 견지해야 한다.

이러한 7가지의 7S를 가지고 자사를 분석하는 방법을 조직역량 분석이라고 한다(그림 2-17).

3.3.1.4 자원과 역량 분석

자원과 역량 분석은 기업을 분석할 때 기업이 보유하고 있는 '자원과 조직원의 역량'을 가지고 자사를 분석하는 방법을 '자원과 역량 분석'이라고 한다. 기업의 자원은 형태가 있으며 '유형자산'이라고 하고 형태가 없으면 '무형자산'이라고 하며 유형자산으로는 기계, 장비, 물리적 자산, 가시적 자원이 있으며 무형자산으로는 기업의 명성, 기술, 노하우, 비가시적 자원 등이 있다.

자원과 역량 분석은 [그림 2-18]에서 제시한 바와 같이 기업의 자원 중 재정, 기술, 공장과 설비, 위치, 유통망과 조직이 가지고 역량 중에 상품개발, 구매, 공학, 제조, 재정관리, 연구개발, 마케팅과 영업, 정부와의 관계의 요소를 가지고 조직원들에게 마케팅조사를 통해 우리 기업의 전략적 중요도와 상대적 강점이 무엇인지를 분석하여 자사의 전략적 중요도와 상대적 강점을 분석하는 방법을 '자원과 역량 분석'이라고 한다.

4

- 기업이 보유하고 있는 자원은 유형/무형자원으로 구분
- 유형자원: 기계, 장비, 물리적 자산, 가시적 자원
- 무형자원: 기업의 명성, 기술, 노하우, 비가시적 자원

4. 자원과 역량 분석

구 분	재 화	전략적 중요도	상대적 강점
자원	R1: 재정(Finace)	6	4
	R2: 기술(Technology)	7	5
	R3: 공장과 설비(Plant&Equipment)	8	8
	R4: 위치(Location)	7	4
	R5: 유통망(Distribution Network)	8	5
역량	C1: 상품개발(Product Development)	9	4
	C2: 구매(Purchasing)	7	5
	C3: 공학(Engineering)	7	9
	C4: 제조(Manufacturing)	8	7
	C5: 재정관리(Financial Management)	6	3
	C6: 연구개발(R&D)	6	4
	C7: 마케팅과 영업(Marketing&Sales)	9	4
	C8: 정부와 관계(Government Relations)	4	9

5

- 기업은 성장성, 수익성, 안정성, 활동성 등을 통해 재무구조의 건전성을 분석하고 어떤 부분이 취약하고 경쟁사와 장단점이 있는지 알고 보완해야 한다.
- 재무비율 분석
  1) 안정성비율
     (1) 유동성비율: 자산을 현금화 만드는 능력
     (2) 레버리지비율: 타인자본의 의존도
  2) 활동성비율: 특정자산을 얼마나 효율적으로 이용하는지 측정
  3) 수익성비율: 경영의 종합적 성과 측정
  4) 성장성비율: 해당산업에 성장에 비해 상대적 지위의 향상여부
  5) 시장가치비율: 기업에 대한 자본시장의 평가

4. 기업의 자원과 역량 평가 사례-폭스바겐

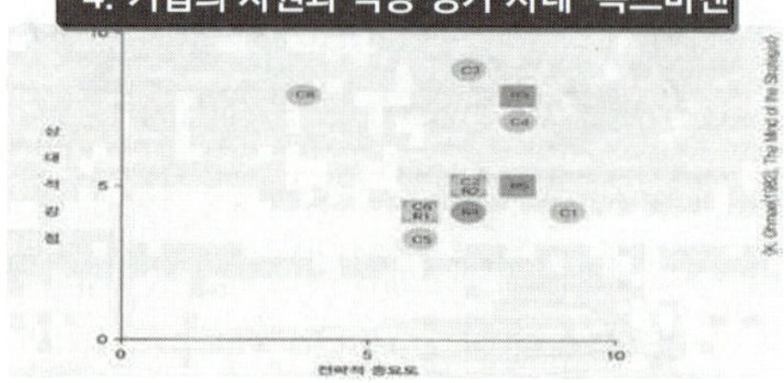

[그림 2-18] 자원과 역량 분석과 재무 분석

3.3.1.5 재무비율 분석

재무비율 분석의 기본은 재무제표상의 회계적 데이터를 기초로 한 기업활동의 건전성을 평가하는 것으로서 일반적으로 안정성비율(유동성비율, 레버리지비율), 활동성비율, 수익성비율, 성

장성비율, 시장가치비율의 5가지 카테고리로 분석한다(그림 2-18).

재무비율의 분류는 사용자에 따라 다소 차이가 있지만 여기서는 다음과 같이 5가지 종류로 구분한다.

1. 안정성비율

1) 유동성비율(Liquidity ratios)

자산을 현금화로 만들 수 있는 능력으로 기업의 단기채무의 상환능력을 측정하는 비율로서 지급능력 비율(Solvency ratios)이라고도 한다.

2) 레버리지비율(Leverage ratios)

타인자본 의존도를 나타내는데 장기부채의 원리금 상환능력 또는 기업의 안전성을 의미한다.

2. 활동성비율(activity ratios)

기업의 활동은 자산에 의해 움직이는데 특정자산을 얼마나 효율적으로 이용하고 있는지를 측정한다는 뜻에서 효율성비율(Efficiency ratios)이라고도 한다.

3. 수익성비율(Profitability ratios)

경영성과를 말하며 사업에 투하된 자본이나 매출활동에 대한 수익으로 일정기간 동안 경영활동의 성과를 종합적으로 측정한다.

4. 성장성비율(Growth ratios)

경제나 해당산업의 성장에 비해 상대적 지위가 얼마나 향상되고 있는지를 나타낸다.

5. 시장가치비율(Market value ratios)

기업에 대한 자본시장의 평가를 말하며 증권시장에서 형성된 주식가격을 기준으로 측정한 비율로서 기업에 대한 자본시장의 평가를 반영하는 비율이다. 주식가격은 앞으로 기대되는 위험과 수익을 감안하여 결정되므로 다른 비율들이 이미 실현된 실적을 평가하는 것이라면 시장가치비율은 미래의 전망을 반영한다고 볼 수 있다.

3.3.2 고객 및 시장환경에 대한 분석

마케팅의 대상인 고객에 대한 분석은 기업의 생존과 성장을 위한 가장 중요한 분석활동 중 하나이다. 대부분 기업은 적절한 재화와 서비스로 한 개 혹은 그 이상의 고객시장의 욕구를 충족시키려고 노력하면서 기업활동을 수행한다. 이러한 고객시장들은 그 특성에 따라 서로 다른 시장의 욕구와 필요를 갖고 있기 때문에, 마케팅관리자들은 각 시장과 관련된 마케팅전략에 필요한 의사결정 시에 주의를 기울여야 한다.

3.3.2.1 산업구조 분석

경제 환경의 변화와 발전은 기업으로 하여금 혁신을 끊임없이 요구하게 되었고 이러한 혁신을 이루어내는 과정에서 산업의 변화 내지 진화에 대해 미치는 효과를 분석한 것이 산업구조 분석이라고 할 수 있다.

산업을 구성하는 기업들은 행동규칙의 차이와 탐색하고 적응하는 능력의 차이 등으로 인해 이질성을 지닐 수밖에 없고 이는 기업성과의 차이로 나타난다. 결국 기업은 시장경쟁에서 살아남거나 더 큰 성과를 얻기 위해서 끊임없는 혁신을 추구하게 되며 그 성과에 따라 선별되거나 쇠퇴하게 된다.

이러한 과정을 거치면서 산업전체에 있어서도 진화가 나타나게 되며, 산업의 고유한 특성에 따라 선별환경도 달라지기 때문에 각 산업 사이에도 이질성이 나타날 수밖에 없다.

산업진화에 따라 마이클 포터가 제시한 5가지 영향요인들이 변하고, 이에 따라 환경으로부터의 기회와 위협요인들이 달라질 수 있다. 이를 구체적으로 설명하면 다음과 같다(그림 2-19).

1. 신규 진입자

도입기에서는 기술적 지식이 잠재적 경쟁자들에게 가장 큰 진입장벽이 된다. 즉 확고한 기술적 지식을 보유함으로써 잠재적 경쟁자의 진입위협을 감소시킬 수 있다. 따라서 기술적 지식은 선도기업으로서의 이점을 누리게 하는 가장 큰 요인이 된다. 이 기술적 지식은 빠른 기간 내에 잠재 경쟁자에 의해 파악되어 그 효력을 상실할 수 있음에 유의해야 한다. 성장단계에서는 진입장벽으로서 기술적 지식의 중요성이 감소하는 반면 이를 대체할 만한 새로운 진입장벽이 많지 않다. 왜냐하면 규모의 경제나 상표충성도의 구축이 아직 충분하게 이루어지지 않기 때문이다. 따라서 성장단계에서는 기존의 기업들이 진입위협을 가장 크게 느끼게 된다. 하지만 시장성장 속도가 빠른 경우 신규진입으로 인한 위협이나 압박감을 실제로 느끼지 않고 넘어가는 경우가 많다. 성장기와 성숙기에서는 진입장벽이 대체로 높기 때문에 잠재적 경쟁자의 진입위협이 대체로 감소한다. 이 시기에 기업들은 시장성장의 둔화 속에서 살아남기 위하여 원가효율화와 상표충성도 구축에 총력을 기울이며, 이에 따라 잠재적 경쟁자들의 진입이 꺼려진다.

2. 산업 내 경쟁자

산업이 진화함에 따라 기존 경쟁자들과의 경쟁의 강도와 특징이 변화한다. 도입기와 성장기에서는 경쟁정도가 낮은 편이다. 도입기의 경우 기업들은 제품설계와 같은 기술적 문제에 몰두하여 소비자들에게 자신의 제품을 알리는 데 역점을 둔다. 그리고 성장기에서는 수요가 급격하게 증가하므로 경쟁사 간 시장점유율 경쟁 없이도 적절한 수익을 확보할 수 있다. 그러나 현명한 경영자라면 바로 성장의 호조건을 이용하여 앞으로 치열해질 경쟁에 미리 대비해야 한다. 성장기에서는 경쟁이 심화된다. 이 단계에서는 성장률이 둔화되기 때문에 과잉공급 현상이 일어나고, 그 결과 가격경쟁에서는 감소하는 시장수요에서 살아남으려면 경쟁은 더욱 치열해진다. 이때 경쟁의 강도는 수요 감소의 속도와 퇴출장벽의 크기에 따라 달라진다.

3. 공급처 교섭력

산업이 진화함에 따라 구매자와 공급자와의 교섭력(Power)은 변화한다. 산업이 성숙단계로 접어 들어감에 따라 기업은 거대해지고 독과점의 형태를 띠는 경향이 있다. 이 경우 기업의 수요자 및 공급자에 대한 교섭력은 증가한다. 반면에 공급자는 기업에게 가격인상을 요구

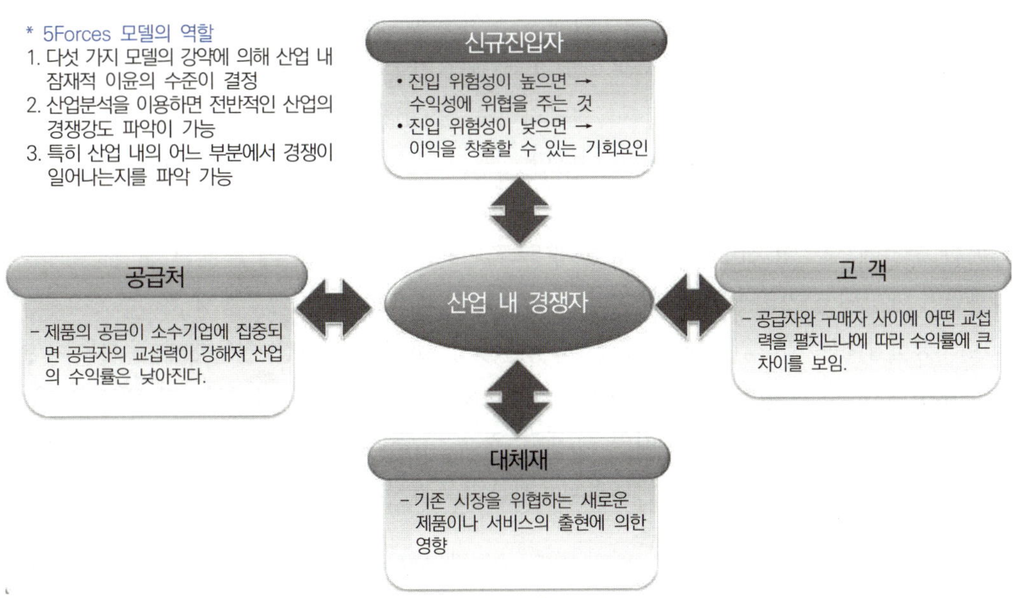

[그림 2-19] 산업구조 분석

할 만한 힘이 줄어들게 되며 소비자 입장에서도 가격인하나 품질향상을 요구할 힘이 줄어들게 된다.

4. 대체재의 위협

대체재의 위협은 소비자가 얼마나 그 기업의 상표에 충성도를 보이느냐 따라 그 강도가 달라진다. 즉 상표충성도가 높을수록 소비자가 대체재로 전환할 위험이 적어진다. 일반적으로 산업이 성숙기에 이르면 기업들은 제품차별화와 상표충성도 구축에 많은 노력을 기울인다.

5. 고객 교섭력

고객의 교섭력에 의해서 산업의 수익률이 영향을 받는데, 공급자와 고객 사이에서 어떠한 교섭력(Power)을 펼치느냐에 따라 수익률이 큰 차이를 보인다고 제시하고 있다. 특히 Switching cost라는 용어를 제시하고 있는데, 기존의 공급자를 신규 공급자로 바꿀 경우 어느 정도의 전환비용이 필요하게 되며, 전환비용의 크기가 크면, 공급자의 교섭력이 강화될 수 있고, 비용이 적으면 고객의 교섭력이 강화될 수 있다.

3.3.3 경쟁자 및 경쟁우위 분석

'경쟁전략'이란 경쟁자에 비해 상대적으로 우월한 경쟁우위전략을 개발하는 것을 말하며 이러한 경쟁전략을 도출하기 위해서는 경쟁자와 경쟁상황에 대한 정확한 인식이 먼저 이루어져야 한다. 경쟁자란 특정 시장의 고객들의 비슷한 욕구를 만족시키는 제품이나 서비스를 공급하는 기업들을 말하며 현재 존재하지 않거나 전략적인 목적 아래 또는 기존의 상표 · 유통경로 · 기술력 등을 이용하여 시장에 진입할 경우 상당한 상승효과를 거두면서 강력한 경쟁자로 부각되는 기업을 의미한다.

어떠한 산업에 새로이 진출하는 기업이 주는 위협 정도는 그 산업에 내재된 진입장벽과 신규 진출기업이 예상되는 기존 업체들의 여러 가지 형태의 대응방법에 의해 경쟁구조가 좌우될 수밖에 없다. 경쟁상대는 제품의 형태나 종류에 상관없이, 소비자의 입장에서 대체가능성이 있다면 모두 경쟁상대가 될 수 있다. 대체가능성이 높을수록 더욱 위협적인 경쟁상대가 되고, 낮을수록 덜 위협적인 경쟁상대가 된다. 하지만 대체로 경쟁은 4가지 범주로 나누어 살펴볼 수 있다. 제품의 형태, 제품의 범주, 본원적인 편익, 예산의 4가지가 있다(그림 2-20).

3.3.3.1 제품의 형태에 따른 경쟁

제품 형태에 따른 경쟁이란 유사한 형태를 가진 제품 간의 경쟁을 말한다. 예를 들어, 삼성전자와 애플의 경우 스마트 폰의 디자인을 가지고 경쟁을 한다.

3.3.3.2 제품 범주에 따른 경쟁

제품 범주에 따른 경쟁은 제품 형태에는 다소 차이가 있지만, 기본적으로 동일한 범주에 속하는 제품 간의 경쟁을 말한다. 제품 형태에 따른 경쟁 다음으로 치열한 경쟁이 발생한다. 예를 들어, 전기면도기 회사의 제품과 일회용면도기 회사의 제품은 제품의 형태와 재질에서는 다소 차이가 있으나 면도를 한다는 부분에서는 동일한 범주의 제품이라고 할 수 있다.

3.3.3.3 본원적 편익에 따른 경쟁

본원적 편익에 따른 경쟁이란 형태나 범주는 다르지만, 소비자에게 기본적으로 동일한 편익을 제공하는 제품 간의 경쟁을 말한다. 예를 들어, 에어컨의 경우 더운 여름 소비자에게 시원한 바람을 통해 시원한 공간을 유지시키므로 편익을 제공한다. 또한 형태나 범주는 다르지만 제습기의 경우도 제습기를 통해 공기 중의 더운 습기를 끌어들여 공기를 습하지 않게 만들어 주고 선풍기를 틀면 에어컨과 같은 시원함을 통해 소비자들에게 더운 여름에 시원함이라는 편익을 줄 수 있다.

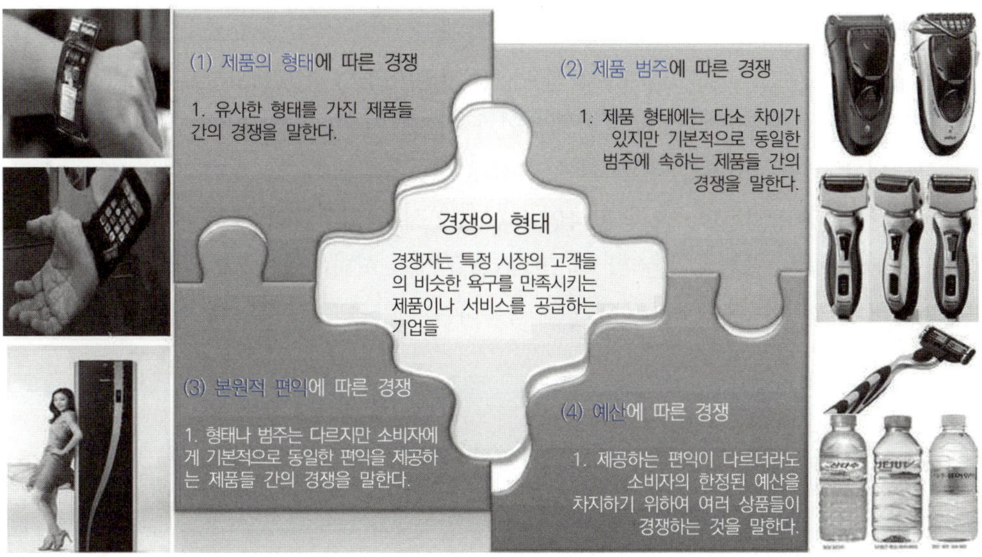

[그림 2-20] 경쟁자 및 경쟁우위 분석(Competitor analysis) - 1. 3C 분석

3.3.3.4 예산에 따른 경쟁

예산에 따른 경쟁은 제공하는 편익이 다르더라도 소비자의 한정된 예산을 차지하기 위하여 여러 상품이 경쟁하는 것을 말한다. 예산에 따른 경쟁은 그 범위가 너무 넓기 때문에 특별한 경우가 아니면 마케터에게 유용한 지침을 제공하지 못한다. 예를 들어, 생수를 구매할 때 우리는 가격을 보고 제품을 구매한다면 제품의 가격에 의해 생수기업들은 경쟁을 하게 되는 것이다.

3.4 SWOT 분석

3.4.1 SWOT 분석

SWOT는 강점(Strength), 약점(Weakness), 기회(Opportunity), 위협(Threat)의 머리글자를 모아 만든 단어로 경영전략을 수립하기 위한 분석 도구이다. 내적인 면을 분석하는 강점 · 약점 분석과 외적 환경을 분석하는 기회 · 위협 분석으로 나누기도 하며 긍정적인 면을 보는 강점과 기회 그리고 그 반대로 위험을 불러오는 약점 · 위협을 저울질하는 도구이다. 보통 X · Y축으로 2차원의 사분면을 그리고 각각 하나의 사분면에 하나씩 배치하여 연관된 사항들을 우선순위로 배치한다. 이러한 분석을 통해 경영자는 회사가 처한 시장상황에 대한 인식을 할 수 있으며 앞으로의 전략을 수립하기 위한 중요한 자료로 삼을 수 있다. 이 방법은 스탠퍼드 대학에서 1960년대와 1970년대에 포춘지 선정 500대 기업들을 연구하면서 얻게 된 결과를 바탕으로 알버트 험프리가 고안해낸 내 · 외부 환경분석 방법의 하나이다.

SWOT분석은 전략적인 분석수단으로서 외부환경의 기회요인(Opportunity factor)과 위협요인(Threat factor) 그리고 기업내부의 강점(Strength)과 약점(Weakness) 간의 적합한 연결을 통해 외부환경 분석에서 도출되는 기회요인과 위협요인 및 내부 분석에서 도출되는 강점과 약점을 하나의 틀 속에 결합함으로써 기업의 전체 상황을 평가하고, 효과적인 전략을 수립하는 데 도움을 주는 분석기법이다. 다시 말하면 SWOT분석은 외부환경 분석을 통하여 기회요인과 위협요인을 파악하고, 기회요인은 활용하고 위협요인은 회피하며, 내부분석을 통하여 강점과 약점을 파악하여 강점은 강화시키며 약점은 극복하는 전략을 수립하는 데 이용하는 분석기법이다(그림 2-21).

3.4.2 CSF 분석

3.4.2.1 CSF

기업이 지속적으로 생존하고 번영하기 위한 가장 중요한 성공요소를 말하며 SWOT분석을

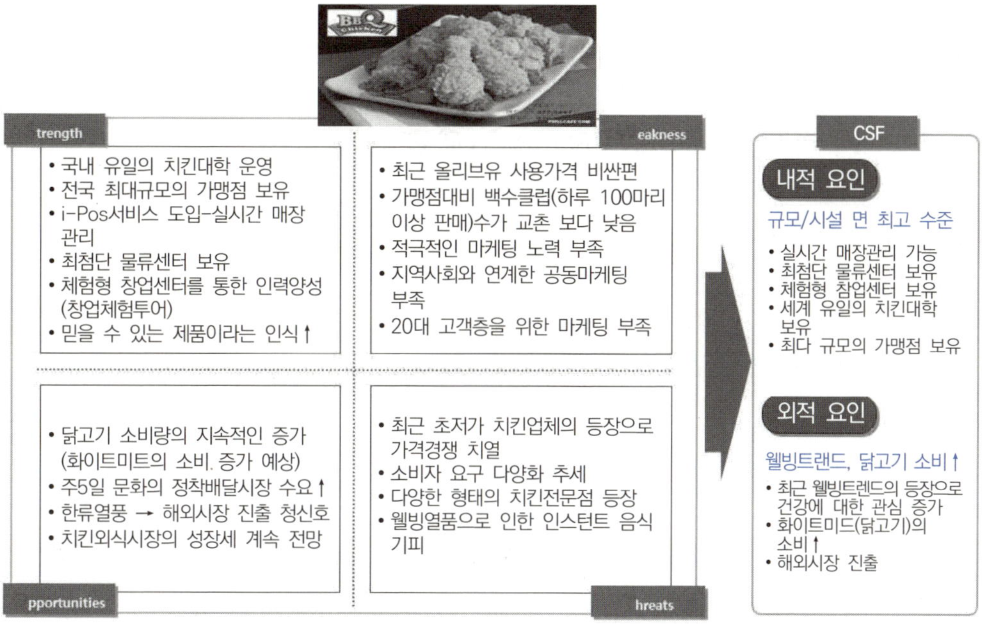

[그림 2-21] SWOT 분석-2. SWOT 분석

통해서 핵심성공요인을 도출시킨다.

3.4.2.2 KPI

기업이 SWOT분석을 통해 도출시킨 CSF(Critical Success Factor : 핵심성공요인)을 구체적으로 수행하기 위해 팀과 조직원에게 제공하는 계량적이고 구체적인 지표를 KPI(Key Performance Indicator : 핵심성과지표)라고 한다.

3.4.2.3 BSC

BSC(Balanced Score Card : 균형잡힌 평가도구, 조직)는 체계적인 성과보상관리를 위한 대표적인 방법론으로서, 4가지 관점(재무, 고객, 프로세스, 학습과 성장)의 KPI를 통하여 조직구성원들에게 전사 비전 및 전략과제 달성을 위해 자신들이 어떤 부분에 공헌해야 하는가에 대한 일관된 방향성을 제시함으로써 전사적 차원에서의 비전과 전략과제의 효과적 달성과 궁극적으로는 가치 증대를 달성할 수 있도록 하는 데 목표를 두고 있는 평가도구로 조직(부서)에 대한 평가를 하는 데 사용하는 평가보상제도이다.

3.4.2.4 MBO(목표관리 : 개인)

MBO(Management By Objectives)는 피터 드러커가 개발한 성과분석모델로서 우리가 모두 알고 있는 바와 같이 목표관리의 약자입니다. 그런데 여기에 자율(Self-control)을 추가해야 합니다. 즉 피터 드러커는 우리에게 'MBO and Self-control'이라는 툴을 소개했다. 우리말로 번역하면 '자율적인 목표관리'로 여기서 자율적의 주체는 조직, 부서가 아닌 직무수행자 본인을 말하기 때문에 직무수행자가 스스로 목표를 세우고 그 목표를 달성할 수 있도록 돕기 위한 분석 툴이 바로 피터 드러커의 MBO and Self-control라고 정의할 수 있다. 다시 정리하자면 조직에서 자율적으로 목표관리를 세운다는 것은 쉽지 않은 일이다. 그러므로 현재 기업에서는 MBO는 기업의 직무수행자 개인에게 KPI를 제공하여 성과에 대한 성과보상제도로 사용하고 있는 것이 MBO라는 보상제도이다.

4 STP 전략

4.1 시장세분화 전략

기업이 모든 고객을 만족시킬 수 없다는 전제의 가장 중요한 근거는 고객들이 서로 다르기 때문이다. 연령, 직업, 소득수준, 가족규모, 거주지, 라이프스타일, 성격, 구매 경험 여부 등에 따라 고객들은 제각기 다른 심리적 과정과 행동을 보인다. 만약 기업이 모든 고객을 만족시키려 한다면 고객의 개인별 특성과 취향에 맞는 제품과 서비스를 개발하고 제공해야 할 것이다.

따라서 고객 욕구, 즉 시장의 특성에 따라 자신의 능력을 최대한 집중시킬 수 있는 노력이 중요하다. 그리하여 시장세분화란 기업의 효과적인 마케팅믹스를 적용하기 위해 다양한 전체시장을 동질적인 부분 시장으로 나누는 작업을 말한다.

4.1.1 시장세분화의 목적

시장세분화는 소비자의 욕구나 구매동기를 보다 정확히 파악하고 시장수요에 창조적으로 대응하며 시장기회를 탐색하기 위한 것이다. 시장세분화를 통해 마케팅 담당자는 세분화된 각 소비자 집단들의 욕구를 충족시킬 수 있는 제품을 개발하며, 급변하는 시장수요에 보다 즉각적이고 능동적으로 대처할 수 있다. 또한 경쟁사와 비교하여 보다 유리한 시장을 선택하는 데에도

[그림 2-22] 시장세분화의 목적

도움을 준다. 제품의 공급이 수요를 초과하는 경우 기업은 경쟁이 치열해지고 다양한 고객의 욕구에 대응하기 위해 다양한 상품이 시장에 출시된다. 기업은 적극적인 판매 및 촉진 노력을 통해 시장에서 팔릴 수 있는 것을 만들기 위해 시장세분화 필요성이 대두되기 시작된다.

시장세분화의 목적은 첫째, 정확한 시장상황 파악이다. 소비자의 욕구 및 구매동기 등을 통해 정확한 시장상황을 파악하고 변화하는 시장수요에 적극적인 대응이 필요하기 때문이다. 둘째, 기업의 경쟁좌표 확인이다. 기업의 강점과 약점을 확인하고 외부의 환경요소들을 분석하여 기업의 경쟁좌표 설정에 필요한 정보를 획득하기 위해서다. 셋째, 마케팅자원의 효과적 배분이다. 마케팅활동을 위해 소비자의 반응을 분석하고 소비자분석에 따른 효과적인 마케팅자원을 배분하기 위해서다. 넷째, 정확한 표적시장 설정이다. 세분시장의 매력도를 분석하여 정확한 목표시장을 설정하고 마케팅활동의 방향을 설정하고 집중하기 위해서 시장세분화가 필요하다(그림 2-22).

시장세분화가 가장 잘 되어 있는 제품군으로는 라면시장을 들 수 있다. 라면은 소비자의 욕구에 맞는 맛의 라면 종류를 끊임없이 개발한 상품군으로 라면은 시장세분화를 통해 소비자의 라면에 대한 욕구뿐 아니라 소비자의 경기상황과 트렌드까지 분석이 가능하다고 할 수 있다(그림 2-23).

한국 소비자들이 선호하는 라면의 맛은 붉은색의 매운 라면을 선호한다. 최초의 한국 라면은 '삼양라면'이었고 그 후 2011년 6월에서 12월까지 6개월 동안 팔도의 '꼬꼬면'에 잠시 1위

[그림 2-23] 시장세분화의 사례연구

자리를 내준 것을 제외하고는 '신라면'은 몇십 년 동안 한국의 라면시장에서 1위 자리를 지켜오고 있고 2018년에는 [그림 2-23]에서 보는 바와 같이 첫째 줄에서 제시한 4가지의 라면이 매출 1위~4위(왼쪽에서 오른쪽)를 기록한 라면으로 모두 농심에서 라면시장의 매출을 주도했다는 것을 알 수 있다.

그 후 2019년에는 둘째 줄에서 제시한 1위~4위(왼쪽에서 오른쪽)의 매출 순위를 보면 2위, 3위의 라면이 오뚜기 라면이 진입한 것을 볼 수 있다.

오뚜기의 '진짬뽕'라면의 경우는 고가의 가격과 중국집에서 수타로 면을 뽑은 듯한 면발로 포지셔닝한 제품으로 2019년에는 소비자들이 기존의 라면과 다른 고가의 라면이더라도 차별화된 제품을 선호했다는 것을 알 수 있다. 그 후 2020년과 2021년에서의 매출 순위를 보면 다시 기존의 저가형 제품의 기존의 라면을 선호하는 경향을 순위에서도 볼 수 있다.

이러한 통계를 통해 경기의 어려움으로 인해 소비자들은 2020년과 2021년에는 고가의 새로운 라면의 시장의 세분화보다는 기존의 저렴한 입맛에 맞는 맛의 라면을 선호한다는 것을 알 수 있다. 시장세분화는 시장을 소비자의 욕구에 맞는 제품으로 시장을 쪼개면 새로운 시장과 제품이 발생하여 매출이 2~3배 신장한다는 전략이나 경기가 어렵고 소비자의 소비위축이 되어 있는 시기에는 새로운 제품에 의한 시장세분화가 잘 통하지 않는 것을 알 수 있다.

4.1.2 시장세분화의 기준

시장세분화 변수(Segmentation variables)란 전체시장을 세분시장으로 나누기 위해 사용되는 개인이나 집단 또는 조직의 재차원이나 특성을 말한다. 이를테면 지리적 위치나 연령, 성별, 제품 사용률 등은 세분화 목적을 위해 사용될 수 있다.

세분화 변수를 선정하는 일은 시장을 세분화하는 데 있어서 매우 중요한(Critical) 단계이다. 다시 말해 세분화 변수가 잘못 선정되면 성공적인 마케팅전략 개발의 기회를 놓치게 된다. 일반적으로 시장을 세분화하는 데 사용되는 변수는 크게 4가지 범주의 기준으로 나누어 설명할 수 있다(그림 2-24).

4.1.2.1 시장세분화의 기준 4가지

1. 인구통계적 세분화

인구통계적 세분화(Demographic segmentation)는 연령, 성, 직업, 소득, 교육, 사회계층, 종교, 가족 수, 가족수명주기, 출생률, 사망률, 인종, 국적, 이주패턴 등의 인구통계적 변수를 기준으로 전체시장을 세분화하는 것을 말한다. 마케팅관리자들이 흔히 인구통계적 특성을 세분화 변수로 사용하는 이유는, 이들 제 변수가 고객의 제품 욕구와 구매행동과 밀접하게 관련되어

1. 인구통계적세분화 — • 인구통계적 변수를 기준으로 전체시장을 세분화하는 것을 말한다.
2. 지리적 세분화 — • 지리적 변수를 기준으로 하여 특정 제품의 시장을 세분화하는 것을 말한다.
3. 심리분석적 세분화 — • 개성, 동기, 라이프스타일 등의 변수를 기준으로 하여 시장을 세분화하는 것을 말한다.
4. 행위적 세분화 — • 제품에 대한 소비자들의 행동 특성에 기초하여 시장을 세분 하는 것

〈수집 및 조사방법〉

시장세분화변수	이용 가능한 변수
1. 인구통계적 세분화	연령, 성, 직업, 소득, 교육, 사회계층, 가족 수, 가족수명주기, 종교, 인종, 국적 등
2. 지리적 세분화	지역, 도시/지방, 인구밀도, 도시규모, 기후 등
3. 심리분석적 세분화	개성, 동기, 라이프스타일 등
4. 행위적 세분화	추구하는 편익, 사용량, 브랜드 충성도, 사용상황

[그림 2-24] 시장세분화의 기준

있고, 또 측정하기가 용이하기 때문이다. 기업의 자원과 능력은 이용되는 세분시장의 수와 범위에 영향을 준다. 또한 제품의 유형과 소비자욕구의 이질성 정도는 특정 기업의 마케팅활동을 위한 세분항목(Categories)의 수와 규모의 지침을 제시해 준다. 예컨대, 백과사전이나 사전류의 출판업자는 교육 수준을 세분기준으로 삼을 수 있으며, 양조업자는 고객의 광범한 직업별로 시장을 세분할 수 있으며, 화장품이나 머리 보호 제품은 인종을 기준으로 시장을 세분할 수 있으며, 식품이나 의류제품은 종교적 성향에 따라 세분할 수도 있을 것이다.

2. 지리적 세분화

지리적 세분화(Geographic segmentation)는 기후, 지역, 자연자원, 인구밀도, 도시 · 지방, 도시규모, 하위 문화적 가치관 등의 지리적 변수를 기준으로 하여 특정 제품의 시장을 세분화하는 것을 말한다. 이러한 지리적 변수는 지역에 따라 상이한 고객들의 욕구성향을 판별해 줄 수 있을 뿐만 아니라 쉽게 세분화할 수 있어서 세분화의 도구로 흔히 사용된다. 예컨대, 전국시장에서 제품을 시판하는 기업은 서울, 경기, 영남, 충청, 호남지역으로 시장을 세분할 수 있을 것이다. 특히 기후는 사람들의 행동과 제품욕구에 광범한 영향을 미치기 때문에 지리적 세분화 변수로 많이 이용된다. 에어컨이나 난방설비, 의복, 정원소품, 스포츠기구, 건축자재 등 많은 제품시장은 기후에 의하여 영향을 받는다.

3. 심리분석적 세분화

심리분석적 세분화(Psychographic segmentation : 사이코그래픽 세분화)는 개성, 동기, 라이프스타일 등의 변수를 기준으로 하여 시장을 세분화하는 것을 말한다. 심리분석적 변수들은 그 자체로서 시장세분화 도구로 사용되거나 다른 세분화변수 척도와 결합되어 사용될 수 있다.

심리분석적 세분화로 가장 많이 사용되는 변수 중의 하나는 라이프스타일(Life style)이다. '라이프스타일 분석'은 사람들의 행동(Activities)과 관심(Interests), 의견(Opinions)과 관련된 많은 특성을 파악할 수 있게 해주므로 구매자의 광범한 시각을 제공해 준다. 라이프스타일 세분화는 소비자들이 자신들의 시간을 보내는 양상, 가정이나 직장 등 그들 주변의 사물(Things)에 대한 중요한, 자신과 다양한 이슈들에 대한 신념, 소득이나 교육 같은 사회 · 경제적인 특성에 따라 개인들을 집단으로 나눌 수 있게 해 준다.

4. 행위적 세분화

행위적 세분화(Behavioral segmentation)는 제품에 대한 소비자들의 행동 특성에 기초하여 시장을 세분화하는 것으로서, 제품의 사용률이나 사용 여부, 제품의 사용양상, 제품의 편익(Benefits), 제품충성도, 제품에 대한 태도, 구매준비상태 등의 변수를 사용한다.

행위적 변수들은 대개 제품 사용과 관련한 어떤 측면을 포괄한다. 그래서 전체시장은 사용자와 비사용자로 구분될 수 있으며, 사용자는 다시 중(重)사용자, 중(中)사용자, 경(輕)사용자로 구분된다. 또한, 고객들이 제품을 어떻게 사용하는가에 따라 시장을 세분화할 수도 있다. 어떤 방식으로 제품을 사용하는 고객들을 만족시키기 위해서는 제품이 보다 사용하기 쉽고, 안전하며 편리한 어떤 특성을 갖도록 설계하고 특별한 유통이나 촉진, 가격정책이 세워져야 할 것이다.

또한, 고객들에 제품으로부터 추구하는 편익에 따라 시장을 세분하는 편익세분화(Benefit segmentation)가 있다. 대부분의 세분화변수들은 변수와 고객욕구 간의 의도된 관계를 의미하지만, 편익세분화는 고객들이 추구하는 편익이 바로 그들의 제품욕구라는 점에서 차이가 있다. 즉 편익세분화에서는 고객들의 욕구에 따라 직접적으로 시장을 세분한다. 편익세분화의 효과는 여러 가지 조건에 따라 좌우된다. 사람들이 추구하는 편익이 분명하게 확인될 수 있어야 한다. 이러한 편익을 이용하여 마케팅관리자는 전체 소비자집단을 인지 가능한 세분시장으로 나누고, 한 개 이상의 세분시장에 대하여 기업의 마케팅 노력을 기울이게 된다.

4.1.2.2 행위적 세분화의 예시

편익세분화에 관한 실증연구로 유명한 해일리(R.J. Haley)는 치약시장에 대하여 고객이 치약에서 추구하는 편익에 따라 경제성, 충치예방, 흰 치아, 좋은 향기 등 4가지의 세분시장으로

행위적 세분화 예시 → 치약 시장의 편익세분화

실증연구로 유명한 해일리(R.J.Haley)는 치약시장에서 고객이 치약에서 추구하는 편익에 따라 경제성, 충치예방, 흰 치아, 좋은 향기 4가지 세분시장으로 나누어 설명
상표는 기본적으로 고유의 편익세분시장을 만족시키는데 마케팅노력을 집중해야 하는 것을 의미 → 불만족스러운 편익세분시장을 찾을 수 있다면 마케팅기회를 갖게 될 것이다.

치약 정보

편익세분시장	인구 통계적 특성	행위적 특성	심리분석적 특성	산호상표
경제성	남성	지역사용량 多	강한 자립심, 가치지향적	할인상표
의료(충치예방)	대가족	지역사용량 多	보수적, 우울적	크레스트
미용(흰 치아)	10대 청소년	10대 청소년	매우 사교적, 적극적	마클린스
맛(좋은 향기)	어린이	어린이	강한 자기몰입, 쾌락적	콜게이트

[그림 2-25] 시장세분화의 기준(행위적 세분화 예시)

나누어 설명하였다(그림 2-25). 이 그림에 의하면 각 편익세분시장은 특이한 인구통계적 · 행위적 · 심리분석적 특성을 지니고 있음을 알 수 있다.

예컨대, 충치예방 추구집단은 대가족이며 치약사용량이 많고 보수적인 특성을 지니고 있다. 각 세분시장은 또한 특정 상표를 선호하고 있다. 이것은 어떤 기업의 제품이나 상표는 기본적으로 고유의 편익세분시장을 만족시키는 데 마케팅노력을 집중해야 하는 것을 의미한다. 마케팅관리자가 현재 제공되는 제품의 편익에 불만족스러워하는 편익세분시장을 찾아낼 수 있다면 매우 큰 마케팅기회를 갖게 될 것이다.

시장세분화를 위해 적절한 변수를 선택하는 일은 그 자체가 곧 표적시장을 정의하는 일차적 요소가 되기 때문에 마케팅관리의 중요한 결정사항이 된다.

4.1.3 시장세분화의 요건

시장세분화를 수행할 때는 세분시장이 갖추어야 할 요건을 고려해야 한다. 세분시장의 요건은 다음과 같다(그림 2-26).

첫째, 세분시장은 정보의 측정 및 획득이 용이해야 한다. 마케팅관리자가 각 세분시장의 규모와 구매력을 측정할 수 있어야 한다.

둘째, 세분시장은 수익성이 보장되어야 한다. 각 세분시장은 기업이 개별적인 마케팅 프로그

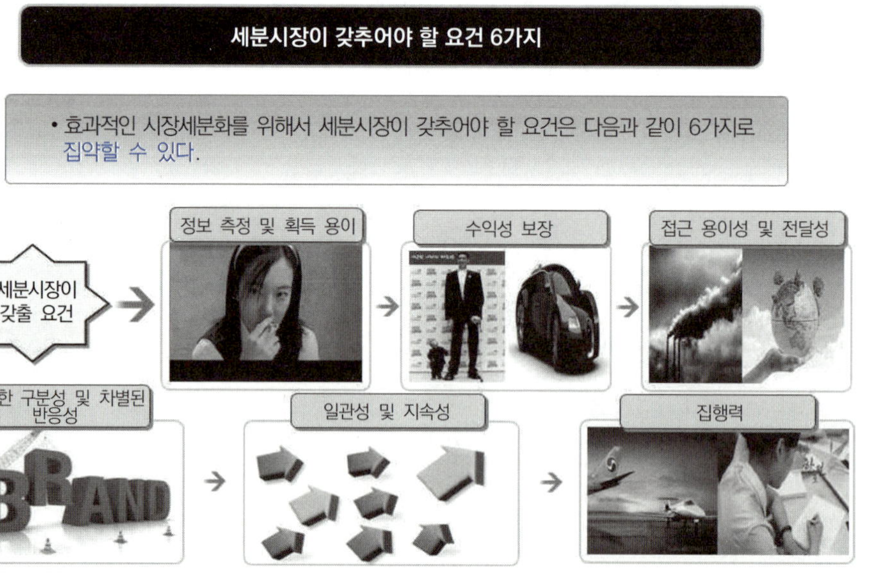

[그림 2-26] 시장세분화의 요건

램을 실행할 수 있을 정도의 충분한 규모를 지니고 있어야 하며, 각각의 세분시장은 기업에 충분한 이익을 보장해 줄 수 있는 정도의 최소한의 규모를 가져야 한다.

셋째, 세분시장은 접근 용이성과 전달성이 높아야 한다. 세분시장에 효과적이며 경제적으로 접근할 수 있는 적절한 수단이 존재하여야 한다. 즉 기업은 세분시장의 소비자에게 매체를 이용하여 제품에 대한 메시지를 전달할 수 있어야 한다.

넷째, 세분시장은 명확한 구분성과 차별된 반응성이 높아야 한다. 각각의 세분시장이 세분시장 마케팅전략 수립 후 구성된 마케팅믹스에 대하여 다르게 반응하여야 한다.

다섯째, 세분시장은 일관성과 지속성이 있어야 한다. 세분시장을 나누는 기준인 수시로 변하면 기업은 세분시장에 따른 체계적인 마케팅전략을 수립하여 실행하기 어렵다. 이런 이유로 세분시장은 일관성과 지속성이 있어야 한다.

여섯째, 세분시장은 기존의 시장에서 새롭게 만든 시장이기 때문에 새로운 시장을 집행하고 이끌어 나갈 수 있는 집행력을 가지고 있어야 계속해서 세분시장을 유지시킬 수 있다.

4.2 표적시장 전략

4.2.1 표적시장의 개념

4.2.1.1 5가지 종류의 표적시장 선정방법

선택 가능한 여러 세분시장을 평가한 결과, 기업은 하나 또는 그 이상의 세분시장에 진출하고자 할 것이다. 즉 기업은 어느 세분시장에 진출할 것인가와 얼마나 많은 세분시장에 진출할 것인가를 결정해야 한다. 세분시장의 선정과 관련하여 기업은 [그림 2-27], [그림 2-28]에서 보는 바와 같이 5가지의 시장범위패턴을 고려할 수 있다.

1. 단일 세분시장(Single-segment concentration)

가장 단순한 경우로서, 기업은 하나의 세분시장을 선택하여 마케팅 노력을 집중하는 형태이다. 기업의 자원이 극히 한정되어 있거나 다른 세분시장으로의 확장을 위한 출발점으로 삼고자 할 때 이용될 수 있는 전략이다. 이때 기업은 집중적 마케팅전략(Concentrated marketing strategy)을 추구하게 된다.

2. 상품 전문화(Product specialization)

기업이 다양한 고객집단에게 판매할 수 있는 특정 제품을 생산하는 데 집중하는 형태이다. 예컨대, 현미경 제조업자가 대학이나 정부, 기업 등의 실험에 현미경을 판매하는 경우가 여기에

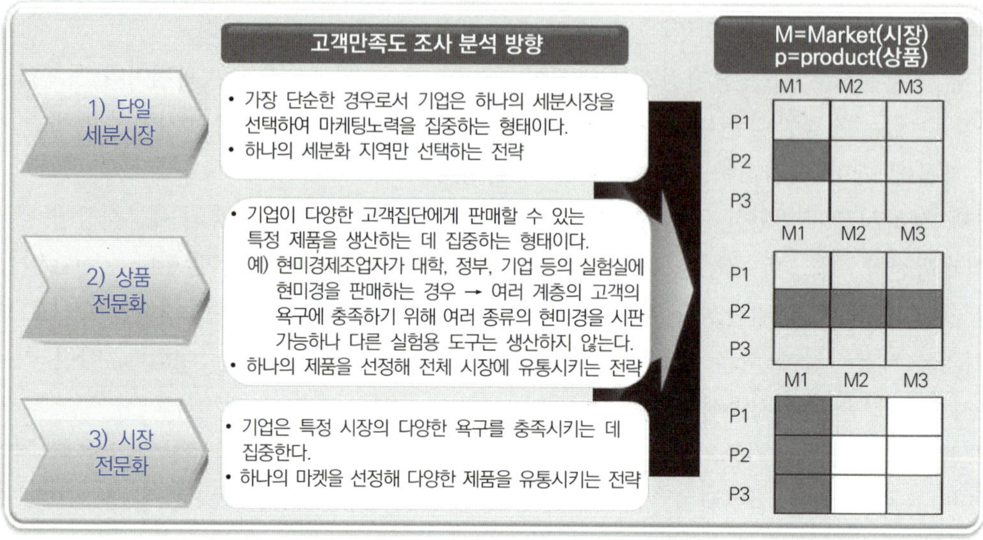

[그림 2-27] 표적시장 선정방법(1)

해당한다. 이때 기업은 다양한 고객층의 욕구충족을 위해 여러 종류의 현미경을 시판할 수 있지만, 현미경 이외의 다른 실험용구들은 생산하지 않는다. 이러한 전략은 기업으로 하여금 특정 제품 분야에서 강한 명성을 구축할 수 있는 이점이 있으나, 진보된 기술에 의하여 새로운 대체품이 출현하면 커다란 위험에 직면하는 단점이 있다.

3. 시장 전문화(Market specialization)

기업은 특정 고객집단(시장)의 다양한 욕구를 충족시키는 데 집중한다. 예컨대, 대학실험실에서 필요로 하는 일체의 실험용구(현미경, 시험관, 실험용 화학약품 등)를 시판하는 경우가 해당된다. 기업은 특정 고객집단의 욕구를 충족하는데 전문화함으로써 그들에게 높은 지명도를 얻을 수 있으며, 따라서 그들의 경로대리인 역할을 하게 된다. 그러나 그 고객집단의 욕구가 갑자기 변하거나 구매예산의 감소, 또는 다른 공급업자와 거래관계를 맺는 경우에는 기업이 커다란 위험에 직면하게 된다.

4. 선택적 전문화(Selective specialization)

기업이 객관적으로 매력적이며, 기업의 목표와 자원에 부합하는 몇 개의 세분시장을 선별하여 진출하는 전략이다. 선정된 세분시장 간에 시너지효과를 추구할 수는 없지만, 각 세분시장은 충분한 수익성을 창출할 수 있어야 한다. 복수시장을 추구하는 이 전략은 기업의 위험을 분산시

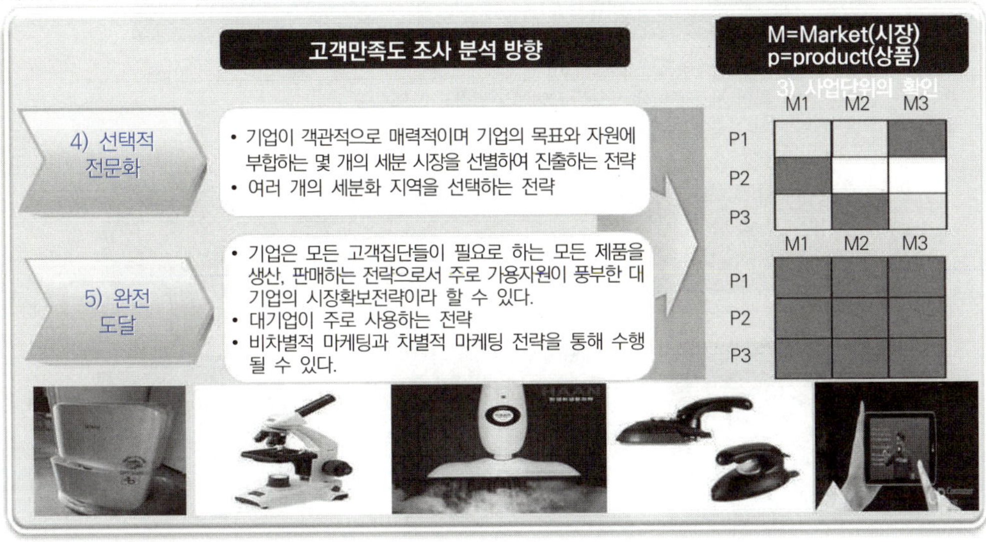

[그림 2-28] 표적시장 선정방법(2)

킬 수 있는 이점이 있다. 즉 여러 세분시장 중에서 한두 개가 기준을 충족시키지 못하더라도, 기업은 다른 세분시장을 통해서 계속 이익을 창출할 수 있다.

5. 완전 도달(Full market coverage)

기업은 모든 고객집단이 필요로 하는 모든 제품을 생산·판매하는 전략으로서, 주로 가용자원이 풍부한 대기업의 시장확보전략이라 할 수 있다. 이 전략은 두 가지의 대안, 즉 비차별적 마케팅(Undifferentiated marketing)과 차별적 마케팅(Differentiated marketing)전략을 통해 수행될 수 있다.

4.2.1.2 시장진입의 위협요소

표적시장에 독특하고 높은 진입장벽이 있어서 쉽게 진입하지 못할 경우, 이 표적시장은 높은 매력도를 가지고 있다고 볼 수 있다. 이러한 위협요소로는 첫째, 정부의 규제. 둘째, 규모의 경제나 대규모 초기 투자비용. 셋째, 고도의 기술로 인한 상품의 높은 차별성. 넷째, 제한된 판매채널로 새로운 판매채널 확보의 어려움. 다섯째, 높은 시장이탈 장벽 등을 들 수 있다(그림 2-29). 이러한 위협요소를 사전에 충분히 고려하여 효과적이고 효율적인 마케팅전략의 수립이 필요하다.

올바른 기업이라면 자사의 상품을 모든 사람에게 팔려고 하지 않을 것이다. 맥주회사는 미성

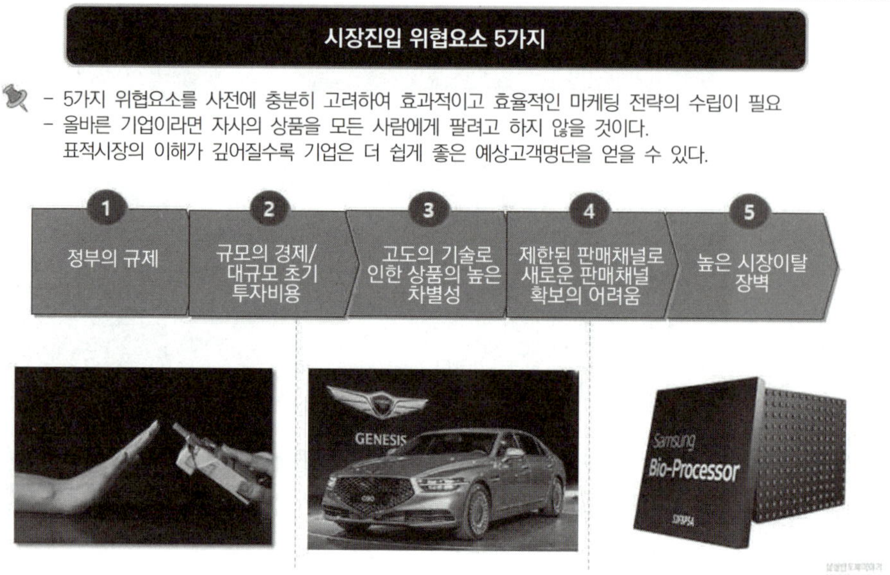

[그림 2-29] 시장진입 위협요소

년자에게 맥주를 팔려고 하지 않으며, 면도기를 어린아이에게 팔지 않을 것이다. 자녀가 없는 부모에게 비싼 영어학습지나 유학상품을 판매한다고 하면 어떤 상황이 벌어질까 상상해 보자. 이처럼 이런 상황이 발생되지 않기 위해 기업은 표적시장을 선택하고 잠재구매자들을 파악하기 시작할 것이다. 그들이 무엇을 언제, 어디에서, 어떻게 구매하는지 등 표적시장에 대한 이해가 깊어질수록, 기업은 더 쉽게 좋은 예상고객명단을 얻을 수 있다.

4.2.2 표적시장 선정 후 전략

세분시장들에 대한 평가가 수행된 뒤 기업은 어떤 시장을 공략해야만 하는가? 또 몇 개의 세분시장을 공략할 것인가의 문제를 해결해야 한다. 기업이 선택할 수 있는 마케팅전략은 차별화전략, 비차별화전략, 집중화전략의 세 가지가 있다. [그림 2-30], [그림 2-31, [그림 2-32]는 기업이 채택할 수 있는 차별화전략, 비차별화전략 그리고 집중화전략의 세 가지 시장공력전략을 나타내고 있다.

4.2.2.1 차별화전략

차별화전략(Differentiated strategy)을 구사하기 위해서 기업은 여러 개의 표적시장을 선정하고 각각의 표적시장에 적합한 마케팅전략을 개발해야 한다. 일반적으로 현대자동차와 같은

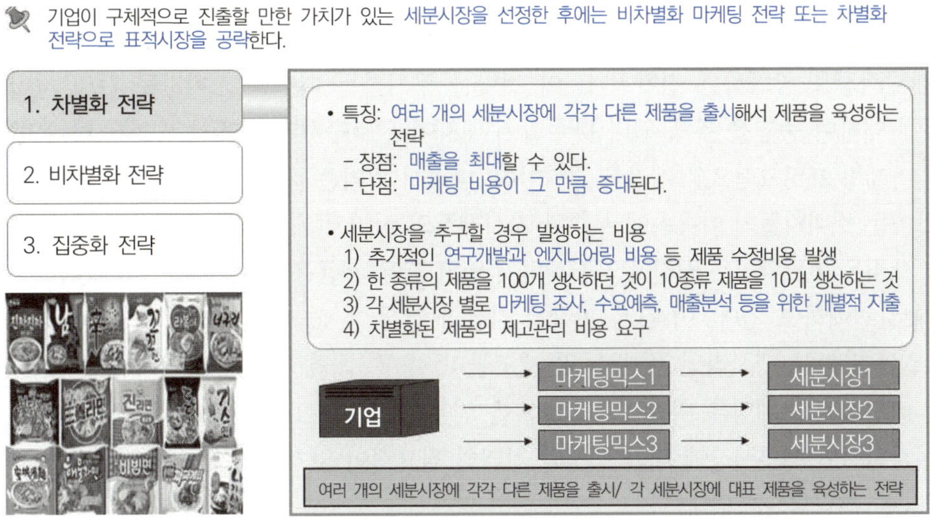

[그림 2-30] 표적시장 선정과 관련한 마케팅전략 대안(차별화전략)

자동차 제조회사들은 소비자의 경제력과 연령 등에 따라 소비자들을 나누고 각 시장의 특성에 맞는 제품을 생산하여 판매한다. 현대자동차의 경우 승용차만 하더라도 아반떼, 쏘나타, 그랜저, 제네시스 등 많은 제품을 생산하고 있다. 이렇게 함으로써 기업들은 제공하는 제품과 여타 마케팅믹스의 다양성을 통하여 각 세분시장 안에서 높은 판매고와 강력한 위치를 차지할 수 있다.

또한 기업들이 각 세분시장에서의 강력한 위치를 차지하는 것은 소비자들의 회사에 대한 전반적인 인식을 제고시킬 수 있으며 기업들 소비자의 욕구에 잘 부합된 제품을 제공하기 때문에 높은 재구매 효과를 기대할 수도 있다.

다수의 현대적인 기업들은 차별적 마케팅전략을 구사하고 있다. 그 중요한 이유는 차별화 마케팅은 일반적으로 비차별화 마케팅보다 높은 매출과 이익을 올리는 것을 가능하게 해주기 때문이다. 그러나 차별적 마케팅은 각각의 세분시장에 적합한 차별적 마케팅전략을 구사하기 위해서 마케팅조사와 기술개발 등에 많은 비용을 사용하기 때문에 일반적으로 비용의 증가를 가져온다. 각 세분시장 별로 적합한 마케팅계획을 수립하기 위해서는 각 세분시장별로 조사, 예측, 촉진계획 그리고 유통관리 등이 이루어져야 하며 경우에 따라서는 각각의 세분시장에 차별적 광고를 제작하기도 하기 때문에 상당히 비용이 많이 들 수밖에 없다. 따라서 기업은 차별적 마케팅전략을 구사하기 위해서는 증가된 비용을 고려한 예상수익의 증가를 무엇보다 먼저 생각해 보아야 할 것이다.

4.2.2.2 비차별화 전략

비차별화 전략(Undifferentiated strategy)은 세분시장 간의 차이를 무시하고 하나의 제품으로 전체시장을 공략하는 전략이다. 이 전략을 구사하는 기업은 소비자들 간의 차이보다는 공통점에 대하여 중점을 두게 되며 다수의 구매자에게 소구하기 위해서 기업은 하나의 상품과 하나의 마케팅 프로그램으로 시장을 공략한다. 따라서 기업은 대량유통과 대량광고 방식을 채택하는데 이는 소비자들의 마음속에 우수한 자사제품의 이미지를 심어주기 위해 수행된다. 예컨대 기존의 오리온 초코파이는 시장을 세분화하지 않고 같은 제품을 초코파이를 원하는 모든 소비자를 상대로 판매하고 있다. 이 같은 전략은 다음과 같은 두 가지 측면에서 효과적이라고 할 수 있다. 우선 단순한 생산라인은 제조 및 재고관리, 유통 등의 비용을 절감시키는 효과를 낳기 때문에 비차별적 마케팅은 비용절감의 효과를 얻을 수 있다. 또한 단일광고 프로그램은 광고비용을 절감시키며 세분시장에 대한 조사와 기획의 필요성이 없기 때문에 마케팅조사비용과 제품관리비용을 절약할 수 있다.

비차별화 전략이 기존의 오리온 초코파이의 경우처럼 대단히 성공적일 수도 있지만, 대부분의 현대 마케팅관리자들은 비차별화 전략이 효과적인 경우는 매우 제한적이라고 생각하고 있다. 즉 모든 소비자를 만족시킬 수 있는 하나의 제품이나 상표의 개발에 따르는 어려움이 문제가 되는 것이다. 비차별화 전략을 구사하는 기업들은 일반적으로 시장에서 가장 큰 세분시장을 공략한다. 그러나 여러 기업이 같은 시장에서 같은 전략을 구사한다면 격심한 경쟁이 일어나게 되며 그 결과 큰 세분시장은 심한 경쟁의 양상을 보이기 때문에 오히려 수익을 얻기가 더 어려울

기업이 구체적으로 진출할 만한 가치가 있는 세분시장을 선정한 후에는 비차별화 마케팅 전략 또는 차별화 전략으로 표적시장을 공략한다.

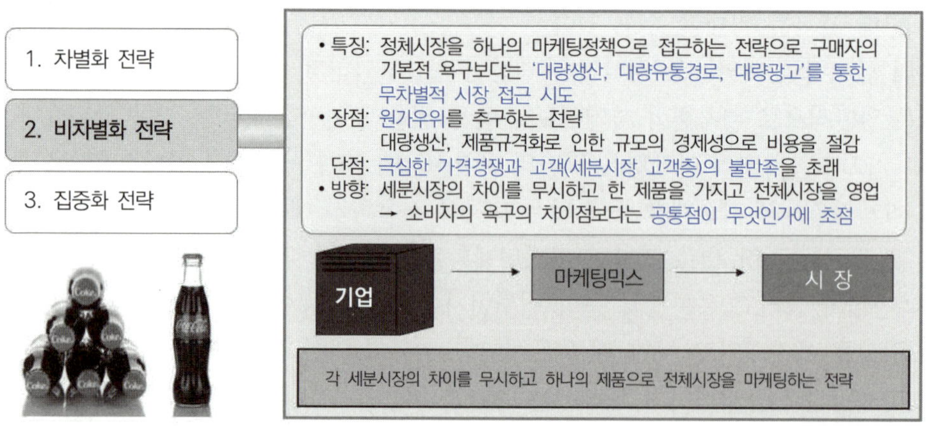

[그림 2-31] 표적시장 선정과 관련한 마케팅전략 대안(비차별화 전략)

수도 있다. 이러한 문제에 대한 인식은 기업들로부터 보다 적은 세분시장에 대하여 관심을 갖게 한다.

4.2.2.3 집중화전략

집중화전략(Concentrated strategy)은 일명 단일세분시장 전략(Single-segment strategy)이라고도 하며, 여러 세분시장 중에서 하나(또는 제한된 수)의 세분시장만을 표적시장으로 삼고 기업의 마케팅 노력을 집중하는 전략을 말한다. 소형승용차 시장에만 집중한 독일의 폭스바겐의 그 좋은 예가 된다.

많은 세분시장 중에서 단일시장에 기업의 집중된 역량을 투입할 수 있으므로 마케팅비용이 절약되고, 기업의 자원이 한정된 중소기업에서 주로 선호된다. 마케팅관리자가 이 전략을 응용하기 위해서는 시장의 성장성이 크고, 경쟁이 심하지 않은 세분시장을 선택하는 것이 중요하며, 다른 세분시장으로 시장범위(Market coverage)를 확대하기 위한 출발점으로 삼고자 할 때 이 전략을 적용할 수 있다.

집중화전략을 구사하면 기업이 세분시장의 욕구를 보다 잘 알게 되므로 그 시장에서 강력한 시장지위와 명성을 구축할 수 있으며, 생산, 유통 및 촉진활동의 전문화를 통해 여러 가지 운영상의 경제성을 누릴 수 있는 이점이 있다. 그러나 표적 고객들의 욕구가 갑작스레 변하여 제품 수요가 격감하거나 동일시장 내에 경쟁자가 진입하게 되면 일시에 표적시장을 상실할 위험성을

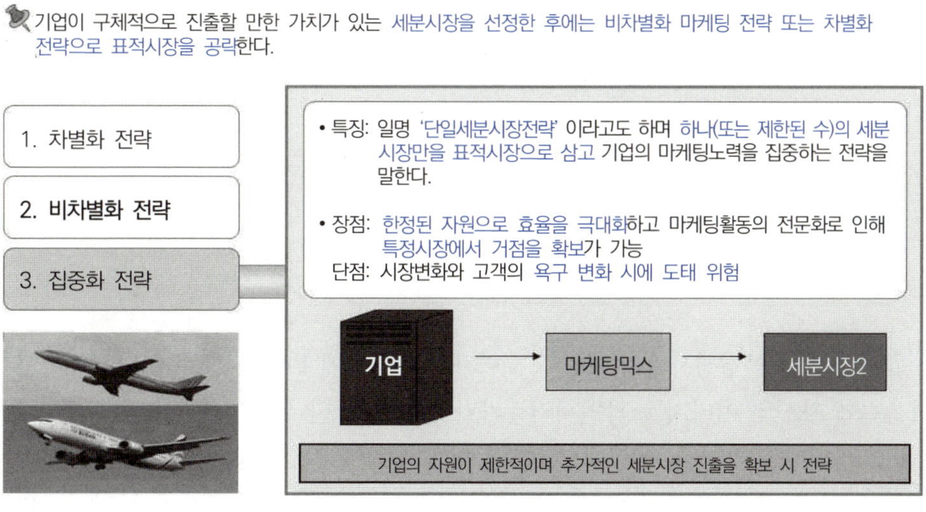

[그림 2-32] 표적시장 선정과 관련한 마케팅전략 대안(집중화전략)

안고 있다. 이러한 이유 때문에 많은 기업은 단일세분시장에서 집중적 마케팅전략을 추구하기보다는 여러 세분시장에서 다각적인 마케팅전략을 추구하는 경향이 있다.

이와 같이 표적시장을 선정한 후에 전략으로는 차별화전략, 비차별화 전략, 집중화전략이 있으며 앞에서 알아본 표적시장 선정 후 3가지 전략에 대해서 특징과 장단점에 대해서 〈표 2-1〉에서 간단하게 요약 정리하였다.

〈표 2-1〉 표적시장 선정 후 전략

구 분	특 징	장 · 단점
차별화전략 Differentiated Market Strategy	• 복수의 목표시장 접근법(Multiple Target Market Approach) • 다양한 소비자 욕구에 대한 다양화 대응 • 각 세분 시장별 마케팅전략 수행	• 소비자 인식과 이미지 강화 • 판매 전략의 복잡 • 비용 과다/수익 저하 우려 → 세분시장 구분이 명확한 경우
비차별화 전략 Un Differentiated Market Strategy	• 연결된 목표시장의 접근법 (Combined Target Market Approach) • 대중시장 겨냥(Mass Market) 겨냥 • 보편성 높은 제품	• 경제적 • 규모의 경제 • 시장기회 적용 → 설탕, 야채 같은 생필품에 활용
집중화전략 Concentrated Market Strategy	• 단일목표시장접근법(Single Target Market Approach) • 특정 세분시장에만 마케팅 집중 • 틈새시장(Niche Market) 개념	• 한정된 자원으로 효율 극대화 • 마케팅 활동을 전문화 • 특정 시장에서의 거점 확보 • 고객 니즈 변화 시 위험 → 기업의 자원이 제한적이거나 추가적인 세분시장 진출을 위한 교두보를 확보하고자 할 때.

4.3 포지셔닝 전략

4.3.1 포지셔닝의 개념과 필요성

우리 회사의 제품을 경쟁사와 비교하여 소비자의 마음속에 위치를 잡는 행위, 즉 어떻게 소비자의 마음속에 자신의 이미지를 각인시키는가가 매우 중요한 요소인데 이것이 바로 '포지셔닝(Positioning)'이다(표 2-33). 예컨대 소비자들의 마음속에 진로소주는 톡 쏘는 맛을 가진 소주로 포지셔닝 되어 있고, 빙그레는 맛있는 아이스크림 제조회사로 포지셔닝 되어 있다.

이 같은 포지셔닝을 제대로 실현하기 위해서는 다른 회사, 다른 상품과 차별화된 전략을 고민

개념
- 소비자들의 마음속에 자사제품을 어떻게 차별적 우위로 인식시킬 것인가에 대한 전략을 말한다.
- 경쟁제품에 비하여 차별적 특성을 갖도록 제품개념을 명확히 설정하고 이에 따라 개발된 제품을 소비자들의 지각 속에 적절히 위치시키도록 노력하는 제품개발 및 촉진활동과 밀접한 관련이 있는 활동

필요성
- 상품 광고로 인해 소비자의 눈과 귀가 이미 지쳐 있는 상태이고 이러한 커뮤니케이션 과잉 사회에서 고객의 시선을 사로잡기 위해 필요한 작업이 '포지셔닝(Positioning)'이다.
- 가장 효과적인 경쟁우위를 가질 수 있는 방법 → 차별화
- 경쟁사의 모방이 쉽지 않은 강력한 메시지로 명쾌하게 떨어질수록 효과적 → 제품의 특징이 없으면 Positioning이 실패한 것이다.

[그림 2-33] 포지셔닝의 개념과 필요성

해야 한다. 사실 차별화(Differentiation)만큼 마케팅의 핵심을 잘 설명할 수 있는 용어도 없을 것이다. 마케팅전략 전문가들은 가장 효과적으로 경쟁우위를 가져갈 수 있는 방법으로 곧잘 차별화를 제시한다. 차별화되고 특화된 상품이나 서비스를 제공하는 것이야말로 고객의 마음을 움직일 수 있는 지름길이기 때문이다.

브랜드를 소비자 머릿속에 명확하게 포지셔닝시키기 위해서는 강력한 한 마디(one word)가 있어야 한다. 이러한 포지셔닝 전략은 STP전략의 세 번째 요소로 자사 상품이나 서비스에 대한 브랜드를 소비자 머릿속에 어떤 말로 인식시킬지를 결정하는 전략을 말한다.

포지셔닝은 경쟁사의 모방이 쉽지 않은 강력한 메시지로 명쾌하게 떨어질수록 효과적이다. 제품의 특징이 없으면 포지셔닝이 실패한 것이다.

4.3.2 포지셔닝의 유형

포지셔닝의 유형에는 여러 가지가 있는데 대체로 그 방법은 제품속성에 의한 포지셔닝, 사용자에 의한 포지셔닝, 사용상황에 의한 포지셔닝, 경쟁제품에 의한 포지셔닝 등이 있는데 다음과 같이 분류할 수 있다(그림 2-34).

4.3.2.1 제품속성에 의한 포지셔닝

소비자들의 제품에 대한 평가에 있어서 중요하나 평가방법이 속성에 대한 지각이다. 제품속성

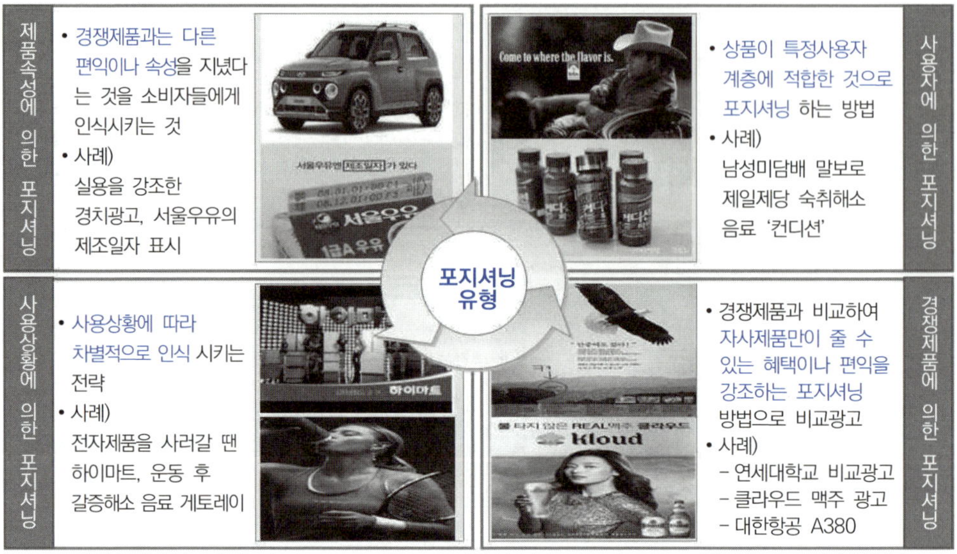

[그림 2-34] 포지셔닝의 유형

에 의한 포지셔닝은 자사제품의 속성이 경쟁제품에 비해 차별적 속성을 지니고 있어서 그에 대한 편익을 제공한다는 것을 인식시켜주는 전략을 말한다.

저가격과 실용성을 강조한 국내 경차광고나, 다양한 최첨단 사양을 자랑하는 중대형차 등이 유형에 속한다. 이 방법은 경쟁제품과 차별화되는 특징이나 종전에는 부족했던 자사제품의 속성을 부각시키기 위해 사용되고 있다.

4.3.2.2 사용자에 의한 포지셔닝

제품사용자들을 특정 시장에 맞게 설정하여 제시함으로써 특정 소비자들을 타사제품에 비해 차별적으로 인식시켜 자연스럽게 유도하기 위한 전략이다. 예를 들어, 말보로 담배는 카우보이를 광고모델로 하여 야성적인 남성미를 소구함으로써 강한 남성용 담배로서 시장의 확고한 위치를 구축하였다.

4.3.2.3 사용상황에 의한 포지셔닝

자사제품의 적절한 사용상황을 알림으로써 타제품과 사용상황에 따라 차별적으로 인식시키려는 전략이다. 예를 들어, 운동 후 갈증 해소 음료라는 포지션을 강조하는 게토레이는 땀을 많이 흘리는 운동하는 모습과 운동 후 게토레이를 마시는 모습을 보여줌으로써 대표적인 스포츠 음료로서 자리매김할 수 있었다.

4.3.2.4 경쟁제품에 의한 포지셔닝

소비자의 인식 속에 경쟁제품과의 비교를 암시적으로 지각하게 만들어 그에 대한 차별적 편익을 강조하는 방법이다. 예를 들어, 대한항공이 세계에서 가장 큰 여객기인 A380을 새로 도입했음을 강조한 광고캠페인을 통해 국내 경쟁사인 아시아나항공과 비교한 것이 이 유형에 속한다.

5 4P 전략

5.1 4P 전략

기업은 포화된 매출을 상승시키기 위해서 제품시장을 소비자의 욕구에 맞게 세분화시키고 세분화 시킨 시장의 제품을 포지셔닝 시켜서 소비자들에게 자사의 제품이 다른 경쟁회사 제품과의 차이점이 무엇인지 인식하게 만든다. 이렇게 포지셔닝시킨 제품을 목표시장(Targeting)으로 정한 시장에 판매시키는 STP 전략을 전개하게 되는데 STP 전략에서 목표시장으로 정한 시장에 몇 개의 제품을 제작하였을 때 매출을 극대화할 수 있을지와 관련한 제품전략(Product strategic)과 목표시장으로 정한 시장에 판매할 제품의 가격을 얼마로 책정했을 때 소비자의 지각가치보다 낮게 지각시켜 매출을 극대화할 수 있을지와 관련한 가격전략(Price strategic) 그리고 신제품을 어떠한 유통경로로 유통을 시켰을 때 많은 소비자에게 효과적으로 신제품을 노출시켜 구매로 연결시킬 수 있을지와 관련한 유통전략(Place strategic)과 단시간에 신제품의 매출을 극대화할 수 있는 촉진전략(Promotion strategic)을 우리는 4P 전략이라고 한다. 이러한 4가지 전략의 영문의 이니셜(Initial)을 따서 4P 전략이라고 한다.

이러한 4P 전략을 통해 자사의 신제품에 대한 소비자의 긍정적인 태도를 이끌어 내기 위해서 통합적 마케팅 커뮤니케이션(IMC : Integrated Marketing Communication)이 필요한데 통합적 마케팅 커뮤니케이션이란 기업이 소비자들에게 커뮤니케이션할 때 시너지효과를 창출하기 위해서 통합된 방법으로 촉진수단들을 이용하는 과정이다. 즉 이용가능한 모든 커뮤니케이션 수단들은 분명하고 일관성 있는 메시지를 의도된 청중들에게 커뮤니케이션하도록 해야 한다(그림 2-35).

예를 들면 강남의 현대백화점에서 고가의 화장품을 판매하고자 할 때 마케팅믹스(4P 전략)의 제품전략은 화장품의 품질을 좋게 만들어야 하며, 유통전략은 재래시장이 아닌 백화점을 통해서 유통시켜야 소비자는 고가의 화장품이라고 인식하게 되며 촉진방법으로는 방문판매나 홍보보다는 TV광고 시 고가의 화장품이라고 인식하게 되며 가격은 저가로 책정하게 되면 소비자는 저가의 제품에 저품질의 제품이라고 판단하기 때문에 고가로 책정해야 고가의 화장품이라고 인식하게 된다(가격 품질 연상 심리효과 : Price-quality association effect). 이렇게 4P 전략은 제품, 가격, 유통, 촉진전략이 고가제품에 맞게 일관성 있게 전략을 전개했을 때 소비자들에게 일관성 있게 메시지를 전달했을 때 소비자는 고가의 화장품이라는 제품에 대한 태도를 형성하게 된다는 이론이 '통합적 마케팅 커뮤니케이션(IMC : Integrated Marketing Communication)'이라고 한다. 이렇게 제품에 대한 메시지가 일관성 있게 형성이 되었을 때 소비자는 그 제품에 대한 신뢰와 긍정적인 태도를 형성하여 제품을 구매로 연결시킬 수 있는 것이다(그림 2-35).

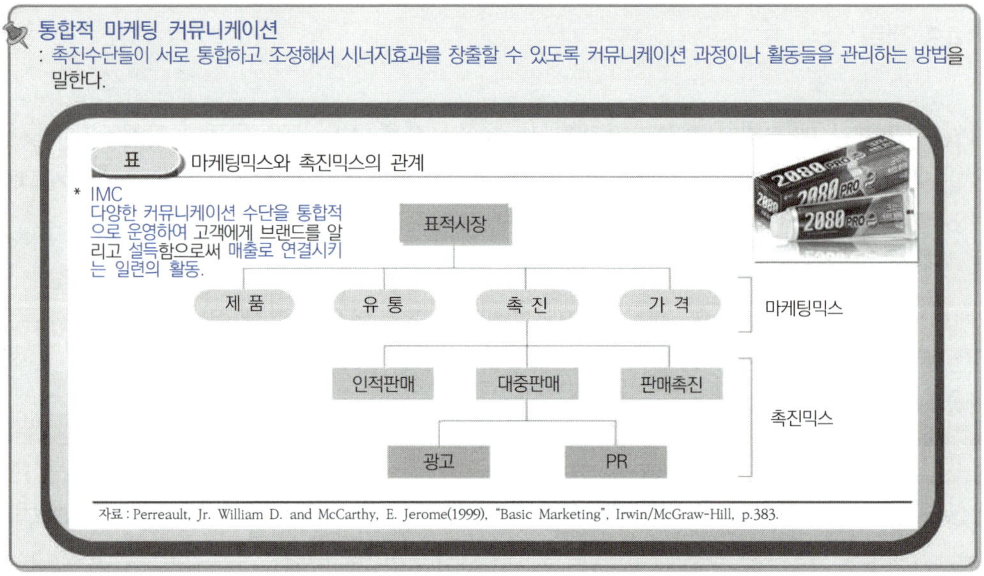

[그림 2-35] 통합적 마케팅 커뮤니케이션

5.2 촉진믹스

4P 전략(제품, 가격, 유통, 촉진전략) 중 단기간에 매출을 극대화시키는 촉진전략으로는 크게 광고, 인적판매, 판매촉진, PR이 있다. 커뮤니케이션 메시지 수립과 동시에, 표적청중들에게 전달해야 할 커뮤니케이션 수단을 선택해야 한다. 커뮤니케이션 수단은 흔히 광고, 인적판매, 판매촉진, PR 등이 활용되고 있다(그림 2-36).

[그림 2-36] 커뮤니케이션 믹스 결정

① 광고(Advertising) : 특정 광고주가 대가를 지불하고 제품, 서비스, 아이디어를 비인적 매체를 통하여 널리 알리고 구매를 설득하고 유인하기 위한 촉진활동의 한 형태이다. 광고에는 TV, 라디오, 신문, 잡지 등의 주요 4대 매체를 이용한 광고, 인터넷광고, 교통광고, 옥외광고 등 다양한 유형들이 있다.

② 인적판매(Personal selling) : 판매원이 현재 또는 잠재고객과의 직접 접촉을 통해서 자사의 제품, 서비스, 아이디어 등에 대한 정보를 제공하고, 구매하도록 설득하는 개인적인 커뮤니케이션 활동을 말한다.

③ 판매촉진(Sales promotion) : 제품, 서비스, 아이디어 등의 판매를 증가시키기 위하여 단기간에 중간상이나 최종소비자를 대상으로 하는 광고, 인적판매, PR 등을 제외한 대부분의 촉진활동을 말한다. 판매촉진은 비인적 촉진수단으로서 샘플 · 쿠폰 · 경품 제공, 점포 내 진열, 세일행사, 전시회 등을 포함한다.

④ PR(Public Relations) : 기업이 언론 등의 비인적 매체를 통하여 소비자가 속한 지역사회나 단체 등과 우호적인 관계를 형성하고 유지함으로써 자사 제품을 구매하도록 간접적으로 소비자를 유도하는 커뮤니케이션 활동을 의미한다.

5.3 광고

5.3.1 광고의 개념

광고란 확인된 광고주가 표적청중들에게 자사의 제품이나 서비스에 대한 정보를 제공하여, 그들을 설득하고 유인하기 위해 일정한 대가를 지불하고 대중매체를 이용하는 비인적 커뮤니케이션 과정이라고 한다(그림 2-37).

이러한 광고의 정의를 바탕으로 해서 광고의 일반적인 특성을 살펴보면 다음과 같다.

첫째, 광고하는 광고주는 일정한 광고비를 지불함으로써 광고의 소구방법, 매체결정 등 광고에 대한 통제력을 가질 수 있다. 이는 PR과 구분되는 가장 중요한 개념 중의 하나다. 둘째, 광고는 고객들에게 메시지를 전달하기 위해 TV, 라디오, 신문, 잡지 등과 같은 각종 대중매체를 이용하는 매스커뮤니케이션(Mass communication)이라는 점에서 직접고객을 대면하는 인적판매와도 구분된다. 셋째, 광고물에 반드시 광고주를 명시함으로써 고객들에게 광고후원자가 누구인지를 확인할 수 있도록 하였다.

5.3.2 광고의 유형

광고의 형태는 크게 두 가지로 나누어 볼 수 있는데, 하나는 제품광고이고, 다른 하나는 기업

1) 광고의 개념	• 광고란 확인된 광고주가 표적청중들에게 자사의 제품이나 서비스에 대한 정보를 제공하여 그들을 설득하고 유인하기 위해 일정한 대가를 지불하고 대중매체를 이용하는 비인적 커뮤니케이션 과정이다. • 광고의 일반적 특성 (1) 광고를 하는 광고주는 일정한 광고비를 지불함으로서 광고의 소구방법, 매체결정 등 광고에 대한 통제력을 가질 수 있다. 이는 PR과 구분되는 가장 중요개념이다. (2) 광고는 고객들에게 메시지를 전달하기 위해 TV, 라디오, 신문 등과 같은 대중매체를 이용하는 매스커뮤니케이션이라는 점에서 직접고객을 대면하는 인적판매와도 구분된다. (3) 광고물에 반드시 광고주를 명시함으로써 고객들에게 광고후원자가 누구인지를 확인할 수 있도록 하였다.
2) 광고의 유형	• 광고의 형태 (1) 제품광고: 특정한 제품에 대한 비인적판매로서 기업의 제품을 소개하여 소비자들의 구매를 유발하고자 만들어지는 광고라고 할 수 있다. (2) 기업광고: 제품보다는 기업의 비전, 사회에 대한 기여, 선행 등을 광고를 통해서 널리 알림으로써 기업에 대한 호의적인 이미지를 만들고자 하는 데 목적을 두고 있다.

[그림 2-37] 광고의 개념과 유형

광고이다(그림 2-37). 제품광고는 특정한 제품에 대한 비인적 판매로서 기업의 제품을 소개하여 소비자들의 구매를 유발하고자 만들어지는 광고라고 할 수 있다. 반면에 제품이 드러나지 않는 광고를 볼 수 있는데, 제품보다는 기업의 비전, 사회에 대한 기여, 선행 등 광고를 통해서 널리 알림으로써 기업에 대한 호의적인 이미지를 만들고자 하는 데 목적을 두고 있다. 이러한 광고를 기업광고라 하며, 기업의 PR(Public Relation) 기능과 연관되기도 한다.

5.3.3 광고전략 수립

마케팅의 주요 기능이 구매자와 판매자 간에 교환을 촉진하는 것이라면, 광고는 이를 실현하는데 적합한 수단이다. 기업이 소비자를 대상으로 효과적인 광고전략을 수립하고 실행해 나간다면 이러한 마케팅 기능을 효과적으로 수행할 수 있게 된다. 최근에 마케팅관리자들에 의해 이용될 수 있는 광고전략으로는 비교광고, 유명인광고, 쌍방향광고 등을 들 수 있으며, 이외에도 소매광고, 협동광고 등과 같이 유통채널 중심의 광고전략도 생각해 볼 수 있다(그림 2-38).

5.3.3.1 비교광고(Comparative advertising)

기업이 속한 산업에서 경쟁브랜드들과 직·간접적으로 비교해서 광고메시지를 강조하고 소비자를 설득하기 위한 광고전략이다. 예를 들어, 헤지스의 경우 경쟁브랜드인 빈폴의 브랜드 충성도를 앞서가기 위해 헤지스 광고에 빈폴의 브랜드인 자전거마크를 동시에 광고에 노출시키는 효과를 통해 헤지스는 빈폴과 브랜드 인지도가 동등한 브랜드라는 것을 비교광고를 통해서 브랜드 가치를 향상시킬 수 있다.

5.3.3.2 유명인광고(Celebrity advertising)

메시지 전달자를 유명인으로 하는 광고이며, 마케팅관리자들이 광고메시지의 효과를 향상시키기 위해 이용하는 보편적인 기법이다. 예를 들어, 치약을 광고하는데 치과의사를 광고모델로 등장시켜 전문의 소견으로 치약 성분에 대한 분석을 통해 잇몸에 좋은 치약이라는 소견의 광고는 소비자들을 치약에 대한 우호적인 광고태도를 형성시켜 치약 브랜드에 긍정적인 태도를 형성(이중매개가설)시켜 구매로 연결시키는데 효과적이라고 할 수 있다.

5.3.3.3 쌍방향광고(Interactive advertising)

메시지 수용자가 능동적으로 촉진과정에 참여할 수 있도록 커뮤니케이션 경로를 통해 쌍방향적인 메시지를 전달하는 광고를 의미하며, 주로 인터넷의 웹상에서 많이 볼 수 있는 광고이다. 예를 들어, 인터넷상에서 노출된 광고를 클릭하면 광고가 열리면서 광고의 내용을 볼 수 있게

[그림 2-38] 광고전략 수립

광고를 만든 경우 소비자들은 광고를 보고자 할 경우 광고를 클릭하면 광고의 내용을 통해 소비자와 광고내용이 쌍방향적인 광고노출이 이루어지는 것을 말한다. 이러한 쌍방향광고는 소비자의 의사결정에 의해 광고가 노출되는 효과가 있으므로 노출 시 소비자의 주의를 증대시킬 확률이 높다고 할 수 있다.

5.3.3.4 소매광고(Retail advertising)

제품이나 서비스를 소비자에게 판매하는 소매상에 의해 소매점을 방문한 고객들을 대상으로 실행되는 광고를 의미한다. 예를 들어, 할인점 방문 시 많은 소매품에 소비자들은 노출된다. 이러한 소매품을 광고하기 위해 작은 모니터를 설치하여 판매하는 제품에 대한 특징과 장점 등 설명을 통해 제품에 대한 긍정적인 태도를 형성시키는 광고를 말한다.

학습정리

1. 마케팅의 기본 개념

1) 마케팅의 정의

(1) 마케팅의 정의는 단방향적 마케팅에서 쌍방향의 마케팅으로 변화하였다.

(2) 마케팅의 정의는 소비자는 need & wants를 생산자에게 제공하고 생산자는 소비자의 needs & wants에 맞게 제품을 제공하는 생산자와 소비자 쌍방향의 마케팅을 말한다(필립코틀러 교수).

(3) 필립코틀러 교수는 미국의 노스웨스턴 대학에 석좌교수로 계시며 마케팅의 아버지라고 불린다.

(4) 피터드러커 교수는 '변화리더의 조건', '프로페셔널의 조건', '이노베이터의 조건' 등과 같은 경영학 책을 저술하였으며 경영학의 아버지로 불린다.

2. 마케팅전략 프로세스

1) 기업사명의 정의 : 기업사명(corporate mission)이란 기업의 존립 목적을 제시하는 것

(1) 기업의 사명문

① 실질적이고 구체적인 내용으로 구성

② 구성원들에게 동기를 부여

③ 기업의 비전과 방향을 포함

④ 표적시장의 욕구를 반영하는 것

⑤ 시장지향적인 것

기업의 장래 설계를 기술해 놓은 것을 말한다.

(2) 사업 초기에는 명확한 기업사명을 갖지만, 점차 불명확해지기도 한다.

기업사명이 명확하더라도 새롭게 변화된 내 · 외적 마케팅 환경에 더 이상 적합하지 않을 수 있다.

2) 기업목표의 정의 : 기업의 목표는 소비자 지향적 목표로 정의되어야 한다.

(1) 기업의 사명이 정의되고 나면 ① 회사의 사업목표, ② 마케팅목표. ③ 마케팅전략이 수립된다.

(2) 기업의 목표는 전략사업단위(SBU), 즉 사업부에 의해 실행이 되며 기업의 다른 사업부와 독립적으로 계획을 실행할 수 있는 사업단위를 말한다.

(3) 기업목표의 정의

① 구체적인 것, 계층적 서술 ② 가능한 계량적 서술 ③ 실현 가능한 것 ④ 일관성이 유지

3) 사업단위의 확인 : 기업사명(corporate mission)이란 기업의 존립 목적을 제시하는 것을 말한다.

(1) 기업의 사명과 목표를 결정한 다음 기존사업들의 매력도를 평가하여 기업의 강점과 시장기회를 가장 잘 살릴 수 있는 사업들로 구성되는 최적의 라인을 유지해야 한다.

(2) 전략적 마케팅 계획의 수립을 용이하게 하기 위해 관련된 사업들이나 제품들을 묶어 별개의 사업단위로 분류한다. 이러한 사업단위는 전략수립 계획과 관련하여 전략적 사업단위(SBU)라고 불린다.

(3) 바람직한 전략적 사업단위는 사업단위 자체에 대한 이익과 비용의 측정과 이에 대한 책임이 이루어지는 조직단위이어야 한다.

(4) 전략사업단위(SBU : Strategic Business Unit)

① 개별적인 사업과 목표를 갖는 기업의 구성단위

② 기업의 다른 사업부와 독립적으로 계획을 실행할 수 있는 사업단위

4) 사업단위에 대한 자원배분

(1) 문제 해결에 동원되는 대표적인 수단으로서 전사적 차원에서 한정된 자원의 최적배분을 모색하게 해줌.

① 목적 : 개별적인 SBU의 경쟁시장에서의 시장위치와 발전가능성에 관하여 가능한 한 정확한 판단을 하는 일 → 기업으로부터 현금지원 가능 평가

② 장점 : 기업의 복잡한 문제를 심도 있게 체계화하고 시각화함으로써 기업의 장래 문제에 대한 해결책을 제시할 수 있음.

(2) BCG 도표(BCG matrix)

① 시장성장률 – 시장점유율 매트릭스(Growth-share matrix)

② BCG(Boston Consulting Group)에 의해서 개발된 포트폴리오분석법

(3) GE 매트릭스

① BCG 매트릭스의 문제점 : BCG 매트릭스는 여러 요인에 의해 결정되는 사업의 경쟁우위를 단순히 시장성장률과 시장점유율로 파악하려는 문제점을 가짐.

② GE 매트릭스 탄생이유 : BCG 매트릭스의 단점을 개선하기 위해 GE는 경영자문회사인 맥킨지의 자문을 받아 시장성장률과 시장점유율 이외의 변수 '산업매력도 & 사업강점 매트릭스'라는 전략계획구도를 개발

③ GE 매트릭스 구성요소

- 산업매력도지표 : 시장성장률, 시장의 규모, 산업의 수익률, 산업의 경기 및 계절민감도, 경쟁강도 → 기업 외부요인
- 사업강점지표 : 시장점유율, 매출성장률, 가격 · 원가상의 우위, 제품품질, 자금력, 고객시장에 대한 지식, 기술력 → 기업 내부요인

④ BCG/GE 매트릭스의 문제점

- 전략사업단위의 자율성 강조로 사업단위 간 핵심역량 공유함으로 얻게 될 경쟁우위 및 사업기회를 상실할 수 있다.
- 너무 단순한 전략대안(확대전략, 수확, 철수, 시장 매력도 등)의 제안으로 창의적 전략사고 제안이 부족하다.
- 시장점유율이 경쟁우위 확보에 유리한 전략이나 그렇지 않은 산업에서는 경쟁우위 결정에 큰 영향을 주지 않는다.

5) 성장전략 수립

시장침투전략, 시장개발전략, 제품개발전략, 전방통합전략, 후방통합전략, 수평적 통합전략, 집중적 다각화전략, 수평적 다각화전략, 복합적 다각화전략

6) 경쟁전략 수립

원가우위전략, 차별화전략, 집중화전략

3. 마케팅 환경분석

1) 환경분석

2) 거시적 환경분석(PEST분석) : 기업의 활동에 영향을 미치는 거시환경 요인

(1) 정치적 · 법적 환경 : 정부 규제의 변화가 마케팅활동의 영향
독과점 금지 · 소비자보호 · 환경보호

(2) 경제적 환경 : 우리 회사가 경영하는 데 있어서 7가지 아래의 경제적 환경 요인에 의해서 영향을 받는다.

기업들이 조절할 수 없는 기업 활동에 소요되는 비용 항목이다.
원자재 가격 · 임금 · 세금 · 이자율 · 임대료 · 실업률 · 소득의 변화

(3) 사회 · 문화적 환경

① 맞벌이 부부 증가 : 상품의 형태뿐 아니라 소비수준까지 큰 영향을 끼침.

② 가족 구성원 감소 : 한 아이에게 많은 애정과 관심을 쏟게 되어 자녀에 대한 지출이 증가.

③ 독신 · 분가 · 이혼 · 사별 : 인구증가율, 성별 구성비, 결혼적령기, 미혼자비율 등 환경적인 변화로 인해 소비자의 소비형태의 변화로 기업은 소비자의 의식구조 및 소비형태 변화에 지속적인 조사연구를 해야 한다.

④ 인구변화 : 식료품뿐 아니라 아파트에 있어서도 소형을 선호한다.

⑤ 라이프스타일 : 아파트도 소비자의 패턴에 맞게 벽지와 마감을 조절해 준다. 중국은 아파트 내부마감은 중국인이 알아서 한다.

(4) 기술적 환경 : 기업은 제품 및 서비스를 생산하고 판매하는 데 결정적으로 기술에 의존하게 된다. 기술의 개발은 상당히 많은 비용이 소요되며 특허 등을 이용하여 기술을 보호하기 때문에 신기술을 도입하기 위해서는 기업은 많은 비용을 지불해야 한다. 특정기업이 개발할 수 있는 기술에는 한계가 있어 타 기업이나 공공기관들의 연구 등의 외부기술에 의존하는 경우가 많다.

① 개선 : 핵심기술을 기술의 연장선상에서 핵심기술의 성능을 강화하여 제품 및 서비스의 기능을 개선한다. 예) 삼성 반도체(핵심역량) → 핸드폰, 라디오, TV 시리즈로 진행시킨다.

② 복합 : 핵심기술을 부가하는 방법. 현재 보유하고 있는 기술에 이종기술을 접합하여 제품 및 서비스에 새로운 기능을 부가하는 분야이다.

③ 와해 : 핵심기술을 대체하는 방법. 현재의 핵심기술을 완전히 대체할 수 있는 혁신적인 기술의 구현가능성을 타진하는 방법이다.

3) 미시적 환경분석(3C분석) : 기업의 활동에 영향을 미치는 미시환경 요인

(1) 자사분석(Company)

① 시장성과 분석(=시장점유율 분석) : 기업의 성과평가 방법 중 가장 손쉽게 기업을 평가할 수 있는 방법이다.

㉮ 참존화장품 : 참존화장품은 전체시장의 100%를 모두 점유할 수가 없다. 그 이유는 참존화장품이 가지고 있는 마케팅팀의 인력의 한계와 마케팅비용의 한계에 의해서 전체시장을 마케팅할 수 없으며 그로 인해 전체시장의 60%만 마케팅 타깃으로 잡고 마케팅을 하더라도 그중에 30%만이 우리의 고객으로 만들 수 있다. 그러면 참존의 시장점유율은 30%인 것이다. 그런 30%의 시장점유율 속에 마케팅하지 않아도 우리 고객이 되는 10%만을 제외한 20%가 참존의 경쟁우위로 인한 시장점유율이라고 할 수 있다. 그러면 나머지 70%의 누출시장은 왜 생기는지에 대한 원인을 규명함으로써 앞으로 참존이 어떠한 방향으로 나가야 하는지 그리고 현재 상황은 어떤지에 대한 자사를 분석하는 방법을 시장점유율에 의한 분석방법이라고 할 수 있겠다.

② 기업의 가치사슬 분석(value chain) : 마이클포터의 분석기법으로 기업의 원재료에서 완성된 제품을 만들어 내기까지 관여하는 일련의 활동을 가지고 자사를 분석하는 방법으로 기업가치사슬의 개념은 한 기업 운영의 효율성을 분석하는 데 사용되는 분석방법이다.

③ 조직역량 분석 : 경영진이 어떠한 미션을 제시했을 때 그 조직에서 어떤 일을 해낼 수 있는 일을 측정하는 분석방법이다.

- 7S모델이라고도 하며 맥킨지에 의해 개발된 자사분석 모델로 맥킨지는 미국에 본사를 둔 컨설팅

회사로서 세계 곳곳에서 활동하는 세계 3대 컨설팅 업체 중 하나라고 할 수 있겠다. 1987년 한국에 들어와서 현재 우리나라 대기업도 컨설팅을 하고 있고 소수정예로 전세계 6,000명의 컨설턴트를 두고 있다.

- 7S모델은 다음의 7가지 요인에 대해서 자사를 분석하는 방법이다(공유가치 · 조직구조 · 시스템 · 스타일 · 인재 · 기술 · 전략).

④ 자원과 역량 분석 : 기업이 보유하고 있는 자원은 유형/무형자원으로 구분하며 자원과 역량의 분석을 통해 보완과 강화요소를 찾아내고 전략에 반영한다. 아래의 예시는 우리 회사의 자원 5가지와 역량 8가지의 위치를 파악해 내고 다른 회사의 역량과도 비교분석이 가능한 분석방법이라고 할 수 있다. 다음의 예시는 폭스바겐의 자원과 역량분석 예시이다.

⑤ 재무비율 분석 : 경쟁사와의 재무구조를 통해 장단점을 보완하는 분석 방법으로 기업은 성장성, 안정성, 활동성 등을 통해 재무구조의 건전성 측정이 가능하다.

- 안정성비율
  - 유동성비율 : 자산을 현금으로 만드는 능력
  - 레버리지비율 : 타인자본의 의존도
- 활동성비율 : 특정자산을 얼마나 효율적으로 이용하는지 측정
- 수익성비율 : 경영의 종합적 성과측정
- 성장성비율 : 해당산업에 성장에 비해 상대적 지위의 향상 여부
- 시장가치비율 : 기업에 대한 자본시장의 평가

(2) 고객 및 시장환경에 대한 분석 – 산업구조 분석 : 산업 내의 경쟁구조 분석

① 산업 내 경쟁자의 위협 : 산업 내의 경쟁자가 많으면 산업진입에 위협이 된다.

② 신규진입자의 위협

- 진입 위험성이 높으면 수익성에 위협을 주는 것
- 진입 위험성이 낮으면 이익을 창출할 수 있는 기회요인

③ 공급처의 협상력

- 산업의 수익률은 공급자의 교섭력 정도에 의해 영향
- 제품의 공급이 소수기업에 집중되면 공급자의 교섭력이 강해져 산업의 수익률은 낮아진다.

④ 대체재의 위협 : 기존시장을 위협하는 새로운 제품이나 서비스의 출현에 의한 영향

⑤ 고객의 협상력

- 공급자와 구매자 사이에 어떤 교섭력을 펼치느냐에 따라 수익률에 큰 차이를 보임
- 전환비용(경쟁사의 다른 제품으로 전환하는 데 드는 비용)이 크면 공급자의 교섭력이 강화 · 비용이 적으면 고객의 교섭력이 강화

(3) 경쟁자 및 경쟁우위 분석 – 경쟁사 분석 : 경쟁자는 특정 시장의 고객들의 비슷한 욕구를 만족시키는 제품이나 서비스를 공급하는 기업들로 다음 4가지에 의한 경쟁 형태에 의해 경쟁을 한다.

① 제품의 형태에 따른 경쟁 : 유사한 형태를 가진 제품 간의 경쟁을 말한다.

② 제품범주에 따른 경쟁 : 제품 형태에는 차이가 있지만, 기본적으로 동일한 범주에 속하는 제품 간의 경쟁을 말한다.

③ 본원적 편익에 따른 경쟁 : 형태나 범주는 다르지만, 소비자에게 기본적으로 동일한 편익을 제공하는 제품 간의 경쟁을 말한다(㉹ 에어컨과 제습기).

④ 예산에 따른 경쟁 : 제공하는 편익이 다르더라도 소비자의 한정된 예산을 차지하기 위하여 여러 상품이 경쟁하는 것을 말한다.

4) SWOT분석

(1) SWOT분석 : 우리 조직의 강점, 약점, 기회, 위협이 되는 요인에 대한 분석
(2) CSF(Critical Success Factor) : 핵심성공요인
(3) KPI(Key Performance Indicator) : 핵심성과지표
(4) BSC(Balanced Scorecard) : 균형잡힌 평가도구(조직)
(5) MBO(Management By Objectives) : 목표관리(개인)

4. STP 전략

1) 시장세분화 전략

시장세분화란 소비자가 원하는 제품의 욕구에 맞추어 제품에 대한 시장을 세분화하고 나누다 보면 소비자가 원하는 매력적인 세분화 시장이 만들어지게 되므로 기업은 그러한 소비자의 욕구에 맞는 세분시장의 제품을 만들어 주므로 인해 매출을 극대화시키는 전략을 시장세분화라고 한다.

(1) 시장세분화의 목적 : 소비자의 욕구에 맞는 시장을 깊이 세분화해야 매력적인 시장을 찾을 수 있다. 그러므로 마케팅조사와 소비자행동을 이해해야 한다. 고객과의 관계(relation)에 의한 고객의 상호작용이 중요해지면서 고객과의 접점 직원의 중요성이 증대되고 있다.

(2) 시장세분화의 기준 : 기업들은 소비자의 욕구에 맞는 시장을 세분화할 때 4가지 기준으로 제품을 세분화한다.

① 시장세분화의 기준 4가지

- 인구통계적 세분화 : 인구통계적 변수를 기준으로 전체시장을 세분화하는 것을 말한다.
  변수 : 연령, 성, 직업, 소득, 교육, 사회계층, 가족 수, 가족수명주기, 종교, 인종, 국적 등
- 지리적 세분화 : 지리적 변수를 기준으로 하여 특정 제품의 시장을 세분화하는 것을 말한다.
  변수 : 지역, 도시/지방, 인구밀도, 도시규모, 기후 등
- 심리분석적 세분화 : 개성, 동기, 라이프스타일 등의 변수를 기준으로 하여 시장을 세분화하는 것을 말한다.
  변수 : 개성, 동기, 라이프스타일 등
- 행위적 세분화 : 제품에 대한 소비자들의 행동 특성에 기초하여 시장을 세분화하는 것을 말한다.
  변수 : 추구하는 편익, 사용량, 브랜드 충성도, 사용상황

② 행위적 세분화의 예시 : 행위적 세분화 중에 소비자의 추구하는 편익(편안하고 유익하게 생각하는 것)에 대한 예시를 아래에서 제시하고자 하였다.

소비자들은 치약에 대해서 경제성(가격이 저렴한 치약)을 가진 치약과 의료(충치예방)이 되는 치약을 또는 미용(흰 치아)을 유지하는 치약을 그리고 맛(좋은 향기)이 나는 치약을 원하는 소비자들로 소비자의 편익에 따라 4가지의 세분시장으로 나누어 설명할 수 있다.

(3) 시장세분화의 요건 : 효과적인 시장세분화를 위해서 세분시장이 갖추어야 할 요건은 다음과 같이 6가지로 집약할 수 있다.

① 정보측정 및 획득용이 : 세분시장을 형성 후 세분시장에서 일어날 매출 및 고객의 니즈에 대한 측정이 용이해야 한다.

㉮ 만약에 KT&G에서 매출을 극대화시키기 위해서 청소년을 대상으로 담배를 판매한다면 사회적

인 윤리와 정부의 규제에 의해서 시장을 세분화할 수 없을뿐더러 세분화한 시장의 청소년들이 과연 얼마만큼의 담배에 대한 만족도와 담배에 대한 매출을 일으킬 수 없기 때문에 시장을 세분화할 수가 없다. 이렇게 새롭게 시장을 세분화할 시 세분시장에 대한 정보측정 및 획득이 용이하지 않은 시장은 시장세분화에 실패하게 된다.

② 수익성 보장 : 시장을 세분화할 때 수익성이 보장되지 않는 시장은 시장세분화를 하면 안 된다.

㉮ 예를 들어 현대자동차에서 운동선수를 대상으로 250m 이상 되는 키가 큰 선수들을 대상으로 자동차를 만들어 시장을 세분화하려는 시도를 한다고 하자 과연 250m 이상 되는 선수들이 우리나라에 몇 명이나 될까? 자동차를 만들기 위해서는 한 대의 자동차를 디자인하고 광고 마케팅, 생산설비를 만드는데 막대한 자금이 투자된다. 이러한 자금을 투자하고 과연 250m 이상 되는 키 큰 선수 몇 명에게 판매를 할 수 있을까? 이렇게 수익성이 보장되지 않는 세분시장은 진입하면 실패를 하게 된다.

③ 접근 용이성 및 전달성 : 새롭게 만든 세분시장에 진입이 용이해야 한다.

㉮ 요즘의 마케팅은 사회적으로 문제가 되는 것이 무엇인지를 해결해 주므로 사회적으로 신뢰받는 기업들이 많은 매출을 일으키고 있다. 그러한 사례로 요즘은 전 세계적으로 환경이라고 하는 국제사회의 문제점을 해결하는 데 많은 집중을 하고 있다. 앞으로는 이산화탄소를 많이 배출시킨 기업들은 해외의 수출 길도 줄어드는 것이 현재 상황이라고 할 수 있다. 새롭게 만든 세분시장이 호주라고 한다면 그렇게 진입하려는 호주에 이산화탄소 배출 기업에 대한 규제가 있다면 모처럼 새롭게 진입하려는 세분시장의 진입이 어렵게 된다. 그러므로 새롭게 진입하려는 세분시장의 접근성이 용이한지 파악하지 않으면 실패를 하게 된다.

④ 명확한 구분성 및 차별화 반응성 : 세분시장은 명확한 구분성과 차별성을 가지고 있어야 한다. 즉 세분시장 마케팅전략 수립 후 마케팅믹스에 대하여 다르게 반응해야 한다.

㉮ 아시아나항공이 매출을 극대화시키기 위해 세일을 한다든지 저가의 금액으로 승차권을 판매한다면 소비자는 어느 시점에는 세일을 하는 기간에만 승차권을 구입하려고 할 것이다. 그러므로 저가항공사인 에어부산을 만든 이유도 이러한 이유이다. 고가 항공사인 아시아나항공은 고가전략으로 저가항공사인 에어부산은 저가전략을 유지하여 명확한 구분성을 가져야 한다. 고가 항공사가 매출을 늘리기 위해 세일을 많이 하게 되면 소비자들은 나중에는 고가 항공사의 브랜드 가치는 낮게 생각하고 고가의 금액으로는 승차권을 구매하려 하지 않는다. 그러므로 세분시장에 맞는 정체성에 맞는 명확한 구분성과 차별성을 유지하지 않으면 시장세분화에 실패하게 된다.

⑤ 일관성 및 지속성 : 기준이 수시로 변하면 세분시장에 따른 체계적인 마케팅전략 수립이 어렵다.

㉮ 아시아나항공에서 새롭게 저가항공사인 에어부산을 만들어 시장을 세분화하였으며 고가항공사는 고가 전략으로 저가항공사는 저가전략으로 일관성과 지속성을 유지하는 것이 시장세분화에 실패하지 않는 길이다.

⑥ 집행력 : 세분시장을 추진하기 위한 집행력을 보유하고 있어야 한다.

㉮ 새롭게 만든 세분시장을 추진할 수 있는 집행력을 가지고 있어야 한다. 아시아나항공이 저가항공사인 에어부산을 만들었을 때 에어부산을 운영할 인력이라든지 자본력이 없다면 세분시장에서 성공할 수가 없다.

2) 표적시장 전략

(1) 표적시장의 개념

① 5가지 종류의 표적시장 선정방법 : 몇 개의 제품으로 몇 개의 시장을 공략할 것인지에 대한 표적을

선정하는 방법 5가지에 대해서 설명하고자 한다.

- 단일세분시장 : 한 개의 제품으로 한 개의 시장을 공략하는 표적시장 선정 방법으로 기업이 가지고 있는 핵심역량이 집중하는 형태이다.
  - ㉨ 위니아 제습기는 한 개의 제품을 가지고 '가정'이라고 하는 한 개의 시장을 공략한 표적시장 선정방법을 사용하였다. 주로 벤처기업이나 중소기업들이 한정된 자원을 가지고 집중할 수 있는 표적시장 선정 방법이다.
- 상품전문화 : 한 개의 제품으로 다양한 시장을 공략하는 표적시장 선정 방법이다.
  - ㉨ 현미경 제조업자의 경우 한 개의 현미경을 가지고 대학연구소, 정부기관, 기업 등의 다양한 시장을 표적시장 선정을 하는 방법이다.
- 시장전문화 : 한 개의 표적을 선정해서 다양한 제품을 유통시켜 표적시장 소비자의 다양한 욕구를 충족시키는 표적시장 선정 방법이다.
  - ㉨ 한경희가 '주부' 시장을 표적으로 주부들이 원하는 제품의 여러 종류로 한경희 청소기, 스팀다리미, 제습기, 공기튀김기, 무선진공밀대 등을 개발해서 주부라는 표적시장의 욕구에 맞는 모든 제품을 만들어서 제공하였다.
- 선택적 전문화 : 기업의 목표와 맞는 몇 개의 세분시장에 진출하는 표적시장 선정 방법이다.
  - ㉨ 이인혜 뇌세김어학기, 소비자 표적시장에 따라 영어어학기, 중국어어학기, 일본어어학기와 같이 우리 기업이 잘 할 수 있는 선별적인 제품을 가지고 선별적인 표적시장을 선정하는 표적시장 선정방법을 선택적 전문화 표적시장 선정방법이라고 한다.
- 완전도달 : 기업은 모든 고객집단들이 필요로 하는 모든 제품을 생산, 판매하는 전략으로서 주로 가용자원이 풍부한 대기업의 시장확보전략이라 할 수 있다. 대기업이 주로 사용하는 전략으로 비차별적 마케팅과 차별적 마케팅 전략을 통해 수행될 수 있다.

② 시장진입 위협요소 : 표적시장 진입 시 고려해야 할 요인 5가지

- 정부의 규제 : 표적시장을 진입하려고 하는데 정부의 규제가 많으면 표적시장을 진입하는 데 있어 위협이 되는 요소이다.
- 규모의 경제 · 대규모 초기 투자비용 : 표적시장 진입을 하는데 초기에 많은 투자비용이 들면 추후 높은 시장이탈 장벽으로 이탈하기가 어려워진다. 그러므로 초기에 대규모의 투자비용이 들어가는 진입시장은 신중하게 고려해 보아야 한다.
  - ㉨ 삼성자동차가 초기에 자동차시장에 막대한 대규모의 투자비용을 들여서 시장진입을 하였으나 추후 시장에서 이탈하려고 할 때 막대한 투자자금으로 인해 높은 이탈 장벽으로 빠져나오는데 상당한 곤혹을 치렀다.
- 고도의 기술로 인한 상품의 높은 차별성 : 표적시장의 산업군의 기술력이 높으면 높을수록 시장을 진입하는데, 어려움을 겪게 된다.
  - ㉨ 표적시장으로 반도체시장을 표적으로 잡았다면 그동안 삼성에서 몇천조 이상의 막대한 자금을 투자해서 기술개발의 장벽이 높은 표적시장이다. 이러한 표적시장을 들어간다면 시장진입에 위협요소가 될 것이다.
- 제한된 판매채널로 새로운 판매채널 확보의 어려움 : 표적시장을 진입할 때에는 판매채널이 다각화되어 있어야 한다. 한 개의 채널로 판매를 한다면 그 한 개의 채널의 판매가 막히게 되면 어려움을 겪을 것이다.
  - ㉨ 민간그룹건설사에 납품하는 자재 업체의 경우는 민간그룹건설사만 믿고 납품을 했다가 민간

그룹건설사에서 아파트를 짓지 않으면 판매채널이 막히게 된다. 그러므로 관공서에서 하는 납품 채널도 만들어 놓아야 민간 그룹사가 건물을 짓지 않을 때 관공서에 납품을 할 수 있는 다각화된 판매채널을 만들어야 새로운 표적시장 진입 후 납품에 대한 위협을 받지 않는다.

- 높은 시장이탈 장벽 : 표적시장 진입 시 초기 투자자금이 많으면 높은 이탈 장벽으로 어려움을 겪게 된다.

  ㉍ 삼성자동차가 초기에 자동차시장에 막대한 대규모의 투자비용을 들여서 시장진입을 하였으나 추후 시장에서 이탈하려고 할 때 막대한 투자자금으로 인해 높은 이탈 장벽으로 빠져나오는데 상당한 곤혹을 치렀다.

(2) 표적시장 선정 후 전략 : 기업이 구체적으로 진출할 만한 가치가 있는 세분시장을 선정 후에는 차별화 전략 또는 비차별화 전략 그리고 집중화전략으로 표적시장을 공략한다.

① 차별화전략

- 특징 : 여러 개의 세분시장에 각각 다른 제품을 출시해서 각 세분시장에서 대표제품을 육성하는 전략 → 풀 라인 전략
- 장점 : 세분시장별로 상품을 제공함으로써 매출을 최대화할 수 있다.
- 단점 : 마케팅 비용이 그만큼 증대된다.
- 활용 : 마케팅자원이 충분한 대기업이나 선도기업이 취하는 표적시장 전략
  세분시장을 추구할 경우 발생하는 비용
  - 추가적인 연구개발과 엔지니어링 비용 등 제품 수정비용 발생한다.
  - 한 종류의 제품을 100개 생산하던 것이 10종류 제품을 10개 생산하는 것이다.
  - 세분시장별로 마케팅조사, 수요예측, 매출분석 등을 위한 개별적 지출된다.
  - 차별화된 제품의 재고관리 비용 요구된다.
  - 세분시장의 별도 마케팅계획의 필요로 촉진비용이 증가한다.

② 비차별화전략

- 특징 : 정체 시장을 하나의 마케팅정책으로 접근하는 전략으로 구매자의 기본적 욕구보다는 '대량생산, 대량유통경로, 대량광고'를 통한 무차별적 시장 접근 시도한다.
- 장점 : 원가우위를 추구하는 전략이다. 대량생산, 제품규격화로 인한 규모의 경제성으로 비용이 절감된다.
- 단점 : 극심한 가격경쟁과 고객(세분시장 고객층)의 불만족을 초래한다.
- 방향 : 세분시장의 차이를 무시하고 한 제품을 가지고 전체시장을 영업한다. → 소비자 욕구의 차이점보다는 공통점이 무엇인가에 초점을 맞춘다.

③ 집중화전략

- 특징 : 일명 '단일세분시장전략' 이라고도 하며 하나(또는 제한된 수)의 세분 시장만을 표적시장으로 삼고 기업의 마케팅노력을 집중하는 전략을 말한다.
- 장점 : 한정된 자원으로 효율을 극대화하고 마케팅활동의 전문화로 인해 특정 시장에서 거점 확보가 가능하다.
- 단점 : 시장변화와 고객의 욕구 변화 시에 도태 위험이 있다.

3) 포지셔닝 전략

(1) 포지셔닝의 개념과 필요성

① 소비자들의 마음속에 자사 제품을 어떻게 차별적 우위로 인식시킬 것인가에 대한 전략을 말한다.

경쟁제품에 비하여 차별적 특성을 갖도록 제품개념을 명확히 설정하고 이에 따라 개발된 제품을 소비자들의 지각 속에 적절히 위치시키도록 노력하는 제품개발 및 촉진활동과 밀접한 관련이 있는 활동을 말한다.

② 빈도 높은 상품 광고로 인해 소비자의 눈과 귀가 이미 지쳐 있는 상태에서 고객의 시선을 사로잡는 데 필요한 작업이 '포지셔닝(Positioning)'이다.

③ 가장 효과적인 경쟁우위를 가지는 방법 → 차별화

④ 경쟁사의 모방이 쉽지 않은 강력한 메시지로 명쾌하게 떨어질수록 효과적 → 제품의 특징이 없으면 Positioning이 실패한 것이다.

(2) 포지셔닝의 유형

① 제품속성에 의한 포지셔닝 : 경쟁제품과는 다른 편익이나 속성을 지녔다는 것을 소비자들에게 인식시키는 것이다.
(사례) 서울우유의 제조일자 표시, 음성만으로 전화를 걸어주는 전화기

② 사용자에 의한 포지셔닝 : 상품이 특정사용자 계층에 적합한 것으로 포지셔닝 하는 방법
(사례) 제일제당 숙취해소 음료 '컨디션'

③ 사용상황에 의한 포지셔닝 : 자사 제품의 적절한 사용상황을 소구함으로써 타제품과 사용상황에 따라 차별적으로 인식시키는 전략이다.
(사례) 전자제품을 사러 갈 땐 하이마트, 운동 후 갈증해소 음료 게토레이를 마시는 모습을 보여 줌

④ 경쟁제품에 의한 포지셔닝 : 경쟁제품과 비교하여 자사 제품만이 줄 수 있는 혜택이나 편익을 강조하는 포지셔닝 방법으로 비교광고
(사례) 연세대학교 비교광고, 클라우드 맥주 광고

5. 4P 전략

1) 4P 전략

STP 전략에서 목표시장(Targeting)으로 정한 시장에 몇 개의 제품을 제작하였을 때 매출을 극대화할 수 있을지와 관련한 제품전략(product strategic)과 목표시장으로 정한 시장에 판매할 제품의 가격을 얼마로 책정했을 때 소비자의 지각가치보다 낮게 지각시켜 매출을 극대화할 수 있을지와 관련한 가격전략(Price strategic) 그리고 신제품을 어떠한 유통경로로 유통시켰을 때 많은 소비자에게 효과적으로 신제품을 노출시켜 구매로 연결시킬 수 있을지와 관련한 유통전략(Place strategic)과 단시간에 신제품의 매출을 극대화할 수 있는 촉진전략(Promotion strategic)을 우리는 4P 전략이라고 한다. 이러한 4가지 전략의 영문의 이니셜(Initial)을 따서 4P 전략이라고 한다.

2) 촉진믹스

이러한 4P 전략(제품, 가격, 유통, 촉진전략) 중 단기간에 매출을 극대화하는 촉진전략으로는 크게 광고, 인적판매, 판매촉진, PR이 있다.

연습문제

해설 및 정답

1. 다음 가로에 공통으로 들어갈 단어를 선택하세요.

> 마케팅의 정의를 '소비자는 (&)를 생산자에게 제공하고 생산자는 소비자의 (&)에 맞게 제품을 제공하는 생산자와 소비자의 쌍방향의 커뮤니케이션'이라고 필립코틀러 교수는 정의하였다.

① motivation & wants ② value & wants
③ needs & wants ④ needs & value

소비자가 제품 구매와 같은 욕구를 채우기 위한 행동을 일으키는 단계로 결핍을 느끼는 상태이며 구체적인 표현을 하는 단계라고 할 수 있다.
[정답] ③

2. 전사적 전략계획 수립과정 중 BCG/GE매트릭스 모델에 의해 SBU에 대한 확대, 유지, 수확, 철수전략을 전개해야 되는 단계는?

① 기업사명의 정의 단계
② 사업단위의 확인 단계
③ 사업단위에 대한 자원배분 단계
④ 경쟁전략수립 단계

BCG/GE 매트릭스 모델은 전사적 전략계획 수립 과정의 4단계인 사업단위에 대한 자원배분 단계에서 전개된다.
[정답] ③

3. BCG매트릭스 모델에서 시장점유율을 유지하고 증가시키는데 있어 많은 현금이 필요한 단계는?

① 물음표 ② 스타
③ 자금젖소 ④ 개

기업들이 주로 신사업을 출발할 때는 제품에 대한 개발 비용부터 마케팅비용까지 초기 투자자본이 많이 드나 시장점유율이 없는 상태이므로 투자할 현금이 많이 필요한 단계이다.
[정답] ①

4. GE매트릭스 모델의 기업 외부평가 요인이 아닌 것은?

① 시장성장률
② 산업의 수익률
③ 산업의 경기 및 계절민감도
④ 기술력

기술력은 기업의 내부평가 요인이다.
[정답] ④

5. 기업의 성장전략 중 집중적 성장전략에 해당하지 않는 것은?

① 시장침투전략 ② 전방통합전략
③ 시장개발전략 ④ 제품개발전략

전방통합전략은 통합적 성장전략이다.
[정답] ②

6. 기업의 경쟁전략이 아닌 것은?

① 원가우위전략 ② 차별화전략
③ 다각화전략 ④ 집중화전략

다각화전략은 기업의 성장전략 중 하나이다.
[정답] ③

7. 다음 중 거시적인 환경을 분석하는 요인이 아닌 것은?

① 정치적 환경요인 ② 기업내부 환경요인
③ 경제적 환경요인 ④ 기술적 환경요인

기업내부 환경요인 분석은 미시적인 환경분석으로 3C분석 중 한 가지 요인이다.
[정답] ②

8. 기업의 내부의 강점, 약점과 기업의 외부환경의 기회, 위협을 분석하여 전략을 도출하는 분석방법은?

① BCG ② GE
③ SWOT ④ CSF

기업의 강점, 약점, 기회, 위협의 요인을 분석하는 분석 방법은 SWOT이다.
[정답] ③

9. 다음 기업의 환경분석 방법 중 미시적인 환경분석 요인이 아닌 것은?

① PEST분석 ② 자사분석
③ 고객분석 ④ 경쟁사분석

PEST분석은 거시적인 환경분석을 말한다.
[정답] ①

10. 다음 3C분석 중 자사분석(company) 방법이 아닌 것은?

① 시장점유율 분석 ② 가치사슬 분석
③ 산업구조 분석 ④ 자원과 역량 분석

산업구조 분석은 3C분석 중 고객(customer)분석을 말한다.
[정답] ③

11. 다음 3C분석 중 자사분석(company) 방법 중 아래 내용은 무슨 분석에 관한 설명인가?

> 기업의 원재료에서 완성된 제품을 만들어 내기까지 관여하는 운영의 효율성을 분석방법으로 사용된다.

① 시장점유율 분석 ② 가치사슬 분석
③ 조직역량 분석 ④ 산업구조 분석

가치사슬 분석에 관한 설명이다.
[정답] ②

12. 다음 3C분석 중 고객(Customer)분석에 대한 요인이 아닌 것은?

① 신규진입자 ② 고객
③ 공급처 ④ 시장점유율

시장점유율에 의한 분석은 3C분석 중 자사에 대한 분석방법 중 하나이다.
[정답] ④

13. 기업이 경쟁사와 경쟁하는 형태의 요소가 아닌 것은?

① 제품의 형태 ② 제품범주
③ 본원적 편익 ④ 조직역량

조직역량은 3C분석 중 자사의 분석 방법 중 하나이다.
[정답] ④

14. 아래에 서술한 예시에서 설명하는 시장세분화의 기준은?

> 아동복을 판매하던 기업 사장은 아무리 아동복의 디자인을 개발해도 매출이 증가하지 않자 성인복을 만들어서 아동복과 같이 판매했더니 매출이 40%가 신장이 되었다.

① 인구통계적세분화 ② 지리적세분화
③ 심리분석적세분화 ④ 행위적세분화

인구통계적세분화 중 연령에 따른 변수로 아동복을 판매하던 기업은 매출이 더 이상 증가하지 않자 성인복을 만듦으로 인해 연령에 따라서 시장을 세분화하여 매출을 40%를 증가시켰다.
[정답] ①

15. 다음 표적시장 선정방법 중 정의하는 표적시장 선정 방법은?

> 모든 고객집단이 필요로 하는 모든 제품을 생산, 판매하는 전략으로서 주로 가용자원이 풍부한 대기업의 시장확보전략이다.

① 단일세분시장 ② 상품전문화
③ 시장전문화 ④ 완전도달

대기업이 막강한 자본력을 가지고 소비자의 욕구에 맞는 모든 제품을 만들어 모든 시장을 표적으로 삼는 표적시장 선정방법으로 완전도달 표적시장 선정방법이 있다.
[정답] ④

16. 다음 내용의 장 · 단점은 표적시장 선정 후 전략 중 어느 전략에 해당하는가?

> - 장점 : 세분시장 별로 상품을 제공함으로써 매출을 극대화할 수 있다.
> - 단점 : 마케팅 비용이 그만큼 증대된다.

① 원가우위전략 ② 차별화전략
③ 비차별화전략 ④ 집중화전략

차별화전략의 장 · 단점이다. 차별화전략이 소비자가 원하는 모든 제품을 만들어 주므로 매출을 극대화할 수 있다.
[정답] ②

17. 다음 포지셔닝의 유형에 해당하지 않는 것은?

① 사용상황에 의한 포지셔닝
② 경쟁제품에 의한 포지셔닝
③ 사용경험에 의한 포지셔닝
④ 제품 속성에 의한 포지셔닝

포지셔닝의 유형으로는 제품속성에 의한 포지셔닝, 사용자에 의한 포지셔닝, 사용상황에 의한 포지셔닝, 경쟁제품에 의한 포지셔닝으로 4가지의 포지셔닝이 있다.
[정답] ③

18. 다음 아래에서 정의하는 포지셔닝의 유형을 고르시오.

> 서울우유는 유통기간 외에도 다른 우유 회사와 다르게 제조일자를 표시함으로써 고객들이 우유에 대해 신선함을 알고 싶어 하는 정보를 제공함으로써 신선한 우유라고 인식을 시키는 포지셔닝이다.

① 제품속성에 의한 포지셔닝
② 사용자에 의한 포지셔닝
③ 사용상황에 의한 포지셔닝
④ 경쟁제품에 의한 포지셔닝

경쟁제품과는 다른 편익이나 속성을 지녔다는 것을 소비자들에게 인식시키는 포지셔닝의 유형이 제품속성에 의한 포지셔닝이다.
[정답] ①

19. 다음 마케팅믹스의 유형 중 '단기간에 매출을 극대화시키는 전략'은?

① 제품전략　② 가격전략
③ 유통전략　④ 촉진전략

마케팅믹스(=4P전략) 중 단시간에 매출을 극대화시키는 전략을 촉진전략이라고 하며 촉진전략의 종류에는 인적판매, 광고, 판매촉진, PR이 있다.
[정답] ④

20. 다음 촉진믹스의 유형이 아닌 것은?

① 인적판매　② 판매촉진
③ 광고　④ 제품수명주기

촉진믹스의 유형으로는 인적판매, 판매촉진, 광고, PR이 있다.
[정답] ④

[주관식 문제]

21. 마케팅 전략계획 프로세스 중 '성장전략 9가지'는?

그룹사의 전략계획 프로세스를 세우는 데 있어 그룹사의 전체 SBU 중 어떠한 SBU를 선발하여 성장시킬 것인지에 대한 9가지 성장시키는 방법으로 제품과 시장을 성장시키는 방법과 사업부의 규모를 성장시키는 방법으로 나눌 수 있다.
[정답] 시장침투전략, 시장개발전략, 제품개발전략, 전방통합전략, 후방통합전략, 수평적통합전략, 집중적다각화전략, 수평적다각화전략, 복합적다각화전략

22. 마케팅 전략계획 프로세스 환경분석 중 3C분석 중 '자사분석 5가지'는?

3C분석 중 자사에 의한 분석 방법으로 가장 손쉽게 자사를 분석하는 방법은 '시장점유율 분석'이며 기업의 운영 전체를 볼 수 있는 자사분석 방법은 '가치사슬 분석'이고 어떠한 일을 조직에 주었을 때 그 일을 해내는 능력을 보는 자사분석 방법은 '조직역량 분석'이라고 하며 기업의 자원과 역량을 가지고 강점과 약점을 분석하는 방법을 '자원과 역량 분석'이라 한다. 기업의 재무비율을 가지고 기업을 분석하는 방법을 '재무비율 분석'이라고 한다.

[정답] 시장성과 분석(시장점유율 분석), 가치사슬 분석, 조직역량 분석, 자원과 역량 분석, 재무비율 분석

23. STP전략 중 시장을 세분화전략 중 '세분화하는 기준 4가지'는?

인구통계적 세분화는 연령, 성, 직업, 소득, 교육, 사회계층 등에 의해 세분화하며 지리적 세분화는 기후, 지역, 자연자원, 인구밀도, 도시 · 지방 등에 의해 세분화하고 심리분석적 세분화는 개성, 동기, 라이프스타일 등에 의해 세분화한다. 행위적 세분화는 추구하는 편익, 사용량, 브랜드 충성도 등에 의해 시장을 세분화한다. 시장세분화를 통해 기존의 기업이 가지고 있는 매출을 극대화하는 전략으로 활용한다.

[정답] 인구통계적 세분화, 지리적 세분화, 심리분석적 세분화, 행위적 세분화

[토론식 문제]

24. 전사적 전략계획 프로세스 중 마케팅전략계획 4가지에 대해서 토론해 봅시다.

25. STP전략에 대해서 산업군의 예시를 들어 간략하게 설명해 봅시다.

제 2 부
소비자행동론의 이해

제2부 제3장에서는 소비자행동론의 BIG PICTURE 이론 3가지 중 소비자 구매의사결정과정과 소비자 정보처리과정에 대해서 핵심적인 내용을 간략하게 알아보기로 한다.

제3장 1단원에서는 소비자 구매의사결정과정에 대한 포괄적인 개념에 대해서 알아보기로 한다. 소비자는 제품을 구매할 때 제품을 보는 순간 구매를 한다고 소비자들은 생각하지만, 사실은 문제인식 → 정보탐색 → 대안평가 → 구매결정 → 구매 후 행동의 단계를 거치면서 제품을 구매하고 구매 후에는 제품을 구매한 부분에 대해서 만족과 불만족이라고 하는 감정을 통해 구매한 제품에 대해서 재구매 여부를 판단하게 된다. 본 단원에서는 소비자 구매의사결정과정은 5단계에 대한 핵심적인 부분만을 알아볼 것이며 구체적인 내용은 제4부 제6장, 제7장, 제8장을 통해서 알아볼 것이다. 제3장 2단원에서는 소비자 정보처리과정에 대한 핵심적인 이론에 대해서 간략하게 공부해 보고자 한다. 소비자 정보처리과정은 소비자는 TV 광고를 보는 순간 TV 광고를 기억한다고 생각을 하지만 사실은 우리의 뇌는 노출 → 주의 → 지각 → 반응/태도 → 기억의 5단계를 거치면서 광고를 기억하게 된다. 소비자 정보처리과정에 대한 구체적인 이론은 제3부 제4장, 제5장을 통해 구체적으로 제시할 것이다.

제 3 장

소비자행동론의 기본 개념

이 장에서 학습하는 내용

- 소비자 구매의사결정과정
  문제인식
  정보탐색
  대안평가
  구매결정
  구매 후 행동
- 소비자 정보처리과정
  노출(Exposure)
  주의(Attention)
  지각(Perception)
  반응(Response)과 태도(Attitude)
  기억(Memory)

이 장의 학습목표

- 소비자 구매의사결정과정 5단계에 대해서 이해한다.
- 소비자의 문제인식에 대해서 이해한다.
- 소비자의 정보탐색에 대해서 이해한다.
- 소비자 대안평가에 대해서 이해한다.
- 소비자 구매결정에 대해서 이해한다.
- 소비자 구매 후 행동에 대해서 이해한다.
- 소비자 정보처리과정 5단계에 대해서 이해한다.

1 소비자의 구매행동

소비자 구매행동 모델은 마케팅부서가 소비자의 행동을 분석하는 소비자행동론의 3가지 이론인 소비자의 행동을 분석하는 '소비자 구매의사결정과정'과 소비자의 정신을 분석하는 이론인 '소비자 정보처리과정' 그리고 소비자의 정신과 행동을 같이 분석하는 이론인 '하이어라키모델'이 서로 어떻게 연결되어 있는지 보여주는 모델이다.

이번 제3장에서는 소비자행동론 BIG PICTURE의 3가지 이론 중 첫 번째 이론인 '소비자 구매의사결정과정의 5단계'와 두 번째 이론이 '소비자 정보처리과정의 5단계'에 대해 전체적으로 공부해 보고자 한다(그림 3-1).

소비자행동과 소비자 구매의사결정과정에 관한 기존의 많은 이론은 소비자가 제품을 구매할 것인지 안할 것인지를 선택하기 위해서 그들의 외적요인들에 비추어 내적으로 마케팅자극을 처리한다고 설명한다. 이런 관점에서 [그림 3-2]의 소비자 구매행동 모델은 소비자가 구매 여부를 결정하는 데 영향을 미치는 요인들을 나타내고 있다. 소비자 구매의사결정과정에 영향을 미치는 요인들로는 소비자의 외적 영향요인과 내적 영향요인을 비롯해서 마케팅믹스 영향요인 등으로 구분될 수 있다. 외적 영향요인에는 사회·문화적, 개인적, 상황적 요인들이 있으며, 내적 영향요인에는 개인의 심리적 요인이 있다. 이 영향요인들 중에서 외적요인으로 사회·문화

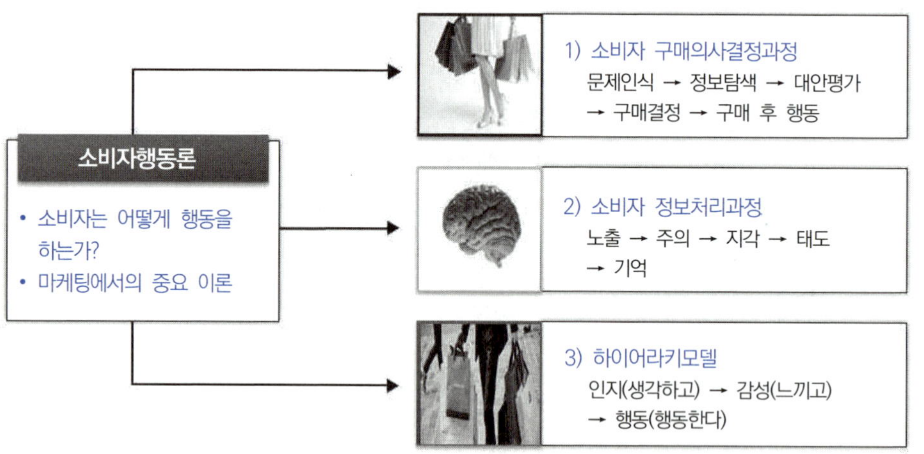

[그림 3-1] 소비자행동론 BIG PICTURE 1

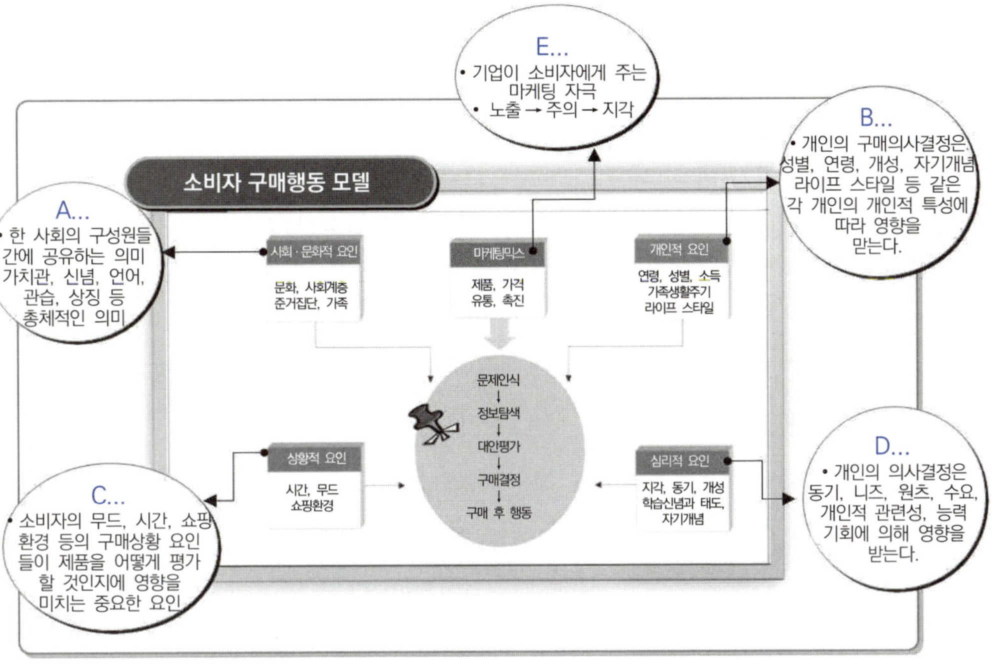

[그림 3-2] 소비자 구매행동 모델(소비자행동론 BIG PICTURE 2)

적 요인은 문화, 사회계층, 준거집단, 가족 등을 포함하며, 소비자 구매의사결정과정에 가장 폭넓게 영향을 미친다. 그리고 연령, 성별, 소득, 가족생활주기, 라이프스타일 등을 포함하는 개인적인 요인은 개인마다 독특하며, 소비자들이 원하는 제품이나 서비스의 유형을 선택하는데 주요 역할을 수행한다. 시간, 무드, 쇼핑환경 등의 상황적 요인은 제품을 어떻게 평가하고 선택할 것인지에 많은 영향을 미친다. 마지막으로 심리적인 요인에는 지각, 동기, 학습, 개성, 신념과 태도, 자기개념 등이 포함되는데, 이러한 심리적인 요인들은 소비자가 환경요인들을 어떻게 지각하고 상호작용하는 데 영향을 미칠 뿐만 아니라, 최종 구매의사결정을 하는데도 크게 영향을 미친다. 그리고 마케팅믹스 영향요인에 대해서는 제2장의 5. 4P전략에서 설명한 바가 있다.

1.1 사회 · 문화적 요인

소비자 구매의사결정과정에 영향을 미치는 영향요인 중에서 사회 · 문화적 요인은 개별 소비자행동과 의사결정에 가장 넓고 깊게 영향을 미친다. 마케팅관리자는 개별 소비자들의 문화뿐 아니라 사회계층, 준거집단, 가족 등의 사회 · 문화적 요인들이 개별 소비자의 구매의사결정에 영향을 미치므로 이들을 이해해야 한다.

1.1.1 문화

문화는 한 사회집단을 다른 집단과 구별할 수 있는 중요한 특징이다. 문화는 '한 사회의 구성원들 간에 서로 공유하는 의미, 가치관, 신념, 언어, 신화, 관습, 상징, 의례의식, 법률, 전통 등을 포함하는 총체적인 의미'이다. 문화는 자유나 독립과 같은 추상적인 아이디어와 개별 집단에서 가치가 있는 자동차, 의류, 음식, 예술품, 스포츠와 같은 물질적인 대상이나 서비스들을 모두 포함하고 있다. 또한 문화는 소비자의 태도, 신념과 지각에 영향을 미치며, 한 세대에서 다음 세대로 전승되어 넘어갈 때 문화뿐만 아니라 문화유산인 제품에 대한 소비자행동을 형성하는 데 영향을 준다. 따라서 문화는 소비자행동을 결정하는 가장 폭넓은 환경요소이기 때문에, 마케팅관리자는 국내·외의 소비자 구매의사결정에서 문화의 역할을 이해할 필요가 있다.

1.1.2 사회계층

대부분의 사회는 사회계층적 시스템을 형성하고 있다. 사회계층은 사회계층적 시스템 속에서 같은 계층에 속하는 사람들이 유사한 가치관과 행동규범을 공유하고 있으며, 생활양식, 교육, 소득 측면에서도 거의 유사한 사람들의 집단이다. 이들 사람은 같은 사회계층에 포함된 다른 사람들과 공식적 혹은 비공식적으로 그들 자신 사이에서 사회화를 이루는 경향이 있으며, 의류, 레저 활동, 멋을 부리는 스타일 등에서 항상 비슷한 취미와 행동양식을 가지고 있다. 사회계층은 한 사회 내에서 거의 동일한 지위와 소득을 가진 사람들로 구성된 집단이라고 할 수 있으며, 지위는 사회시스템 안에서 타인에 의해 지각된 개인의 서열을 의미한다. 이때 지위를 결정하는 기준과 각 기준의 상대적 중요성은 그 사회의 지배적 가치에 따라 달라진다. 일반적으로 재산, 소득, 직업, 교육 수준은, 가문, 사회적 유대관계 등이 지위를 결정하는 중요한 요소로 고려된다. 이들 요소를 기준으로 한 사회 내의 구성원들을 몇 개의 사회계층으로 분류할 수 있다.

1.1.3 준거집단

대부분 소비자는 특히 의사결정 시에 느끼는 지각된 위험이 증가할 때, 그들의 탐색과 평가노력 혹은 불확실성을 줄이기 위해 다른 사람의 의견을 구하고 싶어 한다. 소비자들은 또한 신제품이나 서비스, 그리고 제품속성 정보가 부족하거나 유익하지 못하기 때문에 개인의 이미지와 연관된 제품의 구매 시에 다른 사람의 의견을 구할 수도 있다. 특히 소비자들은 제품정보와 의사결정 동의를 얻기 위해서 준거집단(Reference group), 의견선도자(Opinion leader), 그리고 가족 구성원들과 사회적인 상호작용을 한다.

구매행동에 영향을 주는 공식적·비공식적 모든 집단은 그 사람의 준거집단이다. 소비자들은 어떤 집단의 구성원임을 확인하거나 구성원이 되기 위해서 제품이나 브랜드를 사용할 수 있다. 소비자들은 그들의 준거집단의 구성원들이 어떻게 소비하는지를 관찰함으로써 배우며, 그들 구성원이 의사결정 할 때 사용한 똑같은 기준을 이용한다.

1.1.4 가족

가족은 많은 소비자에게 가치관, 태도, 자아개념과 구매행동에 강하게 영향을 미치는 중요한 사회집단이다. 가족은 어린 자녀들에게 문화적인 가치관이나 규범을 물려주는 사회화 과정(Socialization process)을 책임지고 있다. 어린 자녀들은 그들 부모의 구매행동과 소비패턴을 관찰함으로써 학습하고, 차후에 자기 자신이 소비 주체가 되었을 때 부모와 유사한 소비형태를 나타내는 경향이 있다.

가족 구성원들 간의 구매의사결정에서 역할은 구매한 제품 유형에 따라 구매 제안자, 영향자, 의사결정자, 구매자, 사용자 등 다양하며, 구매과정에서도 서로 다른 역할을 맡을 수도 있다. 제안자는 구매과정에서 구매하자고 제안하거나 구매의향을 시사하는 사람이다. 제안자는 가족 구성원 중에서 누구나 될 수 있다. 예를 들어, 막냇동생의 생일선물을 위해서 노트북 컴퓨터가 필요하다고 형제나 부모님 중에서 누구나 제안자가 될 수 있다. 영향자는 가족구성원들 중에서 의견이 존중되어야 하는 사람이다. 예를 들어, 엄마는 노트북 컴퓨터의 적정한 가격대에 대해 의사결정의 지침을 줄 수도 있고, 형은 브랜드에 대한 의사결정에 영향을 줄 수도 있다. 의사결정자는 실제로 구매할 것인지 여부에 대해 의사결정을 하는 가족구성원이다. 부모님 중에서 한 분이 의사결정자가 되어 형이나 누나에게서 색상과 디자인 등과 같은 외장에 관한 더 많은 정보를 추구하고 내구성이나 안전성과 같은 부가적인 기준을 부여한 후에, 최종적으로 구매할 노트북 컴퓨터의 브랜드나 모델을 선택할 것이다. 구매자는 실제로 제품을 돈으로 교환하는 사람이다. 마지막으로 소비자는 제품을 사용하는 사람으로, 노트북 컴퓨터의 경우는 막냇동생이 제품의 최종소비자가 된다.

이와 같이 가족집단은 일반 집단과 달리 구매의사결정과정에서 구성원들 간의 역할이 다양하기 때문에, 마케팅관리자들은 소비자와 의사결정자의 역할 구분에 따라 가족 구매상황을 고려해야 한다.

1.2 개인적 요인

개인의 구매의사결정은 성별, 연령, 개성, 자기개념, 라이프스타일 등 같은 각 개인의 개인적 특성에 따라 영향을 받는다. 개인적인 특성은 일반적으로 일생동안 안정적이다. 예를 들어, 그들의 성별은 변하지 않을 것이고, 개성이나 혹은 라이프스타일을 변화시키는 행동은 완전히 자기

인생의 방향전환을 필요로 한다. 연령이나 생활주기단계에서도 이러한 변화는 시간이 지나면서 점진적으로 일어난다.

1.2.1 성별

남성과 여성 간의 생리적인 차이는 건강과 미용제품에서처럼 서로 다른 욕구를 나타낼 수 있다. 또한 성별에 따라 수행되는 문화적, 사회적, 경제적 역할 차이는 중요하며, 이러한 것은 구매의사결정 과정에서도 나타난다. 예를 들어, 여성들은 남성보다 자동차를 구입할 때 여러 가지 다른 특징을 찾는 경우가 많다. 어린 자녀를 둔 여성 운전자들은 대부분이 어린이를 키우는 활동을 생각해서, 학교나 스포츠 등 여가활동을 시키는데 적합할 만큼 충분히 넓고 다양도로 활용할 수 있는 것을 찾는다. 그래서 미니밴 자동차회사의 경우, 여성들의 작은 손으로도 쉽게 다룰 수 있게 자동차 문의 크기, 의자나 페달의 위치를 조정했다.

성별 간의 차이는 소비자들의 쇼핑행동에서도 차이가 있는데, 대부분 여성은 쇼핑을 즐기는 데 반해 남성들은 대부분의 장시간의 쇼핑 경험을 싫어하는 경향이 높다. 그래서 남성들은 대체로 다양한 상점에서 여기저기 기웃거리는 것보다는 단순히 몇 개의 상점만을 둘러보고 편리하게 단지 필요한 제품만을 쇼핑하고 구매하길 좋아한다.

1.2.2 연령과 가족생활주기

소비자의 연령과 가족생활주기(Family life cycle) 단계는 소비자행동에 상당한 영향을 미칠 수 있다. 일반적으로 소비자의 연령은 어떤 제품이나 서비스를 구매하는 데 관심이 있는지를 나타내 준다. 음식, 옷, 자동차, 가구, 레크레이션 등에 대한 소비자의 기호는 연령과 밀접한 관련이 있다. 다시 말해서 동일한 연령층에서는 가치관이나 생활태도 등이 유사하기 때문에 이러한 제품부류에 대한 기호가 비슷하다.

그리고 소비자의 연령은 가족생활주기 상에서의 위치를 나타내 준다. 가족생활주기는 나이, 결혼상태, 자녀 유무 등을 고려해서 구분한 일련의 단계들로 이루어져 있다. 즉 가족생활주기의 단계는 미혼생활부터 결혼한 이후에 자녀의 유무와 자녀의 성장과 독립, 노후생활 등에 따라 구분하고 있는데, 단계별 소비자의 제품이나 서비스의 구매행동이 달라질 수 있다. 예를 들어, 미혼일 경우는 주류, 교육, 오락 등에 더 많은 소비를 하는 반면에, 결혼한 부부의 가정은 초기에는 의류, 주택, 음식 등에 지출이 점차 증가하고 나이 든 어린애를 가진 가정은 음식, 오락, 교육, 자동차 등에 더 많이 소비한다. 자녀가 성장해서 독립한 노부부 가정은 여성용 의류, 건강식품 및 의료 등에 전형적으로 지출이 늘어난다.

1.2.3 라이프스타일

라이프스타일(Lifestyle)은 사람들의 생활양식을 말한다. 다시 말하면, 라이프스타일은 한 개인의 생활패턴으로서 개인의 활동, 관심, 의견 등을 표현하는 것으로 이해할 수 있다. 활동은 개인이 어떻게 시간을 활용하고 있는가를 나타내는 것으로, 직업, 취미생활, 쇼핑, 스포츠, 사회적 행사 등의 참여활동을 말한다. 관심은 주위환경에서 중요하게 생각하고 있는 것은 어떤 것인가를 나타내는 것으로, 음식, 패션, 가족, 레크레이션 등에 대한 관심을 말한다. 그리고 의견은 자신과 주위의 사회나 세계에 대해 어떻게 생각하고 있는가를 나타내는 것으로, 사회적 이슈, 제품이나 서비스, 자기 자신 등에 대한 의견을 말한다.

라이프스타일의 특성은 소비자의 구매행동과 밀접한 관련이 있기 때문에, 매우 중요한 개념이다. 또한 라이프스타일의 특성은 소비자의 가치 변화를 이해하고, 소비자들을 범주화시켜 시장세분화 변수로도 활용할 수 있어서 마케팅관리자에게는 유용한 정보를 제공해 준다.

1.3 상황적 요인

구매상황은 흔히 구매의사결정과정에 중요한 영향을 미친다. 소비자의 무드, 시간, 쇼핑환경 등의 구매상황 요인들은 제품을 어떻게 평가하고 선택할 것인지에 영향을 미치는 중요한 요인들이다. 이러한 상황적인 요인들은 비계획적인 구매를 하도록 하거나 혹은 계획된 구매를 연기하도록 자연스러운 의사결정을 유발할 수도 있다.

1.3.1 소비자 무드

무드(Mood)는 특정 상황이나 시간에 발생하는 일시적인 느낌 상태이다. 무드는 일시적인 감정 상태이지만 개성(Personality)은 좀 더 지속적인 상태이기 때문에 개성변수와도 다르며, 무드보다 더 강렬하고 주의를 끄는 감성(Emotion)과도 다르다 무드의 짧고 알맞은 긴장 상태에도 불구하고 무드는 소비자가 정보를 회상하는 데 영향을 미친다는 것이다. 특히 소비자들은 자신들의 무드 상태와 같은 감정적인 정보를 회상할 때 더 잘할 수 있다. 이를테면 사람들이 슬플 때 그들은 슬픈 정보를 더 잘 회상하는 것 같다. 반대로 행복할 때 행복한 정보를 더 잘 기억하는 것 같다. 그래서 좋은 무드 상태에 있는 소비자가 의사결정 할 때 좋은 무드 상태에 있지 않은 소비자들보다 더 자발적으로 정보처리를 하며 더 많은 시간을 할애한다는 것이다.

1.3.2 쇼핑환경

흔히 쇼핑환경은 소비자들의 구매의사결정에 많은 영향을 미치기 때문에 대부분의 마케팅관리자들은 쇼핑환경에 많은 관심을 갖고 있다. 백화점, 레스토랑, 편의점, 은행 등 거의 대다수의 소매점은 가능한 최고의 쇼핑환경을 조성하려고 노력하고 있다. 외부상점디자인, 상점 레이아웃, 상점 설비, 색상, 조명, 향기, 음악, 기타 상점 환경요소들은 소비자들의 무드나 구매의사결정에 영향을 미칠 수 있다. 많은 소비자는 붐비고 혼잡한 상점에서는 짜증이 나서 사고 싶은 마음이 있었던 제품조차도 사려고 우물쭈물하지 않을 수 없다. 그러나 흥미를 느끼게 하는 환한 색상과 화려한 디스플레이는 소비자들에게 새롭고 과감하게 무엇인가를 구매하도록 자극을 줄 수도 있다. 예를 들어, 레스토랑에서 경쾌하고 빠른 음악을 들은 고객은 더 많이 먹는 경향이 있으며, 술집의 고객들은 오히려 음악이 부드럽고 느릴 때 술을 더 많이 마시기 쉽다.

1.4 심리적 요인

개인의 구매의사결정에는 동기, 니즈, 원츠, 수요, 개인적 관련성, 능력, 기회 등의 심리적 요인에 의해 영향을 받는다. 이러한 요인들은 소비자들이 그들의 세계와 상호작용하기 위해 이용하는 것들로서, 그들의 느낌을 인식하고, 정보를 수집하고 분석하며, 사고와 의견을 분명하게 나타내고, 행동을 취하기 위해 이용하는 도구들이다. 소비자행동에 영향을 미치는 다른 세

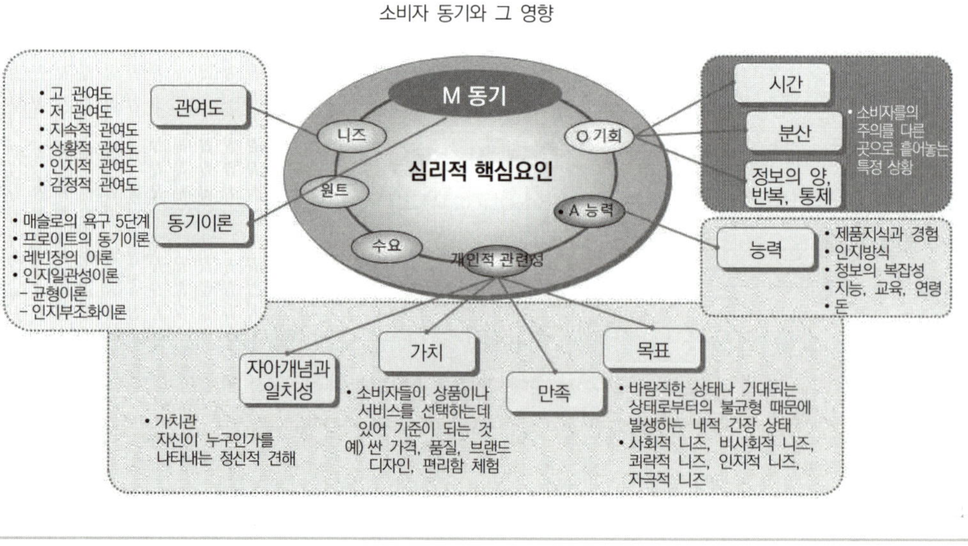

[그림 3-3] 심리적 핵심요인(소비자행동론 BIG PICTURE 3)

가지 요인들과는 달리, 심리적인 영향요인은 개인의 환경에 의해서 영향을 받을 수 있다. 소비자는 여러 가지 상황에서 끊임없이 자극들을 받으면서 생활하고 있는데, 예를 들어, 자극받은 환경이 수업시간 중에, 친구와 대화 중에, 혹은 TV 시청하고 있느냐에 따라 자극을 다르게 지각하고, 이들 자극도 다른 방식으로 진행될 것이다.

[그림 3-3]의 심리적인 핵심요인 7가지(동기, 니즈, 원츠, 수요, 개인적 관련성, 능력, 기회)는 소비자들이 태어나서 현재에 이르기까지 직·간접적으로 주위의 환경에 많은 영향을 받으면서 형성이 된다. 우리가 태어나면서 현재 살고 있는 시점의 상황까지 우리가 눈에 보이지 않는 심리적인 어떤 요인들에 의해서 우리의 이성과 감성이 영향을 받고 이렇게 형성된 이성과 감성이 제품을 구매하는 데 있어서 영향을 주는 데 있어 어떠한 심리적 요소들이 제품을 구매하는 데 있어서 영향을 주는지 한눈에 볼 수 있도록 만든 BIG PICTURE라고 할 수 있다. 아래에서는 소비자들이 제품을 구매하는 데 있어 의사결정을 하는 데 영향을 주는 이성과 감성을 형성시킨 심리적인 핵심요인의 종류에 대해서 구체적으로 알아보고자 한다.

1.4.1 동기

동기(Motivation)는 목표지향적 행동을 가능케 하는 내적 상태 또는 과정을 말하며, 행동의 방향과 강도, 지속성을 결정하는 긴장 상태이다. 동기는 소비자가 충족시키기 원하는 욕구(Needs), 즉 내적인 긴장상태가 발생할 때 나타난다(그림 3-3, 그림 3-5).

소비자가 제품을 구매할 때, 소비자는 어떤 욕구를 충족시키기 위해 구매한다. 그러나 대부분의 욕구는 사람들이 행동에 이르게 할 정도로 강력하지 못하다. 특정 욕구가 어떤 사람에게 행동을 유발할 정도로 강한 수준까지 환기될 때, 이러한 욕구는 동기(Motivation)가 된다. 동기란 목표지향적인 인간이 충족시키려고 하는, 혹은 긴장을 완화시키려고 하는 자극된 욕구라고 할 수 있다. 다시 말해서 동기란 인간의 행동을 불러일으키는 개인의 내적 충동력이라 한다. 이러한 욕구유발의 원천은 매슬로(Maslow)의 욕구 5단계와 프로이드(Freud)에서 찾아볼 수 있다. 매슬로(Maslow)의 욕구 5단계에서는 인간의 욕구에는 배고픔이나 갈증 같은 생리적 욕구, 물리적 안전이나 경제적 안정과 같은 안전 욕구, 소속감과 같은 사회적 욕구, 자존심, 사회적 인정과 같은 존경 욕구, 자아개발과 같은 자아실현욕구 등 다섯 단계의 욕구계층들이 있는데, 이러한 욕구들이 동기유발의 원천이 될 수 있다는 것이다. 이러한 욕구를 소비자가 인식한 이후에 즉각적인 행동을 불러일으킬 정도로 충분히 강할 때 비로소 소비자는 그 욕구를 충족시키고자 하는 동기를 갖게 된다. 예를 들어, 어떤 소비자가 고급주택 구입에 관심이 많다면, 단순히 생리적 욕구, 안전 욕구, 소속감과 애정 욕구들 때문에 동기가 유발되었다 할 수 없을 것이다. 그의 고급주택 구입은 열심히 노력해서 사회적으로 인정받고 싶은 존경 욕구나 한 차원 높은 자아실현욕구로부터 동기유발이 되었다고 할 수도 있다.

1.4.1.1 매슬로 이론

임상심리학자인 매슬로(Maslow)는 인간의 욕구를 다섯 단계로 나누었으며, 이러한 욕구는 서열화 되어 있어서 낮은 수준의 욕구에서 높은 수준의 욕구로 이동이 된다. 가장 기본적인 욕구가 충족되면 이 욕구는 더 이상 동기부여의 요인이 될 수 없으며 그 다음의 욕구를 충족시키려고 한다. 매슬로는 인간의 욕구를 다섯 단계, 즉 생리적 욕구(음식, 물, 공기, 주거, 성생활), 안전 욕구(보호, 안전, 안정), 소속감과 애정욕구(소속감, 사랑, 우정), 존경 욕구(위신, 자존심, 지위, 존경, 성공), 자아실현욕구(자기달성)로 나누고 있다(그림 3-3).

1. 생리적 욕구

욕구계층 이론에서, 생리적 욕구(Physiological needs)는 인간의 욕구 중에서 가장 기본적 욕구이다. 생물학적 삶을 유지하는데 필요한 이런 욕구들은 음식, 물, 공기, 주거, 성생활 등을 포함하고 있다. 매슬로에 의하면, 생리적 욕구는 사람들이 오랫동안 불만족된 상태로 남겨졌을 때 확실히 나타난다고 한다. 예를 들어, 아주 배가 고픈 사람은 단지 음식에만 관심이 있지, 다른 데는 흥미가 없다. 그는 먹는 꿈을 꾸고, 음식에 대해서만 생각을 할 것이다. 우리나라도 일반적으로 생리적 욕구는 축적됐다고 볼 수 있으며, 따라서 좀 더 높은 수준의 욕구 충족에 관심을 가진다고 볼 수 있다. 그러나 불행하게도 IMF 이후에 본격적으로 등장한 노숙자들의 삶은 대부분 생리적 욕구에 초점을 맞추고 있다.

2. 안전 욕구

가장 낮은 단계인 생리적 욕구가 충족되면 그다음 단계인 안전 욕구(Safety needs)가 대두된다. 이 욕구는 신체적 안전뿐만 아니라 자신의 보호와 안전을 추구한다. 또한 이 욕구는 건강과 건강관리에도 관심을 가진다. 저축예금이나 보험정책, 교육, 직업 훈련 등은 개인이 안전에 대한 욕구를 충족시키는 하나의 도구로 볼 수 있다.

3. 소속감과 애정욕구

안전 욕구가 충족되면 소속감이나 사랑, 우정과 같은 욕구를 포함하는 사회적 욕구(Social needs)가 대두된다. 사람들은 다른 사람과의 따뜻한 인간관계를 갖기를 희망하며, 이는 가족에 대한 사랑으로 인해 동기가 부여된다. 기업에서는 사회적 동기의 중요성을 인식하기 때문에 종종 제품을 가족과 연관시켜 광고에 활용한다.

4. 존경 욕구

소속감과 애정욕구가 충족되면 존경 욕구가 대두된다. 이 욕구는 내부지향과 외부지향으로 구분할 수 있다. 내부지향적 자아욕구(Inwardly-directed ego needs)는 자부심, 독립심, 성공에 대한 개인적 욕구를 포함하며 외부지향적 자아욕구(Outwardly-directed ego needs)는 위신, 평판, 다른 사람부터의 인정과 같은 욕구를 포함한다.

5. 자아실현욕구

자아 욕구가 충족되면 가장 높은 단계인 자아실현욕구(Self actualization needs)가 대두된다. 이 욕구는 사람마다 각각 다른 방법으로 표현된다. 장군은 전투에서 승리하기 위해 최선의 노력을 기울일 것이며, 운동선수는 자신의 분야에서 최고가 되기 위해 노력할 것이며, 과학자는 암을 제거할 수 있는 새로운 약을 개발하기 위해 노력할 것이다. 특히 외국의 모병제(군대를 지원해서 입대하는 제도)에서 군인을 모집할 때 주로 자아실현욕구에 호소한다. 그러나 소비자가 낮은 단계의 욕구계층으로 이동하는 경우가 있다. 이런 경우는 소비자가 실직을 했거나 이혼을 했을 때 발생할 수 있다. 특히 요즘과 같은 불경기시대에 놓여 있는 우리나라의 소비자들이 바로 이 경우에 속한다.

욕구가 발생되고 난 후 이 욕구는 1차적 구매동기나 선택적 구매동기로 분류된다. 1차적 구매동기(Primary buying motive)는 제품의 영역을 구매하는 것과 관련이 있다. 예를 들어, 자기 집을 아름답게 꾸미려는 욕구가 카펫을 구매하려는 1차적 동기가 될 수 있다. 선택적 구매동기(Selective buying motive)는 제품영역 내에 있는 특정 상표 선택과 관련이 있다. 카펫의 색상과 섬유의 질, 그리고 가격 등이 특정상표를 결정하는 선택적 동기가 될 수 있다.

따라서 마케팅관리자는 자신의 제품이나 서비스를 소비자에게 충족시켜줄 수 있는 동기를 파악하여 이들 동기에 적합한 마케팅믹스를 개발해야 한다.

1.4.1.2 프로이드 이론

프로이드(Sigmund Freud)의 정신분석이론(Psychoanalytic theory)은 현대 심리학의 토대이다. 이 이론은 무의식의 욕구나 충동, 특히 성적 충동이나 생물학적 충동이 인간의 동기와 개성을 형성하는데 본질적이라는 가정에서 만들어졌다. 프로이드는 환자들의 어린 시절의 경험이나 갈등을 회상시키도록 하며 또한 그들의 꿈을 분석함으로써 자신의 이론을 구축하였다.

이러한 분석을 통하여 프로이드는 인간의 개성이 세 가지의 상호작용체계(이드, 에고, 슈퍼에고)로 구성되어 있다고 설명하고 있다. 이를 살펴보면 다음과 같다(그림 3-3).

1. 이드

이드(Id)의 사전적 의미는 개인의 본능적 충동의 원천을 뜻하며, 리비도(Libido : 성 본능의 에너지)와 같은 의미로 사용된다. 이드는 배고픔과 갈증, 성적 본능, 자아보호와 같은 인간의 가장 기본적인 욕구를 추구한다. 이드는 기쁨을 추구하고 고통을 회피하려는 행동을 원칙으로 해서 작동한다. 또한 이드는 완전히 무의식적이며 갓 태어난 어린이는 이드에 의해 지배된다.

2. 에고

에고(Ego)는 개인의 자아개념이며 이는 의식적으로 통제할 수 있는 상황을 뜻한다. 또한 자아는 경험과 학습에 의해 현실에 적절히 적응할 수 있도록 개인의 능력을 만들어 준다. 예를 들어, 반사회주의적인 방법으로 자신의 기본적 욕구를 표출하기보다는 할리데이비슨 오토바이를 구입하여 탁 트인 남해순환도로를 달림으로써 이러한 반사회적인 기본적 욕구를 어느 정도 해소시킬 수 있다.

3. 슈퍼에고

슈퍼에고(Superego)는 이드에 대한 통제를 나타내며, 무의식적으로 작동된다. 초자아는 자기 행동을 억누르기 때문에 실제보다는 이상적인 것을 추구한다. 또한 슈퍼에고는 사회의 도덕성을 중요시하는 방향으로 행동하도록 유도하는 역할을 한다. 그러나 이드와 슈퍼에고가 갈등의 상태가 되면, 에고가 이 양쪽을 조정하는 역할을 하게 된다.

1.4.2 니즈

니즈(Needs)는 바람직한 상태나 기대된 상태로부터의 불균형 때문에 발생하는 내적 긴장 상태를 가리킨다. 예를 들어, 하루 중 어떤 시간에 배가 불편한 것을 느끼기 시작한다고 하자. 우리는 이때 배가 고픈 것을 느끼고, 어떤 결과를 향하여 행동하도록 동기가 부여된다(예 냉장고 문을 여는 것). 배가 고픈 경우 음식을 먹음으로써 니즈가 충족되고 긴장은 해소된다.

특정한 니즈를 충족시키도록 동기가 부여되면, 그 니즈와 관련 없는 대상은 매력이 줄어든다. 만사가 잘 안 풀리는 날에 머리를 손질하고 싶다면, 머리 모양을 내는 젤 같은 제품은 팝콘이나 다른 제품보다는 훨씬 더 매력적인 것으로 보일 것이다. 또 니즈는 어떤 제품이나 서비스로부터 소비자들을 멀어지게 만들기도 한다. 고통을 싫어하기 때문에 우리는 치과에 가지 않을 수도 있을 것이다.

니즈의 유형으로는 사회적 니즈, 비사회적 니즈, 기능적 니즈, 상징적 니즈, 쾌락적 니즈, 인지적 니즈와 자극적 니즈 6가지가 있다(그림 3-3, 그림 3-5).

1.4.2.1 니즈

1. 사회적 니즈

이것은 타인과 관계되는 외부지향적 니즈이다. 그러므로 이 니즈의 충족을 위해서는 다른 사람들의 행위나 존재가 있어야 한다. 예를 들어, 지위에 대한 니즈는 다른 사람이 나에 대한 높은 관심을 유지하고 있어야 한다. 도움에 대한 니즈는 다른 사람이 나의 짐을 덜어주어야 충족될 수 있다. 모델링에 대한 니즈는 다른 사람이 행동하는 것을 우리에게 보여주어야 충족된다.

2. 비사회적 니즈

이것은 타인과 관련 없는 성취를 위한 욕구이다. 수면, 진기함, 지배, 특이함, 이해 등 단지 자신과 관련된 것으로써 어떤 제품이나 서비스 사용에 영향을 줄 수 있다. 자신이 세계에서 일관성을 유지하기 위해 동일한 상표를 반복적으로 구매할 수도 있고, 다양성 욕구 충족을 위해 구별되는 것을 구입할 수도 있을 것이다.

3. 기능적 니즈

기능적 니즈(Functional needs)는 소비 관련 문제를 해결할 수 있는 제품을 탐색하도록 만드는 욕구이다. 예컨대, 측면 에어백을 갖춘 자동차 구매를 고려할 경우가 있는데, 그 제품이 우리의 안전 욕구를 불러일으키기 때문이다(기능적, 비사회적 욕구). 어린이가 있는 어머니들이 유모를 구하는 것은 도움이 욕구를 해결하기 위함이다(기능적, 사회적 니즈).

4. 상징적 니즈

이것은 우리가 자신을 인식하는 것과 타인이 우리를 인지하는 것에 영향을 주는 욕구이다. 성취, 독립, 자기통제 등은 자기 스스로의 느낌과 관련된 것이기 때문에, 이런 것들을 상징적 니즈(Symbolic needs)라 한다. 같은 방법으로, 특이함도 상징적 니즈이다. 자신의 정체성을 표현하는 방법에 대한 구매의사결정을 유도해 내기 때문이다. 예컨대, 많은 소비자는 그들의 사회적 신분을 표현하기 위해 Jimmy Choo 구두를 신는다.

5. 쾌락적 니즈

이것은 감각적 자극, 인지적 자극, 진기함(비사회적 니즈)에 대한 욕구와 강화, 성, 놀이(사회적 니즈)에 대한 욕구를 가리킨다. 쾌락적 니즈(Hedonic needs)는 감각적 즐거움에 대한 내재적 욕구를 나타낸다. 이 욕구가 충분히 고조되면, 즐거움과 불쾌감을 동시에 가져다주는 환상적인 제품에 대한 니즈가 고무된다. 소비자들은 그것이 주는 감각적 즐거움을 위해 향수를 사기도 하거나 눈길을 끄는 분위기를 느끼기 위해 라스베이거스에 있는 Palazzo 같은 고급 쇼핑센터를 찾기도 할 것이다.

6. 인지적 니즈와 자극적 니즈

이것 역시 동기와 행동에 영향을 미친다. 높은 인지적 니즈를 가진 소비자들은 의사결정을 내릴 때 정보를 읽거나 깊이 처리하는 등 정신적으로 힘든 활동에 몰입하는 것을 좋아한다. 반면에, 낮은 인지적 욕구를 가진 소비자들은 의사결정을 하는 동안 TV 시청, 정보처리에 적은 활동을 하는 등 생각을 많이 필요로 하지 않은 활동을 선호한다.

소비자들이 때로는 자극적 니즈를 필요로 하기도 한다. 고도의 최고 자극 수준의 니즈를 가진 소비자들은 감각적 자극을 좋아하고 쇼핑과 브랜드 정보탐색에 몰입하게 된다. 또 이들은 광고에 몰입한다. 스릴을 추구하는 소비자들은 스카이다이빙과 급류타기 래프팅을 좋아한다. 이와는 달리, 과대자극을 느끼는 소비자들은 사람, 소음, 부담스러운 것으로부터 벗어나기를 원하고, 수도원과 안식처와 같은 곳에서 휴가를 보내려고 할 것이다.

1.4.2.2 관여도

관여도는 소비자가 어떤 제품에 대해 가지는 '관심도'를 의미하며 자극에 의해 유발되어 지각된 개인적인 중요성이나 관심도의 수준을 나타낸다.

관여도의 종류는 크게 고관여도, 저관여도, 지속적 관여도, 상황적 관여도, 인지적 관여도, 감정적 관여도로 6가지로 나눌 수 있는데 관심도의 높고 낮음에 의해 고 관여도와 저관여도로 나누며 관심을 지속적으로 갖느냐 일시적으로 갖느냐에 따라 지속적 관여도와 상황적 관여도로 구분을 하며 합리적 관점으로 관심을 가지느냐 감정적 관점으로 관심을 가지느냐에 따라서 인지적 관여도와 감정적 관여도로 나눈다(그림 3-3, 그림 3-4).

1. 고관여도

고관여도(High-involvement)는 소비자의 관심도가 높고 고가의 제품인 경우가 많으며 소비자들의 인지적 관점과 합리적 관점에 접근하기 위해 신문, 잡지 등의 인쇄매체에 상세히 광고하는 편이 좋다.

2. 저관여도

저관여도(Low-involvement)는 소비자의 관심도가 낮고 저가의 제품인 경우가 많고 라디오나 TV광고와 같은 전파매체에서 짧지만, 핵심적인 문구로 감정적 관점으로 광고하는 것이 좋다.

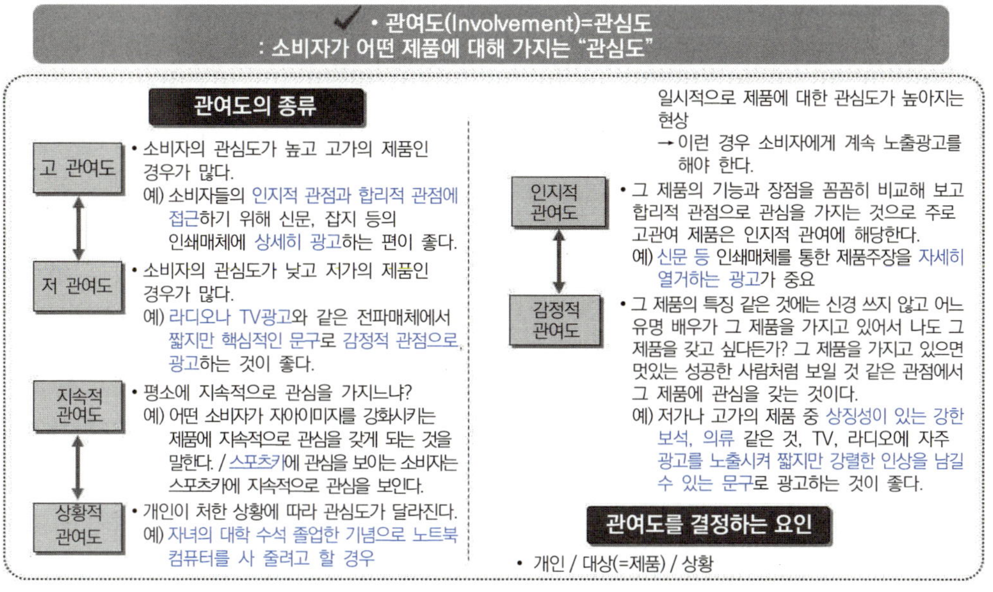

[그림 3-4] 관여도

저관여도 제품으로는 볼펜, 껌, 치약 등이 있다.

3. 지속적 관여도

지속적 관여도(Enduring involvement)는 오랜 시간에 걸쳐 어떤 제품에 관한 관심이나 행동을 보일 때 존재하는 관여도이다. 열광적인 자동차 팬들은 본질적으로 자동차에 관심이 많고 그것에 지속적인 관여도를 보인다. 지속적 관여도는 평소에 지속적으로 관심을 가지는지에 따라서 구분하며 그 예로서는 어떤 소비자가 자아 이미지를 강화시키는 제품에 지속적으로 관심을 갖게 되는 것을 말한다. 그러므로 광고전략에 있어서는 소비자들의 특성을 파악해서 광고해야 한다.

4. 상황적 관여도

상황적 관여도(Situational involvement)는 개인이 처한 상황에 따라 관심도가 달라진다. 그 예로 자녀의 대학 수석 졸업한 기념으로 노트북 컴퓨터를 사줄 경우에 일시적으로 그 제품에 대한 관심도가 높아지는 현상을 예로 들 수 있겠다. 이러한 경우 광고전략으로는 소비자들에게 계속 노출광고를 해야 한다.

5. 인지적 관여도

인지적 관여도(Cognitive involvement)는 소비자들이 목표와 관련된 정보를 처리하거나 생각하는 것에 관심이 있음을 의미한다. 그러므로 소비자들의 목표는 제품에 관한 학습을 포함하게 된다. 에이스 투수인 야구 선수 Pedro Martinez에 관해 모든 것을 알고 싶어 하는 스포츠광은 인지적 관여도를 보일 수 있다. 인지적 관여도는 그 제품의 기능과 정점을 꼼꼼히 비교해 보고 합리적 관점으로 관심을 가지는 것으로 주로 고관여도 제품들이 인지적 관여에 해당이 된다. 광고전략으로는 신문 등 인쇄매체를 통한 제품 주장을 자세히 열거하는 광고가 중요하다.

6. 감정적 관여도

감정적 관여도(Affective involvement)는 제품이나 활동에 대해 소비자들이 감정적 에너지를 소모하거나 감정을 강화하려는 것을 의미한다. 강력한 감정을 경험하려고 음악을 듣는 소비자는 감정적 관여도를 나타낸다. 감정적 관여도는 그 제품의 특징 같은 것에는 신경 쓰지 않고 어느 유명 배우가 그 제품을 가지고 있어서 나도 그 제품을 갖고 싶다든가? 그 제품을 가지고 있으면 멋있는 성공한 사람처럼 보일 것 같은 관점에서 그 제품에 관심을 갖는 것이다. 광고전략으로는 저가나 고가의 제품 중 상징성이 있는 강한 보석, 의류 같은 것으로 TV나 라디오에 자주 광고를 노출시켜 짧지만 강렬한 인상을 남길 수 있는 문구로 광고하는 것이 좋다.

1.4.3 원츠

외부적인 요인으로 작용하는 목표나 목적에 대한 욕구이며 추상적 동기를 구체화하여 표현한 것이다. 예를 들어, 우리는 운동을 하고 나면 '갈증이 난다.' 이러한 욕구를 동기라고 한다면 시간이 조금 더 흐르면 갈증을 해소하기 위해 '음료수를 마시고 싶다.'는 욕구가 생기는데 이것을 니즈라고 한다. 시간이 조금 더 지나면 그 많은 음료수 중에서 구체적으로 게토레이라고 하는 상품을 마시고 싶은 욕구가 생기는데 이러한 욕구를 원츠(Wants)라고 한다(그림 3-3, 그림 3-5).

1.4.4 수요

수요는 '소비자들이 어떠한 제품을 사고자 하는 의지'를 말하며 수요는 물건이나 용역을 사려고 하는 것을 말한다(그림 3-3). 수요자의 입장에서 생각해 볼 때 물건의 가격이 내리면 사려고 하는 수요량은 늘어난다. 예를 들어, 3,000만 원에 팔던 자동차를 어떤 대리점에서 하루 동안 500만 원에 판다면 훨씬 많은 소비자가 살 것이다. 반대로 6,000만 원에 판다면 웬만해서는

[그림 3-5] 동기, 니즈, 원츠(바람)의 정의

사지 않을 것이다. 이렇게 가격이 내리면 사려고 하는 수요가 늘어나고, 가격이 오르면 수요가 줄어든다. 이처럼 수요는 가격에 따라 수요량이 변하는 것을 '수요의 법칙'이라고 한다.

1.4.5 개인적 관련성

사람들은 자신의 가치관, 니즈, 목표, 감정 등과 일치되는 것들을 개인적인 관련성이 있는 것으로 지각한다. 이러한 관련성 때문에 소비자들은 정보를 처리하고 의사결정을 하며 행동하게 된다. 이러한 개인적 관련성의 유형으로는 자아개념과 일치성, 가치, 만족, 목표 4가지가 있다(그림 3-3).

1.4.5.1 자아개념과 일치성

자아개념(Self-concept)은 '자신이 누구인가를 나타내는 정신적 견해'로서 자아개념 또는 자신에 대한 스스로의 관점과 타인이 자신을 보는 방법이라고 여기는 것을 어느 정도 나타내는 것들도 개인적 관련성이 있다고 볼 수 있다. 자아개념은 자신이 누구인지를 밝히는 데 도움이 되고, 그것은 종종 우리의 행동을 이끌어 가기도 한다. 자아개념은 시간에 따라 현저히 달라질 수 있음을 유념해야 한다. 옷을 구입할 때, 우리는 자신이 누구인지 예컨대 전문가, 학생, 또는 스포츠팬 등과 같은 어떤 모습을 자주 진술해 보곤 한다.

1.4.5.2 가치

가치(Value)는 '옳고 중요하거나 좋게 여기는 것에 관한 신념'을 말하며 소비자들은 그들의 가치와 관련이 있는 정보에 주의를 기울이고 그것을 처리하도록 동기가 부여된다. 가치는 사람들이 중요하고 좋은 것으로 여기는 신념을 가리킨다. 우리가 교육을 매우 중요한 것으로 보면, 학위 취득과 같은 가치와 일치되는 행동을 하도록 동기가 활성화될 것이다.

1.4.5.3 만족

만족(Satisfaction)은 소비자들이 긍정적 평가를 내리거나 그들의 의사결정에 행복을 느낄 때 나타나는 감정을 말하며 구체적인 내용에 대해서 소비자 구매의사결정과정에서 자세하게 설명하고자 한다.

1.4.5.4 목표

목표(Goal)은 '우리가 달성하고 싶은 결과'를 말한다. 목표 역시 개인적 관련성과 동기에 많은 영향을 준다. 목표는 사람이 달성하고 싶어 하는 특정한 결과나 최종 상태이다. 우리는 돈을 버는 것, 공부하고 싶은 과목에 등록하는 것, 특별한 만찬에 누구를 데리고 가는 것과 같은 목표들을 가질 수 있다.

1.4.6 능력

지식, 경험, 인지 형태, 정보 복잡성, 지능, 교육, 연령, 돈 등은 상표, 의사결정, 구매, 사용, 처분 등에 대한 정보를 처리할 수 있는 소비자들의 능력에 영향을 준다(그림 3-3).

1.4.6.1 제품지식과 경험

소비자들은 제품에 대한 다양한 지식을 가지고 있다. 그들은 광고, 판매원과의 교류, 친구나 매체를 통한 정보, 이전의 의사결정이나 제품 사용, 또는 기억 등과 같은 제품 또는 서비스 경험으로부터의 지식을 얻게 된다. 많은 연구에서, 제품지식이나 전문지식이 많은 소비자와 그렇지 않은 소비자들의 정보처리 행위가 비교됐다. 연구 결과의 핵심은, 똑같은 동기가 있는 경우라도 지식이 적거나 초보적인 '소비자들'보다 지식이 많거나 '전문가들'이 정보를 더 깊이 생각할 수 있다는 것이다. 이전 지식의 차이가 분명히 소비자들의 의사결정에 영향을 준다. 예를 들면, 자동차를 리스하려는 소비자가 자본비용 개념, 리스료 계산 방법 등을 모르거나 더 낮은 가격으로 협상을 해야 할 필요성을 모른다고 하자. 이런 비용을 이해할 능력이 없으면, 최적의 의사결정을 할 수가 없게 될 것이다.

1.4.6.2 인지방식

소비자들은 정보가 제시되는 방법에 따라 인지방식이나 선호도가 다를 수 있다. 어떤 소비자들은 시각적으로 정보를 처리하는데 능통했지만, 어떤 사람들은 언어적인 정보를 선호한다. 예컨대, 목적지 도착 계획을 수립할 때, 어떤 사람들은 지도를 선호하고, 어떤 사람들은 표지판을 보고 가는 것을 선호한다.

1.4.6.3 정보의 복잡성

소비자들에게 노출되는 정보의 복잡성은 그것을 처리하는 능력에 영향을 줄 수 있다. 정보가 너무 전문적이거나 복잡한 경우에 사람들은 방해받을 수 있다. 즉 정보가 복잡해서 그것을 처리하는 능력이 감소한다. 정보를 복잡하게 하는 것은 사람들은 비전문적이고 정성적인 데이터보다 전문적이거나 정량적인 정보를 처리하는 것을 더 어렵게 느낀다는 연구 결과가 있다. 전문품과 의약품은 복잡한 정보를 수반한다. 또 단어가 없는 사진을 포함하고 있는 정보는 모호한 경향을 띠고, 그 결과 처리에 힘이 든다는 연구 결과도 있다.

1.4.6.4 지능, 교육, 연령

지능, 교육, 연령 역시 정보처리 능력과 의사결정과 관련되어 있다. 특히, 지능이 높고 교육을 많이 받은 소비자들은 의사결정과 복잡한 정보를 더 잘 처리할 수 있다. 연령 또한 처리 능력의 차이를 설명해 준다. 나이 든 아이들은 정보탐색의 편익이 때로는 비용보다 크다는 사실을 더 민감하게 받아들이는 것으로 보이는 반면, 어린아이들은 똑같은 능력을 가지고 있지 않은 것 같다. 노인들은 확실히 인지적 기술이 쇠퇴하여 정보처리 능력이 감소한다. 한 연구에서, 노년층의 소비자들은 젊은 층보다 영향 정보처리에 많은 시간을 보내고 정확도가 떨어지는 의사결정을 한다고 밝혔다.

1.4.6.5 돈

돈이 부족하기 때문에 소비자들은 다른 방법으로 획득과 관련된 행동을 하는 것은 분명하다. 비록 돈이 부족한 소비자들은 여전히 정보를 처리하고 구매 결정을 하도록 동기는 부여되지만, 마케터들이 제공하는 제품을 즉시 구매할 수 있는 능력에는 많은 제한을 받게 된다.

1.4.7 기회

어떤 소비자가 건강을 위해 열심히 운동해야겠다는 생각을 충분히 하고 헬스클럽 가입에 필요한 충분한 돈(능력)도 있다고 하자. 그러나 그는 너무 바빠서 실제로 헬스클럽에 갈 시간이 없을 수도 있다. 이 경우 동기와 능력은 매우 높지만 시간 부족, 분산, 기타 행동할 능력을 지연시키는 요인들 때문에, 실제로 운동하거나 의사결정을 할 수 없게 된다(그림 3-3).

1.4.7.1 시간

시간은 소비자들의 정보처리, 의사결정, 행동 실행에 영향을 줄 수 있다. 시간 압박을 받는 소비자들이 크리스마스 시즌에 자신을 위한 상품을 구매할 가능성이 더 높다는 연구 결과가 있다. 왜냐하면 이들은 쇼핑해야 할 기회가 거의 없기 때문이다.

1.4.7.2 분산

분산은 소비자들의 주의를 다른 곳으로 흩어 놓는 특정한 상황을 가리킨다. 예를 들면, 중요한 시험은 정말 하고 싶은 요가 수업으로부터 소비자들의 주의를 돌리게 한다. 소비자가 광고를 보고 있거나 의사결정을 하는 동안 다른 사람이 이야기하면, 그런 분산은 소비자들의 정보처리 능력을 억제할 수 있다. 음악이나 매력적인 모델과 같이 광고의 배경 요소는 광고의 메시지로부터 소비자들을 분산시킬 수 있다.

1.4.7.3 정보의 양, 반복, 통제

제시되는 정보의 양은 소비자의 메시지 처리 기회에 영향을 줄 수 있다. 또 소비자들의 정보처리 능력은 시간, 분산, 정보의 양과 복잡성에 의해 제약을 받는 반면, 반복은 실제로 그것을 강화시킨다. 어떤 정보에 반복해서 노출되면, 소비자들은 그것을 생각하고 면밀히 조사하며, 그 정보를 기억할 기회를 더 많이 갖기 때문에 그것을 쉽게 처리할 수 있게 된다. 특히 TV와 라디오를 이용한 광고주들은 정보처리 기회를 증가시키기 위해, 표적 청중들에게 한 번 이상 메시지를 노출할 수 있는 계획을 수립해야 한다. 그러나 상표가 낯설고 반복 노출될 경우 소비자들이 부정적인 반응을 보여 그것 때문에 커뮤니케이션 효과를 감소시킨다는 사실을 제시한 연구도 있다. 반대로, 잘 알려지고 친숙한 브랜드에 기인한 반복 광고에 대해서는 소비자들이 더 많이 인내한다.

1.5 소비자 구매의사결정과정

소비자행동론의 BIG PICTURE의 이론은 3가지 이론으로 구성되어 있으며 기업은 소비자들이 어떻게 생각하고 행동하는지와 관련한 욕구를 분석하기 위해서 다음의 소비자행동론의 3가지를 분석한다(그림 3-6). 첫 번째 이론은 소비자들이 제품을 구매하는 행동을 할 때 어떤 과정을 거치면서 구매를 하는지와 관련된 소비자의 행동을 분석하는 '소비자 구매의사결정과정'과 두 번째 이론은 광고를 어떻게 제작했을 때 오랫동안 기억에 남게 할 수 있을지와 관련한 소비자의 정신을 연구하기 위한 분석이론인 '소비자 정보처리과정' 그리고 소비자가 제품을 구매할 때 구매하기 전에 제품에 대해 좋은지 좋지 않은지 태도를 형성할 때 이성과 감성을 통해 판단하여 구매에 이르게 되는 과정을 분석한 정신과 행동을 같이 분석한 이론인 '하이어라키모델'이 세 번째 이론이다.

본 단원의 소비자 구매의사결정과정에서는 소비자 구매의사결정과정에 대한 포괄적인 개념에 대해서 알아보기로 한다. 소비자는 제품을 구매할 때 제품을 보는 순간 구매를 한다고 소비자들은 생각하지만, 사실은 문제인식 → 정보탐색 → 대안평가 → 구매결정 → 구매 후 행동의 단계를 거치면서 제품을 구매하고 구매 후에는 제품을 구매한 부분에 대해서 만족과 불만족이라고 하는 감정을 통해 구매한 제품에 대해서 재구매 여부를 판단하게 된다. 본 단원에서는 소비자 구매의사결정과정은 5단계에 대한 핵심적인 부분에 대한 이론을 바탕으로 소비자들이 기업의 제품을 구매할 때 보이는 행동에 대한 이론적 분석을 통해 단계별로 소비자에 대한 마케팅전략에 대해서 생각해 보고자 한다.

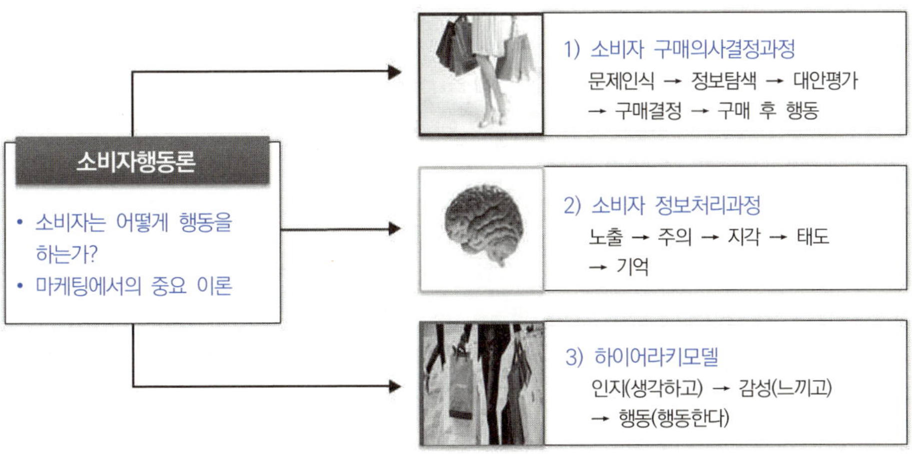

[그림 3-6] 소비자행동론의 BIG PICTURE

제품을 구매할 때, 소비자들은 일반적으로 [그림 3-6]과 같이 문제인식, 정보탐색, 대안평가, 구매결정, 구매 후 행동 등 소비자 구매의사결정과정을 따른다. 구매의사결정 다섯 단계는 제품이나 서비스에 대한 문제인식 단계에서 구매 후 행동 단계에 이르기까지 소비자가 거치는 일반적인 구매의사결정 과정을 나타낸 것이다. 이런 과정은 소비자들이 어떻게 의사결정을 하는지를 연구하는 데 지침이 된다. 중요한 것은 소비자들이 언제나 의사결정 다섯 단계를 밟을 것이라고 가정해서는 안 된다는 것이다. 일반적으로 소비자는 가격이 높고 개인에게 중요한 제품인 고관여 제품의 경우에는 보다 많은 정보를 탐색하고 보다 신중하게 대체 안을 비교하고 평가하며, 가격이 낮고 중요하지 않은 제품인 저관여 제품의 경우에는 정보탐색을 거의 하지 않거나 전혀 하지 않고 대체 안을 비교하거나 평가과정을 생략하기도 한다. 또한 경우에 따라서는 의사결정 단계를 도중에 그만둘 수도 있고, 심지어는 구매를 하지 않을 수도 있다.

1.5.1 문제인식

소비자 구매의사결정과정에서 첫 번째 단계인 문제인식(Problem recognition) 단계는 소비자들이 실제 상태(내부적 자극)와 바람직하거나 이상적인 상태(외부적 자극) 사이에 상당한 차이가 발생했을 때 일어난다. 이러한 차이의 정도가 크거나 그 문제의 중요성이 클 때, 동기유발이 강하게 일어난다. 충분한 동기유발이 있어야 문제인식 단계에서 구매의사결정과정을 거쳐서 구매행동으로 이어질 수 있다. 동기유발은 내·외부적 자극을 통해서 활성화된다. 격렬한 운동

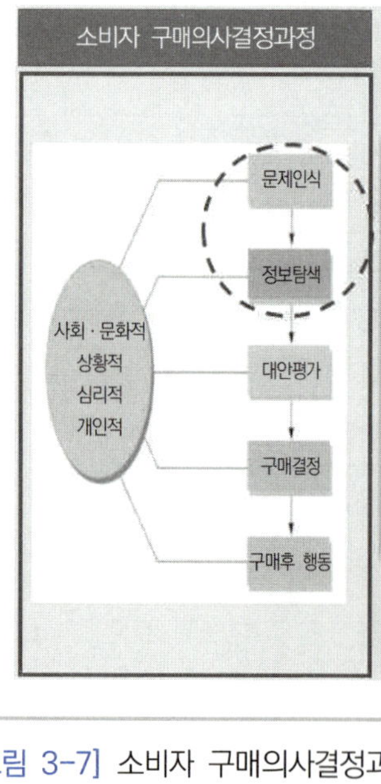

1) 문제인식(필요의 인식)
- 소비자는 자신이 처해 있는 현재 상황과 이상적인 상황과의 괴리가 심할 때 문제를 인식
- 자극 (1) 내부적 자극: 필요는 배고픔, 목마름 등의 내부적 자극에 의해서 발생
  (2) 외부적 자극: 소비자들로 하여금 자신의 필요나 문제를 인식하고 구매행동을 유발할 수 있다.(예: 광고)
- 해결책은 소비자들의 능력 범위에 있어야 가능

2) 정보탐색
- 필요를 인식한 소비자는 욕구가 강하고 그 욕구를 채울 만큼 제품이 머리 속에 오른다면 구입할 것이다.
- 정보 (1) 상업적 원천 : 소비자들은 마케팅 관리자들에 의해서 통제됨(예: 광고)
  (2) 개인적 원천 : 중요하고 효과적인 정보의 원천
- 탐색 (1) 내적 탐색: 제품이 머리 속에 직접 떠 오른다.
  (2) 외적 탐색: 외부의 정보를 획득한다.
  1〉 개인적 정보원천 → 가족, 친구, 이웃
  2〉 상업적 정보원천 → 광고, 판촉사원, 중간상, 진열
  3〉 공공적 정보원천 → 신문기사, 방송뉴스, 잡지
  4〉 경험적 정보원천 → 시험구매, 제품의 직접적인 사용

[그림 3-7] 소비자 구매의사결정과정(1)

을 한 후에 갈증을 느껴서 게토레이 음료를 먹고 싶어 하는 경우, 두통이 와서 아스피린을 찾는 경우 등의 예를 들 수 있다. 격렬한 운동을 한 후 갈증(내부적 자극)을 느낀 상태에서 외부적 자극인 게토레이에 관한 광고(외부적 자극)를 보았을 때 소비자는 갈증(내부적 자극)의 강도가 심하면 심할수록 다시 말해 내부적 자극(갈증)과 외부적 자극(게토레이 광고)의 욕구 강도의 차이가 크면 클수록 게토레이가 필요하다는 문제인식을 느끼게 된다. 다른 예로 내부적 자극(두통)의 강도가 크면 클수록 외부적 자극(아스피린 광고)에 의한 아스피린을 사야 하겠다는 문제인식이 높아진다는 것이다(그림 3-7).

1.5.2 정보탐색

소비자들은 문제를 인식하고 나면, 인식한 문제를 해결하기 위해 대안을 탐색하게 된다. 정보탐색은 내적탐색과 외적탐색으로 나눌 수 있는데 욕구에 따라서 이를 해결해 줄 수 있는 제품에 대한 정보를 기억 속에 저장된 정보를 회상해 내는 과정을 내적탐색이라고 하며, 이런 저장된 정보는 주로 제품과 관련된 사전 경험으로부터 나온다.

예를 들어, 격렬한 운동 후에 갈증이 나서 갈증을 해소해야겠다는 문제인식 후에 나도 모르게 며칠 전에 TV 드라마 속에서 보았던 게토레이 광고가 나도 모르게 자동적으로 떠오르는 현상을 내적탐색이라고 한다. 이와 다르게 소비자가 자신의 문제를 해결할 만큼 충분한 정보를 갖고 있지 못한 경우에는 보다 많은 시간과 노력을 기울여서 많은 정보를 수집하기 위해 외부에 있는 정보원으로부터 정보를 탐색하는 외적탐색이 있다. 소비자가 외적탐색을 어느 정도 하는가는 욕구 인식의 강도, 제품이나 서비스에 관한 관심의 정도 · 지식 · 사전경험 · 지각된 위험에 달려 있으며, 그리고 기억하고 있는 정보의 양, 추가적인 정보 획득의 용이성과 가치, 시간과 노력의 정도, 정보탐색으로부터 얻는 만족감의 정도 등에 의해서 결정된다. 일반적으로 외적 정보탐색은 구매제품에 대한 지각된 위험이 증가할 때, 정보탐색이 커지고 훨씬 더 많은 대안을 고려할 것이다.

주로 개인적으로 중요한 제품이거나 고가제품인 경우에는 정보탐색의 양이나 시간과 노력이 증가한다. 예를 들어, 당신이 자동차를 한 대 구매하는 것이 비누나 치약 등 일상용품을 구매하는 것보다 구매의사결정 시에 비용 때문에 상대적으로 지각된 위험이 크다고 할 수 있다. 그래서 자동차 모델, 연비, 내구성, 실내공간, 탑승인원 등에 관한 자세한 정보를 탐색과 더 많은 정보 수집을 위해서 노력과 시간을 많이 기울일 것이다. 왜냐하면, 자료 수집하는 데 걸리는 시간이 자동차를 잘못 구매했을 때 지불하게 되는 대가보다 작기 때문이다.

정보탐색 방법은 마케팅으로 통제 불가능한 정보원과 통제 가능한 정보원 등 기본적으로 두 가지 정보원이 있다. 마케팅으로 통제 불가능한 정보원은 제품을 촉진하는 마케팅관리자와는 관련이 없다. 예를 들어, 어떤 소비자는 갤럭시 휴대폰을 좋아하거나 구입했던 친구 친구로부터 그 휴대폰을 추천받을 수도 있다. 이와 같이 마케팅으로 통제 불가능한 정보원에는 친구, 가족, 직장동료, 이웃 주민, 기타 아는 사람 등과 같은 대인적 자료원과 신제품을 주의 깊게 관찰해 본 개인적 경험, 대중매체 중립적인 기관인 소비자원이나 언론, 관련기관의 간행물과 같은 공공적 자료원, 제품을 취급, 검사, 조사 해 본 경험이 있는 사람이나 기관 등으로부터 수집한 정보원 등이 포함된다. 그리고 마케팅으로 통제 가능한 정보원은 마케팅관리자가 특정 제품을 촉진하는 것에서 비롯된다. 통제 가능한 정보원에는 TV, 라디오, 신문, 잡지 광고 등의 대중매체 광고, 콘테스트, 디스플레이, 프리미엄 등의 판매촉진, 판매원, 제품라벨이나 패키지 등이 포함된다.

이와 같이 소비자가 선택대안에 대한 정보를 탐색하는 과정에서 정보원천으로서 내적 정보탐색과 외적 정보탐색 과정이 일반적으로 이루어진다. 따라서 마케팅관리자는 소비자가 의존하는 정보원천을 파악하고, 각 정보원천이 다음 단계의 구매의사결정에 어떤 영향을 미치는지 잘 파악해야 한다(그림 3-7).

1.5.3 대안평가

소비자가 정보탐색활동에 참여하여 복수의 대체 안에 관한 정보가 수집되면 이어서 이들 대체 안들의 평가가 이루어지게 된다. 즉 대안평가단계는 소비자가 의사결정에 있어 중요하다고 느끼는 평가기준 또는 제품 속성들에 견주어 다양한 대체 안들을 비교하는 단계로 탐색단계에서 획득된 정보들을 자신의 기존 신념 및 가치관의 구조에 관련 지어보는 작업이 이루어지게 된다.

대안평가 방법으로는 보안적 평가방식과 비보안적 평가방식으로 나누어지며 비보안적 평가방식은 다시 사전편집식 평가와 연속제거식 평가로 나누어진다. 다음은 평가방식의 종류에 대해서 구체적으로 알아보기로 한다.

1.5.3.1 보안적 평가방식

소비자가 정보탐색(내적탐색 · 외적탐색)을 통해 호의적으로 생각하는 여러 제품 중에 2~3개의 제품으로 제품군을 축소시켜 평가를 할 때, 각각의 제품에 따라 각 제품의 속성(가격, 연비, 승차감, 디자인)에 대해 강점과 약점들을 갖고 있을 수 있다. 이때 소비자는 각 제품에 대해 어떤 평가기준의 약점을 다른 평가기준의 강점으로 보완하여 전반적인 평가를 할 수 있는데, 이런 평가방식을 보안적 평가방식이라고 한다. 보안적인 평가방식에서는 검토하는 모든 제품에 대한 각 제품이 가지고 있는 속성의 총점을 모두 모은 종합점수가 되고 가장 높은 종합점수를 획득한 제품을 구매하게 된다. 예를 들어, 어떤 소비자가 자동차를 구입하려고 할 때, 중요시하는 제품의 속성과 각 제품의 속성별 평가점수가 [그림 3-8]과 같다고 가정하자. 각 평가기준의 가중치는 가격에 0.2, 연비에 0.4, 승차감에 0.3, 디자인에 0.1의 중요도를 각각 부여하고, 각

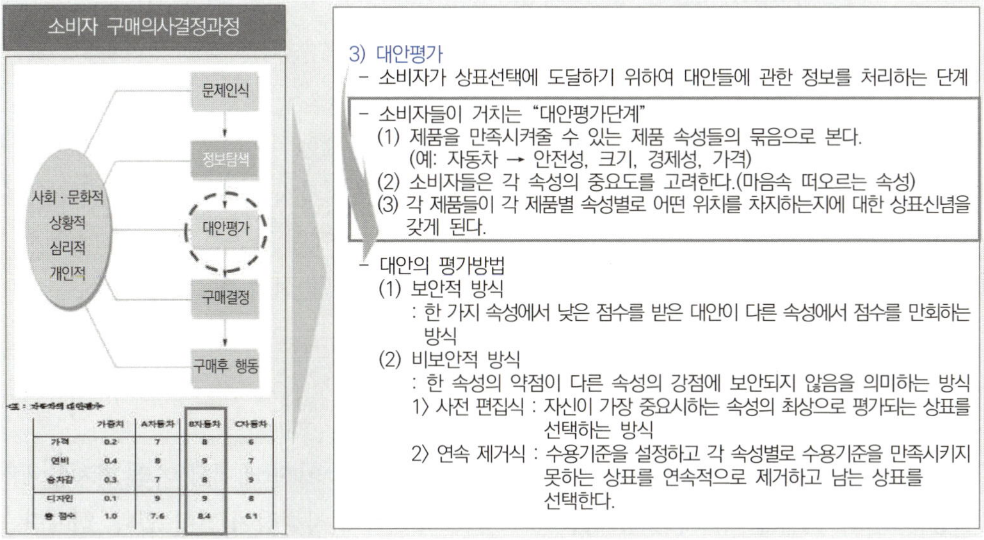

	가중치	A자동차	B자동차	C자동차
가격	0.2	7	8	6
연비	0.4	8	9	7
승차감	0.3	7	8	9
디자인	0.1	9	9	8
총 점수	1.0	7.6	8.4	6.1

[그림 3-8] 소비자 구매의사결정과정(2)

상표별로 속성별 평가점수가 1에서 10까지 점수를 부여한다고 하면, 그 결과는 하단과 같다. 이는 속성의 평가점수를 자동차별로 더하여 평균값을 낸 것의 종합점수가 높은 제품일수록 호의적인 평가를 얻어서 가장 높은 점수를 획득한 제품의 자동차를 선택되게 된다.

따라서 보안적 평가방식의 소비자는 자동차에 대한 각 속성들(가격, 연비, 승차감, 디자인)을 평가한 결과 B자동차가 가장 많은 평가점수를 받았기 때문에 B자동차를 선택할 가능성이 가장 높다.

1.5.3.2 비보안적 평가방식

비보안적 평가방식은 보안적 평가방식과는 달리 몇 가지 제품들에 대한 평가기준들 상호간의 강점과 약점들이 서로 보완되지 않는 비교적 간단한 방법이다.

1. 사전편집식 평가

사전편집식 평가(Lexicographic rule)는 속성의 중요도에 따라 순위를 부여하고, 1순위의 속성에서 가장 뛰어난 대안에 대해 좋은 태도가 형성된다는 것이다. 만약 1순위에서 가장 뛰어난 대안이 없이 모두 동일하다면, 2순위 속성으로 넘어갈 것이다. 예를 들어, [그림 3-8]에서 자동차의 평가기준에서 연비를 가장 중요하게 여긴다면, B자동차를 선택할 것이고 승차감을 중요하게 여긴다면, C자동차를 선택할 것이다. 즉 소비자가 가장 중요하다고 생각하는 제품의 속성의 한 가지만을 보고 제품을 좋다고 평가하여 선택하는 방법을 말한다.

2. 연속제거식 평가

연속제거식 평가(Elimination by aspect rule)는 가장 중요한 속성에서부터 허용할 수 있는 최저수용기준(Cutoffs)을 정해두고, 이 최저수용기준을 충족시키지 못하는 대안부터 제거해 나감으로써 태도가 형성된다는 규칙이다. 예를 들어, [그림 3-8]에서 자동차의 평가기준에서 최저수용기준을 각 속성에 대해서 8점 이상으로 한다면, B자동차가 선택 대안으로 고려될 것이다.

1.5.4 구매결정

대안평가를 했다고 해서 바로 구매로 이어지는 것은 아니고 이 단계에서 여러 가지를 생각을 한다. 정말 살까, 언제 살까, 어떤 형태를 살까 등 구체적인 의사결정이 남아 있다. 하지만 구매(Purchase)에서의 쟁점은 대안평가에서 구입하려 한 브랜드를 실제로 구매하는가이다. 구매의도가 구매로 이어지는 경우가 있고 그렇지 않은 경우도 있다.

소비자가 대체안의 평가과정을 마치게 되면 구매선택단계로 나아가게 되는데, 이 단계에서는 자신이 수집 및 평가할 정보를 특정 대체안의 결정에 이용할 수 있도록 결합 내지 통합하게 된다. 따라서 이 단계에서 소비자는 정보처리자로서의 역할을 하게 되는데, 소비자는 자신의 환경과 상호 작용을 통해 다양한 정보원천에서 정보를 수집·평가 및 처리하게 되는 것이다.

소비자는 정보처리의 능력이 제약되어 있으므로 반드시 복잡한 분석 과정을 거치는 것은 아니고, 때로는 단순한 선택 룰을 이용하기도 한다. 소비자가 정보탐색 및 평가를 통해 특정 대안을 선택했다고 하더라도 때로는 예기치 못한 여건들에 의한 구매 의도가 좌절되거나 상표변경이 이루어지기도 하는데, 이러한 결과는 자금부족, 점포 내 자극, 구매조건 변화, 상표재고, 소진 등에 의해 나타낼 수 있다. 따라서 정보평가의 결과가 실제 선택행위로 이어지기 위해서는 흔히 자금조달, 제품의 설치 및 이용, 그리고 구매할 품목과 관계되는 제품 또는 서비스에 관한 의사결정이 추가적으로 필요한 경우가 많다(그림 3-9).

1.5.5 구매 후 평가

제품을 구매할 때, 소비자는 구매행위를 통해 어떤 결과를 기대한다. 이러한 기대가 얼마나 잘 충족했느냐에 따라 소비자는 구매한 결과에 대해 만족을 하느냐 혹은 불만족을 하냐가 결정된다. 실제 소비자 만족과 불만족은 소비자가 구매한 제품에 대해 사전에 가지게 되는 전반적인 느낌이나 태도 등에 의해 영향을 받는다.

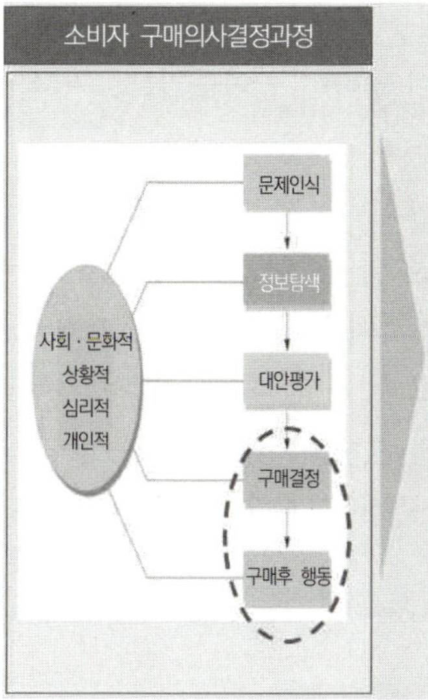

4) 구매결정
- 평가단계에서 각 제품에 대안 평가가 이루어진 후 소비자는 구매의사결정을 하게 된다.
- "구매하기를 원하는 제품과 실제 구매의 차이" 사이의 두 가지 요인
  (1) 자기와 가깝고 영향력을 주는 가족, 친지, 동료 등의 사람들에게 영향을 받음
  (2) 예기치 않는 상황변수
  (예: 구매하려는 상표의 변화, 위험성, 두려움, 호의적, 유명제품-보증수리)
  → 소비자는 지각된 위험수준이 높은 경우 이를 감소시키기 위해 추가적인 정보를 제공하거나 제품에 대한 보증을 실시한다.

5) 구매 후 행동
- 제품 구매 후 소비자들은 제품에 대해 만족과 불만족을 경험하게 된다.
  (1) 만족한 소비자는 1〉 재 구매할 가능성이 높으며 2〉 호의적인 구전을 행하고 3〉 경쟁상표의 광고에 관심을 덜 갖고 4〉자사에서 나온 다른 제품도 구매함.
  (2) 불만족한 소비자는 1〉 기업은 소비자가 불만족을 얘기할 수 있는 제안제도를 사용하여 문제점이 얼만큼 개선되었는지 측정하고 2〉인지 부조화를 줄이는 노력(〈1〉 구매한 제품을 반환, 환불하거나 〈2〉 구매한 제품의 편익을 전달하는 광고내용에 귀를 기울이거나 〈3〉 구매한 제품을 좋은 친구와 이야기 하는 합리화를 거치는 경우)을 해야 한다.

[그림 3-9] 소비자 구매의사결정과정(3)

일반적으로 제품에 대한 만족은 사전 기대를 충족시키거나 초과한 정도에 따라 이루어진다. 소비자의 사전 기대는 광고와 판매원을 통한 마케팅 커뮤니케이션, 친구나 가족과 같은 비공식적인 정보원, 개인적인 사용경험 등의 정보를 통해서 형성된다. 제품에 대한 사전 기대와 실제로 제품을 구매한 후에 사용하면서 느끼는 지각된 성능 간의 차이에서 고객의 만족과 불만족이 나타난다. 예를 들어, 어떤 소비자가 실제 제품성능보다 약간 낮은 기대를 갖고 중고 자동차를 한 대 샀는데, 놀랍게도 제품의 성능이 기대 이상으로 너무 좋은 경우에 이 소비자는 지금까지 소유한 자동차 중에서 가장 좋은 것이라고 생각할 수도 있다. 따라서 제품에 대한 기대치가 낮다고 생각하고 구매를 했는데, 막상 제품을 구매한 후에 실제 성과치는 기대치를 훨씬 초과했기 때문에 이 소비자의 만족은 매우 높을 것이다(그림 3-10).

반대로 높은 기대를 하고 자동차를 한 대 구입했는데, 막상 구매 후에 성능은 기대치보다 훨씬 모자라는 경우에는, 제품성능이 소비자의 기대를 충족시켜주지 못했기 때문에 불만족을 느낄 것이다. 따라서 마케팅관리자는 실제 제품성능에 비하여 비합리적으로 지나치게 높은 기대는 불만족을 초래하므로, 제품의 성능을 고려하여 현실적인 메시지를 전달해야 한다.

일반적으로 소비자들은 구매결정이 내려진 후에 그들의 다양한 인지, 태도 혹은 신념 사이에 심리적인 내적 갈등을 종종 느끼는 경향이 있는데 이를 인지부조화(Cognitive dissonance)라고 한다. 인지부조화의 강도는 구매결정이 심리적 혹은 금전적인 측면에서 매우 중요하거나, 이미 알고 있는 좋은 대안들이 많이 존재하고 쉽게 구할 수 있을 때 더욱 커진다. 예를 들어, 승용차,

주택, 가구 등과 같은 제품의 구매자들 사이에 흔히 인지적인 부조화가 나타난다. 심리적 긴장감인 인지부조화를 해소시키기 위해서 소비자는 자신이 선택한 제품에 대한 긍정적인 정보를 탐색하거나 혹은 선택하지 않은 제품에 대해서는 부정적인 정보를 수집하여 받아들임으로써 심리적으로 불편한 긴장감을 소멸시키려 노력한다.

따라서 마케팅관리자는 구매 후 행동단계에서 한 가지 중요한 임무는 소비자들이 구매결정 후에 가지게 되는 부조화를 축소시키고 구매결정에 대한 확신을 심어주는 일일 것이다. 그래서 판매 직후에 소비자들에게 효과적인 광고커뮤니케이션, 애프터서비스와 수선유지, 제품보증제도 실시, 서신이나 안내책자 발송, 전화통화, 구매제품의 광고 등을 통해서 구매자의 선택이 현명했음을 확인시켜 줌으로써, 구매 후 인지부조화를 감소시키려는 소비자들의 의도를 도와줄 수 있고 자사의 제품을 구매했을 때 느낄 수 있는 부조화의 원인을 제거할 수 있다(그림 3-9).

▶ 자동차

[그림 3-10] 자동차 구매 후 만족과 불만족 사례

2 소비자의 정보처리과정

기업들은 소비자들이 자사의 TV광고를 통해 자사의 제품을 오랫동안 기억하게 하여 소비자가 제품을 구매할 때 TV광고 속의 자사제품을 연상하게 함으로써 제품을 구매하는 단계에 도달시켜 매출을 극대화하기 위하여 소비자의 정신을 분석하는 소비자의 정보처리과정(노출 → 주의 → 지각 → 반응/태도 → 기억)에 대해서 분석을 통하여 오랫동안 기억에 남을 광고를 제작하려고 한다. 이렇게 마케팅전략을 통해 광고가 매출을 촉진시키기 위한 한 가지 수단으로 만들어진다는 것에 대한 이론은 제2장을 통해 제시한 바 있다. 제2장을 간단히 요약하면 다음과 같다.

Step1 단계를 통해 기업은 보유하고 있는 많은 사업부 중에 어떠한 사업부에 더 많은 예산지원을 할 것인지 분류를 하는 단계로 예를 들면 삼성그룹의 경우 삼성전자, 삼성중공업, 에버랜드, 삼성SDS, 삼성SDI, 제일모직, 삼성건설 등과 같은 많은 사업부 중에서 한정된 예산을 모든 사업부에 지급해 줄 수 없다. 그러므로 성과물(Output)을 가장 많이 낼 수 있는 사업부를 선정하여 밀어주어야 한다. 그러한 사업부를 선정하는 단계로 BCG와 GE 매트릭스를 통해 가장 많은 성과물을 낼 수 있는 사업부를 선정하여 사업부의 규모를 키워 세계의 기업과 싸울 수 있도록 사업부의 규모를 키우는 전략인 성장전략 9가지에 대해서 공부하였으며 이렇게 사업부의 규모를 키운 후에 세계시장의 경쟁기업과 경쟁해서 이기기 위한 경쟁전략 3가지에 대해서도 공부한 바 있다.

Step2 단계에서는 Step1 단계를 통해 선발된 사업부가 높은 성과를 내기 위해서는 어떠한 일을 잘하는지 분석을 하는 과정으로 선발된 사업부의 거시적 환경(PEST분석)과 미시적 환경(3C분석)을 통해 도출된 요인을 가지고 Swot 분석을 통해 사업부의 강점과 약점, 기회요인과 위협이 되는 요인을 분석하여 가장 잘 할 수 있는 핵심성공요인(CSF)을 뽑아서 핵심성공요인을 수행할 구체적인 실행 행동사항인 핵심성과지표(KPI)를 뽑아내어 팀과 조직원에게 우리 사업부가 성공할 수 있는 일을 배치시키는 과정에 대해서도 배운 바 있다. 즉 Step 2단계에서는 환경분석을 통해 선발된 사업부가 가장 성공할 수 있는 일이 무엇인지 선발해 내는 과정을 공부하였다.

Step4 단계에서는 Step2를 통해 우리 사업부가 성공할 수 있는 일을 분석한 결과를 통해 소비자의 욕구에 맞게 신제품에 대한 시장세분화(Segmentation)를 시키는 방법에 대해서 공부하였으며 시장세분화 이후 신제품이 기존의 제품과의 차이점이 무엇인지 소비자의 기억에 차별점을 인식시키는 포지셔닝(Positioning) 작업에 대해서 공부하였으며 이렇게 포지셔닝 시킨 제품에 대해서 몇 개의 제품을 생산하여 몇 개의 시장에 목표시장 설정(Targeting)을 할 것인지에 대한 STP전략에 대해서도 배운 바 있다. 또한 목표로 정한 시장에 매출을 극대화시키는

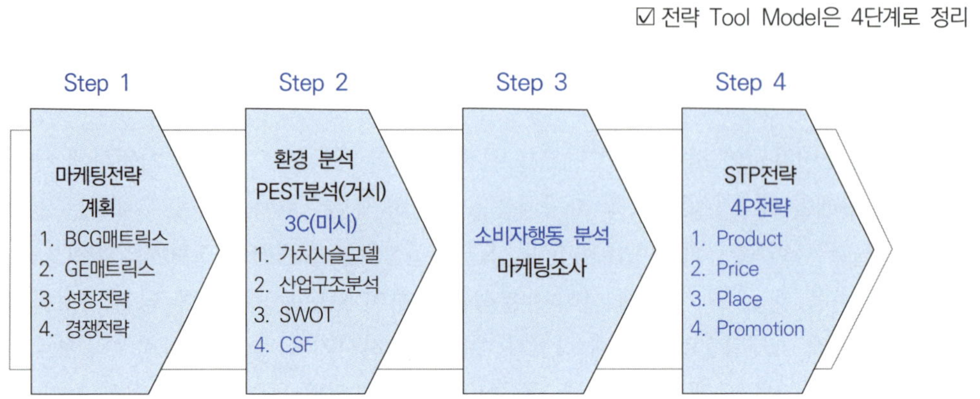

[그림 3-11] 마케팅의 BIG PICTURE

촉진을 어떤 방법으로 했을 때 현재의 매출보다 몇 % 이상을 더 신장시킬 수 있는지 촉진전략 4가지(인적판매, 광고, 판매촉진, PR) 중 광고가 기업의 마케팅전략에서 어떻게 만들어지는지에 대해서 알아보았다(그림 3-11).

이러한 마케팅전략, 즉 매출을 극대화시키는 촉진전략(인적판매, 광고, 판매촉진, PR) 중 한 가지로서의 광고는 어떻게 만들어져야 소비자들이 오랫동안 소비자의 기억 속에 기억이 되는지에 대한 기억과 관련된 정신구조에 대해서 연구함으로써 오랫동안 기억에 남을 광고를 제작하는 데 도움을 주는 이론이 바로 지금부터 공부할 소비자 정보처리과정으로서 기업이 소비자행동을 분석하는 BIG PICTURE의 두 번째 이론인 것이다(그림 3-12).

2.1 소비자 정보처리과정

소비자행동론의 BIG PICTURE의 이론은 3가지 이론으로 구성되어 있으며 기업은 소비자들이 어떻게 생각하고 행동하는지와 관련한 욕구를 분석하기 위해서 다음의 소비자행동론의 3가지를 분석한다(그림 3-12). 첫 번째 이론은 소비자들이 제품을 구매하는 행동을 할 때 어떤 과정을 거치면서 구매를 하는지와 관련된 소비자의 행동을 분석하는 '소비자 구매의사결정과정'과 두 번째 이론은 광고를 어떻게 제작했을 때 오랫동안 기억에 남게 만들 수 있을 지와 관련한 소비자의 정신을 연구하기 위한 분석이론인 '소비자 정보처리과정' 그리고 소비자가 제품을 구매할 때 구매하기 전에 제품에 대해 좋은지 좋지 않은지 태도를 형성할 때 이성과 감성을 통해 판단하여 구매에 이르게 되는 과정을 분석한 정신과 행동을 같이 분석한 이론인 '하이어라키모델'이 세 번째 이론이다.

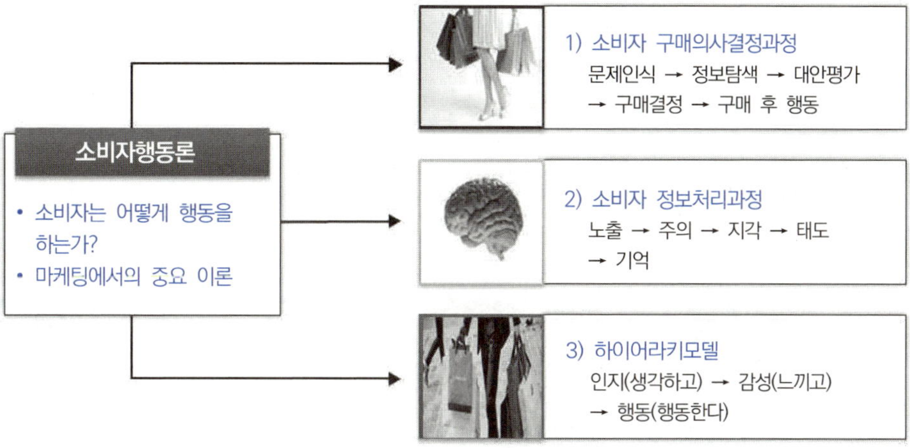

[그림 3-12] 소비자행동론 BIG PICTURE

본 단원의 소비자행동론의 BIG PICTURE의 두 번째 이론인 소비자 정보처리과정에 대한 핵심적인 이론에 대해서 간략하면서도 중요한 내용에 대해서 공부해 보고자 한다. 소비자 정보처리과정은 소비자는 TV 광고를 보는 순간에 TV 광고를 기억한다고 생각을 하지만 사실은 우리의 뇌는 노출 → 주의 → 지각 → 반응/태도 → 기억의 5단계를 거치면서 광고를 기억하게 되는데 5단계가 가지고 있는 이론을 바탕으로 어떻게 하면 소비자의 기억에 오랫동안 남을 수 있는 광고를 만들 수 있는지에 대해서 알아보기로 한다.

2.1.1 노출

우리는 아침에 일어나 저녁에 잠들 때까지 하루에도 2,000여 개 이상의 광고에 노출이 되고 있다. 의식적으로 혹은 무의식적으로 노출(Exposure)된 광고에 주의를 기울이며 지각하고 지각한 광고에 대한 우호적 혹은 비우호적 태도를 형성하여 광고를 기억 속에 저장하여 의사결정이 필요할 때 이용하게 된다. 이러한 일련의 과정을 소비자 정보처리과정이라고 한다.

소비자들은 광고의 자극을 받으면 오감(시각, 청각, 미각, 촉각, 후각)을 통해 광고에 노출이 되고 약간의 주의를 기울인 후에는 지각과정에 도달하게 되어 지각된 광고에 대해 좋은지 좋지 않은지에 대한 태도를 형성하는데 긍정적인 태도가 형성되었을 때는 긍정적인 이미지로 광고를 기억하게 되고 부정적인 태도가 형성되었을 때는 부정적인 이미지로 광고를 기억하게 된다. 이러한 일련의 과정을 소비자 정보처리과정이라고 한다(그림 3-14).

소비자 정보처리과정에 대한 본격적인 이론에 들어가기에 앞서 [그림 3-13]의 KCC 스위첸의

KCC건설 스위첸 광고, 젊은 부부들 마음 사로잡다

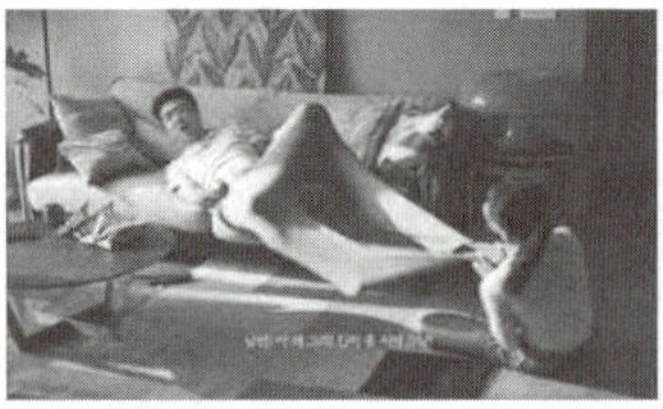

[화제의 광고] 가족이란, 서로 다른 문명이 만나 함

KCC건설, 전 국민 울린 스위첸 '엄마의 빈방' 캠

KCC건설, 화제 모은 '문명의 충돌' 광고 메이킹

KCC 스위첸 광고 마케팅 효과 얼마나 될까?

KCC 스위첸, '엄마의 빈방'이어 '문명의 충돌' 광고

[그림 3-13] KCC 스위첸-젊은 부부의 마음을 사로잡다(광고 예시)

TV광고를 통해 기업들의 입장에서 소비자들이 광고를 기억하는 데 소비자 정보처리과정을 이용한 긍정적인 광고를 광고회사는 어떠한 과정을 통해서 연구·분석하는지 알아보고자 한다.

'KCC 스위첸(Switzen)'은 KCC건설에서 만든 아파트 브랜드 이름으로 스위스(Suisse)와 젠(Zen)의 합성어로 '스위스처럼 맑고 깨끗한 환경 속에서 유럽풍 라이프스타일의 여유와 동양적이고 간결한 절제미를 가미한 젠 타입의 품격을 누릴 수 있는 자연친화적인 건강한 아파트'를 의미하며 신혼부부와 같은 젊은 부부를 타깃(Target)으로 만든 브랜드 광고이다.

KCC 스위첸 TV 광고의 내용을 보면 젊은 신혼부부의 일상의 사는 모습을 광고에서 보여 주고 있다. 신혼부부의 아름다운 삶의 내용보다는 실제 정체성이 다른 두 사람이 모여서 살면서 겪게 되는 갈등의 모습을 보여 주고 있다. 아내는 주말이 되면 남편과 밖으로 나가고 싶어 하는 모습 속에 남편은 주말이 되면 집에서 쉬고 싶어 하는 모습을 소파에 누워있는 남편의 바지를 당기는 아내의 모습을 코믹하게 광고에 담고 있다. 또한 외출 시 아내는 어떤 옷을 입고 나갈지에 대해서 남편에게 조언을 구하는 모습에 남편은 성의 없이 다 이쁘다며 아무것이나 입으라는 말에 아내는 안 나가겠다고 싸우는 모습을 담고 있다.

이러한 서로 다른 인격체가 만나서 한 가정을 만들어 가는 갈등구조 속에서 퇴근 후 집으로 들어오는 따뜻한 집의 이미지를 마지막에 광고에 담으면서 '그래도 좋은 거 보면 제일 생각하는 사람', '그래도 맛있는 거 보면 같이 먹고 싶은 사람'이라는 따뜻한 부부의 이미지를 KCC에서 만든 아파트 속에서 만들고 있다는 내용의 광고를 담고 있다. 서로 다른 문명(다른 부부)이 만나 함께 만들어 가는 가정을 보여 주고 있으며 가족이란 집을 소비자와 같이 지어가고 있는 건설사의 이미지를 'KCC 스위첸'은 광고에 담아 소비자의 기억 속에 '소비자와 함께 만들어 가는 집'이라는 브랜드의 이미지를 담고 싶었던 광고라고 할 수 있다.

소비자 정보처리과정(그림 3-14)을 KCC 스위첸의 광고를 통한 분석을 통해 광고주는 자사의 브랜드를 소비자의 기억 속에 기억시키려고 했는지 분석해 보고자 한다.

광고를 소비자의 머릿속에 기억시키기 위해서는 최초 노출(Exposure)이 되어야 한다. 모든 기억은 오감(시각, 청각, 미각, 촉각, 후각)을 통해서 노출이라는 자극을 소비자에게 주어야만 소비자들은 광고라는 것을 알게 된다. KCC 광고는 시각과 청각을 통해서 노출시킴으로써 소비자들은 KCC에서 만든 광고라는 것을 인식하게 된다. 최초의 오감 중 시각과 청각을 통해서 노출이 되면 무조건 소비자들은 KCC 건설회사의 광고라고 지각(Perception)할 수는 없다.

광고를 지각하는 데는 주의(Attention)가 필요하다. 즉 집중이 필요하다. 소비자들은 광고든 일상적인 생활 속에서도 무엇인가를 기억하기 위해서는 주의를 하지 않으면 지각할 수 없다. 주의는 광고의 내용을 집중해야만 KCC의 광고라는 것을 알 수 있는데 광고가 방영되는 동안 다른 생각을 한다든지 아니면 광고를 보지 않고 다른 행동을 하게 되면 무슨 광고인지 알 수가 없게 된다. 그러므로 광고를 만드는 광고회사의 입장에서는 어떻게 하면 본 광고를 주의, 즉 집중을 시킬 수 있을지를 연구해야만 한다. 그만큼 소비자 정보처리과정에서 광고를 주의, 즉 집중시킨다는 것은 중요한 단계인 것이다.

광고를 주의시키는 광고의 유형으로는 크게 4가지로 나눌 수 있다. 광고를 만들 때 소비자들과 '개인적인 관련성 있는 광고', '즐거운 광고', '놀라운 광고', 광고를 이해하고 '처리하기 쉬운 광고' 같은 광고 유형은 소비자들이 광고에 집중할 확률이 높다고 할 수 있다. 예를 들면 연예인이 광고에 나와서 웃음을 주는 스토리로 광고를 만든다면 소비자들은 광고가 나오는 순간에 광고에 주의를 더 기울일 것이다. 또한 광고의 스토리가 나와 관련성이 있는 광고의 내용이라면 그 광고에 공감하게 됨으로써 광고에 집중하게 될 것이라는 것이다.

이러한 주의를 증대시키는 4가지 광고의 유형으로 보았을 때 KCC건설의 광고는 우리 신혼부부들이 일상에서 삶을 통해 정체성이 다른 두 사람 갈등을 겪는 모습을 통해 누구나 겪었거나 겪을 이야기를 통해 공감을 끌어내는 '개인적인 관련성 있는 광고'로 소비자가 광고에 집중을 할 수 있는 스토리로 제작을 하였다고 볼 수 있다.

이렇게 소비자 본인들이 겪었을 만한 스토리의 일상의 내용을 통해 광고를 주의시키게 되면 소비자들은 집중한 광고에 대해서 지각하게 되는데 지각은 KCC 광고를 소비자의 주관이 들어가지 않고 본 광고 그대로를 기억하는 것을 지각이라고 한다.

오감을 통해 노출(Exposure)이 된 광고에 주의를 통해 집중을 할 수 있는 광고의 유형으로 광고를 만들면 소비자들은 광고에 집중하는 순간 본 광고를 지각하게 되는 것이다. 이렇게 지각한 광고에 대해서 4번째 단계로 태도(Attitude)를 형성하게 되는데 소비자는 본 광고에 대해서 좋은지 좋지 않은지를 판단하는 기준은 우리의 뇌를 통해서 판단하는데 우리의 뇌는 이성을

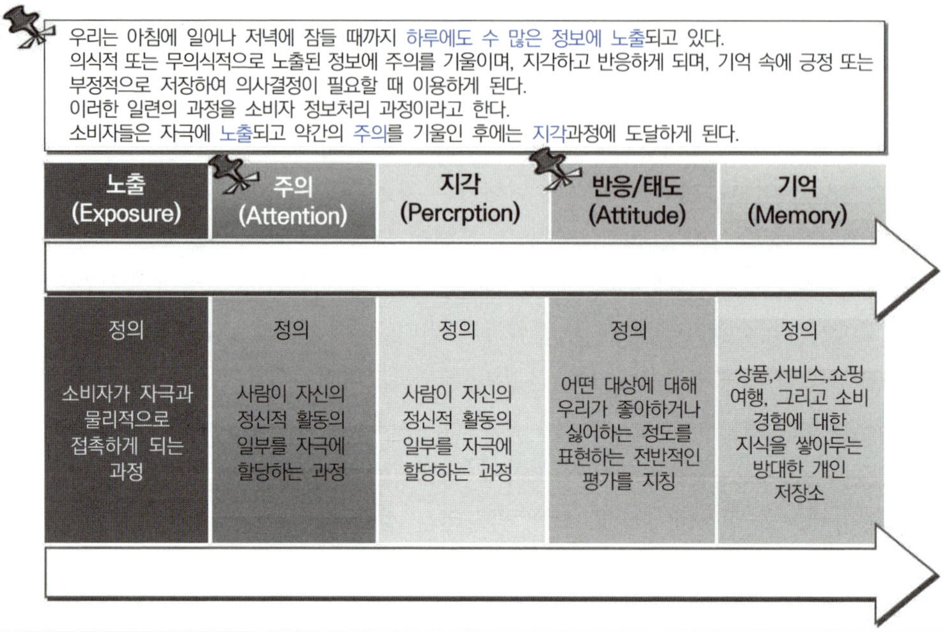

[그림 3-14] 소비자 정보처리과정

관장하는 좌뇌와 감성을 관장하는 우뇌로 나뉘어져 있다. 본 KCC건설 광고의 경우는 두 신혼부부가 다른 가치관으로 서로 싸우면서도 그 속에서 '좋은 것을 보면 제일 생각나는 사람', '맛있는 거 보면 같이 먹고 싶은 사람'이라는 서로 같이 의지하고 챙겨주는 부부와 같은 건설사라고 하는 소비자의 감성에 호소하여 부부가 같이 살면 잘 살 수 있을 것 같은 아파트라고 하는 기억(Memory)을 본 광고를 통해 KCC 스위첸은 소비자에게 기억시킴으로써 배우자를 만나서 결혼을 하려고 하는 신혼부부들에게는 KCC 스위첸이라는 브랜드가 연상이 되어 떠오르는 아파트로 기억에 남게 하기 위한 마케팅전략의 광고라고 볼 수 있을 것이다.

이렇게 기업들은 소비자 정보처리과정의 5단계(그림 3-14)를 통해 어떻게 광고를 노출(Exposure)시키고 노출된 광고를 볼 수 있도록 주의(Attention), 즉 집중시킬 수 있는 광고 유형으로 광고스토리를 만들어서 집중시켜 본 광고를 지각(Perception)하게 한 후에 지각한 광고에 대해 이성적으로 좋은 태도(Attitude)를 형성시켜서 브랜드를 기억(Memory)시킬지 아니면 감성적으로 좋은 태도를 심어주어 자사의 브랜드를 기억시킬지를 소비자 정보처리과정과 마케팅전략을 통해서 광고가 만들어진다고 할 수 있다. 이렇게 좋은 이성이든 감성으로 형성된 태도에 의해서 기억에 남은 광고는 그러한 계열의 제품을 구매할 때 소비자 구매의사결정과정(소비자행동론 BIG PICTURE 첫 번째 이론) 단계의 두 번째 단계인 정보탐색 중 내적탐색을 할 때 소비자 정보처리과정을 통해 기억된 광고가 떠오르게 되고 그러한 광고는 소비자 구매의사결정과정의 4번째 단계의 구매결정으로 이루어질 확률이 그만큼 높아진다고 할 수 있다. 그러므로 기업으로서 소비자 정보처리과정을 통해 만든 광고가 소비자 구매의사결정과정의 구매결정으로 이루어지는 데 아주 중요한 이론임을 우리는 알 수 있다.

소비자 정보처리과정 5단계 중 가장 중요한 단계로는 두 번째 단계의 주의(Attention)와 네 번째 단계인 태도(Attitude)의 단계라고 할 수 있다. 그 이유로는 광고를 기억(Memory)하기 위해서는 집중을 하지 않으면 기억까지 갈 수 없으므로 어떻게 광고에 관심이 없는 소비자들에게 광고를 주의시킬 것인지는 그만큼 중요하며 또한 광고를 기억할 때 어떠한 광고로 기억에 남는지와 관련된 태도를 형성시키는 단계에서 소비자가 가지고 있는 이성적인 측면과 감성적인 측면 중 어느 쪽에 더욱 어필(Appeal)해서 오랫동안 기억에 남게 할 것인지와 관련한 전략을 짜는 중요한 단계이기 때문에 네 번째 단계인 태도가 중요한 것이다.

2.1.1.1 노출에 영향을 주는 요소

기업들은 자사의 제품을 판매하여 매출을 극대화시키기 위해서는 첫 번째로 어떻게든 자사의 제품을 TV 광고나 대형 할인매장들에 눈에 잘 띄는 곳에 배치하여 노출(Exposure)을 극대화시켜야만 한다. 이렇게 노출이 잘 되어야지만 소비자들은 주의를 기울이고 제품의 브랜드를 기억하여 제품을 구매하기 전에 제품에 대한 정보탐색 시 내적탐색을 통해 제품을 구매하는 소비자 구매의사결정과정을 거치게 되는 시발점이 바로 소비자 정보처리과정의 노출인 것이다(그림 3-12).

그러므로 기업들은 TV 광고를 제작할 시 인기 있는 드라마나 월드컵과 같은 축구경기 중에 광고를 배치하여 노출을 극대화시키려고 한다. TV 상업용 광고(CM : Commercial Message) 위치는 월드컵 경기 시작 전에 하는 광고(전CM)와 월드컵 경기 중간에 하는 중간광고(중CM), 월드컵 경기가 끝나고 하는 광고(후CM)로 나누어진다. 보통 국제축구연맹 피파(FIFA)에서 주최하는 월드컵은 광고비만 내면 광고를 할 수 있는 것이 아니라 각 제품의 상품군에 따라 광고에 참여할 수 있는 기업의 수가 제안되어 있어 자동차광고의 경우 현재 한국 기업으로는 유일하게 현대자동차 같은 경우 3,000억 원에 해당하는 광고비를 지급하고 월드컵 경기 시 광고를 진행하고 있다. 이러한 막대한 자금을 들여서 광고를 하는 이유는 월드컵 경기의 경우 전 세계 사람들에게 현대자동차라는 광고를 노출시킬 수 있으므로 전 세계 사람에게 자동차를 팔아 매출을 극대화시킬 수 있다고 하는 마케팅조사에 의해서 광고를 진행하고 있는 것이다.

그러므로 기업의 입장에서 자사의 제품을 소비자들에게 기억시키기 위해서는 광고의 위치를 인기 있는 드라마나 월드컵 경기 등에서 어느 광고위치(전CM · 중CM · 후CM)에 배치하는지에 따라서 노출의 강도가 달라진다. 소비자들이 가장 관심을 갖는 기사 다음이나 프로그램에 광고가 노출되는 경우에 소비자들이 그 광고를 볼 가능성이 크다. TV 광고의 경우 프로그램 시작 부분(전CM)이나 중간광고(중간CM) 끝부분에 제시되는 경우 노출효과가 가장 크다. 그 이유는

요소

- 1) 광고 위치
- 2) 제품 배열
- 3) 선반배열

내 용

1) 광고의 위치는 노출에 영향을 준다.
- 가장 관심을 갖는 기사 다음에 프로그램에 광고가 노출되는 경우 소비자들은 광고를 볼 가능성이 높다.
- TV광고는 프로그램 시작 부분이나 중간광고 끝부분에 제시되는 경우 노출효과가 가장 크다.

㉎ 그러므로 어떤 광고주는 쇼나 방송 프로그램 시작 전이나 끝부분에 자사의 제품을 배열하는 단일광고를 한다.

2) 제품을 보행로의 끝부분에 진열하기도 한다.
- 눈높이에 진열된 제품이 그보다 낮거나 높은 곳에 진열된 제품보다 더 많이 노출된다
- 소비자들이 많이 지나다니고 머무는 시간이 긴 곳에 진열된 상품에 대해서 노출이 커진다.

㉎ 슈퍼마켓, 자동 점포, 식당 등의 계산대 옆에 진열된 경우 노출이 커지므로 매출이 증대된다.

3) 선반 공간이 넓은 곳에 진열되어 있을 때, 소비자들의 눈에 가장 많이 띈다.

[그림 3-15] 노출에 영향을 주는 요소

소비자들이 그 프로그램 시작을 기다리고 있거나 아직 그것에 몰두되어 있기 때문이다.

또한 대형 할인매장에서 제품의 상표와 포장은 제품 배열과 선반 배열에 의해 소비자들에게 노출(Exposure) 된다(그림 3-15). 제품이 보행로의 끝부분에 진열되어 있거나 선반 공간이 넓은 곳에 진열되어 있을 때, 소비자들의 눈에 가장 많이 띈다. 허리에서부터 눈높이에 진열된 제품이 그보다 낮거나 높은 곳에 진열된 제품보다 더 많이 노출된다. 점포 내에서 소비자들이 많이 지나다니고 머무는 시간이 긴 곳에 진열된 상품에 대해서 노출이 커진다. 예컨대, 슈퍼마켓, 자동 점포, 식당 등의 계산대 옆에 진열된 경우에도 노출이 커지기 때문에 매출액이 증가된다. 그러므로 기업의 입장에서는 오랜 시간 계산을 하기 위해 줄을 서 있는 계산대 옆 부분에 껌이나 초콜릿 같은 가격이 비싸지 않은 저가형 제품을 배치하여 매출을 극대화시켰으나 최근에는 홍삼과 같이 가격이 좀 비싼 고가형 제품을 배치하여 매출을 더욱 극대화시키고 있다.

2.1.1.2 선택적 노출

기업들은 어떻게든 소비자들에게 자사의 광고를 노출시키려고 한다. 그러나 소비자들도 기업의 광고를 능동적으로 탐색할 수도 있으나 회피할 수도 있다. 소비자들이 광고를 피하는 이유는 크게 세 가지로 나누어 볼 수 있는데 그중 첫 번째는 너무 많은 광고가 노출되어 그것들을 모두 처리할 수 없기 때문이다. 예를 들면 소비자들이 하루 종일 책을 보면서 공부를 했다고 생각해

요소

어떤 자극들을 능동적으로 탐색하기도 하고 회피할 수도 있다.

소비자들이 광고를 피하는 이유
1) 너무 많은 광고노출로 모두 처리할 수 없기 때문에..
2) 자신들이 사용할 수 없는 제품 범주의 광고라 회피.
3) 이전에 본 적이 있는 광고라 피하는 경향.

재핑(Zapping)과 지핑(Zipping)

1) 재핑
- 소비자들은 상업방송 시간에 다른 채널로 돌려 광고를 피한다.
- 소비자들은 약 20%가 한번 정도 채널 전환을 한다. / 케이블TV를 보유한 가구는 2/3 이상이 채널 전환을 한다.
- 남성들이 여성들보다 훨씬 많이 재핑을 한다.
  ㉠ (1) 어린이들은 매체의 내용물 유형과 광고 메시지를 잘 구별하지 못한다. Kraft foods는 12세 이하의 어린이들이 시청하는 TV쇼 시간에는 스낵광고를 중단하였다.

2) 지핑
  ㉠ 소비자들이 TV쇼를 녹화한 후에 그것을 나중에 보는 경우 상업 광고가 나오면 vcr을 빨리 돌려서 그 광고를 피하는 방법을 말한다.

[그림 3-16] 선택적 노출

보자 소비자들은 더 이상 머릿속에 책의 내용이 머릿속에 들어오지 않을 것이다. 마찬가지로 하루에 노출되는 광고가 너무 많으면 소비자들은 광고를 피하게 된다. 두 번째는 소비자들은 자신들이 사용할 수 없는 제품 범주에 대한 광고는 회피한다. 예를 들면 여자 소비자의 경우는 면도기 제품에 대한 광고가 나오면 제품에 대한 관여도가 떨어져 나와 관련성이 없는 광고에 대해서는 회피를 하게 된다. 세 번째는 이전에 본 적이 있는 광고인 경우는 광고를 피하는 경향이 있는데, 이는 그 광고가 무엇을 말하려는지 알고 있기 때문이다(그림 3-16).

소비자들이 광고에 대한 자극을 기피하는 것은 마케터에게는 큰 문제가 된다. 한 연구에서는 미국 소비자들의 54%, 독일 소비자들의 68%가 광고를 보지 않는 것으로 발표되었다. TV 광고를 하는 동안 소비자들은 방을 떠날 수도 있고, TV를 보면서 인터넷 검색을 많이 하는 등 다른 행위를 하거나 광고가 나오면 TV를 빨리 다른 프로그램 채널로 돌리는 재핑(Zapping)과 같은 행동을 통해 광고를 회피하기도 한다. 채널 전환(Zapping)을 함으로써 소비자들은 상업방송 시간에 다른 채널로 돌려 광고를 피한다. 일반 TV를 시청하는 소비자들의 약 20% 정도는 한 번 정도의 채널 전환을 하는 반면에 케이블 TV를 보유한 가구의 60% 이상이 채널 전환을 한다는 것이다. 이러한 데이터를 통해 일반 TV에 비해 케이블 TV를 보유한 소비자들은 많은 채널을 보유하고 있으므로 채널 전환을 더 많이 하는 것으로 연구되었으며 여성보다는 남성들이 훨씬 더 많이 채널을 재핑하는 것으로 연구되었다. 이는 부부의 경우 최근에는 남성들도 가정 일을 많이 돕지만 상대적으로 가정일은 아내가 많이 한 결과와 TV 리모컨의 주도권을 여성보다는 남성이 가지고 있음을 의미한다.

어린이들은 매체의 내용물과 광고 메시지를 잘 구별하지 못한다. 이러한 비난에 대응하기 위해 Kraft Foods는 12세 이하의 어린이들이 시청하는 TV쇼 시간에는 스낵상품의 광고를 중단하였다. 스낵상품은 고열량 저 영향가의 제품으로 건강에 이로운 부분보다는 해로운 점이 자라나는 어린이들에게는 영향을 줄 수 있기 때문에 어린이들이 많이 보는 TV쇼 시간에는 스낵 광고를 금지하는 규제를 하고 있다. 원하지 않는 광고노출의 급증으로 소비자들 사이에 사회적 저항이 일어나 정부의 규제 행위가 강화되고 있다. 많은 미국 주 정부들이 반 스팸 법률을 만들고, 연방 법률은 이메일, 휴대폰, 무선호출기 등으로 원하지 않는 광고를 발신하지 못하도록 규제하고 있다.

또한 소비자들이 광고를 피하는 두 번째 방법으로는 TV쇼를 녹화한 후에 그것을 나중에 보는 경우 상업광고가 나오면 VCR을 빨리 돌려서 그 광고를 피하는 방법인 지핑이 있다. 소비자들은 녹화된 쇼 프로그램의 75%에 대해서 지핑을 통해 광고를 피한다(그림 3-16).

2.1.1.3 노출 측정

기업들은 기업들이 막대한 자금을 들여 광고를 하여 노출을 시켜도 재핑(Zapping)과 지핑(Zipping)을 통해 소비자에게 너무 많은 광고노출이 되었거나 소비자와 관련이 없는 광고 그리고 이전에 본적이 있는 광고를 피하려고 한다. 그럼에도 불구하고 기업들은 소비자들에게 3,400억 원에 가까운 거액을 들여가면서 미식축구 슈퍼볼 시즌에 30초짜리 토막광고를 한다. 그 이유는 세계 수억만 명의 소비자들이 그 경기를 보기 때문이다. 또한 기업들은 막대한 광고비 지출에 대한 소비자 광고노출의 결과로 매출로 얼마만큼 연결이 되는지 전문조사기관을 통해 측정하고 싶어 한다. 기업에 입장에서는 막대한 광고비를 지출하기 전과 이후를 비교해서 매출액에 전혀 변동이 없다면 광고비를 삭감시켜야 할 것이다.

TV, 라디오, 광고 게시판, 웹사이트, 기타 매체에 대한 소비자들의 노출을 추적하기 위해 기업들은 전문 조사기관들을 이용한다. 예컨대, 고속도로에 옥외 광고간판을 설치했다고 하자 고속도로의 교통량 조사에서는 매일 광고 게시판을 지나가는 자동차 숫자를 조사하지만 각 자동차 안에 있는 사람의 수가 몇 명인지는 확인할 수 없다. 현재는 조사자들이 광고 게시판이나 교통 광고물을 스치는 사람의 숫자를 확인하고 그 사람들의 특성이나 행동을 파악할 수 있는 도구가 개발되어 차 속에서 옥외광고를 차 속에 있는 몇 명의 소비자가 보았는지 파악을 할 수 있으며 이렇게 파악이 된 소비자의 노출 인원 숫자와 광고 전후의 매출을 비교한다면 고속도로의 옥외광고가 매출로 연결이 되는지 측정이 가능하다. 이러한 측정결과 옥외광고를 설치 후와 전에 매출에 다른 외생변수가 없었는데도 불구하고 아무런 매출액 변화가 없었다면 기업에 입장에서는 옥외광고는 불필요한 지출이라고 할 수 있다(그림 3-17).

요소

기업이 막대한 광고비를 쓰는 이유

왜 기업들은 3백만 달러에 가까운 거액을 들여가면서 미식 축구 슈퍼볼 시즌에 30초짜리 토막광고를 하는가?
세계 수억만 명의 소비자들이 그 경기를 보기 때문이다.

노출 측정 방법

1) 노출 측정 방법

- 소비자들의 노출을 추적하기 위해 마케터들은 전문 조사기관들을 이용한다.
  ㉾ 교통량 조사에서는 매일 광고 게시판을 지나가는 자동차 숫자를 조사하지만 각 자동차 안에 있는 사람의 수가 몇 명인지는 확인할 수 없다.
  ㉾ 현재 조사자들이 광고 게시판이나 교통 광고물을 스치는 사람의 숫자를 확인하고 사람들의 특성이나 행동을 파악할 수 있는 도구를 개발하고 있다.
- 광고주들은 인터넷 광고를 보는 소비자들의 숫자를 정확하게 알 수 없다.

[그림 3-17] 노출 측정

2.1.2 주의

노출(Exposure)은 소비자들이 자극과 접촉하는 것을 나타내는 반면, 주의(Attention)는 소비자들이 자극에 쏟은 정신적 활동을 나타내는 말이다. 정보를 지각하기 위해서는 어느 정도 주의가 필요하다. 그것은 사람의 감각을 활성화시키기 때문이다.

주의에는 집중을 말하며 선택성, 분산가능성, 제한성의 세 가지 특징이 있다.

첫째, 선택성은 우리가 언제라도 주안점을 두고 싶은 것을 결정할 수 있음을 의미한다. 예를 들면, 우리가 어떤 점포에 가는 경우, 한꺼번에 많은 상품, 브랜드, 광고, 진열, 표지판, 가격 등에 노출된다. 이러한 많은 마케팅 자극들을 동시에 모두 검증할 수 없기 때문에 우리는 어느 것에 중점을 두어야 할지를 결정해야 한다.

둘째, 분산가능성은 주의 원천을 몇 개의 단위로 구분하여 어떤 것은 하나의 과업에 또 어떤 것은 다른 과업에 그것들을 할당할 수 있다. 예컨대, 우리는 자동차를 운전하면서 동시에 대화를 할 수 있다. 만약 우리가 어떤 제품이나 광고로부터 주의를 분산하게 되면 그것에 기울일 주의의 양은 매우 줄어들게 될 것이다. 또 다른 예로 TV 방송국은 자신의 브랜드를 강화하고 한 프로그램이 진행되는 중에 다른 방송 프로그램을 화면에 예고해서 시청자들을 계속 붙잡아 두는 경우에 여기에 해당한다.

셋째, 제한성은 우리는 주의를 분리할 수는 있지만, 처리가 비교적 자동적이고 연습이 되어 있으며 노력이 들지 않는 경우에만 복수의 일에 주의를 기울일 수 있다. TV를 보면서 동시에 친구의 이야기를 듣고 있는 상황을 예로 들어 보자. 대화가 심각해지면, TV 음량을 낮추고 친구에게 주의를 기울일 것이다.

2.1.2.1 초점주의와 비초점주의

기업은 기업이 만든 광고를 소비자의 오감을 통해 노출시킨 후 노출시킨 광고에 대해서 주의를 집중시키기 위한 많은 노력을 기울인다. 소비자들은 광고에 노출 시 광고가 주의를 집중시키는 유형(개인적인 관련성이 있는 광고, 즐거운 광고, 놀라운 광고, 처리하기 쉬운 광고)의 경우에는 그나마 광고에 집중을 하나 광고에 큰 흥미를 느끼지 못하는 경우가 대체적이라고 볼 수 있다. 소비자의 뇌는 일상생활 속에서도 아주 관심을 갖는 일들이나 물건들이 아니면 관심을 갖지 않고 무의식적인 전주의적 처리(Preattentive Processing)를 통해 주변 시야에 있는 자극을 무의식적으로 처리한다(그림 3-18).

그렇기 때문에 기업은 소비자의 뇌(정신)를 분석하게 되었고 분석 결과 소비자의 뇌는 좌뇌(좌측의 뇌)와 우뇌(우측의 뇌)로 이루어져 있으며 좌뇌는 주로 복합적인 업무처리와 계산, 낯선 단어 처리,. 문장 형성과 같은 과업 수행, 즉 계산과 관련된 수리적인 부분과 관련된 이성적인 처리는 주로 좌측의 뇌에서 처리하며 우측의 뇌는 음악, 시각과 공간 정보 포착, 추론 형성, 결론 도출 등과 같은 감성적인 부분을 주로 처리한다는 연구결과를 통해 흥미롭게도, 전주의적 처리(무의식적 상태)의 경우에 시선의 오른쪽에 위치한 자극(잡지의 오른쪽, 오른편 도로에 있는 광고 게시판)들은 좌뇌에서 처리되는 경향이 있고 시선의 왼쪽에 있는 자극은 우뇌에서 처리되는 경향이 있다는 연구결과를 얻었다. 즉 자동차의 신문광고를 할 때 자동차의 성능과 관련된 기능적인 설명의 이성적인 문구 광고의 경우는 좌뇌에서 주로 처리하므로 오른쪽 신문의 지면에 설명하였을 때 소비자는 자동차의 정보를 오랫동안 기억하게 될 것이며 반대로 자동차의 사진과 관련된 아름다움을 보여 주는 감성적인 사진과 관련된 기사의 경우는 우뇌에서 주로 처리하므로 왼쪽 신문의 지면에 실었을 때 소비자는 자동차 광고를 오랫동안 기억을 하게 된다는 것이다.

이렇게 신문광고의 지면에 광고를 실을 때에도 어느 지면에 실었을 때 전주의적 처리(무의식적인 상태)의 경우 소비자에게 오랫동안 광고를 기억에 남게 하기 위해서는 신문과 잡지의 지면 배치에도 신경을 써서 광고전략을 세운다. 반면 우리가 직접적으로 집중하고 있는 자극의 경우는 양쪽 뇌에서 처리된다. 그러므로 공부를 할 때나 혹은 광고를 볼 때도 집중을 하였을 때는 좌뇌와 우뇌가 정보를 같이 처리하게 되므로 전주의적 처리(무의식적 상태)의 경우보다 오랫동안 기억하게 된다. 이러한 결과에 의해 기업들은 소비자에게 광고를 주의시킬 수 있는 광고 제작이 가장 중요하다는 결론을 도출시켰다고 할 수 있다.

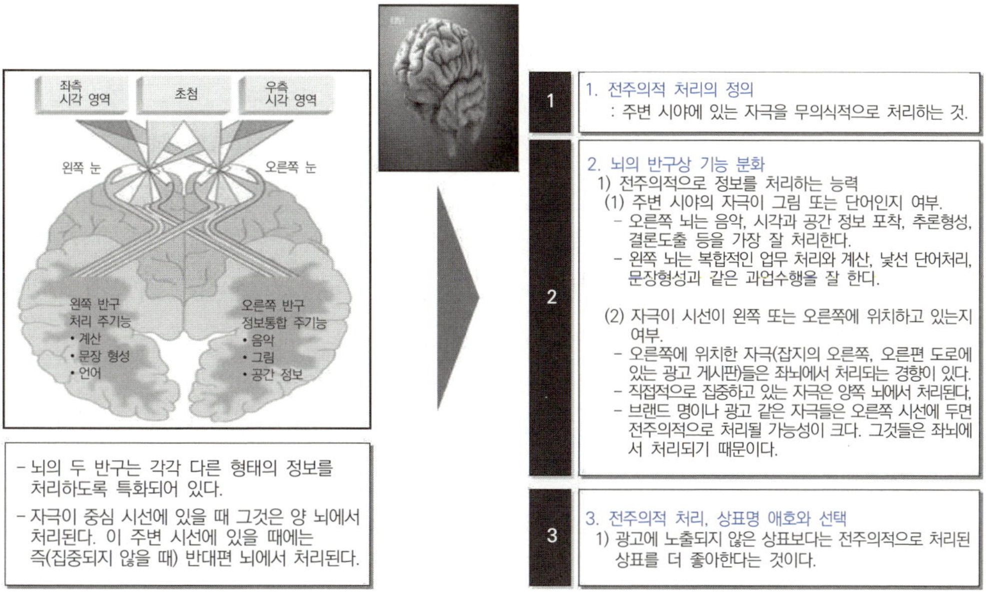

[그림 3-18] 뇌의 기능 분화

또한, 많은 연구는 광고에 전혀 노출되지 않은 상표보다는 전주의적으로라도 처리된 상표를 더 좋아한다는 것을 가정하고 있다. 비록 그 광고를 본 기억이 없더라도 전주의적으로 처리된 광고는 소비자들의 제품 고려에 영향을 주었다. 예를 들면, 미국 방문 시 마트에서 과자를 구매하고자 할 때 우리는 한국 브랜드의 과자가 있으면 선택하는 경우가 많다. 그 이유는 한국에서 전주의적인 상태에서 광고를 통해 많은 노출을 받아왔기 때문에 친숙해졌기 때문에 한 번도 못 본 미국의 과자보다는 한국 상표의 과자를 구입하게 된다. 그러므로 기업들은 막대한 광고비를 들여서 전주의적인 상태의 소비자들이라도 광고를 한다고 할 수 있다(그림 3-18).

2.1.2.2 주의 증대방법

소비자들이 전주의적(무의식)으로 정보를 처리하고 있음에도 그들이 그것에 충분한 주의를 기울이는 경우 그 정보는 더 큰 영향력을 가진다. 마케팅 자극은 소비자들의 주의를 끌기 위해 많은 다른 형태의 자극들과 경쟁해야 한다. 따라서 기업은 마케팅 자극을 통해 여러 가지 관심을 이끌어 낼 만한 자극을 통해 소비자들의 주의를 증대시키기 위한 요소로 개인적 관련성, 즐거움, 놀라움, 처리하기 쉬운 자극의 4가지의 요소가 필요하다. 이러한 주의를 증대시키는 자극의 4가지 종류를 통해 기업의 입장에서 광고를 제작 시 주의를 증대시키는 4가지 요소를 첨부하여 광고를 제작하여 주의를 증대시키는 광고를 제작하고 있다.

1. 개인적으로 관련성 있는 자극을 만드는 방법

소비자들은 광고시청 시 개인적으로 관련성이 있는 자극의 광고 시 더 주의를 기울인다.

첫째, 소비자는 자극을 개인적으로 관련 있는 것으로 지각되도록 하는 가장 강력한 방법은 소비자의 니즈, 가치, 감정, 목표에 호소하도록 광고를 만드는 것이다. 예를 들면, 배가 너무 고픈 상황에 TV에서 비빔밥 광고가 나온다면 소비자들은 TV 광고에 더 많은 주의를 기울일 것이나 만약 소비자가 식사 후 배가 부른 상황에서 음식 광고가 방영되었다면 관심을 끌지 못하고 주의를 분산시킬 것이다. 그러므로 TV 광고 편성 시간대도 소비자가 광고에 주의를 끌 수 있는 광고 제품인지도 중요한 요소라고 할 수 있다.

둘째, 방법은 기업이 타깃(Taget)으로 설정한 소비자들과 유사한 모델을 광고에 등장시키므로 소비자의 주의를 집중시킬 수 있다. 사람들은 자신과 비슷하다고 지각되는 모델이 TV 광고에 등장하면 더 주의를 기울인다.

셋째, 방법은 TV 광고에 소비자들에게 인기를 끌고 있는 드라마 속의 주인공을 이용하는 것이다. 소비자들은 조금 전에 방영한 인기 드라마의 인기 배우가 바로 TV 광고에 등장하면 주의를 더 증대시킬 수 있다.

마지막 방법은 TV 광고에서 수사적 질문을 하는 것이다. 수사적 질문은 “OOO 너 나와” 이란 단어와 같이 질문자가 상대방이 어떻게 할지 답을 몰라서 하는 질문이 아니라 수사학적 효과를 위하여 사용하는 질문이다. 질문자가 이미 상대방이 어떻게 할지 생각하고 있는 답에 답변자가 참여하도록 기회를 줌으로써 그냥 설명을 하는 것보다 더 강한 효과를 얻을 수 있다. 이런 질문을 소비자에게 생각하게 함으로써 학습효과를 높이는 수사적 질문이 될 것이다. 이렇게 소비자들이 대답의 내용을 생각하도록 질문하여 소구하면 그 광고에 대해서 주의를 집중하여 오래 기억할 수 있다.

2. 즐거운 자극을 만들 것

사람들은 태생적으로 기분 좋은 것에 주의를 집중하고 접근하려는 경향을 지니고 있기 때문에 기업들은 광고 제작 시 다음과 같이 소비자들에게 즐거움을 줄 수 있는 3가지 요소(매력적인 모델의 이용, 음악 사용, 유머 사용)를 이용하여 광고를 제작함으로써 마케팅 자극에 대한 소비자들의 주의를 증대시킬 수 있다(그림 3-19).

1) 매력적인 모델의 이용

매력 있는 모델이 등장하는 광고는 주의를 받을 가능성이 훨씬 높다. 이런 모델은 긍정적 감정이나 근본적인 성적 매력을 불러일으키기 때문이다. 예를 들면, 소주 광고물에 등장하는 여성모델의 경우 기업이 광고제작시 표적으로 선정한 표적시장이 남성일 경우에 남성이 가장

- 마케터는 마케팅 자극을 통해 소비자들의 주의를 끌어내기 위해서 4가지 요소가 필요하다.
  1. 개인적 관련성 2. 즐거움 3. 놀라움 4. 처리 용이

1. 개인적으로 관련성 있는 자극을 만드는 방법

1) 자극을 개인적으로 관련 있는 것으로 지각되도록 하는 가장 강력한 방법

2) 표적 소비자들과 유사한 모델을 광고에 등장

3) 소비자들의 주의를 강화하는 드라마를 이용

4) 수사적 질문 - 단지 결과를 물어보는 - 을 하는 것이다.

2. 즐거운 자극을 만들 것

1) 매력적인 모델의 이용

2) 음악사용

3) 유머사용

[그림 3-19] 주의 증대방법(1)

선호하는 여성모델을 선정하여 소주 광고모델로 제작을 하면 여성광고모델에서 느끼는 호의적인 감정이 광고하는 소주에서도 느낄 수 있게 되고 남성 소비자들은 더욱 광고에 주의를 기울이게 되며 매력 있는 모델이 TOP 모델일 경우 모델이 지니고 있는 '모델 중에 최고'라는 이미지가 소주 광고제품에도 같은 이미지로 소비자들은 인식할 가능성이 크다. 그러므로 기업들은 최고의 광고모델료를 지불하고 최고의 모델을 쓰는 이유가 여기에 있다. TOP 모델을 써서 광고를 하면 소주도 TOP 브랜드가 된다. 또한 광고물의 누드를 보고 즐거워하는 사람이 있는가 하면 어떤 사람들은 불쾌감을 느낄 수 있다. 문화 차이도 매력에 차이가 있음을 보여 준다. 깡마른 모델은 서구적 미의 표준을 나타내기도 하지만, 다른 곳에서는 불쌍하고 영양 부족 또는 매력 없는 모델로 보일 수도 있다. 그러므로 타깃(Taget)으로 정한 목표의 소비자에 대한 선호하는 모델에 대한 문화적 분석이 중요하다고 할 수 있다.

2) 음악사용

TV 광고 시 광고에서 흘러나오는 음악이 예전에 어릴 때 소비자가 좋아했던 친숙한 음악일 경우에 더욱 그 광고에 주의를 기울이게 되고 그러한 광고에 호감을 가지게 된다. 또한 소비자가 좋아하는 인기 연예인이 광고에 등장할 경우 소비자를 기분 좋게 만드는 힘에 의해 광고에 더욱 주의를 기울이게 된다. 그 예로 GM의 광고대행사 대표는 "음악이 즉각적인 인지를 창출해 내거나 강력한 정서와 감정을 불러일으키게 하는 가장 좋은 방법"이라고 말하였다. 소비자들은 레스

토랑에 스테이크를 먹으러 갔을 때 흘러나오는 음악이 어린 시절에 좋아하던 음악이 흘러나오면 그 레스토랑과 음식에 긍정적인 호감이 형성되고 주의를 더 기울이게 되며 오랫동안 그 레스토랑을 즐거움으로 기억하게 될 것이다.

3) 유머사용

유머도 주목을 이끌어 내는 강력한 도구가 될 수 있다. Puccino's Caf'e는 "종업원들의 얼굴에 띤 미소는 거짓일 수도 있습니다"라고 쓰인 경고 표지판을 활용함으로써 영국 커피숍을 지나가는 소비자들의 시선을 사로잡았다. 또한 TV 광고를 통해 정보성 씨의 '의리식혜'의 경우 [그림 3-19]를 예로 보면 정보성 씨가 가지고 있는 코믹성과 의리라고 하는 슬로건과 웃음을 주는 상황을 연출해서 광고를 함으로써 유머를 돌출시켜 소비자들로 하여금 광고에 재미를 불러일으킴으로써 광고에 집중시키는 것이다.

3. 놀라운 자극을 만들 것

자극이 진기하고 예상치 못했거나 수수께끼 특성을 띤 놀라운 것일 때 소비자들은 그것에 주의를 기울이고 처리할 가능성이 높다. 광고 제작 시 생각하지 못했던 광고 내용에서의 반전은 소비자들에게 놀라움을 주게 되고 그러한 광고에 소비자는 궁금해하고 광고에 주의를 기울이게 되고 지각하게 된다. 이러한 놀라운 자극의 종류에는 크게 3가지(진기함, 예상치 못한 자극, 수수께끼 사용)가 있다(그림 3-20).

1) 진기함

우리는 새롭고 독특한 마케팅 자극에 주의를 기울일 가능성이 높다. 진기함이란 '귀하고 드물고 희귀하고 창의적'이라는 의미를 내포하고 있다. 진기함이 주의를 유도하기는 하나 소비자들은 그것을 항상 더 좋아하지는 않는다. 우리가 늘 먹던 음식과 다른 맛이 나는 음식을 싫어할 수도 있다. 자극을 신기하게 만드는 요인과 그것을 좋아하게 만드는 요인은 동일하지 않을 수도 있다.

진기함이라는 자극은 TV 광고 제작 시에도 소비자의 시선을 끌어 주의를 이끌어 낼 수는 있으나 광고 제품에 대한 긍정적인 태도를 형성시킬 수는 없을 수도 있다. [그림 3-20]의 얼굴을 가리는 손의 경우는 소비자들에게 시선을 끌 수는 있으나 좋은 인상과 태도를 형성시키기에는 부족함이 있다.

2) 예상치 못한 자극

예상치 못한 자극은 우리가 익숙해 있던 것과는 다르게 호기심을 불러일으키며 자극을 완전히

1. 개인적 관련성 2. 즐거움 3. 놀라움 4. 처리 용이

3. 놀라운 자극을 만들 것

1) 진기함
- 새롭고 독특한 마케팅 자극에 주의를 기울일 가능성이 높다.
- 자극을 신기하게 만드는 요인과 그것을 좋아하게 만드는 요인은 동일하지 않을 수도 있다.

2) 예상치 못한 자극
- 우리가 익숙해 있던 것과는 다르고, 호기심을 불러일으키며 자극을 완전히 이해하기 위해서 더 많은 분석을 하도록 만든다.

3) 수수께끼 사용
- 시각적 운율, 대조, 은유, 익살 등의 수수께끼는 해답을 푸는 과정에서 주의를 끌어 낼 수 있다.

[그림 3-20] 주의 증대방법(2)

이해하기 위해서 더 많은 분석을 하도록 만듦으로써 주의를 더 이끌어 낸다. 예를 들어 익살스런 코미디 광고는 은행과는 관련이 없지만, 원숭이가 떨어뜨린 바나나 껍질에 은행 관리자가 미끄러지는 은행 광고를 소비자들은 예상치 못한 자극의 상황에 광고를 잘 인식하게 된다. 또 IBK 기업은행의 광고에서 등장하는 송해 씨(그림 3-20)의 경우 광고 중에 20대가 주로 하는 랩을 하는 모습을 광고에 보여 줌으로써 예상치 못한 자극을 소비자에게 보여 줌으로써 광고에 주의를 기울이도록 했다.

3) 수수께끼 사용

소비자들에게 시각적 운율, 대조, 은유, 익살 등을 유발시킬 수 있는 수수께끼나 퍼즐은 해답을 푸는 과정에서 주의를 끌어낼 수 있지만, 수수께끼나 퍼즐과 같이 낱말이나 숫자·도형 맞추기 따위와 같이 풀면서 지적 만족을 얻을 수 있는 놀이를 이용하는 광고가 주의를 유발할 수는 있지만, 소비자들이 그 퍼즐을 풀지 못하는 경우에는 설득과 같은 목적을 달성하는 데는 효과가 없다(그림 3-20).

4. 처리하기 쉬운 자극

소비자들의 주의를 증대시키는 자극으로는 개인적 관련성, 즐거움, 놀라움이라는 자극이 있지만, 네 번째로 기업은 광고 제작 시 '처리하기 쉬운 자극'을 통해 소비자들의 주의를 증대시키는

데 집중할 필요가 있다. 자극을 쉽게 처리하는 방법에는 두드러지게 만드는 것, 구체적으로 만드는 것, 주변과 대조적으로 만드는 것, 다른 정보에 비해 경쟁력 있게 만드는 것과 같이 네 가지 방법이 있다(그림 3-21).

1) 두드러진 자극

두드러진 자극이란 강도 때문에 주변에 비해 눈에 띄는 것을 가리킨다. 자극의 길이나 크기가 두드러짐(Prominence)에 영향을 줄 수 있다. 예컨대, 소비자들은 신문광고를 볼 때 작거나 짧은 광고보다 크고 긴 광고에 주목할 가능성이 더 높다. 전화번호부의 작은 란에 실린 광고보다 크게 실린 광고를 보고 우리가 더 많은 전화를 거는 것은 바로 이 같은 이유를 설명해 준다. 광고의 사진은 크기에 관계없이 주의를 끌어낸다.

종합해 보면 작은 문자로 만들어진 광고보다는 큰 문자로 만들어진 광고에 더 주의를 기울이고 글로 만든 광고보다는 사진으로 만든 광고에 더 주의를 기울인다. 광고 공간의 크기가 커질수록 전체 메시지에 대한 소비자들의 주의도 증가된다.

2) 구체적인 자극

신문광고나 TV 광고 시 사용하는 광고 단어가 추상적인 것보다 구체적인 단어를 사용하게 되면 자극은 정보처리가 훨씬 쉬워진다. 구체성(Concreteness)이란 '어떤 자극이 상상할 수

1. 개인적 관련성 2. 즐거움 3. 놀라움 4. 처리 용이

4. 처리하기 쉬운 자극

- 소비자들의 동기를 강화함으로써 개인적 관련성, 즐거움, 놀라움이 소비자들의 주의를 이끌어 내지만 마케터는 그 자극을 처리하는 소비자들의 능력을 증대시키는데 집중할 필요가 있다.
- 자극을 쉽게 처리하는 방법 네가지

1) 두드러진 자극
- 강도 때문에 주변에 비해 눈에 띄는 것을 가르킨다.
㉠ 자극의 길이나 크기가 두드러짐에 영향을 줄 수 있다.
- 소비자는 작거나 짧은 것보다 크고 긴 광고에 주목한다.

2) 구체적인 자극
- 추상적인 것보다 구체적인 자극은 처리가 훨씬 쉬워진다.
- 구체성이란 "어떤 자극이 상상할 수 있는 정도"로 정의됨.

예

구체적인 단어	추상적인 단어
사과, 접시, 고양이, 면, 다이아몬드, 엔진, 꽃, 정원, 양치, 유아, 레몬, 초원, 산, 바다	태도, 배신, 기회, 기준, 민주주의, 본질, 환상, 영광, 미움, 무시, 충성, 자비, 필요, 복종

출처: Allan Paivio et al., *Journal of Experimental Psychology*, Monograph Supplement, January 1968, pp. 1-25. Copyright © 1968 by the American Psychological Association.

3) 대조적인 자극
- 쇼 프로그램이 컬러로 방송되는 동안 흑백의 TV광고는 두드러지게 보인다.

4) 경쟁사의 정보량(다른 정보에 비해 경쟁력 있게 만들것)
- 간판으로 가득 찬 도시의 복잡한 곳보다 사람의 왕래가 거의 없는 교외의 도로의 광고 간판은 더 눈에 잘 띌 수 있다.

[그림 3-21] 주의 증대방법(3)

있는 정도'로 정의되는데 광고 시 소비자는 추상적인 단어에 대한 반응에 비해 구체적인 단어의 이미지를 그려내기가 더 쉽다. 이런 구체성은 상표명에도 적용될 수 있다. 예를 들어 광고 시 사과, 접시, 고양이, 다이아몬드와 같은 구체적인 단어는 쉽게 떠 올리지만, 태도, 배신, 기회, 민주주의와 같은 추상적인 단어는 잘 떠 올리기 어렵다. 그러므로 상표명이나 광고 대상과 문구에 대해서 구체적인 단어로 광고 시 소비자들에게 주의를 증대시킬 수 있다.

3) 대조적인 자극

예전의 경우 우리나라의 TV는 주로 흑백으로 방영하였다. 이러한 시기에는 광고를 제작할 때 기존 프로그램과 동일하게 흑백으로 방영을 했었다. 그러나 현재의 TV의 경우는 컬러로 모든 드라마와 광고를 방영하는 데 이러한 쇼 프로그램이나 드라마가 컬러로 방송되는 동안에 예전 방식의 흑백 TV 광고를 보여 준다면 소비자들은 대조적인 자극에 의해 흑백광고가 두드러지게 보일 것이다. 또 다른 예로 와인 제조업체들은 진열대에서 자사의 제품을 돋보이게 하기 위해 흔치 않은 동물들의 사진을 라벨에 붙여 다른 와인제품보다 대조적인 자극을 주어 소비자들에게 주의를 증대시키는 경우도 이러한 대조적인 자극에 의해 주의를 증대시키는 방법의 좋은 예시라고 할 수 있다.

4) 경쟁사의 정보량

주변에 경쟁하는 기업의 정보가 없으면, 그 자극은 더 잘 처리된다. 예를 들어 저녁시간에 간판으로 가득 찬 도시의 복잡한 번화한 곳에 한 개의 우리 회사의 네온사인 광고보다 사람의 왕래가 거의 없는 교외의 도로의 어두운 곳에 한 개의 우리 회사의 네온사인 광고 간판이 더 눈에 잘 띌 수 있다. 마찬가지로, 시각적으로 혼란스러운 광고보다 단순한 광고의 상표명에 소비자들은 더 주목할 가능성이 더 높다.

이렇게 주변 경쟁사의 광고 정보가 많으면 많을수록 우리 회사의 광고는 분산이 되는 것을 알 수 있다. 더운 여름 저녁 늦은 시간의 맥주 광고를 여러 경쟁사가 같은 시간대에 광고하는 것도 다른 경쟁사의 맥주 광고를 분산시키는 효과를 가지고 있다.

2.1.3 지각

소비자들은 예를 들어 TV 광고 시 자극에 노출되고 약간의 주의를 기울이게 되면 지각(Perception)과정에 도달하게 된다. 자극이 시각, 청각, 미각, 후각, 촉각의 다섯 가지 감각기관 중 하나에 의해 등록될 때 지각은 발생된다.

지각과 기억에 대한 차이를 비교하자면 다음과 같다. TV 광고 시 오감을 통해 소비자들에게 자극이 주어지게 되는데 주의를 조금 기울이게 되면 지각을 하게 된다. 이러한 지각은 소비자가 오감을 통해서 본 내용을 그대로 본인의 주관과 태도 없이 연상하는 것을 지각이라고 한다.

기억은 오감을 통해서 소비자가 본 내용을 연상할 때 소비자 본인의 주관적인 태도를 형성해서 연상하는 것을 기억이라고 한다. 예를 들면 현대자동차 광고 중 청각장애인을 위해 현대자동차는 시트를 장착해서 앉기만 하면 청각장애인이 소리를 들을 수 있다는 자동차 광고를 만들었다.

이러한 광고를 소비자들이 보았을 때 현대자동차에서 청각장애인을 위한 자동차 시트를 장착한 자동차를 만든 광고라고 연상되는 것은 지각이라고 한다면 광고를 보고 소비자가 광고를 연상할 때 현대자동차가 청각장애인의 어려움을 해소해 주고자 하는 따뜻함을 느낀 후 광고에 대한 태도를 형성한 후 현대자동차는 따뜻한 회사라고 광고를 기억했다면 개인적인 주관이 들어간 태도를 형성한 기억이라고 할 수 있다.

그러므로 이번 지각에서는 TV 광고를 보게 되면 보통 소비자는 오감 중 시각과 청각을 통해서 광고를 보게 되는데 본 광고를 소비자의 주관 혹은 태도 없이 본 그대로 기억하는 것인 지각에 자극을 주는 시각, 청각, 미각, 촉각, 후각에 대해서 알아보고자 한다.

2.1.3.1 감각처리

1. 시각을 통한 지각

오감 중 시각적으로 광고하는 제품에 5가지의 요소(크기와 모양, 글자, 색, 심리적 반응과 분위기에 대한 색의 영향, 색과 애호)를 어떻게 바꾸는지에 따라서 소비자들은 제품과 광고를 더 오랫동안 시각적으로 지각하게 된다. 무엇이 시각적으로 지각을 환기시키는지에 대해서 알아보고자 한다(그림 3-22).

1) 크기와 모양

시각적으로 크기는 주의를 끌어낸다. 경쟁 상품 중에서 제품을 선택할 경우, 소비자들은 작은 것보다는 크게 포장된 상품을 구입하는 경향이 있다. 더욱이 크게 포장되어 시선을 사로잡은 포장은 소비자들로 하여금 제품이 더 많이 들어 있는 것으로 지각하게 한다. 이러한 소비자의 지각을 이용하여 기업들은 과자봉지를 크게 만들어 오래도록 지각에 남도록 만들어 구입까지 하도록 만들지만 사실상 포장내용을 보면 포장지의 크기에 비해 내용물은 굉장히 적은 것을 자주 볼 수 있다.

2) 글자

시각적으로 제품이나 광고의 글자 크기와 스타일이 주의를 끌어내고 상표 이미지와 재인을 오래도록 지각하도록 도와준다. 예를 들어 McDonald의 독특한 글씨체는 시선을 사로잡고 햄

- 소비자들은 자극에 노출되고 약간의 주의를 기울인 후 지각 과정에 도달하게 된다.
- 자극이 시각, 청각, 미각, 후각, 촉각의 다섯 가지 감각기관 중 하나에 의해 등록될 때 지각(Perception)은 발생된다.

(1) 크기와 모양	• 크기는 주의를 끌어 낸다. • 소비자들은 크게 포장된 상품을 구입하는 경향이 있다.
(2) 글자	• 제품이나 광고의 글자 크기와 스타일이 주의를 끌어내고 상표 이미지와 재인을 도와준다. • 예) 독특한 글씨체는 시선을 사로잡고 햄버거 체인의 이름임을 즉시 알 수 있게 한다.
(3) 색(Color)	• 우리가 자극을 보게 하도록 만드는 것 • 색은 색상, 채도, 명도로 서술된다.
(4) 심리적 반응과 분위기에 대한 색의 영향	• 색은 우리의 심리적 반응과 분위기에 영향을 줄 수 있다. • 예) 차가운 색상은 병원이나 온천 같은 곳에 더 적합한데 이런 곳에서는 소비자들이 평온을 느끼거나 의사결정을 위한 시간을 갖는 것이 바람직하다. • 따뜻한 색은 헬스클럽과 페스트푸드 식당 같은 곳에 더 적합하다. 이런 곳에서는 높은 수준의 활동이 바람직하다.
(5) 색과 애호	• 색은 소비자들의 제품 애호에 큰 영향을 준다. • 예) 진공청소기는 쪽빛과 자두 색과 같은 색이 유행이고 믹서는 진홍색, 푸른색, 초록색 등의 색을 사용한다.

[그림 3-22] 시각을 통한 지각

버거 체인의 이름임을 즉시 알 수 있고 오래도록 지각할 수 있도록 함으로써 구입을 할 수 있도록 한다. 또한 사람들은 그들이 구체적인 사항들을 기억해야 할 때 붉은색 칠판에 있는 이미지나 단어들을 더 잘 기억하는 반면, 상상력을 요하는 문제에는 푸른색 칠판에 그것들이 나타났을 때 더 훌륭한 답을 내놓는다.

3) 색

시각적 지각에 있어서 색은 절대적으로 중요한 것이다. 색에 대한 어떤 반응들은 학습된 연상에서 나온다. 서양에서 검정은 슬픔의 색인 반면에 일부 동양권, 특히 일본에서는 흰색이 이러한 역할을 한다. 여성들은 밝은 톤에 더 끌리게 되고 미묘한 명암과 패턴에 더 민감하다. 일부 과학자들은 여성들이 남성들보다 더 색에 민감하기 때문에 이러한 현상이 일어나는 것으로 설명한다. 나이 또한 우리의 색에 대한 반응에 영향을 미친다. 나이가 들어감에 따라, 우리의 눈도 점차 시력이 약해지게 된다. 나이 든 사람들에게 색은 더 둔하게 보이기 때문에 흰색을 비롯한 밝은 계통의 색을 더 선호하게 된다. 이것은 왜 중년층 이상의 소비자들이 흰색 자동차를 더 많이 선호하는 경향이 있는지를 설명해 준다. 색은 그렇게 강한 감정적 반응을 이끌어 내기 때문에, 포장 디자인에 있어서 어떤 색채를 사용할지는 매우 중요한 사항이다.

색이 우리가 자극을 보게 하도록 만든다는 것을 밝히고 있다. 색은 색상(Hue), 채도(Saturation), 명도(Lightness)로 서술된다. 색상은 색에 들어 있는 색소를 말한다. 색상은 빨강색, 오렌지색, 노란색 등의 같은 따뜻한 색과 초록색, 파랑색, 보라색 등의 차가운 색으로 크게 두 가지 범주나 색소로 나누어진다. 채도는 엷은 분홍색과 짙은 분홍색 등과 같이 색의 탁함 정도를 말한다. 명도는 색상의 깊이를 가리키며 밝고 어두움의 정도를 말한다. 강렬한 분홍색은 빛이 많거나(화사한 분홍) 어두움이 많은 경우이다(연보라색).

예를 들어 횡단보도 주위나 위험한 곳, 주차장과 같은 곳에 보면 노란색 선과 검정색 선을 바로 붙여서 대비를 해서 선을 그어 놓은 것을 자주 본다. 이러한 노란색과 검정색을 같이 대비시켜서 선을 만들면 소비자들이 멀리서도 눈에 가장 잘 띈다. 이는 색의 대비를 통해 명시도를 높여 위험한 구역이라는 신호를 주는 것이다. 이렇게 색은 어떻게 사용하느냐에 따라서 그 제품을 지각시켜 오랫동안 기억시키는 데 효과적으로 사용할 수 있다.

4) 심리적 반응과 분위기에 대한 색의 영향

색은 우리의 심리적 반응과 분위기에 영향을 줄 수 있다. 일반적으로 따뜻한 색은 활동과 자극을 촉진하는 반면, 차가운 색상은 평온과 이완을 가져다준다는 색상 심리학자들은 말한다. 차가운 색상은 병원이나 온천 같은 곳을 디스플레이(Display)를 하면 소비자들은 그 장소를 오랫동안 지각하게 된다. 또한 이런 곳에서는 소비자들이 평온을 느끼거나 의사결정을 위한 시간을 갖는 것이 바람직하다. 따뜻한 색은 헬스클럽과 패스트푸드 식당 같은 곳을 디스플레이 하면 소비자들은 그 장소를 더 오랫동안 지각하게 된다. 이런 곳에서는 높은 수준의 활동이 바람직하다. 한 연구에서는 짙고 풍부한 색(채도가 높은 색)과 어두운색은 옅은 색이나 밝은 상에 비해 더 많은 흥분을 야기하는 것으로 연구되었다.

5) 색과 애호

색은 소비자들의 제품 애호에 큰 영향을 준다. 진공청소기는 쪽빛과 자두색과 같은 색이 유행하게 되었고 믹서는 진홍색, 푸른색, 초록색 등의 색을 사용하였다.

색이 주의와 제품 애호에 큰 영향을 주기 때문에 제품과 포장의 색 사용을 결정할 때 기업들은 '색상 전문가들'의 조언을 많이 따른다. 예를 들면, 미국색채학회와 색채마케팅그룹은 제조업체와 디자이너들을 대상으로 하여 소비자들의 색상 선호도 가능성을 조사하였다. 이런 예측은 매우 중요하다. 바로 색은 소비자들에게 유행 제품 구매의 확신을 주기 때문이다. 또한 조사들은 색상 선호에 있어서도 사회계층 간 차이가 있음을 발견하였다. 강렬하고 밝은 색상은 역사적으로 저가품 시장에 매력적인 반면, 짙고 풍부한 이미지를 가진 짙은 색은 고가품 시장에 매력이 있다.

2. 청각을 통한 지각

오감 중 청각적으로 높은 소음을 내는 광고는 더 많은 주의를 기울이게 되고 더 오랫동안 소비자들은 그 제품과 광고를 청각적으로 지각하게 된다. 무엇이 청각적으로 지각을 환기시키는지에 대해서 알아보고자 한다(그림 3-23).

1) 소리 정체성

소리는 오감 중 하나의 감각 입력 형태를 나타낸다. 소리의 지각을 결정하는 중요한 원칙은 청각적 강도이다. 소비자들은 높은 음악이나 목소리 그리고 극명한 소음에 더 많은 주의를 기울인다. 그러한 광고로 1997년에서 2002년까지 생산한 대우 '레간자' 자동차의 경우는 대우자동차가 가지고 있던 장점인 자동차 철판의 두께의 무거움으로 인해 교통사고 시 안전하다는 것에 비해 단점으로는 철판이 무거움으로 인해 엔진 소리가 크고 연료비가 많이 든다는 것이었다.

이러한 대우자동차의 단점인 엔진 소음을 줄인 자동차가 '레간자'인데 '레간자'는 이탈리아로 우아함과 파워의 합성어로 '우아한 파워'라는 의미를 지니고 있으며 기존의 대우자동차는 소음으로 유명하였는데 알루미늄 오일 팬과 원 벨트 등으로 소음을 잡아 광고 시 '쉿'이라는 높은 데시벨의 음성을 집어넣어 조용한 자동차의 이미지를 부각시킨 광고로 선풍적인 인기를 끌기도 했다. 광고 시 보여 준 '쉿'이라는 의성어로 인해 청각적으로 시청하는 소비자들의 주의를 집중시켜 오래 지각할 수 있는 광고로 기억하게 하였다(그림 3-23).

라디오와 TV 광고의 빠른 속도는 소비자들의 정보처리를 방해한다. 반면에 낮은 목소리로 보통 속도보다 더 빠르게 말하면 실제로 더 긍정적인 광고와 상표 태도를 유발해 낸다. 광고나 광고음악이 나가는 동안 광고 내용을 목소리로 읽어주면 소비자들은 그 소리와 상품이나 브랜드

청각을 통한 지각

	내용
예	• 소비자들은 높은 음악이나 목소리와 극명한 소음에 더 많은 주의를 기울인다.
	• 라디오 TV광고의 빠른 속도는 소비자의 정보처리를 방해하고 반면 낮은 목소리로 보통 속도보다 빠르게 말하면 긍정적인 광고와 상표 태도를 유발한다.
(1)	• 소리 정체성 : 특정 음악이나 목소리가 브랜드 이미지를 지지해 준다.
(2)	• 소리기호 : 브랜드 소비, 음절, 단어 등으로부터 얻어진 정보를 이용하여 평가하게 된다.

미각을 통한 지각

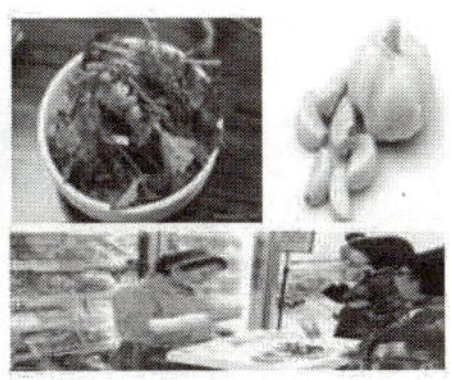

	내용
(1)	• 사람마다 선호다양 : 어떤 사람에게는 맛있는 것이 다른 사람에게는 맛이 좋지 않을 수도 있다.
(2)	• 문화별 다른 선호 : 다른 문화권의 소비자들은 각각 맛 선호가 다를 수 있다.
(3)	• 점포 내 마케팅 : 점포 내 진열, 점포 내 시음용과 견본 상품이 소비자들의 구매에 가장 영향을 준다.

[그림 3-23] 청각 · 미각을 통한 지각

를 결부시켜 나간다. McDonald's와 다른 많은 회사가 어떤 소리 정체성을 분명히 나타내기 위해 애쓰고 있다. 이렇게 함으로써 특정한 음악이나 목소리가 브랜드 이미지를 지지해 준다.

2) 소리 기호

소비자들은 제품 태도를 추론하고 소리 기호로 알려진 브랜드 소리, 음절, 단어 등으로부터 얻어진 정보를 사용하여 평가하게 된다.

3. 미각을 통한 지각

식품과 음료수 기업들은 마케팅 자극에서 미각 지각을 강조해야 한다. 예를 들면, 저칼로리와 저지방 제품의 마케터들에게 주요한 도전은 맛도 좋고 건강에도 좋은 식품을 제공하는 것이다. 무엇이 미각적으로 지각을 환기시키는지에 대해서 알아보고자 한다(그림 3-23).

1) 사람마다 선호 다양/문화별 다른 선호

어떤 사람에게 맛있는 것이 다른 사람에게는 맛이 좋지 않을 수도 있다. 그러한 예로 한국인들의 모든 음식에는 꼭 들어가는 재료 중의 하나가 '마늘'이다. 한국 사람들은 찌개나 김치 등과 같은 음식에 마늘이 들어가지 않으면 무엇인가 빠진 맛을 느낀다. 그러나 다른 국가의 사람들은 한국의 마늘을 매워서 좋아하지 않는 경우도 많다. 한 가지 같은 예시로 중국의 경우 중국의 모든 음식은 한국의 음식에 마늘이 들어가는 것과 같이 '향차이'라는 재료가 중국의 모든 음식에 들어간다. 한국 사람들은 '향차이'의 향에 중국의 음식을 먹지 못하는 경우가 많지만, 중국 사람들은 '향차이'가 들어가 있지 않으면 음식이 맛이 없다고 느낀다. 이와 같이 사람들은 사람과 민족과 문화별로 선호하는 맛이 다르다. 이러한 맛은 그 음식을 오랫동안 미각적으로 지각하도록 만든다. 한국인이 중국에 가서 '향차이'가 든 음식을 먹었다면 그 음식은 평생 잊을 수 없는 맛으로 오랫동안 지각될 것이며 중국인이 한국에 방문하여 '마늘'이 든 음식을 먹었다면 그 음식 또한 평생 잊을 수 없는 맛으로 중국인에게 지각될 것이다. 이렇게 미각이라는 것은 국가와 사람마다 선호하는 맛이 다양하다.

2) 점포 내 마케팅

시각을 통해서 지각되는 것이 가장 소비자들에게 주의를 증대시킴에도 불구하고, 점포 내에서 판매하는 제품의 시음용과 견본 상품이 소비자들의 구매에 가장 영향을 준다. 예를 들어 소비자들은 대형할인점에서 쇼핑할 경우 식품을 판매하는 코너에서 판매하는 만두나 커피, 고기 종류 등과 같은 시식을 할 수 있는 코너를 만들어서 지나가는 소비자들에게 판매하는 제품에 대해 맛을 보게 한다. 이러한 시식코너에서 맛을 본 음식의 경우 대형할인매장에서 시식한 제품을 구매하지 않았을 경우라도 집에 와서 어느 날 문뜩 만두가 먹고 싶을 때 그전에 대형할인매장 시식코너에서 먹었던 그 만두가 떠오르게 되고 며칠이 지난 어느 날 그 제품을 구매하게 된다. 이렇게 만두의 미각은 오랜 시간이 지났음에도 불구하고 지각적으로 환기를 시키고 구매로 연결을 시킨다.

4. 후각을 통한 지각

우리가 눈을 가리고 어떤 음식의 맛을 알아내는 것은 무척 힘들다. 소비자들 역시 향수 라벨의 냄새를 구별하는 능력은 소비자에 따라 각기 다르다. 예를 들어 젊은 소비자들에 비해서, 나이든 소비자들이 냄새를 알아내는 것은 더 힘들고 일반적으로 남성들이 여성들보다 후각에서 더 뒤떨어지는 것을 알 수 있다. 기업들은 이러한 오감 중 후각을 통해 지각된 자사의 제품을 소비자들에게 더 오래 지각시켜 제품 구매로 연결시키려고 한다. 무엇이 후각적으로 지각을 환기시키는 방법인지에 대해서 알아보고자 한다(그림 3-24).

1) 심리적 반응과 분위기에 대한 냄새의 영향

다른 감각과 마찬가지로 후각도 심리적, 감정적 반응을 창출해 낸다. 예를 들면, 박하 향은 자극적이고 은방울꽃 향기는 마음을 느긋하게 해 준다. 사람들은 냄새에 따라 긴장하기도 하고 이완하기도 한다는 사실이 많은 연구에서 제시되었다. 예컨대, 어린이들은 껴안고 다니는 담요를 세탁하는 것을 싫어한다. 왜냐하면 세탁하게 되면 그들을 편안하게 느끼도록 해 주는 냄새가 제거되기 때문이다.

2) 냄새와 제품 사용

기업은 후각기관을 통해 소비자들에게 마케팅 자극을 노출시켜 오랫동안 자사의 제품을 지각할 수 있도록 할 수 있다. 예를 들어 Krispy Kreme은 소비자들이 오븐에서 나오는 신선한 도넛을 보고 냄새를 맡을 수 있도록 점포를 설계하였다. 예전에는 도넛을 진열하는 진열대에 유리문을 닫아서 도넛의 냄새를 지각하지 못하게 하였다면 도넛을 사러 온 소비자들에게 도넛의 냄새를 후각적으로 지각시킴으로 추후 도넛이 생각이 날 경우 방문했던 빵집의 도넛 냄새를 지각시키도록 설계하였다. 또 다른 예로 향수 매장에서 감각적 처리를 증가시키기 위해 향수를 적셔 냄새를 맡게 하기도 한다. 이러한 향수는 그 제품을 오랫동안 지각할 수 있게 해 준다. 그러나 이러한 기법은 만약 소비자들이 냄새를 싫어하거나 냄새에 대한 알레르기 반응이 있는 경우에는 역효과를 낼 수 있다.

3) 냄새와 애호

소매점들은 냄새가 소비자들을 끌어들일 수 있다는 것을 알고 있다. 예를 들어 매년 12월에 크리스마스 쇼핑 분위기에 젖어 있는 소비자들에게 한 백화점에서 소나무 트리를 만들고 소나무 트리 주위에 소나무 향기까지 뿌려주고 캐럴송을 틀어 준다면 그곳을 지나가는 소비자들은 소나무 향기가 나고 캐럴송이 들리는 그곳에서 소나무 향기를 맡으며 머무를 것이다. 이렇게 소비자가 머무는 곳에 소비자들이 원하는 여러 가지의 제품을 진열해 놓는다면 소비자들은 그 제품과 그 소나무의 향기를 통해 그 백화점을 오랫동안 지각하게 될 것이다. 이와 비슷한 예로, 식료품 가게들도 점포 내에 빵집을 두어 그 점포의 입구에서 신선한 빵의 향기를 맡을 수 있게 하므로 오랫동안 식료품 가게를 신선한 빵의 후각적인 냄새로 지각하게 될 것이다.

4) 냄새와 구매

상쾌한 향기가 나는 환경은 소비자들이 접촉하게 되는 관련된 자극에 더 많은 주의를 기울이게 하고 소비자들을 좀 더 오랫동안 그곳에 머물게 하도록 함으로써 구매행동에 긍정적인 영향을 준다. 예를 들어 꽃향기가 나는 나이키 매장 점포에서 쇼핑하는 사람들은 향기가 없는 나이키 매장 점포에서 구매하는 사람들보다 나이키 신발을 평가할 때 더 긍정적으로 평가한다는 연구결과도 있다. 다른 예로 대형마트 입구에 과일매장을 배치하는 이유는 과일의 향기로운 냄새를 맡으면 소비자의 뇌에서 도파민이 분출되어 구매를 촉진시킨다는 연구 결과에 의해 대형마트 입구에는 과일매장을 주로 배치한다.

• 소비자들 역시 향수 라벨의 냄새를 구별하는 능력은 각기 다르다.
예) 젊은 소비자들에 비해서, 나이 든 사람들이 냄새를 알아내는 것은 더 힘들다.
예) 일반적으로 남성들이 여성들보다 후각에서 뒤떨어진다.

(1) 심리적 반응과 분위기에 대한 냄새의 영향	• 후각도 심리적, 감정적 반응을 창출해 낸다. 예) 어린이들은 껴안고 다니는 담요를 세탁하기 싫어한다. 사람들은 냄새에 따라서 긴장하기도 하고 이완하기도 한다.
(2) 냄새와 제품 사용	• 후각기관을 통해 소비자들에게 마케팅 자극을 노출시킬 수 있다. 예) 소비자들이 오븐에서 나오는 신선한 도넛을 보고 냄새를 맡을 수 있도록 점포를 설계하였다.
(3) 냄새와 애호	• 소매점들은 냄새가 소비자들은 끌어들일 수 있다는 것을 알고 있다. 예) 매년 12월에 휴일 쇼핑 분위기에 젖어 있는 소비자들에게 소나무 향기를 뿌려주고 있다.
(4) 냄새와 구매	• 상쾌한 향기가 나는 환경은 주의를 기울이게 하고 소비자들을 좀 더 오랫동안 머물게 하도록 함으로써 구매행동에 긍정적인 영향을 준다. 예) 꽃향기가 나는 점포에서 쇼핑을 하는 사람들은 나이키 신발을 평가할 때 긍정적으로 평가한다.

[그림 3-24] 후각을 통한 지각

5. 촉각을 통한 지각

우리가 접촉되는 방법에 따라 긴장과 이완을 느낄 수 있으며 촉각을 통해 받은 긍정적인 느낌을 오래도록 기억하게 되며 제품의 구매로 연결하게 된다. 무엇이 촉각적으로 지각을 환기시키는 방법인지에 대해서 알아보고자 한다(그림 3-25).

1) 매장에서 상황

한 연구 결과에 의하면, 판매원들과 접촉한 사람들은 긍정적인 느낌을 더 많이 받을 수 있다. 소비자는 매장에 옷을 사기 위해 방문하였을 때 판매원의 권유를 받는다. '옷을 보시지만 마시고 한번 입어 보세요.' 판매원의 권유에 의해 옷을 입어 보면 확실히 옷을 시각적으로 보았을 때보다 옷을 입어보고 촉감을 통해 느껴 보았을 때 입어 본 옷에 대한 긍정적인 기억을 오래도록 하게 되며 소비자는 옷을 구매하지 않았더라도 집에 와서도 그 옷에 대한 긍정적인 촉감에 대한 기억으로 인해 추후에 옷을 구매하기 위한 의사결정을 할 때 그 옷을 다시 기억하여 매장을 찾아 구매하게 될 확률이 높아진다.

2) 포옹 문화

판매 상황에서 접촉의 효과는 문화권에 따라 다를 수 있다. 미국 소비자들에 비해, 라틴계 미국인들은 접촉과 포옹을 더 편안하게 생각한다. 그러나 아시아에서는 비교적 낯선 사람들끼리의 접촉은 적절하지 않은 것으로 보인다. 예를 들어 라틴계 미국인의 경우 포옹을 통한 접촉으로

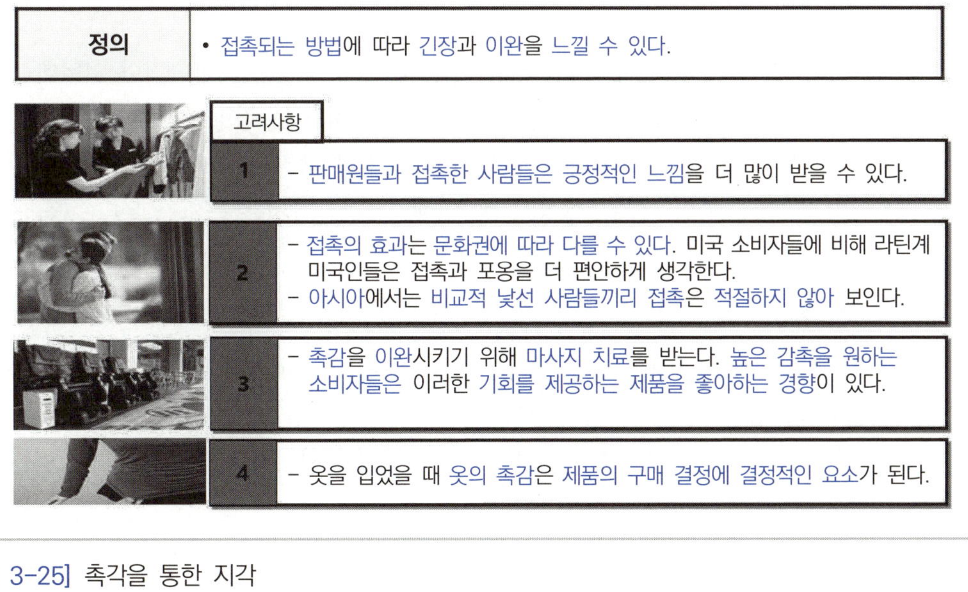

[그림 3-25] 촉각을 통한 지각

오랫동안 상대방을 기억하게 되며 아시아인들의 경우 시각적으로 인사만 하는 경우보다 촉각적으로 악수를 하였을 때 상대방을 더 오랫동안 기억하게 된다. 제품의 경우도 시각적으로 보기만 했을 경우에 비해 촉각적으로 접촉을 해 본 제품을 더 오랫동안 기억하게 되며 추후 구매로 연결될 확률이 높아진다.

3) 마사지 치료

소비자들은 촉감과 이완을 느끼려고 마사지 치료를 받는다. 높은 감촉을 원하는 소비자들은 그러한 기회를 제공하는 제품을 좋아하는 경향이 있다. 예를 들어 백화점과 할인점과 같은 공공장소에 홍보하기 위해 안마의자를 진열해 놓고 지나가는 소비자들을 상대로 마사지 체험을 하는 경우가 있다. 이러한 경우 눈으로 안마의자를 보는 것보다 직접 체험을 통해 마사지 치료효과를 느끼는 순간 안마의자에 대한 긍정적인 느낌을 오래도록 기억하게 된다.

4) 옷의 촉감

옷을 입었을 때 옷의 촉감은 제품의 구매 결정에 결정적인 요소가 된다. 예를 들면 제품 구매시 옷을 입어 보았을 때 옷이 가지고 있는 옷의 재질에 따라 면인지 폴리에스테르인지 나일론인지와 같은 옷이 가지고 있는 촉감에 따라 제품에 대한 긍정적인 태도를 형성하고 제품에 대한 긍정적인 기억을 하게 된다.

2.1.4 반응과 태도

2.1.4.1 태도의 정의

태도(Attitude)는 어떤 대상, 문제, 사람 또는 행위에 대해 우리가 좋아하거나 싫어하는 정도를 표현하는 전반적인 평가를 지칭한다. 태도는 학습되고 지속되는 경향이 있다. 태도는 그것과 결합된 연상에 기초하여 이루어지는 대상에 대한 전반적인 평가를 나타낸다. 이것은 우리가 브랜드, 제품 범주, 광고, 사람, 점포, 행동 등에 대해 태도를 가지는 근거가 된다(그림 3-26).

2.1.4.2 태도의 중요성

태도는 우리의 생각을 이끌어 내는 인지적 기능(Cognitive function)과 감정에 영향을 주는 감정적 기능(Affective function)이 있다. 우리는 태도에 기초하여 광고를 보고, 사람과 이야기하며, 쇼핑장소를 결정하게 된다. 마찬가지로, 태도는 제품의 획득, 사용, 처분에도 영향을 준다(그림 3-26).

2.1.4.3 태도의 근거

태도를 형성하는 두 가지 접근방법 중에 첫 번째 접근방법은 태도가 인지 또는 신념, 즉 이성적인 측면에 기초를 둔다는 것이다. 이것은 태도가 외부로부터 받은 정보(광고, 판매원, 인터넷, 믿을 만한 친구 등)에 대해서 가지는 생각이나 기억으로부터 회상해 낸 정보에 기초한다. 두 번째 접근방법은 태도가 감정에 기초를 둔다는 것이다. 우리는 때로 단순히 좋게 느껴지거나 아름답게 보이기 때문에 그 제품에 대한 호의적인 태도를 가지는 경우가 있다. 예를 들면, 스케이트보드를 타는 사람이 재미있게 보이면 나도 저것을 타보면 재미가 있을 것이라고 믿을 수 있다. 한 연구에서 쾌락적 특성(제품 사용과 관련)과 효용적 특성(제품의 기능과 관련) 모두 제품 범주와 개별 브랜드에 대한 태도에 영향을 준다(그림 3-26).

이렇게 어떠한 제품에 대해 호의적인 태도를 형성하는 근거로 소비자들은 인지 또는 신념에 해당하는 이성적인 측면과 좋게 느껴지고 아름답게 느껴지는 감성적인 측면에 근거하여 좋은지 좋지 않은지에 대한 제품의 태도를 형성하는 두 가지 접근방법으로 태도 형성한다.

2.1.4.4 태도형성과 변화의 역할

소비자들은 제품과 사람, 브랜드 등에 대한 태도를 형성할 때 이성과 감성으로 태도를 형성한다고 앞에서 설명한 바 있다. 이렇게 이성과 감성은 태도를 형성하는 근거, 즉 기초가 되며

정의	• 태도는 어떤 대상, 문제, 사람, 또는 행위에 대해 좋아하거나 싫어하는 정도를 표현하는 전반적인 평가를 지칭한다.
태도의 중요성	1) 소비자의 반응은 자연스럽게 떠오르는 생각인 인지적 반응과 느낌이나 감정인 정서적 반응으로 구분된다. 2) 소비자의 태도는 고관여 제품일 경우에는 인지적 반응이 효과적이며 저관여 제품의 경우는 정서적 반응이 효과적인 것으로 알려져 있다.
태도의 기초	1) 인지: 태도형성의 한가지 접근 방법 : 외부로부터 받은 정보(광고, 판매원)에 대해서 기억으로부터 회상해 낸 정보에 기초 2) 감정: 태도형성의 한가지 접근 방법 : 단순히 좋게 느껴지기 때문에 그 제품에 대한 호의적인 태도를 가지는 경우
태도 형성과 변화의 역할	소비자가 쏟아 부은 생각과 노력 1) MAO(노력)가 높을 경우: 의사결정에 매우 몰입하고 노력을 기울일 수 있다. → 중심경로를 통한 처리 2) MAO(노력)가 낮을 경우: 주변적이거나 단서에 기반을 두는 경향이 있다. → 주변경로를 통한 처리

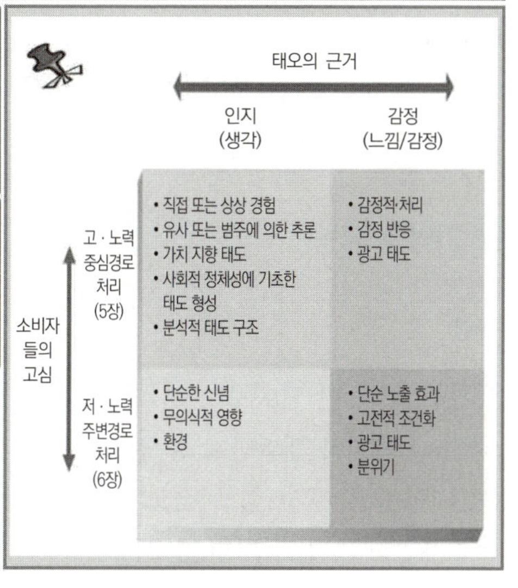

[그림 3-26] 반응과 태도

또한 소비자들이 쏟아부은 생각과 노력의 분량(MAO)은 자신들의 태도 형성과 변화 과정에 영향을 준다(그림 3-26). 심리적 핵심요인에서 언급한 대로, 소비자들은 정보처리와 의사결정을 하기 위해 심리적 핵심요인의 영향을 받는데 그 중 동기(Motivation), 능력(Ability), 기회(Opportunity) 등을 MAO라고 한다. 이른바 MAO가 높은 경우, 소비자들은 태도의 형성과 변화 및 의사결정에 매우 몰입하게 되고 많은 노력을 기울일 수 있다. 메시지를 생각하는 데 많은 노력이 요구되는 경우, '중심경로를 통한 처리(Central-route processing)'라는 용어를 연구자들이 사용하였다.

그러나 MAO가 낮으면, 소비자들의 태도는 진정한 장점의 분석 노력에 근거하지 않고 별로 관계가 없거나 피상적인 메시지 분석에 기초하여 이루어진다. 이러한 태도는 메시지 안에 포함된 주변적이거나 피상적인 단서에 기반을 두는 경향이 있기 때문에, '주변경로를 통한 처리(Peripheral-route processing)'라는 용어가 사용되었다(그림 3-26).

이렇게 소비자들은 어떠한 제품이나 사람, 혹은 브랜드 등의 태도를 형성할 때 이성과 감성, 중심경로(MAO높음), 주변경로(MAO낮음)의 4가지 요소를 가지고 태도를 형성하게 되며 [그림 3-26]에서 제시한 15가지의 요인에 의해 좋은지 좋지 않은지 태도를 형성하게 되는데 이렇게 4가지 요소와 15가지 요인에 의해 태도를 형성한 이론을 '정교화 가능성 모델(ELM : Elaboration Likelihood Model)'이라고 한다.

2.1.5 기억

2.1.5.1 소비자 기억

소비자 기억(Consumer memory)은 상품, 서비스, 쇼핑 여행 그리고 소비 경험에 대한 지식을 쌓아두는 방대한 개인 저장소이다. 기억의 유형으로는 감각기억, 단기기억, 장기기억 등 세 가지 유형의 기억을 제시하고 있다.

2.1.5.2 기억의 유형

1. 청크

청크(Chunk)는 한 단위로서 처리되는 항목들의 집합을 말한다. 예를 들면, 전화번호는 지역번호, 국번호, 가입자 개별번호 등 전형적으로 세 개의 청크로 이루어졌다. 단기기억에서 처리할 수 있는 능력은 3~7개 정도 정보 '청크'라고 믿어 왔다. 후행연구들은 그 숫자가 3~4개에 가깝다고 제안하고 있다(그림 3-27).

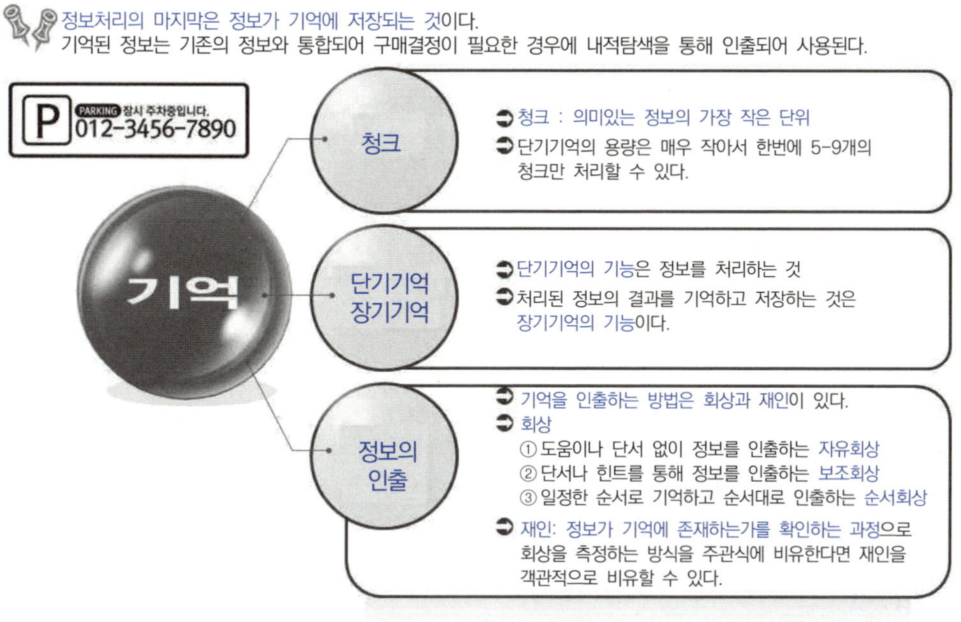

[그림 3-27] 기억(Memory)

2. 감각기억

감각기억(Sensory memory)은 기억 속에 일시적으로 저장된 감각 경험을 말한다. 예를 들어 여러분이 TV 앞에서 숙제하고 있다고 가정해 보자. 친구가 방으로 들어오면서 "저것은 대단한 광고인걸!"하고 말한다. 비록 TV 소리에 귀를 기울이고 있지 않았다 하더라도 친구가 이렇게 말을 한순간, 여러분은 Coca-Cola라는 단어를 들었음을 깨닫게 된다. 여러분은 그것이 Cock의 광고임을 깨닫게 되고, 그리고 "맞아, 나 역시 저것을 정말 좋아해"라고 말한다. 이렇게 감각 경험들이 만들어졌을 때 그 경험을 일시적으로 저장하는 능력을 감각기억이라고 한다(그림 3-27).

3. 단기기억

단기기억(Short-term memory)은 우리가 들어오는 정보를 '암호화(Encode)'하거나 해석하는 기억의 부분이다. 책을 읽을 때, 여러분은 여러분이 읽은 부분을 이해하기 위해서 여러분의 단기기억을 사용하고 있다. 또한 상점에서 상품을 선택하기 위해서도 단기기억을 사용하고 있다. 단기기억은 우리 정보 대다수가 처리되는 곳이기 때문에 매우 중요하다. 다른 정보에 의해 주의가 산만해질 때 단기기억이 파손될 수 있다(그림 3-27).

4. 장기기억

장기기억(Long-term memory)은 나중에 사용할 수 있도록 정보가 영원히 저장되어 있는 기억의 부분이다. 예를 들어, 만약 어떤 식당에 가서 음식을 먹을 때 음식물 속에 머리카락을 발견하게 된다면, 이러한 경험에 대한 기억은 그 식당에서 다시 식사하는 것을 막게 만들 것이다. 긍정적 경험들은 정반대의 효과를 지니게 된다. 식당을 선택할 때, 예전에 방문했던 곳 중에서 기막힌 음식이나 믿어지지 않을 정도의 서비스를 제공했던 곳을 회상하게 될 것이다. 이 기억은 우리의 미래 선택에 영향을 줄 수 있다(그림 3-27).

2.1.5.3 정보의 인출

인출(Retrieval)은 우리가 기억 속에 저장한 것을 상기하고 평가하는 처리과정으로 외부정보를 머릿속에 입력하여 저장했다가 필요할 때 그 정보를 다시 꺼내어 사용하는 것이다.

기억을 인출하는 방법은 회상(Recall)과 재인이 있다. 회상은 특정 브랜드를 기억으로부터 끄집어낼 수 있는 능력을 말하며 도움이나 단서 없이 정보를 인출하는 '자유회상'과 단서나 힌트를 통해 정보를 인출하는 '보조회상', 일정한 순서로 기억하고 있을 때 순서대로 인출하는 '순서회상'이 있다. 재인은 정보가 기억에 존재하는가를 확인하는 과정으로 회상을 측정하는 방식을 주관식에 비유한다면 재인을 측정하는 방식을 객관적으로 비유할 수 있다. 즉 특정 브랜드를 제시했을 때 과거에 그 브랜드에 노출된 적이 있는지 확인할 수 있는 능력을 말한다(그림 3-27).

학습정리

1. 소비자 구매행동 모델

1) 사회문화적 요인

소비자의 구매의사결정은 한 사회의 구성원들 간에 공유하는 의미, 가치관, 신념, 언어, 관습, 상징 등의 총체적인 의미에 영향을 받는다.

2) 개인적 요인

개인의 구매의사결정은 성별, 연령, 개성, 자기개념, 라이프스타일 등 같은 각 개인의 개인적 특성에 따라 영향을 받는다.

3) 상황적 요인

소비자의 구매의사결정은 구매 당시의 무드, 시간, 쇼핑, 환경 등의 구매상황 요인들이 제품을 어떻게 평가할 것인지에 영향을 받는다.

4) 심리적 요인

개인의 의사결정은 심리적 핵심요인 7가지(동기, 니즈, 원츠, 수요, 개인적 관련성, 능력, 기회)에 영향을 받는다.

(1) 동기 : 소비자가 충족시키기 원하는 욕구, 즉 내적인 긴장 상태를 말한다.
(2) 니즈 : 기대된 상태로부터의 불균형 때문에 발생하는 내적 긴장 상태를 말한다.
① 관여도 : 고관여도, 저관여도, 지속적 관여도, 상황적 관여도, 인지적 관여도, 감정적 관여도
② 동기이론 : 매슬로의 욕구 5단계, 프로이드의 동기이론, 레빈장의 이론, 인지 일관성 이론(균형이론, 인지부조화이론)
(3) 원츠 : 추상적 동기를 구체화하여 표현하는 것이다.
(4) 수요 : 제품을 사고자 하는 의지를 말한다.
(5) 개인적 관련성
① 자아개념과 일치성 : 가치관, 자신이 누구인가를 나타내는 정신적 견해
② 가치 : 소비자들이 상품이나 서비스를 선택하는 데 있어 기준이 되는 것.
㉹ 싼 가격, 품질, 브랜드, 디자인, 편리함, 체험
③ 목표 : 우리가 달성하고 싶은 결과를 말한다. 목표 역시 개인적 관련성과 동기에 많은 영향을 준다.
④ 만족
(6) 능력 : 제품지식과 경험, 인지방식, 정보의 복잡성, 지능, 교육, 연령, 돈
(7) 기회
① 시간
② 분산 : 소비자들의 주의를 다른 곳으로 흩어놓는 특정 상황
③ 정보의 양, 반복, 통제

5) 마케팅믹스 요인

제품, 가격, 유통, 촉진

2. 소비자 구매의사결정과정

1) 문제인식(필요의 인식)

(1) 소비자는 자신이 처해 있는 현재 상황과 이상적인 상황과의 괴리가 심할 때 문제를 인식

(2) 자극

① 내부적 자극 : 필요는 배고픔, 목마름 등의 내부적 자극에 의해서 발생

② 외부적 자극 : 소비자들로 하여금 자신의 필요나 문제를 인식하고 구매행동을 유발할 수 있다(㉠ 광고)

③ 해결책은 소비자들의 능력 범위에 있어야 가능

2) 정보탐색

(1) 필요를 인식한 소비자는 욕구가 강하고 그 욕구를 채울 만큼 제품이 머릿속에 떠오른다면 구입할 것이다.

(2) 정보

① 상업적 원천 : 소비자들은 마케팅관리자들에 의해서 통제됨(예 : 광고)

② 개인적 원천 : 중요하고 효과적인 정보의 원천

(3) 탐색

① 내적탐색 : 제품이 머릿속에 직접 떠오른다.

② 외적탐색 : 외부의 정보를 획득한다.

- 개인적 정보원천 : 가족, 친구, 이웃
- 상업적 정보원천 : 광고, 판촉사원, 중간상, 진열
- 공공적 정보원천 : 신문기사, 방송뉴스, 잡지
- 경험적 정보원천 : 시험구매, 제품의 직접적인 사용

3) 대안평가

(1) 소비자가 상표선택에 도달하기 위하여 대안들에 관한 정보를 처리하는 단계

(2) 대안의 평가방법

① 보안적 방식 : 한 가지 속성에서 낮은 점수를 받은 대안이 다른 속성에서 점수를 만회하는 방식

② 비보안적 방식 : 한 속성의 약점이 다른 속성의 강점에 보안되지 않음을 의미하는 방식

- 사전 편집식 : 자신이 가장 중요시하는 속성의 최상으로 평가되는 상표를 선택하는 방식 → 최상의 상표가 두 개 이상이면 두 번째 중요평가 기준으로 선택
- 연속 제거식 : 수용기준을 설정하고 속성별로 수용기준을 만족시키지 못하는 상표를 연속적으로 제거하고 남는 상표를 선택한다.

4) 구매결정

(1) 평가단계에서 각 제품에 대안 평가가 이루어진 후 소비자는 구매의사결정을 하게 된다.

(2) '구매하기를 원하는 제품과 실제 구매의 차이' 사이의 두 가지 요인

① 자기와 가깝고 영향을 주는 가족, 친지, 동료 등의 사람들에게 영향을 받음

② 예기치 않는 상황변수(예 : 구매하려는 상표의 변화, 위험성, 두려움, 호의적, 유명제품－보증수리) → 소비자는 지각된 위험 수준이 높은 경우 이를 감소시키기 위해 추가적인 정보를 제공하거나 제품에 대한 보증을 실시한다.

5) 구매 후 행동

제품 구매 후 소비자들은 제품에 대해 만족과 불만족을 경험하게 된다.

(1) 만족한 소비자는 ① 재구매할 가능성이 높으며, ② 호의적인 구전을 행하고, ③ 경쟁상표의 광고에

관심을 덜 갖고, ④ 자사에서 나온 다른 제품도 구매한다.

(2) 불만족한 소비자는 ① 기업은 소비자가 불만족을 얘기할 수 있는 제안제도를 사용하여 문제점이 얼마큼 개선되었는지 측정하고, ② 인지부조화를 줄이는 노력(구매한 제품을 반환 · 환불하거나, 구매한 제품의 편익을 전달하는 광고내용에 귀를 기울이거나, 구매한 제품을 좋은 친구와 이야기하는 합리화를 거치는 경우)을 해야 한다.

3. 소비자 정보처리과정 (노출→ 주의→ 지각→ 태도→ 기억)

우리는 아침에 일어나 저녁에 잠들 때까지 하루에도 수많은 정보에 노출되고 있다. 의식적 또는 무의식적으로 노출된 정보에 주의를 기울이며, 지각하고 반응하게 되며, 기억 속에 긍정 또는 부정적으로 저장하여 의사결정이 필요할 때 이용하게 된다. 이러한 일련의 과정을 '소비자 정보처리 과정'이라고 한다. 소비자들은 자극에 노출되고 약간의 주의를 기울인 후에는 지각과정에 도달하게 된다.

1) 노출

(1) 노출에 영향을 주는 요소

① 광고위치 : 광고의 위치는 노출에 영향을 준다.

- 가장 관심을 갖는 기사 다음에 프로그램에 광고가 노출되는 경우 소비자들은 광고를 볼 가능성이 높다.
- TV광고는 프로그램 시작 부분이나 중간광고 끝부분에 제시되는 경우 노출효과가 가장 크다. 그러므로 어떤 광고주는 쇼나 방송 프로그램 시작 전이나 끝부분에 자사의 제품을 배열하는 단일광고를 한다.

② 제품배열 : 제품을 보행로의 끝부분에 진열하기도 한다.

- 눈높이에 진열된 제품이 그보다 낮거나 높은 곳에 진열된 제품보다 더 많이 노출된다.
- 소비자들이 많이 지나다니고 머무는 시간이 긴 곳에 진열된 상품에 대해서 노출이 커진다. 슈퍼마켓, 자동 점포, 식당 등의 계산대 옆에 진열된 경우 노출이 커지므로 매출이 증대된다.
- 선반배열 : 선반 공간이 넓은 곳에 진열되어 있을 때, 소비자들의 눈에 가장 많이 띈다.

(2) 선택적 노출 : 소비자들이 광고를 피하는 이유

① 너무 많은 광고노출로 모두 처리할 수 없기 때문에

② 자신들이 사용할 수 없는 제품 범주의 광고라 회피

③ 이전에 본 적이 있는 광고라 피하는 경향

- 재핑
  - 소비자들은 상업방송 시간에 다른 채널로 돌려 광고를 피한다.
  - 소비자들은 약 20%가 한 번 정도 채널 전환을 한다. 케이블TV를 보유한 가구는 2/3 이상이 채널 전환을 한다.
  - 남성들이 여성들보다 훨씬 많이 재핑을 한다.

    ㉠ 어린이들은 매체의 내용물 유형과 광고 메시지를 잘 구별하지 못한다. Kraft foods는 12세 이하의 어린이들이 시청하는 TV쇼 시간에는 스낵광고를 중단하였다.

    ㉠ 원하지 않는 광고노출 급증으로 소비자들 사이에 사회적 저항이 일어 정부의 규제가 강화. 미국 주 정부는 반 스팸 법률을 만들었고 원하지 않는 광고를 발신하지 못하도록 규제하고 있다.

- 지핑
  - 소비자들이 TV쇼를 녹화한 후에 그것을 나중에 보는 경우 상업광고가 나오면 VCR을 빨리 돌려서 그 광고를 피하는 방법을 말한다.

(3) 노출 측정

① 소비자들의 노출을 추적하기 위해 마케터들은 전문 조사기관들을 이용한다. 교통량 조사에서는 매일 광고 게시판을 지나가는 자동차 숫자를 조사하지만 각 자동차 안에 있는 사람의 수가 몇 명인지는 확인할 수 없다.

② 현재 조사자들이 광고 게시판이나 교통 광고물을 스치는 사람의 숫자를 확인하고 사람들의 특성이나 행동을 파악할 수 있는 도구를 개발하고 있다.

③ 광고주들은 인터넷 광고를 보는 소비자들의 숫자를 정확하게 알 수 없다.

2) 주의

(1) 초점주의와 비초점주의 : 뇌의 반구상 기능 분화(전주의적으로 정보를 처리하는 능력)

① 주변 시야의 자극이 그림 또는 단어인지 여부

- 오른쪽 뇌는 음악, 시각과 공간 정보 포착, 추론형성, 결론도출을 가장 잘 처리한다.
- 왼쪽 뇌는 복합적인 업무처리와 계산, 낯선 단어처리, 문장형성과 같은 과업수행을 잘한다.

② 자극이 시선이 왼쪽 또는 오른쪽에 위치하고 있는지 여부

- 오른쪽에 위치한 자극(잡지의 오른쪽, 오른편 도로에 있는 광고 게시판)들은 좌뇌에서 처리되는 경향이 있다.
- 시선의 왼쪽에 있는 자극은 우뇌에서 처리되는 경향이 있다.
- 직접적으로 집중하고 있는 자극은 양쪽 뇌에서 처리된다,
- 광고에서 잡지 기사의 왼쪽에 놓여 있는 사진은 전주의적으로 처리할 가능성이 가장 높다. 우뇌에서 발생하기 때문이다.
- 브랜드명이나 광고 같은 자극들은 오른쪽 시선에 두면 전주의적으로 처리될 가능성이 크다. 그것들은 좌뇌에서 처리되기 때문이다.

(2) 주의 증대방법

① 개인적 관련성

- 자극을 개인적으로 관련 있는 것으로 지각되도록 하는 가장 강력한 방법 : 니즈, 가치, 감정, 목표에 호소하도록 만드는 것. 배가 고프면, 음식 광고와 패키지에 더 많은 주의를 기울일 것이다.
- 표적 소비자들과 유사한 모델을 광고에 등장 : 사람들은 자신과 비슷하다고 지각되는 모델에 주의를 기울인다.
- 소비자들의 주의를 강화하는 드라마를 이용 : 몇 개의 시리즈 광고의 이야기를 통해 배우들이나 관련 사람들의 경험 묘사를 미니시리즈로 만들어 활용한다.
- 수사적 질문 : 수사적 질문은 '여러분'이란 단어를 포함하고 소비자들이 대답의 내용을 생각하도록 질문한다.

② 즐거움

- 매력적인 모델의 이용 : 매력있는 모델이 등장하는 광고는 주의받을 가능성이 훨씬 높다. 이런 모델은 긍정적 감정이나 근본적인 성적 매력을 불러일으키기 때문이다.
- 음악사용 : 친숙한 음악과 인기 연예인은 우리를 기분 좋게 만드는 힘이 있다. 구매 가능 고객을 위해 인기가수 그룹의 음악을 사용하였다.

- 유머사용 : 유머도 주목을 이끌어 내는 강력한 도구이다.

③ 놀라움

- 진기함
  - 새롭고 독특한 마케팅 자극에 주의를 기울일 가능성이 높다.
  - 진기함이 주의를 유도하기는 하나 소비자들은 그것을 항상 좋아하지는 않는다. 우리가 늘 먹던 음식과 다른 맛이 나는 음식을 싫어할 수도 있다.
  - 자극을 신기하게 만드는 요인과 그것을 좋아하게 만드는 요인은 동일하지 않을 수도 있다.
- 예상치 못한 자극

  우리가 익숙해 있던 것과는 다르고, 호기심을 불러일으키며 자극을 완전히 이해하기 위해서 더 많은 분석을 하도록 만든다. 익살스런 코미디는 은행과는 관련이 없지만, 원숭이가 떨어뜨린 바나나 껍질에 은행 관리자가 미끄러지는 은행 광고를 소비자들은 잘 인식하게 된다.
- 수수께끼 사용
  - 시각적 운율, 대조, 은유, 익살 등의 수수께끼는 해답을 푸는 과정에서 주의를 끌어낼 수 있다.

④ 처리용이

소비자들의 동기를 강화함으로써 개인적 관련성, 즐거움, 놀라움이 소비자들의 주의를 이끌어 내지만 마케터는 그 자극을 처리하는 소비자들의 능력을 증대시키는 데 집중할 필요가 있다.

자극을 쉽게 처리하는 방법 네 가지

- 두드러진 자극
  - 강도 때문에 주변에 비해 눈에 띄는 것을 가리킨다.
  - 자극의 길이나 크기가 두드러짐에 영향을 줄 수 있다.
  - 소비자는 작거나 짧은 것보다 크고 긴 광고에 주목한다.
  - 전화번호부의 작게 실린 광고보다 크게 실린 광고에 주목한다.
  - 광고의 사진은 크기와 관계없이 주의를 끌어낸다.
- 구체적인 자극
  - 추상적인 것보다 구체적인 자극은 처리가 훨씬 쉬워진다.
  - 구체성이란 '어떤 자극이 상상할 수 있는 정도'로 정의됨.
  - 구체성은 상표에도 적용될 수 있다.
- 대조적인 자극
  - 쇼 프로그램이 컬러로 방송되는 동안 흑백의 TV광고는 두드러지게 보인다.
  - 와인 제조업체들은 진열대에서 자사의 제품을 돋보이게 하기 위해 동물들의 사진을 라벨에 붙였다.
- 경쟁사의 정보량(다른 정보에 비해 경쟁력 있게 만들 것)
  - 주변에 경쟁하는 기업의 정보가 없으면 그 자극은 더 잘 처리된다.
  - 간판으로 가득 찬 도시의 복잡한 곳보다 사람의 왕래가 거의 없는 교외 도로의 광고 간판은 더 눈에 잘 띌 수 있다.

3) 지각

(1) 시각을 통한 지각

① 크기와 모양 : 크기는 주의를 끌어낸다. 소비자들은 크게 포장된 상품을 구입하는 경향이 있다.

② 글자 : 제품이나 광고의 글자 크기와 스타일이 주의를 끌어내고 상표 이미지와 재인을 도와준다.
　예 독특한 글씨체는 시선을 사로잡고 햄버거 체인의 이름임을 즉시 알 수 있게 한다.

③ 색 : 우리가 자극을 보게 하도록 만드는 것. 색은 색상, 채도, 명도로 서술된다.

④ 심리적 반응과 분위기 : 색은 우리의 심리적 반응과 분위기에 영향을 줄 수 있다.
　예 차가운 색상은 병원이나 온천 같은 곳에 더 적합한데 이런 곳에서는 소비자들이 평온을 느끼거나 의사결정을 위한 시간을 갖는 것이 바람직하다.
　따뜻한 색은 헬스클럽과 패스트푸드 식당 같은 곳에 더 적합하다. 이런 곳에서는 높은 수준의 활동이 바람직하다.

⑤ 색과 애호 : 색은 소비자들의 제품 애호에 큰 영향을 준다.
　예 진공청소기는 쪽빛과 자두색과 같은 색이 유행이고 믹서는 진홍색, 푸른색, 초록색 등의 색을 사용한다.

(2) 청각을 통한 지각

① 소리 정체성 : 소비자들은 높은 음악이나 목소리와 극명한 소음에 더 많은 주의를 기울인다. 특정 음악이나 목소리가 브랜드 이미지를 지지해 준다.

② 소리 기호 : 브랜드 소비, 음절, 단어 등으로부터 얻어진 정보를 이용하여 평가하게 된다.

(3) 미각을 통한 지각

① 사람마다 다른 선호 : 어떤 사람에게는 맛있는 것이 다른 사람에게는 맛이 좋지 않을 수도 있다.

② 문화별 선호 : 다른 문화권의 소비자들은 각각 맛 선호가 다를 수 있다.

③ 점포 내 마케팅 : 점포 내 진열, 점포 내 시음용과 견본 상품이 소비자들의 구매에 가장 영향을 준다.

(4) 후각을 통한 지각

① 심리적 반응과 분위기에 대한 영향 : 후각도 심리적, 감정적 반응을 창출해 낸다.
　예 박하 향은 자극적이고 은방울꽃 향기는 마음을 느긋하게 해 준다.
　사람들은 냄새에 따라서 긴장하기도 하고 이완하기도 한다.
　예 어린이들은 껴안고 다니는 담요를 세탁하기 싫어한다.
　세탁을 하게 되면 편안하게 느낀 냄새가 제거되기 때문이다.

② 냄새와 제품 사용 : 후각기관을 통해 소비자들에게 마케팅 자극을 노출시킬 수 있다.
　예 소비자들이 오븐에서 나오는 신선한 도넛을 보고 냄새를 맡을 수 있도록 점포를 설계하였다.
　예 향수광고는 감각적 처리를 증가시키기 위해 그것을 적셔 냄새를 맡게 하기도 한다.
　소비자들이 냄새가 나는 광고를 싫어하거나 냄새에 대한 알레르기 반응이 있는 경우에는 역효과를 낼 수도 있다.

③ 냄새와 애호 : 소매점들은 냄새가 소비자들을 끌어들일 수 있다는 것을 알고 있다.
　예 매년 12월에 휴일 쇼핑 분위기에 젖어 있는 소비자들에게 소나무 향기를 뿌려주고 있다.
　예 식료품 가게들도 점포 내에 빵집을 두어 그 점포의 입구에서 신선한 빵의 향기를 맡을 수 있게 한다.

④ 냄새와 구매 : 상쾌한 향기가 나는 환경은 소비자들이 접촉하게 되는 관련된 자극에 더 많은 주의를 기울이게 하고 소비자들을 좀 더 오랫동안 머물게 하도록 함으로써 구매행동에 긍정적인 영향을 준다.

㉠ 꽃향기가 나는 점포에서 쇼핑하는 사람들은 향기가 없는 점포에서 구매하는 사람들보다 나이키 신발을 평가할 때 긍정적으로 평가한다.

(5) 촉각을 통한 지각 : 접촉되는 방법에 따라 긴장과 이완을 느낄 수 있다.

4) 태도

태도는 어떤 대상, 문제, 사람, 또는 행위에 대해 좋아하거나 싫어하는 정도를 표현하는 전반적인 평가를 지칭한다. 태도는 학습되고 지속되는 경향이 있고 결합된 연상에 기초하여 이루어지는 대사에 대한 전반적인 평가를 나타낸다.

(1) 태도의 중요성

① 소비자의 반응은 정보처리의 과정에서 자연스럽게 떠오르는 생각인 인지적 반응과 어떤 자극을 통해서 가지게 되는 느낌이나 감정인 정서적 반응으로 구분된다.

② 소비자의 태도는 인지적 반응과 정서적 반응 두 가지 모두에 의해 영향을 받지만 고관여제품일 경우에는 인지적 반응이 효과적이며 저관여 제품의 경우는 정서적 반응이 효과적인 것으로 알려져 있다.

(2) 태도의 기초

① 인지 : 태도형성의 한 가지 접근방법
태도가 외부로부터 받은 정보(광고, 판매원)에 대해서 가지는 생각이나 기억으로부터 회상해 낸 정보에 기초할 수 있음을 의미한다.

② 감정 : 태도형성의 한 가지 접근방법
때로는 단순히 좋게 느껴지거나 아름답게 보이기 때문에 그 제품에 대한 호의적인 태도를 가지는 경우

(3) 태도 형성과 변화의 역할 : 소비자가 쏟아부은 생각과 노력의 분량은 자신들의 태도 형성과 변화과정에 영향을 준다.

① MAO(노력)가 높을 경우 : 소비자들은 태도의 형성과 변화 및 의사결정에 매우 몰입하게 되고 많은 노력을 기울일 수 있다. →중심경로를 통한 처리

② MAO(노력)가 낮을 경우 : 태도는 메시지 안에 포함된 주변적이거나 피상적인 단서에 기반을 두는 경향이 있기 때문이다 → 주변경로를 통한 처리

5) 기억(기억의 유형)

기억에는 감각기억, 단기기억, 장기기억이 있다.

(1) 감각기억 : 기억 속에 일시적으로 저장된 감각 경험들. 감각기억은 '감각저장고'라고 불리는 단기 저장 구역을 사용한다.

① 음향기억 : 우리가 청취한 것에 대한 매우 단순한 기억(2~3초)

㉠ 여러분은 어떤 사람이 어떤 질문을 했을 때 경청하지 않아서 "방금 뭐라고 이야기했어"라고 이야기할 수 있으며 실제로 그 사람이 말한 것을 '녹음인출'하고 있는 자신을 이따금 발견할 수 있을지도 모른다.

② 영상기억 : 우리가 목격한 것에 대한 매우 단순한 기억 (0.5초 이하)

㉠ 여러분이 표지판을 따라 운전하고 그것을 재빠르게 보았을 때 그러나 표지판을 지나고 난 후에야 그것이 coke의 표지판이었음을 깨닫게 될 때 작용하게 된다.

⑵ 단기기억(STM) : 정보를 '암호화'하거나 해석하는 기억의 부분이다.

㉠ 책을 읽을 때 읽은 부분을 이해하기 위해서 단기기억을 사용하고 있다. 또한 TV광고를 보거나 상점에서 상품을 선택하기 위해서도 단기기억을 사용한다.

단기기억은 우리 정보 대다수가 처리되는 곳이므로 매우 중요하다. 다른 정보에 의해 주의가 산만해질 때 단기기억이 파손될 수 있다.

- 단기기억은 제한적이다 : 오직 일정량만을 단기기억 속에 유지할 수 있다.
  ㉠ 마트에 9가지 물품 구입하려 할 때 적어가도 한두 개 잊어버릴 수 있다.
- 단기기억은 단기적이다 : 기억은 매우 단기적이다. 적극적으로 기억하려 노력하지 않으면 사라진다.

① 담화적 처리 : 단어로서 정보를 처리하는 것.

㉠ '사과'라는 단어로 이를 나타낼 수 있다.

② 형상화 처리 : 감각적 형태로 정보를 처리하는 것

㉠ 사과의 시각, 청각, 촉각, 미각, 혹은 후각의 특성을 나타내는 것. 그러므로 담화적 처리의 경우와는 다르게 형상화 처리가 되고 있는 사물은 표현되는 것과 많이 닮게 된다.

☞ 정교화 : 단어 혹은 이미지로 표현된 정보는 정교화될 수 있다(정교화=고 노력).

- MAO가 낮은 경우 : 단기기억은 어떤 사물의 단순 재생산.
- MAO가 높은 경우 : 정교화된 형상화 처리를 이용할 수 있다. 정교화된 담화적 처리를 이용할 수 있다.

⑶ 장기기억(LTM) : 나중에 사용할 수 있도록 정보가 영원히 저장되어 있는 기억의 부분,

① 자서전적 기억(=일화기억) : 우리 자신과 우리의 개인적 경험에 대해서 우리가 가지고 있는 지식. 이러한 기억들은 비록 소리, 냄새, 맛, 촉감 등을 포함할 수도 있지만, 주로 시각적 이미지를 포함한 감각적인 것들이다.

개인들은 고유의 경험 집합을 가지고 있기 때문에 자서전적 기억은 매우 개인적이며 독특한 성향이 있다.

- 의사결정에 영향을 준다. : 기억은 우리의 미래에 영향을 줄 수 있다.
  ㉠ 예전에 방문했던 곳 중에서 기막힌 음식이나 서비스를 제공했던 곳을 회상하게 될 것이다.
- 공감과 동일시를 촉진시킨다 : 자서전적 기억은 광고의 등장인물이나 상황에 대한 동일시를 만들어 내는 데 역할을 할 수 있다.
  ㉠ 푸른 잔디를 원하는 소비자들은 잔디 광고에서 묘사된 상황에 동질감을 가질 수 있다.
- 자서전적 기억을 시작하고 보존한다 : 시작(어떤 물건에 가치를 두는데 향수[과거에 대한 사랑]의 감정을 만듦)과 보존(졸업, 아이의 출생 등에 대한 기억을 보존하는 것을 중요하게 생각한다.)은 자서전적 기억을 촉진시킨다.
  ㉠ 다른 나라로 이주한 소비자들은 두고 온 문화를 상기할 수 있도록 자신들의 집안에 사당을 짓곤 한다.
- 기억을 재해석한다 : 광고된 상품과 관련된 과거 경험을 기억해 내는 것처럼 광고는 자서전적 기억에 영향을 미칠 수 있다.
  ㉠ 맛없는 오렌지 주스를 맛보게 한 다음 주스의 훌륭한 맛을 묘사한 광고를 보게 하면 맛없는 오렌지 주스도 실제보다는 더욱 맛있는 주스로 기억한다.

② 의미기억 : 특정 일화로부터 분리된, 실체에 대한 일반적 지식.

㉠ '콜라'라고 불리는 개념에 대한 기억에는 콜라가 액체이며 캔이나 병에 담겨져 있고 거품이

나고 갈색이며 달콤한 맛을 지니고 있음을 알고 있다. 이러한 지식은 모든 콜라에 대해서 진실이다. 특정 일화에서 분리된 세상에 대한 지식은 의미기억이라 불린다.

③ 기억향상(기억제고) : 이러한 요인들은 단기기억에 영향을 주거나 정보가 중요한 마케팅 시사점을 지니며 장기기억으로 전이되는 가능성을 증대시키는 데 유효하다.

- 청크 : 한 단위로서 처리되는 항목들의 집합으로, 단기기억에서 처리할 수 있는 능력은 3~7개 정도 정보를 말한다.

  ㉠ 전화번호는 지역번호, 국번호, 가입자 개발번호 등 세 개의 청크로 이루어져 있다.

- 리허설 : 기억하기 위해서 자료를 활발하게 평가하는 과정

  청크의 사용은 단기기억으로부터 없어질 가능성을 줄이는 반면 리허설은 정보의 장기기억으로의 전이에 영향을 미친다.

  ㉠ 시험공부 할 때 조용하게 반복학습을 할 수 있고 그 의미에 대해서 활발하게 생각할 수 있다.

- 재순환 : 정보가 활발한 예행연습 없이 단순한 반복을 통해 기억되는 과정

  재순환과정을 통해서 장기기억으로 전이될 수 있다.

  리허설과는 달리 정보를 기억하기 위한 어떠한 시도도 하지 않는다.

  ㉠ 너무 많이 보아왔기 때문에 어머니가 항상 구매하던 마요네즈의 브랜드를 기억하게 된다.

- 정교화 : 보다 심층적인 수준에서 처리함으로써 정보를 장기기억으로 전이시키는 것.

  ㉠ 시험공부를 위해서 암기 학습을 할 경우 2~3일 이내에 잊어버리는 것을 알게 된다. 이는 보다 지속적인 기억은 정보를 사전지식이나 과거 경험과 연계시키고자 할 때 구축된다.

연습문제

해설 및 정답

1. '소비자 구매행동 모델'에 영향을 주는 요인이 아닌 것은?

① 사회 · 문화적 요인　② 개인적 요인
③ 상황적 요인　④ 기술적 요인

기술적 요인은 소비자 구매행동 모델에 영향을 주는 요인이 아니라고 할 수 있다.
[정답] ④

2. 소비자의 '심리적 핵심요인'이 아닌 것은?

① 관여도　② 수요
③ 기능　④ 능력

기능은 '소비자의 심리적 핵심요인'에 해당하지 않는 요소이다.
[정답] ③

3. 소비자 구매의사결정과정 중 대안평가 방식 중 '자신이 가장 중요시하는 속성의 최상으로 평가되는 상표를 선택하는 평가방식'은?

① 보완적 방식　② 사전편집식
③ 사전편찬식　④ 연속제거식

사전편집식 평가방식은 한 가지 속성만 가지고 제품을 평가하는 방식을 말한다.
[정답] ②

4. 광고노출 시 소비자들이 '광고를 피하는 이유'가 아닌 것은?

① 너무 많은 광고노출로 모두 처리할 수 없을 때
② 사용할 수 없는 제품 범주의 광고 회피 때
③ 이전에 노출된 광고 시 회피
④ 관여도가 높은 광고일 때

관여도가 높은 광고일수록 광고에 더 주의를 기울이게 된다.
[정답] ④

5. 다음 광고를 회피하는 방법으로 '상업방송 시간에 TV채널을 변경해 광고를 회피'하는 것을 무엇이라고 하는가?

① 재핑　② 지핑
③ 관여도　④ 동기이론

광고노출 시 회피하는 방법으로 광고가 노출될 때 채널을 돌리는 것을 우리는 '재핑'이라고 한다.
[정답] ①

6. 광고노출 시 '주의를 증대'시키는 방법이 아닌 것은?

① 개인적 관련성　② 개인적 무관심
③ 즐거움　④ 처리용이

개인적 무관심은 주의를 감소시키는 방법이다.
[정답] ②

7. 다음 내용 "맥도널드의 글씨체는 시선을 사로잡는다."는 시각을 통한 지각 중 어떠한 요인을 통해 지각한 것인가?

① 크기와 모양
② 글자
③ 색
④ 심리적 반응과 분위기에 대한 색의 영향

제품이나 광고의 글자 크기, 스타일이 주의를 끌어내고 상표 이미지와 재인에 도움을 준다.
[정답] ②

8. 다음 내용 "진공청소기는 쪽빛과 자두색이 유행이며 믹스는 진홍색이나 푸른색, 초록색이 유행이다."라는 시각을 통한 지각 중 어떠한 요인을 통해 지각한 것인가?

① 크기와 모양 ② 색
③ 글자 ④ 색과 애호

색은 소비자들의 제품 애호에 큰 영향을 미친다.
[정답] ④

9. 소비자의 태도를 형성하는 요인이 아닌 것은?

① 인지(생각) ② 감정(느낌)
③ 즐거움 ④ 중심경로

소비자의 태도 형성요인으로는 인지, 감정, 중심경로(고 노력), 주변경로(저 노력)가 있다.
[정답] ③

10. 다음 기억의 유형 중 "기억 속에 일시적으로 저장된 감각 경험을 말한다."는 어떤 기억의 유형에 대한 정의인가?

① 청크 ② 감각기억
③ 단기기억 ④ 장기기억

감각기억은 기억 속에 일시적으로 저장된 감각 경험을 말한다. 감각 경험들이 만들어졌을 때 그 경험을 일시적으로 저장하는 능력을 감각기억이라고 한다.
[정답] ②

[주관식 문제]

11. 소비자 정보처리과정 중 주의를 증대시키는 자극 중 '즐거운 자극을 만드는 것'과 관련된 주의를 끌어내기 위한 3가지 요소는?

소비자의 주의를 증대시키는 광고의 종류 중 즐거운 자극의 스토리로 광고를 제작하면 소비자들은 그 광고에 주의를 집중시킨다. 대표적인 요소로는 매력적인 모델을 광고에 등장시키면 소비자들은 집중하게 되고 광고 타깃의 소비자가 좋아하는 음악을 광고에서 노출시킨다든지 유머감각을 가진 연예인을 광고에 노출시키면 소비자들은 그 광고에서 즐거움에 노출되면서 즐거운 광고에 주의를 집중하게 된다.
[정답] 매력적인 모델의 이용, 음악사용, 유머사용

12. 소비자 정보처리과정 중 지각을 증대시키는 방법 중 후각을 오랫동안 증대시키는 요인 4가지는?

후각을 통해 오랫동안 지각시키는 방법 4가지로는 첫째, '심리적 반응에 의해 후각'은 긴장하기도 하고 이완되기도 한다. 어머니가 사용하시던 담요를 사용하면 어머니의 후각 냄새에 의해 오랫동안 그 담요를 기억하게 된다. 둘째, '냄새와 제품 사용'으로 베이커리 집에 가면 빵을 담아 놓은 곳의 문을 오픈해서 빵 냄새를 노출시켜 소비자들이 그 빵의 냄새로 인해 그 빵집을 오랫동안 후각적으로 기억하게 한다. 셋째, '냄새와 애호' 12월의 백화점에 전시된 트리에 소나무 향기를 노출시키면 그 백화점을 오랫동안 소나무 냄새로 좋았던 지각에 의해 오랫동안 기억하게 된다. 넷째, '냄새와 구매' 나이키 매장에서 나는 꽃향기는 소비자들이 매장에 오랫동안 머무르게 하며 매장과 제품에 대한 긍정적인 태도로 연결되어 제품을 구매하게 된다.

[정답] 심리적 반응과 분위기에 대한 냄새의 영향, 냄새와 제품 사용, 냄새와 애호, 냄새와 구매

13. 소비자 정보처리과정 중 태도단계에서 '정교화 가능성 모델'의 '인지적이며 저노력'에 의해 태도를 형성하는 요인 중 3가지는?

태도단계에서 '정교화 가능성 모델'의 '인지적이며 저노력'에 의해 태도를 형성하는 요인으로 소비자들은 평상시 일상생활에서 이성적인 뇌가 무의식적인 상태에 현실에서 의사결정을 할 때 좋은지 좋지 않은지 태도를 형성할 때 단순한 신념, 무의식적 영향, 환경에 의해서 태도를 형성할 때 좋은지 좋지 않은지 판단을 한다는 이론으로 제4장에서 자세하게 배우도록 한다.

[정답] 단순한 신념, 무의식적 영향, 환경

[토론식 문제]

14. 소비자 정보처리과정 중 지각단계에서 지각을 증대시키는 방법 중 '시각을 오랫동안 증대시키는 요인 5가지'에 대해서 토론해 봅시다.

15. 소비자 정보처리과정 중 기억단계에서 '기억의 종류 3가지'에 대해서 토론해 봅시다.

제 3 부
소비자 정보처리과정의 이해

제3부 제4장에서는 소비자행동론의 BIG PICTURE 이론 3가지 중 소비자의 정보처리과정 속 태도이론에 관한 이론으로 '정교화 가능성 모델(Elaboration Likelihood Model ; ELM)'로 소비자가 태도를 형성 시 인지(생각)적 저노력(주변경로처리)과 인지(생각)적 고노력(중심경로처리)에 감정적 저노력(주변경로처리)과 감정적 고노력(중심경로처리) 4가지 상황에 의한 태도형성 요인 15가지에 대해서 구체적으로 공부하고자 한다.

제5장에서는 소비자행동론의 BIG PICTURE 이론 3가지 중 소비자의 정보처리과정 속 기억에 관한 이론으로 4가지에 관해서 공부해 보고자 한다. 첫째는 기억의 종류, 둘째는 기억을 향상시키는 방법, 셋째는 기억을 끄집어내는 인출 관련 이론, 넷째는 인출을 향상시키는 방법에 대해서 구체적으로 공부해 보고자 한다.

제 4 장

고 · 저노력에 근거한 의사결정

이 장에서 학습하는 내용

- 소비자가 저관여(Low-Effort) 상황
  태도형성과 변화
  저관여(Low-Effort) 이론
  저 · 노력하에서 태도의 인지적 기초
  저 · 노력하에서 태도의 감정적 기초
- 소비자가 고관여(High-Effort) 상황
  태도의 인지적 기초
  태도의 감정적 기초

이 장의 학습목표

- 단순한 신념에 대한 정의에 대해 이해한다.
- 무의식적 영향의 정의에 대해서 이해한다.
- 고전적조건화에 대해서 이해한다.
- 인지태도에 영향을 미치는 요인에 대해서 이해한다.
- 단순노출효과의 정의에 대해서 이해한다.
- 광고태도와 분위기에 대해서 이해한다.
- 직접 또는 상상한 경험에 대해서 이해한다.
- 유사와 범주에 의한 추론에 대해서 이해한다.
- 가치 지향적 태도에 대해서 이해한다.
- 사회적 정체성에 기초한 태도에 대해서 이해한다.
- 분석적 태도 구조(TORA)에 대해 이해한다.
- 감정적 처리, 감정 반응, 광고 태도에 대해서 이해한다.
- 경영학, 마케팅원론, 소비자행동론의 Big Picture에 대해서 공부한다.

소비자 구매행동 모델(그림 3-2)은 마케팅부서가 소비자의 행동을 분석하는 소비자행동론의 3가지 이론인 소비자의 행동을 분석하는 '소비자 구매의사결정과정'과 소비자의 정신을 분석하는 이론인 '소비자 정보처리과정' 그리고 소비자의 정신과 행동을 같이 분석하는 이론인 '하이어라키모델'이 서로 어떻게 연결되어 있는지 보여 주는 모델이다.

제4장에서는 소비자행동론의 BIG PICTURE 이론 3가지 중 소비자의 정보처리과정 속 태도 이론에 관한 이론으로 '정교화 가능성 모델(ELM : Elaboration Likelihood Model)'로 소비자가 태도를 형성 시 인지(생각)적 저노력(주변경로처리)과 인지(생각)적 고노력(중심경로처리)에 감정적 저노력(주변경로처리)과 감정적 고노력(중심경로처리) 4가지 상황에 의한 태도형성 요인 15가지에 대해서 구체적으로 공부하고자 한다. 이번 제4장에서는 소비자행동론 BIG PICTURE의 3가지 이론 중 두 번째 이론인 소비자 정보처리과정의 5단계 중 네 번째 단계인 '태도'에 대해서 공부해 보고자 한다(그림 4-1).

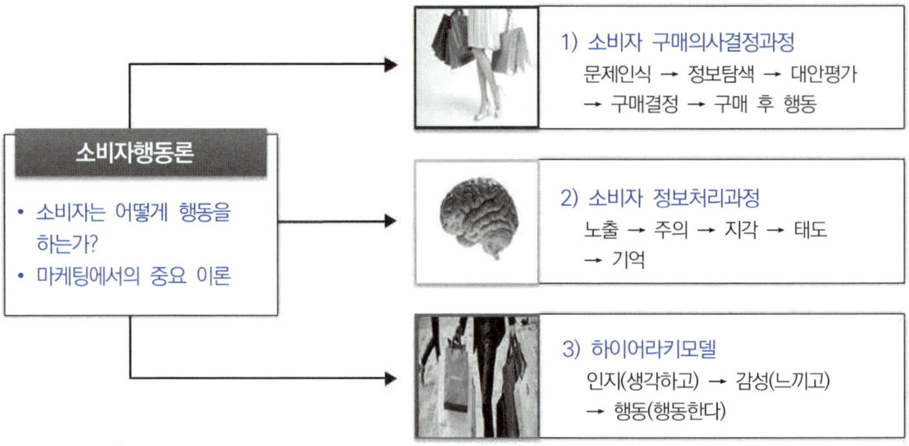

[그림 4-1] 소비자행동론의 BIG PICTURE

1 저관여 상황

1.1 소비자가 저관여 상황

1.1.1 태도형성과 변화

소비자들은 광고노출 시 광고에서 전달하려는 중심적인 메시지를 처리하는 데 광고에서 제시하는 중심메시지인 중심경로를 파악하는 데 감정적 자원들을 많이 쏟아붓지 않는 경우 우리는 그것을 '저노력 상황'이라 한다. 정보처리 노력이 적을 때에는, 소비자들은 메시지의 수동적 수신자가 되고, 강한 신념이나 접근성, 지속성, 저항성 또는 확신에 찬 태도도 형성하지 않는다. 저노력의 정보처리 하에서 형성된 태도는 기억 구조에 저장되지도 않고 소비자들이 메시지에 노출되는 각 상황에 따라 태도를 변화하게 만든다.

소비자들의 광고노출 시 광고에 대한 태도가 광고메시지를 깊게 생각하거나 그 브랜드를 감정이입하여 연결하는 능력에 기초한 것이 아니라 메시지의 다른 측면, 예컨대 소위 주변적 단서(Peripheral cues : 음악, 매력적인 모델 또는 사진, 유머 등과 같은 쉽게 처리할 수 있는 것)라 불리는 광고모델이나 비주얼 같은 것을 처리하는 경우의 정보처리를 주변경로(Peripheral route to persuasion : 핵심 메시지 주장보다 또 다른 관점인 영향을 주는 태도들에 사용되는 관점)라 한다. 이러한 주변경로와 같은 의미로 사용하는 용어로는 '저노력', 'MAO가 낮다', '무의식', '휴리스틱을 이용한 사고', '저관여(Low-effort)'를 들 수 있다.

다음(그림 4-2) 정교화 가능성 모델에서 제시하는 바와 같이 정보처리 노력이 많은 경우(중심경로)에 인지경로와 감정경로의 두 설득 경로가 있는 것과 마찬가지로, 저노력(주변경로) 하에서도 인지경로와 감정경로의 두 경로가 있다. 마케터는 호의적인 광고를 만들기 위해서는 소비자의 태도를 형성하는 뇌의 구조를 이해함으로써 (좌뇌인 이성의 뇌와 우뇌인 감성의 뇌), 즉 소비자들의 생각(인지기반), 감정(감정기반), 또는 둘 다를 반영할 필요가 있다.

대부분의 경우 '소비자들은 제품을 구매'하거나 혹은 '광고노출' 시 혹은 '새로운 이성을 만날 때' 좋은지 좋지 않은지 선택을 해야 한다. 이러한 선택을 할 때 소비자들은 고노력보다 저노력 하에서의 태도 형성하는 경우가 많다. 그러므로 저노력 하에서 태도를 형성하는 방법을 알고 있어야 한다. 이러한 저노력 하에서 태도를 형성하는 방법으로는 크게 두 가지로 나눌 수 있다.

첫째, 인지적이며 저노력하 상태일 때 태도를 형성하는 요인으로 단순신념(단순 추론, 휴리스틱, 빈도 휴리스틱, 진실 효과), 무의식적 영향(단편적 판단, 바디 피드백), 인지태도에 영향을 미치는 요인(광고모델, 메시지)가 있다.

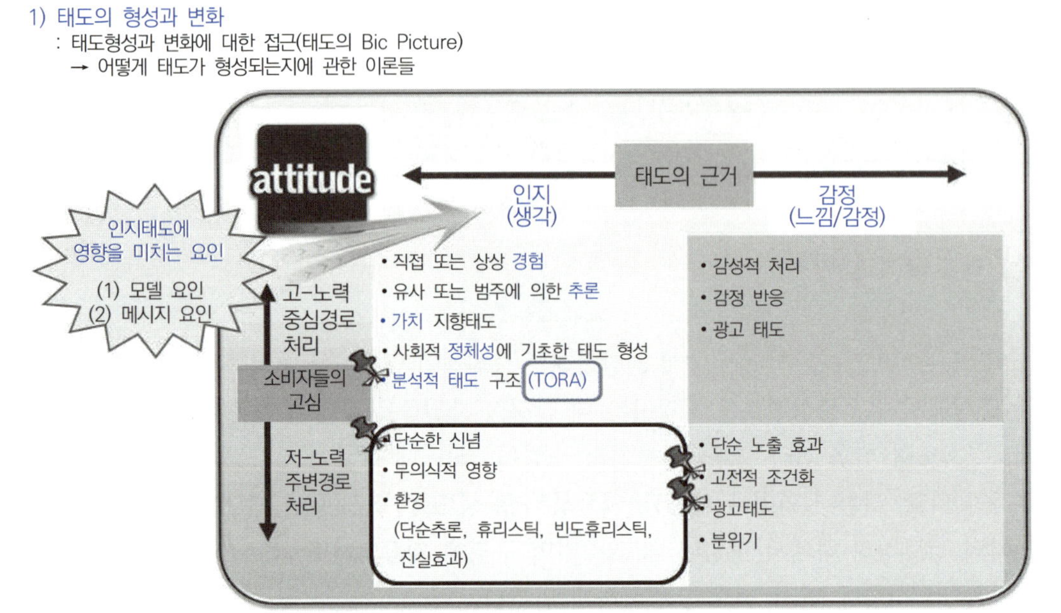

[그림 4-2] 정교화 가능성 모델(ELM : Elaboration Likelihood Model)

둘째, 감정적이며 저노력하에서 태도를 형성하는 요인으로 단순 노출 효과, 고전적 조건화, 광고 태도, 분위기가 있다.

1.1.2 저관여 이론

소비자가 저관여 제품에 광고노출이 되었을 때 소비자는 4가지의 행동을 한다(그림 4-3).

첫째, 소비자들은 소극적이고 수동적이다. 소비자는 저관여 제품의 광고에 노출되었을 때 소극적이고 수동적으로 별로 광고에 관심을 가지지 않는다. 예를 들면 소비자들은 가격이 저렴한 볼펜과 같은 가격이 저렴한 저관여도 제품에는 별로 관심을 갖지 않는 반면에 제네시스와 같은 고가 자동차 제품의 고관여 제품 광고에는 관심을 갖게 된다.

둘째, 외적 요인에 더 집중한다. 소비자는 저관여 제품의 광고에 노출되었을 때 외적 요인에 더 집중한다. 소비자는 광고에 노출되었을 때 중심경로(광고의 제품 설명)와 주변경로(광고의 음악이나 모델)에 관심을 가지게 되는데 관심이 낮은 저관여 상태에서는 광고의 제품 설명과 관련된 중심경로에 집중하지 않고 광고에서 보이는 음악이나 모델과 같은 주변경로, 즉 외적 요인에 더 집중하게 된다.

셋째, 인지적 노력을 하지 않는다. 소비자는 저관여 제품의 광고에 노출되었을 때 인지적 노력을 하지 않는다. 소비자들은 TV 광고 시 신라면과 야쿠르트와 같은 저관여 제품에 대해서

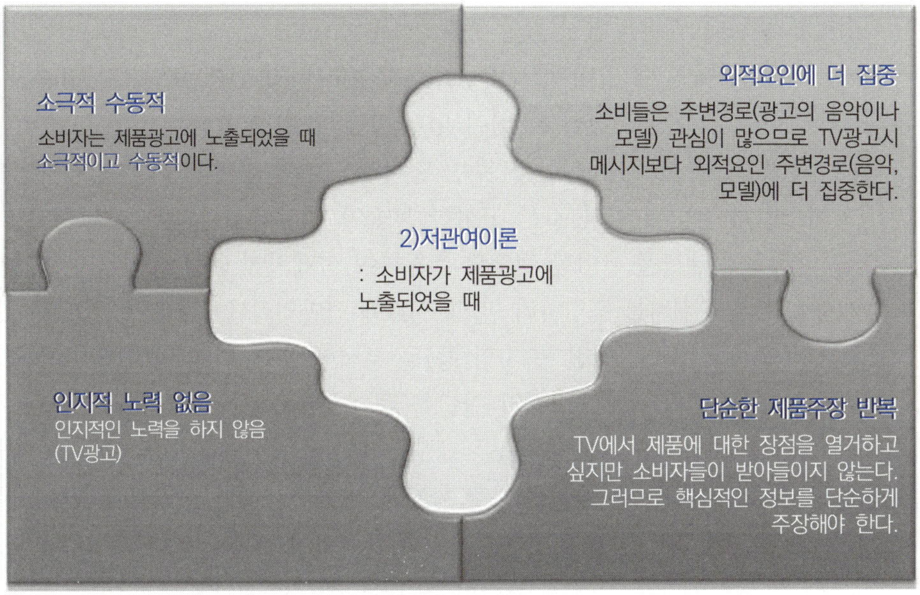

TV광고의 상황

1. Zapping, Zipping하는 저관여 상황에서 소비자들에게 우리 광고메시지를 어떻게 집어 넣을 수 있겠느냐? 하는 것이다.
2. Noise(애들이 떠들고)가 많은 상황에서 우리 제품이 좋다고 줄줄이 설명하는 TV광고는 아무도 듣지 않는다.
   → 우리 강의는 "중심경로" 이지만 TV광고는 "주변경로" 이다.

[그림 4-3] 저관여 제품 노출 시 소비자행동

크게 인지적으로 집중하려는 노력을 하지 않는다. 저관여 제품의 광고노출 시 인지적인 노력을 하지 않는다.

넷째, 단순한 제품의 주장은 반복한다. 소비자는 저관여 제품의 광고에 노출 시 단순한 제품의 주장은 여러 번 반복하는 것이 효과적이다. 예를 들어 저관여 제품인 라면과 생수와 같은 제품의 광고 시 라면과 생수가 가지고 있는 제품 안에 들어 있는 재료의 속성을 자세하게 광고에서 설명하는 것보다 저관여 제품의 경우 라면과 생수의 브랜드를 여러 번 반복하는 광고가 더 소비자들에게 오랫동안 제품을 기억시킬 수 있는 방법이다.

1.1.3 저-노력하에서 태도의 인지적 기초

1.1.3.1 단순한 신념

저노력 정보처리의 경우 소비자들이 그 메시지를 깊이 처리하지 않기 때문이다. 흥미롭게도 이런 신념들은 매우 단단한 것이 아니기 때문에 고노력 처리의 경우보다 기업들은 소비자들의 태도 변화에 실제로 더 성공할 수 있다.

제품에 대한 소비자들의 잘못된 신념을 바꾸기를 바라는 기업은 직접적인 제품 주장에 반박하기 위한 직접적인 반증을 사용하면 성공할 수도 있을 것이다.

인지적이며 저노력 상태일 때 소비자들은 태도를 형성하는 첫 번째 요인으로 단순신념(단순추론, 휴리스틱, 빈도 휴리스틱, 진실 효과)이 있다(그림 4-4).

첫째, '단순 추론(Simple inferences)'은 주변 단서에 근거한 신념을 말한다. 샴페인을 예로 들어 보자. 호화스럽게 장식된 방과 같은 고상한 모습이 제시되는 샴페인 광고를 보게 되면 소비자들은 그 샴페인 브랜드를 우아한 것으로 추론하여 샴페인에 대한 긍정적인 평가를 하게 된다. 다른 예시로 새로운 신차를 구입하려 할 때 시트에 안마의자가 설치되어 있으면 소비자들은 자동차의 속성(연비, 디자인, 엔진, 승차감 등)을 분석해 보려 하지 않고 단편적인 추론에 의해 그 자동차는 좋을 것이라는 긍정적인 판단을 하게 된다.

둘째, '휴리스틱(Heuristic)'으로 소비자들은 태도를 형성할 때 기존의 단순한 경험에 근거하여 판단한다는 것이다. 예컨대 소비자들은 자주 광고에 나오는 브랜드는 역시 품질도 더 좋다는 것을 추론하기 때문에 "잘 알려진 브랜드라면 그것은 틀림없이 좋을 것이다"라고 휴리스틱적으로 긍정적인 태도를 형성한다는 것이다. 그러한 또 다른 예시로 브랜드(Brand)를 들 수 있다. 레노마(Reno ma)와 같은 브랜드는 프랑스의 브랜드로 브랜드의 어원은 고대 노르웨이인 목동들의 언어로 "불에 태우다(브랜다)"에서 나온 언어로 가축 등에 자신의 소유임을 표시하기 위해 찍던 낙인을 '브랜다'라고 하는 어원이 유래되어 브랜드가 되었다. 이러한 브랜드를 만든 이유는

1. 단순한 신념(단순추론/휴리스틱/빈도휴리스틱/진실효과)

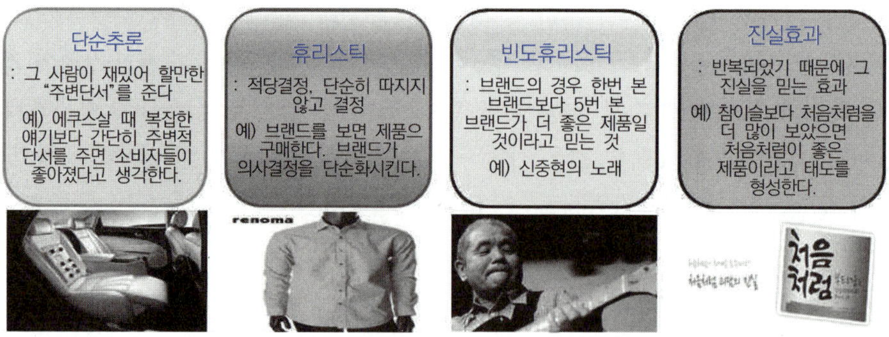

단순 추론	주변적 단서에 근거한 신념
휴리스틱	판단을 할 때 사용되는 단순한 경험적 법칙
빈도 휴리스틱	단순하게 지지주장이나 반복 획수에 근거를 둔 신념
진실 효과	단지 여러 차례 반복되었기 때문에 그 진술을 믿게 되는 효과

[그림 4-4] 저노력 하에서 태도의 인지적 기초(1)

브랜드를 만들어 소비자들에게 익숙하게 만들면 소비자들은 그 브랜드의 제품에 대해서는 속성을 분석하려 하지 않고 그 브랜드를 그냥 구입하는 경향이 있기 때문이다.

셋째, '빈도 휴리스틱(Frequency heuristic)'은 특별한 형태의 휴리스틱으로 소비자들은 한 번 본 브랜드 보다 여러 번 본 브랜드에 대해서 더 긍정적인 태도를 형성한다는 이론으로 '여러 번 반복'한다는 '빈도'에 기초한 신념을 형성하는 이론이다.

넷째, '진실 효과(Truth effect)'는 소비자들이 같은 메시지를 반복해서 듣는 경우 제품에 대한 강한 신념을 가질 수 있다는 결과를 제시하였는데 이것을 진실 효과라고 한다. 예를 들어, TV에 노출되는 광고에 처음에는 별로 관심을 갖지 않았으나 여러 번 반복해서 보다 보니 그 광고가 친근하고 좋은 제품의 광고라고 생각하게 된다.

1.1.3.2 무의식적 영향

저노력 상황에서 소비자들의 태도는 인지와 감성 모두에 기초하여 무의식적으로 만들어지고 나타난다. 그 이유는 소비자들은 주변경로에 의해 '단편적 판단'을 하기 때문이다. 예컨대 점포 안의 상품들을 둘러보고 있는 소비자들은 다양한 구매 환경 양상들에 의해 무의식적으로 영향을 받을 수 있다.

인지적이며 저노력 상태일 때 소비자들은 태도를 형성하는 두 번째 요인으로 무의식적 영향(단편적 판단, 바디 피드백(Body-feedback))이 있다.

1. 단편적 판단

단편적 판단(Thin-slice judgments)은 TORA의 신념, 평가, 규범의 단계를 고려하지 않고 단편적인 판단에 의해서만 판단하는 것으로 최소한의 정보 입력을 받아들임에도 불구하고 순간적인 관찰 후에 소비자들이 내린 평가를 의미한다. 의식적인 수준에서 그렇게 한 것이 아닌 경우에 있어서도 소비자들은 놀랍게도 정확한 느낌을 형성한다는 연구 결과가 있다.

예를 들면, 소비자들은 짧은 순간의 관찰이나 대화 후에 판매원에 대한 무의식적인 평가를 내릴 수 있다. 또 다른 예시로는 학생들은 교수님을 평가할 때 교수님의 지식과 인품 등을 고려해 판단하는 것이 아니라 오늘 입고 온 옷을 보고 판단하는 것을 '단편적 판단'이라고 할 수 있다(그림 4-5).

2. 바디 피드백

소비자들은 자신들의 육체적 반응을 의식적으로 관찰할 수는 없지만 어떤 환경에서는 바디 피드백이 태도와 행동에 영향을 줄 수 있다. 연구 결과에 의하면 머리를 끄덕이는 소비자들은 더 긍정적인 평가를 하고 고개를 옆으로 흔드는 소비자들은 부정적인 평가를 더 많이 한다고 한다.

소비자들은 자신의 행동을 설명하기 위해 그들이 경험하는 바디 피드백의 의미를 알아야 한다.

예를 들면 영화 예고편을 보도록 소비자들을 초대한다. 이런 짧은 노출은 소비자들로 하여금 구매를 유도하기 위한 전략이다. "그렇다"하고 고개를 끄덕이며 동의하도록 소비자들을 자극해야 한다. 소비자들이 그 제품에 대해 긍정적인 지각을 이미 가지고 있다면 이런 몸동작은 구매 호의에 있어서 최고의 평가를 내리게 할 수도 있다. 그러나 의식 영향과 상호작용하는 복잡성 때문에 마케팅에서 무의식 영향을 적용하는 것은 까다로운 것이 될 수도 있다. 다른 예시로 점원들은 물건을 팔 때 좋은 점만 얘기해 주면 소비자들은 '어 - 그러네'하고 보통 말한다는 것이다. 소비자들은 무의식적으로 점원의 홍보에 '행동'하고 자기 '태도'가 지배를 받는다는 것이다.

2. 무의식적 영향

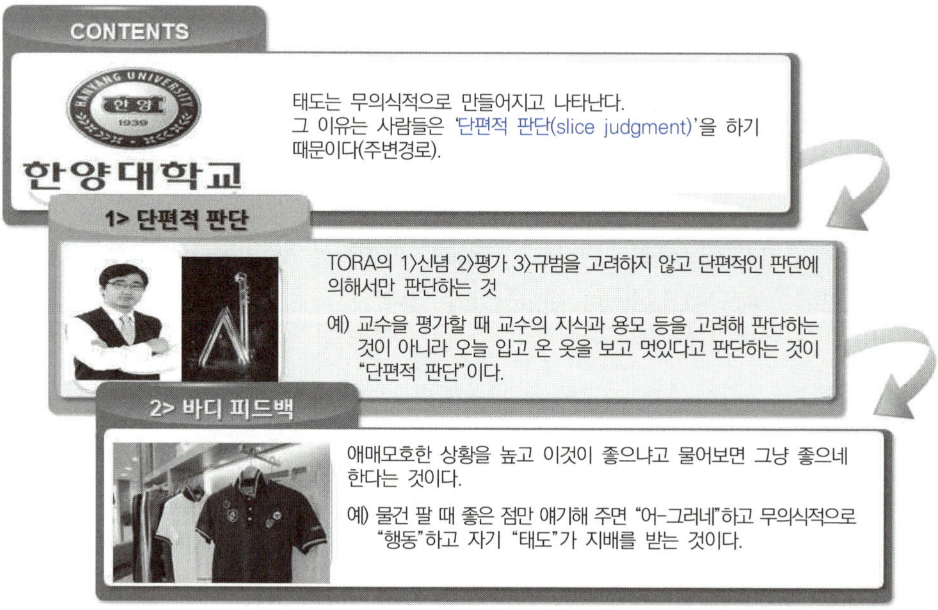

[그림 4-5] 저노력 하에서 태도의 인지적 기초(2)

1.1.3.3 인지태도에 영향을 미치는 요인

기업들은 소비자들의 인지 태도에 영향을 주는 복합적인 요인들에 대해서 고려해야 한다. 소비자들이 메시지를 처리할 때 인지적이며 저노력 상태일 때 소비자들의 태도를 형성하는 세 번째 요인으로 인지태도에 영향을 미치는 요인(광고모델, 메시지)이 있다(그림 4-6).

기업들은 광고노출 시 소비자에게 커뮤니케이션의 두 가지 '광고모델'과 '메시지'의 주요 특성에 대해 고려해야 한다.

1. 광고모델

기업들은 광고 제작 시 소비자들에게 "전문가가 보증하는 제품은 틀림없이 좋을 것이다"라는 것과 같이 신뢰할 수 있는 광고모델은 제품에 대해 단순한 판단을 하는 데 주변적 단서를 제공할 수 있다. 모델 전문성이 메시지의 신뢰성을 판단하는 단순한 단서로 사용되는 것을 주목해 보자. 기업들은 다른 제품 광고에 많이 출연하지 않은 모델을 사용함으로써 소비자들이 그 모델의 제품 보증을 신뢰하는 기회를 늘려나갈 수도 있다. 그러한 예로 최불암 씨가 신뢰도가 있기 때문에 제품의 신뢰도가 없는 제품이라도 최불암 씨가 광고모델로 등장하면 제품에 대한 신뢰도가 생긴다. 이것이 '모델효과'이다.

2. 메시지

제품에서 던지는 메시지 자체가 여러 가지 방법(범주 - 스키마 - 일관된 정보, 메시지 주장, 단순한 메시지, 관여 메시지)으로 제품에 대한 태도를 형성하는 데 영향을 줄 수 있다(그림 4-6).

1) 범주 - 스키마 - 일관된 정보

소비자들은 어떤 브랜드가 그 이름에 근거한 특징을 가지는 것으로 추론할 수 있다. 소비자들은 가격을 근거로 하여 품질이 좋은 것으로 추론한다. 기업들은 시각적, 언어적인 정보에 대한 소비자들의 즉각적인 연상에 세심한 주의를 기울여야 한다. 이러한 연상들은 소비자들의 기억에 저장된 범주와 스키마 정보와 일치되는 것일 가능성이 있다. 예를 들면 브랜드 상품 이름을 지을 때 Health milk 라고 지으면 사람들은 헬스 우유는 '건강을 지킬 때 먹는 우유'라고 사람들의 범주와 스키마를 일치시키므로 좋은 브랜드라고 태도를 형상하게 된다.

2) 메시지 주장

제품의 장점을 선전하는 메시지에 대한 빈도 휴리스틱은 메시지에 대한 소비자들의 신념에 영향을 줄 수 있다. 지지주장의 숫자에 근거하여 신념을 형성한다. 메시지 주장을 적게 하면 그 회사 브랜드가 좋지 않아 주장할 것이 없다고 생각한다. 반면 메시지 주장이 많으면 좋은 제품이라고 따져보지 않고 추론에 의해 그 제품은 좋을 것이라고 생각한다. 예를 들면 Russell Stover는 캔디 애호가들이 세 가지 메시지 주장을 표현하는 광고에 기초하여 Net Carb 캔드에 대한 신념을 형성하도록 촉진하고 있다.

① 이 캔디는 탄수화물이 낮다.
② 초콜릿 향이 풍부하다.
③ Russell Stover라 불려도 괜찮을 정도로 품질이 좋다.

소비자들이 그 메시지 주장들을 쉽게 기억하는 방법에 의해서 저노력 태도가 영향을 받을 수 있다.

3) 단순한 메시지

저 - 정보처리 상황에서 단순한 메시지가 더 효과적일 수도 있는데 이것은 소비자들이 많은 정보를 처리하지 않으려 하기 때문이다. 기업들은 저관여 소비자들에게 자세한 많은 정보를 지나치게 많이 전달하기보다는 한두 개의 핵심을 가진 단순한 메시지를 사용해야 한다. Glad사가 자사제품 ForceFlex 쓰레기봉투를 광고할 때 "이 봉투는 가득 채웠을 때 펴지지만 찢어지지는 않습니다." 마케터는 "단지 15분이면 준비 끝"과 같은 직역적이고 직접적인 주장을 통해 중요한 기능적 편익에 대한 주목에 초점을 두도록 해야 한다.

4) 관여 메시지

일반적인 한 가지 전략은 소비자들로 하여금 자기참조(Self-referencing) - 메시지를 자신의 경험이나 자아 이미지와 결부시킴 - 정도를 증대시키거나 메시지를 소비자들의 경험이나 자아 이미지와 결합시키는 것이다. 고기능 스니커 운동화인 New Balance 신발은 유명인을 광고모델로 사용하지 않고 자신이 좋아하는 스포츠에 최선을 다하는 열정에 초점을 맞추고 있다. 이 열정은 많은 소비자가 동일시하고 있는 한 차원이다.

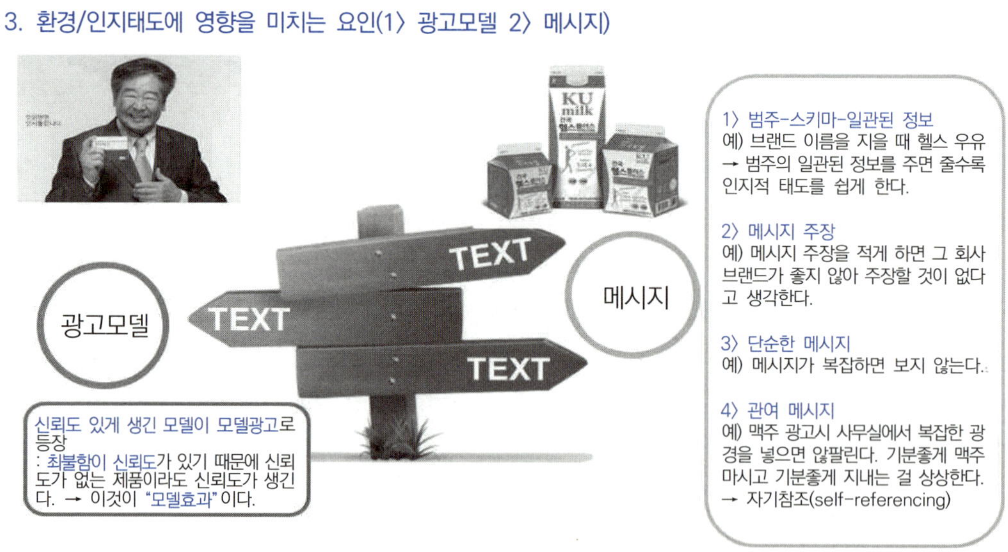

[그림 4-6] 저노력 하에서 태도의 인지적 기초(3)

1.1.4 저노력 하에서 태도의 감정적 기초

소비자의 감정은 저노력하에서 계속해서 반복적으로 노출시키면 긍정적으로 태도를 형성한다. 반복적으로 광고에 노출시키면 빈도 휴리스틱에 의해 진실효과도 발생하지만, 감정도 호의적 긍정적으로 된다.

저노력 하에서 태도를 형성하는 방법으로는 크게 두 가지로 나눌 수 있다. 첫째는 인지적이며 저노력 상태일 때 태도를 형성하는 요인으로 단순신념(단순 추론, 휴리스틱, 빈도 휴리스틱, 진실 효과), 무의식적 영향(단편적 판단, 바디 피드백), 인지태도에 영향을 미치는 요인(광고모델, 메시지)가 있고 둘째는 감정적이며 저노력하에서 태도를 형성하는 요인으로 단순 노출 효과, 고전적조건화, 광고 태도, 분위기가 있다. 이번 단원에서는 둘째에 해당하는 감정적이며 저노력 하에서 태도를 형성하는 4가지 요인에 대해서 알아보고자 한다.

저노력 감정 처리과정들은 (1) 단순한 노출 효과, (2) 고전적조건화, (3) 광고 태도, (4) 소비자 기분(분위기) 때문일 수도 있다(그림 4-7).

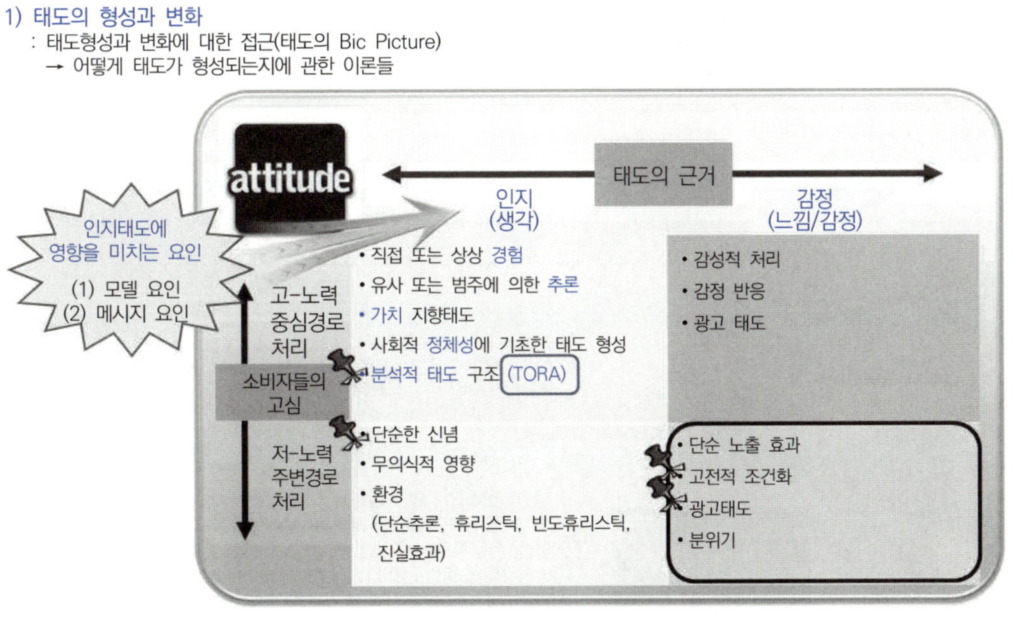

[그림 4-7] 저노력 하에서의 태도의 감정 기초 – 정교화 가능성 모델(ELM : Elaboration Likelihood Model)

1.1.4.1 단순노출 효과

소비자들이 메시지를 처리할 때 감정적이며 저노력 상태일 때 소비자들의 태도를 형성하는 첫 번째 요인으로 '단순노출 효과(Mere exposure effect)'가 있다(그림 4-8). 단순노출 효과는 잔조크가 어떤 실험을 했냐면 대학신문 모서리에 의미를 알 수 없는 한자를 큼직하게 실었다. 두 달에 걸쳐서 어떤 한자는 한번 어떤 한자는 두세 번 보여 주는 방식으로 노출빈도를 다르게 했다. 무작위로 선정한 학생에게 한자의 의미를 물어봤다. 여러 번 봤던 학생들은 보았던 거라고 하면서 뜻을 아는 것처럼 얘기했다. 잔조크의 단순노출 효과는 소비자들은 광고된 상표에 반복적으로 노출되면 반복노출 그 자체만으로도 그 상표에 대해서 호의적인 태도를 갖게 된다는 이론이다.

단순노출 효과에 따르면 우리는 낯선 것보다 친숙한 것을 더 선호하는 경향이 있다. 1930년대의 상위 30개의 브랜드가 오늘날도 여전히 상위 30위 안에 있는 이유를 단순노출 효과로 설명할 수 있다. 라디오나 TV 뮤직비디오에 나왔던 음악을 활용하는 방법을 선호하는 것은 단순노출 효과를 설명하는 또 다른 이유가 될 수 있다. 반복노출을 통해서 소비자들은 그 음악과 친숙해지고 그것을 좋아하게 된다.

반복된 노출은 자극에 대한 불확실성을 감소시키거나 소비자들로 하여금 그 자극을 처리할 기회를 증대시키고 이런 요인(단순한 친숙성보다)들은 소비자들의 태도의 영향을 줄 가능성이 있다.

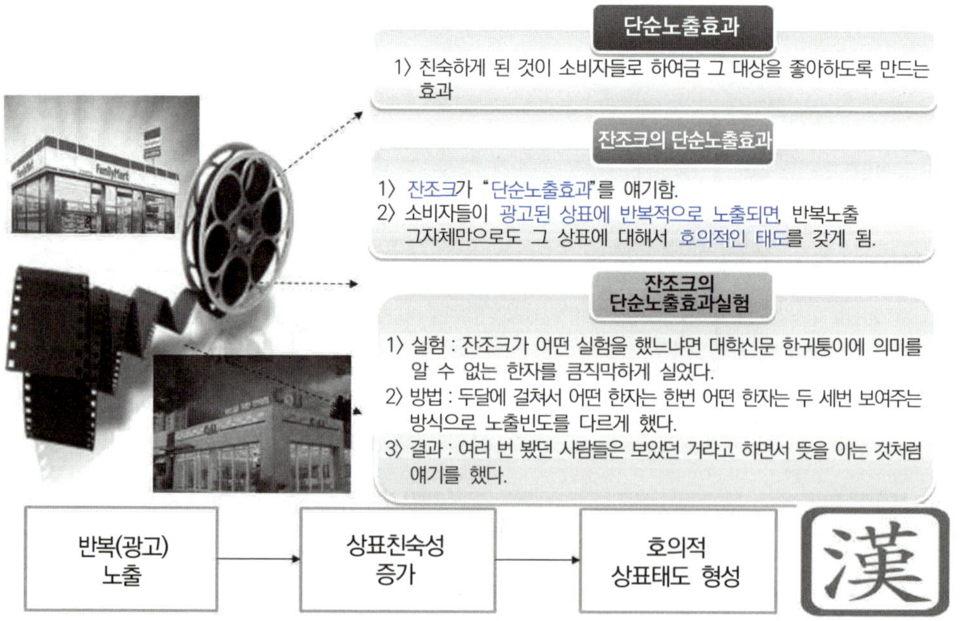

[그림 4-8] 저노력 하에서 태도의 감정적 기초(1)

반복노출 이후에 소비자들은 일반적으로 소멸(Wearout)을 경험하게 되는데 이것은 소비자들이 그 자극에 실증을 느끼는 것을 의미하고 브랜드 태도는 실제로 부정적이 된다. 그러나 소비자들이 어떤 브랜드와 친숙해지면 소멸은 나중에 일어날 수 있다. 기업들은 동일한 제품에 대한 동일한 메시지 또는 변형 메시지를 달리 실행함으로써 소멸을 극복할 수 있다. 기업들이 단일의 광고보다는 시리즈 광고물을 만들어 내는 것은 바로 이러한 이유 때문이다. 반복이 소비자들로 하여금 그 브랜드의 특별한 특징과 그 제품 범주의 다른 상표들과 관련된 방법에 대한 정보처리 기회를 더 많이 제공한다면 브랜드 태도는 개선된다.

1.1.4.2 고전적 조건화

고전적 조건화는 소비자는 제품광고에 반복 노출됨에 따라 광고모델이 가지고 있는 호의적인 감정이 광고 제품의 상표에 이전되어 호의적인 상표태도가 형성될 수 있게 된다는 이론으로 소비자들이 메시지를 처리할 때 감정적이며 저노력 상태일 때 소비자들의 태도를 형성하는 두 번째 요인으로 '고전적 조건화(Classical conditioning)'가 있다(그림 4-9, 그림 4-10).

많은 정보처리 노력을 하지 않고서도 소비자들의 태도에 영향을 주는 방법 중에 한 가지 가 고전적 조건화이다. 보통 때 배고픈 개는 음식을 보는 순간 자동적으로 침을 분비한다. 파블로우

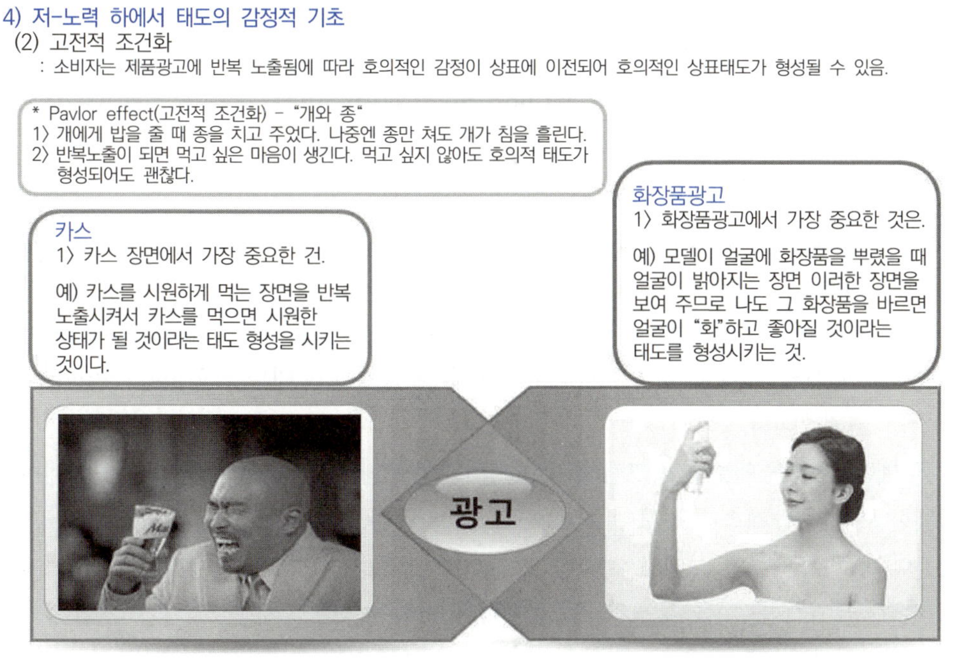

[그림 4-9] 저노력 하에서 태도의 감정적 기초(2)

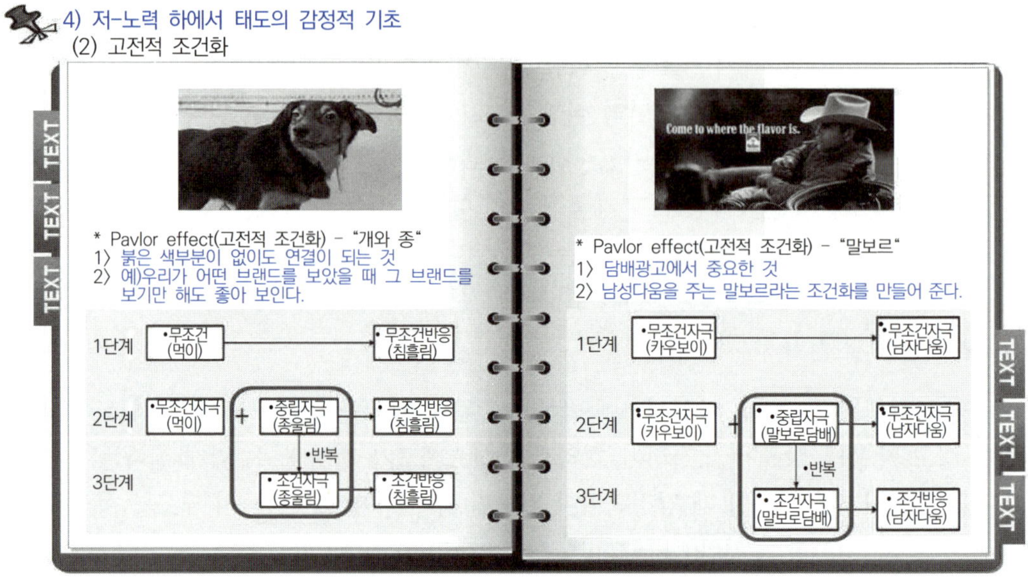

[그림 4-10] 저노력 하에서 태도의 감정적 기초(3)

(Pavlov)는 배고픈 개가 벨 소리에 침을 분비하도록 조건화 할 수 있음을 알아냈다(그림 4-10). 그것을 어떻게 했을까? 파블로우에 따르면 음식은 무조건 자극(UCS : Unconditioned Stimulus)이라 하고 침의 분비는 그 음식에 대한 반응으로 무조건 반응(UCR : Unconditioned Response)이라 하였다. 조건 자극(CS : Conditioned Stimulus)은 스스로 비자발적인 반응을 끌어내지 못하는 자극이다. 조건 자극(벨)을 무조건 자극(음식)과 반복적으로 짝지움으로써 비자발적 무조건 반응이 발생되었다.

말보로 담배광고의 예시 경우(그림 4-10) 소비자들에게 광고를 통해 카우보이를 보여 주면 서부의 사나이라는 남성적인 이미지를 소비자들은 느낀다. 이러한 카우보이 광고에 말보로 담배를 자주 같이 보여주면 소비자들은 카우보이와 말보로 담배를 동일 시 하게 되며 나중에는 편의점에서 말보로 담배만 보아도 서부의 사나이가 피우는 담배라고 태도를 형성하게 된다. 이것이 바로 고전적 조건화이다.

또 다른 예시로 맥스 맥주광고(그림 4-9)의 경우 길씨가 모델광고로 등장하여 얼굴에서 보여주는 시원한 이미지를 계속해서 보여주다가 맥스라는 맥주를 동시에 자주 같이 보여준 후 나중에 편의점에서 맥스 맥주만 보아도 시원한 맥주라고 태도를 형성하는 것이 바로 고전적 조건화이다. 조건 자극(맥스 맥주)을 무조건 자극(길씨)과 반복적으로 짝지움으로써 비자발적 무조건 반응이 발생되었다.

1.1.4.3 광고 태도

소비자들이 메시지를 처리할 때 감정적이며 저노력 상태일 때 소비자들은 태도를 형성하는 세 번째 요인으로 '광고 태도'가 있다(그림 4-11).

저노력 상황 하의 태도의 감정기반을 이해하는 데 유용하게 사용되는 또 다른 개념은 광고에 대한 소비자들의 태도이다. 때로는 소비자들이 광고를 너무 좋아해서 광고로부터 얻어진 긍정적 감정을 그 브랜드로 전이하기도 한다. 따라서 pepsi 광고가 유머가 있기 때문에 우리는 정말로 좋아하는 pepsi를 구입할 수도 있다.

한 연구에서는 브랜드에 대한 소비자들의 신념이나 지식이 브랜드 태도를 충분히 설명할 수는 없고 광고 태도는 의미 있는 추가적 설명(좋아하는 광고의 브랜드는 더 우호적으로 평가된다는 사실)을 제공한다는 것을 밝혔다. 광고에 대한 소비자들의 태도가 최고의 광고효과 지표로 사용될 수 있음을 제안하였다.

이중매개 가설은 - 소비자는 광고노출 시 브랜드에 대한 태도를 형성하기 전에 광고에 대한 태도와 브랜드 신념을 형성한 후에 구매를 정한다는 의미 - '광고태도'는 신뢰성이나 애호를 통해서 '브랜드 태도'에 영향을 줄 수 있음을 제안한다. 결국 이러한 반응들은 소비자들의 구매의도에 긍정적으로 영향을 줄 수 있다.

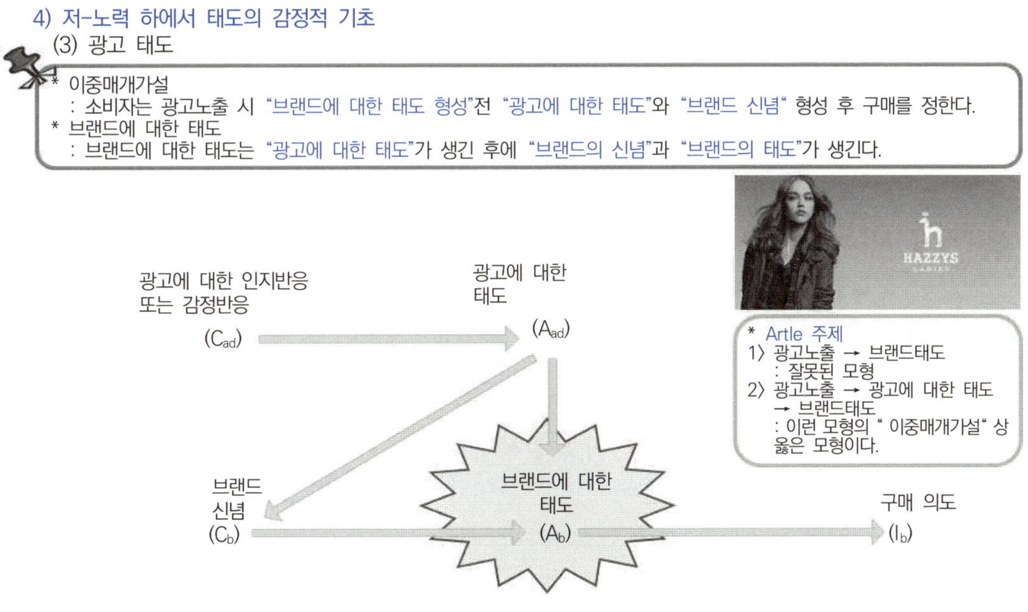

[그림 4-11] 저노력 하에서 태도의 감정적 기초(4)

1.1.4.4 분위기

소비자들이 메시지를 처리할 때 감정적이며 저노력 상태일 때 소비자들의 태도를 형성하는 네 번째 요인으로 '분위기(감정반응)'가 있다(그림 4-12).

감정적 태도는 역시 소비자들의 기분에 의해 영향을 받을 수 있다. 기분은 소비자들이 평가하게 될 다른 자극들에 대한 소비자들의 반응에 영향을 줄 수 있다. 기분이 고전적 조건화와는 다름에 유의해야 한다.

기분 좋은 상태에 있는 소비자들은 경쟁자에 대한 정보뿐만 아니라 그 브랜드에 대한 부정적인 정보를 무시하는 경향이 있다. 좋은 기분은 소비자들이 창조적으로 생각하고 브랜드 간의 관계를 알도록 도와주고 정교함을 증대시키는 원천으로 역할을 할 수 있다. 기분 좋은 소비자들은 어떤 제품을 평가할 때 긍정적인 정보에 더 높은 점수를 주는 반면, 기분이 좋지 않은 소비자들은 부정적인 정보를 더 높게 평가한다.

점포 내의 밝은 조명은 구매자들이 상품을 관찰하고 만져보는 정도를 증가시키는 경향이 있음을 밝혀냈다. 그러나 더 밝은 조명이 소비자들의 쇼핑시간이나 구매 품목을 늘리지는 않는다. 색상 역시 한 요인이 된다. 빨강색, 오렌지색, 노란색과 같이 따뜻한 색은 더 자극적이고 흥분하게 만드는 경향이 있는 반면, 파란색, 초록색, 자주색과 같이 차가운 색은 더 진정시키는 성향을 보인다. 또한 판매원의 기분도 소비자들에게 영향을 준다. 기분이 안 좋은 소비자가 행복하게 보이는 판매원들과 의견을 나누는 경우, 구매하는 제품에 대한 판단을 더 나쁘게 하고 평가절하할 가능성이 있다.

이러한 소비자의 감정반응으로 다음 세 가지 주요 감정반응으로 알아볼 수 있다.

① SEVA(Surgency 외향성, Elation 고무, Vigor 활력, Activation 활성화) : 커뮤니케이션이 소비자들을 낙관적이고 행복하게 만들 때 나타난다.
② 억제 감정(Deactivation feelings) : 이런 감정에는 진정, 이완, 차분함, 쾌적함 등과 같은 반응을 포함한다.
③ 사회적 감정(Social affection) : 따뜻함, 다정함, 배려의 감정이다.

다른 연구에서는 광고에서 유발하는 따뜻함과 유머 감정은 브랜드 태도에 직접적이고 긍정적인 영향을 준다는 사실을 밝혀내었다. 이렇게 하여 하기스(Huggies) 일회용 기저귀는 아기와 부모들 사이의 애정 어린 모습을 그려내었다. 소비자들은 광고를 보면서 광고의 '감정반응'에 속기 때문에 광고에서 보이는 제품에 호의적으로 된다. 그러므로 광고를 바라보는 광고회사의 입장에서의 좋은 광고란 '광고를 보고 감정'을 측정하는 것이라는 시각도 있다. 예를 들어 대형할인점을 방문하면 템포가 빠른 음악을 틀어 주게 되면 소비자들은 긍정적인 감정이 발생하게 되고 이러한 긍정적인 감정의 기분은 제품을 구매하는 데 영향을 미치게 된다. 또한 기업들은 광고 제작 시 '박카스' 광고와 같이 등장하는 인물을 위로하고 다정함과 따뜻함, 배려의 감정을 주게 되면 광고 제품에 대한 따뜻함을 느끼게 되어 광고에 대한 긍정적인 태도를 형성하게 되고 또한 '박카스'라는 제품에 대한 긍정적인 태도를 형성하게 된다.

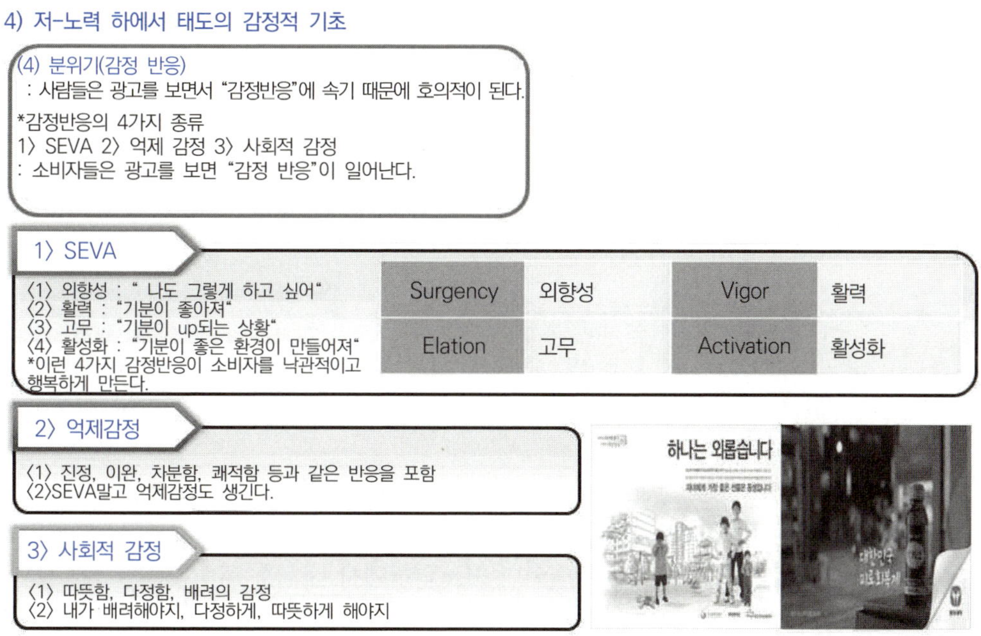

[그림 4-12] 저노력 하에서 태도의 감정적 기초(5)

2 고관여 상황

2.1 소비자가 고관여(High-Effort) 상황

고노력 하에서 태도를 형성하는 방법으로는 크게 두 가지로 나눌 수 있다. 첫째는 인지적이며 고노력 상태일 때 태도를 형성하는 요인으로 직접 또는 상상한 경험, 유사 또는 범주에 의한 추론, 가치 지향적 태도, 사회적 정체성에 기초한 태도, 분석적 태도 구조(TORA)가 있고 둘째는 감정적이며 고노력하에서 태도를 형성하는 요인으로 감정적 관여, 감정 반응, 감정 소구가 있다.

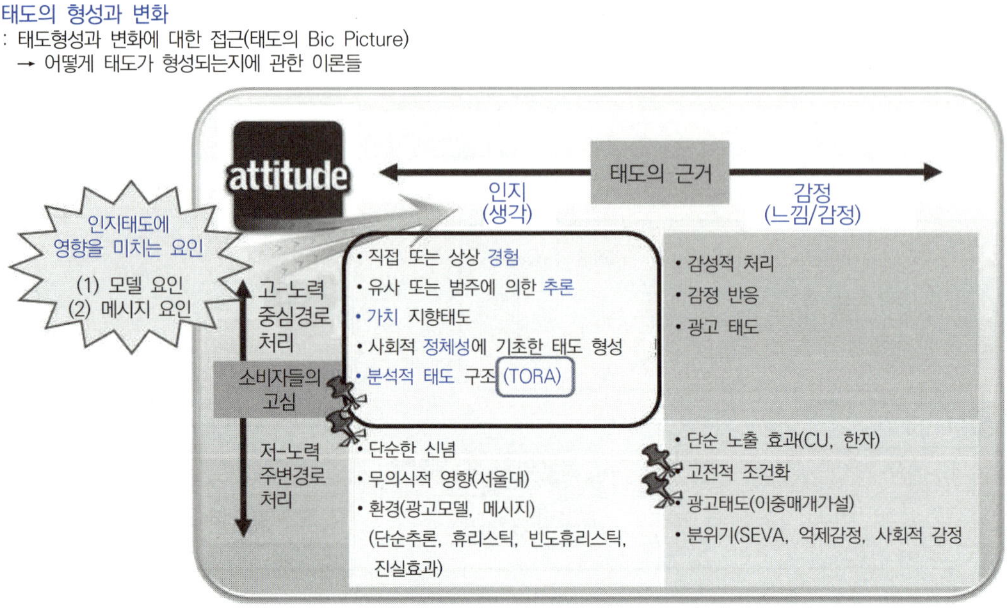

[그림 4-13] 고노력 하에서의 태도의 인지적 기초(1)

이번 단원에서는 첫째에 해당하는 인지적이며 고노력하에서 태도를 형성하는 5가지 요인에 대해서 알아보고자 한다(그림 4-13).

2.1.1 태도의 인지적 기초

연구자들은 소비자들이 정보를 처리하고 의사결정을 하기 위해 많은 노력을 할 때 생각과 태도의 관련성을 설명하는 여러 가지 이론들을 제안해 왔다. 여기서는 다섯 가지 인지 모델인 직접 또는 상상한 경험, 유사성 또는 범주에 의한 추론, 가치 지향적 태도, 사회 정체성에 기반을 둔 태도 생성, 합리적 행동이론과 계획된 행동이론과 같은 기대-가치 모델을 포함하는 태도 구성의 분석적 과정을 설명하고자 한다.

2.1.1.1 직접 또는 상상한 경험

제품이나 서비스를 실제로 경험(또는 경험이 어떠할 것인가를 상상해 보는 것을 포함)하기 위해 쏟아부은 노력은 소비자들이 긍정적 또는 부정적 태도를 형성하는 데 도움이 될 수 있다. 예를 들면, 우리는 새 차의 시운전 또는 영화 시사회에 참여한 후에 태도를 형성할 가능성이 높고 심지어 그 자동차를 시운전하거나 영화를 보는 것은 어떤 느낌이 들 것인가를 상상하면서도 태도를 형성할 가능성이 있다.

2.1.1.2 유사 또는 범주에 의한 추론

소비자들은 어떤 제품이 다른 제품 또는 특정 제품 범주와 비슷한 정도를 숙고함으로써 태도를 형성하기도 한다. 예컨대 신제품인 디지털카메라가 Swiss Army Knife 같은 다양한 기능성을 가지는 것으로 광고된다면 그들이 좋아하는 제품(스위스 나이프)과 비슷하기 때문에 소비자들은 그 카메라에 대해서도 호의적인 태도를 형성할 것이다. 즉 A기업이 기존에 만든 제품이 우수하다고 소비자들은 평가하면 추론에 의해 다음에 개발하는 A회사의 제품도 우수할 것이라는 우호적인 태도를 형성하게 된다.

2.1.1.3 가치 지향적 태도

우리가 운동화를 사려고 할 때 우리는 재활용될 수 없는 재료로 만든 브랜드보다는 재활용이 가능한 재료로 만든 신발에 대해 호의적인 태도를 형성할 것이다. 여기서 우리의 가치관이 특정 브랜드나 제품에 대한 태도를 형성하도록 만든다. 예를 들어 소비자 중 환경운동가인 경우 자연을 훼손하는 기업에 대해서는 아무리 좋은 제품을 만든다고 해도 환경운동가로서의 가치관에

[그림 4-14] 고노력 하에서의 태도의 인지적 기초(2)

어긋난다고 생각하기 때문에 환경을 훼손하는 기업의 제품에 대해서는 부정적인 태도를 형성한다는 것이다.

2.1.1.4 사회적 정체성에 기초한 태도

소비자들이 자신의 사회적 정체성을 보는 방법은 제품이나 서비스에 대한 태도 형성에 영향을 줄 수 있다. 우리가 열광적인 스포츠팬이라면, 우리의 정체성은 제한적인 특성을 띨 수도 있다. 그 결과 우리는 이러한 사회적 정체성을 표현하게 만드는 특정한 브랜드나 제품(예 : 자신이 좋아하는 선수가 보증하는 스포츠의류 브랜드)에 대해 호의적인 태도를 형성할 경향을 보일 수 있을 것이다. 따라서 자신을 헌신적인 스케이트보드 팬으로 여기는 소비자들은 Drake Riddough가 직접 연기하는 것을 구경한 후에 그가 광고하는 DC Shoes에 대해서 긍정적인 감정을 가지게 될 것이다. 다른 예로 1차 세계대전과 2차 세계대전을 발발한 독일의 경우 세계적인 전쟁으로 장갑차와 탱크와 같은 철을 다루는 기술이 발달하게 되어 이러한 철의 발달이 현재의 자동차를 만드는 기술로 자동차 산업을 이끌게 되어 아우디, 벤츠, 폭스바겐, BMW와 같은 세계적인 브랜드의 자동차를 생산하게 된 배경으로 인해 소비자들은 독일이 만든 자동차에 대한 긍정적인 감정을 가지게 될 것이다.

2.1.1.5 분석적 태도 구조(=TORA(추론된 행동이론), =기대 - 가치 모델)

기대 - 가치 모델(expectancy-value model)은 어떤 대상이나 행동에 대해 소비자들이 가지는 신념이나 지식과 이 특별한 신념들에 대한 자신들의 평가에 기초하여 소비자들의 태도 형성과 변화의 방법을 설명하는 분석적 과정이다.

추론된 행동이론(TORA : Theory Of Reasoned Action)으로 알려진 기대 - 가치 모델은 특히 태도가 소비자들의 행동을 예측하는 방법, 시기, 이유 등에 대해 확장된 모습을 제공한다. [그림 4-15]의 모델에서 보는 바와 같이 이 모델은 행동(B : behavior)은 사람의 행동 의도(BI : Behavioral Intention)의 기능이고 이것은 결국 사람의 행동에 대한 태도(Aact : Attitude toward the act)와 그 상황에서 작동하는 주관적 규범(SN : Subjective Norms)에 의해 결정된다는 것을 제안하고 있다. 대부분의 기대 - 가치 모델에 맞추어, 태도(Aact)는 행동 결과에 대한 소비자들의 신념(bi)과 그 결과에 대한 소비자들의 평가(ei)에 의해 결정된다. 주관적 규범(SN)은 소비자들의 규범적 신념(NBJ) - 또는 타인이 자신을 그렇게 하도록 원할 것이라고 소비자가 생각하는 것 - 과 타인의 생각에 순응하려는 소비자들의 동기(MCJ)에 의해 결정된다.

예를 들면 커피에 대한 나의 태도를 분석하는 데 있어 행동 결과에 대한 신념(bi)으로 내가 커피에 대한 신념, 즉 얼마만큼 좋은지에 대한 정도를 5점 척도 중 4점이라고 가정하고 행동결과에 대한 평가(ei)로 내가 커피를 마시어 보고 평가한 결과를 역시 5점 척도 중 4점이라고 한다면 커피에 대한 나의 행동에 대한 태도(Aact)는 평균 4점이 된다. 그리고 규범적 신념(NBJ)으로서 사회적 시각으로 커피는 규범적으로 어려운 국가 아이들의 노동력을 착취해서 커피를 만든다고 생각을 한다면 5점 척도 중 3점을 부과할 것이고 행동 결과에 대한 신념(MCJ)으로 나도 커피에 대한 규범을 사회적 시각의 규범처럼 어려운 국가 아이들의 노동력을 착취한다고 생각한다면 5점 척도 중 3점을 부과할 것이다. 그러면 주관적 규범(SN)의 점수는 평균 3점이 될 것이며 행동에 대한 태도(Aact)의 평균 점수 4점과 주관적 규범(SN)에 대한 평균 점수 3점을 합치면 나의 커피에 대한 태도 점수는 5점 만점에 3.5점 정도로 커피를 좋아한다는 태도를 형성하는 결과를 분석적인 수치로 태도 점수를 합리적으로 알 수 있는 방법이 TORA 모델이다.

TORA 모델은 동일한 사회적 환경에 있는 타인이 소비자행동에 영향을 주는 방법을 고려하고 있음에 주목할 필요가 있다. 어떤 상황에서는 타인으로부터 나오는 규범적 영향(Normative influences)이 사람의 행동 방법에 강력한 영향을 줄 수 있다.

확장된 TORA인 계획된 행동이론(Planned behavior theory)은 소비자들의 지각된 행동 억제력을 검증함으로써 그들이 불완전한 억제력을 가지는 행동을 예측해 낼 수 있다. 예컨대, 혈압 치료제를 복용하는 것이 건강에 좋다는 광고를 보는 나이 든 소비자들은 그들이 이런 변화에 대해 긍정적인 태도를 형성하고 변화의 의도를 가지며 이 행동에 대해 자신들이 통제력을 가지고 있는 것으로 지각하는 경우에 이 약품을 구입할 가능성이 더 높아질 것이다.

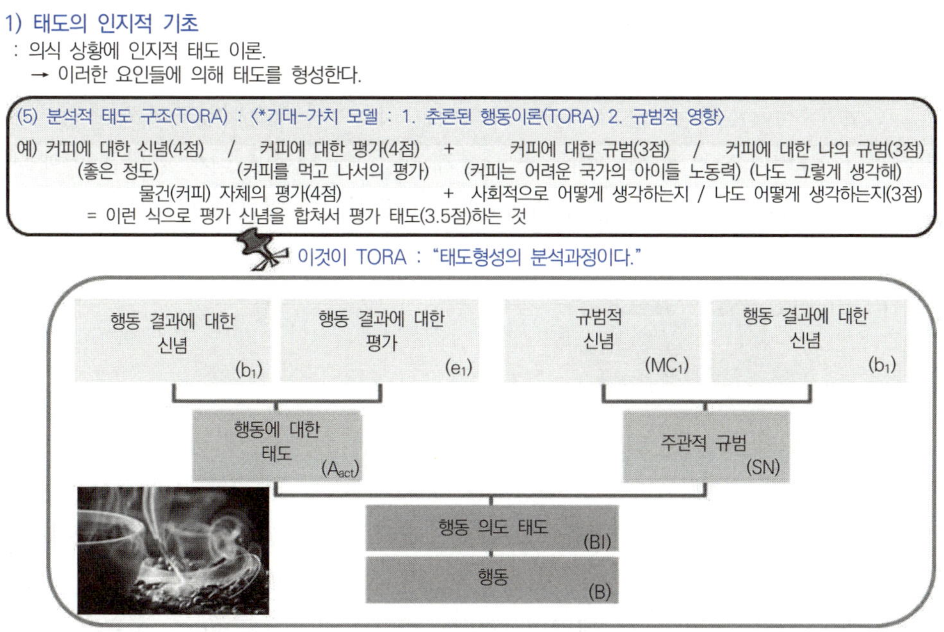

[그림 4-15] 고노력 하에서의 태도의 인지적 기초(3)

2.1.1.6 소비자 태도의 변화

소비자의 태도는 변화한다. TORA에 의해서 태도가 형성이 되어도 태도는 변화한다.

1. 현재 태도 진단

기업들은 소비자들이 태도를 가지게 되는 이유에 대해서 이해할 필요가 있다. 예를 들면, TORA는 소비자들이 제품을 좋아하거나 싫어하는 이유, 행동이나 저항 의도가 있는지 또는 영향력이 있는 사람을 파악하여 누구를 표적으로 삼아야 할지를 분석하는 데 유용하다.

2. 변화를 위한 다양한 전략

소비자의 태도를 바꾸는 방법에는 신념 변화, 평가 변화, 새로운 신념의 추가, 상상한 경험에 기초한 태도 형성 촉진, 규범적 신념을 겨냥하는 5가지의 방법이 있다.

1) 신념 변화

소비자의 태도를 바꾸는 첫 번째 방법으로는 신념의 변화란 소비자는 제품 구매에 영향을 미치는 제품 신념의 강도를 바꾸는 것을 말한다. 기업들은 제품이 긍정적이고 중요한 결과를 가진다는 신념을 강화시킬 수도 있고 부정적인 결과를 가지고 있다는 신념을 약화시키는 노력을 할 수도 있다. 녹차를 먹는데 녹차의 신념을 개운/쓴맛이라고 할 때 녹차도 맛이 있어야 한다고 신념을 바꾸는 것이다. 즉 맛있는 녹차를 개발하는 것이다. 신념을 바꿔서 평가의 기준을 달리하는 것을 말한다.

예컨대, GM의 Saturn 브랜드는 초기에는 소형이며 미국에서 생산되었고 비싸지 않은 자동차를 표방하였다. 그러나 Saturn은 스타일을 새롭게 하는 데 너무 느려서 결국은 영예를 많이 잃게 되었다. 소비자들의 신념을 바꾸기 위해 GM은 미국산임을 언급하면서 스타일을 강조하는 광고와 함께 새로운 모델을 출시하였다. '이 자동차가 미국산 때문이라면 사지 마십시오. 놀랄만한 것이라면 이 자동차를 사십시오.'

2) 평가 변화

소비자의 태도를 바꾸는 또 하나의 방법은 결과에 대한 소비자들의 평가를 바꾸는 것이다. 소비자들의 신념이 더 긍정적이거나 덜 부정적일 때 소비자들의 태도는 더 긍정적인 것이 된다. 업종 집단인 미국화학업협회는 화학제품에 대한 소비자들의 태도를 변화시키기 위한 광고를 하였다. "평균적인 사람들이 화학제품에 대해서 생각을 할 때, 혜택과 이익 대신에 손상과 위험을 생각합니다." "우리는 그 간극을 메워 왔습니다."라고 Nova Chemicals 대표는 말한다. 예를 들면, '필수2' 캠페인은 소비자들의 삶의 질을 향상시키는 화학적 제품이 필수적인 성분임을 설명하고 있다. 놀랍게도 이 캠페인은 화학제품의 상대적 중요성의 변화를 이끌어 낸 것으로 조사되었다.

3) 새로운 신념의 추가

세 번째 소비자의 태도를 바꾸는 전략은 소비자들의 태도를 좀 더 긍정적으로 만들 수 있는 새로운 신념을 추가시키는 것이다. 소비자의 신념을 바꾸어서 태도를 변화시킬 수 있어야 한다. 이 전략은 자사의 브랜드가 현재 경쟁 제품보다 품질이 낮고, 열등하거나 가격이 비싸다고 생각되는 특징을 가지고 있는 경우에 특히 효과적이다.

예를 들면, 물이 있는 애리조나의 사막의 광고를 소비자에게 보여 주면 대부분 사람들은 애리조나 사막이 건조한 것으로 믿고 있다. 그러나 이 광고는 애리조나 사막이 물이 있는 지역이라는 새로운 신념을 제공한다.

4) 상상한 경험에 기초한 태도 형성 촉진

기업들은 생생한 언어를 사용한 광고, 소비자들로 하여금 경험을 상상하도록 권장하는 설명서 등을 통해서 정보를 교환할 수 있다. 이렇게 함으로써 소비자들이 상상하는 일에 익숙해지고 그들이 잠재적으로 부정적인 측면보다는 긍정적인 측면에 초점을 두게 되는 한 긍정적인 태도가 형성될 것이다.

예를 들면, 클라우드 맥주의 경우 “물을 타지 않았다”라는 광고 슬로건보다는 클라우드 맥주를 먹었을 때의 시원함을 경험으로 보여줘야 상상한 경험을 기초해서 소비자들은 클라우드 맥주의 긍정적인 태도를 형성한다. 화장품 광고의 경우도 화장품을 사용함으로 변화되는 상상한 경험을 보여줘야 경험에 기초하여 소비자들은 화장품에 대한 긍정적인 태도를 형성한다.

5) 규범적 신념을 겨냥

다른 소비자의 태도를 바꾸는 전략으로는 행동에 영향을 주는 방법으로써 특히 강한 규범적 신념을 겨냥한 커뮤니케이션을 개발하는 것이다. Northern Illinois 대학은 대부분 학생들이 파티에서 다섯 잔 이하의 술을 마신다는 사실을 학생들에게 알려줌으로써 과음을 줄이는 규범적 캠페인을 성공적으로 이용하였다. 그러나 규범적 신념이 문화에 따라 다르게 나타나기도 한다.

예를 들면, 커피는 아프리카 어린이들의 노동력을 착취한다는 신념에 의해서 커피를 마시지 않는다면 아프리카의 어린이들이 굶어 죽는다. 그러므로 신념을 바꾸어 커피를 마시면 아프리카 어린이를 구할 수 있다고 한다면 우리는 커피에 대한 부정적인 신념에서 긍정적인 새로운 신념을 갖게 되고 커피에 대한 태도를 변화시키게 된다.

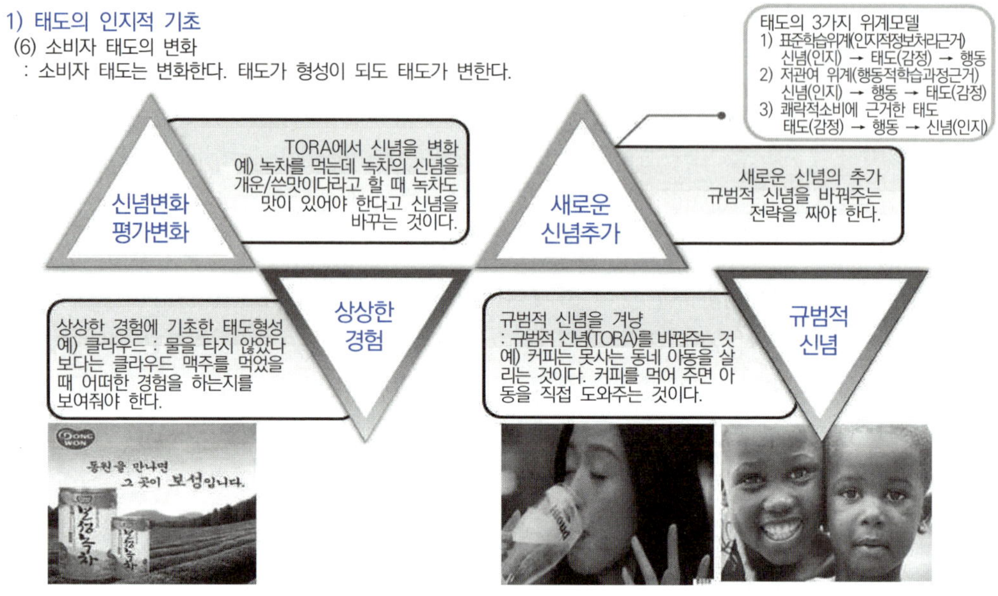

[그림 4-16] 고노력 하에서의 태도의 인지적 기초(4)

2.1.2 태도의 감정적 기초

소비자 태도에 대한 초기 연구의 대부분은 MAO와 정보처리 노력이 높은 경우 태도 형성의 인지 모델에 초점을 두어 왔다. 그러나 현재는 소비자들이 메시지 처리를 할 때 감정에 기초하여 많은 정신적 에너지를 쓰고 있는 것으로 연구자들은 알게 되었다. 인지 구조에 관계없이 감정반응은 호의적이고 지속적이며 변화에 저항하는 태도를 만들어 내는 강력한 방법이 되고 있다. 지금부터는 MAO와 정보처리 노력이 높을 때 소비자들의 감정을 통해서 태도를 변화시키는 방법으로 감정적 관여, 감정 반응, 감정 소구에 대해서 알아보고자 한다.

2.1.2.1 감정적 관여(감정적 처리)

어떤 대상이나 의사결정에 대한 감정적 관여(affective involvement)가 높은 경우, 소비자들은 자극에 대한 강한 감정적 반응이나 참여를 경험할 수 있다. 그 참여는 소비자들이 제품 또는 광고와 감정적으로 결합된 정도를 가리킨다. 높은 참여 수준은 결국 태도에 영향을 줄 수 있는 강한 감정을 의미한다.

마케팅 상황에서 어떤 요인들은 강함 감정과 결부될 수 있었던 기억 속의 경험이나 에피소드

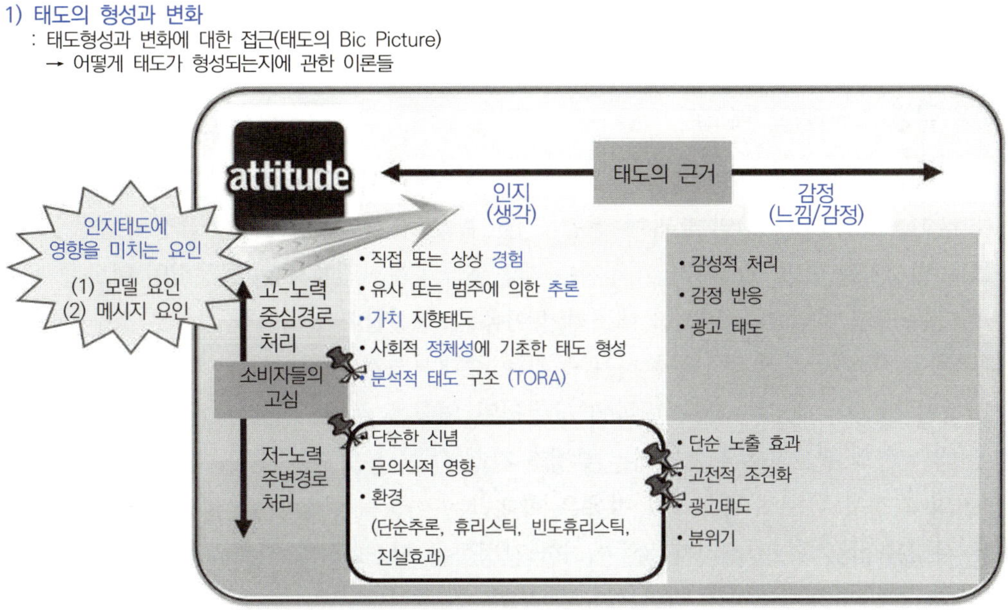

[그림 4-17] 고노력 하에서의 태도의 감정적 기초(1)

를 활성화시킬 수 있다. 예를 들면, 자신이 구입한 자동차 광고를 갑자기 보게 되면, 기쁨과 흥분 같은 긍정적인 감정을 경험할 수 있을 것이다. 강아지를 좋아하는 사람은 귀여운 강아지가 등장하는 메시지에 대해 감정적 몰입을 경험하게 될 것이다. 또한 사람이 얼마나 감정적 에너지를 가지고 사물을 바로 보느냐에 따라 감정적 관여가 작으면 작을수록 몰입을 적게 한다. 예를 들어, 영화가 국제시장에서 반응이 좋으면 주위 사람이 영화에 대한 많은 얘기를 하게 되므로 감정적 관여도가 높아져서 영화를 볼수록 눈물이 더 많이 나게 된다.

2.1.2.2 감정 반응

감정 반응은 소비자들이 메시지에 대해 감정과 상상을 창출해 내는 반응을 말하며 소비자들이 메시지에 감정적으로 몰입되어 있는 경우 그들은 분석적이기보다는 일반적 수준에서 그것을 처리하는 경향이 있다. 이러한 처리는 상상이나 감정의 창출을 포함하게 되는데, 이것을 인지반응이라기 보다는 감정반응(ARs : Affective Responses)이라 부른다. 사실 감정은 제품에 대한 소비자들의 태도 형성에 있어서 일반적으로 인지반응보다 더 영향을 준다. 광고가 '최고조의 감정적 경험'이 될 때 감정반응은 특히 중요하다. 소비자들은 기억으로부터 감정 경험을 회상하거나 자신들을 대리자로서 그 상황에 둘 수 있고, 또 그것과 연상된 감정들을 경험할 수 있다. 이러한 감정은 그 다음에 소비자들의 태도에 영향을 줄 것이다. 자신들의 희망과 영감을 포함한 목표에 주안점을 두는 소비자들은 광고에 대해 감정반응에 의존하는 경향이 있는 반면, 책임과 의무에 초점을 맞춘 소비자들은 메시지 내용에 더 의존하는 경향을 보인다.

2.1.2.3 감정 소구(광고 태도)

감정 소구는 감정 반응을 이끌어 내기 위해 설계된 메시지를 말하며 혼재된 문화 차이는 감정 소구(Emotional appeals)의 효과에 영향을 줄 수 있다. 한 연구에서는 감정 소구는 호의적 태도를 유발시키는 반면, 감정이입 메시지는 개인주의적 문화권에서 더 긍정적인 태도를 이끌어 내게 한다는 것이 밝혀졌다. 명백한 대조적인 이유는, 참신함이나 독특한 것으로 소구하는 것은 그 메시지를 처리하고 생각하도록 하는 동기를 증대시키기 때문이다.

부정적인 감정이 때로는 태도 변화에 긍정적인 영향을 주기도 한다. 한 연구에서, 어린이 학대에 대한 공익 광고노출은 초기에는 부정적 감정(슬픔, 분노, 두려움)을 창출하지만, 그 후에는 연민의 감정을 유도해 내고, 이 반응은 학대받는 아동들을 돕기로 결정하는 결과를 낳게 한다는 사실을 밝혔다. 또 소비자들은 이러한 감정들을 최소화하는 선택을 함으로써 강한 부정적 감정과 결합된 의사결정을 피하는 노력을 할 수 있다.

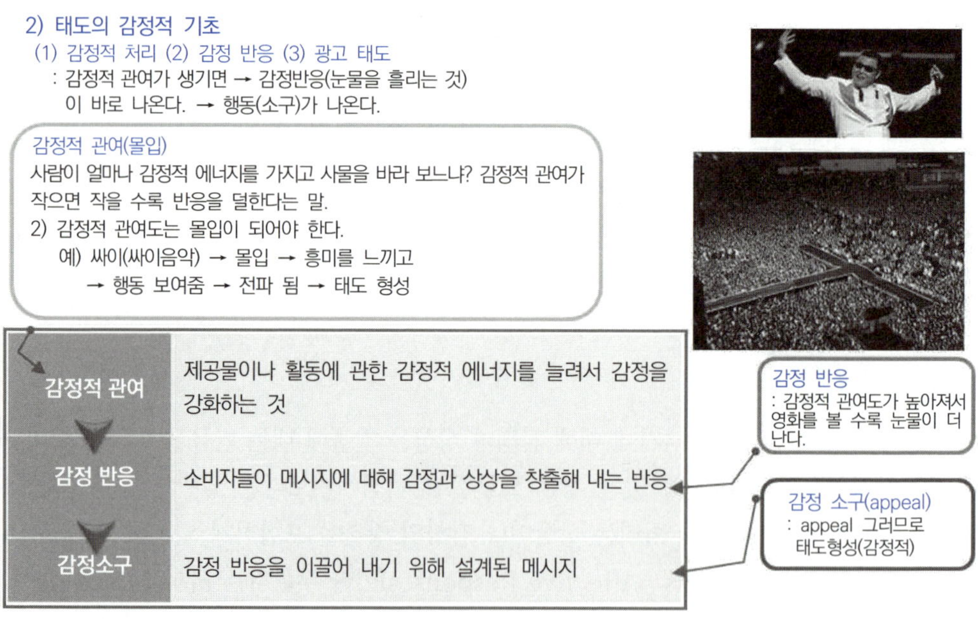

[그림 4-18] 고노력 하에서의 태도의 감정적 기초(2)

학습정리

1. 소비자가 저관여(Low-Effort) 상황

소비자행동론의 BIG PICTURE 이론 3가지 중 소비자의 정보처리과정 속 태도이론에 관한 이론으로 '정교화 가능성 모델(ELM : Elaboration Likelihood Model)'로 소비자가 태도를 형성 시 인지(생각)적 저노력(주면경로처리)과 인지(생각)적 고노력(중심경로처리)에 감정적 저노력(주변경로처리)과 감정적 고노력(중심경로처리) 4가지 상황에 의한 태도형성 요인 15가지에 대해서 구체적으로 공부하고자 한다.

1) 태도형성과 변화

정보처리 노력이 많은 경우에 인지경로와 감정경로의 두 설득 경로가 있는 것과 마찬가지로 저노력 하에서도 인지경로와 감정경로의 두 경로가 있다. 마케터는 호의적인 광고를 만들기 위해 소비자들의 생각(인지가반), 감정(감정기반) 또는 둘 다를 반영할 필요가 있다.

2) 저관여이론

저관여 제품일 때 소비자는 4가지의 행동을 한다.

(1) 소극적 수동적 : 소비자는 제품광고에 노출되었을 때 소극적이고 수동적이다. 소비자는 저관여 제품의 광고에 노출되었을 때 소극적이고 수동적으로 별로 광고에 관심을 가지지 않는다.

(2) 외적요인에 더 집중 : 소비자는 저관여 제품의 광고에 노출되었을 때 외적요인에 더 집중한다. 소비자는 광고에 노출되었을 때 중심경로(광고의 제품 설명)와 주변경로(광고의 음악이나 모델)에 관심을 가지게 되는데 관심이 낮은 저관여 상태에서는 광고의 제품 설명과 관련된 중심경로에 집중하지 않고 광고에서 보이는 음악이나 모델과 같은 주변경로, 즉 외적요인에 더 집중하게 된다.

(3) 인지적 노력 없음 : 소비자는 저관여 제품의 광고에 노출되었을 때 인지적 노력을 하지 않는다. 소비자들은 TV 광고 시 신라면과 야쿠르트와 같은 저관여 제품에 대해서 크게 인지적으로 집중하려는 노력을 하지 않는다.

(4) 단순한 제품주장 반복 : 소비자는 저관여 제품의 광고에 노출 시 단순한 제품의 주장은 여러 번 반복하는 것이 효과적이다. 예를 들어 저관여 제품인 라면과 생수와 같은 제품의 광고 시 라면과 생수가 가지고 있는 제품 안에 들어 있는 재료의 속성을 자세하게 광고에서 설명하는 것보다 저관여 제품의 경우 라면과 생수의 브랜드를 여러 번 반복하는 광고가 더 소비자들에게 오랫동안 제품을 기억시킬 수 있는 방법이다.

3) 저-노력하에서 태도의 인지적 기초

저노력 정보처리의 경우 소비자들이 그 메시지를 깊이 처리하지 않기 때문이다. 흥미롭게도 이런 신념들은 매우 단단한 것이 아니기 때문에 고노력 처리의 경우보다 마케터들이 소비자들의 태도 변화에 실제로 더 성공할 수 있다.

(1) 단순한 신념(단순 추론/휴리스틱/빈도 휴리스틱/진실 효과) : 정보처리 노력이 적을 때

① 단순 추론 : 소비자들은 간소한 연합에 의해 근거한 단순 추론을 형성함으로써 단순한 신념을 얻는다.

㉮ 샴페인을 보면 호화스럽게 장식된 방과 같은 고상한 모습이 제시되는 샴페인 광고를 보게 되면 소비자들은 그 샴페인 속성을 분석하려 하지 않고 브랜드를 우아한 것으로 추론하여 좋은 것으로 판단을 하게 된다.

② 휴리스틱 : 소비자들은 휴리스틱(단순한 경험)적으로 판단을 한다.

㉮ 소비자들은 자주 광고에 나오는 브랜드는 역시 품질도 더 좋을 것이라고 추론하기 위해 "잘

알려진 브랜드라면 그것은 틀림없이 좋을 것이다"라는 휴리스틱을 사용할 수 있을 것이다.

③ 빈도 휴리스틱 : 빈도 휴리스틱은 소비자들이 지지주장의 빈도에 기초한 신념을 형성하는 휴리스틱이다.

④ 진실 효과 : 한 연구에서 소비자들이 같은 메시지를 반복해서 듣는 경우 제품에 대한 강한 신념을 가질 수 있다는 결과를 제시하였다. 이것을 '진실효과'라고 한다.

(2) 무의식적 영향 : 태도는 무의식적으로 만들어지고 나타난다. 그 이유는 사람들은 '단편적 판단'을 하기 때문이다.(주변경로)

① 단편적 판단 : TORA의 신념 → 평가 → 규범을 고려하지 않고 단편적인 판단에 의해서만 판단하는 것

㉮ 학생들은 교수님을 평가할 때 교수님의 지식과 인품 등을 고려해 판단하는 것이 아니라 오늘 입고 온 옷을 보고 판단하는 것을 '단편적 판단'이라고 한다.

② 바디 피드백 : 애매모호한 상황을 놓고 이것이 '좋으냐'고 물어보면 그냥 '좋네' 한다는 것이다.

㉮ 물건을 팔 때 좋은 점만 얘기해 주면 '어-그러네'하고 보통 말한다는 것이다. 소비자들은 무의식적으로 '행동'하고 자기 '태도'가 지배를 받는다는 것이다.

(3) 인지태도에 영향을 미치는 요인

① 광고모델 : 신뢰도가 있게 생긴 모델이 모델광고로 등장하면 신뢰를 갖게 된다.

㉮ 최불암 씨가 신뢰도가 있기 때문에 제품의 신뢰도가 없는 제품이라도 신뢰도가 생긴다. 이것이 '모델효과'이다.

② 메시지 : 제품에서 던지는 메시지도 우리에게 제품에 대한 태도를 형성한다.

㉮ 브랜드 이름을 지을 때 health milk라고 지으면 사람들은 헬스 우유는 '건강을 지킬 때 먹는 우유'라고 사람들의 범주와 스키마를 일치시키므로 좋은 브랜드이다.

4) 저-노력하에서 태도의 감정적 기초

소비자의 감정은 저노력하에서 계속해서 반복적으로 노출시키면 긍정적으로 태도를 형성한다(반복적으로 광고에 노출시키면 빈도 휴리스틱에 의해 진실효과도 발생하지만, 감정도 호의적 긍정적으로 된다).

(1) 단순노출효과 : 친숙하게 된 것이 소비자들로 하여금 그 대상을 좋아하도록 만드는 효과를 말한다.

㉮ 광고는 반복이다. 광고를 자꾸 노출시키면 '호감도'가 생긴다(잔조크-단순노출 효과).

(2) 고전적 조건화 : 소비자는 제품광고에 반복 노출됨에 따라 호의적인 감정이 상표에 이전되어 호의적인 상표태도가 형성될 수 있다.

㉮ Pavior effect(고전적 조건화)-'개와 종'

① 개에게 밥을 줄 때 종을 치고 주었다. 나중엔 종만 쳐도 개가 침을 흘린다.

② 반복노출이 되면 먹고 싶은 마음이 생긴다. 먹고 싶지 않아도 호의적 태도가 형성되어도 괜찮다.

③ 반복으로 인해 사람들이 떠오르게 만든다(호의적 생각이 떠오르게 한다).

(3) 광고 태도 : 저노력 상황하의 태도의 감정기반을 이해하는 데 유용하게 사용되는 또 다른 개념은 광고에 대한 소비자들의 태도이다.

① 이중매개가설 : 소비자는 광고노출 시 '브랜드에 대한 태도 형성' 전 '광고에 대한 태도'와 '브랜드 신념' 형성 후 구매를 정한다.

② 브랜드에 대한 태도 : 브랜드에 대한 태도는 '광고에 대한 태도'가 생긴 후에 '브랜드의 신념'과 '브랜드의 태도'가 생긴다.

(4) 분위기 : 사람들은 광고를 보면서 '감정반응'에 속기 때문에 호의적으로 된다. 그러므로 광고를 바라보

는 광고회사는 좋은 광고란 '광고를 보고 감정'을 측정하는 시각도 있다.

① SEVA : 소비자들은 광고를 보면 '감정 반응'이 일어난다. 감정반응의 4가지 종류는 다음과 같다.

- surgency : 외향성
- elation : 고무
- vigor : 활력
- activation : 활성화

② 억제감정 : 진정, 이완, 차분함, 쾌적함 등과 같은 반응을 포함한다.

③ 사회적 감정 : 따뜻함, 다정함, 배려의 감정을 말한다.

2. 소비자가 고관여(High-Effort) 상황

의식 상황에 인지적 감정적 태도이론을 말한다.

1) 태도의 인지적 기초

의식 상황에 인지적 태도이론을 말한다.

(1) 직접 또는 상상한 경험 : 직접 경험과 직접 경험이 아닌 경험을 통해서 태도를 형성한다.

㉮ 내가 차를 탔을 때의 경험을 가진다(직접경험).
내가 차를 타보지 않았지만 타면 어떨 것 같다고 상상한다(상상한 경험).

(2) 유사 또는 범주에 의한 추론 : 소비자들은 어떤 제품이 다른 제품 또는 특정 제품 범주와 비슷한 정도를 숙고함으로써 태도를 형성하기도 한다.

(3) 가치 지향적 태도 : 우리가 운동화를 사려고 할 때 우리는 재활용될 수 없는 재료로 만든 브랜드보다는 재활용이 가능한 재료로 만든 신발에 대해 호의적인 태도를 형성할 것이다.

(4) 사회적 정체성에 기초한 태도 : 소비자들이 자신의 사회적 정체성을 보는 방법은 제품이나 서비스에 대한 태도 형성에 영향을 줄 수 있다.

㉮ 내가 A라는 회사의 브랜드를 좋아하면 나는 A라는 회사의 정체성을 가지고 있다. 내가 어떤 브랜드를 쓰느냐에 따라 어떤 사람으로 보이느냐? 브랜드의 사회적 기준 때문에 어떤 브랜드를 내가 가지고 있는지 생각해야 한다.

(5) 분석적 태도 구조(TORA) : 어떤 대상이나 행동에 대해 소비자들이 가지는 신념이나 지식과 이 특별한 신념들에 대한 자신들의 평가에 기초하여 소비자들의 태도 형성과 변화의 방법을 설명하는 분석적 과정이다.

(6) 소비자 태도의 변화 : 소비자의 태도는 변화한다. TORA에 의해서 태도가 형성되어도 태도는 변화한다.

① 신념 변화 : 소비자의 태도를 바꾸는 첫 번째 방법으로 신념의 변화란 소비자는 제품 구매에 영향을 미치는 제품 신념의 강도를 바꾸는 것을 말한다.

㉮ 녹차의 신념은 쓴맛이라고 할 때 녹차는 맛이 있어야 한다고 신념을 바꾸는 것이다. 즉 맛있는 녹차를 개발하는 것이다. 신념을 바꿔서 평가의 기준을 달리하는 것을 말한다.

② 평가 변화 : 소비자의 태도를 바꾸는 또 하나의 방법은 결과에 대한 소비자들의 평가를 바꾸는 것이다.

㉮ 업종 집단인 미국화학업협회는 화학제품에 대한 소비자들의 태도를 변화시키기 위한 광고를 하였다. "평균적인 사람들이 화학제품에 대해서 생각을 할 때 혜택과 이익 대신에 손상과 위험을 생각합니다." "우리는 그 간극을 메워 왔습니다."라고 Nova Chemicals 대표는 말한다.

③ 새로운 신념의 추가 : 소비자의 태도를 바꾸는 전략은 소비자들의 태도를 좀 더 긍정적으로 만들 수 있는 새로운 신념을 추가시키는 것이다.

㉠ 물이 있는 애리조나의 사막의 광고를 소비자에게 보여 주면 대부분 사람들은 애리조나 사막이 건조한 것으로 믿고 있다. 그러나 이 광고는 애리조나 사막이 물이 있는 지역이라는 새로운 신념을 제공한다.

④ 상상한 경험에 기초한 태도 형성 촉진 : 기업들은 생생한 언어를 사용한 광고, 소비자들로 하여금 경험을 상상하도록 권장하는 설명서 등을 통해서 정보를 교환할 수 있다.

㉠ 클라우드 맥주의 경우 "물을 타지 않았다"라는 슬로건보다는 클라우드 맥주를 먹었을 때의 시원함을 경험으로 보여줘야 상상한 경험을 기초해서 소비자들은 클라우드 맥주의 긍정적인 태도를 형성한다.

⑤ 규범적 신념을 겨냥 : 다른 소비자의 태도를 바꾸는 전략으로는 행동에 영향을 주는 방법으로써 특히 강한 규범적 신념을 겨냥한 커뮤니케이션을 개발하는 것이다.

㉠ 커피는 아프리카 어린이들의 노동력을 착취한다는 신념에 의해서 커피를 마시지 않는다면 아프리카의 어린이들이 굶어 죽는다. 그러므로 신념을 바꾸어 커피를 마시면 아프리카 어린이를 구할 수 있다고 한다면 우리는 커피에 대한 부정적인 신념에서 긍정적인 새로운 신념을 갖게 되고 커피에 대한 태도를 변화시키게 된다.

2) 태도의 감정적 기초

감정적 관여가 생기면 → 감정반응(눈물을 흘리는 것)이 바로 나온다. → 행동(소구)가 나온다. 지금부터는 노력이 높을 때 소비자들의 감정을 통해서 태도를 변화시키는 방법으로 감정적 관여, 감정 반응, 감저 소구에 대해서 알아보고자 한다.

(1) 감정적 관여 : 어떤 대상이나 의사결정에 대한 감정적 관여가 높은 경우, 소비자들은 자극에 대한 강한 감정적 반응이나 참여를 경험할 수 있다. 그 참여는 소비자들이 제품 또는 광고의 감정적으로 결합된 정도를 가리킨다. 높은 참여 수준은 결국 태도에 영향을 줄 수 있는 강한 감정을 의미한다.

㉠ 영화가 국제시장에서 반응이 좋으면 주위 사람이 영화에 대한 많은 얘기를 하게 됨으로 감정적 관여도가 높아져서 영화를 볼수록 눈물이 더 많이 나게 된다.

(2) 감정 반응 : 메시지에 대한 감정과 상상을 창출해 내는 반응을 말하며 소비자들이 메시지에 감정적으로 몰입되어 있는 경우 그들은 분석적이기보다는 일반적 수준에서 그것을 처리하는 경향이 있다.

㉠ 영화에 감정이 몰입하여 커지면 소비자들은 눈물을 흘리는 행동을 한다(열광적으로 그 행동이 군중에 힘에 의해 이성적으로 옳은 것인지 옳지 않은 것인지 판단하기 어려워진다).

(3) 감정 소구 : 감정 반응을 이끌어 내기 위해 설계된 메시지를 말하며 혼재된 문화 차이는 감정소구의 효과에 영향을 줄 수 있다.

연습문제

해설 및 정답

1. 다음 '정교화 가능성 모델'을 통해 인지적 중심경로에 의해 태도에 영향을 주는 요인이 아닌 것은?

① 직접 또는 상상 경험 ② 가치 지향 태도
③ TORA ④ 분위기

분위기는 정교화 가능성 모델의 태도에 영향을 주는 요인 중 감성적 주변경로에 의해 태도를 형성하는 요인 중 한 가지다.
[정답] ④

2. 저관여 제품일 때 소비자들이 하는 행동에 해당하지 않는 것은?

① 적극적 능동적 ② 외적요인에 더 집중
③ 인지적 노력 없음 ④ 소극적 수동적

적극적 능동적은 고관여 제품일 때 소비자들이 하는 행동에 해당한다.
[정답] ①

3. 다음 '정교화 가능성 모델'을 통해 인지적 주변경로에 의해 태도에 영향을 주는 요인 중 '반복되었기 때문에 그 진실을 믿는 효과'를 무엇이라고 하는가?

① 단순추론 ② 휴리스틱
③ 빈도휴리스틱 ④ 진실효과

진실효과는 반복해서 광고를 통해 계속해서 노출시키면 그 제품이 좋은 제품이라는 호의적인 감정이 생긴다는 효과이다.
[정답] ④

4. 다음 '정교화 가능성 모델'을 통해 인지적 주변경로에 의해 태도에 영향을 주는 요인 중 '무의식적 영향'에 해당하는 것은?

① 단순추론 ② 휴리스틱
③ 진실효과 ④ 바디피드백

사람들은 무의식적으로 '행동'하고 자기 '태도'를 받는 무의식적 영향으로는 단편적 판단과 바디피드백이 있다.
[정답] ④

5. 다음 '정교화 가능성 모델'을 통해 감정적 주변경로에 의해 태도에 영향을 주는 요인 중 무슨 효과에 해당하는가?

> 광고는 반복이다. 광고를 자꾸 노출시키면 '호감도'가 생긴다.

① 광고모델 ② 단순노출효과
③ 진실효과 ④ 고전적조건화

정교화 가능성 모델을 통해 감정적 주변경로에 의해 태도에 영향을 주는 요인으로는 단순노출효과, 고전적조건화, 광고태도, 분위기가 있다.
[정답] ②

6. 다음 '정교화 가능성 모델'을 통해 감정적 주변경로에 의해 태도에 영향을 주는 요인 중 '개와 종'의 실험을 통해 개에게 먹이를 주면서 종소리에 계속 반복 노출시키면 종소리만 울려도 개가 침을 흘린다는 효과를 무슨 효과라고 하는가?

① 고전적조건화 ② 이중매개가설
③ SEVA ④ 진실효과

고전적조건화는 개에게 먹이를 주면서 종소리에 반복 노출시키면 종소리만 울려도 개가 침을 흘린다는 효과를 말하며 계속 반복 노출시키면 대상에 호의적인 감정이 생긴다는 이론이다.
[정답] ①

7. 저노력 하에서 태도의 감정적 기초이론으로 소비자는 광고노출 시 '브랜드에 대한 태도 형성' 전 '광고에 대한 태도'와 '브랜드 신념'을 형성 후 구매를 정한다는 이론을 무엇이라 하는가?

① 고전적조건화 ② 이중매개가설
③ SEVA ④ 진실효과

이중매개가설은 광고가 좋지 않으면 브랜드 태도도 좋지 못하다는 이론이다.
[정답] ②

8. 다음 정의하는 이론은?

> 분석적 태도 구조로 기대-가치 모델이라고도 하며 추론된 행동이론을 말한다.

① 고전적조건화 ② TORA
③ 이중매개가설 ④ 휴리스틱

소비자가 제품에 대한 태도를 형성할 때 분석적 태도 구조에 의해 행동 결과에 대한 신념, 행동 결과에 대한 평가, 규범적 신념, 행동 결과에 대한 신념에 대한 평가 태도를 점수화시켜 태도를 분석하는 이론을 말한다.
[정답] ②

9. 다음 '정교화 가능성 모델'을 통해 감성적 중심경로에 의해 태도에 영향을 주는 요인이 아닌 것은?

① 감성적 관여 ② 감정 반응
③ 감정 소구 ④ 신념 변화

신념 변화는 인지적 중심경로에 의해 태도에 영향을 주는 요인 중 TORA에서 신념을 변화시키는 방법의 하나다.
[정답] ④

10. 다음 '정교화 가능성 모델'을 통해 감성적 중심경로에 의해 태도에 영향을 주는 요인 중 '제공물이나 활동에 관한 감정적 에너지를 늘려서 감정을 강화하는 것'을 무엇이라고 하는가?

① 감정적 관여 ② 감정 반응
③ 감정 소구 ④ 감정

감정적 관여는 사람이 얼마나 에너지를 가지고 사물을 바라보는지에 따라서 감정적 관여가 작으면 작을수록 반응이 적어지고 감정적 관여가 높을수록 반응이 높아진다.
[정답] ①

[주관식 문제]

11. 정교화 가능성 모델에서 '단순한 신념'의 종류 4가지는?

인지적이며 저노력 상태일 때 소비자들은 태도를 형성하는 요인으로 단순신념(단순 추론, 휴리스틱, 빈도 휴리스틱, 진실 효과)이 있다.

[정답] 단순 추론, 휴리스틱, 빈도 휴리스틱, 진실 효과

12. 정교화 가능성 모델 중 소비자는 제품광고에 반복 노출됨에 따라 광고모델이 가지고 있는 호의적인 감정이 광고 제품의 상표에 이전되어 호의적인 상표태도가 형성될 수 있게 된다는 이론을 무엇이라고 하는가?

고전적조건화는 많은 정보처리 노력을 하지 않고서도 소비자들의 대도에 영향을 주는 방법 중에 한 가지를 말하며 보통 때 배고픈 개는 음식을 보는 순간 자동적으로 침을 분비한다. 파블로우(Pavolv)는 배고픈 개가 벨 소리에 침을 분비하도록 조건화할 수 있음을 알아냈다.

[정답] 고전적조건화

13. 정교화 가능성 모델 중 '소비자는 광고노출 시 브랜드에 대한 태도를 형성하기 전에 광고에 대한 태도와 브랜드 신념을 형성한 후에 구매를 정한다'는 의미의 가설은?

소비자들이 메시지를 처리할 때 감정적이며 저노력 상태일 때 소비자들은 태도를 형성하는 요인으로 '광고 태도'가 있다. 저노력 상황하의 태도의 감정기반을 이해하는 데 유용하게 사용되는 또 다른 개념은 광고에 대한 소비자들의 태도이다. 때로는 소비자들이 광고를 너무 좋아해서 광고로부터 얻어진 긍정적 감정을 그 브랜드로 전이하기도 한다는 가설이다.

[정답] 이중매개가설

[토론식 문제]

14. 정교화 가능성 모델 중 '분석적 태도 구조(TORA)'에 대해서 토론해 봅시다.

15. '저관여 제품에 광고노출'이 되었을 때 소비자의 4가지 행동에 관해서 토론해 봅시다.

제 5 장

기억과 인출

이 장에서 학습하는 내용

- 기억의 종류
  감각기억 · 단기기억 · 장기기억
- 기억을 향상시키는 방법
  청크의 사용
  리허설
  재순환
  정교화
- 기억 인출 관련 이론
  장기기억의 조직
  인출 유형
  인출의 마케터들에게 중요한 개념
- 인출을 향상시키는 방법
  자극의 특성
  자극이 연결되는 대상

이 장의 학습목표

- 기억의 개념을 이해한다.
- 감각기억의 종류에 대해서 이해한다.
- 단기기억의 종류에 대해서 이해한다.
- 장기기억의 종류에 대해서 이해한다.
- 기억을 향상시키는 방법을 이해한다.
- 청크, 리허설에 대한 정의를 이해한다.
- 재순환, 정교화의 정의를 이해한다.
- 장기기억의 조직에 대해서 이해한다.
- 인출 관련 이론에 대해서 이해한다.
- 인출을 향상시키는 방법을 이해한다.

소비자행동론의 BIG PICTURE의 이론은 3가지 이론으로 구성되어 있으며 기업은 소비자들이 어떻게 생각하고 행동하는지와 관련한 욕구를 분석하기 위해서 다음의 소비자행동론의 3가지 이론인 소비자의 행동을 분석하는 '소비자 구매의사결정과정'과 소비자의 정신을 분석하는 이론인 '소비자 정보처리과정' 그리고 소비자의 정신과 행동을 같이 분석한 이론인 '하이어라키 모델'을 통해서 마케팅전략 보고서를 만들고 촉진전략 만들 때 특히 여러 촉진전략 중 광고를 제작하는 데 있어 소비자 정보처리과정의 어떠한 관점에 근거하여 광고를 제작하는지에 대해서 배워보고자 한다.

이번 제5장에서는 소비자행동론 BIG PICTURE의 3가지 이론 중 두 번째 이론인 소비자 정보처리과정의 5단계 중 마지막 단계인 '기억'에 대해서 공부해 보고자 한다(그림 5-1).

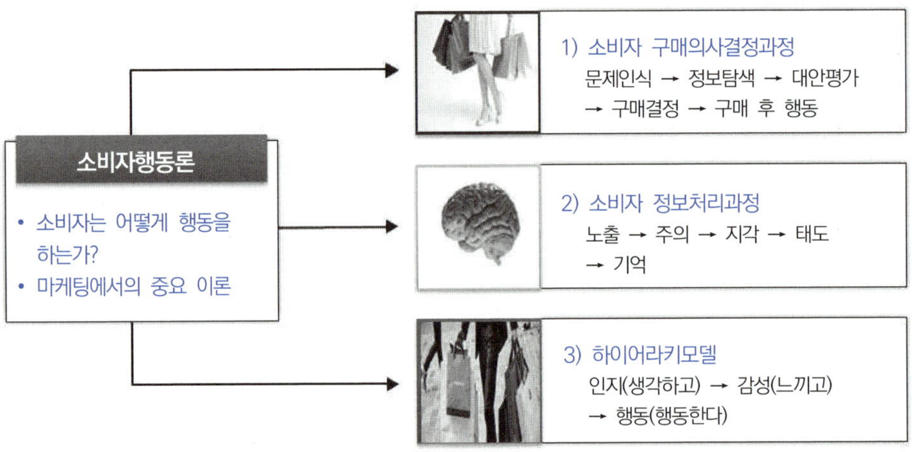

[그림 5-1] 소비자행동론의 BIG PICTURE

1 기억

소비자 기억(Consumer memory)은 상품, 서비스, 쇼핑 여행 그리고 소비 경험에 대한 지식을 쌓아두는 방대한 개인 저장소이다. 본질적으로 기억은 우리의 사전지식을 반영한다. 인출(Retrieval)은 우리가 기억 속에 저장한 것을 상기하고 평가하는 처리과정이다.

우리는 모두 사물, 경험 그리고 평가에 대한 정보를 저장하고 기억해 내곤 한다. 특별히 우리는 과거에 우리가 어떤 브랜드, 상품 서비스, 회사들을 이용해 왔는지 기억할 수도 있다(사물). 아울러 지불 내역 이러한 상품 및 서비스의 특성 이러한 것들을 구입하고 사용했던 방법, 시기 그리고 이유를 기억할 수도 있다(경험). 또한 이러한 것들을 좋아했는지 여부도 기억할 수 있다(평가). 우리는 우리가 이미 팔아치운 과거에 아꼈던 차와 같이 이미 처분한 오래된 물건에 대한 정보를 저장하고 기억할 수 있다. 우리는 또한 특별 행사-예를 들면, 생일을 축하하기 위해 친구들과 같이 참관했던 콘서트-에 대한 기억을 하고 있다.

우리는 앞 장에서 기억과 인출의 양상 등을 논의하였다. 기억 속에 저장된 정보가 우리가 사물들을 해석하고 범주화하는 데 영향을 주는지 그리고 영향을 준다면 어떻게 영향을 주는지를 주목했고 태도가 우리 기억의 부분-태도는 사물들의 저장된 요약 평가를 나타내고 있음-임을 지적했다. 더욱이 우리는 의사결정을 하게 될 때 태도를 회상할 수도 있고 실제로 때때로 회상하곤 한다. 다음 장에서도 살펴보겠지만 기억 역시 의사결정에 영향을 미치고 있다. 여러분은 전에 친구들과 같이 갔었던 스포츠 게임에서 얼마나 흥미진진한 시간을 가졌는가를 생생하게 기억할 수 있기 때문에 시즌 티켓 구매를 결정할 수도 있을 것이다. 아니면 어떤 시점에서 제품이나 서비스에 대한 정보를 받아서 다른 시점에 구매, 사용 혹은 처분 결정을 내리기 위해 그 정보를 사용할 수도 있다.

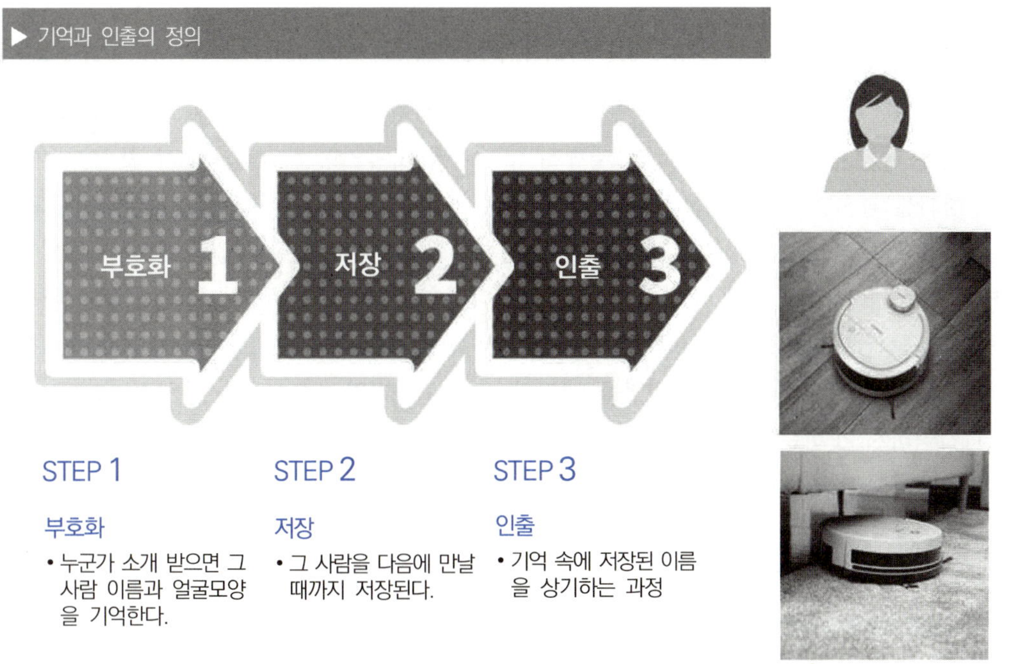

[그림 5-2] 기억과 인출의 정의

소비자들은 기억하기 위해서는 '부호화'와 '저장'의 단계를 거쳐서 '기억'하고 '인출'하는 과정을 거친다. 소비자 기억(consumer memory)은 상품, 서비스, 쇼핑 여행 그리고 소비 경험에 대한 지식을 쌓아두는 방대한 개인 저장소이다. 소비자들은 기억하기 위해서 '부호화'와 '저장'의 단계를 거쳐서 '기억'하고 '인출'하는 과정을 거친다. 예를 들면 소개받은 사람의 얼굴을 기억한다고 할 때 '부호화' - 누군가 소개받으면 그 사람 이름과 얼굴 모양을 기억 - 단계를 거치면서 얼굴이 가지고 있는 특징에 대해서 '부호화'를 하게 되는데 향수 냄새가 나는지 얼굴에는 쌍꺼풀 수술을 했는지 눈썹은 진한지 눈은 큰지 머리숱은 많은지와 같이 그 사람의 특징을 '부호화'하게 되며 다음 단계로는 그 사람을 다음에 만날 때까지 '부호화'된 특징들을 '저장'해 놓았다가 다음에 '기억' 속에 저장된 '부호화'된 특징들의 '기억'을 기억이라는 저장고 속에서 '인출'을 하는 과정을 거치게 되는데 이렇게 '부호화', '저장', '인출'의 과정을 '기억을 인출하는 과정(그림 5-2)'라고 한다.

기억의 유형은 감각기억(음향기억과 영상기억), 단기기억(형상화 및 담화적 처리과정) 그리고 장기기억(자서전적 및 의미기억) 등 세 가지 유형의 기억을 제시하고 있다. 각 유형의 기억이 무엇을 의미하는지 살펴보기로 하자.

1.1 감각기억

여러분이 점심식사 시간에 동행한 사람과 대화를 나누고 있을 때 여러분이 보고 싶었던 새로운 영화에 대해서 이야기하는 또 다른 사람의 말을 우연히 엿듣게 되었다고 잠시 가정해 보자. 여러분은 무례해 보이지 않기 위해서 애써 점심식사에 동행한 사람의 말에 열중하고자 할 것이나 사실은 다른 사람들이 그 영화에 대해서 무엇이라 이야기하는지를 듣고자 할 것이다. 비록 양쪽 대화를 동시에 들을 수는 없겠지만 여러분은 상대적으로 짧은 시간에 다른 사람들의 대화를 단편적으로 저장할 수 있다. 그래서 여러분은 점심식사에 동행한 사람의 말을 경청하면서도 금방 다른 사람들의 대화에 주목하게 된다. 또 다른 예로서 강의실에서 친한 친구와 얘기하고 있었는데 잠깐 나는 다른 생각을 하게 됨으로써 친한 친구가 뭐라고 나에게 얘기를 한 것을 기억하지 못하였다. 그러나 무엇인가를 얘기한 기억은 들지만, 그 얘기가 무엇인지 내용이 정확하게 기억하지 못하는 기억 이렇게 잠시 저장한 기억을 감각기억이라고 할 수 있다.

감각 경험들이 만들어졌을 때 그 경험들을 일시적으로 저장하는 능력은 감각기억(Sensory memory)으로 불린다. 감각기억은 감각 저장고(Sensory store)라고 불리는 단기 저장 구역을 사용한다. 감각기억을 자동적으로 작동해서 만약 재빠르게 감각 저장고로 우리의 주의를 돌리게 될 경우 그 속에 있는 것을 해석할 수도 있게 된다.

감각 저장고는 어떤 감각기관으로부터 온 정보를 저장할 수 있는데 음향기억(Echoic

memory) - 우리가 청취한 것에 대한 기억 - 과 영상기억(Iconic memory) - 우리가 목격한 것에 대한 감각기억 - 이 가장 일반적으로 연구되고 있다(그림 5-3). 음향기억은 우리가 청취한 것에 대한 매우 단순한 기억으로 2~3초 정도를 기억하는 기억을 말하며 예를 들면, 여러분은 어떤 사람이 어떤 질문을 했을 때 경청하지 않아서 "방금 뭐라고 이야기했어?"라고 이야기할 수 있으며 실제로 그 사람이 말한 것을 '녹음인출(playback)'하고 있는 것을 음향기억이라고 할 수 있다. 영상기억은 우리가 목격한 것에 대한 매우 단순한 기억으로 0.5초 이하를 기억하는 기억을 말하며 여러분이 표지판을 따라 운전하고 그것을 재빠르게 보았을 때 그러나 표지판을 지나고 난 후에야 그것이 coke의 표지판이었음을 깨닫게 될 때 작용하게 된다.

이러한 음향기억과 영상기억은 같은 광고비를 지출하여 광고를 한다면 음향기억이 영상기억에 비해 좀 더 오래 기억을 하기 때문에 음향기억을 하는 것이 바람직하다고 할 수 있다.

▶ 기억의 유형

1) 감각기억: 기억 속에 일시적으로 저장된 감각 경험들, ①음향기억과 ②영상기억

2) 단기기억: 들어오는 정보가 기존 지식에 비추어 암호화하거나 해석되는 기억의 부분,
(STM) ①형상화 및 ②담화적 처리과정

3) 장기기억: 나중에 사용할 수 있도록 정보가 영원히 저장되어 있는 기억의 부분,
(LTM) ①자서전적 및② 의미적 기억

▶ 감각기억

1) 감각기억: 기억 속에 일시적으로 저장된 감각 경험들. 감각기억은 "감각저장고"라고 불리는 단기 저장 구역을 사용한다.

2) 감각저장고: 어떤 감각기관으로부터 온 정보를 저장할 수 있다.
(1) 음향기억 : 우리가 청취한 것에 대한 매우 단순한 기억(2-3초)
(2) 영상기억 : 우리가 목격한 것에 대한 매우 단순한 기억 (0.5초이하)

3) 감각기억에 있는 정보는 실제의 감각 형태로 저장된다.

4) 감각기억에 있는 정보는 오래가지 못해서, 일반적으로 0.25초에서 수 초 정도 지속이 될 따름이다.

[그림 5-3] 기억의 유형과 감각기억

1.2 단기기억

단기기억(STM : Short-Term Memory)은 우리가 들어오는 정보를 '암호화(encode)'하거나 해석하는 기억의 부분이다. 책을 읽을 때 여러분은 여러분이 읽은 부분을 이해하기 위해서 여러

분의 단기기억을 사용하고 있다. 또한 여러분은 TV광고를 보거나 상점에서 상품을 선택하기 위해서도 단기기억을 사용하고 있다. 단기기억은 우리 정보 대다수가 처리되는 곳이기 때문에 매우 중요하다. 다른 정보에 의해 주의가 산만해질 때 단기기억이 파손될 수 있다.

1.2.1 형상화 및 담화적 처리

단기기억 속에 있는 정보는 여러 가지 유형 중 한 가지 형태를 취할 수 있다. 우리가 어떤 사물-예를 들면, 사과-에 대해서 생각할 때 우리는 담화적 처리(Discursive processing)를 사용할 수 있으며 '사과'라는 단어로 이를 나타낼 수 있다. 그렇지 않으면 사과 그림처럼 시각적으로 혹은 냄새, 감촉 그리고 우리가 베어 물었을 때 무슨 소리가 나는지 어떤 맛인지 등으로 사과를 나타낼 수 있다. 사과의 시각, 청각, 촉각, 미각 혹은 후각의 특성을 나타내는 것은 형상화 처리(Imagery processing)를 사용한다(그림 5-4). 단기기억은 정보를 '암호화'하거나 해석하는 기억의 부분으로 담화적 처리는 '사과'를 기억할 때 단어로서 정보를 처리하는 것으로서 '사과'라는 단어로 이를 나타낼 수 있으며 형상화 처리는 '사과'를 기억할 때 감각적 형태로 정보를 처리하는 것으로서 사과의 시각, 청각, 촉각, 미각, 후각의 특징을 나타내는 것을 말한다.

단어 혹은 이미지로 표현된 정보는 정교화될 수 있거나 보다 심층적으로 고찰될 수 있다(그림 5-4). MAO가 낮은 수준일 때 단기기억은 어떤 사물의 단순 재생산-예를 들면, 스키어라는 단어 혹은 스키어 사진-으로 구성될 수도 있다. 그러나 MAO가 높은 수준일 때는 몽상, 환상, 시각적 문제 해결 등에 빠져들기 위해서 정교화된 형상화 처리를 이용할 수도 있고 곧 있을 사건을 생각하기 위해서나 현재 문제에 대한 해답을 도출해 내기 위해서 정교화된 담화적 처리(Elaborated discursive processing)를 이용할 수도 있다. 예를 들어, 만약 여러분이 스키 휴가를 생각하고 있다면 리조트 호텔의 벽난로 주위에 느긋하게 앉아 있거나 뜨거운 사과주를 마시고 있거나 피곤한 근육의 통증을 느끼고 있거나 동행한 친구들과 즐기는 것 등에 대한 정교한 환상을 개발해 낼 수도 있다. 여러분은 또한 다양한 휴가지에 대한 가격과 속성들을 비교하기 위해서 담화적 처리를 사용할 수도 있다.

1.2.2 단기기억의 특성

단기기억은 두 가지 재미있는 특성을 지니고 있다. 첫째는 '제한적'이고 둘째는 '단기적'이다(그림 5-4).

첫째, 단기기억은 '제한적'이다. 우리는 어느 때나 오직 일정량만을 단기기억 속에 유지할 수 있다. 예를 들어, 만약 감자칩과 핫도그 등 두 가지 물건을 사기 위해서 지금 당장 가게에 가야만 한다면 여러분은 무엇을 사야 하는지를 기억할 수 있을 것이다. 그러나 감자칩, 핫도그,

▶ 단기기억

단기기억(STM): 정보를 "암호화"하거나 해석하는 기억의 부분이다.
단기기억은 우리 정보 대다수가 처리되는 곳이므로 매우 중요하다.
1) 담화적 처리: 단어로서 정보를 처리하는 것.
예) "사과"라는 단어로 이를 나타낼 수 있다.

2) 형상화 처리: 감각적 형태로 정보를 처리하는 것
예) 사과의 시각, 청각, 촉각, 미각, 혹은 후각의 특성을 나타내는 것.

@ 정교화 : 단어 혹은 이미지로 표현된 정보는 정교화될 수 있다.(정교화=고노력)
(1) MAO가 낮은 경우: 단기기억은 어떤 사물의 단순 재생산.
(2) MAO가 높은 경우: 정교화된 형상화 처리를 이용할 수 있다.
정교화된 담화적 처리를 이용할 수 있다.

▶ 단기기억의 특징

(1) 단기기억은 제한적이다: 오직 일정량만을 단기기억 속에 유지할 수 있다.
예) 마트에 9가지 물품 구입하려 할 때 적어가도 한 두개 잊어 버릴 수 있다.
(2) 단기기억은 단기적이다: 기억은 매우 단기적이다. 적극적으로 기억하려 노력하지 않으면 사라진다.

[그림 5-4] 단기기억과 단기기억의 특징

커피, 과자, 베이킹소다, 플라스틱 랩, 치약, 스파게티 소스, 개 사료 등 9가지 물건을 사야만 한다고 가정해 보자. 만약 여러분이 구매 목록을 작성하지 않는다면 이러한 물건 중 적어도 한두 개 정도 잊을 가능성은 상당히 높게 된다.

둘째, 단기기억은 '단기적'이다. 만약 정보가 장기기억으로 전이되지 않는 한 단기기억 속에 유지되고 있는 기억은 매우 단기적이다. 우리가 적극적으로 기억해 내려고 노력하지 않는 한 사라져 버릴 것이다. 이러한 현상은 우리가 이따금 어떤 사람의 이름을 안지 얼마 안되어 금방 잊어버리는 이유를 설명해 주고 있다.

1.2.3 형상화 처리의 네 가지 핵심 시사점

단기기억, 특히 형상화 처리에서 기업들이 소비자에게 조금 더 기업의 제품을 오래 기억시키기 위한 단기기억의 네 가지 핵심 시사점을 가지고 있다(그림 5-5).

첫째, 형상화 처리는 '상품 취향 및 선택에 영향'을 줄 수 있다. 예를 들어, 필리핀에 해외여행을 갔는데 필리핀의 바다가 너무 인상적이었던 경험을 한 소비자가 있다고 하면 그 소비자는 필리핀의 다른 지방의 여행 상품에 대해서도 기존의 필리핀 여행에 대한 영향으로 긍정적인 태도를 갖는 경향이 있다. 우리는 그 상품들이 기존의 필리핀에 대한 좋은 기억을 제공하는 형상화 때문에 우리가 구매하는 상품들(필리핀의 다른 지방의 여행상품)에 가치를 부여한다.

실제로 상품을 사용하거나 광고 속에 묘사된 상품과 유사한 경험을 하는 생각에 빠진 소비자들은 광고 및 상품에 대해서 긍정적인 태도를 갖는 경향이 있다.

둘째, 형상화는 '과거 경험에 대한 기억을 자극'할 수 있다. 우리는 과거 너무 멋있는 배우가 나오는 뮤지컬을 인상 깊게 본 기억이 있다. 따라서 그 뮤지컬을 생생하게 떠 올리게 해주는 형상화를 위해서 입장권을 보관하게 된다. 과거에 소비 경험을 재차 경험할 수 있도록 해 주는 입장권에 가치를 부여함으로써 입장권을 꺼내서 봄으로 인해 그때의 뮤지컬을 더욱더 기억하게 한다.

셋째, 형상화는 '처리할 수 있는 정보량에 영향'을 줄 수 있다. 보다 많은 정보를 추가하는 것은 속성 목록을 제공하는 것처럼 정보 과부하를 만들어 내면서 담화적 처리에 해를 끼칠 수 있다. 그러나 정보를 추가하는 것은 형상화 처리를 도와줄 수 있는데 이는 그 추가적 정보가 이미지를 구체화하는 데 도움을 줄 수 있기 때문이다. 예를 들어, 소비자들로 하여금 판매 중인 다이아몬드 귀금속을 보다 가까이 볼 수 있도록 확대해 보여 줌으로써 형상화를 촉진하는데 이는 소비자들이 다이아몬드 귀금속을 그럴듯하게 보다 잘 상상할 수 있도록 도와주어 오랫동안 기억하게 해 줌으로써 궁극적으로는 그 귀금속을 소유하거나 남에게 선물을 주도록 만드는 전술이라 할 수 있다.

넷째, 형상화는 '상품이나 소비 경험에 대한 만족도에 영향'을 줄 수도 있다. 우리는 새로운 자동차 구매 후 디자인적으로 만족하게 되면 오랫동안 그 차가 기억에 남게 된다. 자동차에

[그림 5-5] 제품을 떠 올리는데(단기기억 - 형상화 처리) 있어 영향을 주는 4가지 요소

대한 만족도가 높을 경우 오랫동안 그 자동차가 기억에 남게 된다. 예를 들어, 벤츠 자동차를 사서 타보니 외부 디자인은 만족하나 내부 디자인에 대해서는 만족스럽지 못했고 차량 무게에 대해서 문제가 되어 타워 주차장에 진입하기가 어려워 주차하는데 불만족이 생겼다면 이런 기억은 재구매 시 형상화되어 구매에 영향을 준다.

1.3 장기기억

장기기억(LTM : Long-Term Memory)은 나중에 사용할 수 있도록 정보가 영원히 저장되어 있는 기억의 부분이다. 인지심리학(Cognitive psychology) 연구에서는 장기기억을 자서전적 기억(=일화기억) 및 의미기억의 두 가지 주요 형태로 구분하고 있다.

1.3.1 자서전적 기억(=일화기억)

자서전적 기억 혹은 일화기억(Autobiographical or episodic memory)은 우리 자신과 우리의 과거에 대해서 우리가 가지고 있는 경험의 지식을 나타내주고 있다. 이 기억은 과거 경험들 및 이러한 경험들과 관련된 정서와 감각들을 통해 겪었던 모든 일상의 경험을 기억하는 것을 말한다. 그러므로 자서전적 기억은 일상의 생활 속에서 겪었던 경험의 기억이기 때문에 잊을 수가 없고 평생 오랫동안 기억하는 장기기억으로 기억된다. 이러한 기억들은 비록 소리, 냄새, 맛, 촉감 등을 포함할 수도 있지만 주로 시각적 이미지를 포함한 감각적인 것들이다. 우리는 어떤 특정한 물건을 찾기 위한 쇼핑 과정이나 이 물건이 우리의 개인 경력에서 수행해 왔던 역할과 같은 물건 습득과 관련된 자서전적 기억을 갖게 된다. 그리고 특정 콘서트에 참관하거나 낡았으나 좋아했던 물건을 내다 버리는 것과 같은 소비나 처분에 관련된 자서전적 기억도 갖게 된다.

개인들은 각자 고유의 경험 집합을 가지고 있기 때문에 자서전적 기억은 매우 개인적이며 독특한 성향이 있다. 만약 여러분이 자동차 운전면허 취득을 위해 치룬 운행 시험을 기억하기를 요청받게 되었다면 어떤 차를 운전했는지 운행경로는 어떠했는지 얼마나 신경을 썼는지 시험관이 무엇이라고 이야기했는지 합격(혹은 불합격)한 후 어떻게 되었는지 등 그날에 발생했던 일련의 사건들을 장기기억 속에 저장할 수도 있었을 것이다.

우리가 인지적 범주(Cognitive category)에 저장해 놓고 있는 상당수의 지식은 의미기억을 반영하고 있다. 따라서 범주들 속에 저장되었던 지식에 대해 이전에 제시되었던 많은 마케팅 시사점들은 역시 의미기억과 연관되어 있다. 그러나 자서전적 기억 또한 기업들에게는 중요하다.

다음은 장기기억 속 자서전적 기억(=일화기억)이 4가지의 성격을 가지고 있으므로 오래 기억을 하게 된다.

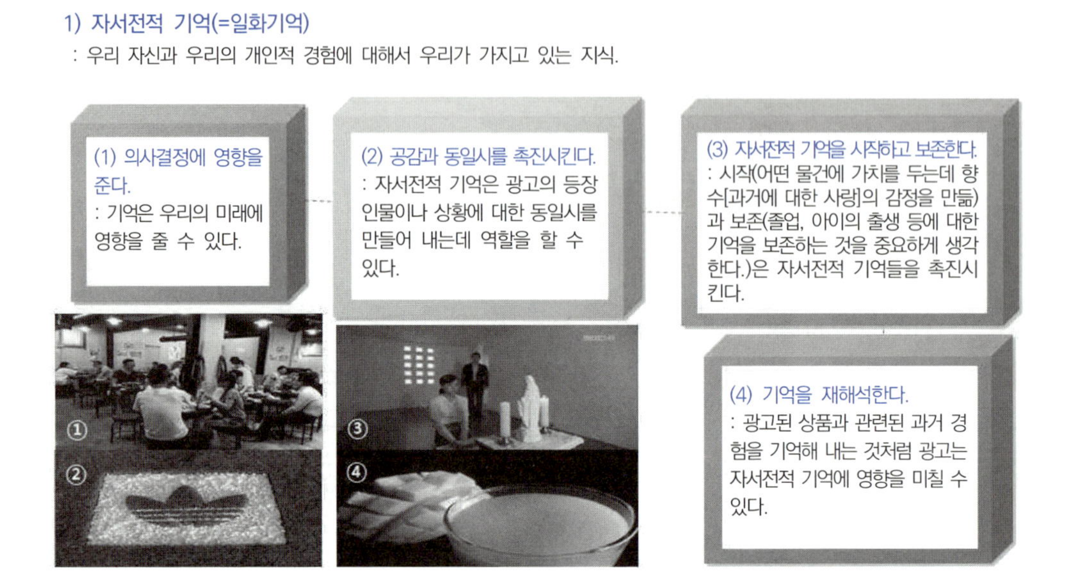

[그림 5-6] 장기기억 - 자서전적 기억(=일화기억)

그러한 4가지 성격으로는 다음과 같다(그림 5-6).

① 의사결정에 영향을 준다.
② 공감과 동일시를 촉진시킨다.
③ 자서전적 기억을 시작하고 보존한다.
④ 기억을 재해석한다.

1.3.1.1 의사결정에 영향을 준다.

예전의 자서전적 기억을 통해 기억되는 내용에 대해서 나중에 같은 의사결정을 하게 될 때 예전에 겪었던 자서전적 기억에 의해 현재의 의사결정에 영향을 준다.

각 소비자는 상품 및 서비스 평가에 영향을 줄 수 있는 소비자 관련 기억에 대한 커다란 저장소를 가지고 있다. 예를 들어, 만약 어떤 식당에 가서 음식을 먹을 때 음식물 속에 머리카락을 발견하게 된다면 이러한 경험에 대한 기억은 그 식당에서 다시 식사하는 것을 막게 할 것이다. 긍정적 경험들은 정반대의 효과를 지니게 된다. 식당을 선택할 때 예전에 방문했던 곳 중에서 기막힌 음식이나 믿어지지 않을 정도의 서비스를 제공했던 곳 - 그곳에서 다시 식사하는 것에 대한 의사결정에 확실하게 영향을 줄 수 있는 기억들 - 을 회상하게 될 것이다. 우리는 또한 어떤 것에 얼마나 지불했는지를 기억하고 있으며 이 기억은 우리의 미래 선택에 영향을 줄 수 있다. 즉 우리는 지난번 지나치게 많이 지불했다고 생각되는 어떤 것을 다시 구매하지는 않게 된다.

1.3.1.2 공감과 동일시를 촉진시킨다.

자서전적 기억은 광고의 등장인물이나 상황에 대한 동일시(Identification)를 만들어 내는 데 역할을 할 수 있다. 예를 들어, 축구선수들은 운동할 때 항상 잔디에서 운동한다. 그러므로 잔디운동장은 나의 분신이자 일부라고 생각을 하고 있다. 이러한 기억의 잔디운동장은 내가 땀을 흘린 곳이고 애착이 가득한 곳이다. 이러한 잔디운동장의 잔디 위에 '아디다스' 광고를 새기면 축구선수들은 '아디다스' 광고를 본인과 동일시하게 되어 광고효과는 더욱더 촉진된다. 즉 '아디다스' 광고를 더 잘 받아들인다.

1.3.1.3 자서전적 기억을 시작하고 보존한다.

소비자들은 어떤 물건에 가치를 두는데 이는 향수-과거에 대한 사랑-의 감정을 만듦으로써 자서전적 기억을 촉진시키기 때문이다.

소비자들은 종종 졸업, 아이의 출생 등에 대한 기억을 보존하는 것을 중요하게 생각한다. 디지털카메라 및 사진 인화와 관련된 산업에서는 이러한 자서전적 기억을 기록하고 싶은 소비자들의 소망에 초점을 맞추고 있다. 소비자들이 기억을 보존하는 것을 도와주는 상품에 기반을 둔, 스크랩북을 만드는 산업은 26억 달러의 사업으로 성장했다. 많은 문화의 소비자들은 자서전적 기억을 보존하기를 원한다. 한 나라에서 다른 나라로 이주한 소비자들은 그들이 두고 온 문화를 상기할 수 있도록 때때로 자신들의 집안에 사당을 짓곤 한다. 세계 어디에서나 소비자들은 친구, 가족 그리고 그들의 삶 속에서 중요한 일들을 상기시켜 주는 소장품들에 상당한 가치를 두고 있다.

1.3.1.4 기억을 재해석한다.

몇몇 연구에서 소비자가 광고된 상품과 관련된 과거 경험을 기억해 내는 것처럼 광고는 심지어 자서전적 기억에 영향을 미칠 수 있음을 보여주고 있다. 한 연구에서 소비자들로 하여금 맛있는 오렌지주스와 맛없는 오렌지주스를 맛보게 한 다음 그 오렌지주스의 훌륭한 맛을 묘사한 광고를 보게 하였다. 광고에 노출된 사람들은 맛없는 오렌지주스도 실제보다는 더욱 맛있는 주스로 기억하는 것으로 나타났다. 또 다른 예시로 한 소비자는 망고주스가 맛이 없다고 생각하고 있었다. 그런데 필리핀을 갔다가 망고를 직접 갈아서 주는 모습을 눈으로 보고 먹으니 더욱 맛이 있어서 예전에 망고주스는 맛이 없다는 기억이 바뀌게 되었다.

1.3.2 의미기억

기억 속에 저장해 놓았던 많은 것들이 반드시 특정 경험과 연관된 것은 아니다. 예를 들어, 우리는 '콜라'라고 불리는 개념에 대한 기억을 가지고 있다. 우리는 콜라가 액체이며 캔이나 병에 담겨져 있고 거품이 나고 갈색이며 달콤한 맛을 지니고 있음을 알고 있다. 이러한 지식은 모든 콜라에 대한 진실이다. 어떤 특정 브랜드의 콜라와 연관되어 있는 것은 아니다. 콜라와 같은 실체에 대한 일반적인 지식을 의미기억(Semantic memory)이라 불린다(그림 5-7).

▶ 장기기억

2) 의미기억

: 특정 일화로부터 분리된, 실체에 대한 일반적 지식.

예) '콜라'라고 불리는 개념에 대한 기억에는 콜라가 액체이며 캔이나 병에 담겨져 있고 거품이 나고 갈색이며 달콤한 맛을 지니고 있음을 알고 있다.이러한 지식은 모든 콜라에 대해서 진실이다.
특정 일화에서 분리되어진 세상에 대한 지식은 의미기억이라 불린다.

[그림 5-7] 장기기억 - 의미기억

2 기억 향상(=기억 제고)

기억할 수 있기 전에 우리는 주목해야 하기 때문에 주목에 영향을 미치는 많은 요인 역시 기억에 영향을 미친다. 단기기억을 장기기억으로 가는 데 영향을 미치는 요인 4가지(그림 5-8)로 청크의 사용(Chunking), 리허설(Rehearsal), 재순환(Recirculation), 정교화(Elaboration)를 포함하는 여러 가지 추가적인 과정들이 기억에 영향을 미친다.

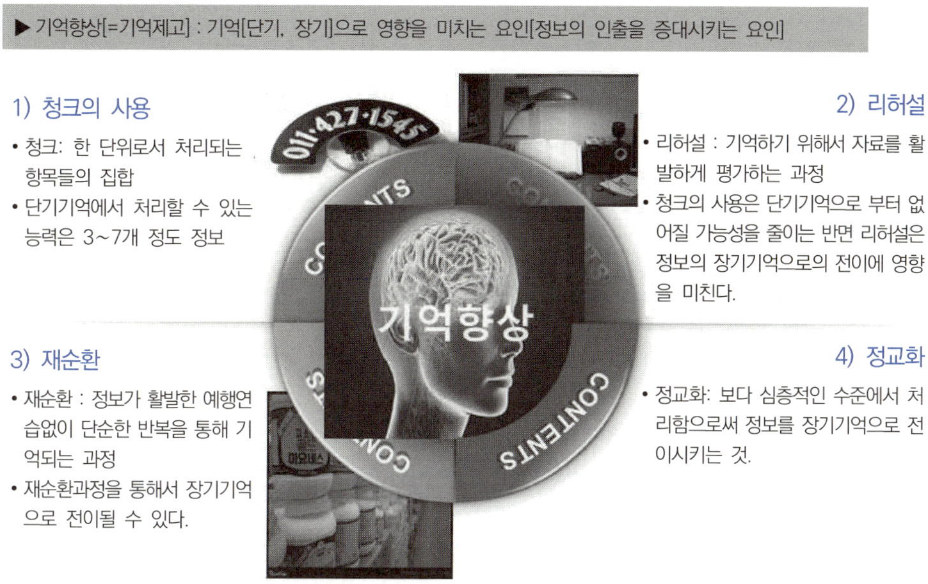

[그림 5-8] 장기기억으로 가는 데 영향을 미치는 요인 4가지

2.1 청크의 사용

전통적으로, 연구자들은 대개의 개인이 아무 때나 단기기억에서 처리할 수 있는 능력은 3~7개 정도 정보 '청크'라고 믿어 왔다. 후행연구들은 그 숫자가 3~4개에 가깝다고 제안하고 있다. 청크(Chunk)란 한 단위로서 처리되는 항목들의 집합이다. 예를 들면, 전화번호는 지역번호, 국번호, 가입자 개별번호 등 전형적으로 세 개의 청크로 이루어졌다.

요약컨대, 일정 시간 동안 기억할 수 있는 정보의 양은 그 형태가 숫자든, 글자든, 단어든, 심지어 문장이든 관계없이 약 다섯 내지 아홉 청크 정도이다. 따라서 일정한 시간 동안 정보가 많이 주어진다고 해서 정보가 적게 주어질 때보다 더 많은 양의 정보를 기억하고 처리할 수 있는 것은 아니다.

광고주는 TV의 짧은 광고에서라도 정보를 많이 줄수록 소비자에게 도움이 될 것이라고 생각할 수 있다. 또는 비싼 지면이니 하나의 인쇄광고에 기왕이면 많은 내용을 포함시키는 것이 바람직하다고 생각할지도 모른다. 그러나 이러한 생각이 반드시 옳은 것은 아니다. 주어진 시간 동안 소비자가 생각하고 기억할 수 있는 정보의 양은 제한되어 있기 때문이다.

2.2 리허설

청크의 사용이 정보가 단기기억으로부터 없어질 가능성을 줄이는 데 반해, 리허설은 정보의 장기기억으로의 전이에 영향을 미친다. 리허설(Rehearsal)은 기억하고자 하는 자료에 활발하게 그리고 의식적으로 상호작용하는 것을 의미한다. 우리는 시험공부를 할 때 그러하듯이, 조용하게 반복 학습을 하거나 정보와 그 의미에 대해서 활발하게 생각할 수 있다. 마케팅 측면에서 보았을 때 리허설은 소비자들이 정보를 처리하고 기억하고 싶을 때만 발생하기 쉽다. 만약 여러분이 건강과 관련된 식품 성분을 찾고자 한다면 잊어버리지 않도록 그 식품 성분에 대해서 공부하게 될 것이다.

2.3 재순환

정보는 재순환(Recirculation) 과정을 통해서 장기기억으로 전이될 수 있다. 물이 동일한 파이프를 돌고 돌며 재순환하듯이 정보는 여러분이 반복적으로 접하게 될 때 여러분의 단기기억을 통해 재순환되고 있다. 리허설과는 달리 재순환에서 우리는 정보를 기억하기 위해 어떠한 시도도 하지 않는다. 만약 기억하고 있다면 이는 정보가 우리의 뇌를 여러 번 통과했기 때문일 것이다. 예를 들어, 너무 많이 보아왔기 때문에 여러분의 어머니가 항상 구매하던 마요네즈의 브랜드를 기억하게 된다. 정보가 동일한 시점에서 반복될 때보다는 다른 시점에서 반복될 때 브랜드 회상이 더욱 커진다는 사실에 주목하라.

2.4 정교화

마지막으로 만약 보다 심층적으로 처리될 경우 혹은 정교화(Elaboration)될 경우, 정보는 장기기억으로 전이될 수 있다. 우리는 무턱대고 외우거나 리허설을 통해 정보를 기억해 낼 수 있다. 그러나 이런 형태의 정보처리가 항상 효과적이지는 않다. 만약 여러분이 시험을 위해서 암기 학습을 해왔다면 학습을 해왔던 대부분을 2~3일 이내에 잊어버리는 것을 알게 될 것이다. 보다 지속적인 기억은 정보를 사전지식이나 과거 경험과 연계시키고자 할 때 구축된다. 예를 들어, 만약 여러분이 신상품에 대한 광고를 보게 된다면 일상생활에서 그 상품을 어떻게 사용할 것인가에 대해서 생각함으로써 광고 정보에 대해 정교화할 수 있게 된다. 결과적으로 여러분은 그 브랜드에 대해서 그리고 광고가 나타내고자 했던 것에 대해서 보다 더 좋은 기억을 갖게 될 것이다.

3 인출

지식은 범주(Category)로 조직화되고 연상(Association)과 연관되고 있음을 배웠다. 이러한 범주와 연상은 또한 기억과 인출의 개념들과 관계된다(그림 5-9).

지식 > 범주 스키마 (=의미 네트워크) + 연상 기억+인출

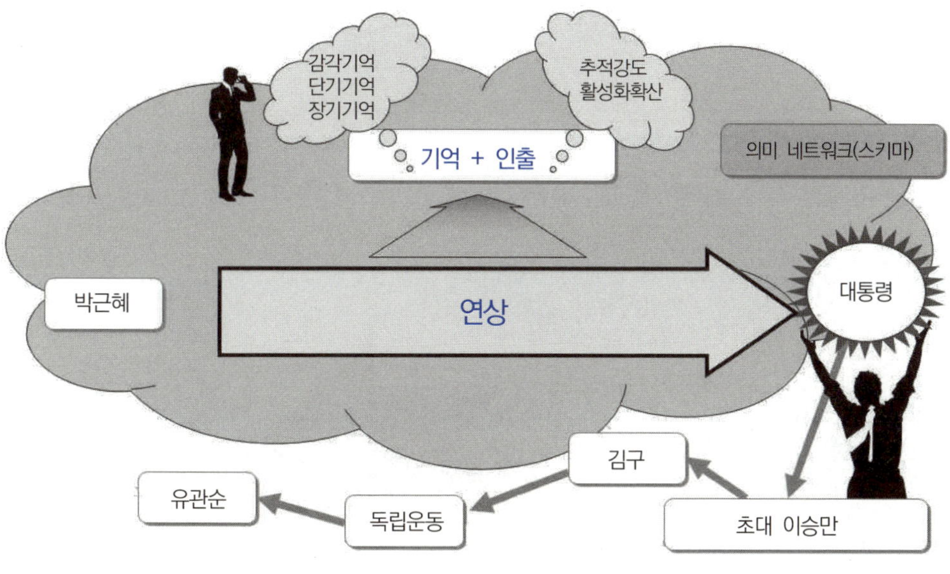

[그림 5-9] 기억과 인출의 BIG PICTURE

3.1 장기기억의 조직

기억을 연구하는 학자들은 일련의 의미(혹은 연상) 네트워크(Semantic or associative networks)로서 장기기억 혹은 사전지식에 대해 생각한다. '휴가'라고 불리는 범주에 대한 특히 '스키 휴가' 범주의 한 구성 요소로서 St. Moritz - 스위스 관광휴양도시 - 휴가에 대해 그 소비

자가 가지고 있는 연상들에 대한 어떤 기억(혹은 사전지식)을 보여주고 있다(그림 5-10). 다시 말하면, 그 범주는 한 단계 고차원인 '호화로운 휴가' 범주의 한 부분이다. St. Moritz 휴가 개념은 일련의 연결점들과 연결되어 있다. 어떻게 이런 연결점들이 거기에 있을까? 이러한 것들은 소비자의 개인적 경험과 그 소비자가 들었거나 읽었던 정보에 의거해서 학습되고 기억된다. 어떤 연결점들은 자서전적 기억을 나타내고 있으며 다른 연결점들은 의미적 기억을 나타내고 있다. 'St. Moritz 휴가' 개념에 연결되어 있는 연상들 혹은 연결점들의 집단은 '의미(혹은 연상) 네트워크'로 불린다.

[그림 5-10]에서 의미 네트워크에 있는 연결점들은 강도가 달라지고 있음을 주목하라. 강력한 연결점들은 굵은 선들로 나타내고 있는데 기억 속에 굳건히 구축되고 있다. 다른 연결점들은 점선들로 나타내고 있는데 기억 속에 취약하게 구축되고 있다. 어떤 연결점들은 리허설되고 재순환되며 청크가 사용되고 광범위하게 정교화가 이루어져 있기 때문에 강력하다. 반면에 다른 연결점들은 접촉이 드물고 오랫동안 평가되지 못하고 있다거나 혹은 매우 제한적인 상태에서 처리되어 왔기 때문에 취약하다. 전체적인 의미 네트워크는 이 소비자의 기억 속에 가능한 것을 'St. Moritz 스키 휴가(St. Moritz ski vacation)'로 나타내고 있다.

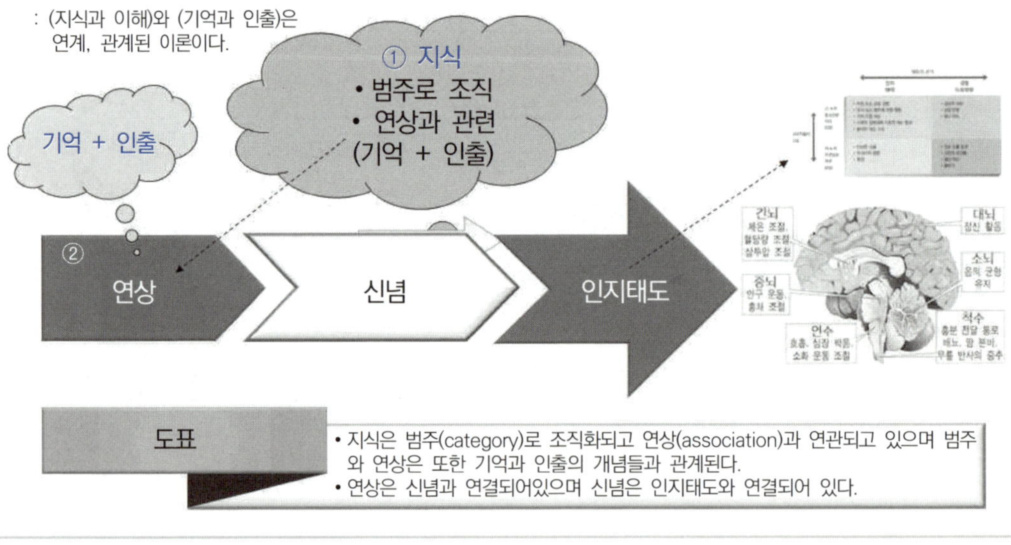

[그림 5-10] 장기기억의 조직

3.1.1 의미 네트워크

우리는 '스키마(=의미 네트워크)' 속에 많은 정보를 가지고 있으나 어떤 시점에서 그것의 일부분만을 '인출' 할 수 있다. 우리의 '지식'은 '스카마(=의미 네트워크)'(그림 5-11)라고 하는 저장 창고에 저장이 되어 있는데 이러한 저장된 '지식'은 '연상'을 통해서 밖으로 노출이 되는데 이러한 '연상'은 '기억(감각기억, 단기기억, 장기기억)'의 종류에 의해 '인출'이 되는데 인출의 정도는 '추적 강도'와 '활성화 확산'의 정도에 따라 인출의 강도가 다르게 나타난다(그림 5-9). 즉 우리 모두는 무엇인가를 기억하려고 했으나 할 수 없었던 상황에 직면했던 적이 있다. 의미 네트워크에 대한 다음과 같은 두 가지 요인(추적 강도, 활성화 확산)이 우리가 기억하는 것에 영향을 미쳤기 때문이다.

그림 다음에서는 '기억'을 하기 위해 '인출'을 하는 데 영향을 주는 '추적 강도'와 '활성화 확산'이 무엇인지에 대해서 알아보기로 하겠다(그림 5-11).

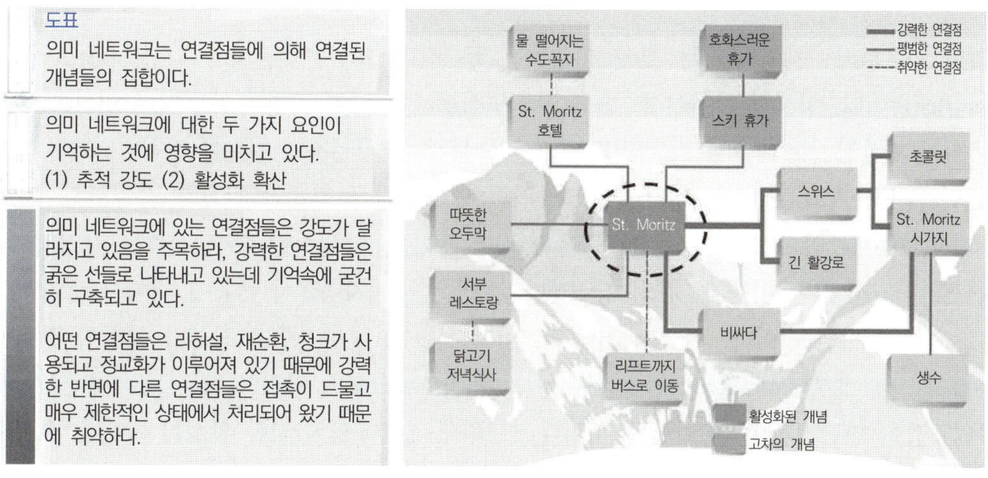

[그림 5-11] 의미 네트워크

3.1.1.1 추적 강도

'기억'으로부터 '인출'시키는 것을 설명하는 첫 번째 요인은 연상들의 강도, 즉 '추적 강도'(Trace strength)인데 추적 강도는 기억 속의 연상이 얼마큼 강하게 연결이 되어 있는지 정도를 말한다. [그림 5-11]에서 보는 바와 같이 St. Moritz를 연상할 때 떠오르는 것들로 '스위스'와 '긴활강로' 그리고 '비싸다'고 하는 생각이 떠오르게 되는데 떠오르는 연상이 선의 굵기로 보아 강하게 떠오른다는 의미이며 그에 비해 '따뜻한 오두막'이나 '닭고기 저녁식사'는 떠오르는 연상의 추적 강도가 다소 약하게 떠오른다는 것을 알 수 있다. 연결점이 범주 정보에 강력하게 연결되면 될수록 그 정보는 그만큼 더 접근가능성(Accessible)이 커지며 기억으로부터 인출하기가 그만큼 용이해진다. 만약 여러분이 그 자동차와 그 슬로건을 연결시켜주는 어떤 강력한 연상을 하고 있다면 BMW가 '궁극적인 운전 기계(Ultimate driving machine)'라는 것을 보다 더 잘 기억하게 된다. 기업들은 자주 우리들의 기억 연결점(Memory links)을 강화시키려 하고 있다. 예를 들어, 대부분의 미국 소비자들은 가족 소유의 기업들이 소비자들이 신뢰할 수 있는 제품들을 만들고 있음을 믿고 있다는 연구 결과가 발표된 이후 S. C. Johmson & Son은 '가족기업'이라는 태그라인을 광고 및 포장에 추가했다. 이러한 전략은 Glade, Rapid, Windex의 제조업체가 소비자들의 마음속에 그들의 제품들을 가족소유와 연결 짓는 연상을 강화시키는데 도움을 주고 있다. 기업들이 재순환에 몰입하거나 아니면 소비자들로 하여금 리허설하게 하거나 정보에 대해 정교화하도록 만들면 만들수록 그 연결점이 강화되어 소비자들이 그 정보를 인출시킬 수 있는 가능성은 그만큼 더 커지게 된다.

3.1.1.2 활성화 확산

'기억'으로부터 '인출'시키는 것을 설명하는 두 번째 요인은 '활성화 확산(Spreading of activation)'이다. 활성화 확산은 한 개념이나 연상을 인출하여 관련된 개념이나 연상을 인출하는 데까지 확산시키는 과정으로 얼마만큼 확산을 시킬 수 있는지의 정도를 말한다. 의미 네트워크를 일종의 전기회로망으로 생각해 보라. 강한 연결점들은 고전압 전류를 발생시킬 수 있는 잠재력을 가지고 있으며 약한 연결점들은 저전압 전류를 발생시킬 수 잠재력을 가지고 있다. 만약 'St. Moritz'와 '비싸다' 간의 강력한 연결점은 소비자가 '비싸다'에 대해서 생각하도록 만들고 활성화시킬 것이다. 'St. Moritz'와 '비싸다'를 연결시켜주는 전류가 상당히 강력하기 때문에 이 전류로부터 나오는 전기 잠재력은 의미 네트워크상의 인접한 항목들로 퍼져나갈 것이며 특히 강한 연결점을 따라 확산될 것이다. [그림 5-11]에서 이러한 활성화 확산은 소비자가 St. Moritz의 시가지를 떠올리도록 할 가능성이 커지게 된다. 'St. Moritz' 개념의 활성화는 또한 '스위스'와 '긴 활강로'를 활성화시킬 수도 있다. '스위스'로부터의 활성화는 순차적으로 '초콜릿' 개념에까지 확산될 수도 있다.

물론, '스위스,' '초콜릿,' '비싸다'라는 개념들은 하나에만 연결되어 있는 것이 아니라 많은 의미 네트워크들에 연결되어 있다. 우리는 소비자는 St. Moritz에 대해서 생각하도록 했을 때 초콜릿에 대해서 생각할 수도 있으나 초콜릿이 활성화 확산을 통해 단서를 부여받을 수 있는 다른 의미 네트워크들과 강력하게 연결될 수도 있는 것이다. 이 소비자는 최근에 Godiva 점포에서 초콜릿을 구입했다는 사실을 생각하는 것을 시작으로 그곳에서 우연히 만났던 친구를 기억하고 다시 그 친구에게 편지나 써야 되겠다는 생각을 할 수도 있다. 한 의미 네트워크에서 다른 의미 네트워크로 활성화가 확산되면서 활성화 확산은 우리가 이따금씩 외견상으로 임의적 사고를 갖게 되는 이유를 설명해주고 있다.

MAO는 활성화 확산에 영향을 줄 수 있다. 만약 정보를 처리하고자 하는 동기부여가 높고 기회가 많다면 활성화된 연결점들의 수도 역시 상당히 많아질 수 있다. 한편, 동기부여가 낮고 기회도 적다면 오직 가장 가깝고 강력한 연결점들만이 활성화될 수 있을 것이다. 어떤 개념에 대해 많은 지식을 갖고 있는 개인들은 다수의 연상들을 생성하면서 보다 상세하게 의미 네트워크를 처리할 수 있는 보다 큰 능력을 갖게 될 것이다.

강력한 연결점들은 어떤 항목의 기억으로부터의 접근성을 제고시켜 주기 때문에 기업들에게는 매우 중요하다. 그렇다고 취약한 연결점들이 중요하지 않다는 것은 아니다. 비록 활성화가 소비자로 하여금 어떤 항목을 기억하도록 하는 데 충분하지 않을 수 있더라도 활성화는 의미 네트워크에 있는 모든 연결점으로 퍼져 나간다. 활성화되었으나 기억으로부터 인출될 수 있을 만큼 충분하지 않은 개념은 프라임(Prime)되었다고 한다. 기억을 회생시키려고 노력했던 것이다. 우리의 소비자가 St. Moritz에 있는 스키 리프트에 어떻게 당도했는지를 기억하려고 노력하고 있다고 가정해 보자. '버스'라는 연결점은 이 소비자의 기억 속에 그렇게 강력하게 구축되어 있지는 않다. 'St. Moritz'를 활성화시키는 것은 '버스'라는 개념을 프라임시킬 수는 있으나 그 활성화는 너무 약해서 이 소비자가 버스를 기억할 수는 없다. 만약 나중에 운전하고 학교에 갈 경우, '학교' 개념의 활성화는 '버스'에 단서를 제공하게 되고 다시 이 활성화는 소비자가 St. Moritz에 있는 스키 리프트에 버스를 타고 당도했다는 사실을 기억하기에 충분하게 된다.

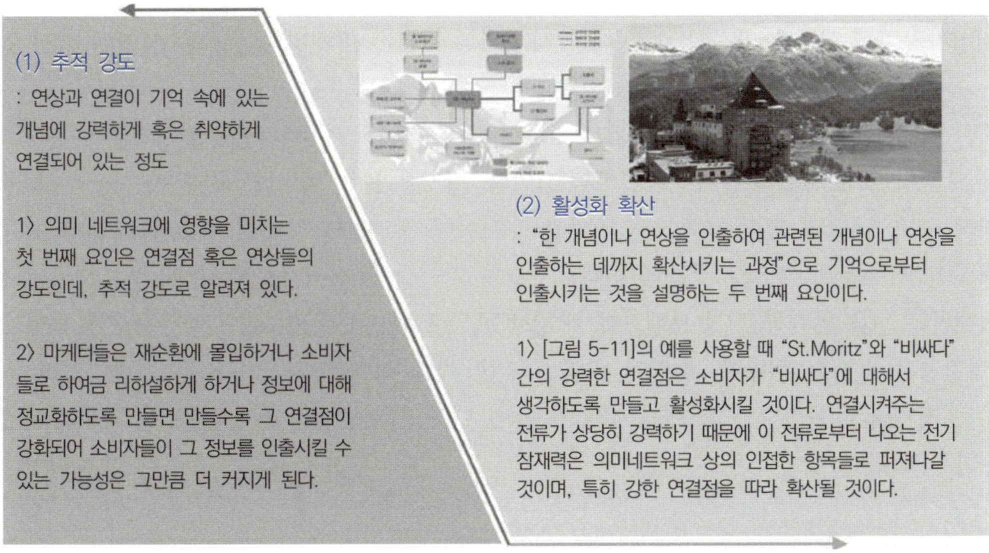

[그림 5-12] 의미 네트워크 – 추적강도, 활성화 확산

3.1.2 인출 실패

추적 강도와 활성화 확산은 망각 - 기억으로부터 정보를 인출하는 것의 실패 - 을 설명하는 도움이 된다. 망각은 어쩔 수 없는 현실이다. 여러분은 차를 수리하는 것을 망각하거나 완숙으로 계란을 삶고 있다는 사실을 (그 계란이 터져버릴 때까지) 망각할 수도 있다. 인출 실패는 소비자의 구매, 소비, 처분 행동에 분명하게 영향을 미치고 있다.

다음 아래에서는 인출 실패에 영향을 주는 요인으로 크게 4가지인 쇠퇴, 간섭, 초기효과 및 최근효과, 인출 실수에 대해서 알아보고자 한다(그림 5-13, 그림 5-14).

3.1.2.1 쇠퇴

인출 실패에 영향을 주는 첫 번째 요인으로는 '쇠퇴'를 들 수 있다(그림 5-13). 쇠퇴는 사람들이 장기기억 속에 있는 정보를 이용하지 않게 되면 그 정보가 기억으로부터 점진적으로 사라져 버린다는 것이다. 쇠퇴는 행동주의적 관점으로 기억을 자극(S)과 반응(R)의 관계로 보는 것이다. 어떤 사람을 자주 보면 얼굴(S)을 보자마자 이름(R)이 생각나지만 오랫동안 안 만나면 얼굴(S)을 보아도 이름(R)이 가물가물해진다. 즉 계속적인 반복 또는 리허설을 할 기회가 많으면 자극과 반응 간의 결손(Bond)이 강해지지만, 리허설을 할 기회가 적으면 결속력이 약해져 자극과 반응을 잇는 연결고리가 풀어져서 결국에는 정보가 없어져 버리고 만다는 것이다.

소비자들이 속성들을 망각할 수 있다는 사실은 흥미로운 마케팅 현상들을 설명해 주고 있다. 예를 들어, 소비자들은 좋은 평판을 들어왔던 브랜드나 그렇지 않은 브랜드에 대해서 동등하게 강력한 기억을 가질 수 있다. 소비자들은 그 브랜드에 대해서 기술된 정보를 망각한다. 기억하는 것은 오로지 그 브랜드가 뉴스거리였다는 점이다. 망각은 또한 '수면자 효과(Sleeper effect)'를 설명해 주고 있다. 수면자 효과는 소비자들이 시간이 경과하면서 나쁜 광고에 대해서 보다 더 긍정적인 태도를 보여주는 것을 말한다. 시간이 지나면서 소비자들은 어떤 광고가 신뢰성을 결여했다는 점을 망각하고 그 브랜드에 대해서 광고모델(Source)이 했던 말만을 기억하고 있다고 학자들은 주장하고 있다. 수면자 효과란 인출 기억 시 영화의 스토리는 기억하지만, 출연 배우는 기억하지 못한다. 그러므로 나이가 들면 이해력은 높아지고 이름은 못 외우는 현상이 발생하는 이유인 것이다.

3.1.2.2 간섭

인출 실패에 영향을 주는 두 번째 요인으로는 '간섭'을 들 수 있다(그림 5-13). 활성화 확산 및 추적 강도는 망각의 두 번째 이유인 간섭을 설명해 주고 있다. 간섭(Interference)은 의미 네트워크가 너무나 근접하게 배열되어 있어 어떠한 특성들이 어떤 브랜드나 개념들과 잘 어울리는지를 기억할 수 없을 때 발생한다. 여러분은 현재 자동차의 안전에만 초점을 갖추고 있는 자동차 광고를 보고 있다고 가정해 보자. 만약 여러분이 기억 속에 저장되어 있는 유사한 자동차들에 대해서 많은 정보를 갖고 있다면 어떤 속성이 어떤 자동차와 관련이 있는지 혼란스러울 수 있다. 게다가, 소비자들이 유사한 광고를 보게 될 때 그 유사성은 브랜드 회상(brand recall)을 간섭하게 된다. 경쟁사 광고 또한 간섭에 영향을 미친다. 이미 구축된 브랜드가 새로운 속성을 광고하고 있을 때 그 브랜드의 기존 속성들에 대한 지식은 새로운 속성에 대한 정보 인출을 간섭할 수 있다.

간섭은 장기기억 내의 정보를 잊어버리는 이유가 다른 정보의 부정적인 영향 때문으로 보는 것이다. 어려서 구슬치기를 하고 논 적이 있을 것이다. 구슬이 많아지면 보통 구두상자에 구슬을 모아 두곤 한다. 그런데 구슬 중에는 자기가 특별히 좋아하는 것이 있게 마련이다. 만약 구두상자 안에 구슬이 10개밖에 없다면 자기가 제일 좋아하는 구슬을 찾는 데 별 어려움이 없다. 그러나 구슬치기를 잘하여 100개쯤 따 모았다면 이제 제일 좋아하는 구슬을 찾기가 이전처럼 쉽지 않다. 만약 구슬을 구두상자에 하나 가득 모았다면 그 구슬을 찾기가 보통 어려워지는 것이 아니어서 어디서 잃어버렸나 보다 하고 포기하기도 한다. 그런데 나중에 그 구슬이 구두상자에서 우연히 발견되곤 한다. 간섭의 논리도 이와 마찬가지이다. 우리가 잊어버렸다고 하는 것은 다른 정보들이 많이 들어와 기존 정보가 인출되지 못한 것이지 아예 없어진 것은 아니라고 보는 것이다. 잊어버렸다고 생각한 정보가 다만 그 당시 인출이 안 되었을 뿐, 두뇌에서 없어진 것은 아님을 알 수 있다. 또한 전혀 기억에 없던 것도 최면의 상태에서는 기억이 떠오르는 경우가 많다.

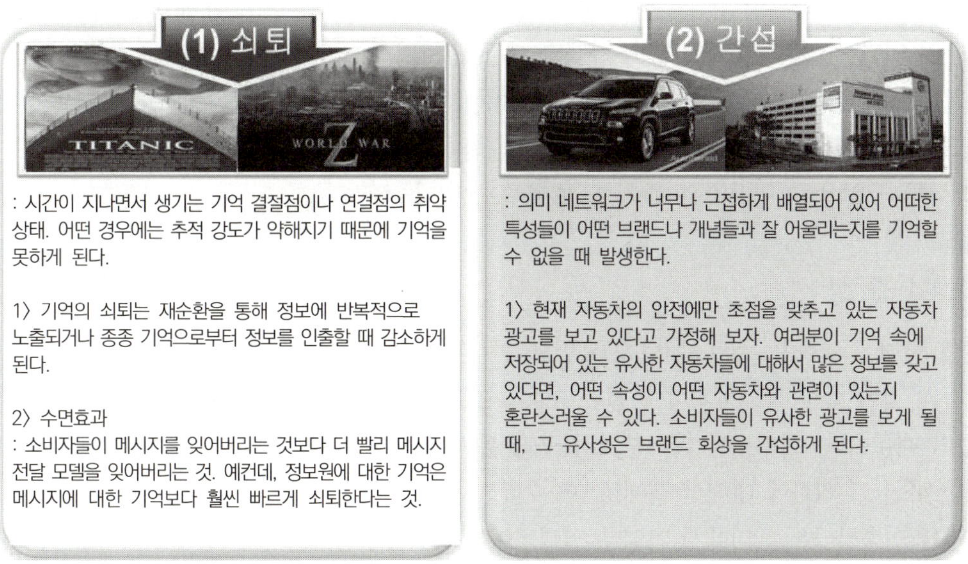

[그림 5-13] 인출 실패 요인 - 쇠퇴, 간섭

이러한 현상에 의해 간섭은 한 개념이 너무나 빈번하게 활성화되어 다른 개념을 제대로 활성화시킬 수 없을 때 생길 수 있다. 여러분이 장보기 목록에 있는 10가지 항목을 기억해 내려고 노력하고 있다고 가정해 보라. 몇 개 항목들에 대해서는 아주 쉽게 떠 올릴 수 있으며 몇 개는 약간 어렵게 기억해 내지만 아마도 마지막 몇 개는 기억해 내기가 불가능할지도 모른다. 여러분이 빠져버린 항목들을 기억해 내려고 노력하는 과정에서 이미 떠올린 항목들에 대한 기억을 유지하려고 하게 되며 이러한 기억들은 빠진 항목들을 활성화시키고자 하는 여러분의 능력을 간섭하기 때문에 이러한 상황이 발생하게 된다. 이미 기억해 낸 항목들에 대한 기억 추적을 반복적으로 활성화시키는 것은 다른 항목들에 대한 활성화를 억제한다.

3.1.2.3 초기효과 및 최근효과

인출 실패에 영향을 주는 세 번째 요인으로는 '초기효과 및 최근효과'를 들 수 있다(그림 5-14). 기억의 쇠퇴 및 간섭은 초기효과 및 최근효과(Primacy and recency effect)-, 즉 우리가 어떤 순서에서 처음이나 마지막에 우연히 접촉하게 되는 사물들이 종종 가장 쉽게 기억되는 것이라는 사실-를 설명하는 데 사용될 수 있다. 초기효과의 예로서, 여러분은 방송 광고 중에 여러분이 본 첫 번째 광고를 기억해 낼 가능성이 높은데 이는 그 광고가 나올 때 간섭하는 다른 광고 정보가 없었기 때문이다. 그 정보는 또한 만약 여러분이 리허설을 하게 된다면 기억이 그만큼 덜 쇠퇴하게 될 것이다. 초기효과는 여러분이 시험공부를 왜, 그리고 언제 해야 하는지를 설명하고 있어서 처음에 공부했던 부분을 가장 잘 기억해 내는 경향이 있다.

최근효과의 예로서, 여러분은 오늘 아침 무엇을 먹었는지를 일주일 전에 무엇을 먹었는지보다 잘 기억해 내는 경향이 있는데 이는 오늘 아침에 대한 정보는 아직까지 기억의 쇠퇴가 일어나지 않았고, 이 정보의 인출을 간섭할 다른 정보가 상당히 적었기 때문이다. 초기 및 최근효과를 고려하고 있기 때문에 최적의 광고 위치는 방송 광고 순서나 잡지에서 처음이나 마지막이라고 많은 광고주는 믿고 있다. 한 연구는 처음의 중요성을 지지하고 있으며 마지막은 처음만큼 강력하지 않음을 지지하는 증거를 보여주고 있다.

3.1.2.4 인출 실수

인출 실패에 영향을 주는 네 번째 요인으로는 '인출 실수'를 들 수 있다(그림 5-14). 우리가 기억하는 것이 항상 정확하거나 완전한 것은 아니다. 우리들의 기억은 왜곡되거나 혼란에 빠질 수 있기 때문이다. 여러분은 여러분의 친구가 볼만한 새 영화에 대해서 이야기했다고 기억하고 있으나 사실 그 영화에 대해서 실제로 이야기한 사람은 여러분의 이웃이었다. 우리는 어떤 특정 정보만을 인출한다는 의미에서 기억은 선택적이며 종종 그 정보는 매우 긍정적이기도 하고 부정적이기도 하다. 휴가를 기대하면서 여러분은 지난번 휴가 시에 발생했던 좋은 것들만 기억할

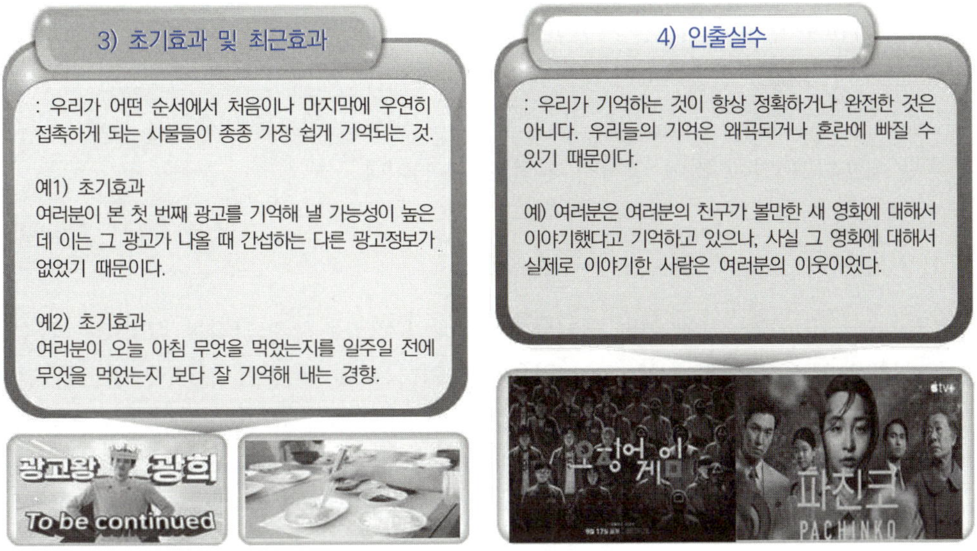

[그림 5-14] 초기효과 및 최근효과 / 인출 실수

수 있다. 나쁜 것들은 빼고 말이다. 결국, 기억은 왜곡되어진 것이다. 만약 여러분이 어떤 제품에 대해서 나쁜 경험을 했다고 가정한다면, 실제로는 발생하지 않았지만, 나중에 나쁜 경험으로 기억될 수도 있다. 아마도 여러분은 레스토랑에서 여러분을 심하게 대하는 웨이트리스가 식탁에 커피잔을 무례하게 소리를 내며 내려놓았음을 기억할 수 있다. 이러한 '기억'은 '나쁜 웨이트리스' 경험과 일치하게 되지만 실제로는 발생하지 않았을 수 있는 것이다. 그리고 어떤 제품과의 가상적인 상호작용(Virtual interaction)은 보다 강한 허위 기억(False memory)으로 연결될 수 있는데 이는 소비자들이 나중에 사실로 믿게 되는 생생한 이미지들을 마치 실제로 발생한 것처럼 만들어 내기 때문이다.

3.2 인출 유형

소비자들은 두 가지 인출 시스템(명시적 및 암시적 기억)을 통해 정보를 인출할 수 있다.

3.2.1 명시적 기억

명시적 기억(Explicit memory)은 '기억하려고 시도를 해서 얻어낸 과거의 어떤 상황에 대한 기억'이다. 어떤 상황에서 우리는 과거에 발생했던 것을 기억하기 위해 의식적으로 노력한다.

예를 들어, 최근에 예전에 맛있게 먹었던 피자헛을 생각해 내기 위해서 주문했던 것을 기억하려고 노력하는 예가 바로 명시적 기억을 사용한 예이다. 소비자들은 '인식'이나 '회상'을 통해서 명시적 기억으로부터 정보를 인출하고자 하는데 '인식' - 기억은 해내지 못하지만 쓰던 샴푸인지 아닌지는 매장에 가면 찾을 수 있는 것 - 보다 '회상' - 기억으로 정보를 인출하는 능력 - 의 성격을 더 강하게 내포하고 있는 것이 명시적 기억(표 5-1)이다.

3.2.1.1 인식

인식(Recognition)은 '전에 어떤 자극을 만난 적이 있었는지 아닌지를 결정하는 과정'으로 브랜드 인식(그 브랜드를 전에 본 적이 있음을 기억하는 것)과 광고 인식(그 광고를 전에 본 적이 있음을 기억하는 것)과 같이 우리가 전에 보았던 어떤 것을 규명할 수 있으면 된다. 브랜드 인식은 특히 점포 내에서 의사결정에 매우 중요한 역할을 하는데 이는 구매하고자 하는 브랜드를 확인하거나 찾는 데 도움을 주기 때문이다. 브랜드나 포장에 있는 로고는 브랜드 인식을 제고시키는 데 특히 효과적이다. 예를 들면, 여러분은 어떤 브랜드의 샴푸를 구매했는지 회상해 내지는 못하지만, 그 샴푸가 점포 내 선반에 놓여 있는 것을 보게 되면 그 샴푸를 알아볼 수 있을 것이다.

3.2.1.2 회상

회상(Recall)은 '기억으로부터 정보를 인출하는 능력'을 말하며 지식을 인출하기 위해서 회상을 사용할 때처럼 기억 속에 있는 연결점들을 보다 폭넓게 활성화시키는 것을 말한다. 회상의 종류로는 자유회상(Free recall)과 단서 회상(Cued recall)으로 나눌 수 있는데 자유 회상은 어제 먹었던 음식을 떠 올릴 때 아무런 도움 없이 기억으로부터 무엇인가를 인출하는 것을 말하며 단서 회상은 동일한 질문이 주어졌을 때(어제 저녁 무엇을 드셨나요?) 단서(식물성 위주였나요?)를 주어야 인출할 수 있는 것을 말한다.

3.2.2 암시적 기억

암시적 기억(Implicit memory)은 '전혀 의식적인 시도 없이 하는 기억'을 말한다(표 5-1). 여러분은 고속도로에서 빠른 속도로 차를 운전하면서 트랙터라는 단어가 있는 옥외광고판을 지나쳤다고 가정해 보자. 그리고 나중에 그 옥외광고판을 보았는지 만약 보았다면 그것에 무엇이 있었는지를 기억하는지에 대해 질문을 받게 된다고 가정해 보자. 여러분은 그것이 무엇에 대한 것인지는 말할 것도 없고 옥외광고판을 본 것조차 기억하지 못한다. 이 경우 여러분은 명시적 기억을 갖고 있지 못하고 있는 것이다. 그러나 만약 여러분이 생각하기에 cat - 로 시작하는 첫 번째 단어를 말하라고 한다면 어쩌면 'Caterpillar'라고 답할는지도 모른다. 심지어 그것을 보았음에도 불구하고 전혀 의식하지 않은 상태에서 옥외광고판에 대해 무엇인가를 암호화했을 수도 있다.

어떻게 여러분은 명시적으로 기억할 수 없는 것에 대해서 암시적 기억을 가질 수 있을까? 여러분이 Caterpillar라는 이름에 잠깐 노출되었을 때 그 단어 Caterpillar는 여러분의 기억 속에 활성화되었거나 프라임된 것이다. 활성화 수준은 그 이름이 의식적으로 인출되어질 만큼 충분한 것은 아니었다. 그러나 cat - 로 시작되는 단어를 말해보라고 했을 때 이러한 활성화는 caterpillar를 떠올리게 한 것이다.

〈표 5-1〉 인출 유형 - 명시적 기억, 암시적 기억

명시적 기억	암시적 기억
기억하려고 활발하게 시도를 해서 얻어낸 과거의 어떤 상황에 대한 기억 ① 인식(Recognition) : 전에 어떤 자극을 만난 적이 있었는지 아닌지를 결정하는 과정 • 브랜드 인식 : 그 브랜드를 전에 본적이 있음을 기억 • 광고인식 : 그 광고를 전에 본적이 있음을 기억하는 것 ② 회상(Recall) : 기억으로부터 정보를 인출하는 능력 • 자유회상 : 아무런 도움이 없이 기억으로부터 무엇인가를 인출할 수 있을 때 존재한다. • 단서회상 : 어떤 단서가 필요한 경우에 존재한다.	전혀 의식적인 시도 없이 하는 기억 ㉮ 고속도로에서 빠른 속도로 차를 운전하면서 '트랙터'라는 단어가 있는 옥외광고판을 지나쳤다고 가정해보자. 이런 상황에 무엇이 있었는지를 기억하는지에 대해 질문을 받게 된다고 가정해 보자. → 이 경우 여러분은 명시적 기억을 갖고 있지 못하고 있는 것이다. 그러나 만약에 '트'로 시작하는 첫 번째 단어를 말하라고 한다면, '트랙터'라고 답할지도 모른다.

3.3 인출의 마케터들에게 중요한 개념

인출은 확실히 마케터들에게 중요한 개념이다(그림 5-15).

3.3.1 커뮤니케이션 목적으로서의 인출

기업의 마케터들은 "소비자들에게 브랜드명, 제품 속성 혹은 브랜드 혜택에 대한 회상을 증대시키는 데 목표"를 두고 있다. 또 다른 마케터들은 브랜드명, 로고나 브랜드 심벌, 포장, 광고, 광고 캐릭터, 브랜드 혜택 등에 대한 소비자들의 인식을 증대시키는 데 목표를 두고 있다. 기존 산업에 진입하는 신규 경쟁자들은 특히 그들의 브랜드명에 대한 소비자들의 기억을 증대시키는

▶ 인출의 마케터들에게 중요한 개념

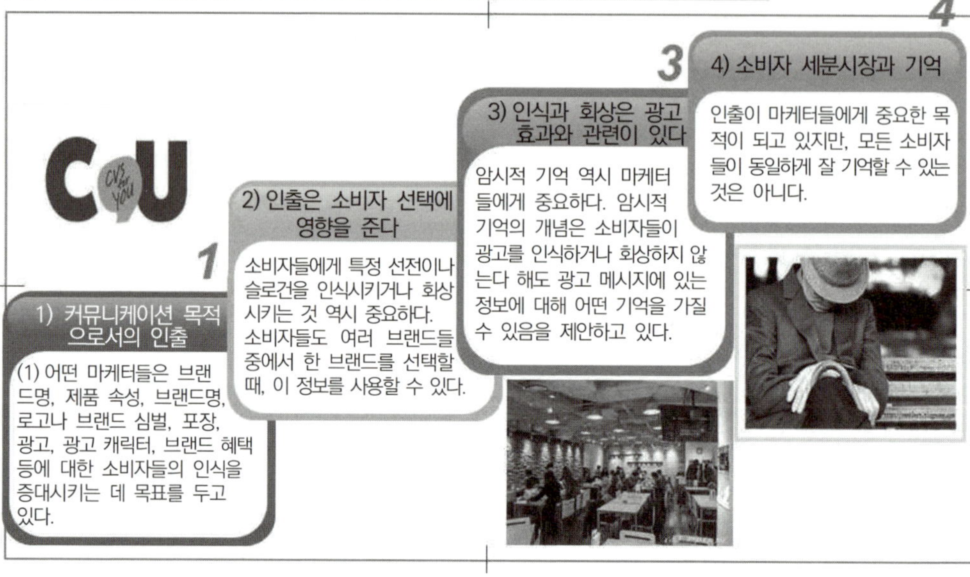

[그림 5-15] 인출이 마케터에게 중요한 개념

데 심혈을 기울이고 있다. 플랫폼 기업 카카오톡은 잘 알려진 벨소리로 카카오톡 인출을 촉진시키기 위해서 독특한 사운드("카톡왔숑") 광고로 현재 전국의 고객을 목표로 하고 있다.

3.3.2 인출은 소비자 선택에 영향

일본 소비자들은 자신들이 거래하고 있는 은행 이름에 대해서 별로 인식하지 않게 됨으로써 은행 이용이 줄어들고 있다는 연구 결과가 있다. 은행들은 소비자들에게 은행에 대한 슬로건을 인식시키거나 회상시키는 것은 매우 중요하다. 그 이유는 "은행을 이용하려 할 때 인출되는 은행 이름이 있으면 그 은행을 이용할 확률이 그만큼 높아지기 때문"이다. 따라서 마케터들은 소비자들이 우리 은행에 대한 슬로건이나 인식, 회상에 대한 정보를 미리 알고 기억하는 소비자들이 어떤 태도를 가지고 있는지 분석할 필요가 있으며 그러한 정보는 매우 유용하게 사용할 수 있다. 또한 소비자들도 여러 브랜드 중에서 한 브랜드를 선택할 때 알고 있던 브랜드의 슬로건이나 인식, 회상의 정보를 사용하여 제품 선택 시 영향을 미칠 수 있다.

그러나 가장 기억에 남는 광고가 반드시 가장 효과적이고 긍정적인 것만은 아닐 수 있다. 여러분은 어떤 광고를 기억할 수 있는데 이는 광고된 브랜드를 사고 싶다는 여러분의 욕구를 증가시켰기 때문일 수도 있지만, 오히려 반대로 다른 브랜드보다 특별히 나빴기 때문에 기억을 하고 있는 것일 수도 있다. 이와 같이 기억에 남을 만한 광고가 정보를 특정 브랜드에 연결시키는 것에 반드시 효과적인 것만은 아니다.

한 연구에서 슈퍼볼(Super bowl) 당시 방영하였던 광고들을 시청했던 소비자들은 한 이동통신회사의 광고 슬로건이 13개나 된다고 다른 회사들의 광고들과 혼동하고 있었다. 이러하듯 소비자들이 어떤 제품의 실제 슬로건이나 가격을 항상 기억할 수는 없지만 언제 가격이 싼지는 인식할 수 있으며 이러한 인출은 소비자의 제품 선택에 영향을 준다.

3.3.3 인식과 회상은 광고효과

마케터들은 "광고 및 브랜드명 유효성을 검증하기 위해 인식, 회상 그리고 암시적 기억에 대한 적절한 측정치를 개발할 필요"가 있다. 예를 들어, 만약 여러분이 오늘 점심은 어디로 먹으러 갈지에 대해서 생각하고 있는 중이라면 여러분이 고려하게 될 식당 목록은 아마도 여러분이 기억으로부터 회상할 수 있는 식당들에 따라 결정될 것이다. 이 경우 마케터들은 소비자들이 그 브랜드와 제품을 생각하도록 도와주는 메시지 전략을 사용하여 실제로 선택을 하는 그 순간에 회상을 제고시켜 주는 과정으로 연결시켜야 한다.

암시적 기억 역시 마케터들에게 중요하다. 비록 광고대행사들은 전형적으로 광고에 대한 회상과 인식을 통해 소비자들의 명시적 기억을 측정하지만, 암시적 기억의 개념은 소비자들이 광고를 인식하거나 회상하지 않는다 해도 광고 메시지에 있는 정보에 대해 어떤 기억을 가질 수 있음을 제안하고 있다. 이러한 측면에서, 광고주들은 그들의 광고가 소비자들의 기억에 영향을 미쳤는지를 알아내기 위해서 암시적 기억에 대한 측정치를 사용하는 것도 한 방법이 될 수 있다.

3.3.4 소비자 세분시장과 기억

비록 인출이 마케터들에게 중요한 목적이 되고 있지만 모든 소비자가 동일하게 잘 기억할 수 있는 것은 아니다. 특히 젊은 소비자의 경우는 브랜드명이나 광고에 대해 인식하고 기억을 잘하고 있는 반면에 고령의 소비자들은 브랜드명과 광고 선전을 인식하고 기억하는 데 어려움을 느끼고 있다. 이는 '소비자별로 세분화하여 기억을 통해 인출하는 정도에 차이'가 있으므로 인출을 확인하는 마케터에게 중요한 개념이라 할 수 있다.

4 인출 향상(=인출 제고)

인출의 중요성이 알려진 상태에서 기업들은 소비자들이 특정 브랜드에 대한 것을 기억할 가능성을 어떻게 향상시킬 수 있을지에 대해서 분석하고 있다. 소비자들은 만약 기억 속에 처음으로 저장된 것이라면 인식하거나 회상하기 어렵다. 그렇기 때문에 이러한 인출을 향상시켜 주기 위해서는 청크 만들기, 리허설 그리고 유사한 요인들의 항목 - 현저함, 전형성, 중복적인 단서, 자극처리 매체 - 에 의해서 저장되고 인출될 가능성을 증대시켜 줄 수 있다. 다음과 같은 두 가지 추가적인 요인들 - 어떤 것들은 추적 강도와 활성화 확산에 관련되어 있다 - 역시 인출에 영향을 주고 있다.

4.1 자극의 특성

인출을 향상시키는 자극의 특성에는 4가지(현저함, 전형성, 중복적인 단서, 자극처리 매체)가 있다. 첫째는 '현저함'으로 인출을 향상시키기 위해 자극(메시지 혹은 메시지 매체)이 '두드러지면' 오래 기억하며 인출이 향상된다. 그러한 예시로 여러 모자 가운데에 다른 모자보다 눈에 더 잘 띄는 빨간색 모자가 있을 경우 오랫동안 빨간색의 모자를 기억하게 되며 인출능력도 향상하게 된다. 또한 '짧은 광고보다는 긴 광고'가 '작은 인쇄광고보다는 큰 인쇄광고'가 현저함이 높아 오랫동안 기억하게 되므로 인출능력이 향상된다고 볼 수 있다. 둘째는 '전형성'으로 같은 부류의 것들 가운데 가장 대표성을 말하며 예를 들어 SKT, KT, LG의 각 브랜드를 생각하면 가장 대표적으로 떠오르는 브랜드가 전형적인 브랜드라고 할 수 있다. 셋째는 인출을 향상시키기 위해 '중복적인 단서를 이용하여 중복적으로 단서를 사용하는지의 여부'에 따라 기억하게 되며 인출능력도 향상하게 되며 넷째는 '정보를 전달하는 데 사용되는 매체' 등에 의해 인출을 향상시키는데 영향을 받는다.

다음에서는 인출을 향상시키는 자극의 특성의 4가지(현저함, 전형성, 중복적인 단서, 자극처리 매체)에 대해서 알아보고자 한다(그림 5-16).

4.1.1 현저함

만약 어떤 것이 주어진 환경 속에서 밝고, 크고, 복잡하며, 움직이거나 두드러지기 때문에 보다 더 큰 문맥에서 눈에 띌 경우 이를 현저함이라 한다. 만약 굉장히 긴 방송 광고나 여러 페이지의 인쇄광고를 보았다면 이는 그 주위에 있는 짧은 방송 광고나 한 페이지 인쇄광고에

: 소비자들은 기억 속에 처음으로 저장된 것이 아니라면 인식하거나 회상할 수 없다. 청크 만들기, 리허설 등 어떤 항목이 저장되고 인출될 가능성을 증대시켜 주고 있다.
두 가지 추가적인 요인들은 추적강도와 활성화 확산에 관련되어 있다.
1) 자극의 특성 2) 자극이 연결되는 대상

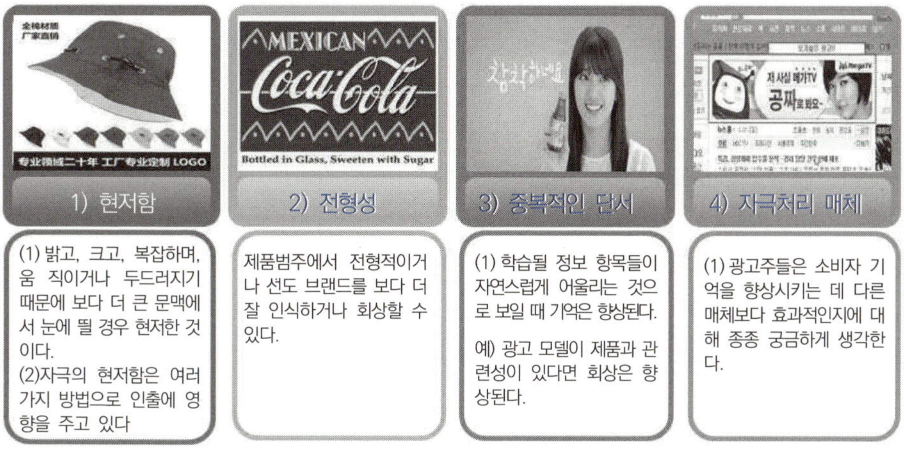

[그림 5-16] 인출을 향상시키는 자극의 특성

비해 상대적으로 현저(두드러짐)해질 수 있다. 광고에서 시각적으로 복잡한 형상은 단순한 배경에 비해서 현저(두드러짐)하며 인터넷에서 동영상 광고는 고정 광고보다 상대적으로 현저(두드러짐)하다. 또한 경쟁 제품들과 비교하도록 하기 위해 촉진 대상이 되는 제품을 평가하는 구체적 기준을 소비자들에게 제공해 주는 광고와 전시물들은 이러한 기준 관련 속성들에 대한 현저함(Salience)을 제고시켜 준다. 결과적으로 소비자들은 이러한 현저한 속성(두드러짐)들을 토대로 해서 보다 쉽게 정보를 암호화하고 인출할 수 있게 된다.

자극의 현저함은 여러 가지 방법으로 인출에 영향을 주고 있다. 현저한 사물들은 현저하지 않은 것들로부터 주목을 이끌어 내면서 주목을 끄는 경향이 있다. 두드러지기 때문에, 현저한 자극 역시 보다 더 높은 정교함을 유발시키고 그것에 의해 보다 강력한 기억 흔적을 만들어 내고 있다. 이러한 현상은 연구가 짧은 것보다는 긴 방송 광고를 그리고 작은 것보다는 큰 인쇄 광고를 오랫동안 기억하는 경향이 있음을 보여주고 있는 이유를 설명해주고 있다.

4.1.2 전형성

우리는 제품 범주에서 전형적(대표적)이거나 선도 브랜드를 보다 더 잘 인식하거나 회상할 수 있다. 자주 리허설되고 재순환되었기 때문에 전형적 브랜드에 대한 기억 흔적이 강력하다고 할 수 있다. 이러한 브랜드들은 또한 활성화 가능성을 높여주며 기억 속에 많은 다른 개념들과 연결될 가능성도 높다. 우리가 이러한 브랜드들을 기억하는 경향이 있다는 사실은 왜 이러한 브랜드들이 그동안 성공적으로 자리매김해 왔으며 다른 많은 회사가 카테고리 리더(Category leader)로서 자신들을 구축하기 위해서 싸웠는지의 이유를 설명해 주고 있다. 예를 들어, 코카콜라(Coca-cola)는 많은 나라들에게 시장 선도자로서의 자신의 브랜드를 구축하기 위해 다양한 마케팅전략을 사용하고 있다. 점포 내 촉진과 다른 기법들 덕분에 멕시코 코카콜라(Coca cola femsa) 자회사는 멕시코 내 판매량을 급격하게 증가시켜왔다. 그곳에 있는 소비자들은 다른 어떤 나라에서보다도 많은 1인당 연간 소비량이 3,200온스를 마시며 그 결과 코카콜라 브랜드를 전형적인 소프트드링크로 만들었다.

4.1.3 중복적인 단서

학습될 정보 항목들이 자연스럽게 어울리는 것으로 보일 때 기억은 향상된다. 따라서 브랜드명, 광고 선전 그리고 광고 속에 들어가 있는 그림들에 대한 우리의 기억은 이러한 요소들이 동일한 정보를 전달할 때 더욱 좋아진다. 기업들 또한 두 개의 보완적인 제품들을 함께 광고하고 이들이 자연스럽게 어울리는 이유를 설명함으로써 브랜드들에 대한 소비자들의 기억을 제고시킬 수 있다.

이벤트 스폰서십은 브랜드가 전형적일 때 - 시장에서의 대표성 때문에 - 그리고 이벤트가 브랜드의 핵심 의미와 연관될 때 기억을 향상시키고 있음을 한 연구는 보여주고 있다. 비록 이벤트와 스폰서 사이에 어떤 확실한 연결이 존재하지 않는다 해도, 만약 회사가 스폰서십이 타당한 이유를 설명해 준다면 스폰서 회상은 개선될 수 있다. 더욱이 광고모델과 제품 범주 사이의 중복성 때문에 광고모델이 제품과 관련성이 있다면 회상은 더욱 향상된다.

4.1.4 자극처리 매체

광고주들은 소비자 기억을 향상시키는 데 어떤 매체가 다른 매체보다 효과적인지에 대해 종종 궁금하게 생각하며 이는 여전히 연구자들이 관심을 가져야 할 분야라고 생각한다. 현재, 광고주들은 인터넷 광고에 비용을 지불하는 것이 훌륭한 광고비 지출인지 여부를 결정하고자 한다. 어떤 연구는 소비자들이 인터넷 광고는 쳐다보지도 않고 기억하려고도 하지 않는다는 점을 지적하는 반면, 다른 연구에서는 이러한 인터넷 광고는 전통적인 매체에서 보이는 광고보다 브랜드 기억을 떠올리는데 훨씬 효과적이라고 분석하고 있다.

4.2 자극이 연결되는 대상

인출은 또한 기억 속에서 자극이 무엇과 연결되느냐에 따라서 영향을 받을 수 있다. 연상적 네트워크 개념은 인출 촉진시키기 - 인출 단서 제공하기 - 의 관련된 방법을 설명해 주고 있다. 인출 단서(Retrieval cue)란 기억 활성화를 촉진시켜 주는 자극이다. 예를 들어, 만약 여러분이 현대백화점에서 하는 세일에 가는 것을 기억하고 싶다면 그냥 테이블에 '현대'라고 쓴 메모장을 놓아두면 되는 것이다. 그 메모장은 그 후 어떤 순간에 그것을 보고 세일을 기억할 때 인출 단서의 역할을 하게 되는 것이다(그림 5-17).

인출 단서는 내부적으로나 외부적으로 만들어질 수 있다. 내부적으로 '오늘은 10월 25일'이라는 인출 단서는 "어머니 생신이로구나!"와 같이 하나의 생각은 또 다른 생각의 단서가 될 수 있다. 자판기, 웹 배너 혹은 점포 내 전시물 등과 같은 외부 자극의 인출 단서를 통해 "내가 지금껏 들어왔던 헬스장이 있었구나!" 이러한 동일한 인출 단서들은 자서전적 기억 속에 저장되었던 이미지들은 활성화하는 데 사용될 수 있다. 만약 여러분이 가장 좋아하는 아이스크림 광고를 본다면 이 단서는 아이스크림에 대한 긍정적 느낌과 그 아이스크림에 얽힌 과거 경험에 대한 기억을 동시에 활성화시킬 수도 있다.

어떤 활동에 몰입하고 있는 우리들의 사진이나 비디오는 기억을 자극하는 강력한 인출 단서로서 역할을 할 수 있다. 그러나 효과적인 인출 단서는 문화에 따라 다를 수 있다. 한 연구에서는 영어로 된 광고에서는 소리가 보다 효과적인 인출 단서임에 반해, 중국어로 된 광고에는 시각적인 것이 보다 효과적인 인출 단서로서 역할을 하고 있음을 발견하였다.

❖ 인출은 "기억"속에서 자극이 무엇과 연결되느냐에 따라서 영향을 받을 수 있다.

❖ 인출단서 : 기억활성화를 촉진시켜 주는 자극이다.
예) 여주에서 하는 세일에 가는 것을 기억하고 싶다면, 테이블에 "여주"라고 쓴 메모장을 놓아두면 되는 것이다. 어떤 순간에 그것을 보고 세일을 기억할 때 인출단서의 역할을 하게 되는 것이다.

[그림 5-17] 인출을 향상시키는 대상(=자극 - 인출단서의 연결)

4.2.1 인출단서로서의 브랜드명

인출 단서의 가장 중요한 유형 중 첫 번째로 '브랜드명'을 꼽을 수 있다(표 5-2). 만약 우리가 갤럭시, 제네시스, 한돈 등과 같은 브랜드명을 본다면 이러한 브랜드들 및 기억들로부터 관련된 브랜드들에 대한 정보를 인출해 낼 수 있다. 특히 광고 메시지에서 브랜드명을 일찍이 나타내는 것은 그 브랜드와 메시지 내용에 대한 소비자평가 간의 기억 연상(memory association) - 인출에 영향을 주는 효과 - 을 강화시켜 줄 가능성이 크다. 그러나 인출 단서로서 브랜드명의 효과는 회상에 대한 단서로서 인식이 가지고 있는 효과와 동일하지 않다. 친숙하지 않은 브랜드들은 브랜드명이 제품 기능에 잘 부합될 때 인출의 장점을 가질 수 있는 반면 친숙한 브랜드들은 그 이름이 특이한 철자법을 보여줄 때 인출의 장점을 갖게 된다. 브랜드명과 밀접하게 관련된 이미지들 또한 인출 단서로서 역할을 하고 있다.

만약 기업들이 소비자들이 할인점 선반 위에 놓여 있는 자사제품의 브랜드를 인식하기를 원한다면 소비자들이 지금까지 상당히 노출되어 왔던 높은 빈도수의 단어나 이름(㉾ 오뚜기나 하림)을 갖는 것이 중요하다.

4.2.2 로고

인출 단서의 가장 중요한 유형 중 두 번째로 '로고'를 꼽을 수 있다(표 5-2). 인출 단서는 소비자들의 구매의사결정에 많은 시사점을 가지고 있다. 소비자들은 점포에서 실제로 의사결정을 내릴 때 종종 광고 내용은 거의 기억하지 못한다. 이런 일이 발생하는 이유는 광고는 전형적으로 구매 환경과는 완전하게 다른 상황에서 보이거나 들려지기 때문이다. 이 문제를 해결하는 방법으로 기억 속 광고와 관련된 연결점들을 활성화시키기 위해서 광고에서 나온 로고를 '브랜드의 포장'이나 '점포 내 전시물'에 위치시킴으로서 인출 단서의 중요한 역할을 하게 된다.

4.2.3 포장

인출 단서의 가장 중요한 유형 중 세 번째로 '포장'을 꼽을 수 있다(표 5-2). 포장들은 어떤 때는 "TV에서 보이는 대로"라는 표시를 한다. 또 다른 전략은 '시몬스 침대'의 '흔들리지 않는 스프링'을 보여주는 광고나 '장수 돌침대'에 붙어 있는 '별이 다섯 개'와 같이 광고에서 온 잘 알려진 단서를 위치시키는 것이다.

인출 단서 역시 기업들에게 중요한 시사점들을 지니고 있다. 먼저 이러한 단서는 광고로부터 소비자들이 기억하는 것에 영향을 준다. 한 연구는 가장 효과적인 인출 단서는 광고에서 실제로 사용된 단서와 일치하였을 때 가장 효과적이다. 그러므로 만약 어떤 광고가 사과 그림을 사용하

〈표 5-2〉 자극이 연결되는 대상

인출단서로서의 브랜드명	로고	포장	범주명	활자체
인출단서의 가장 중요한 유형 중 하나로 브랜드명을 꼽고 있다. 광고 메시지에서 브랜드명을 일찍이 나타내는 것은 그 브랜드와 메시지 내용에 대한 소비자평가 간의 기억 인상을 강화시켜 줄 가능성이 크다.	기억 속에 광고에 관련된 연결점들을 활성화시키기 위해서 광고에서 나온 단서를 브랜드의 포장이나 점포 내 전시물에 위치시키는 것이다.	단서는 광고로부터 소비자들이 기억하는 것에 영향을 준다. ㉠ 포장은 때때로 소비자들이 광고에서 보았던 것을 기억해 내도록 해주는 정보를 포함하고 있다.	인출단서의 또 다른 유형으로 '자동차,' '과자,' 또는 '컴퓨터' 등과 같은 제품 범주와 만나는 것은 기억에서 발생한 이러한 범주들로부터 구체적 브랜드명들에 대한 단서를 제공하는 것이라 할 수 있다.	시각적 특성은 광고된 제품 혜택에 대한 인증단서로서 역할을 할 수 있다.

고 있다면 다음에는 사과 그림이 아닌 단어가 가장 효과적인 인출 단서가 된다. 만약 그 광고가 어떤 특정 단어를 사용한다면 다음에는 그 단어와 그것을 나타내지 않는 그림이 가장 효과적인 인출 단서가 될 수 있다. 다른 연구는 음악이 광고 속에 있는 그림에 대한 소비자들의 기억에 영향을 미치면서 광고 내용에 대한 효과적인 인출 단서가 될 수 있음을 보여주고 있다.

어떤 기업들은 소비자들이 자신들만의 고유한 인출 단서를 만들어 내도록 도와주는 특성들을 개발해왔다. 예를 들어, IGM세계경영연구원의 경우 자사 웹사이트에 등록되어 있는 기억해야 하는 기업의 임직원들 및 공기업의 임직원에게 특별한 행사를 위한 목록을 작성해 일주일에 한 번 혹은 기념일에 letter지 형식의 메일을 보내 IGM을 상기시켜 주는 서비스를 제공하고 있다. 이 사이트에서는 각자의 생일 기념일 혹은 알아야만 하는 행사 등에 대한 이메일 상기 서비스를 사전에 보내준다. 이러한 서비스는 단지 인출 단서로서만 작용하는 것이 아니라 탐색하고 의사결정하기를 촉진시키는 역할도 하게 된다.

4.2.4 범주명

인출 단서의 가장 중요한 유형 중 네 번째로 '범주명'을 꼽을 수 있다(표 5-2). 인출 단서의 또 다른 유형으로 '자동차', '과자' 또는 '컴퓨터' 등과 같은 제품 범주와 만나는 것은 기억에서 발생한 이러한 범주들로부터 구체적 브랜드명들에 대한 단서를 제공하는 것이라 할 수 있다.

4.2.5 활자체

인출 단서의 가장 중요한 유형 중 다섯 번째로 '활자체'를 꼽을 수 있다(표 5-2). 활자체의 시각적 특성은 광고된 제품에 대한 인출단서로서 역할을 할 수 있다. 예를 들면, 맥도날드의 활자체 모양은 어느 회사에서도 볼 수 없는 현저함(두드러짐)을 가지고 있는 활자체로 오랫동안 소비자들이 기억을 통해 인출 단서에 중요한 역할을 하고 있다.

학습정리

1. 기억

소비자 기억(Consumer memory)은 상품, 서비스, 쇼핑 여행 그리고 소비 경험에 대한 지식을 쌓아두는 방대한 개인 저장소이다. 소비자들은 기억을 하기 위해서 부호화와 저장의 단계를 거쳐서 기억하고 인출하는 과정을 거친다.

- 부호화(누군가 소개받으면 그 사람 이름과 얼굴 모양을 기억) → 저장(그 사람을 다음에 만날 때까지 저장) → 인출(기억 속에 저장된 이름을 상기하는 과정)
- 기억의 유형
  - 감각기억 : 기억 속에 일시적으로 저장된 감각 경험, 지속시간은 0.25~4초(감각기억의 종류 : 음향기억, 영상기억)
  - 단기기억 : 들어오는 정보가 기존 지식에 비추어 암호화하거나 해석되는 기억의 부분, 지속시간은 8~30초
  - 단기기억의 종류 : 형상화 처리, 담화적 처리
    장기기억 : 나중에 사용할 수 있도록 정보가 영원히 저장되어 있는 기억의 부분, 지속시간은 30~50년(장기기억의 종류 : 자서전적 기억, 의미기억)

1) 감각기억

기억 속에 일시적으로 저장된 감각 경험, 감각기억은 '감각저장고'라고 불리는 단기 저장 구역을 사용한다.

(1) 음향기억 : 우리가 청취한 것에 대한 매우 단순한 기억(지속시간 2~3초)

(2) 영상기억 : 우리가 목격한 것에 대한 매우 단순한 기억(지속시간 0.5초 이하)

① 감각기억에 있는 정보는 실제의 감각 형태로 저장된다.

② 감각기억에 있는 정보는 오래가지 못해서 일반적으로 0.25초에서 수초 정도 지속이 될 따름이다.

2) 단기기억

정보를 '암호화'하거나 해석하는 기억의 부분이다.

(1) 담화적 처리 : 단어로서 정보를 처리하는 것

㉠ '사과'라는 단어로 이를 나타낼 수 있다.

(2) 형상화 처리 : 감각적 형태로 정보를 처리하는 것

㉠ 사과의 시각, 청각, 촉각, 미각 혹은 후각의 특징을 나타내는 것을 말한다.

☞ 정교화 : 단어 혹은 이미지로 표현된 정보는 정교화될 수 있다.

(3) 단기기억의 특징

① 단기기억은 제한적이다. 오직 일정량만을 단기기억 속에 유지할 수 있다.

② 단기기억은 단기적이다. 기억은 매우 단기적이다. 적극적으로 기억하려 노력하지 않으면 사라진다.

(4) 형상화 처리의 네 가지 핵심 시사점

① 형상화 처리는 상품 취향 및 선택에 영향을 미친다.

㉠ 기존 필리핀 보라카이 바다를 보고 오니 다른 필리핀 섬에 대한 여행상품을 보면 기존에 필리핀 바다의 아름다웠던 긍정적인 태도 경험이 우호적 기억을 오래 갖게 한다.

② 형상화는 과거 경험에 대한 기억을 자극한다.

㉠ 공연이 너무 좋으면 그때의 형상(감각)기억으로 인해 티켓을 보관한다.

③ 형상화는 처리할 수 있는 정보량에 영향을 준다.

㉔ 다이아몬드를 살 때 귀금속을 가까이 보게 해줌으로써 보다 잘 상상할 수 있게 해주므로 보다 잘 상상하게 해주어 오래 기억하게 해 준다.

④ 형상화는 상품이나 소비 경험에 대한 만족도에 영향을 준다.

㉔ 자동차의 디자인적인 만족도는 오랫동안 그 차가 기억에 남도록 한다.

3) 장기기억

나중에 사용할 수 있도록 정보가 영원히 저장되어 있는 기억의 부분이다.

(1) 자서전적 기억(=일화기억) : 우리 자신과 우리의 개인적 경험에 대해서 우리가 가지고 있는 지식

(2) 의미기억 : 특정 일화로부터 분리된 실체에 대한 일반적 지식

㉔ '콜라'라고 불리는 개념에 대한 기억에는 콜라가 액체이며 캔이나 병에 담겨져 있고 거품이 나고 갈색이며 달콤한 맛을 지니고 있음을 알고 있다. 이러한 지식은 모든 콜라에 대해서 진실이다. 특정 일화에서 분리된 세상에 대한 지식은 의미기억이라 불린다.

2. 기억향상(=기억 제고)

장기기억으로 가는 데 영향을 미치는 요인 4가지로 청크의 사용, 리허설, 재순환, 정교화 등을 포함하는 여러 가지 추가적인 과정들이 기억에 영향을 미친다.

1) 청크의 사용

청크란 한 단위로서 처리되는 항목들의 집합으로 단기기억에서 처리할 수 있는 능력은 3~7개 정도의 정보이다.

㉔ 전화번호는 지역번호, 국번호, 가입자 개발번호 등 세 개의 청크로 이루어져 있다.

2) 리허설

리허설이란 기억하기 위해서 자료를 활발하게 평가하는 과정을 말한다. 청크의 사용은 단기기억으로부터 없어질 가능성을 줄이는 반면 리허설은 정보의 장기기억으로의 전이에 영향을 미친다.

㉔ 시험공부를 할 때 조용하게 반복학습을 할 수 있고 그 의미에 대해서 활발하게 생각할 수 있다.

3) 재순환

재순환은 정보가 활발한 예행연습 없이 단순한 반복을 통해 기억되는 과정을 말한다.

4) 정교화

정교화는 보다 심층적인 수준에서 처리함으로써 정보를 장기기억으로 전이시키는 것을 말한다.

3. 인출

지식	>	범주 스키마 (=의미 네트워크)	+	연상 (기억+연출)

1) 장기기억의 조직

- 지식 : 범주(Category)로 조직화되고 연상(Association)과 연관되고 있으며 범주와 연상은 또한 기억과 인출의 개념들과 관계된다.

  ☞ 지식의 범주에 '스키마'로 연결이 되며 범주 안에서 각 인물이 '연상'이 되면서 → '신념'을 갖고 → '인지태도'를 형성한다.

- 연상 : 연상 시 '기억과 인출'이라는 과정이 떠오르게 된다.

  ㉮ 박근혜 대통령

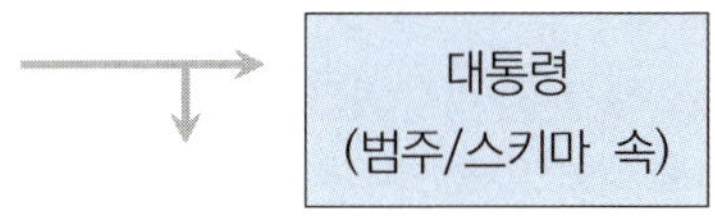

기억+인출=연상

연상이 강하다는 것은 장기기억으로 되어 있다는 것이다.

(1) 의미 네트워크 : 어떤 개념과 연결되어 있는 기억 속에 있는 연상들의 집합
  ① 추적강도 : 기억 속에 연상이 얼마나 강하게 연결되어 있는지의 정도
    ㉮ 스위스 관광휴양도시 – 모리츠
  ② 활성화 확산 : 기억 속에 연상을 확산시키는 과정
    ㉮ 스위스 관광휴양도시 – 모리츠
    - 모리츠는 '비싸다'가 강한 기억 연상으로 인해 확산이 얼마큼 되느냐는 장기기억을 하는 데 영향을 준다.
    - 강한 기억 연상을 확산시키는 데는 'MAO'와 '동기부여'가 장기기억을 하는 데 영향을 준다.

(2) 인출 실패 : 추적 강도와 활성화 확산은 망각 – 기억으로부터 정보를 인출하는 것의 실패 – 을 설명하는 데 도움이 된다. 인출 실패는 소비자의 구매, 소비, 처분 행동에 분명하게 영향을 미치고 있다.
  ① 쇠퇴
    - 아무리 좋은 영화도 시간이 지나면 기억의 인출 연결점이 취약해진다. 그러므로 재순환을 통해 다시 보아야 연결점을 유지할 수 있다.
    - 수면효과 : 인출 기억 시 영화의 스토리는 기억하지만 출연 배우 이름은 기억하지 못한다. 그러므로 나이 들면 이해력은 높아지나 이름은 못 외운다.
  ② 간섭
    - 인출시 우리나라 싼타페가 떠올랐는데 경쟁사인 Jeep의 광고를 보게 되면 인출에 간섭을 받게 된다.
    - 소매상 홈플러스에서 10개의 식품을 사려는데 사려는 몇 개의 식품이 기억이 나질 않아 기억하려는데 기억한 몇 개의 제품에 의해 나머지 사려는 식품의 연상이 간섭을 받는다.

(3) 초기효과 및 최근효과
  우리가 어떤 순서에서 처음이나 마지막에 우연히 접촉하게 되는 사물들이 종종 가장 쉽게 기억되는 것
  ㉮ 초기효과 : 여러분이 본 첫 번째 광고를 기억해 낼 가능성이 높은데 이는 그 광고가 나올 때 간섭하는 다른 광고정보가 없었기 때문이다.
  ㉮ 최근효과 : 여러분이 오늘 아침 무엇을 먹었는지를 일주일 전에 무엇을 먹었는지 보다 잘 기억해 내는 경향을 말한다.

(4) 인출실수
  우리가 기억하는 것이 항상 정확하거나 완전한 것은 아니다. 우리들의 기억은 왜곡되거나 혼란에 빠질 수 있기 때문이다.
  ㉮ 여러분은 여러분의 친구가 볼만한 새 영화에 대해서 이야기했다고 기억하고 있으나 사실 그 영화에 대해서 실제로 이야기한 사람은 여러분의 이웃이었다.

2) 인출 유형

소비자들은 두 가지 인출 시스템(명시적 및 암시적 기억)을 통해 정보를 인출할 수 있다.

(1) 명시적 기억 : 기억하려고 시도를 해서 얻어낸 과거의 어떤 상황에 대한 기억

① 인식 : 전에 어떤 자극을 만나 적이 있었는지 아닌지를 결정하는 과정

㊐ 기억은 해내지 못하지만 쓰던 샴푸인지 아닌지는 매장에 가면 찾을 수 있는 것

- 브랜드인식 : 그 브랜드를 전에 본적이 있음을 기억

  ㊐ 어떤 브랜드의 샴푸를 구매했는지 회상할 수는 없지만, 그 샴푸가 점포 내 선반에 놓여 있는지를 보면 그 샴푸를 알아볼 수 있는 것이다.

- 광고인식 : 그 광고를 전에 본적이 있음을 기억하는 것

② 회상 : 기억으로부터 정보를 인출하는 능력

- 자유회상 : 아무런 도움이 없이 기억으로부터 무엇인가를 인출할 수 있을 때 존재한다.
- 단서회상 : 어떤 단서가 필요한 경우에 존재한다.

(2) 암시적 기억 : 전혀 의식적인 시도 없이 하는 기억

3) 인출의 마케터들에게 중요한 개념

(1) 커뮤니케이션 목적으로서의 인출

브랜드 로고, 포장, 광고 등이 소비자의 인출을 증대시키므로 이쪽으로 마케팅목표를 둔다.

(2) 인출은 소비자 선택에 영향을 준다.

일본인은 거래은행이 어느 곳인지 신경 쓰지 않는다. 마케터는 선전과 슬로건으로 인식시켜 회상시켜야 한다. 소비자들도 여러 브랜드 중에서 한 브랜드를 선택할 때 이 정보를 사용할 수 있다.

(3) 인식과 회상은 광고효과와 관련이 있다.

암시적 기억도 소비자의 인출을 증대시킨다. 암시적 기억의 개념은 소비자들이 광고를 인식하거나 회상하지 않는다 해도 광고 메시지에 있는 정보에 대해 어떤 기억을 가질 수 있음을 제안하고 있다.

(4) 소비자 세분시장과 기억

고령소비자는 브랜드의 인식 기억하는 데 어려움이 있다. 마케터는 세분시장으로 인출과 기억의 광고효과를 염두에 두어야 한다. → 인출과 기억에 둔감하다.

4. 인출 향상(=인출 제고)

소비자들은 기억 속에 처음으로 저장된 것이 아니라면 인식하거나 회상할 수 없다. 청크 만들기, 리허설 등 어떤 항목이 저장되고 인출될 가능성을 증대시켜 주고 있다.

☞ 두 가지 추가적인 요인(자극의 특성과 자극이 연결되는 대상)들은 추적강도와 활성화 확산에 관련되어 있다.

1) 자극의 특성

인출은 자극(메시지 혹은 메시지 매체)의 현저함(두드러짐)에 의해 영향을 받는다. 또한 그 항목이 어떤 범주의 원형에 얼마나 가까운지의 정도, 중복적으로 단서를 사용하는지의 여부, 정보를 전달하는 데 사용되는 매체 등에 의해 영향을 받는다.

(1) 현저함

밝고 크고 복잡하며 움직이거나 두드러지기 때문에 보다 더 큰 문맥에서 눈에 띌 경우 현저한 것이다. 소비자들은 짧은 것보다 긴 방송 광고, 작은 것보다 큰 인쇄광고를 오랫동안 기억하는 경향이 있다.

(2) 전형성

제품범주에서 전형적이거나 선도 브랜드를 보다 더 잘 인식하거나 회상할 수 있다. 코카콜라는 점포 내 촉진과 다른 기법들 덕분에 멕시코 내 판매량을 급격하게 증가시켜 왔다.

(3) 중복적인 단서

학습될 정보 항목들이 자연스럽게 어울리는 것으로 보일 때 기억은 향상된다. 또한 이벤트가 브랜드의 핵심 의미와 연관될 때 기억을 향상시키며 광고모델이 제품과 관련성이 있다면 회상은 향상된다.

(4) 자극처리 매체

광고주들은 소비자 기억을 향상시키는 데 다른 매체보다 효과적인지에 대해 종종 궁금하게 생각한다. 광고주들은 인터넷 광고에 비용을 지불하는 것이 훌륭한 광고비 지출인지 여부를 결정하고자 한다. 어떤 연구는 소비자들이 인터넷 광고는 쳐다보지도 않고 기억하려고 하지 않는다는 점을 지적한다.

2) 자극이 연결되는 대상

인출은 또한 기억 속에서 자극이 무엇과 연결되는냐에 따라서 영향을 받을 수 있다. 연상적 네트워크 개념은 인출 촉진시키기(인출 단서 제공하기)의 관련된 방법을 설명해주고 있다.

(1) 인출단서로서의 브랜드명

인출단서의 가장 중요한 유형 중 하나로 브랜드명을 꼽고 있다. 광고 메시지에서 브랜드명을 일찍 나타내는 것은 그 브랜드와 메시지 내용에 대한 소비자평가 간의 기억연상을 강화시켜 줄 가능성이 크기 때문이다.

(2) 로고

기억 속에 광고에 관련된 연결점들을 활성화시키기 위해서 광고에서 나온 단서를 브랜드의 포장이나 점포 내 전시들에 위치시키는 것이다.

(3) 포장

단서는 광고로부터 소비자들이 기억하는 것에 영향을 준다. 포장은 때때로 소비자들이 광고에서 보았던 것을 기억해내도록 해주는 정보를 포함하고 있다.

(4) 범주명

인출단서의 또 다른 유형으로 '자동차', '과자' 또는 '컴퓨터' 등과 같은 제품 범주와 만나는 것은 기억에서 발생한 이러한 범주들로부터 구체적 브랜드명들에 대한 단서를 제공하는 것이라 할 수 있다.

(5) 활자체

시각적 특성은 광고된 제품 혜택에 대한 인출단서로서 역할을 할 수 있다.

연습문제

해설 및 정답

1. 다음 기억을 인출하는 과정이 맞는 것은?

① 부호화 → 저장 → 인출 ② 부호화 → 인출 → 저장
③ 저장 → 부호화 → 인출 ④ 저장 → 인출 → 부호화

우리는 기억을 하기 위해서는 부호화와 저장의 단계를 거쳐서 기억하고 인출하는 과정을 거친다.
[정답] ①

2. 다음 기억의 유형 중 '기억 속에 일시적으로 저장된 감각 경험'에 해당하는 것은?

① 장기기억 ② 단기기억
③ 감각기억 ④ 청크

감각기억은 기억 속에 일시적으로 저장된 감각 경험들로 음향기억과 영상기억으로 나누어진다.
[정답] ③

3. 다음 보기에서 서술한 기억의 종류는?

> 여러분이 고속도로 광고표지판을 따라 운전하고 그것을 재빠르게 보았을 때 그러나 표지판을 지나고 난 후에야 그것이 Coke의 표지판이었음을 깨닫게 될 때 작용하게 된다.

① 감각기억 ② 음향기억
③ 단기기억(STM) ④ 장기기억(LTM)

감각기억은 음향기억과 영상기억으로 나누어지는데 coke의 예시는 우리가 목격한 것에 대한 매우 단순한 기억으로 영상기억에 해당된다.
[정답] ①

4. 다음 보기에서 정의하는 기억은?

> 우리 정보 대다수가 처리되는 곳이므로 매우 중요하다. 다른 정보에 의해 주의가 산만해질 때 기억이 파손될 수 있다.

① 감각기억 ② 영상기억
③ 단기기억(STM) ④ 음향기억

단기기억은 정보를 '암호화'하거나 해석하는 기억의 부분이다. 단기기억은 우리 정보 대다수가 처리되는 곳이므로 매우 중요하다. 다른 정보에 의해 주의가 산만해질 때 단기기억이 파손될 수 있다.
[정답] ③

5. 다음 보기에서 정의하는 기억은?

> 우리 자신과 우리의 개인적 경험에 대해서 우리가 가지고 있는 지식으로 이러한 기억들은 비록 소리, 냄새, 맛, 촉감 등을 포함할 수도 있지만 주로 시각적 이미지를 포함한 감각적인 것들이다.

① 자서전적 기억(일화기억) ② 감각기억
③ 단기기억 ④ 청크

자서전적 기억은 일화기억이라고도 하며 장기기억의 한 종류로 우리 자신과 우리의 개인적 경험에 대해서 우리가 가지고 있는 지식으로 시각적 이미지를 포함한 감각적인 것들을 말한다.
[정답] ①

6. 다음 장기기억의 종류의 용어로 바르게 나열한 것은?

① 자서전적 기억 - 담화적 처리
② 자서전적 기억 - 형상화 처리
③ 의미기억 - 담화적 처리
④ 의미기억 - 자서전적 기억

장기기억의 종류로는 자서전적 기억(=일화기억)과 의미기억으로 나누어진다.
[정답] ④

7. 다음 '기억을 향상' 시키는 데 영향을 미치는 요인이 아닌 것은?

① 정보탐색 ② 청크의 사용
③ 리허설 ④ 재순환

정보탐색은 소비자의 구매의사결정과정 중 한 단계를 의미한다.
[정답] ①

8. 다음 정보를 처리하기 위한 노력 3가지가 아닌 것은?

① 동기부여 ② 수요
③ 능력 ④ 기회

정보를 처리하기 위한 노력으로 불리우면 MAO라고도 한다. MAO는 심리적 핵심요인 7가지 중 동기부여, 능력, 기회를 말한다.
[정답] ②

9. 다음 ( )에 들어갈 용어로 적합한 것은?

> 우리의 기억은 스키마로 형성이 되어 있는데 기억을 인출하는데 ( )와 ( )의 두 요인에 의해 기억하는 것에 영향을 미친다.

① 활성화 확산, 청크 ② 추적 강도, 청크
③ 활성화 확산, 추적 강도 ④ 추적 강도, 빈도휴리스틱

추적 강도는 기억 속에 연상이 얼마만큼 강하게 연결되어 있는지를 말하며 활성화 확산은 기억 속의 연상을 확산시키는 과정을 말한다.
[정답] ③

10. 다음 인출단서로서 자극이 연결되는 대상이 아닌 것은?

① 브랜드명 ② 로고
③ 포장 ④ 청크

인출단서로서 자극이 연결되는 대상으로는 브랜드명, 로고, 포장, 범주명, 활자체가 있다.
[정답] ④

[주관식 문제]

11. 기억의 유형 3가지는?

감각기억은 일시적으로 저장된 감각 경험으로 지속시간은 0.25~4초 정도이며 단기기억은 들어오는 정보가 기존 지식에 비추어 암호화하거나 해석되는 기억의 부분으로 지속시간은 8~30초이다. 장기기억은 나중에 사용할 수 있도록 정보가 영원히 저장되어 있는 기억의 부분으로 지속시간은 30~50년이다.

[정답] 감각기억, 단기기억, 장기기억

12. 장기기억으로 가는데 영향을 미치는 요인 4가지는?

청크는 한 단위로서 처리되는 항목들의 집합으로 단기기억에서 처리할 수 있는 능력은 3~7개 정도의 정보이며 리허설은 기억하기 위해서 자료를 활발하게 평가하는 과정을 말하며 재순환은 정보가 활발한 예행연습 없이 단순한 반복을 통해 기억되는 과정을 말한다. 정교화는 보다 심층적인 수준에서 처리함으로써 정보를 장기기억으로 전이시키는 것을 말한다.

[정답] 청크의 사용, 리허설, 재순환, 정교화

13. 의미 네트워크의 2가지는 종류는?

'추적강도'는 기억 속에 연상이 얼마나 강하게 연결되어 있는지의 정도이며 '활성화 확산'은 기억 속에 연상을 확산시키는 과정을 말한다.

[정답] 추적강도, 활성화 확산

[토론식 문제]

14. 인출의 유형으로 '명시적 기억'과 '암시적 기억'에 대해서 토론해 봅시다.

15. 인출 단서를 제공하기 위해 '자극이 연결되는 대상 5가지'에 대해서 토론해 봅시다.

제 4 부

소비자 구매의사결정과정의 이해

제4부의 제6장에서는 소비자행동론 BIG PICTURE의 3가지 이론 중 첫 번째 이론인 '소비자 구매의사결정과정'의 5단계 중 첫 번째와 두 번째 단계인 '문제인식과 정보탐색의 내적탐색'에 대해서 공부해 보고자 한다. 제7장에서는 소비자행동론 BIG PICTURE의 3가지 이론 중 첫 번째 이론인 '소비자 구매의사결정과정'의 5단계 중 두 번째 단계인 '정보탐색의 외적탐색'에 대해서 공부해 보고자 한다. 제8장에서는 소비자행동론 BIG PICTURE의 3가지 이론 중 첫 번째 이론인 '소비자 구매의사결정과정'의 5단계 중 마지막 단계인 '구매 후 행동'에 대해서 공부해 보고자 한다.

제 6 장

소비자구매의사결정과정 -문제인식과 정보탐색(내적)

이 장에서 학습하는 내용

- 소비자행동론의 BIG PICTURE
  소비자 구매행동 모델
  심리적 핵심요인
- 문제인식
  문제인식을 위한 기법
- 정보탐색
  내적탐색
  브랜드상기
  속성상기

이 장의 학습목표

- 소비자행동론의 BIG PICTURE에 대해 이해한다.
- 소비자 구매행동 모델에 대해 이해한다.
- 심리적 핵심요인에 대해 이해한다.
- 문제인식을 위한 기법에 대해 이해한다.
- 브랜드 상기에 대해 이해한다.
- 고려상품군에 대해 알아본다.
- 고려상품군에 영향을 미치는 요인에 대해 이해한다.
- 이복코드와 전형성에 대해 이해한다.
- 브랜드 친숙성에 대해 이해한다.
- 목표와 사용상황에 대해 알아본다.
- 브랜드 선호와 인출단서에 대해 알아본다.
- 속성상기, 평가상기, 경험상기, 확증편향 · 억제 · 분위기에 대해 알아본다.

소비자 구매행동 모델은 마케팅부서가 소비자의 행동을 분석하는 소비자행동론의 3가지 이론인 소비자의 행동을 분석하는 '소비자 구매의사결정과정'과 소비자의 정신을 분석하는 이론인 '소비자 정보처리과정' 그리고 소비자의 정신과 행동을 같이 분석하는 이론인 '하이어라키모델'이 서로 어떻게 연결되어 있는지 보여주는 모델이다.

이번 제6장에서는 소비자행동론 BIG PICTURE의 3가지 이론 중 첫 번째 이론인 소비자 구매의사결정과정의 5단계 중 첫 번째와 두 번째 단계인 '문제인식과 정보탐색의 내적탐색'에 대해서 공부해 보고자 한다(그림 6-1).

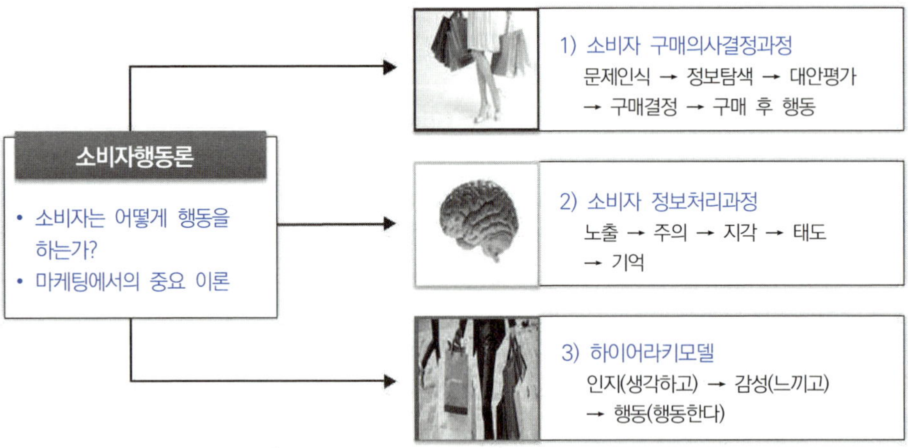

[그림 6-1] 소비자행동론 BIG PICTURE

소비자행동과 소비자 구매의사결정과정에 관한 기존의 많은 이론은 소비자가 제품을 구매할 것인지 안할 것인지를 선택하기 위해서 그들의 외적요인들에 비추어 내적으로 마케팅자극을 처리한다고 설명한다. 이런 관점에서 [그림 6-2]의 소비자 구매행동 모델은 소비자가 구매 여부를 결정하는 데 영향을 미치는 요인들을 나타내고 있다. 소비자 구매의사결정과정에 영향을 미치는 요인들로는 소비자의 외적 영향요인과 내적 영향요인을 비롯해서 마케팅믹스 영향요인 등으로 구분될 수 있다. 외적 영향요인에는 사회·문화적, 개인적, 상황적 요인들이 있으며, 내적 영향요인에는 개인의 심리적 요인이 있다. 이들 영향요인들 중에서 외적요인으로 사회·문화적 요인은 문화, 사회계층, 준거집단, 가족 등을 포함하며, 소비자 구매의사결정과정에 가장 폭넓게 영향을 미친다. 그리고 연령, 성별, 소득, 가족생활주기, 라이프스타일 등을 포함하는 개인적인 요인은 개인마다 독특하며, 소비자들이 원하는 제품이나 서비스의 유형을 선택하는데 주요 역할을 수행한다. 시간, 무드, 쇼핑환경 등의 상황적 요인은 제품을 어떻게 평가하고 선택할 것인지에 많은 영향을 미친다. 마지막으로 심리적인 요인에는 지각, 동기, 학습, 개성, 신념과

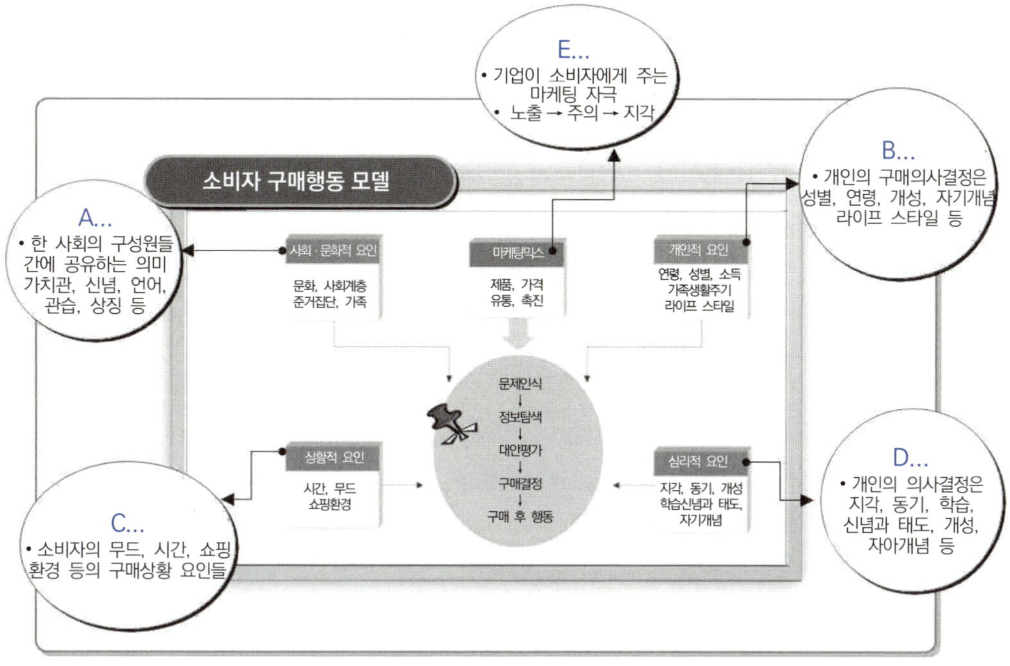

[그림 6-2] 소비자 구매행동 모델(소비자행동론 BIG PICTURE2)

태도, 자기개념 등이 포함되는데, 이러한 심리적인 요인들은 소비자가 환경요인들을 어떻게 지각하고 상호작용하는 데 영향을 미칠 뿐만 아니라, 최종 구매의사결정을 하는데도 크게 영향을 미친다. 그리고 마케팅믹스 영향요인에 대해서는 제2장의 5. 4P전략에서 설명한 바가 있다.

1 사회 · 문화적 요인

소비자 구매의사결정과정에 영향을 미치는 영향요인 중에서 사회 · 문화적 요인은 개별 소비자행동과 의사결정에 가장 넓고 깊게 영향을 미친다. 마케팅 관리자는 개별 소비자들의 문화뿐 아니라 사회계층, 준거집단, 가족 등의 사회 · 문화적 요인들이 개별 소비자의 구매의사결정에 영향을 미치므로 이들을 이해해야 한다.

1.1 문화

문화는 한 사회집단을 다른 집단과 구별할 수 있는 중요한 특징이다. 문화는 '한 사회의 구성원들 간에 서로 공유하는 의미, 가치관, 신념, 언어, 신화, 관습, 상징, 의례의식, 법률, 전통 등을 포함하는 총체적인 의미'이다. 문화는 자유나 독립과 같은 추상적인 아이디어와 개별 집단에서 가치가 있는 자동차, 의류, 음식, 예술품, 스포츠와 같은 물질적인 대상이나 서비스들을 모두 포함하고 있다. 또한 문화는 소비자의 태도, 신념과 지각에 영향을 미치며, 한 세대에서 다음 세대로 전승되어 넘어갈 때 문화뿐만 아니라 문화유산인 제품에 대한 소비자행동을 형성하는 데 영향을 준다. 따라서 문화는 소비자행동을 결정하는 가장 폭넓은 환경요소이기 때문에, 마케팅 관리자는 국내·외의 소비자 구매의사결정에서 문화의 역할을 이해할 필요가 있다.

1.2 사회계층

대부분의 사회는 사회계층적 시스템을 형성하고 있다. 사회계층은 사회계층적 시스템 속에서 같은 계층에 속하는 사람들이 유사한 가치관과 행동규범을 공유하고 있으며, 생활양식, 교육, 소득 측면에서도 거의 유사한 사람들의 집단이다. 이들 사람들은 같은 사회계층에 포함되어 있는 다른 사람들과 공식적 혹은 비공식적으로 그들 자신들 사이에서 사회화를 이루는 경향이 있으며, 의류, 레저 활동, 멋을 부리는 스타일 등에서 항상 비슷한 취미와 행동양식을 가지고 있다. 사회계층은 한 사회 내에서 거의 동일한 지위와 소득을 가진 사람들로 구성된 집단이라고 할 수 있으며, 지위는 사회시스템 안에서 타인에 의해 지각된 개인의 서열을 의미한다. 이 때 지위를 결정하는 기준과 각 기준의 상대적 중요성은 그 사회의 지배적 가치에 따라 달라진다. 일반적으로 재산, 소득, 직업, 교육수준, 가문, 사회적 유대관계 등이 지위를 결정하는 중요한 요소로 고려된다. 이들 요소들을 기준으로 한 사회 내의 구성원들을 몇 개의 사회계층으로 분류할 수 있다.

1.3 준거집단

대부분의 소비자들은 특히 의사결정 시에 느끼는 지각된 위험이 증가할 때, 그들의 탐색과 평가노력 혹은 불확실성을 줄이기 위해 다른 사람의 의견을 구하고 싶어 한다. 소비자들은 또한 신제품이나 서비스, 그리고 제품속성 정보가 부족하거나 유익하지 못하기 때문에 개인의 이미지와 연관된 제품의 구매 시에 다른 사람의 의견을 구할 수도 있다. 특히 소비자들은 제품정보와 의사결정 동의를 얻기 위해서 준거집단(reference group), 의견선도자(opinion leader), 그리고 가족 구성원들과 사회적인 상호작용을 한다.

구매행동에 영향을 주는 공식적·비공식적 모든 집단은 그 사람의 준거집단이다. 소비자들은 어떤 집단의 구성원임을 확인하거나 구성원이 되기 위해서 제품이나 브랜드를 사용할 수 있다. 소비자들은 그들의 준거집단의 구성원들이 어떻게 소비하는지를 관찰함으로써 배우며, 그들 구성원이 의사결정 할 때 사용한 똑같은 기준을 이용한다.

1.4 가족

가족은 많은 소비자에게 가치관, 태도, 자아개념과 구매행동에 강하게 영향을 미치는 중요한 사회집단이다. 가족은 어린 자녀들에게 문화적인 가치관이나 규범을 물려주는 사회화 과정(Socialization process)을 책임지고 있다. 어린 자녀들은 그들 부모의 구매행동과 소비패턴을 관찰함으로써 학습하고, 차후에 자기 자신이 소비 주체가 되었을 때 부모와 유사한 소비형태를 나타내는 경향이 있다.

가족 구성원들 간의 구매의사결정에서 역할은 구매한 제품 유형에 따라 구매 제안자, 영향자, 의사결정자, 구매자, 사용자 등 다양하며, 구매과정에서도 서로 다른 역할을 맡을 수도 있다. 제안자는 구매과정에서 구매하자고 제안하거나 구매의향을 시사하는 사람이다. 제안자는 가족 구성원 중에서 누구나 될 수 있다. 예를 들어, 막냇동생의 생일선물을 위해서 노트북 컴퓨터가 필요하다고 형제나 부모님 중에서 누구나 제안자가 될 수 있다. 영향자는 가족구성원 중에서 의견이 존중되어야 하는 사람이다. 예를 들어, 엄마는 노트북 컴퓨터의 적정한 가격대에 대해 의사결정의 지침을 줄 수도 있고, 형은 브랜드에 대한 의사결정에 영향을 줄 수도 있다.

의사결정자는 실제로 구매할 것인지 여부에 대해 의사결정을 하는 가족구성원이다. 부모님 중에서 한 분이 의사결정자가 되어 형이나 누나에게서 색상과 디자인 등과 같은 외장에 관한 더 많은 정보를 추구하고 내구성이나 안전성과 같은 부가적인 기준을 부여한 후에, 최종적으로 구매할 노트북 컴퓨터의 브랜드나 모델을 선택할 것이다. 구매자는 실제로 제품을 돈으로 교환하는 사람이다. 마지막으로 소비자는 제품을 사용하는 사람으로, 노트북 컴퓨터의 경우는 막내동생이 제품의 최종소비자가 된다.

이와 같이 가족집단은 일반 집단과 달리 구매의사결정과정에서 구성원들 간의 역할이 다양하기 때문에, 마케팅 관리자들은 소비자와 의사결정자의 역할 구분에 따라 가족 구매상황을 고려해야 한다.

2 개인적 요인

개인의 구매의사결정은 성별, 연령, 개성, 자기개념, 라이프스타일 등 같은 각 개인의 개인적 특성에 따라 영향을 받는다. 개인적인 특성은 일반적으로 일생동안 안정적이다. 예를 들어, 그들의 성별은 변하지 않을 것이고, 개성이나 혹은 라이프스타일을 변화시키는 행동은 완전히 자기 인생의 방향전환을 필요로 한다. 연령이나 생활주기단계에서도 이러한 변화는 시간이 지나면서 점진적으로 일어난다.

2.1 성 별

남성과 여성 간의 생리적인 차이는 건강과 미용제품에서처럼 서로 다른 욕구를 나타낼 수 있다. 또한 성별에 따라 수행되는 문화적, 사회적, 경제적 역할 차이는 중요하며, 이러한 것은 구매의사결정 과정에서도 나타난다. 예를 들어, 여성들은 남성보다 자동차를 구입할 때 여러 가지 다른 특징을 찾는 경우가 많다. 어린 자녀를 둔 여성 운전자들은 대부분이 어린이를 키우는 활동을 생각해서, 학교나 스포츠 등 여가활동을 시키는데 적합할 만큼 충분히 넓고 다양도로 활용할 수 있는 것을 찾는다. 그래서 미니밴 자동차회사의 경우, 여성들의 작은 손으로도 쉽게 다룰 수 있게 자동차 문의 크기, 의자나 페달의 위치를 조정했다.

성별간의 차이는 소비자들의 쇼핑행동에서도 차이가 있는데, 대부분의 여성들은 쇼핑을 즐기는 데 반해 남성들은 거의 대부분의 장시간의 쇼핑 경험을 싫어하는 경향이 높다. 그래서 남성들은 대체로 다양한 상점에서 여기저기 기웃거리는 것보다는 단순히 몇 개의 상점만을 둘러보고 편리하게 단지 필요한 제품만을 쇼핑하고 구매하길 좋아한다.

2.2 연령과 가족생활주기

소비자의 연령과 가족생활주기(Family life cycle) 단계는 소비자행동에 상당한 영향을 미칠 수 있다. 일반적으로 소비자의 연령은 어떤 제품이나 서비스를 구매하는 데 관심이 있는지를 나타내준다. 음식, 옷, 자동차, 가구, 레크레이션 등에 대한 소비자의 기호는 연령과 밀접한 관련이 있다. 다시 말해서 동일한 연령층에서는 가치관이나 생활태도 등이 유사하기 때문에 이러한 제품부류에 대한 기호가 비슷하다.

그리고 소비자의 연령은 가족생활주기 상에서의 위치를 나타내준다. 가족생활주기는 나이, 결혼상태, 자녀유무 등을 고려해서 구분한 일련의 단계들로 이루어져 있다. 즉 가족생활주기의 단계는 미혼생활부터 결혼한 이후에 자녀의 유무와 자녀의 성장과 독립, 노후생활 등에 따라 구분하고 있는데, 각 단계별 소비자의 제품이나 서비스의 구매행동이 달라질 수 있다. 예를 들어, 미혼일 경우는 주류, 교육, 오락 등에 더 많은 소비를 하는 반면에, 결혼한 부부의 가정은 초기에는 의류, 주택, 음식 등에 지출이 점차 증가하고 나이든 어린애를 가진 가정은 음식, 오락, 교육, 자동차 등에 더 많이 소비한다. 자녀가 성장해서 독립한 노부부 가정은 여성용 의류, 건강식품 및 의료 등에 전형적으로 지출이 늘어난다.

2.3 라이프스타일

라이프스타일(Lifestyle)은 사람들의 생활양식을 말한다. 다시 말하면, 라이프스타일은 한 개인의 생활패턴으로서 개인의 활동, 관심, 의견 등을 표현하는 것으로 이해할 수 있다. 활동은 개인이 어떻게 시간을 활용하고 있는가를 나타내는 것으로, 직업, 취미생활, 쇼핑, 스포츠, 사회적 행사 등의 참여활동을 말한다. 관심은 주위환경에서 중요하게 생각하고 있는 것은 어떤 것인가를 나타내는 것으로, 음식, 패션, 가족, 레크레이션 등에 대한 관심을 말한다. 그리고 의견은 자신과 주위의 사회나 세계에 대해 어떻게 생각하고 있는가를 나타내는 것으로, 사회적 이슈, 제품이나 서비스, 자기 자신 등에 대한 의견을 말한다.

라이프스타일의 특성은 소비자의 구매행동과 밀접한 관련이 있기 때문에, 매우 중요한 개념이다. 또한 라이프스타일의 특성은 소비자의 가치 변화를 이해하고, 소비자들을 범주화시켜 시장세분화 변수로도 활용할 수 있어서 마케팅 관리자에게는 유용한 정보를 제공해 준다.

3 상황적 요인

구매상황은 흔히 구매의사결정과정에 중요한 영향을 미친다. 소비자의 무드, 시간, 쇼핑환경 등의 구매상황 요인들은 제품을 어떻게 평가하고 선택할 것인지에 영향을 미치는 중요한 요인들이다. 이러한 상황적인 요인들은 비계획적인 구매를 하도록 하거나 혹은 계획된 구매를 연기하도록 자연스러운 의사결정을 유발할 수도 있다.

3.1 소비자 무드

무드(Mood)는 특정상황이나 시간에 발생하는 일시적인 느낌 상태이다. 무드는 일시적인 감정 상태이지만 개성(Personality)은 좀 더 지속적인 상태이기 때문에 개성변수와도 다르며, 무드보다 더 강렬하고 주의를 끄는 감성(Emotion)과도 다르다 무드의 짧고 알맞은 긴장상태에도 불구하고 무드는 소비자가 정보를 회상하는 데 영향을 미친다는 것이다. 특히 소비자들은 자신들의 무드상태와 같은 감정적인 정보를 회상할 때 더 잘할 수 있다. 이를테면 사람들이 슬플 때 그들은 슬픈 정보를 더 잘 회상하는 것 같다. 반대로 행복할 때 행복한 정보를 더 잘 기억하는 것 같다. 그래서 좋은 무드 상태에 있는 소비자가 의사결정 할 때 좋은 무드 상태에 있지 않은 소비자들보다 더 자발적으로 정보처리를 하며 더 많은 시간을 할애한다는 것이다.

3.2 쇼핑환경

흔히 쇼핑환경은 소비자들의 구매의사결정에 많은 영향을 미치기 때문에 대부분의 마케팅 관리자들은 쇼핑환경에 많은 관심을 갖고 있다. 백화점, 레스토랑, 편의점, 은행 등 거의 대다수의 소매점은 가능한 최고의 쇼핑환경을 조성하려고 노력하고 있다. 외부상점디자인, 상점 레이아웃, 상점 설비, 색상, 조명, 향기, 음악, 기타 상점 환경요소들은 소비자들의 무드나 구매의사결정에 영향을 미칠 수 있다. 많은 소비자는 붐비고 혼잡한 상점에서는 짜증이 나서 사고 싶은 마음이 있었던 제품조차도 살려고 우물쭈물하지 않을 수 없다. 그러나 흥미를 느끼게 하는 환한 색상과 화려한 디스플레이는 소비자들에게 새롭고 과감하게 무엇인가를 구매하도록 자극을 줄 수도 있다. 예를 들어, 레스토랑에서 경쾌하고 빠른 음악을 들은 고객은 더 많이 먹는 경향이 있으며, 술집의 고객들은 오히려 음악이 부드럽고 느릴 때 술을 더 많이 마시기 쉽다.

4 심리적 요인

개인의 구매의사결정에는 동기, 니즈, 원츠, 수요, 개인적 관련성, 능력, 기회 등의 심리적 요인에 의해 영향을 받는다. 이러한 요인들은 소비자들이 그들의 세계와 상호작용하기 위해 이용하는 것들로서, 그들의 느낌을 인식하고, 정보를 수집하고 분석하며, 사고와 의견을 분명하게 나타내고, 행동을 취하기 위해 이용하는 도구들이다. 소비자행동에 영향을 미치는 다른 세

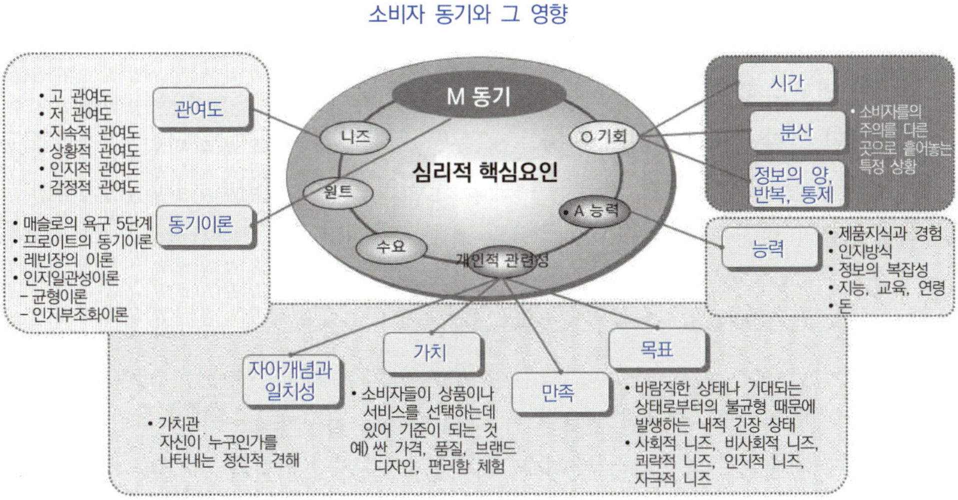

[그림 6-3] 심리적 핵심요인(소비자행동론 BIG PICTURE3)

가지 요인들과는 달리, 심리적인 영향요인은 개인의 환경에 의해서 영향을 받을 수 있다. 소비자는 여러 가지 상황에서 끊임없이 자극들을 받으면서 생활하고 있는데, 예를 들어, 자극을 받은 환경이 수업시간 중에, 친구와 대화 중에, 혹은 TV 시청 중에 있느냐에 따라 자극을 다르게 지각하고, 이들 자극도 다른 방식으로 진행될 것이다.

[그림 6-3]의 심리적인 핵심요인 7가지(동기, 니즈, 원츠, 수요, 개인적 관련성, 능력, 기회)는 소비자들이 태어나서 현재에 이르기까지 직·간접적으로 주위의 환경에 많은 영향을 받으면서 형성이 된다. 우리가 태어나면서 현재 살고 있는 시점의 상황까지 우리가 눈에 보이지 않는 심리적인 어떤 요인들에 의해서 우리의 이성과 감성이 영향을 받고 이렇게 형성된 이성과 감성이 제품을 구매하는 데 있어서 영향을 주는 데 있어 어떠한 심리적 요소들이 제품을 구매하는 데 있어서 영향을 주는지 한눈에 볼 수 있도록 만든 BIG PICTURE라고 할 수 있다. 아래에서는 소비자들이 제품을 구매하는 데 있어 의사결정을 하는 데 영향을 주는 이성과 감성을 형성시킨 심리적인 핵심요인의 종류에 대해서 구체적으로 알아보고자 한다.

4.1 동기

동기(Motivation)는 목표지향적 행동을 가능케 하는 내적 상태 또는 과정을 말하며, 행동의 방향과 강도, 지속성을 결정하는 긴장 상태이다. 동기는 소비자가 충족시키기 원하는 욕구

(Needs), 즉 내적인 긴장 상태가 발생할 때 나타난다(그림 6-3).

소비자가 제품을 구매할 때, 소비자는 어떤 욕구를 충족시키기 위해 구매한다. 그러나 대부분의 욕구는 사람들이 행동에 이르게 할 정도로 강력하지 못하다. 특정 욕구가 어떤 사람에게 행동을 유발할 정도로 강한 수준까지 환기될 때, 이러한 욕구는 동기(Motivation)가 된다. 동기란 목표지향적인 인간이 충족시키려고 하는, 혹은 긴장을 완화시키려고 하는 자극된 욕구라고 할 수 있다. 다시 말해서 동기란 인간의 행동을 불러일으키는 개인의 내적 충동력이라 한다. 이러한 욕구유발의 원천은 매슬로(Masolw)의 욕구 5단계와 프로이드(Freud)에서 찾아볼 수 있다.

매슬로의 욕구 5단계에서는 인간의 욕구에는 배고픔이나 갈증 같은 생리적 욕구, 물리적 안전이나 경제적 안정과 같은 안전 욕구, 소속감과 같은 사회적 욕구, 자존심, 사회적 인정과 같은 존경 욕구, 자아개발과 같은 자아실현 욕구 등 다섯 단계의 욕구계층들이 있는데, 이러한 욕구들이 동기유발의 원천이 될 수 있다는 것이다. 이러한 욕구를 소비자가 인식한 이후에 즉각적인 행동을 불러일으킬 정도로 충분히 강할 때 비로소 소비자는 그 욕구를 충족시키고자 하는 동기를 갖게 된다. 예를 들어, 어떤 소비자가 고급주택 구입에 관심이 많다면, 단순히 생리적 욕구, 안전 욕구, 소속감과 애정 욕구들 때문에 동기가 유발되었다 할 수 없을 것이다. 그의 고급주택 구입은 열심히 노력해서 사회적으로 인정받고 싶은 존경 욕구나 한 차원 높은 자아실현 욕구로부터 동기유발이 되었다고 할 수도 있다.

4.1.1 매슬로 이론

임상심리학자인 매슬로(Maslow)는 인간의 욕구를 다섯 단계로 나누었으며, 이러한 욕구는 서열화되어 있어서 낮은 수준의 욕구에서 높은 수준의 욕구로 이동이 된다. 가장 기본적인 욕구가 충족되면 이 욕구는 더 이상 동기부여의 요인이 될 수 없으며 그 다음의 욕구를 충족시키려고 한다. 매슬로는 인간의 욕구를 다섯 단계, 즉 생리적 욕구(음식, 물, 공기, 주거, 성생활), 안전 욕구(보호, 안전, 안정), 소속감과 애정 욕구(소속감, 사랑, 우정), 존경 욕구(위신, 자존심, 지위, 존경, 성공), 자아실현 욕구(자기달성)로 나누고 있다(그림 6-3).

4.1.1.1 생리적 욕구

욕구계층 이론에서, 생리적 욕구(Physiological needs)는 인간의 욕구 중에서 가장 기본적 요구이다. 생물학적 삶을 유지하는데 필요한 이런 욕구들은 음식, 물, 공기, 주거, 성생활 등을 포함하고 있다. 매슬로에 의하면, 생리적 욕구는 사람들이 오랫동안 불만족된 상태로 남겨졌을 때 확실히 나타난다고 한다. 예를 들어, 아주 배가 고픈 사람은 단지 음식에만 관심이 있지 다른 데는 흥미가 없다. 그는 먹는 꿈을 꾸고, 음식에 대해서만 생각을 할 것이다. 우리나라도 일반적으로 생리적 욕구는 축적됐다고 볼 수 있으며, 따라서 좀 더 높은 수준의 욕구 충족에 관심을 가진다고 볼 수 있다. 그러나 불행하게도 IMF 이후에 본격적으로 등장한 노숙자들의 삶은 대부분 생리적 욕구에 초점을 맞추고 있다.

4.1.1.2 안전 욕구

가장 낮은 단계인 생리적 욕구가 충족되면 그 다음 단계인 안전 욕구(Safety needs)가 대두된다. 이 욕구는 신체적 안전뿐만 아니라 자신의 보호와 안전을 추구한다. 또한 이 욕구는 건강과 건강관리에도 관심을 가진다. 저축예금이나 보험정책, 교육, 직업 훈련 등은 개인이 안전에 대한 욕구를 충족시키는 하나의 도구로 볼 수 있다.

4.1.1.3 소속감과 애정 욕구

안전 욕구가 충족되면 소속감이나 사랑, 우정과 같은 욕구를 포함하는 사회적 욕구(social needs)가 대두된다. 사람들은 다른 사람과의 따뜻한 인간관계를 갖기를 희망하며, 이는 가족에 대한 사랑으로 인해 동기가 부여된다. 기업에서는 사회적 동기의 중요성을 인식하기 때문에 종종 제품을 가족과 연관시켜 광고에 활용한다.

4.1.1.4 존경 욕구

소속감과 애정 욕구가 충족되면 존경 욕구가 대두된다. 이 욕구는 내부지향과 외부지향으로 구분할 수 있다. 내부지향적 자아욕구(Inwardly-directed ego needs)는 자부심, 독립심, 성공에 대한 개인적 욕구를 포함하며 외부지향적 자아욕구(Outwardly-directed ego needs)는 위신, 평판, 다른 사람부터의 인정과 같은 욕구를 포함한다.

4.1.1.5 자아실현 욕구

자아 욕구가 충족되면 가장 높은 단계인 자아실현 욕구(Self actualization needs)가 대두된다. 이 욕구는 사람마다 각각 다른 방법으로 표현된다. 장군은 전투에서 승리하기 위해 최선의 노력을 기울일 것이며, 운동선수는 자신의 분야에서 최고가 되기 위해 노력할 것이며, 과학자는 암을 제거할 수 있는 새로운 약을 개발하기 위해 노력할 것이다. 특히 외국의 모병제(군대를 지원해서 입대하는 제도)에서 군인을 모집할 때 주로 자아실현 욕구에 호소를 한다. 그러나 소비자가 낮은 단계의 욕구계층으로 이동하는 경우가 있다. 이런 경우는 소비자가 실직을 했거나 이혼을 했을 때 발생할 수 있다. 특히 요즘과 같은 불경기시대에 놓여 있는 우리나라의 소비자들이 바로 이 경우에 속한다.

욕구가 발생되고 난 후 이 욕구는 1차적 구매동기나 선택적 구매동기로 분류된다. 1차적 구매동기(Primary buying motive)는 제품의 영역을 구매하는 것과 관련이 있다. 예를 들어, 자기 집을 아름답게 꾸미려는 욕구가 카펫을 구매하려는 1차적 동기가 될 수 있다. 선택적 구매동기는 제품영역 내에 있는 특정 상표 선택과 관련이 있다. 카펫의 색상과 섬유의 질, 그리고 가격 등이 특정상표를 결정하는 선택적 동기가 될 수 있다.

따라서 마케팅 관리자는 자신의 제품이나 서비스를 소비자에게 충족시켜줄 수 있는 동기를 파악하여 이들 동기에 적합한 마케팅믹스를 개발해야 한다.

4.1.2 프로이드 이론

프로이드(Sigmund Freud)의 정신분석이론(Psychoanalytic Theory)은 현대 심리학의 토대이다. 이 이론은 무의식의 욕구나 충동, 특히 성적 충동이나 생물학적 충동이 인간의 동기와 개성을 형성하는데 본질적이라는 가정 하에서 만들어졌다. 프로이드는 환자들의 어린 시절의 경험이나 갈등을 회상시키도록 하며 또한 그들의 꿈을 분석함으로써 자신의 이론을 구축하였다.

이러한 분석을 통하여 프로이드는 인간의 개성이 세 가지의 상호작용체계(이드, 에고, 슈퍼에고)로 구성되어 있다고 설명하고 있다. 이를 살펴보면 다음과 같다(그림 6-3).

4.1.2.1 이드

이드(id)의 사전적 의미는 개인의 본능적 충동의 원천을 뜻하며, 리비도(Libido : 성 본능의 에너지)와 같은 의미로 사용된다. 이드는 배고픔과 갈증, 성적 본능, 자아보호와 같은 인간의 가장 기본적인 욕구를 추구한다. 이드는 기쁨을 추구하고 고통을 회피하려는 행동을 원칙으로 해서 작동한다. 또한 이드는 완전히 무의식적이며 갓 태어난 어린이는 이드에 의해 지배된다.

4.1.2.2 에고

에고(Ego)는 개인의 자아개념이며 이는 의식적으로 통제할 수 있는 상황을 뜻한다. 또한 자아는 경험과 학습에 의해 현실에 적절히 적응할 수 있도록 개인의 능력을 만들어 준다. 예를 들어, 반사회주의적인 방법으로 자신의 기본적 욕구를 표출하기 보다는 할리데이비슨 오토바이를 구입하여 탁 트인 남해순환도로를 달림으로써 이러한 반사회적인 기본적 욕구를 어느 정도 해소시킬 수 있다.

4.1.2.3 슈퍼에고

슈퍼에고(Superego)는 이드에 대한 통제를 나타내며, 무의식적으로 작동된다. 초자아는 자신의 행동을 억누르기 때문에 실제보다는 이상적인 것을 추구한다. 또한 슈퍼에고는 사회의 도덕성을 중요시 여기는 방향으로 행동하도록 유도하는 역할을 한다. 그러나 이드와 슈퍼에고가 갈등의 상태가 되면, 에고가 이 양쪽을 조정하는 역할을 하게 된다.

4.2 니즈

니즈(Needs)는 바람직한 상태나 기대된 상태로부터의 불균형 때문에 발생하는 내적 긴장 상태를 가리킨다. 예를 들어, 하루 중 어떤 시간에 배가 불편한 것을 느끼기 시작한다고 하자. 우리는 이때 배가 고픈 것을 느끼고, 어떤 결과를 향하여 행동하도록 동기가 부여된다(예 냉장고 문을 여는 것). 배가 고픈 경우 음식을 먹음으로써 니즈가 충족되고 긴장은 해소된다.

특정한 니즈를 충족시키도록 동기가 부여되면, 그 니즈와 관련 없는 대상은 매력이 줄어든다. 만사가 잘 안 풀리는 날에 머리를 손질하고 싶다면, 머리 모양을 내는 젤 같은 제품은 팝콘이나 다른 제품보다는 훨씬 더 매력적인 것으로 보일 것이다. 또 니즈는 어떤 제품이나 서비스로부터 소비자들을 멀어지게 만들기도 한다. 고통을 싫어하기 때문에 우리는 치과에 가지 않을 수도 있을 것이다.

니즈의 유형으로는 사회적 니즈, 비사회적 니즈, 기능적 니즈, 상징적 니즈, 쾌락적 니즈, 인지적 니즈와 자극적 니즈 6가지가 있다(그림 6-3).

4.2.1 니즈

4.2.1.1 사회적 니즈

이것은 타인과 관계되는 외부지향적 니즈이다. 그러므로 이 니즈의 충족을 위해서는 다른 사람들의 행위나 존재가 있어야 한다. 예를 들어, 지위에 대한 니즈는 다른 사람이 나에 대한 높은 관심을 유지하고 있어야 한다. 도움에 대한 니즈는 다른 사람이 나의 짐을 덜어주어야 충족될 수 있다. 모델링에 대한 니즈는 다른 사람이 행동하는 것을 우리에게 보여주어야 충족된다.

4.2.1.2 비사회적 니즈

이것은 타인과 관련 없는 성취를 위한 욕구이다. 수면, 진기함, 지배, 특이함, 이해 등 단지 자신과 관련된 것으로써 어떤 제품이나 서비스 사용에 영향을 줄 수 있다. 자신이 세계에서 일관성을 유지하기 위해 동일한 상표를 반복적으로 구매할 수도 있고, 다양성 욕구 충족을 위해 구별되는 것을 구입할 수도 있을 것이다.

4.2.1.3 기능적 니즈

기능적 니즈(Functional needs)는 소비 관련 문제를 해결할 수 있는 제품을 탐색하도록 만드는 욕구이다. 예컨대, 측면 에어백을 갖춘 자동차 구매를 고려할 경우가 있는데, 그 제품이 우리의 안전 욕구를 불러일으키기 때문이다(기능적, 비사회적 욕구). 어린이가 있는 어머니들이 유모를 구하는 것은 도움이 욕구를 해결하기 위함이다(기능적, 사회적 니즈).

4.2.1.4 상징적 니즈

이것은 우리가 자신을 인식하는 것과 타인이 우리를 인지하는 것에 영향을 주는 욕구이다. 성취, 독립, 자기통제 등은 자기 스스로의 느낌과 관련된 것이기 때문에, 이런 것들을 상징적 니즈(Symbolic needs)라 한다. 같은 방법으로, 특이함도 상징적 니즈이다. 자신의 정체성을 표현하는 방법에 대한 구매의사결정을 유도해 내기 때문이다. 예컨대, 많은 소비자는 그들의 사회적 신분을 표현하기 위해 Jimmy Choo 구두를 신는다.

4.2.1.5 쾌락적 니즈

이것은 감각적 자극, 인지적 자극, 진기함(비사회적 니즈)에 대한 욕구와 강화, 성, 놀이(사회적 니즈)에 대한 욕구를 가리킨다. 쾌락적 니즈(Hedonic needs)는 감각적 즐거움에 대한 내재적 욕구를 나타낸다. 이 욕구가 충분히 고조되면, 즐거움과 불쾌감을 동시에 가져다주는 환상적인 제품에 대한 니즈가 고무된다. 소비자들은 그것이 주는 감각적 즐거움을 위해 향수를 사기도 하거나 눈길을 끄는 분위기를 느끼기 위해 라스베이거스에 있는 Palazzo 같은 고급 쇼핑센터를 찾기도 할 것이다.

4.2.1.6 인지적 니즈와 자극적 니즈

이것 역시 동기와 행동에 영향을 미친다. 높은 인지적 니즈를 가진 소비자들은 의사결정을 내릴 때 정보를 읽거나 깊이 처리하는 등 정신적으로 힘든 활동에 몰입하는 것을 좋아한다. 반면에, 낮은 인지적 욕구를 가진 소비자들은 의사결정을 하는 동안 TV 시청, 정보처리에 적은 활동을 하는 등 생각을 많이 필요로 하지 않은 활동을 선호한다.

소비자들이 때로는 자극적 니즈를 필요로 하기도 한다. 고도의 최고 자극 수준의 니즈를 가진 소비자들은 감각적 자극을 좋아하고 쇼핑과 브랜드 정보탐색에 몰입하게 된다. 또 이들은 광고에 몰입한다. 스릴을 추구하는 소비자들은 스카이다이빙과 급류타기 래프팅을 좋아한다. 이와는 달리, 과대자극을 느끼는 소비자들은 사람, 소음, 부담스러운 것으로부터 벗어나기를 원하고, 수도원과 안식처와 같은 곳에서 휴가를 보내려고 할 것이다.

4.2.2 관여도

관여도는 소비자가 어떤 제품에 대해 가지는 '관심도'를 의미하며 자극에 의해 유발되어 지각된 개인적인 중요성이나 관심도의 수준을 나타낸다.

관여도의 종류는 크게 고관여도, 저관여도, 지속적 관여도, 상황적 관여도, 인지적 관여도, 감정적 관여도로 6가지로 나눌 수 있는데 관심도의 높고 낮음에 의해 고관여도와 저관여도로 나누며 관심을 지속적으로 갖느냐 일시적으로 갖느냐에 따라 지속적 관여도와 상황적 관여도로 구분을 하며 합리적 관점으로 관심을 가지느냐 감정적 관점으로 관심을 가지느냐에 따라서 인지적 관여도와 감정적 관여도로 나눈다(그림 6-3).

4.2.2.1 고관여도

고관여도(High-involvement)는 소비자의 관심도가 높고 고가의 제품인 경우가 많으며 소비자들의 인지적 관점과 합리적 관점에 접근하기 위해 신문, 잡지 등의 인쇄매체에 상세히 광고하는 편이 좋다.

4.2.2.2 저관여도

저관여도(Low-involvement)는 소비자의 관심도가 낮고 저가의 제품인 경우가 많고 라디오나 TV광고와 같은 전파매체에서 짧지만 핵심적인 문구로 감정적 관점으로 광고하는 것이 좋다. 저관여도 제품으로는 볼펜, 껌, 치약 등이 있다.

4.2.2.3 지속적 관여도

지속적 관여도(Enduring involvement)는 오랜 시간에 걸쳐 어떤 제품에 관한 관심이나 행동을 보일 때 존재하는 관여도이다. 열광적인 자동차 팬들은 본질적으로 자동차에 관심이 많고 그것에 지속적인 관여도를 보인다. 지속적 관여도는 평소에 지속적으로 관심을 가지는지에 따라서 구분하며 그 예로서는 어떤 소비자가 자아 이미지를 강화시키는 제품에 지속적으로 관심을 갖게 되는 것을 말한다. 그러므로 광고전략에 있어서는 소비자들의 특성을 파악해서 광고를 해야 한다.

4.2.2.4 상황적 관여도

상황적 관여도(Situational involvement)는 개인이 처한 상황에 따라 관심도가 달라진다. 그 예로 자녀의 대학 수석 졸업한 기념으로 디지털카메라를 사줄 경우에 일시적으로 그 제품에 대한 관심도가 높아지는 현상을 예로 들 수 있겠다. 이러한 경우 광고전략으로는 소비자들에게 계속 노출광고를 해야 한다.

4.2.2.5 인지적 관여도

인지적 관여도(Cognitive involvement)는 소비자들이 목표와 관련된 정보를 처리하거나 생각하는 것에 관심이 있음을 의미한다. 그러므로 소비자들의 목표는 제품에 관한 학습을 포함하게 된다. 에이스 투수인 야구 선수 Pedro Martinez에 관해 모든 것을 알고 싶어 하는 스포츠광은 인지적 관여도를 보일 수 있다. 인지적 관여도는 그 제품의 기능과 정점을 꼼꼼히 비교해 보고 합리적 관점으로 관심을 가지는 것으로 주로 고관여도 제품들이 인지적 관여에 해당이 된다. 광고전략으로는 신문 등 인쇄매체를 통한 제품주장을 자세히 열거하는 광고가 중요하다.

4.2.2.6 감정적 관여도

감정적 관여도(Affective involvement)는 제품이나 활동에 대해 소비자들이 감정적 에너지를 소모하거나 감정을 강화하려는 것을 의미한다. 강력한 감정을 경험하려고 음악을 듣는 소비자는 감정적 관여도를 나타낸다. 감정적 관여도는 그 제품의 특징 같은 것에는 신경 쓰지 않고 어느 유명 배우가 그 제품을 가지고 있어서 나도 그 제품을 갖고 싶다든가? 그 제품을 가지고 있으면 멋있는 성공한 사람처럼 보일 것 같은 관점에서 그 제품에 관심을 갖는 것이다. 광고전략으로는 저가나 고가의 제품 중 상징성이 있는 강한 보석, 의류 같은 것으로 TV나 라디오에 자주 광고를 노출시켜 짧지만 강렬한 인상을 남길 수 있는 문구로 광고하는 것이 좋다.

4.3 원츠

외부적인 요인으로 작용하는 목표나 목적에 대한 욕구이며 추상적 동기를 구체화하여 표현한 것이다. 예를 들어, 우리는 운동을 하고 나면 '갈증이 난다.' 이러한 욕구를 동기라고 한다면 시간이 조금 더 흐르면 갈증을 해소하기 위해 '음료수를 마시고 싶다'라는 욕구가 생기는데 이것을 니즈라고 한다. 시간이 조금 더 지나면 그 많은 음료수 중에서 구체적으로 게토레이라고 하는 상품을 마시고 싶은 욕구가 생기는데 이러한 욕구를 원츠(Wants)라고 한다(그림 6-3).

4.4 수요

수요는 '소비자들이 어떠한 제품을 사고자 하는 의지'를 말하며 수요는 물건이나 용역을 사려고 하는 것을 말한다(그림 6-3). 수요자의 입장에서 생각해 볼 때 물건의 가격이 내리면 사려고 하는 수요량은 늘어난다. 예를 들어, 3,000만 원에 팔던 자동차를 어떤 대리점에서 하루 동안 500만 원에 판다면 훨씬 많은 소비자가 살 것이다. 반대로 6,000만 원에 판다면 웬만해서는 사지 않을 것이다. 이렇게 가격이 내리면 사려고 하는 수요가 늘어나고, 가격이 오르면 수요가 줄어든다. 이처럼 수요는 가격에 따라 수요량이 변하는 것을 '수요의 법칙'이라고 한다.

4.5 개인적 관련성

사람들은 자신의 가치관, 니즈, 목표, 감정 등과 일치되는 것들을 개인적인 관련성이 있는 것으로 지각한다. 이러한 관련성 때문에 소비자들은 정보를 처리하고 의사결정을 하며 행동하게 된다. 이러한 개인적 관련성의 유형으로는 자아개념과 일치성, 가치, 만족, 목표 4가지가 있다(그림 6-3).

4.5.1 자아개념과 일치성

자아개념(Self-concept)은 '자신이 누구인가를 나타내는 정신적 견해'로서 자아개념 또는 자신에 대한 스스로의 관점과 타인이 자신을 보는 방법이라고 여기는 것을 어느 정도 나타내는 것들도 개인적 관련성이 있다고 볼 수 있다. 자아개념은 자신이 누구인지를 밝히는 데 도움이 되고, 그것은 종종 우리의 행동을 이끌어 가기도 한다. 자아개념은 시간에 따라 현저히 달라질 수 있음을 유념해야 한다. 옷을 구입할 때, 우리는 자신이 누구인지 예컨대 전문가, 학생, 또는 스포츠팬 등과 같은 어떤 모습을 자주 진술해 보곤 한다.

4.5.2 가치

가치(Value)는 '옳고 중요하거나 좋게 여기는 것에 관한 신념'을 말하며 소비자들은 그들의 가치와 관련이 있는 정보에 주의를 기울이고 그것을 처리하도록 동기가 부여된다. 가치는 사람들이 중요하고 좋은 것으로 여기는 신념을 가리킨다. 우리가 교육을 매우 중요한 것으로 보면, 학위 취득과 같은 가치와 일치되는 행동을 하도록 동기가 활성화될 것이다.

4.5.3 만족

만족(Satisfaction)은 소비자들이 긍정적 평가를 내리거나 그들의 의사결정에 행복을 느낄 때 나타나는 감정을 말하며 구체적인 내용에 대해서 소비자 구매의사결정과정에서 자세하게 설명하고자 한다.

4.5.4 목표

목표(Goal)는 '우리가 달성하고 싶은 결과'를 말한다. 목표 역시 개인적 관련성과 동기에 많은 영향을 준다. 목표는 사람이 달성하고 싶어 하는 특정한 결과나 최종 상태이다. 우리는 돈을 버는 것, 공부하고 싶은 과목에 등록하는 것, 특별한 만찬에 누구를 데리고 가는 것과 같은 목표들을 가질 수 있다.

4.6 능력

지식, 경험, 인지 형태, 정보 복잡성, 지능, 교육, 연령, 돈 등은 상표, 의사결정, 구매, 사용, 처분 등에 대한 정보를 처리할 수 있는 소비자들의 능력에 영향을 준다(그림 3-3).

4.6.1 제품지식과 경험

소비자들은 제품에 대한 다양한 지식을 가지고 있다. 그들은 광고, 판매원과의 교류, 친구나 매체를 통한 정보, 이전의 의사결정이나 제품 사용, 또는 기억 등과 같은 제품 또는 서비스 경험으로부터의 지식을 얻게 된다. 많은 연구에서, 제품지식이나 전문지식이 많은 소비자와 그렇지 않은 소비자들의 정보처리 행위가 비교되어 왔다. 연구 결과의 핵심은, 똑같은 동기가 있는 경우라도 지식이 적거나 초보적인 '소비자들'보다 지식이 많거나 '전문가들'이 정보를 더 깊이 생각할 수 있다는 것이다. 이전 지식의 차이가 분명히 소비자들의 의사결정에 영향을 준다. 예를 들면, 자동차를 리스하려는 소비자가 자본비용 개념, 리스료 계산 방법 등을 모르거나 더 낮은 가격으로 협상을 해야 할 필요성을 모른다고 하자. 이런 비용을 이해할 능력이 없으면, 최적의 의사결정을 할 수가 없게 될 것이다.

4.6.2 인지방식

소비자들은 정보가 제시되는 방법에 따라 인지방식이나 선호도가 다를 수 있다. 어떤 소비자들은 시각적으로 정보를 처리하는데 능통한 반면, 어떤 사람들은 언어적인 정보를 선호한다. 예컨대, 목적지 도착 계획을 수립할 때, 어떤 사람들은 지도를 선호하고, 어떤 사람들은 표지판을 보고 가는 것을 선호한다.

4.6.3 정보의 복잡성

소비자들에게 노출되는 정보의 복잡성은 그것을 처리하는 능력에 영향을 줄 수 있다. 정보가 너무 전문적이거나 복잡한 경우에 사람들은 방해를 받을 수 있다. 즉 정보가 복잡해서 그것을 처리하는 능력이 감소한다. 정보를 복잡하게 하는 것은 사람들은 비전문적이고 정성적인 데이터보다 전문적이거나 정량적인 정보를 처리하는 것을 더 어렵게 느낀다는 연구 결과가 있다. 전문품과 의약품은 복잡한 정보를 수반한다. 또 단어가 없는 사진을 포함하고 있는 정보는 모호한 경향을 띠고, 그 결과 처리에 힘이 든다는 연구 결과도 있다.

4.6.4 지능, 교육, 연령

지능, 교육, 연령 역시 정보처리 능력과 의사결정과 관련되어 있다. 특히, 지능이 높고 교육을 많이 받은 소비자들은 의사결정과 복잡한 정보를 더 잘 처리할 수 있다. 연령 또한 처리 능력의 차이를 설명해 준다. 나이 든 아이들은 정보탐색의 편익이 때로는 비용보다 크다는 사실을 더 민감하게 받아들이는 것으로 보이는 반면, 어린아이들은 똑같은 능력을 가지고 있지 않은 것 같다. 노인들은 확실히 인지적 기술이 쇠퇴하여 정보처리 능력이 감소한다. 한 연구에서, 노년층의 소비자들은 젊은 층보다 영향 정보처리에 많은 시간을 보내고 정확도가 떨어지는 의사결정을 한다고 밝혔다.

4.6.5 돈

돈이 부족하기 때문에 소비자들은 다른 방법으로 획득과 관련된 행동을 하는 것은 분명하다. 비록 돈이 부족한 소비자들은 여전히 정보를 처리하고 구매 결정을 하도록 동기는 부여되지만, 마케터들이 제공하는 제품을 즉시 구매할 수 있는 능력에는 많은 제한을 받게 된다.

4.7 기회

어떤 소비자가 건강을 위해 열심히 운동해야겠다는 생각을 충분히 하고 헬스클럽 가입에 필요한 충분한 돈(능력)도 있다고 하자. 그러나 그는 너무 바빠서 실제로 헬스클럽에 갈 시간이 없을 수도 있다. 이 경우 동기와 능력은 매우 높지만 시간 부족, 분산, 기타 행동할 능력을 지연시키는 요인들 때문에, 실제로 운동하거나 의사결정을 할 수 없게 된다(그림 6-3).

4.7.1 시간

시간은 소비자들의 정보처리, 의사결정, 행동 실행에 영향을 줄 수 있다. 시간 압박을 받는 소비자들이 크리스마스 시즌에 자신을 위한 상품을 구매할 가능성이 더 높다는 연구 결과가 있다. 왜냐하면 이들은 쇼핑해야 할 기회가 거의 없기 때문이다.

4.7.2 분산

분산은 소비자들의 주의를 다른 곳으로 흩어 놓는 특정한 상황을 가리킨다. 예를 들면, 중요한 시험은 정말 하고 싶은 요가 수업으로부터 소비자들의 주의를 돌리게 한다. 소비자가 광고를 보고 있거나 의사결정을 하고 있는 동안 다른 사람이 이야기하면, 그런 분산은 소비자들의 정보 처리 능력을 억제할 수 있다. 음악이나 매력적인 모델과 같이 광고의 배경 요소는 광고의 메시지로부터 소비자들을 분산시킬 수 있다.

[그림 6-4] 에어컨 구매 후 만족과 불만족 사례

4.7.3 정보의 양, 반복, 통제

제시되는 정보의 양은 소비자의 메시지 처리 기회에 영향을 줄 수 있다. 또 소비자들의 정보처리 능력은 시간, 분산, 정보의 양과 복잡성에 의해 제약을 받는 반면, 반복은 실제로 그것을 강화시킨다. 어떤 정보에 반복해서 노출되면, 소비자들은 그것을 생각하고 면밀히 조사하며, 그 정보를 기억할 기회를 더 많이 갖기 때문에 그것을 쉽게 처리할 수 있게 된다. 특히 TV와 라디오를 이용한 광고주들은 정보처리 기회를 증가시키기 위해, 표적 청중들에게 한 번 이상 메시지를 노출할 수 있는 계획을 수립해야 한다. 그러나 상표가 낯설고 반복 노출될 경우 소비자들이 부정적인 반응을 보여 그것 때문에 커뮤니케이션 효과를 감소시킨다는 사실을 제시한 연구도 있다. 반대로, 잘 알려지고 친숙한 브랜드에 기인한 반복 광고에 대해서는 소비자들이 더 많이 인내한다.

5 소비자 구매의사결정과정

5.1 문제인식

소비자 구매의사결정과정에서 첫 번째 단계인 문제인식(Problem recognition) 단계는 소비자들이 실제 상태(내부적 자극)와 바람직하거나 이상적인 상태(외부적 자극) 사이에 상당한 차이가 발생했을 때 일어난다. 이러한 차이의 정도가 크거나 그 문제의 중요성이 클 때, 동기유발이 강하게 일어난다. 충분한 동기유발이 있어야 문제인식 단계에서 구매의사결정과정을 거쳐서 구매행동으로 이어질 수 있다. 동기유발은 내 · 외부적 자극을 통해서 활성화된다.

격렬한 운동을 한 후에 갈증을 느껴서 게토레이 음료를 먹고 싶어 하는 경우, 두통이 와서 아스피린을 찾는 경우 등의 예를 들 수 있다. 격렬한 운동을 한 후 갈증(내부적 자극)을 느낀 상태에서 외부적 자극인 게토레이에 관한 광고(외부적 자극)를 보았을 때 소비자는 갈증(내부적 자극)의 강도가 심하면 심할수록 다시 말해 내부적 자극(갈증)과 외부적 자극(게토레이 광고)의 욕구 강도의 차이가 크면 클수록 게토레이가 필요하다는 문제인식을 느끼게 된다. 다른 예로 내부적 자극(두통)의 강도가 크면 클수록 외부적 자극(아스피린 광고)에 의한 아스피린을 사야 하겠다는 문제인식이 높아진다는 것이다(그림 6-5).

5.2 정보탐색

소비자들은 문제를 인식하고 나면, 인식한 문제를 해결하기 위해 대안을 탐색하게 된다. 정보탐색은 내적탐색과 외적탐색으로 나눌 수 있는데 욕구에 따라서 이를 해결해 줄 수 있는 제품에 대한 정보를 기억 속에 저장된 정보를 회상해 내는 과정을 내적탐색이라고 하며, 이런 저장된 정보는 주로 제품과 관련된 사전 경험으로부터 나온다.

예를 들어, 격렬한 운동 후에 갈증이 나서 갈증을 해소해야겠다는 문제인식 후에 나도 모르게 며칠 전에 TV 드라마 속에서 보았던 게토레이 광고가 나도 모르게 자동적으로 떠오르는 현상을 내적탐색이라고 한다. 이와 다르게 소비자가 자신의 문제를 해결할 만큼 충분한 정보를 갖고 있지 못한 경우에는 보다 많은 시간과 노력을 기울여서 많은 정보를 수집하기 위해 외부에 있는 정보원으로부터 정보를 탐색하는 외적탐색이 있다. 소비자가 외적탐색을 어느 정도 하는가는 욕구 인식의 강도, 제품이나 서비스에 대한 관심의 정도 · 지식 · 사전경험 · 지각된 위험에 달려 있으며, 그리고 기억하고 있는 정보의 양, 추가적인 정보 획득의 용이성과 가치, 시간과 노력의 정도, 정보탐색으로부터 얻는 만족감의 정도 등에 의해서 결정된다. 일반적으로 외적 정보탐색은 구매제품에 대한 지각된 위험이 증가할 때, 정보탐색이 커지고 훨씬 더 많은 대안을 고려할 것이다.

주로 개인적으로 중요한 제품이거나 고가제품인 경우에는 정보탐색의 양이나 시간과 노력이 증가한다. 예를 들어, 당신이 자동차를 한 대 구매하는 것이 비누나 치약 등 일상용품을 구매하는 것보다 구매의사결정 시에 비용 때문에 상대적으로 지각된 위험이 높다고 할 수 있다. 그래서 자동차 모델, 연비, 내구성, 실내공간, 탑승인원 등에 관한 자세한 정보를 탐색과 더 많은 정보 수집을 위해서 노력과 시간을 많이 기울일 것이다. 왜냐하면, 자료 수집하는 데 걸리는 시간이 자동차를 잘못 구매했을 때 지불하게 되는 대가보다 작기 때문이다.

정보탐색 방법은 마케팅으로 통제 불가능한 정보원과 통제 가능한 정보원 등 기본적으로 두 가지 정보원이 있다. 마케팅으로 통제 불가능한 정보원은 제품을 촉진하는 마케팅 관리자와는 관련이 없다. 예를 들어, 어떤 소비자는 갤럭시 휴대폰을 좋아하거나 구입했던 친구 친구로부터 그 휴대폰을 추천받을 수도 있다. 이와 같이 마케팅으로 통제 불가능한 정보원에는 친구, 가족, 직장동료, 이웃 주민, 기타 아는 사람 등과 같은 대인적 자료원과 신제품을 주의 깊게 관찰해 본 개인적 경험, 대중매체 중립적인 기관인 소비자 보호원이나 언론, 관련기관의 간행물과 같은 공공적 자료원, 제품을 취급, 검사, 조사 해 본 경험이 있는 사람이나 기관 등으로부터 수집한 정보원 등이 포함된다. 그리고 마케팅으로 통제 가능한 정보원은 마케팅 관리자가 특정제품을 촉진하는 것에서 비롯된다. 통제 가능한 정보원에는 TV, 라디오, 신문, 잡지 광고 등의 대중매체 광고, 콘테스트, 디스플레이, 프리미엄 등의 판매촉진, 판매원, 제품라벨이나 패키지 등이 포함된다.

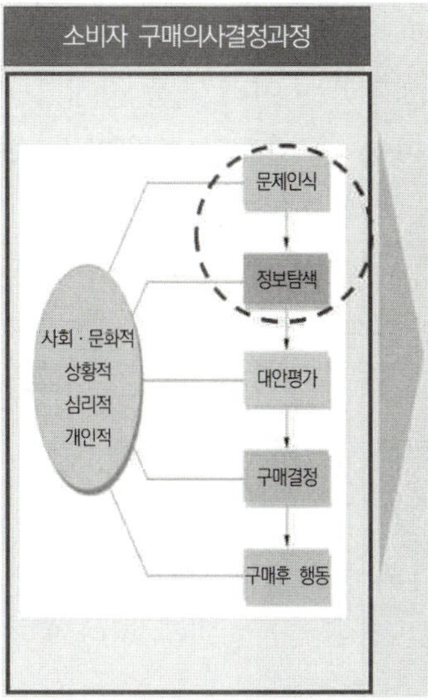

1) 문제인식(필요의 인식)
- 소비자는 자신이 처해 있는 현재 상황과 이상적인 상황과의 괴리가 심할 때 문제를 인식
- 자극 (1) 내부적 자극: 필요는 배고픔, 목마름 등의 내부적 자극에 의해서 발생
  (2) 외부적 자극: 구매행동을 유발할 수 있다.(예: 광고)
- 해결책은 소비자들의 능력 범위에 있어야 가능

2) 정보탐색
- 필요를 인식한 소비자는 욕구가 강하고 제품이 머리 속에 오른다면 구입할 것이다.
- 정보 (1) 상업적 원천 : 소비자들은 마케팅 관리자들에 의해서 통제됨(예: 광고)
  (2) 개인적 원천 : 중요하고 효과적인 정보의 원천
- 탐색 (1) 내적 탐색: 제품이 머리 속에 직접 떠 오른다.
  (2) 외적 탐색: 외부의 정보를 획득한다.
  1〉 개인적 정보원천 → 가족, 친구, 이웃
  2〉 상업적 정보원천 → 광고, 판촉사원, 중간상, 진열
  3〉 공공적 정보원천 → 신문기사, 방송뉴스, 잡지
  4〉 경험적 정보원천 → 시험구매, 제품의 직접적인 사용

[그림 6-5] 소비자 구매의사결정과정(1)

이와 같이 소비자가 선택대안에 대한 정보를 탐색하는 과정에서 정보원천으로서 내적 정보탐색과 외적 정보탐색 과정이 일반적으로 이루어진다. 따라서 마케팅 관리자는 소비자가 의존하는 정보원천을 파악하고, 각 정보원천이 다음 단계의 구매의사결정에 어떤 영향을 미치는지 잘 파악해야 한다(그림 6-5).

5.3 대안평가

소비자가 정보탐색활동에 참여하여 복수의 대체 안에 관한 정보가 수집되면 이어서 이들 대체 안들의 평가가 이루어지게 된다. 즉 대안평가단계는 소비자가 의사결정에 있어 중요하다고 느끼는 평가기준 또는 제품 속성들에 견주어 다양한 대체 안들을 비교하는 단계로 탐색단계에서 획득된 정보들을 자신의 기존 신념 및 가치관의 구조에 관련 지어보는 작업이 이루어지게 된다.

대안평가 방법으로는 보안적 평가방식과 비보안적 평가방식으로 나누어지며 비보안적 평가방식은 다시 사전편집식 평가와 연속제거식 평가로 나누어진다. 다음은 평가방식의 종류에 대해서 구체적으로 알아보기로 한다.

5.3.1 보안적 평가방식

소비자가 정보탐색(내적탐색 · 외적탐색)을 통해 호의적으로 생각하는 여러 제품 중에 2~3개의 제품으로 제품군을 축소시켜 평가를 할 때, 각각의 제품에 따라 각 제품의 속성(가격, 연비, 승차감, 디자인)에 대해 강점과 약점들을 갖고 있을 수 있다. 이때 소비자는 각 제품에 대해 어떤 평가기준의 약점을 다른 평가기준의 강점으로 보완하여 전반적인 평가를 할 수 있는데, 이런 평가방식을 보안적 평가방식이라고 한다. 보안적인 평가방식에서는 검토하는 모든 제품에 대한 각 제품이 가지고 있는 속성의 총점을 모두 모은 종합점수가 되고 가장 높은 종합점수를 획득한 제품을 구매하게 된다. 예를 들어, 어떤 소비자가 자동차를 구입하려고 할 때, 중요시하는 제품의 속성과 각 제품의 속성별 평가점수가 [그림 6-6]과 같다고 가정하자. 각 평가기준의 가중치는 가격에 0.2, 연비에 0.4, 승차감에 0.3, 디자인에 0.1의 중요도를 각각 부여하고, 각 상표별로 속성별 평가점수가 1에서 10까지 점수를 부여한다고 하면, 그 결과는 하단과 같다. 이는 속성의 평가점수를 각 자동차별로 더하여 평균값을 낸 것의 종합점수가 높은 제품일수록 호의적인 평가를 얻어서 가장 높은 점수를 획득한 제품의 자동차를 선택되게 된다.

따라서 보안적 평가방식의 소비자는 자동차에 대한 각 속성(가격, 연비, 승차감, 디자인)을 평가한 결과 B자동차가 가장 많은 평가점수를 받았기 때문에 B자동차를 선택할 가능성이 가장 높다.

5.3.2 비보안적 평가방식

비보안적 평가방식은 보안적 평가방식과는 달리 몇 가지 제품들에 대한 평가기준들 상호간의 강점과 약점들이 서로 보완되지 않는 비교적 간단한 방법이다.

5.3.2.1 사전편집식 평가

사전편집식 평가(Lexicographic rule)는 속성의 중요도에 따라 순위를 부여하고, 1순위의 속성에서 가장 뛰어난 대안에 대해 좋은 태도가 형성된다는 것이다. 만약 1순위에서 가장 뛰어난 대안이 없이 모두 동일하다면, 2순위 속성으로 넘어갈 것이다. 예를 들어, [그림 6-6]에서 자동차의 평가기준에서 연비를 가장 중요하게 여긴다면, B자동차를 선택할 것이고 승차감을 중요하게 여긴다면, C자동차를 선택할 것이다. 즉 소비자가 가장 중요하다고 생각하는 제품의 속성의 한 가지만을 보고 제품을 좋다고 평가하여 선택하는 방법을 말한다.

5.3.2.2 연속제거식 평가

연속제거식 평가(Elimination by aspect rule)는 가장 중요한 속성에서부터 허용할 수 있는 최저수용기준(Cutoffs)을 정해두고, 이 최저수용기준을 충족시키지 못하는 대안부터 제거해 나감으로써 태도가 형성된다는 규칙이다. 예를 들어, [그림 6-6]에서 자동차의 평가기준에서 최저수용기준을 각 속성에 대해서 8점 이상으로 한다면, B자동차가 선택대안으로 고려될 것이다.

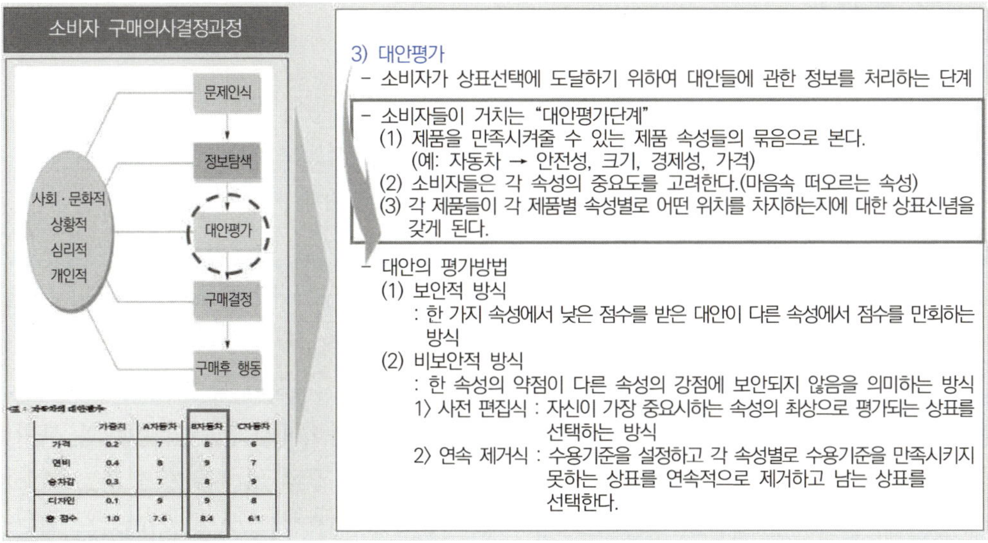

[그림 6-6] 소비자 구매의사결정과정(2)

5.4 구매결정

대안평가를 했다고 해서 바로 구매로 이어지는 것은 아니고 이 단계에서 여러 가지를 생각을 한다. 정말 살까, 언제 살까, 어떤 형태를 살까 등 구체적인 의사결정이 남아 있다. 하지만 구매(Purchase)에서의 쟁점은 대안평가에서 구입하려 한 브랜드를 실제로 구매하는가이다. 구매의도가 구매로 이어지는 경우가 있고 그렇지 않은 경우도 있다.

소비자가 대체안의 평가 과정을 마치게 되면 구매선택단계로 나아가게 되는데, 이 단계에서는 자신이 수집 및 평가할 정보를 특정 대체안의 결정에 이용할 수 있도록 결합 내지 통합하게 된다. 따라서 이 단계에서 소비자는 정보처리자로서의 역할을 하게 되는데, 소비자는 자신의 환경과 상호 작용을 통해 다양한 정보원천에서 정보를 수집 · 평가 및 처리하게 되는 것이다.

소비자는 정보처리의 능력이 제약되어 있으므로 반드시 복잡한 분석 과정을 거치는 것은 아니고, 때로는 단순한 선택 룰을 이용하기도 한다. 소비자가 정보탐색 및 평가를 통해 특정 대안을 선택했다고 하더라도 때로는 예기치 못한 여건들에 의한 구매 의도가 좌절되거나 상표변경이 이루어지기도 하는데, 이러한 결과는 자금부족, 점포 내 자극, 구매조건 변화, 상표재고, 소진 등에 의해 나타낼 수 있다. 따라서 정보평가의 결과가 실제 선택행위로 이어지기 위해서는 흔히 자금조달, 제품의 설치 및 이용, 그리고 구매할 품목과 관계되는 제품 또는 서비스에 관한 의사결정이 추가적으로 필요한 경우가 많다(그림 6-7).

5.5 구매 후 평가

제품을 구매할 때, 소비자는 구매행위를 통해 어떤 결과를 기대한다. 이러한 기대가 얼마나 잘 충족했느냐에 따라 소비자는 구매한 결과에 대해 만족을 하느냐 혹은 불만족을 하냐가 결정된다. 실제 소비자 만족과 불만족은 소비자가 구매한 제품에 대해 사전에 가지게 되는 전반적인 느낌이나 태도 등에 의해 영향을 받는다.

일반적으로 제품에 대한 만족은 사전 기대를 충족시키거나 초과한 정도에 따라 이루어진다. 소비자의 사전 기대는 광고와 판매원을 통한 마케팅 커뮤니케이션, 친구나 가족과 같은 비공식적인 정보원, 개인적인 사용경험 등의 정보를 통해서 형성된다. 제품에 대한 사전기대와 실제로 제품을 구매한 후에 사용하면서 느끼는 지각된 성능 간의 차이에서 고객의 만족과 불만족이 나타난다. 예를 들어, 어떤 소비자가 실제 제품성능보다 약간 낮은 기대를 갖고 중고 자동차를 한 대 샀는데, 놀랍게도 제품의 성능이 기대 이상으로 너무 좋은 경우에 이 소비자는 지금까지 소유한 자동차 중에서 가장 좋은 것이라고 생각할 수도 있다. 따라서 제품에 대한 기대치가 낮다고 생각하고 구매를 했는데, 막상 제품을 구매한 후에 실제 성과치는 기대치를 훨씬 초과했기 때문에 이 소비자의 만족은 매우 높을 것이다(그림 6-7).

반대로 높은 기대를 하고 자동차를 한 대 구입했는데, 막상 구매 후에 성능은 기대치보다 훨씬 모자라는 경우에는, 제품성능이 소비자의 기대를 충족시켜주지 못했기 때문에 불만족을 느낄 것이다. 따라서 마케팅 관리자는 실제 제품성능에 비하여 비합리적으로 지나치게 높은 기대는 불만족을 초래하므로, 제품의 성능을 고려하여 현실적인 메시지를 전달해야 한다.

일반적으로 소비자들은 구매결정이 내려진 후에 그들의 다양한 인지, 태도 혹은 신념 사이에 심리적인 내적 갈등을 종종 느끼는 경향이 있는데 이를 인지부조화(Cognitive dissonance)라고 한다. 인지부조화의 강도는 구매결정이 심리적 혹은 금전적인 측면에서 매우 중요하거나, 이미 알고 있는 좋은 대안들이 많이 존재하고 쉽게 구할 수 있을 때 더욱 커진다. 예를 들어, 승용차, 주택, 가구 등과 같은 제품의 구매자들 사이에 흔히 인지적인 부조화가 나타난다. 심리적 긴장감인 인지부조화를 해소시키기 위해서 소비자는 자신이 선택한 제품에 대한 긍정적인

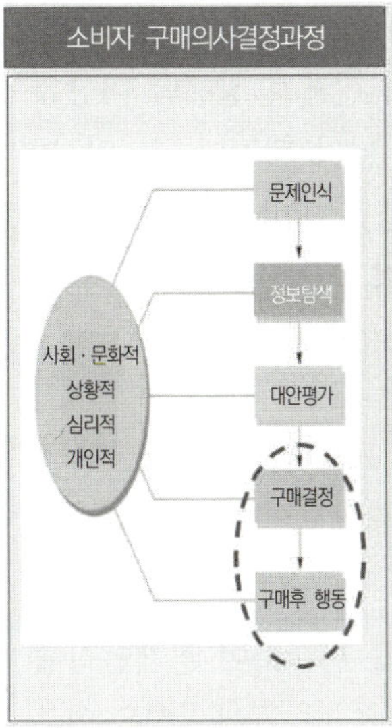

4) 구매결정
- 평가단계에서 각 제품에 대안 평가가 이루어진 후 소비자는 구매의사결정을 하게 된다.
- "구매하기를 원하는 제품과 실제 구매의 차이" 사이의 두 가지 요인
  (1) 자기와 가깝고 영향력을 주는 가족, 친지, 동료 등의 사람들에게 영향을 받음
  (2) 예기치 않는 상황변수
    (예: 구매하려는 상표의 변화, 위험성, 두려움, 호의적, 유명제품-보증수리)
    → 소비자는 지각된 위험수준이 높은 경우 이를 감소시키기 위해 추가적인 정보를 제공하거나 제품에 대한 보증을 실시한다.

5) 구매 후 행동
- 제품 구매 후 소비자들은 제품에 대해 만족과 불만족을 경험하게 된다.
  (1) 만족한 소비자는 1〉 재 구매할 가능성이 높으며 2〉 호의적인 구전을 행하고 3〉 경쟁상표의 광고에 관심을 덜 갖고 4〉자사에서 나온 다른 제품도 구매함.
  (2) 불만족한 소비자는 1〉 기업은 소비자가 불만족을 얘기할 수 있는 제안제도를 사용하여 문제점이 얼만큼 개선되었는지 측정하고 2〉인지 부조화를 줄이는 노력(〈1〉 구매한 제품을 반환, 환불하거나 〈2〉 구매한 제품의 편익을 전달하는 광고내용에 귀를 기울이거나 〈3〉 구매한 제품을 좋은 친구와 이야기 하는 합리화를 거치는 경우)을 해야 한다.

[그림 6-7] 소비자 구매의사결정과정(3)

정보를 탐색하거나 혹은 선택하지 않은 제품에 대해서는 부정적인 정보를 수집하여 받아들임으로써 심리적으로 불편한 긴장감을 소멸시키려 노력한다.

따라서 마케팅 관리자는 구매 후 행동단계에서 한 가지 중요한 임무는 소비자들이 구매결정 후에 가지게 되는 부조화를 축소시키고 구매결정에 대한 확신을 심어주는 일일 것이다. 그래서 판매 직후에 소비자들에게 효과적인 광고커뮤니케이션, 애프터서비스와 수선유지, 제품보증제도 실시, 서신이나 안내책자 발송, 전화통화, 구매제품의 광고 등을 통해서 구매자의 선택이 현명했음을 확인시켜 줌으로써, 구매 후 인지부조화를 감소시키려는 소비자들의 의도를 도와줄 수 있고 자사의 제품을 구매했을 때 느낄 수 있는 부조화의 원인을 제거할 수 있다(그림 6-7).

6 문제인식

소비자가 풀어야만 하는 소비 문제("나는 새로운 카메라가 필요해" 또는 "나는 새 옷을 좋아해")를 규명할 때 일반적으로 소비자 의사결정과정이 시작된다. 문제인식(Problem recognition)은 이상적 상태와 실제적 상태 간의 인지된 차이를 말한다.

이상적 상태(Ideal state)는 어떤 상황이 그렇게 되었으면 하고 소비자들이 바라는 방식(성능이 뛰어난 카메라를 갖는다거나 매력적인 옷을 입는 것)이다. 실제적 상태(actual state)는 소비자들이 현재 그것을 느끼는 그대로의 상황이다. 만약 소비자들이 실제적 상태와 이상적 상태 사이에서 불일치("내 카메라가 너무 오래되었다" 또는 "내 옷은 낡아 빠졌다")를 인식한다면 문제인식이 발생한다. 마케터가 어떻게 이상적 상태와 실제적 상태를 대비시키는지를 보여주고 있다. 이상과 실제 사이의 불일치 갭이 크면 클수록 동기부여, 능력, 기회(MAO)의 수준은 점점 높아지고 소비자가 구매 행동할 가능성도 더 높아진다. 만약 소비자가 문제를 인식하지 않는다면 그들이 행동함에 있어서 동기부여는 낮아질 것이다.

문제인식은 구매뿐만 아니라 소비와 처분에도 관련이 있다. 소비자들은 저녁으로 무엇을 먹을지 무슨 옷을 입을지 또는 오래된 가전제품을 교체할지 여부를 결정하는 필요성과 같은 문제들을 인식할 수 있다. 예를 들어, 소비자들이 반복된 세탁으로 색이 바랜 어두운색의 옷들을 버리는 것을 발견했을 때 기업들은 소비자의 문제인식이 발생하였음을 판단하여 문제인식에 대한 해결방법으로 이 회사는 옷 색깔에 영향을 주지 않는 세제를 출시하였다. 문제인식은 많은 유형의 소비자 의사결정과정을 자극하기 때문에 무엇이 이상적 상태와 실제적 상태 간의 차이를 유발시키고 있는지를 이해하는 것은 매우 중요하다.

기업의 입장에서는 신제품을 만듦으로 인해 소비자의 문제인식을 높여 매출을 증대시키려고 하지만 소비자의 입장에서 문제인식을 없애기 위한 어떠한 방법이 있는지 알아보면 첫째로 소비자는 '이상적 상태를 감당할 수 없을 정도의 높게 책정'을 한다. 예를 들어, 현재 10만 원을 내고 영어학원을 다니는 데 집에서 강의를 듣고 싶어서 소장용 영어 회화어학기를 구입하려 하는데 64만 원이라면 너무 비싸서 문제인식을 하지 않는다. 너무 이상적 상태를 높여 버리면 문제인식을 없앨 수 있다. 둘째로 '실제적 상황에 대한 불만족을 해결'하는 것이다. 예를 들면, 자동차 K7을 타야하는 나인데 K5를 타야 한다면 문제인식이 높아지나 기름값도 비싸고 자동차세도 내야 한다는 실제적 상황에서 보면 K5가 더 유지하기 좋다고 생각하면 불만을 해소시키면서 문제인식도 없앨 수 있다(그림 6-9).

6.1 문제인식을 위한 기법

6.1.1 이상적 상태(새로운 이상적 상태를 만들려고 시도)

이상적 상태가 높다는 건 새로운 상태를 만드는 것이다. 기업의 입장에서 말하자면 소비자의 욕구에 맞는 신제품을 만드는 상태를 이상적 상태라고 할 수 있다(그림 6-8). '설빙'은 팥빙수를 전문으로 만드는 프랜차이즈 중 하나이다. 설빙에서 만드는 팥빙수는 기존에 1970년대 전후에 먹던 '팥만 넣은 팥빙수'와는 포지셔닝(Positioning)이 확실히 틀리다는 것을 소비자들에 인식시켜 '레몬을 넣은 팥빙수', '망고를 놓은 팥빙수', '떡을 넣은 팥빙수'와 같은 기존의 팥만을 갈아서 만든 팥빙수와는 확실한 정체성을 보여줌으로써 신제품과 기존 팥빙수 제품과의 갭(Gap)을 확실하게 차이를 벌어지게 함으로써 소비자들이 제품을 사고 싶다는 문제인식을 발생시킨다고 할 수 있다. 또한 최근의 강남의 팥빙수 점에서는 '금가루를 뿌린 팥빙수'를 출시하여 기존의 팥빙수와의 차이를 발생시킴으로 소비자들로 하여금 사서 먹고 싶다는 문제인식을 더욱 발생시키고 있다.

소비자들은 기존에 가지고 있는 제품, 즉 실제적 상태와 이상적 상태 - 신제품 - 의 갭이 커지면 커질수록 이상적 상태의 신제품을 구매해야겠다는 문제인식이 더욱더 발생하게 될 것이다. 새로운 이상적 상태를 올리는 것은 갭을 올리는 것이고 새로운 상태를 만들면 문제인식이 없어진다. 이상적인 상태는 또한 우리의 미래 목표나 열망의 함수가 될 수 있다. 예를 들어, 많은 소비자는 그들에게 사회적 지위를 부여할 수 있는 자동차를 운전하길 원하거나 다른 사람들에 의해 인정이나 존경을 그들에게 가져다줄 수 있는 클럽에 가입하기를 원한다.

예상과 열망 모두는 종종 우리 자신의 동기부여(우리의 자아 이미지에 근거해서 우리가 되고 싶은 것)와 우리 자신의 문화적 측면에 의해 자극된다. 어떤 사회는 다른 사회보다도 더욱 물질주의적이고 그래서 많은 재화와 서비스에 관한 욕망은 이러한 문화에서 더욱 커질 것이다. 마찬

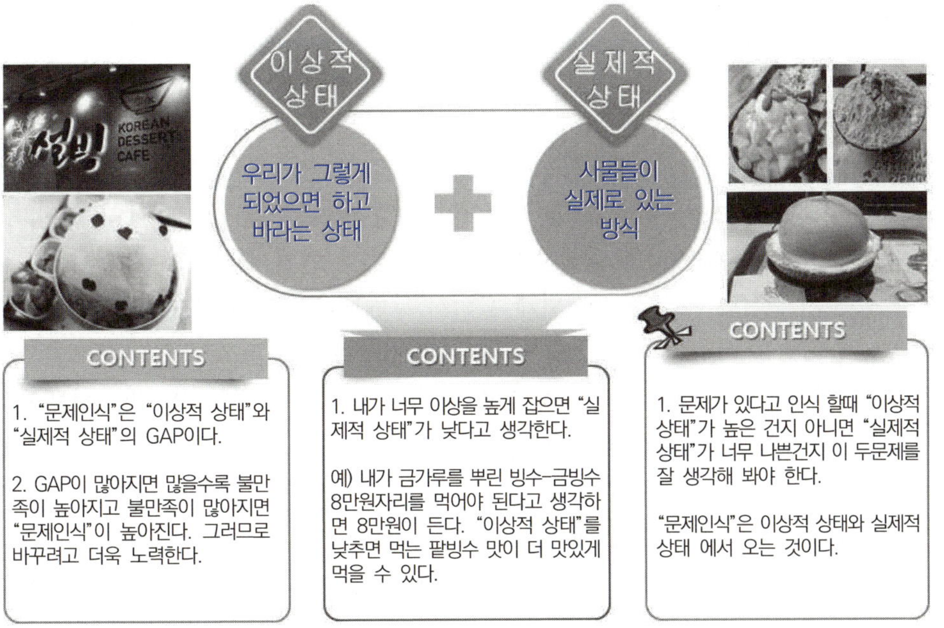

[그림 6-8] 소비자 구매의사결정과정 - 문제인식(1)

가지로 사회계층 또는 영향을 줄 수 있다. 많은 소비자는 그들 계층의 구성원들로부터 인정받기를 원하고 그들의 사회적 지위가 올라가길 원하며 그래서 그들을 보다 더 높은 이상적 상태를 소망하게 만든다. 우리가 다른 사람들로부터 인정받으려고 노력하기 때문에 그리고 준거집단이 우리의 행동지침으로 작용하기 때문에 준거집단 또는 매우 중요한 역할을 하고 있다.

마지막으로 승진을 하거나 부모가 되는 것과 같은 개인 환경에서의 주요한 변화들은 새로운 이상적인 상태를 만들 수 있다. 여러분이 대학을 졸업하고 새로운 직업을 얻을 때 여러분은 어디서 살고 무엇을 입으며 어떤 차를 운전할지 등과 관련된 새로운 이상적인 상태를 만들 가능성이 크다. 예를 들면, 베트남의 신흥 부자들은 Gucci와 Louis Vuitton 같은 세계적으로 명성이 있는 지위상징적인 브랜드 제품을 사는데 점점 더 관심을 가지고 있다.

6.1.2 실제적 상태(실제적 상태에 대한 우리의 불만족을 해소)

이상적 상태(신제품)에 대한 인식과 마찬가지로 실제적 상태(사용제품)에 대한 인식도 다양한 요인들에 의해 영향을 받을 수 있다. 종종 이러한 요인들은 단순한 물리적 요소들이다. 예를 들면, 내부적 자극(사용 중인 제품에 대한 불만족)으로 기존에 사용하는 물건을 다 쓰거나 기기가 고장 나거나(휴대폰이 망가진다), 구식이 되거나(디지털 음원 플레이어의 저장 용량이 부족하다) 또는 예기치 않게 서비스를 필요로 하는(충치는 치과 치료를 필요로 한다) 그러한 경우를 생각해 볼 수 있다. 니즈는 또한 중요한 역할을 한다. 만약 여러분이 배가 고프고 목이 마르면 또 만약 친구가 여러분의 옷을 비웃고 놀린다면 여러분의 실제적 상태는 용납되지 않을 것이다.

외부적 자극(신제품 광고)은 실제적 상태에 대한 여러분의 인식을 갑작스럽게 변화시킬 수 있다. 예를 들어, 외부의 자극으로는 광고를 들 수 있다. 현재 쓰고 있는 자동차로 각 그랜저(최초 그랜저모델)를 사용하고 있는데 광고에서 신형 제네시스 자동차 광고가 나온다면 소비자는 외부 광고의 자극에 의해서 제네시스를 구매해야 되겠다는 문제인식이 발생하게 된다.

소비자의 입장에서 문제인식을 발생시키지 않아 구매로 연결시키지 않는 방법으로는 첫째, 이상적인 상태(신제품)의 기준을 확실하게 올려서 구매해야 하겠다는 '문제인식'을 억제하는 방법이 있으며 예를 들어, 지금 '팥을 넣은 5,000원짜리 팥빙수'를 먹고 있는데 새로운 이상적 상태(신제품)로 '금가루를 넣은 8만 원짜리 팥빙수'가 있다고 한다면 이상적인 상태의 제품의 수준이 너무 높기 때문에 갭(Gap)이 너무 발생이 되면 '문제인식'을 느끼지 않는다. 둘째, 실제적 상태(사용제품)에 대한 합리화를 통해 실제적 상태의 제품과 이상적 상태(신제품)와의 갭을 줄이는 방법이 있다. 예를 들어, 제네시스를 타야 된다고 생각하는 소비자가 현재 아반떼를 타고 있다면 소비자는 현재 사용하고 있는 아반떼가 제네시스보다 연료비도 저렴하고 자동차 세금도 저렴한데 제네시스가 필요 없다고 현재 실제적 상태(사용제품)에 대한 합리화를 통해 이상적 상태의 제네시스와의 갭을 줄여 '문제인식'이 발생하지 않도록 할 수 있다(그림 6-9).

◈ (1) 문제인식을 위한 기법

: "문제인식"을 없애기 위한 기법은? 기업의 입장에서는 "문제인식"을 일으키게 하는 것이 매출로 이어진다.

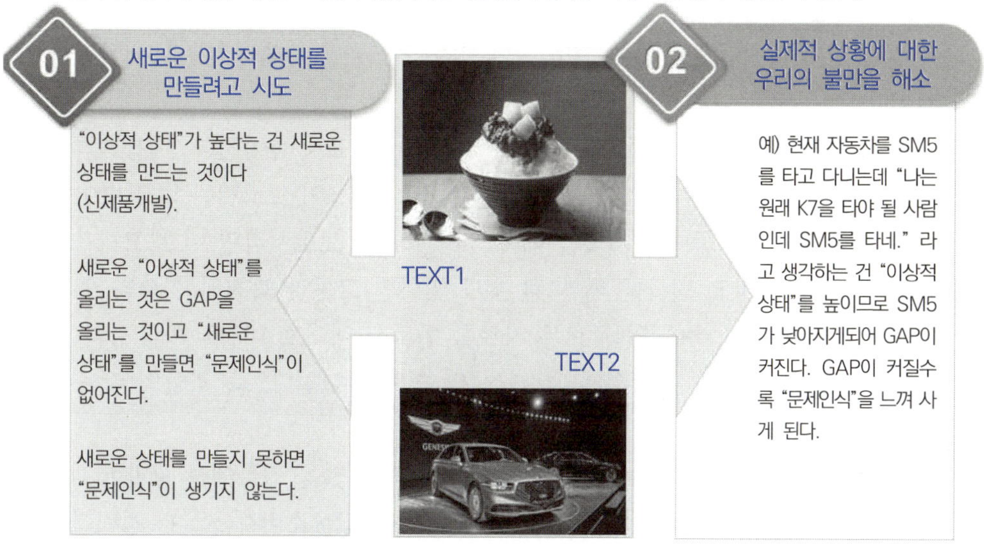

[그림 6-9] 소비자 구매의사결정과정 – 문제인식(2)

7 정보탐색

7.1 내적탐색

7.1.1 내적탐색의 정도

내적탐색의 정도는 단지 브랜드명을 상기하는 것에서부터 시작해서 속성, 평가, 경험 등의 관련 기억을 통한 보다 확장해서 하는 검색까지 매우 폭넓게 다양해질 수 있다. 일반적인 수준에서 마케팅 학자들은 소비자들이 내부 검색을 위해 기울이는 노력은 정보를 처리하기 위한 그들의 동기부여, 노력, 기회(MAO)에 따라 달라진다는 것을 알고 있다. 따라서 소비자들은 느껴진 관여, 인지된 위험, 인식에 대한 니즈가 높을 때 더욱 많은 정보를 상기하고자 노력할 것이다. 내적탐색의 정도는 크게 두 가지 요인의 경우 내적탐색에 대한 욕구가 강해진다(그림 6-10).

첫째는 동기(Motivation)의 정도가 높을수록 나의 기억 속의 정보를 인출하는 내적탐색의 강도가 커진다. 예를 들면, 대학원생은 대학원을 졸업하기 위해 학점을 충족해야 한다. 대학원을 졸업하고자 하는 동기가 강하면 강할수록 시험을 잘 봐서 학점을 잘 받아야 하므로 시험을 볼 때 성적을 잘 받고자 내적탐색을 높여 기억 속에 있는 지식들을 인출하려는 내적탐색의 강도가 높아질 것이다.

둘째는 과업(Task)의 강도가 높을 경우에 내적탐색의 강도가 높아진다. 예를 들어, 직장인 부장은 사장님의 지시로 내일 아침까지 보고서를 만들고 있다. 이 보고서는 외국 바이어(Buyer)에게 보낼 보고서로 회사의 중대한 계약을 해야 되는 중요한 보고서라면 이 보고서가 잘못되었을 경우 부장은 책임을 지고 퇴사를 해야 될 수도 있다면 그동안 축척된 회사의 모든 자료를 동원함은 물론 그동안 기억 속에 있는 모든 자료를 인출해 내려고 내적탐색을 강화할 것이다. 이렇게 과업의 강도가 강하면 강할수록 내적탐색의 정도 강해진다. 즉 과업의 강도에 따라서 내적탐색의 정도가 달라진다.

추가적으로 소비자들은 오직 정보가 기억 속에 저장되어 있을 경우에만 활발한 내적탐색을 수행할 수 있다. 그러므로 높은 정도의 지식과 경험을 갖고 있는 소비자들은 더 강력한 내적탐색 능력을 가지고 있다. 마지막으로 소비자들은 오직 그렇게 할 수 있는 기회가 주어졌을 때만 기억으로부터 정보를 상기할 수 있다. 그리고 시간적 압박이나 산만함 등은 내적탐색을 제한하게 될 것이다.

7.1.2 인출된 정보의 종류

소비자들은 제품에 대한 문제인식이 생긴 후 구매를 하기 위해 내적탐색을 하게 되는데 내적탐색 시 기억 속에서 '인출된 정보의 종류'로는 브랜드, 속성, 평가, 경험이 있다(그림 6-10). 첫째 '브랜드'는 좋은 자동차하면 아우디, BMW, 폭스바겐과 같은 브랜드가 생각나는 경우를 말하며 둘째 '속성'은 기존에 사용하던 자동차가 엔진에 문제가 생겼다면 자동차를 살 때 마하, 출력이 어떤지 엔진과 관련된 속성이 생각이 난다. 셋째 '평가'는 구매하려는 제품에 대한 예전에 봤던 제품을 사용해 본 소비자들의 평가 글이 떠오르는 경우를 말하며 넷째 '경험'은 기존의 사용했던 경험적 요소들이 떠오르는 경우를 말한다.

소비자 판단과 의사결정에 있어서 내적탐색의 역할에 대한 대부분의 연구는 무엇이 인출되고 있는지에 주안점을 두어 왔다. 특히 마케팅 학자들은 다음과 같은 정보의 네 가지(브랜드, 속성, 평가, 경험) 주요 형태를 조사해 왔다.

- 기억으로 부터의 정보 탐색
- 소비자는 "문제인식"을 한 다음에 "내적탐색"을 한다. 내적탐색은 기억으로 부터의 정보탐색을 말한다.

1〉 내적 탐색의 정도

〈1〉 Motivation의 정도가 높을수록 나의 기억 속의 정보를 뒤져보는 강도가 커진다. 예) 학점 → 학위

〈2〉 과업(task)의 강도가 높은지 낮은지에 따라서

예) 사장님께서 불러서 너 오늘 이 일을 처리 못하면 해고라고 하면 과업의 강도가 높아지므로 눈에 불을 밝히고 열심히 한다.

예) 학생들에게 수업시간 중에 "조금 후에 시험을 봅니다."라고 하면 학생들은 머리에 불을 밝히고 할 것이다.

→ 과업의 강도에 따라서 내적탐색의 정도가 달라진다.

2〉 인출된 정보의 종류

〈1〉 나의 머리 속에 인출된 정보의 종류에 의해서 내적탐색

① 브랜드 : 좋은 자동차하면 아우디, BMW, 폭스바겐 같은 브랜드가 생각난다.

② 속성 : 내가 이번에 자동차 살 때 엔진에 문제가 생겼다고 하면 자동차 살때 마하, 출력이 어떤지 엔진과 관련된 속성이 생각난다.

③ 평가 : 평가 자체들

④ 경험 : 기존의 경험적 요소들

[그림 6-10] 소비자 구매의사결정과정 – 정보탐색(1)

7.1.3 브랜드상기

문제인식이 발생할 때마다 소비자들이 기억으로부터 상기하는 브랜드는 의사결정에 상당한 영향을 미치는 내적탐색의 중요한 측면이라 할 수 있다.

7.1.3.1 고려상품군

브랜드를 상기 시키는 중요한 요소 첫 번째로는 '고려상품군(Consideration set)'으로 5~7개 정도의 브랜드군을 상기시키는 경향의 여부를 통해 자사 브랜드를 오랫동안 소비자들의 기억에 연상시키고자 한다.

소비자들은 어떤 주어진 상황에서 이용가능한 모든 브랜드를 기억하기보다는 고려상품군으로 알려진 5~7개 정도의 브랜드군을 상기하는 경향이 있다. 예를 들어 생수를 구매하는 소비자는 다른 어떤 브랜드보다도 제주삼다수와 아이시스를 고려하고 있을지도 모른다. 그러나 소비가 고도화하면서 상품 숫자 또한 급격하게 증가하고 있다. 고려상품군에 포함되기 위해 경쟁이 치열해지는 상황이다.

일반적으로 고려상품군은 소비자가 의사결정을 할 때 '최초 상기(Top-of-mind)'되거나 기

억하기 쉬운 브랜드들로 구성되어 있다. 예를 들어, 커피 브랜드는 어떤 것이 있는지? 라는 질문을 받으면 소비자들은 기억 속의 커피브랜드의 이름을 떠올리게 된다. "응~스타벅스, 투썸플레이스, 할리스, 파스쿠찌, 이디야커피, 커피베이, 메가커피, 빽다방"을 떠 올렸다. 이렇게 커피가 맹점이 7개가 떠올랐다는 것은 7개 브랜드의 커피사는 소비자의 고려상품군 안에 들어갔다는 것을 의미한다. 소비자의 고려상품군 안에 우리 커피사의 브랜드가 들어갔다는 것은 그만큼 우리 회사의 제품을 소비자가 구매할 확률이 높다는 것을 의미한다. 물론 소비자가 7개의 커피 브랜드가 아닌 더 적은 3개의 커피브랜드를 떠 올렸다면 그 안에 우리 회사의 커피브랜드가 들어갔다면 우리 회사의 커피제품을 소비자가 구매할 확률이 그만큼 더 높다고 할 수 있다(그림 6-11). 상표군의 크기가 증가할수록 브랜드 정보를 상기하는 소비자의 능력은 감소하기 때문에 보통 작은 크기의 고려상품군이 필요하다. 그러나 비록 기억으로부터 전체 상품군을 상기하지 못한다고 할지라도 저장된 정보는 인식처리 과정을 돕는다. 예를 들면, 저장된 정보는 소비자가 옐로우 페이지(Yellow pages : 업종별 정보)에 있는 서비스를 인식하도록 돕거나 선반에 있는 브랜드들을 식별할 수 있도록 도울 수 있다.

7.1.3.2 고려상품군에 영향을 미치는 요인

브랜드를 상기 시키는 중요한 요소 두 번째로는 '고려상품군에 영향을 미치는 요인'으로 자사 제품이 고려상품군에 형성하는 데 영향을 미치는 요인(크기, 안정성, 다양성, 선호도분산)이 고려상품군을 형성하는데 영향 관계를 통해 자사 브랜드를 오랫동안 소비자들의 기억에 연상시키고자 한다.

많은 연구는 고려상품군의 브랜드를 떠오르게 하는 데 중요한 요소로 크기, 안정성, 다양성 그리고 선호도 분산을 보여주고 있다(그림 6-11).

첫째, '크기'는 고려상품군 수가 많을 때보다 적을 때 구매확률이 높다. 어떤 소비자는 카페 이름을 12개 이상 얘기하는 반면 어떤 소비자는 1~2개만 얘기한다면 1~2개만 얘기한 소비자가 12개 이상을 얘기한 소비자 보다 우리 회사의 카페에서 구입할 확률이 그만큼 높다고 할 수 있다.

둘째, '안정성'은 소비자가 어떤 상황에서도 우리 카페의 브랜드가 나오는 경우를 말한다. 어떤 소비자에게 카페 이름을 물었을 때 '스타벅스'를 얘기한다면 '스타벅스'는 환경적인 상황이 바뀌더라도 안정적으로 브랜드 이름이 계속해서 나온다고 볼 수 있으며 '스타벅스'는 카페 브랜드에 대한 '안정성'이 있다고 볼 수 있다.

셋째, '다양성(다양성의 정도)'은 소비자에게 카페에 대한 고려상품군을 물어보았을 때 얼마나 다양하게 카페명이 나오는지를 알아보는 것으로 다양하게 고려상품군이 나올수록 자사의 카페에서 구매할 확률은 떨어진다고 할 수 있다. 소비자가 고려상품군을 고려할 때 너무 다양하게 나온 소비자는 다양하게 구매할 확률이 높다.

넷째, '선호도분산'은 카페에 대한 선호에 대한 분산이 클수록 자사의 카페에서 구매확률이 낮아진다. 스타벅스(외국 브랜드), 빽다방(국내 브랜드)과 같이 선호도가 외국 브랜드와 국내 브랜드로 분산이 많이 되면 될수록 그만큼 선호도가 분산이 되어 자사의 카페에서 구매확률이 떨어진다. 이렇게 '크기', '안정성', '다양성', '선호도분산'은 고려상품군을 떠올리는 데 있어 영향을 미치는 요인이라고 할 수 있다.

소비자들은 고려상품군에 있는 특정한 하나 또는 두 개 제품 항목에 대해서 보다 더 강한 선호도를 갖는 경향이 생기게 된다. 이런 현상을 통해서 알 수 있는 것은 자사 상품이 고려상품군의 한 부분으로서 소비자들의 기억으로부터 상기될 가능성을 높이기 위해 기업은 자사 상품을 소비자들에게 친숙한 상황에 연결시키는 활동을 강화해야 한다는 점이다.

한 연구에 따르면 상기되는 브랜드들이 선택될 가능성은 그만큼 커진다. 그러나 소비자들은 수많은 브랜드를 상기할 수 있고 그런 다음에 바람직스럽지 않은 대안들은 배제할 수 있기 때문에 어떤 브랜드가 단순히 상기되고 있다는 점이 반드시 소비자의 고려상품군에 속하게 될 것이라고 보장하지는 않는다. 만약 소비자들이 고려상품군을 형상하기 위해서 기억으로부터 브랜드들을 상기해야 하는데 그럴 수 없는 경우 고려상품군은 선반에 있는 상품들의 이용가능성이나 판매원들의 제안들과 같은 외부 요인들에 의해 결정되는 경향을 보이게 될 것이다.

요소

〈1〉 고려상품군(Consideration set)
〈2〉 고려상품군에 영향을 미치는 요인

내용 : 브랜드 상기 시 중요한 요소들

〈1〉 고려상품군 : 떠오르는 브랜드가 5~7개가 떠오른다.
- 우리가 떠오르는 커피 브랜드는 어떤 것이 있는지? ① 스타벅스 ② 카페베네 ③ 탐엔탐스 이중에서 택하는 것
그러므로 결론적으로 고려상품군에 들어가 있느냐? 없느냐?는 굉장히 중요한 것이다. (Recall)->구매와 연결

〈2〉 고려상품군에 영향을 미치는 요인
① 크기 : 예) 어떤 사람은 카페 이름을 12개 이상 얘기한다.
② 안정성 : 예) 어떤 사람에게 카페이름을 물었을 때 S,C,T을 얘기하는데 환경적인 상황이 바뀌더라도 안정적으로 그 브랜드 이름이 계속해서 나오느냐 하는 "안정성"이 영향을 미친다.
③ 다양성(다양성의 정도) : 고려상품군을 고려할 때 너무 다양하게 나오는 것, 다양하게 나온 사람은 다양하게 구매한다.
④ 선호도분산 : 선호도가 얼마나 분산되느냐?

[그림 6-11] 소비자 구매의사결정과정(2) – 정보탐색(내적탐색 : 브랜드상기)

7.1.3.3 이복코드

브랜드를 상기시키는 중요한 요소 세 번째로는 '이복코드'로 브랜드 중에 2~3개 정도의 브랜드군을 상기시키는 경향의 여부를 통해 자사 브랜드를 오랫동안 소비자들의 기억에 연상시키고자 한다.

우리는 어떤 기준이 중요한지를 어떻게 결정하는가, 또는 제품 대안들을 수용 가능한 개수로 어떻게 줄이는가, 마지막으로 한 개의 브랜드를 어떻게 결정하는가? 해답은 우리가 사용하는 의사결정 과정에 따라 변한다. 확장적 문제 해결을 하는 사람은 주의 깊게 여러 브랜드 말고는 어떤 대안들도 고려하지 않을 것이다. 더 나아가, 어떤 결과에 의하면 우리는 이용 가능한 선택들 사이에서 갈등을 느끼기 때문에 부정적 감정을 느낄 때 더욱더 확장적 과정을 갖는다. 이것은 어려운 선택이 있을 때 일어나는 경향이 있다.

소비자들은 알고 있는 대안들을 이복코드(Evoked set)라고 부르고, 실질적으로 고려하고 있는 대안들을 고려상품군이라고 부른다. 구체적으로 말하자면 이복코드는 2~3개 정도의 브랜드군을 상기하는 경향을 말하며 고려상품군은 5~7개 정도의 브랜드군을 상기하는 경향을 말한다. 고려상품군은 이복코드보다 조금 더 상기 브랜드의 범위가 넓다고 볼 수 있다. 기업의 경우 자사의 제품이 소비자의 고려상품군에 들었을 때보다 이복코드에 들었을 때 자사의 제품을 구매할 확률이 높아진다고 할 수 있다. 예를 들어, 소비자가 맥주를 마시기 위해 맥주 브랜드를 연상할 때 하이트맥주, 카스맥주, d맥주, 강남맥주, 테라맥주, 아사히맥주, 호가든맥주가 떠올랐다면 맥주의 종류가 국내맥주부터 해외맥주까지 그리고 가공맥주에서 수제맥주까지 맥주의 범위가 매우 다양하다는 것을 알 수 있다. 이렇게 5~7개의 고려상품군을 떠 올리는 소비자보다는 2~3개 정도의 맥주브랜드를 떠올리는 이복코드 소비자의 경우 자사의 제품을 판매할 확률이 높다고 할 수 있다(그림 6-12).

소비자들은 종종 놀랍게도 특히 모든 선택이 가능한 상태에서도 몇 개의 대안만을 고려한다. 어떤 국제적인 연구에서는 고려 상품의 수가 제품군과 국가에 따라 다르더라도, 사람들은 일반적으로 아주 적은 수의 제품만을 고려한다고 밝혔다. 예를 들어, 평균적인 미국의 맥주 소비자들은 단지 세 개의 브랜드만 고려하는 반면, 캐나다 소비자들은 일반적으로 7개의 상표를 고려한다. 반대로, 노르웨이의 자동차 구매자들은 두 개의 대안을 갖고 있지만, 미국 소비자들은 평균적으로 8개 이상의 모델을 찾아보았다. 즉 미국 사람들은 맥주보다는 자동차에 대해서 보다 더 까다로운 경향이 있는 것으로 보인다.

이런 명백한 이유로, 자신의 브랜드가 표적 시장의 이복코드에 들어가 있지 않음을 아는 기업들은 많은 걱정을 하게 된다. 종종 좋은 첫인상을 가질 두 번째 기회는 주어지지 않는다. 소비자는 이미 고려하고 거부한 제품을 이복코드에 넣을 가능성이 없다. 심지어 어떤 마케터가 어떤 브랜드에 대해서 추가적으로 긍정적인 정보를 제공한 후라도 이전에 고려했으나 제외된 브랜드

요소

〈3〉 이복코드
(Evokod Set)

◉ 내용 : 브랜드 상기 시 중요한 요소들

① "고려싱품군"은 "이복코드" 보다 조금 더 "상기 브랜드의 범위가 넓다."
예1) 우리가 회사에 가면 자주하는 말 "우리회사가 이복코드에 들어가 있어?"를 자주 말한다.
즉 소비자가 얘기하는 2-3개의 브랜드에 들어가 있느냐? 하는 말이다.

② "이복코드"에 들어가 있다는 것(2-3개 상기브랜드에 들어가 있으므로) 은 최초 상기가 되어서 구매가 된다는 것이다.

③ 그 브랜드로 기억되고 떠 올려 진다는 것은 "브랜드 상기"의 순서 그 안에 들어가 있느냐는 매출과 연관이 된다.

[그림 6-12] 소비자 구매의사결정과정(3) - 정보탐색(내적탐색 : 브랜드상기)

보다는 새로운 브랜드를 이복코드에 추가하는 경향이 있다. 마케터 입장에서 이렇게 거절된 제품에 두 번의 기회를 주지 않는다는 소비자들의 의지는 회사가 제품을 시장에 소개할 때부터 좋은 품질이라는 것을 확신시키는 것이 중요하다는 것을 알려준다.

7.1.3.4 전형성

브랜드를 상기 시키는 중요한 요소 네 번째로는 '전형성'으로 브랜드 중에 얼마나 대표성을 가지고 있는지 여부 통해 자사 브랜드를 오랫동안 소비자들의 기억에 연상시키고자 한다.

전형성은 내적탐색을 할 때 구매하고자 하는 상품 브랜드에 대한 '대표성'을 말한다. 예를 들어, "소비자에게 통신사(SKT, KT, LG) 중에 가장 대표적으로 떠올리는 상표는 어디인가?" 라는 질문에 KT를 떠 올린다면 통신사 중에서 가장 '전형성(대표성)'을 띤 브랜드는 KT라고 할 수 있다. 가장 '전형성(대표성)'을 가진 브랜드는 가장 첫 번째로 연상이 되는 브랜드이며 전형적인 브랜드의 경우는 소비자들이 구매할 확률이 다른 제품에 비해 그만큼 높다고 할 수 있다(그림 6-13).

소비자들이 내적탐색에 빠져 있을 때 그들은 전형(대표)에 가장 가깝거나 혹은 그 범주에 속하는 다른 항목들과 가장 유사한 브랜드들을 보다 쉽게 상기하게 되고 이러한 브랜드들은 범주의 전형과 가깝지 않은 브랜드들보다 고려상품군에 속하게 될 가능성이 훨씬 커지게 된다. 예를 들어, 아머올(Armor all)은 자동차 부품 보호제라는 새로운 범주를 만들어 냈고 미국뿐만

요소

〈4〉 전형성
〈5〉 브랜드 친숙성
〈6〉 목표와 사용상황

내용 : 브랜드 상기 시 중요한 요소들

〈4〉 전형성
- 브랜드가 대표적이냐? 일반적 특징을 다 가지고 있느냐? "의미기억"을 가지고 있느냐?
예) SKT, KT, LG의 각 브랜드를 생각하면 대표적으로 떠오르는 것이 있어야 한다(전형성).

〈5〉 브랜드 친숙성
- 브랜드를 얼마나 친숙하게 만들어 주는 성향이 있느냐?

〈6〉 목표와 사용상황
예) 학부 여학생과 여자친구랑 먹으러 갈때는 하이트, 맥스, 카스 먹어라 하지만 남자 친구랑 갈 때는 외국브랜드 호가든이라든지 아사히 등의 맥주를 먹으라고 한다. 이것이 사용상황에 따라 브랜드의 상기를 다르게 한다는 것이다.

[그림 6-13] 소비자 구매의사결정과정(4) – 정보탐색(내적탐색 : 브랜드상기)

아니라 멕시코, 캐나다, 독일, 일본, 호주 등지에서 지배적 브랜드로서 위치를 공고히 하고 있다. 이 브랜드는 다른 어떤 브랜드보다도 이 제품에 대한 문제인식이 존재할 때 고려상품군에 위치할 가능성이 높은 것이다.

7.1.3.5 브랜드 친숙성

브랜드를 상기 시키는 중요한 요소 다섯 번째로는 '브랜드 친숙성'으로 브랜드를 얼마나 친숙하게 만들어 주는 성향을 가지고 있는지 여부 통해 자사 브랜드를 오랫동안 소비자들의 기억에 연상시키고자 한다.

잘 알려진 브랜드들은 이 브랜드들과 연상되는 기억 연결점들이 보다 강력해지는 경향이 있기 때문에 친숙하지 않은 브랜드들보다 내적탐색 중에 보다 쉽게 상기된다. 결과적으로 기업들은 브랜드 인식을 제고시키고 브랜드 연상을 강력하게 만들기 위해서 지속적으로 마케팅 커뮤니케이션을 반복할 필요가 있다. 심지어 정보처리가 거의 발생하지 않는 낮은 MAO 상황에서도 우연한 광고노출은 한 브랜드의 고려상품군에의 포함가능성을 증가시킬 수 있다. 이러한 사실은 Sony, McDonald's 그리고 Coca-Cola와 같은 글로벌 브랜드들이 세계적으로 높은 브랜드 친숙성을 가지고 있고 많은 소비자의 고려상품군 속에 존재하는 이유를 설명해 주고 있다. 브랜드 친숙성은 소비자들이 상점 내에 있는 많은 브랜드 중에서 어떤 브랜드를 주목해야 하는지를 인식하는 데 도움을 주고 브랜드들을 잘못 인식할 가능성을 줄여주고 있다.

이러한 이유에서 브랜드를 친숙하게 만들기 위해 기업들은 기업 이름의 비밀을 통해 기업의 브랜드에 친숙성을 부여하고자 하였다. 그러한 예로, 첫째 '구글'은 영문자를 잘못 기재하여 수학의 10의 100승인 구골을 잘못 기재하여 만들어지게 되었으며 둘째 '레고'는 덴마크어로 레그고트(Leg godt)로 '잘 논다'는 의미를 가지고 있다. 셋째 '롯데'는 괴테의 젊은 베르테르의 슬픈 여주인공 이름을 따서 '누구나 사랑하는 기업'이란 의미를 가지고 있으며 넷째 'BMW'는 독일 바이에른 주(Bavaria)에 위치한 회사의 뜻으로 로고는 바이에른 주를 상징하는 '청백색'을 사용하였다. 다섯째 '소니'는 소리와 젊은이의 합성어로 아직 작지만, 젊은이들이 모인 회사라는 의미를 가지고 있으며 여섯째 '스타벅스'는 소설 속 일등항해사 이름인 '스타벅'에서 따온 말로 일등항해서가 커피를 너무 좋아해서 항해사의 이름을 따서 스타벅스라고 지었다고 한다. 기업 이름의 숨은 뜻을 통해 기업들이 브랜드에 대해 친숙함을 줌으로써 오랫동안 자사의 브랜드를 소비자의 기억 속에 유지시키려는 전략이 숨어 있다고 할 수 있다(그림 6-13).

7.1.3.6 목표와 사용상황

브랜드를 상기 시키는 중요한 요소 여섯 번째로는 '목표와 사용상황'으로 사용상황에 따라 브랜드 상기를 다르게 함으로써 브랜드를 상기시키는데 목표와 사용상황이 영향을 준다. 예를 들면, 대학교 여대생의 경우 같은 과의 여자친구와 맥주를 한잔 마시러 갈 경우에는 하이트맥주나 카스맥주를 상기시켜 마시러 간다. 반면에 남자친구와 맥주를 한잔 마시러 갈 경우에는 조금 비싼 외국브랜드인 호가든맥주를 마시러 간다. 이와 같이 사용상황과 목표에 따라 찾는 맥주 브랜드가 달리 상기된다는 것이다. 이렇게 소비자는 브랜드를 상기할 때 사용상황과 목표에 따라 다른 브랜드의 맥주를 상기시키므로 목표와 사용상황은 브랜드를 상기시키는 데 중요한 영향을 미친다고 볼 수 있다(그림 6-13).

소비자들은 목표지향적이며 기억 속에 사용 특유의 범주를 가지고 있고(예를 들어, 해변으로 가지고 갈 음료수 등) 이러한 범주의 활성화는 내적탐색을 하는 동안 소비자들이 어떤 브랜드를 상기해야 하는지를 결정하게 된다. 그러므로 마케터들은 제품들을 어떤 목표와 사용상황을 관련 시키려고 시도해 볼 수 있다.

7.1.3.7 브랜드 선호

브랜드를 상기 시키는 중요한 요소 일곱 번째로는 '브랜드 선호'로 소비자가 좋아하는 브랜드가 무엇인지에 대한 나오는 순서도 중요하다. 예를 들어, 사고 싶은 자동차는 첫 번째 아우디 두 번째 그랜저 세 번째 지프라고 할 때 상기하는 선호하는 자동차 브랜드의 순서는 제품 구매시 브랜드를 상기의 순서(브랜드 선호)는 중요한 요소이다(그림 6-14).

소비자가 선호하는 긍정적 태도를 가지고 있는 브랜드들은 부정적 태도를 야기하는 브랜드들보다 쉽게 기억되고 보다 자주 고려상품군에 포함되는 경향이 있다. 이러한 경향은 긍정적 브랜드태도의 개발에 대한 중요성을 강조하고 있다. 예를 들어, 도브(dove) 브랜드는 1955년에 비누가 등장한 이래 피부 보습과 연관을 맺어 왔다. 도브(dove)는 진짜 여성의 참다운 아름다움을 축하하는 광고를 통해서 브랜드에 대한 소비자의 긍정적 태도를 키워왔다.

7.1.3.8 인출단서

브랜드를 상기 시키는 중요한 요소 여덟 번째로는 '인출단서'로 "소비자들이 생각할 수 있는 코드를 주는 것"으로 인출단서는 자사 브랜드를 오랫동안 소비자들의 기억에 연상시키는데 영향을 준다. 예를 들어, 프랜차이즈 기업인 배달의 민족의 경우 "우리는 무슨 민족이냐?"를 '배달의 민족'으로 코믹하게 인출단서를 준 경우로 소비자는 프랜차이즈 기업 배달의 민족을 상기시키는데 인출단서로서 큰 영향을 주었다고 할 수 있다. 본원적 의미의 배달의 민족의 '배달'은 환인의 아들 환웅이 하늘에서 지상(백두산)으로 내려와 세웠다고 전한다. 이런 우리민족을 지칭해 배달의 민족이라고 한다. 고구려 말서 유래한 '배달'은 '밝다'의 의미로 '환한 땅에 사는 민족'이라는 의미에서 유래되었다고 할 수 있다(그림 6-14).

브랜드를 인출 단서와 강력하게 연관시킴으로써 마케터들은 그 브랜드가 소비자의 고려상품군 속에 포함될 수 있는 가능성을 높일 수 있다.

종합해 보면 브랜드를 쉽게 상기시키기 위해서는 소비자들에게 '전형성'을 주는 것이 중요하

요소

〈7〉 브랜드선호
〈8〉 인출단서

내용 : 브랜드 상기 시 중요한 요소들

〈7〉 브랜드선호
- 본인이 좋아하는 브랜드가 무엇이냐? 브랜드 선호에 따라서 나오는 순서도 중요하다.
  예) 사고 싶은 자동차는 ① 아우디 ② 그랜저 ③ 상하이자동차

〈8〉 인출단서
- 사람이 생각할 수 있는 "코드"를 주는 것이다.
  예) 우리는 무슨 민족이냐? → "배달의 민족" 코믹하게 하면서 인출단서를 준 경우이다.

종합)
- 브랜드를 쉽게 상기시키기 위해서 "전형성"을 주는 것이 중요하고 "친숙성"있게 만들어야 하고 "사용상황"을 설명해 주고 떠 오르게 만들어 주어야 하고 브랜드 "선호"를 만들어야 하고 "인출단서"를 주어 기억을 쉽게 하게 만들어야 한다.

[그림 6-14] 소비자 구매의사결정과정(5) - 정보탐색(내적탐색 - 브랜드상기)

고 '친숙성' 있게 만들어야 하고 '사용상황'을 설명해 주고 떠오르게 만들어 주어야 하며 브랜드 '선호'를 만들어야 하고 '인출단서'를 주어 기억을 쉽게 할 수 있게 만들어야 한다.

7.1.4 속성상기

소비자들은 제품을 구매할 때 '브랜드' 상기 외에도 구매했던 제품의 '속성'을 상기하기도 한다. 여러 가지 이유로 우리는 내적탐색 중에 기억 속에 저장된 오직 일부분의 정보만을 사용하고 있다. 종종 우리는 시간이 경과하면서 세부사항에 대한 우리의 기억이 감소하기 때문에 어떤 제품이나 서비스에 대한 구체적인 사실을 기억할 수 없는 경우가 발생한다. 따라서 우리가 상기하는 속성 정보는 원래의 상세한 정보라기보다는 오히려 요약되거나 단순화되는 경향이 있다. 예를 들면, "라면은 국물 맛이야" 이것이 속성을 상기하는 것이다. 국물은 끝내줘 하고 속성을 상기시키는 것이다. 또한 자동차가 낼 수 있는 실제 갤런당 마일리지나 기름의 정확한 가격을 기억하기보다는 자동차의 연비가 높다거나 탱크를 가득 채우는 것이 비싸지 않다는 식으로 기억하는 경향이 높다.

그럼에도 불구하고 소비자들은 어떤 때는 내적탐색 중에 어떤 세부 사항을 상기할 수도 있는데 그 상기된 속성 정보는 그들의 브랜드 선택에 상당한 영향을 미칠 수 있다. 결과적으로 마케팅학자들은 어떤 요인들이 정보탐색 및 의사결정 과정에서 속성 정보를 상기하는 데 영향을

정의	• 브랜드 상기 외에도 소비자는 정보를 탐색할 때 속성을 상기하기도 한다. "라면은 국물 맛이야" 이것이 속성을 상기하는 것이다. 

① 접근성	- 접근성, 즉 이용가능성이 쉬운 것. - 소비자에게는 쉽고 기억하기 쉬운 품질을 만들어 주는 것이 좋은 제품이다. - 접근성이 쉬운 것이 근방 기억한다(즉 근방 브랜드가 떠 오른다). 예) 헬리코박터 : 어렵고 높은 품질이다. 헬리코박터균은 화학적 성분 어렵다. High quality이다. 이런 어려운 정보를 쉬운 정보로 만들어 주어야 한다
② 진단성	- 어려운 화학구조를 주는 것이 아니라 그러한 화학구조가 주는 이익이 무엇인지를 주는 것이다(진단성). - "윌"이 주는 이익이 무엇이냐? 하는 "진단성"을 주어야 한다.
③ 현저함	- 중요한 속성을 주는 것이 중요하다. 예) "윌"이 주는 속성들 중에 중요한 특출한 것에 대해서만 상기시켜 주어야 한다.
④ 생생함	- 머리 속에서 살아 움직이는 것 처럼 생생하게 상기 시켜 주어야 한다. - 이러한 생생함이 있어야 "image making"을 잘 할 수 있다.

[그림 6-15] 소비자 구매의사결정과정(6) – 정보탐색(내적탐색 – 속성상기)

미치고 있는지를 결정하는 데 상당한 관심을 기울여 왔다. 다음에 열거되는 변수(접근성, 진단성, 현저성, 생생함)가 그들이 규명한 주요 변수들이다(그림 6-15).

7.1.4.1 접근성

속성 정보를 상기하는 데 영향을 미치는 첫 번째 요인으로는 '접근성'이 있다. 접근이 쉽거나 이용가능성이 높은 정보(가장 강력한 연상적 연결점을 갖는 것)는 쉽게 상기되고 의사결정 과정에 진입할 가능성이 높아진다. 기억하기가 쉬운 것으로 인식되고 있는 정보는 역시 그만큼 쉽게 접근이 이루어진다. 소비자들에게 정보 인출의 용이함을 단순히 상기시켜 주는 것은 어떤 상황에서는 그들의 판단에 영향을 줄 수 있다. 소비자에게는 쉽고 기억하기 쉬운 품질을 만들어 주는 것이 좋은 제품이다. 접근성이 쉬운 것은 금방 기억한다. 즉 금방 브랜드가 떠오른다. 좋은 제품인데 설명을 계속하면 소비자들은 관심을 갖지 않는다. 예를 들어, 야쿠르트에서 파는 '윌'이라는 제품의 경우 특허유산균인 '헬리코박터균'은 발생할 수 있는 위암을 억제시키는 성능을 가지고 있다. '윌' 유산균 요구르트는 위에 기생하는 '헬리코박터균'의 활동을 억제하는 기능을 가지고 있어서 위장을 튼튼하게 해 준다. 그런데 이런 좋은 제품이 '헬리코박터균'의 화학적 성분의 표현은 소비자에게 어렵게 느껴진다. 이런 어려운 정보를 쉬운 정보로 만들어 주어야 비로소 소비자들이 금방 기억해서 떠 올릴 수 있어 접근성이 용이하게 된다. 기업들은 커뮤니케이션 과정에서 지속적으로 주목을 끌게 함으로써 혹은 정보를 보다 관련 있게 만듦으로써 정보에 보다 쉽게 접근할 수 있도록 만들 수 있다.

7.1.4.2 진단성

속성 정보를 상기하는 데 영향을 미치는 두 번째 요인으로는 '진단성'이 있다. '진단성'은 소비자에게 주는 '이익'이 무엇인지를 말한다. 진단 정보(Diagnostic information)는 사물을 서로 구분할 수 있도록 도와준다. 만약 모든 컴퓨터 브랜드들의 가격이 동일할 경우 소비자들이 의사결정을 할 때 가격은 더 이상 진단적이거나 유용하지 않다. 한편 만약 가격이 다양한 경우 소비자들은 그 가격들 중에서 구별할 수 있어 그 정보는 진단적이다. 만약 정보가 접근가능하며 진단적일 경우 그 정보는 의사결정과정에서 매우 강렬한 영향력을 갖게 된다. 그러나 만약 접근 가능한 정보가 진단적이 아니라면 상기될 가능성은 낮아진다. 예를 들어, 야쿠르트에서 파는 '윌'이라는 제품의 경우 특허유산균인 '헬리코박터균'은 발생할 수 있는 위암을 억제시키는 성능을 가지고 있다. '윌' 유산균 요구르트는 위에 기생하는 '헬리코박터균'의 활동을 억제하는 기능을 가지고 있어서 위장을 튼튼하게 해 준다. 그런데 이런 좋은 제품이 '헬리코박터균'의 화학적 성분의 표현은 소비자에게 어렵게 느껴진다. 어려운 화학구조를 주는 것이 아니라 그러한 화학구조가 주는 '이익'이 무엇인지를 주는 것이 '진단성'이다. 제품이 주는 헬리코박터균에 대한 정보에 대해서 소비자는 집중하지 않고 쉽게 생각한다. 즉 '윌'이 주는 '이익'이 무엇인지 대한 '진단성'을 소비자에게 전달할 수 있어야 한다.

한 연구에서는 부정적 정보가 보다 구별이 잘 되기 때문에 긍정적 혹은 중립적 정보보다 더 진단적인 경향이 있음을 보여주고 있다. 대부분의 브랜드들은 긍정적 속성과 관계되어 있기 때문에 부정적 정보는 소비자들이 그 브랜드를 다른 브랜드들과의 차이가 나는 것으로 범주화하는 것을 보다 쉽게 만들어 준다. 불행하게도 소비자들은 의사결정과정에서 부정적 정보에 보다 큰 가중치를 부여하는 경향이 있기 때문에 부정적 품질 속성들을 지닌 대체안들은 거절될 가능성이 더욱 커진다. 그러므로 기업들은 그들의 제품이 부정적 정보와 연관되는 것을 피해야 하며 부정적 정보에 대응할 수 있는 양면 메시지 캠페인을 계획하거나 혹은 부정적 특성으로부터 고객들의 관심을 다른 곳으로 돌리도록 해야 한다. 추가적으로 기업들은 어떤 속성들이 특정 제품이나 서비스 범주에 대해 가장 진단적인 경향이 있는지를 규명할 수 있고 이러한 속성들을 중심으로 경쟁우위를 찾을 수 있게 된다.

7.1.4.3 현저함

속성 정보를 상기하는 데 영향을 미치는 세 번째 요인으로는 '현저함(두드러짐)'이 있다. 마케팅 연구는 소비자들이 심지어 정보를 처리할 기회가 적은 경우에라도 매우 현저한(두드러짐) 속성들(Salient (Prominent) attributes)을 상기할 수 있음을 분명히 보여주고 있다. 예를 들어, Apple iPod의 독특한 원형 컨트롤 패드와 백색의 이어폰은 디지털 뮤직 플레이어에 관심을 가지고 있는 소비자들에게 현저한 속성으로 자리매김하고 있다. 또한 가격도 많은 소비자에게 상당히 현저한 속성이라 할 수 있다. 다른 예시로 야쿠르트에서 파는 '윌'이라는 제품의 경우 특허유산균인 '헬리코박터균'은 발생할 수 있는 위암을 억제시키는 성능을 가지고 있다. '윌' 유산균 요구르트는 위에 기생하는 '헬리코박터균'의 활동을 억제하는 기능을 가지고 있어서 위장을 튼튼하게 해 준다. 그런데 이런 좋은 제품에서 '헬리코박터균'의 중요한 속성을 주는 것이 중요하다. '윌'이 주는 속성들 몇십 개 중에 '헬리코박터균'과 같이 중요한 특출한 몇 개에 대해서만 생생하게 상기시켜 주어야 한다.

스테레오 시스템을 다루고 있는 마케터는 음질 속성을 보다 현저하게 만들어 주는 정보를 제공함으로써 자사제품의 음질에 대한 소비자들의 기억을 향상시킬 수 있으며 결과적으로 브랜드 선택을 촉진시키게 된다. 마케팅 메시지에서 어떤 속성에 대한 주의를 반복적으로 환기시킴으로써 마케터들은 제품의 현저함과 의사결정에 미치는 영향을 증대시킬 수 있게 된다. 예를 들어, 최근 마케팅 연구에 비추어 보면 와인 생산자들은 현재 레드와인을 마시는 사람 중에서 심장질환 발병률이 낮다는 점 등 레드와인을 마시는 것에 대한 긍정적인 건강 혜택을 촉진하고 있다.

그러나 어떤 속성은 매우 현저하나 진단적이지 않을 수 있다. 예를 들어, 만약 여러분이 시계를 구입한다면 '시간을 알려주는' 속성은 매우 중요하지만 매우 진단적이지는 않다. 상기되어지고 의사결정에 사용되는 정보는 속성 판별성(Attribute determinance)을 가지고 있어야 하는데, 이는 정보가 중요하며 동시에 진단적이어야 함을 의미한다.

7.1.4.4 생생함

속성 정보를 상기하는 데 영향을 미치는 네 번째 요인으로는 '생생함'이 있다. 생산한 정보는 구체적인 단어, 그림, 상산 명령(예 열대지방의 해변가에 있는 여러분 자신을 상상해 보라)으로서 혹은 구전 커뮤니케이션을 통해서 제시되고 있다. 예를 들어, 야쿠르트에서 파는 '윌'이라는 제품의 경우 특허유산균인 '헬리코박터균'은 발생할 수 있는 위암을 억제시키는 성능을 가지고 있다. '윌' 유산균 요구르트는 위에 기생하는 '헬리코박터균'의 활동을 억제하는 기능을 가지고 있어서 위장을 튼튼하게 해 준다. 그런데 이런 좋은 제품인 '헬리코박터균'을 생생하게 상기시켜 주어야 한다. 머릿속에서 살아 움직이는 것처럼 생생하게 상기시켜 주어야 한다. 이러한 생생함이 있어야 '이미지 메이킹'(이미지 만들기)을 잘 할 수 있다. 생생한 정보는 덜 인상적인 정보보다는 기억하기가 한결 쉬우나 소비자들이 강력한 사전평가를 형성하지 않았을 때 특히 부정적인 사전평가를 하지 않았을 때만 판단과 의사결정에 영향을 미치는 경향이 있다. 또한 생생함은 정보를 처리하는 데 필요한 노력이 소비자가 기꺼이 쏟는 노력의 양과 대등할 때만 태도에 영향

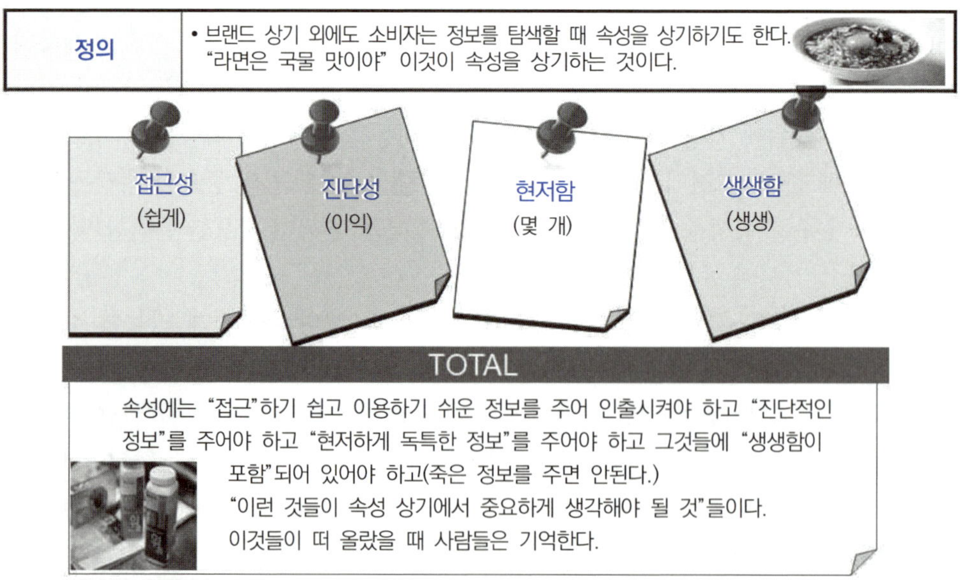

[그림 6-16] 소비자 구매의사결정과정(7) – 정보탐색(내적탐색 – 속성상기)

을 미친다. 그렇지 않으면 생생하거나 생생하지 않은 정보는 거의 동일하게 소비자 태도에 영향을 미친다.

속성 정보를 상기하는 데 영향을 미치는 네 가지 중요한 요인을 정리해보면 속성에는 '접근'하기 쉽고 이용하기 쉬운 정보를 주어 인출시켜야 하고 '진단적인 정보'를 주어야 하고 '현저하게 독특한 정보'를 주어야 하며 그것들에 '생생함이 포함'되어 있어야 하고 죽은 정보를 주면 안 된다. 이런 사항들이 속성상기에서 중요하게 생각해야 될 것들이며 이러한 속성 정보들이 떠올랐을 때 소비자들은 제품을 기억하게 된다(그림 6-16).

7.1.5 평가상기

소비자들은 제품을 구매할 때 '브랜드'와 '속성' 상기 외에도 구매했던 제품의 '평가상기' - 제품을 사용해 본 사용자에 대한 평가 글을 본 기억 - 을 상기하기도 한다(그림 6-17). 특정 세부 항목에 대한 우리의 기억은 시간이 경과하면서 빠르게 쇠퇴하기 때문에 우리는 구체적인 속성 정보보다는 전반적인 평가나 태도(좋음과 싫음)가 기억하기 쉽다는 점을 알게 된다. 게다가 우리의 평가는 브랜드와 강력한 연상적 연결점을 구축하는 경향이 있다. 이러한 경향은 마케터가 그것이 상품, 서비스, 사람 혹은 장소 등 무엇이 되었든지 간에 브랜드 혹은 상품에 대한 소비자의 긍정적 태도를 권장하는 것이 중요해지는 이유가 되고 있다. 예를 들어, 우리는 야쿠르트에서

정의	• 사람들이 기억을 인출을 할 때 평가도 기억한다.

〈1〉 "구체적인 속성 정보"보다는 "전반적인 평가"나 "태도"가 기억하기 쉬움
- 사람들은 구체적인 속성보다는 전반적인 "평가"나 "태도"가 기억하기 쉬움

예) 우리는 "윌"을 볼 때 화학적인 구성제품 요소를 외우지 않는다. 그 제품은 "어떤 거야" "좋아", "싫어" "그러네" 하는 "평가"를 가지고 있다.

〈2〉 "평가"는 또한 관련 정보에 노출되었을 때 그 브랜드를 적극적으로 평가하고 있는 소비자들에 의해 상기될 수 있는 가능성을 더욱 크게 만들어 줌

〈3〉 온라인 처리 : 소비자가 어떤 브랜드에 대한 광고를 보았을 때 그 브랜드를 적극적으로 평가하는 것
- 사람들은 어떤 브랜드에 대해 광고를 보았을 때 적극적으로 평가를 한다. 댓글을 보고 사람들은 어떻게 느낄까? 예전에는 믿었는데 요즘은 댓글도 상업적인 것을 알게 되어 적극적으로 평가하려는 모드를 접은 것이다.

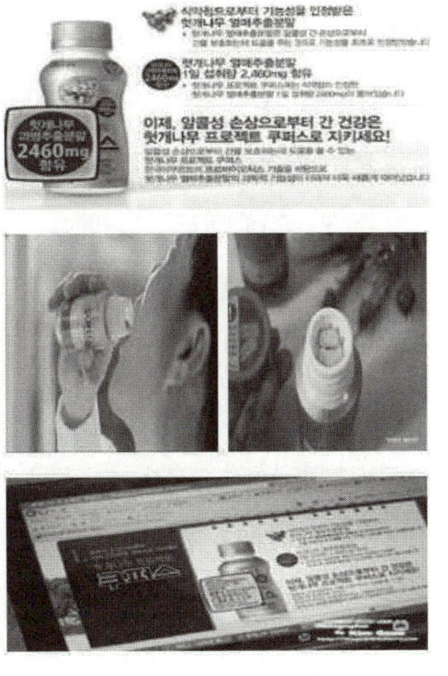

[그림 6-17] 소비자 구매의사결정과정(8) - 정보탐색(내적탐색 - 평가상기)

만든 제품 '윌'을 볼 때 화학적인 구성제품 요소를 외우지 않는다. 그 제품은 "어떤 거야", "좋아", "싫어", "그러네"하는 '평가'를 가지고 있다. 물론 소비자들에 따라서 기억력이나 개성에 따라서 '속성'을 더 기억하려는 사람들도 있지만, 기본적으로는 사람들은 '평가'를 더 많이 한다.

평가는 또한 관련 정보에 노출되었을 때 그 브랜드를 적극적으로 평가하고 있는 소비자들에 의해 상기될 수 있는 가능성을 더욱 크게 만들어 주고 있다. 예를 들어, 소비자들은 브랜드의 가치가 떨어지면 더 적극적으로 평가를 하려고 한다. 소비자들은 그 브랜드를 써 본 경험과 들은 얘기가 있기 때문에 그 제품이 어떤 것이라는 것을 이미 알고 있다. 그러므로 브랜드를 금방 상기시킨다. 그러므로 브랜드는 금방 상기시키므로 제품이 아니라 토탈리티(전체 : Totality)라고 한다.

소비자들은 어떤 브랜드에 대한 광고를 보았을 때 그 브랜드를 적극적으로 평가하는 것을 '온라인 처리'라고 불리고 있다. 소비자들은 어떤 브랜드에 대해 광고를 보았을 때 적극적으로 평가를 한다. 댓글을 보고 사람들은 어떻게 느낄까? 예전에는 소비자들이 댓글에 달려있는 제품에 대한 사용 후기들을 믿었는데 요즘은 댓글도 제품을 제공하는 기업들에 의해 만들어질 수도 있다는 것을 소비자들이 알게 되어 적극적으로 평가하려는 모드를 접은 경향이 있다.

7.1.6 경험상기

소비자들은 제품을 구매할 때 '브랜드', '속성', '평가상기'의 상기 외에도 구매했던 제품의 '경험상기' - 제품을 사용해 본 사용자에 대한 경험을 통해 상기 - 을 상기하기도 한다(그림 6-18). 내적탐색은 경험을 자서전적 기억을 통해 구체적 이미지 및 관련 효과의 형태로 상기시킬 수 있다. 의미적 기억에 있는 정보처럼 보다 생생하고 현저하거나 혹은 자주하게 되는 경험들은 그만큼 상기될 가능성이 커지는 것이다. 예를 들어, 만약 여러분이 특이하게 긍정적이거나 혹은 특이하게 부정적인 상품이나 서비스에 대한 경험을 가지고 있다면 여러분은 이러한 생생한 경험을 나중에 쉽게 상기하게 된다.

소비자들은 구매행동, 브랜드에 대한 경험을 가지고 있다. 그러한 경험이 '긍정적 경험' 일수도 있고 '부정적 경험' 일수도 있다. 소비자들은 '브랜드 상기'를 시킬 수도 있고 '속성', '평가', '경험' 등을 할 수 있고 이러한 요인의 영향에 의해 '내적탐색'을 할 수 있다. 그러므로 소비자들은 동물에 비해 여러 요인에 의해 상기할 수 있으므로 동물에 비해 스마트하다고 볼 수 있다. 이런 소비자의 상기 요인 중 사자는 '경험상기'가 가능하다. 사자는 '누(작은 염소)'를 잡을 때 암사자가 움직여서 잡으면 조금 있다 수사자가 나타나 맛있는 부위는 수사자가 먹고 나머지 부위는 암사자에게 먹으라고 주고 간다. 그런데 '물소 때'를 잡을 때는 수사자도 같이 나간다. 그 이유는 물소에 대한 사냥 '경험'이 있는 것이다. '물소'는 '누'와 다르게 몸집도 크고 무리를 지어서 다니다 보니 수사자가 나서지 않으면 암사자들의 피해가 너무 크다는 것을 수사자는

• 경험상기 : 내적탐색으로 본인이 경험했던 것

(1) 내적탐색은 구체적 이미지 및 관련 효과의 형태로 상기시킬 수 있음	• 사람들은 구매행동, 브랜드에 대해 경험을 가지고 있다. 그러한 경험이 "긍정적 경험"일 수도 있고, "부정적 경험"일 수도 있다.
(2) 긍정적 경험, 부정적 경험	• 사람들은 "브랜드 상기" 시킬 수도 있고, "속성", "평가", "경험" 등을 할 수 있고, 가지고 "내적 탐색"을 할 수 있다. 예) 사자는 "누(작은염소)"를 잡을 때는 암사자가 움직여서 잡으면 조금 있다 숫사자가 맛있는 부위를 먹고 나머지는 암사자에게 먹으라고 하고는 간다. 그런데 물소 때를 잡을 때는 숫사자도 같이 나간다. 물소는 우리 모두가 나가지 않으면 안된다는 경험을 가지고 있는 것이다. 원래 숫사자는 사냥을 하지 않는다. 물소에 대한 "부정적인 경험"이 있었기 때문에 하는 것이다.
(3) 종합	• 우리는 프로그램을 느끼면 "브랜드도 상기"시키고 "속성", "평가", "경험" 등을 가지고 "내적 탐색"을 한다.

[그림 6-18] 소비자 구매의사결정과정(9) – 정보탐색(내적탐색 – 경험상기)

'경험상기'를 통해서 상기하고 있기 때문이다. 물소는 우리 모두가 나가지 않으면 안 된다는 '경험상기'를 가지고 있는 것이다. 그러므로 물소 때 사냥 시는 수사자가 전방에 나선다. 그래서 물소의 등을 치든 목을 문다. 원래 수사자는 사냥을 하는 동물이 아니다. 대체로 암사자가 한다. 그러나 물소에 대한 '부정적인 경험'이 있었기 때문에 힘이 있는 수사자가 필요하다는 기억이 있기 때문에 하는 것이다. 소비자들은 제품에 대한 문제인식을 느끼면 '브랜드도 상기'시키고 '속성', '평가', '경험' 등을 가지고 '내적탐색을 한다.

만약 소비자들이 어떤 상품이나 서비스에 대해서 지속적으로 긍정적 경험을 갖고 있다면 상기하기가 훨씬 쉬워지게 될 것이다. 예를 들어, 어떤 볼링장은 젊은이들에게 어필하기 위해서 요란한 음악과 번쩍이는 조명으로 분위기를 조성하고 그곳에서 하는 경험들을 보다 즐겁고 흥미롭게 그리고 기억이 잘 되도록 만들어 주고 있다. 마케팅 연구에서는 비록 광고가 소비자들이 제품에 대한 경험들을 얼마나 정확하게 상기할 수 있는지에 대해서 영향을 줄 수는 있지만, 제품 평가에 대한 그들의 기억이 반드시 영향을 받는 것은 아니라고 제안하고 있다.

7.1.7 확증편향 · 억제 · 분위기

소비자들은 제품을 구매할 때 '브랜드', '속성', '평가상기', '경험상기' 외에도 '확증편향'(자기 중심적으로 생각하다 보면 맞는다고 생각하는 것)이 내적탐색 시 영향을 주기도 한다(그림

<table>
<tr><td rowspan="3">(1) 내적탐색은
항상 정확한가?
- 확증 편향 -</td><td>• 내가 물건을 살 때 "속성정보" 든 "브랜드 정보"든 "평가"든 "경험"이든 이런 것에도 "편견"이 있을 수 있다.
"어떤 경우에는 자기중심적으로 생각하다 보면 맞다고 생각할 수 있다." 왜냐하면 "판단"이므로 이것이 "확증 편향"이다.</td></tr>
<tr><td><table><tr><td>확증편향
(Confirmation Bias)</td><td>전반적 신념을 부정하기보다는 강화시켜 주거나 확인시켜주는, 그래서 원래보다 우리의 판단이나 의사결정을 훨씬 더 긍정적으로 만들어 주는 정보를 상기하고자 하는 성향</td></tr></table></td></tr>
<tr><td>• 선택적 인식(Selective Perecption) : 보고 싶은 것만 보는 것
예) 만약에 내가 시험을 보고 나서 시험점수가 생각보다 나오지 않았다고 생각한다면 "확증 편향"에 빠진 것이다.</td></tr>
<tr><td>(2) 억제
(Inhibition)</td><td>• 억제 : 다른 속성의 상기를 억제시키는 어떤 속성에 대한 상기
- 억제 때문에 새정보, 다른 정보를 싫어한다. 더 "편향"이 생긴다.</td></tr>
<tr><td>(3) 분위기</td><td>• 내적탐색시 분위기에 영향을 받는다.
예) 광고와 기분에 따라서 영향을 받는다.</td></tr>
</table>

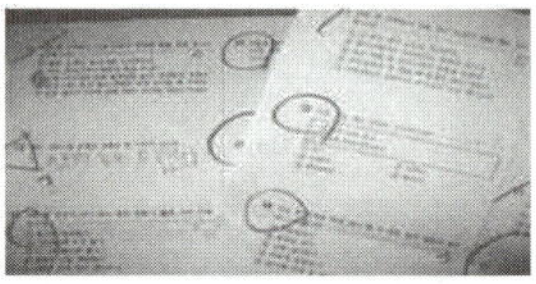

[그림 6-19] 소비자 구매의사결정과정(10) - 정보탐색(내적탐색 - 확증편향, 억제, 분위기)

6-19). 상기(Recall) 영향요인들에 의해 영향받는 것 외에도 우리 모두는 내적탐색의 특성을 변화시키는 처리 편향(Processing bias)을 가지고 있다. 이러한 탐색 편향(Search bias)은 어떤 때는 함량 미달의 판단이나 의사결정으로 귀결되는 정보의 상기로 이어진다. 다음과 같은 세 가지 편향은 마케팅을 수행하는 데 중요한 시사점을 가지고 있다. 아래에서 확증편향, 억제, 분위기에 대해서 알아보고자 한다.

7.1.7.1 확증편향

확증편향(Confirmation bias)이란 전반적 신념을 부정하기보다는 강화시켜 주거나 확인시켜 주는 그래서 원래보다 우리의 판단이나 의사결정을 훨씬 더 긍정적으로 만들어 주는 정보를 상기하고자 하는 성향을 말한다. 이러한 현상은 선택적 인식(Selective perception, 보고 싶은 것만 보는 것) 개념과 관련이 있으며 우리 견해에 대한 일관성을 유지하기 위해서 노력하고 있기 때문에 발생한다. 내적탐색을 수행할 때 우리는 싫어하거나 거절했던 브랜드에 대한 정보보다는 좋아하거나 이전에 선택했던 브랜드에 대한 정보를 훨씬 더 잘 상기하는 경향이 있다. 더욱이 확증편향이 작동하고 있을 때는 좋아하는 브랜드들에 대한 부정적 정보보다는 긍정적 정보를 더 잘 상기하게 된다. 이러한 반응은 문제가 될 수도 있는데 왜냐하면 앞서 언급한 대로 부정적 정보는 분석적인 경향이 있기 때문이다.

그럼에도 불구하고 어떤 때는 모순되는 증거를 상기하곤 한다. 사실 우리는 약간 모순되는 정보를 상기할 수도 있는데 이는 처음으로 그것을 이해하고자 했을 때 이미 의식적으로 그것에 대해 생각을 했기 때문이다. 그러나 대부분의 경우에는 소비자들은 그들의 전반적인 신념을 강화시켜 주는 정보를 상기하는 경향이 있다.

7.1.7.2 억제

또 다른 내적탐색 편향은 소비자들의 정보처리 역량의 제한성과 연관이 있다. 이 경우 어떤 속성(접근성, 생생함, 현저함 등과 같은)의 상기에 영향을 주는 모든 변수는 실제로 다른 분석적 속성들에 대한 상기의 억제(Inhibition)로 연결될 수 있다. 예를 들어, 집을 사는 데 있어서 소비자는 판매가, 침실 수, 건물 면적 등과 같은 정보를 상기할 수도 있으나 마당 크기 같은 중요한 속성을 상기하지 못할 수도 있다. 소비자들이 중요하고 유용한 정보를 기억할 수는 있으나 여전히 무시하고 있기 때문에 억제 역시 편향된 판단이나 의사결정으로 이어질 수 있다.

7.1.7.3 분위기

내적탐색을 수행하는 소비자들은 그들의 분위기(Mood)와 잘 맞는 정보, 느낌 그리고 경험들을 대부분 상기하는 경향이 있음을 살펴보았다. 이러한 지식을 바탕으로 유머 혹은 멋진 시각적 효과를 사용해서 소비자들을 훌륭한 분위기에 젖어들게 만드는 마케팅 커뮤니케이션이 속성 정보를 긍정적으로 잘 상기시킬 수 있음을 광고주나 광고대행사들은 깨닫고 있다.

학습정리

1. 소비자 구매행동 모델

1) 사회문화적 요인

소비자의 구매의사결정은 한 사회의 구성원들 간에 공유하는 의미, 가치관, 신념, 언어, 관습, 상징 등의 총체적인 의미에 영향을 받는다.

2) 개인적 요인

개인의 구매의사결정은 성별, 연령, 개성, 자기개념, 라이프스타일 등 같은 각 개인의 개인적 특성에 따라 영향을 받는다.

3) 상황적 요인

소비자의 구매의사결정은 구매 당시의 무드, 시간, 쇼핑, 환경 등의 구매상황 요인들이 제품을 어떻게 평가할 것인지에 영향을 받는다.

4) 심리적 요인

개인의 의사결정은 심리적 핵심요인 7가지(동기, 니즈, 원츠, 수요, 개인적 관련성, 능력, 기회)에 영향을 받는다.

(1) 동기 : 소비자가 충족시키기 원하는 욕구, 즉 내적인 긴장 상태를 말한다.

(2) 니즈 : 기대된 상태로부터의 불균형 때문에 발생하는 내적 긴장 상태를 말한다.

① 관여도 : 고관여도, 저관여도, 지속적 관여도, 상황적 관여도, 인지적 관여도, 감정적 관여도

② 동기이론 : 매슬로의 욕구 5단계, 프로이드의 동기이론, 레빈장의 이론, 인지일관성이론(균형이론, 인지부조화이론)

(3) 원츠 : 추상적 동기를 구체화하여 표현하는 것이다.

(4) 수요 : 제품을 사고자 하는 의지를 말한다.

(5) 개인적 관련성

① 자아개념과 일치성 : 가치관, 자신이 누구인가를 나타내는 정신적 견해

② 가치 : 소비자들이 상품이나 서비스를 선택하는 데 있어 기준이 되는 것.

㉠ 싼 가격, 품질, 브랜드, 디자인, 편리함, 체험

③ 목표 : 우리가 달성하고 싶은 결과를 말한다. 목표 역시 개인적 관련성과 동기에 많은 영향을 준다.

④ 만족 : 소비자들이 긍정적 평가를 내리거나 그들의 의사결정에 행복을 느낄 때 나타나는 감정을 말한다.

(6) 능력 : 지식, 경험, 인지 형태, 정보 복잡성, 지능, 교육, 연령, 돈 등은 상표, 의사결정, 구매, 사용, 처분 등에 대한 정보를 처리할 수 있는 소비자들의 능력에 영향을 준다.

(7) 기회 : 너무 바빠서 실제로 헬스클럽에 갈 시간이 없을 수도 있다. 이 경우 동기와 능력은 매우 높지만 시간 부족, 분산, 기타 행동할 능력을 지연시키는 요인들 때문에 실제로 운동하거나 의사결정을 할 수 없게 된다.

① 시간 : 시간은 소비자들의 정보처리, 의사결정, 행동 실행에 영향을 줄 수 있다.

② 분산 : 소비자들의 주의를 다른 곳으로 흩어 놓는 특정 상황을 가리킨다.

③ 정보의 양, 반복, 통제 : 제시되는 정보의 양은 소비자의 메시지 처리 기회에 영향을 줄 수 있다.

5) 마케팅믹스 요인

다른 경쟁사의 마케팅믹스(제품, 가격, 유통, 촉진) 요인이 제품을 구매하는 데 영향을 줄 수 있다.

2. 소비자 구매의사결정과정

1) 문제인식(필요의 인식)

(1) 소비자는 자신이 처해 있는 현재 상황과 이상적인 상황과의 괴리가 심할 때 문제를 인식을 느낀다.

(2) 자극

① 내부적 자극 : 필요는 배고픔, 목마름 등의 내부적 자극에 의해서 발생

② 외부적 자극 : 소비자들로 하여금 자신의 필요나 문제를 인식하고 구매행동을 유발할 수 있다(㉮ 광고)

(3) 해결책은 소비자들의 능력 범위에 있어야 가능

2) 정보탐색

(1) 필요를 인식한 소비자는 욕구가 강하고 그 욕구를 채울 만큼 제품이 머릿속에 떠오른다면 구입할 것이다.

(2) 정보

① 상업적 원천 : 소비자들은 마케팅 관리자들에 의해서 통제됨(예 : 광고)

② 개인적 원천 : 중요하고 효과적인 정보의 원천

(3) 탐색

① 내적탐색 : 제품이 머릿속에 직접 떠오른다.

② 외적탐색 : 외부의 정보를 획득한다.

- 개인적 정보원천 : 가족, 친구, 이웃
- 상업적 정보원천 : 광고, 판촉사원, 중간상, 진열
- 공공적 정보원천 : 신문기사, 방송뉴스, 잡지
- 경험적 정보원천 : 시험구매, 제품의 직접적인 사용

3) 대안평가

(1) 소비자가 상표선택에 도달하기 위하여 대안들에 관한 정보를 처리하는 단계

(2) 대안의 평가방법

① 보안적 방식 : 한 가지 속성에서 낮은 점수를 받은 대안이 다른 속성에서 점수를 만회하는 방식

② 비보안적 방식 : 한 속성의 약점이 다른 속성의 강점에 보안되지 않음을 의미하는 방식

- 사전편집식 : 자신이 가장 중요시하는 속성의 최상으로 평가되는 상표를 선택하는 방식→ 최상의 상표가 두 개 이상이면 두 번째 중요평가 기준으로 선택
- 연속제거식 : 수용기준을 설정하고 각 속성별로 수용기준을 만족시키지 못하는 상표를 연속적으로 제거하고 남는 상표를 선택한다.

4) 구매결정

(1) 평가단계에서 각 제품에 대안평가가 이루어진 후 소비자는 구매의사결정을 하게 된다.

(2) '구매하기를 원하는 제품과 실제 구매의 차이' 사이의 두 가지 요인

① 자기와 가깝고 영향력을 주는 가족, 친지, 동료 등의 사람들에게 영향을 받는다.

② 예기치 않는 상황변수(㉮ 구매하려는 상표의 변화, 위험성, 두려움, 호의적, 유명제품 - 보증수리)

→ 소비자는 지각된 위험수준이 높은 경우 이를 감소시키기 위해 추가적인 정보를 제공하거나 제품에 대한 보증을 실시한다.

5) 구매 후 행동

제품 구매 후 소비자들은 제품에 대해 만족과 불만족을 경험하게 된다.

(1) 만족한 소비자는 ① 재구매할 가능성이 높으며, ② 호의적인 구전을 행하고, ③ 경쟁상표의 광고에 관심을 덜 갖고, ④ 자사에서 나온 다른 제품도 구매한다.

(2) 불만족한 소비자

① 기업은 소비자가 불만족을 얘기할 수 있는 제안제도를 사용하여 문제점이 얼마큼 개선되었는지 측정한다.

② 인지부조화를 줄이는 노력을 해야 한다.

- 구매한 제품을 반환, 환불하거나
- 구매한 제품의 편익을 전달하는 광고내용에 귀를 기울이거나
- 구매한 제품을 좋은 친구와 이야기하는 합리화를 거치는 경우

3. 문제인식

1) 문제인식을 위한 기법

문제인식은 이상적 상태와 실제적 상태 간의 인지된 차이를 말한다.

(1) 이상적 상태 : 어떤 상황이 그렇게 되었으면 하고 소비자들이 바라는 방식(성능이 뛰어난 카메라를 갖는다거나 매력적인 옷을 입는 것)이다.

(2) 실제적 상태 : 이상적 상태에 대한 인식과 마찬가지고 실제적 상태에 대한 인식도 다양한 요인들에 의해 영향을 받을 수 있다. 예를 들어 외부적 자극은 실제적 상태에 대한 여러분의 인식을 갑작스럽게 변화시킬 수 있다. 누군가가 여러분에게 어버이날이 다음 주 일요일이라고 말한다면 여러분은 아직도 카드와 선물을 사지 않았다는 것을 새삼스럽게 깨닫게 된다.

4. 정보탐색

1) 내적탐색

(1) 내적탐색의 정도 : 내적탐색의 정도는 단지 브랜드명을 상기하는 것에서부터 시작해서 정보, 감정, 경험 등의 관련 기억을 통한 보다 확장해서 하는 검색까지 매우 폭넓게 다양해질 수 있다.

(2) 인출된 정보의 종류 : 소비자 판단과 의사결정에 있어서 내적탐색의 역할에 대한 대부분의 연구는 무엇이 인출되고 있는지에 주안점을 두어 왔다. 특히 마케팅 학자들은 다음과 같은 정보의 네 가지 주요 형태를 조사해 왔다. 브랜드, 속성, 평가, 경험

(3) 브랜드상기 : 문제인식이 자극될 때마다 소비자들이 기억으로부터 상기하는 브랜드군은 의사결정에 상당한 영향을 미치는 내적탐색의 중요한 측면이라 할 수 있다.

① 고려상품군 : 소비자가 의사결정을 할 때 '최초 상기'되거나 기억하기 쉬운 브랜드들로 구성되어 있는 것을 말하며 소비자가 5~7개의 브랜드를 떠올리는 거 것을 말한다.

② 고려상품군에 영향을 미치는 요인 : 고려상품군을 떠 올리는 데 영향을 미치는 요인으로는 크기, 안정성, 다양성, 선호도분석이 있다.

③ 이복코드 : 이복코드는 고려상품군보다 조금 더 "상기 브랜드의 범위가 좁다." 소비자가 2~3개의 브랜드를 떠올리는 거 것을 말한다.

④ 전형성 : 소비자들이 내적탐색에 빠져 있을 때 그들은 전형에 가장 가깝거나 혹은 그 범주에 속하는 다른 항목들과 가장 유사한 브랜드들을 보다 쉽게 상기하는 것을 말한다. 예를 들어, SKT, KT,

LG의 각 브랜드를 생각하면 대표적으로 떠오르는 것을 말한다(대표성).

⑤ 브랜드 친숙성 : 브랜드를 얼마나 친숙하게 만드는지를 말하며 잘 알려진 브랜드들은 이 브랜드들과 연상되는 기억 연결점들이 보다 강력해지는 경향이 있기 때문에 친숙하지 않은 브랜드들보다 내적 탐색 중에 보다 쉽게 상기된다.

⑥ 목표와 사용상황 : 소비자는 목표와 사용상황에 따라 떠올리는 거 브랜드가 달라진다. 예를 들어, 여자친구랑 점심을 먹으러 갈 때는 떡볶이가 떠오르지만, 남자친구랑 점심을 먹으러 갈 때는 레스토랑의 스테이크가 떠오른다. 이와 같이 사용상황에 따라 브랜드의 상기를 다르게 한다는 것이다.

⑦ 브랜드 선호 : 소비자가 좋아하는 자동차 브랜드가 무엇인지 브랜드 선호에 따라서 '아우디, 그랜저, 상하이자동차'와 같이 브랜드명이 나오는 순서도 중요하다.

⑧ 인출단서 : 소비자들이 생각할 수 있는 '코드'를 주는 것이다. 예를 들어, 우리는 무슨 민족이냐? '배달의 민족' 코믹하게 하면서 인출단서를 준 경우이다.

(4) 속성상기 : 브랜드 상기 외에도 소비자는 정보를 탐색할 때 내적탐색 시 속성을 상기하기도 한다. 속성을 상기시키기 위해서는 접근성, 진단성, 현저함, 생생함을 주어야 소비자들은 속성을 상기시키기가 쉽다.

① 접근성 : 접근성은 이용가능성이 쉬운 것을 말한다.

② 진단성 : 제품이 주는 이익이 무엇인지 주어야 한다.

③ 현저함 : 제품의 중요한 속성을 주는 것이 중요하다.

④ 생생함 : 머릿속에서 살아 움직이는 것처럼 생생하게 상기시켜 주어야 한다.

(5) 평가상기 : 소비자들은 내적탐색 시 기억을 인출할 때 '평가'도 기억한다.

① 구체적인 '속성정보'보다는 '전반적인 평가나 태도'가 기억하기 쉽다.

② 평가는 또한 관련 정보에 노출되었을 때 그 브랜드를 적극적으로 평가하고 있는 소비자들에 의해 상기될 수 있는 가능성을 더욱 크게 만들어 준다.

③ 소비자가 어떤 브랜드에 대한 광고를 보았을 때 그 브랜드를 적극적으로 평가하는 것이다.

(6) 경험상기 : 소비자들은 구매행동, 브랜드에 대해 경험을 가지고 있다. 그러한 경험이 '긍정적 경험'일 수도 있고 '부정적 경험' 일수도 있다.

(7) 확증편향 · 억제 · 분위기 : 상기 영향요인들에 의해 영향받는 것 외에도 우리 모두는 내적탐색의 특성을 변화시키는 처리 편향(확증편향, 억제, 분위기)을 가지고 있다.

① 확증편향 : 전반적 신념을 부정하기보다는 강화시켜 주거나 확인시켜 주는 그래서 원래보다 우리의 판단이나 의사결정을 훨씬 더 긍정적으로 만들어 주는 정보를 상기하고자 하는 성향을 말한다.

② 억제 : 다른 내적탐색 편향으로 소비자들의 정보처리 역량의 제한성과 연관이 있다.

③ 분위기 : 내적탐색을 수행하는 소비자들은 그들의 분위기와 잘 맞는 정보, 느낌 그리고 경험들을 대부분 상기하는 경향이 있다.

연습문제

해설 및 정답

1. 다음 소비자행동론의 BIG PICTURE 중 '문제인식과 정보탐색'을 하는 과정의 이론은?

① 소비자 구매의사결정과정 ② 소비자 정보처리과정
③ 하이어라키모델 ④ 심리적 핵심요인

소비자 구매의사결정과정은 소비자의 행동을 분석한 이론으로 문제인식 → 정보탐색→ 대안평가 → 구매결정 → 구매 후 행동의 단계를 거치면서 제품을 구매한다는 소비자의 행동을 분석한 이론이다.
[정답] ①

2. 다음 소비자 구매의사결정과정 중 다음 제시하는 대안평가 방법은?

한 가지 속성에서 낮은 점수를 받은 대안이 다른 속성에서 점수를 만회하는 방식

① 보안적 방식 ② 비보안적 방식
③ 사전편집식 ④ 연속제거식

보안적 방식은 한 가지 속성에서 낮은 점수를 받은 속성이 다른 속성에서 점수를 만회하는 방식으로 평가를 받는 방법이다.
[정답] ①

3. 다음 소비자 구매의사결정 과정 중 이상적 상태와 실제적 상태의 GAP이 크면 클수록 제품 구매를 생각하는 단계는?

① 문제인식 ② 정보탐색
③ 대안평가 ④ 구매

소비자 구매의사결정과정 중 첫 번째 단계로 문제인식 단계에서는 이상적인 제품과 현재 사용하고 있는 제품의 GAP이 클수록 제품 구매를 생각하는 문제인식이 커지는 경향이 있다.
[정답] ①

4. 다음 내적탐색 시 '인출된 정보의 종류'가 아닌 것은?

① 브랜드 ② 속성
③ 평가 ④ 미탐색품

내적탐색 시 인출된 정보의 종류로는 브랜드, 속성, 평가, 경험이 있다.
[정답] ④

5. 다음 내적탐색을 높이는 요인은?

① 동기의 정도, 브랜드
② 동기의 정도, 과업의 강도
③ 과업의 강도, 브랜드
④ 과업의 강도, 속성

내적탐색을 높이는 요인으로는 일을 달성하기 위한 동기의 정도와 과업을 달성하기 위한 과업의 강도에 따라 내적탐색이 높아진다.
[정답] ②

6. 다음 '브랜드를 상기시키는 중요한 요소'가 아닌 것은?

① 고려상품군 ② 이복코드
③ 전형성 ④ 진단성

브랜드를 상기시키는 중요한 요소로는 8가지가 있다. 고려상품군, 고려상품군에 영향을 미치는 요인, 이복코드, 전형성, 브랜드 친숙성, 목표와 사용상황, 브랜드 선호, 인출단서가 있다.
[정답] ④

7. 다음 '브랜드를 상기시키는 요소' 중 무엇에 관한 설명인가?

소비자가 떠오르는 브랜드가 5~7개가 떠오른다.

① 고려상품군 ② 이복코드
③ 안정성 ④ 전형성

고려상품군은 예를 들어 소비자가 커피라고 하는 브랜드를 떠올릴 때에 5개에서 7개의 브랜드가 떠오르는 것을 말한다.
[정답] ①

8. 다음 '브랜드를 상기시키는 요소' 중 무엇에 관한 설명인가?

소비자가 떠오르는 브랜드가 2~3개가 떠오른다.

① 고려상품군 ② 이복코드
③ 안정성 ④ 전형성

이복코드는 예를 들어 소비자가 맥주라고 하는 브랜드를 떠올릴 때에 2개에서 3개의 브랜드가 떠오르는 것을 말한다.
[정답] ②

9. 다음 속성을 상기할 때 가장 중요하게 생각하는 요인이 아닌 것은?

① 접근성 ② 전형성
③ 진단성 ④ 생생함

속성을 상기할 때 중요하게 생각하는 요인으로는 접근성(쉽게), 진단성(이익), 현저함(몇 개), 생생함(생생)이 있다.
[정답] ②

10. 소비자의 학습에 영향을 주는 요소로서 '사전지식에 의해 새로운 지식을 받아들이지 않으려고 하는 편견'은?

① 확증편향 ② 과신
③ 친숙도 ④ 사전지식

확증편향은 사전에 가지고 있는 지식에 의해 새로운 지식을 받아들이지 않으려고 하는 편견을 말한다.
[정답] ①

[주관식 문제]

11. 소비자 구매행동 모델 중 심리적 핵심요인 7가지는?

소비자들은 제품을 구매하는 소비자 구매의사결정과정 중 소비자 구매행동 모델 5가지 요인에 의해 영향을 받는데 그중 한 가지가 심리적 핵심요인으로 7가지의 요인에는 '동기', '니즈', '원츠', '개인적 관련성', '능력', '기회'의 요인 중 한 가지만 달라도 살려고 하는 제품이 바뀔 수 있다.

[정답] 동기, 니즈, 원츠, 수요, 개인적 관련성, 능력, 기회

12. 소비자들은 소비자 구매의사결정과정 중 내적탐색 시 인출된 정보의 종류 중 '브랜드를 상기하는 8가지 요인'은?

문제인식이 자극될 때마다 소비자들이 기억으로부터 상기하는 브랜드군은 의사결정에 상당한 영향을 미치는 내적탐색의 중요한 측면으로 '고려상품군', '고려상품군에 영향을 미치는 요인', '이복코드', '전형성', '브랜드 친숙성', '목표와 사용상황', '브랜드 선호', '인출단서'가 있다.

[정답] 고려상품군, 고려상품군에 영향을 미치는 요인, 이복코드, 전형성, 브랜드 친숙성, 목표와 사용상황, 브랜드 선호, 인출단서

13. 소비자들은 소비자 구매의사결정과정 중 내적탐색 시 인출된 정보의 종류 중 '속성을 상기하는 4가지 요인'은?

브랜드 상기 외에도 소비자는 정보를 탐색할 때 내적탐색 시 속성을 상기하기도 한다. 속성을 상기시키기 위해서는 '접근성', '진단성', '현저함', '생생함'을 주어야 소비자들은 속성을 상기시키기가 쉽다.

[정답] 접근성, 진단성, 현저함, 생생함

[토론식 문제]

14. '고려상품군'과 '이복코드'의 차이점에 대해서 커피 프랜차이즈 브랜드를 예시로 토론해 봅시다.

15. 내적탐색 시 인출된 정보의 종류 브랜드상기, 속성상기, 평가상기, 경험상기에 대해서 토론해 봅시다.

제 7 장

소비자 구매의사결정과정 – 정보탐색(외적)

이 장에서 학습하는 내용

- 정보탐색의 형태
- 정보의 외적탐색 방법
- 정보의 외적탐색에서 중요한 것
- 정보처리를 위한 노력
  정보처리를 위한 동기부여(M)
  정보처리를 위한 능력(A)
  정보처리를 위한 기회(O)
- 외적탐색에서 습득 정보
- 외적탐색의 수행 방법

이 장의 학습목표

- 외적탐색의 종류에 대해서 이해한다.
- 외적탐색의 방법에 대해서 알아본다.
- 인터넷기업이 소비자의 신뢰를 얻기 위한 4가지 시도에 대해서 알아본다.
- 정보처리를 위한 노력(MA0)에 대해서 알아본다.
- 외적탐색 시 소비자욕구가 강해지는 6가지 요인에 대해서 이해한다.
- 정보처리능력 3가지에 대해 이해한다.
- 정보처리기회 4가지에 대해 이해한다.
- 외적탐색을 통해 얻어지는 정보 3가지에 대해서 알아본다.
- 외적탐색의 수행전략에 대해 알아본다.

소비자행동론의 BIG PICTURE의 이론은 3가지 이론으로 구성되어 있으며 기업은 소비자들이 어떻게 생각하고 행동하는지와 관련한 욕구를 분석하기 위해서 다음의 소비자행동론의 3가지 이론인 소비자의 '행동'을 분석하는 '소비자 구매의사결정과정'과 소비자의 '정신'을 분석하는 이론인 '소비자 정보처리과정' 그리고 소비자의 '정신과 행동'을 같이 분석한 이론인 '하이어라키모델'을 통해서 마케팅전략 보고서를 만들고 촉진전략 만들 때 특히 여러 촉진전략 중 광고를 제작하는 데 있어 소비자 정보처리과정의 어떠한 관점에 근거하여 광고를 제작하는지에 대해서 배워보고자 한다.

이번 제7장에서는 소비자행동론 BIG PICTURE의 3가지 이론 중 첫 번째 이론인 소비자 구매의사결정과정의 5단계 중 두 번째 단계인 '정보탐색의 외적탐색'에 대해서 공부해 보고자 한다(그림 7-1).

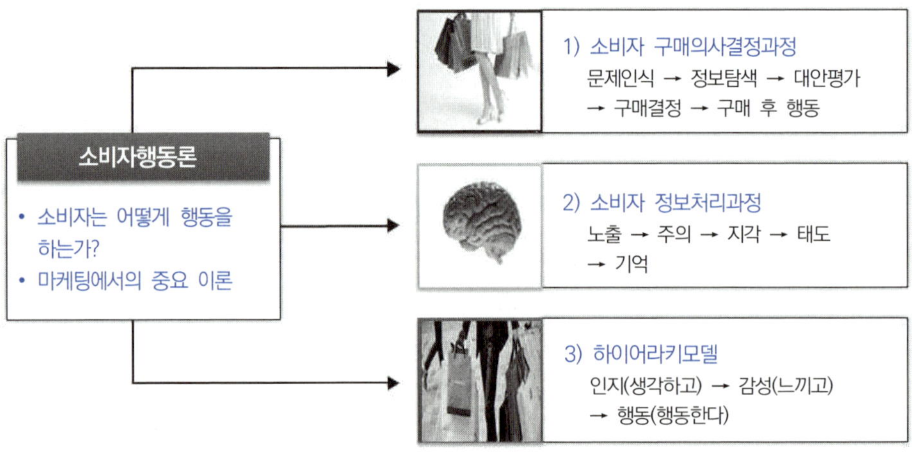

[그림 7-1] 소비자행동론 BIG PICTURE

1 정보탐색

1.1 외적탐색

1.1.1 정보탐색의 형태

소비자들은 '소비자 구매의사결정과정'을 통해 '문제인식'을 한 후에 제품을 구매해야 한다는 생각을 하게 된 후 '정보탐색'을 하게 되고 정보탐색의 방법으로는 '내적탐색'(나도 모르게 기존에 보았던 광고가 연상)을 하게 되며 이렇게 내적탐색을 통해 떠오른 광고에 제품을 선택하지 않고 '외적탐색'을 통해 지인들과 인터넷 검색 등 외적인 탐색을 통해 정보를 탐색하려고 한다. 이러한 외적탐색을 통해 문제인식을 느낀 제품의 정보탐색 제품 브랜드 수가 여러 가지로 늘어나게 된다. 즉 소비자들은 '내적정보탐색'이 되었다고 생각하면 '외적정보탐색'도 한다.

소비자들의 외적탐색의 종류로는 크게 2가지로 나눌 수 있으면 첫 번째로는 '구매 전 탐색'과 두 번째로는 '지속적 탐색'으로 나눌 수 있다(그림 7-2).

(2) 외적탐색
1〉 정보탐색의 형태

내적정보탐색 → 외적정보탐색

사람들은 "내적정보탐색"이 되었다고 생각하면 "외적정보탐색"도 한다.
예) "요즘 젊은이는 스마트폰과 인터넷의 보급으로 지속적 탐색을 하고 있는 것 같다."

결정인자
1) "구매"에 더 관심이 많다.

동기
구매결정을 잘하기 위한 것

결과
"지식"을 증대하여
"구매"를 결정한 후
"만족"을 증대시킨다.

구분	구매 전 탐색	지속적 탐색
결정인자	• 구매 관여 • 시장 환경 • 상황 요인	• 제품 관여 • 시장 환경 • 상황 요인
동기	• 구매 결정을 더 잘 내리기 위함	• 미래 사용을 위한 정보 구축 • 재미와 즐거움을 재현
결과	• 제품 및 시장 지식 증대 • 더 좋은 구매 결정 • 구매 결과에 따른 만족 증대	• 미래 구매 효율 및 개인적 영향과 연결되는 제품 및 시장 지식 증대 • 충동 구매 증가 • 탐색 및 다른 결과에 따른 만족 증대

동기
1) "동기" "재미"와 "즐거움"을 체험한다.
2) "미래사용"을 위해서 지켜보고 있다.
3) "재미"와 "즐거움"을 체험하다 꼭 살필요가 없는데 충동구매를 증가시킨다.

결과
"탐색"에 관심이 많다.

[그림 7-2] 외적탐색의 종류

첫째 '구매 전 탐색'은 예를 들어, 친구의 생일이 다가오면 우리는 친구의 생일날 줄 선물에 대해서 쿠팡에 들어가서 친구의 생일을 축하해 줄 선물을 탐색하게 된다. 이와 같이 구매를 해야 될 상황 전에 제품에 대해서 탐색을 하는 것을 '구매 전 탐색'이라고 한다. 구매 전 탐색은 친구의 생일선물을 산다는 것에 관심이 많으며 구매 전 탐색을 하는 이유는 구매 결정을 더 잘 내리기 위해서이다. 구매 전 탐색을 함으로써 제품 및 시장에 대한 지식을 증대할 수 있고 더 좋은 구매 결정을 하기 위함이며 구매 결과에 따른 만족감을 증대하기 위해서 구매 전 탐색을 하게 된다.

둘째 '지속적 탐색'으로 예를 들어, 명품을 구입하려는 소비자 중에는 세일기간을 기다렸다가 구입하는 소비자들이 있다. 인터넷을 통해 원하는 제품을 지속적으로 탐색하고 있다가 만족한 조건의 제품이 나타나면 구매를 한다. 4차 산업혁명을 맞이하여 인터넷을 기반으로 한 플랫폼혁명에 의해서 많은 벤처기업은 플랫폼을 만들어 기존의 대기업의 시장의 고객들을 위협하고 있다. 이러한 인터넷의 발전으로 소비자들은 시간과 장소에 구애를 받지 않고 인터넷을 기반으로 한 플랫폼을 통해서 쇼핑을 할 수 있게 됨으로써 퇴근 후에도 새벽시간에도 관여도가 있는 제품에 대해서 지속적으로 제품에 대해서 탐색을 하고 있다. 이러한 탐색을 '지속적 탐색'이라고 한다. 지속적 탐색은 제품을 구매한다는 관심보다는 관여도가 높은 제품에 대한 관심이 많아 탐색을 하며 미래사용을 위한 제품에 대한 정보를 구축하는 데 초점을 맞추고 쇼핑을 하며 소비자들은 평상시 지속적인 관여도 높은 제품에 대해 플랫폼 쇼핑을 통해 재미와 즐거움을 체험하게 된다. 그러므로 지속적인 탐색을 많이 하는 소비자의 경우 충동구매가 증가하게 되며 탐색 및 다른 결과에 따른 만족감이 증대되기도 한다.

1.1.2 정보의 외적탐색 방법

소비자들은 외적탐색 시 구매 전 탐색이든 지속적 탐색이든지 간에 소비자들은 다음과 같이 다섯 가지 주요 외적 출처의 범주로부터 정보를 얻을 수 있다(그림 7-3).

첫째, '소매점 탐색'으로 소매점 탐색 시 예를 들어, 진라면을 사러 갈 때 소매점 직원분에게 "진라면 가격이 얼마예요?" 하고 묻거나 "진라면은 맛이 있어요?"라고 진라면이라고 하는 상품에 대해서 우리는 소매점 직원을 통해 상품의 정보를 탐색하는 것을 '소매점 탐색'이라고 한다. 소매점 탐색은 인터넷이나 TV 광고가 발전하기 전에는 소비자들은 소매점을 통한 구매하고자 하는 제품에 대한 정보를 탐색하였다. 특히 소비자들은 상점들이 밀접해 있는 곳으로 가면 시간을 절약할 수 있다고 믿고 있다.

둘째, '미디어 탐색'으로 광고, 온라인 광고, 제조업체 웹사이트 그리고 다른 형태의 마케팅 커뮤니케이션으로부터 나오는 정보로 외적탐색을 하는 것을 '미디어 탐색'이라고 한다. 미디어는 시기에 따라 미디어 1기(활자를 사용한 미디어), 미디어 2기(전파를 사용한 미디어), 미디어

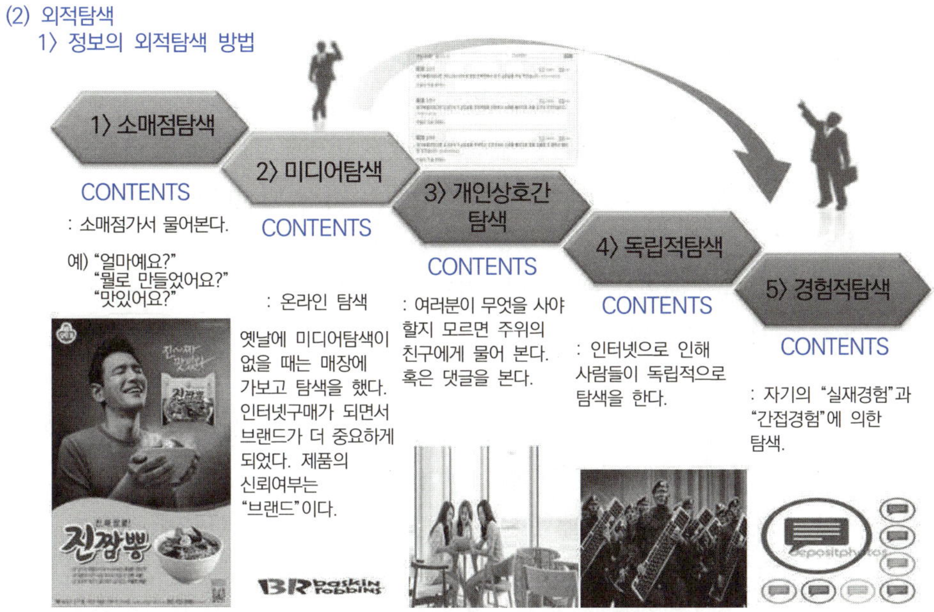

[그림 7-3] 정보의 외적탐색 방법

3기(비디오를 사용한 미디어), 미디어 4기(미디어를 사용한 시기)로 나눌 수 있다. 미디어란 '정보를 전송하는 모든 매체'를 말한다. 미디어의 종류에는 구 미디어(우편, 전보, 신문, 잡지)와 뉴 미디어(팩시밀리, 텔레비전, 전화, 전자우편, 케이블TV, 인터넷)를 들 수 있다. 미디어 탐색이 늘어나면서 소매점 탐색이 줄게 되었으며 미디어 탐색이 없을 때는 소비자들은 소매점에 가보고 탐색을 했다. 인터넷 구매가 활발해지면서 브랜드가 더 중요하게 되었다. 탐색할 때 제품 자체가 아니라 제품은 수단이고 그 제품의 신뢰 여부는 '브랜드'가 되었다. 미디어 탐색의 시대가 되면서 '브랜드'가 더 중요하게 되었다. 소비자들은 제품의 속성을 보고 판단하는 것 보다 제품의 브랜드를 보고 긍정적인 태도를 형성하게 되었다.

셋째, '개인 상호 간 탐색'으로 면대면, 전화 혹은 다른 방법을 통해서 이루어지는 친구, 친척, 이웃, 직장동료들로부터 정보를 탐색하는 외적탐색 방법을 '개인 상호 간 탐색'이라고 한다. 소비자들은 어떤 제품을 선택할지 모르면 주위의 친구들에게 물어보거나 혹은 인터넷사이트에 댓글로 물어본다. 요즘은 허위 '댓글'에 의해 정보탐색에 실패를 하게 되는 경우도 많아서 기업들은 소비자들에게 댓글의 정보에 대한 신뢰감을 주기 위해 자사의 제품에 대한 긍정적인 댓글뿐 아니라 부정적인 댓글도 소비자에게 제공하여 댓글에 대한 신뢰를 주고자 한다.

넷째, '독립적 탐색'으로 책자, 네이버쇼핑(Shopping.naver.com)과 같은 불특정 브랜드 후원 웹사이트, 정부 제작 팜플렛 혹은 잡지 등과 같은 독립적 정보 출처와의 접촉을 통해 탐색하는 것을 '독립적 탐색'이라고 한다. 소비자들은 인터넷을 통해 독립적으로 탐색을 하는 것을 말한다. 미디어 탐색 중 인터넷 탐색으로 볼 수 있다.

다섯째, '경험적 탐색'은 소비자가 '실재경험'과 '간접경험'에 의해 탐색하는 것을 말한다. 간접경험의 대표적으로는 '댓글'이 있다. 예를 들어, 라면을 먹어 본 경험으로 맛이 있는지 없는지 경험에 의해 탐색한다. 소비자들은 예전에 좋지 못한 기억에 더 비중을 두어 탐색한다.

전통적으로 소매상 및 미디어 그리고 경험적 탐색이 가장 빈번하게 사용되어 왔던 탐색의 형태였다. 이러한 현상은 소비자의 관여 수준이 높고 지식수준이 낮을 경우에 증가한다. 또 다른 연구 결과는 소비자들이 구매의사결정을 내리기 전에 두서너 개의 정보 출처들(인터넷이나 카탈로그와 같은)을 둘러보고 있음을 나타내고 있다. 그러므로 기업들이나 소매상들은 그들의 브랜드 정보가 어떠한 정보 출처들에서나 일관성을 유지하고 있음을 확인해야 한다.

소비자들은 그들의 브랜드 지식이 줄어들수록 개인 상호간 탐색을 강화한다. 소비자들의 지식이 한정되어 있을 때 그들은 다른 사람들의 의견을 구하게 된다.

문화적 특성은 마찬가지로 외적탐색에서 중요한 역할을 한다. 한 연구에 따르면, 하위 문화집단의 구성원이지만 문화적으로 동화되지 않은(주변 문화 속으로 완전히 통합되지 않은) 소비자들은 보다 광범위하게 외적탐색을 수행하는 경향이 있다. 주변 문화와 동화되어 있는 하위문화 집단의 구성원은 매체 광고들에서 정보를 찾는 경향이 보다 강했다. 따라서 기업들은 이러한 소비자 집단을 표적으로 삼을 때에는 정보를 줄 수 있는 광고 메시지를 만들어야만 한다. 비록 이용가능한 시간이 증가하면서 독립적 탐색이 증가 추세를 보이고 있지만 이러한 형태의 탐색의 소요되는 시간은 일반적으로 매우 적다.

1.1.3 정보의 외적탐색에서 중요한 것

소비자들은 내적탐색에서 부족한 부분을 외적탐색을 통해서 충족시키는데 외적탐색 시 기업들이 인터넷을 통해 소비자에게 신뢰를 얻기 위해 하는 시도 4가지에 대해서 알아보고자 한다(그림 7-4). 소비자들은 내적정보에서 불충분한 것을 외적정보에서 찾기 때문에 외적탐색은 소비자에게 신뢰감을 줄 수 있는 것이어야 한다.

첫째, '인터넷 출처'로 기업들은 소비자들에게 자사의 제품에 대한 신뢰를 주기 위해서는 자사 제품에 대한 긍정적인 설명을 할 때 학술지 등에 게재된 논문 등에 대한 정확한 출처를 사용하여 인터넷에 자사의 제품에 대한 정확한 정보를 제공해야 소비자들은 그 인터넷 출처에 신뢰를 하게 되고 그것은 제품에 대한 회사에 대한 신뢰를 형성하게 된다. 소비자들은 인터넷을 이용하여 무궁무진한 정보를 온라인으로 탐색할 수 있으며 의사결정을 내리는 데 필요한 세부 항목을 찾을 수 있고 또 구매할 수도 있다. 사실, 소비자들은 위에서 언급한 다섯 가지 출처들로부터 정보를 얻기 위해 인터넷을 이용할 수 있다. 어떤 때 소비자들은 특정 정보를 찾는다. 또 다른

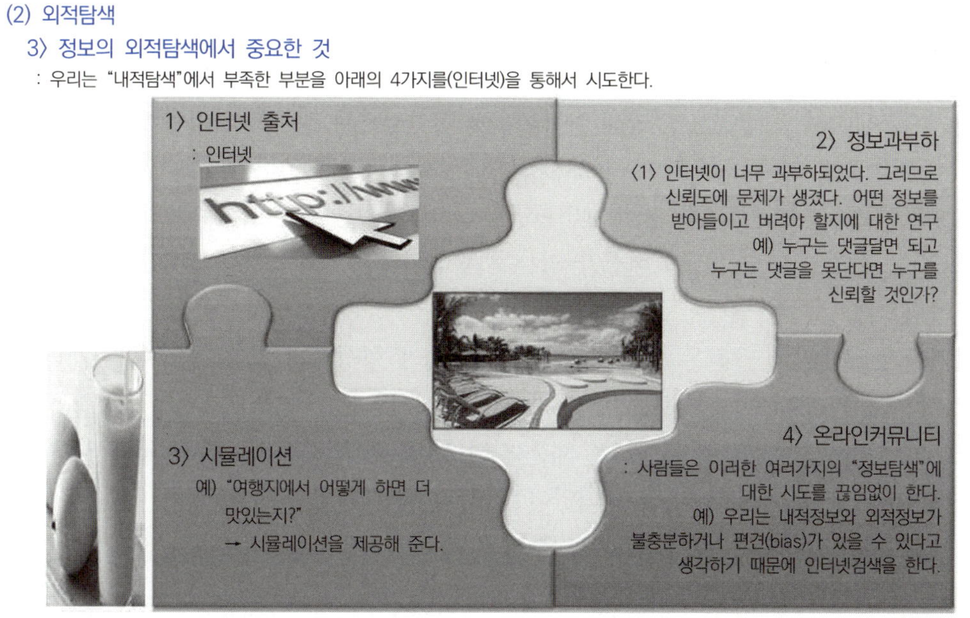

[그림 7-4] 인터넷사이트 기업이 고객에게 신뢰를 주기 위해 하는 4가지 시도

때는 단순히 인터넷을 돌아다니기도 한다. 한 연구에서는 상대적으로 여성 및 연령대가 높은 소비자들이 웹사이트를 더 오랫동안 방문한다고 주장하고 있다.

일반적으로, 어떤 기업의 웹사이트에서 즐거운 경험을 했던 소비자들은 그 웹사이트와 브랜드에 대해서 보다 긍정적인 태도를 갖게 된다. 정보를 제공하기 위해 '아바타(Avatar)'를 이용하는 사이트에서 탐색하고 쇼핑할 때 소비자들은 보다 높은 만족과 보다 강력한 구매 의도를 가지고 있는 것으로 나타났다. 인터넷 광고는 기존 고객들이 다시 구매하도록 하는 데 특별히 효과적일 수 있다. 인터넷 광고노출 횟수, 웹사이트 방문자 숫자, 페이지뷰 숫자 모두 재구매에 긍정적 효과를 지니고 있다.

둘째, '정보 과부하(Information overload)'는 인터넷이 너무 과부하 되어 신뢰도에 문제가 발생하게 되었다. 소비자의 입장에서 어떤 정보는 받아들이고 어떤 정보는 버려야 할지에 대한 연구가 필요할 정도이다. 기업의 입장에서 소비자에게 신뢰를 주기 위해서 신뢰할 수 없는 정보 과부하의 탐색 사이트는 피하기 위해 가장 인기 있거나 빈번하게 접근하는 사이트를 먼저 접근하게 하여 효율적인 탐색기법을 적용하고 있다. 예를 들어, 소비자들이 가장 신뢰하고 가장 많이 찾는 사이트의 경우에는 소비자가 인터넷 탐색 시 가장 상단에서 사이트를 소개하는 기능과 같은 기능을 통해 정보 과부하 속에서 신뢰할 수 있는 제품의 사이트를 찾을 수 있도록 하였다.

최고의 결과를 먼저 제시해주는 주문 목록은 실제로 소비자들이 계속해서 차선의 대안을 찾을 수 있도록 해주고 있으며 결과적으로 차선의 의사결정을 내리도록 해준다. 한편, 탐색을 통해서 점차적으로 더 나은 대안을 발견해가는 소비자들은 더욱 긍정적으로 브랜드 평가를 하게 되며 탁월한 선택을 위해서 지속적으로 탐색을 하고자 하는 동기를 갖게 된다.

셋째, '시뮬레이션'의 발전으로 인해 한국에서는 망고주스를 좋아하지 않았던 소비자가 필리핀 현지에서 망고를 직접 따서 그 자리에서 망고주스를 갈아서 만들어주는 과정을 시뮬레이션으로 본 후에 한국에서 망고주스를 좋아하지 않았던 소비자가 망고주스의 시뮬레이션을 보고 좋아하게 되었다. 이러한 망고주스의 현실감 있는 시뮬레이션은 소비자들에게 망고주스에 대해서 긍정적인 신뢰를 줄 수 있다.

정보기술과 그래픽의 발전은 온라인 경험을 급격하게 향상시켜 왔다. 웹사이트 개발자들은 현재 조정 가능한 오디오, 비디오, 줌, 파노라믹 뷰, 스트리밍 미디어 그리고 3D를 이용해서 특수하고 상호작용적인 효과를 결합하는 제품 시연 사이트를 만들어 냄으로써 제품 시험은 물론 소매 경험까지 시뮬레이션할 수 있게 되었다. 가상적 제품 경험을 만들어 내는 것은 소비자의 제품지식 및 브랜드 태도에 긍정적 효과를 갖게 되며 이에 따라 자연히 인지된 위험은 줄어들고 구매 의도는 늘어나게 된다.

넷째, '온라인 커뮤니티'로 소비자들은 웹사이트, 채팅 등을 통해서 온라인으로 들어간다. 온라인에서 가장 공통적인 주제는 제품추천 및 사용법이다. 아마존 설립자인 Feff Bezos의 경우 자사 사이트에 부정적 댓글이 올라와도 지우지 않는다. 소비자에게 댓글을 조작했다는 부도덕한 소문으로 인해 신뢰를 추락시킬 수 없다고 생각하기 때문이다.

추가적인 도움이나 추천을 제공하기 위해서 소비자들의 온라인 정보탐색이나 구매패턴을 추적하는 소매상이나 제조업체의 숫자가 지속적으로 증가하고 있다. 예를 들어 Netflix로부터 받고 있는데 이는 Netflix가 소비자의 개별적인 기호를 정확하게 파악하여 영화를 추천할 수 있기 위함이다. 각 영화에 대한 해설 또는 Netflix 커뮤니티로부터 나온 전반적인 평가를 포함하게 된다. 이러한 평가는 다른 영화를 소비자의 고려상품군 속에 추가시키고 소비자의 의사결정을 위해서 보다 많은 정보를 제공하고자 하는 Netflix의 영업 방식이다.

1.1.4 정보처리를 위한 노력

소비자들은 외적탐색을 할 때 노력을 많이 하기도 하고 적게 하기도 한다. 어떤 사람은 노력을 많이 하고 어떤 사람은 노력을 적게 한다. 그러한 이유는 아래의 3가지 요인(동기부여 : M, 능력 : A, 기회 : O)에 의해서 그러한 현상이 발생한다(그림 7-5).

첫째, 동기부여(M)은 소비자들은 개인적으로 정보처리를 추구하는 사람이 있고 조금 추구하는 사람이 있다. 이렇게 소비자들에 따라 동기부여 상태가 모두 다르기 때문에 정보탐색을 위한 노력이 각각 다르다고 할 수 있다. 과업(Test)의 강도가 크면 동기가 크다. 동기가 크면 굉장히

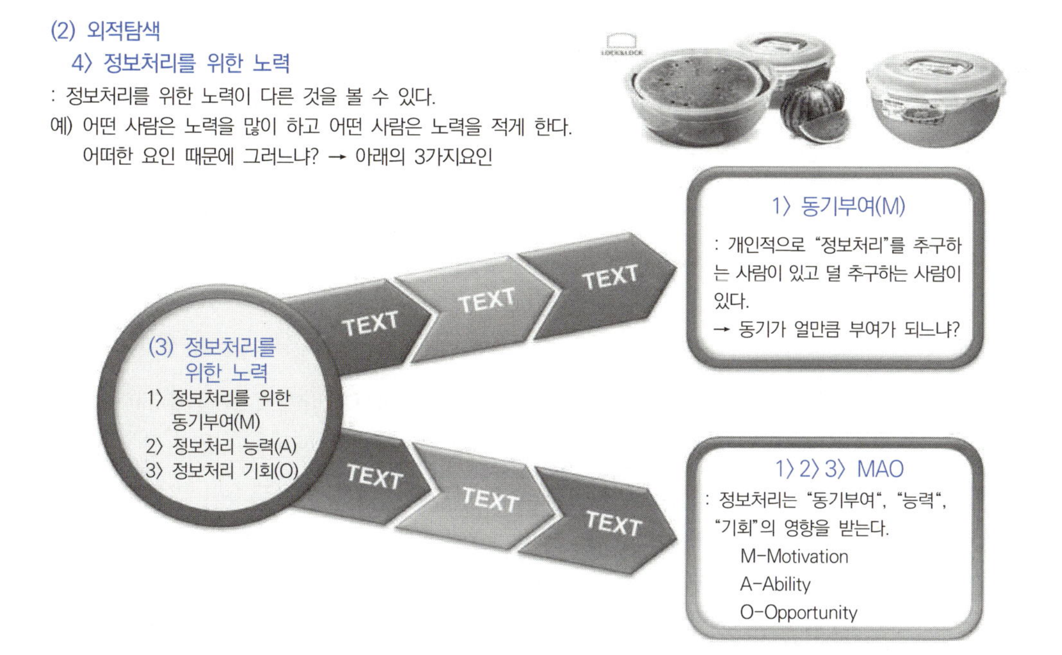

[그림 7-5] 외적탐색을 할 때 노력(MAO)을 많이 하기도 적게 하기도 한다.

많은 과업을 추구한다.

둘째, 능력(A)은 소비자들은 개개인이 가지고 있는 능력이 각각 틀리다. 제품에 대한 지식이 높다고 낮음의 의미도 되며 경제적인 부분에서의 능력도 높고 낮음을 의미한다. 제품을 사고자 하는 동기가 높고 사러갈 시간이나 기회가 있어도 제품을 살 능력이 없으면 제품을 구매하는 데 영향을 줄 수밖에 없다.

셋째, 기회(O)은 소비자들이 제품을 사고자하는 동기와 능력을 가지고 있어도 제품을 사러갈 시간이나 기회가 없으면 제품을 구매하는 데 영향을 준다는 것이다.

보다 많은 소비자들이 온라인으로 구매를 하면서 온라인 정보 출처가 매우 편리하기 때문에 탐색 활동은 점차 증가하고 있다. 그럼에도 불구하고 정보탐색은 단순히 한두 개의 정보를 사냥하는 것에서부터 많은 정보 출처들에 의지하는 매우 광범위한 탐색에 이르기까지 다양하게 바뀔 수 있다. 이러한 다양성을 설명할 요량으로 마케팅학자들은 정보를 처리하기 위한 동기부여, 능력, 기회(MAO)와 관련된 수많은 인과요인들을 규명해 왔다.

아래에서는 어떤 사람은 노력을 많이 하고 어떤 사람은 노력을 적게 원인인 '동기부여(M)', '능력(A)', '기회(O)'에 대해서 구체적으로 알아보고자 한다.

1.1.4.1 정보처리를 위한 '동기부여'(M)

정보처리를 위한 동기부여가 커질수록 외적탐색의 범위는 일반적으로 보다 넓어지게 된다. 다음과 같은 6가지 요인이 외적탐색을 수행하기 위한 동기부여를 증가시킨다.

소비자의 외적탐색 욕구를 강하게 하는 6가지 요인(관여 및 지각된 위험, 탐색에 따른 지각된 비용 및 혜택, 고려상품군의 특성, 브랜드의 상대적 불확실성, 탐색에 대한 태도, 새로운 정보의 불일치) 정도가 있다(그림 7-6).

1. 관여 및 지각된 위험

소비자는 의사결정을 잘못하면 안된다는 판단을 할 경우 정보처리에 신중하게 된다. 500원짜리 껌을 살 때와 5,000만 원짜리 자동차를 구매할 때 소비자의 관여도는 다르다. 500원짜리 껌을 살 때는 정보처리 없이 편의점에 간다. 그러나 5,000만 원짜리 자동차를 구매할 때는 기존의 자동차의 단점이 무엇인지 "파워가 약해" 하면 "파워가 센 자동차를 사려 한다." 이러한 속성 평가 후 파워가 센 자동차에 대한 '내적탐색'과 '외적탐색', '온라인 탐색' 후 'Show room'에 방문 후 디자인도 보고 여러 가지 탐색을 하게 된다. 이렇게 소비자들은 '관여가 높고 지각된 위험이 큰 고가의 제품을 구매'할 때는 외적탐색을 강하게 수행한다.

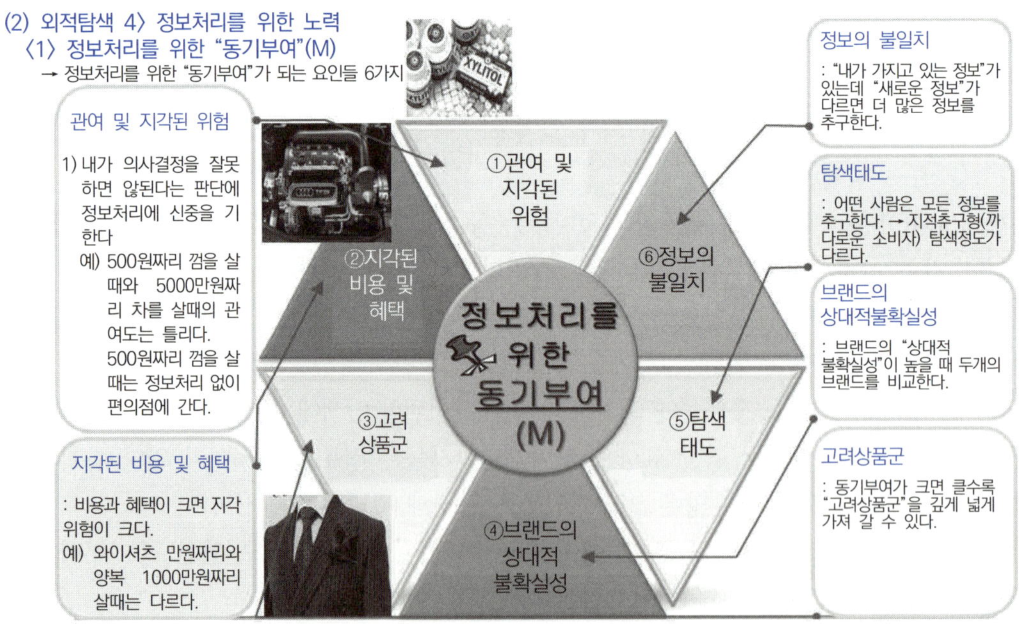

[그림 7-6] 정보처리 노력(MAO)가 강해지는 요인 6가지

어떻게 관여가 외적탐색과 관계되어 있는지를 이해하기 위해서는 상황적 관여(특정상황에 대한 반응)와 지속적 관여 – 지속적 반응 – 간의 차이를 기억하라. 일반적으로 상황적 관여가 높아질수록 보다 많은 구매 전 탐색을 하게 되나 반면에 지속적 관여는 문제인식의 존재유무와 관계없이 지속적 탐색과 관계가 있다. 따라서 자동차에 대해서 높은 지속적 관여를 가지고 있는 소비자들은 자동차 관련 잡지들을 읽거나 자동차 전시회 및 자동차 관련 웹사이트를 방문하고 정기적으로 자동차에 대한 다른 정보를 찾아낼 가능성이 커지게 된다.

지각된 위험은 관여의 주요 결정인자이기 때문에 소비자가 위험이 따르는 의사결정에 직면했을 때보다 많은 외적탐색을 수행한다는 사실은 놀랄 만한 일이 아니다. 지각된 위험의 핵심요소 중 하나가 행동결과에 대한 불확실성이며 소비자들은 이러한 불확실성을 줄이기 위한 한 방법으로서 외적탐색을 사용한다. 소비자들은 브랜드의 특정 속성에 대해서 불확실할 때보다는 어떤 브랜드를 선택할지에 대해서 불확실할 때 더 많이 탐색하는 경향이 있다.

2. 지각된 비용 및 혜택

비용과 혜택이 크면 지각위험이 크다. 그러므로 외적탐색의 강도가 강해진다. 만 원짜리 와이셔츠와 1,000만 원짜리 양복을 살 때는 탐색의 정도가 다르다. 1,000만 원짜리 양복을 살 경우에는 단추도 보고 앞, 뒤로 거울도 보고 내경험에 이미지된 경험을 생각하면서 정보처리과정(Information processing)을 하는 것이다. 즉 외적탐색의 동기부여가 강해진다.

외적탐색활동은 지각된 혜택이 지각된 비용보다 커질 때보다 많아지게 된다. 이러한 상황 속에서 탐색하는 소비자들은 불확실성을 줄여주고 보다 나은 의사결정을 내릴 수 있는 가능성을 높여주며 보다 높은 가치를 얻게 되고 쇼핑 과정을 즐길 수 있다는 혜택을 받게 된다. 외적탐색과 관련된 비용은 시간, 노력, 불편함 그리고 돈(상점과 딜러에 가는 거리 이동 포함)이다. 이러한 모든 요인은 소비자들에게 심리적 또는 육체적 부담을 주고 있다. 일반적으로 소비자들은 비용이 혜택을 능가한다고 인식하게 될 때까지 계속해서 탐색하는 경향이 있다. 탐색비용을 줄이고자 하는 욕망은 많은 슈퍼마켓이 전자제품이나 가구같이 다양한 비전통적 품목들을 현재 제공하는 이유 그래서 '사람들이 모든 선물 구매를 한군데서 할 수 있는' 장소가 되고자 하는 이유를 설명해 주고 있다. 앞서 언급한 대로 점차 더 훌륭한 대안들을 발견하는 소비자들은 우월한 대안을 계속해서 탐색하고자 하는 동기를 부여받게 된다. 그렇기는 하지만 소비자들은 초기 탐색 투자를 최소화하고 선택을 한 후에 더 이상의 탐색을 연기하며 또 다른 제품으로의 전환에 대한 미래비용(탐색과 사용 모두)을 과소평가하는 경향이 있다.

3. 고려상품군

소비자들은 동기부여가 크면 클수록 고려상품군을 깊게 가져갈 수 있다. 맥주를 먹을 때 '카스'를 먹을까? '하이트'를 먹을까? 2개의 고려상품군만을 떠 올리지만 5,000만 원짜리 자동차를 구매할 때는 더 많은 자동차 브랜드에 대한 고려상품군을 가지고 깊이 있고 넓게 가져간다.

고려상품군이 수많은 매력적 대안들을 포함하고 있다면 소비자들은 어떤 대안들을 선택할 것인지 결정하기 위해서 외적탐색을 수행하고자 하는 동기부여가 이루어지게 된다. 한편 오직 하나 또는 두 개의 브랜드만을 포함하는 고려상품군은 정보를 탐색하고자 하는 필요를 감소시킨다.

4. 브랜드의 상대적 불확실성

브랜드의 '상대적 불확실성'이 높을 때 두 개의 브랜드를 비교하고 있는데 두 개의 브랜드가 어떤 브랜드인지 모를 때 어떤 브랜드가 더 좋은 것인지에 대한 동기부여가 되므로 정보처리를 많이 하게 된다. 소비자들은 친숙한 브랜드가 있을 경우에는 외적탐색을 적게 하는 반면 불확실한 브랜드의 제품의 경우에는 더 많은 외적탐색을 통해 제품에 대한 불확실성을 해소하려고 한다. 즉 어떤 브랜드가 최고인지에 대해서 소비자들이 확실하게 알지 못할 때 소비자들은 외적탐색을 수행하도록 보다 많은 동기를 부여받게 된다.

5. 탐색태도

소비자의 유형에 따라 어떤 소비자는 외적탐색을 추구하지 않지만 어떤 소비자들은 외적탐색을 통한 모든 정보를 추구한다. 알고 싶은 것이 많은 것이다. 알아보고 뒤집어 보기도 한다. 지적 추구형(까다로운 소비자)의 소비자는 탐색 정도가 다르다. 어떤 소비자들은 정보탐색을 좋아해서 광범위하게 탐색을 한다. 이러한 소비자들은 일반적으로 그들의 탐색 가치와 혜택에 대해 긍정적 신념을 가지고 있다. 특히 광범위한 탐색활동은 "중요한 구매가 신속하게 이루어지면 후회하게 된다."라는 신념과 강력하게 연관되어 있는 것으로 보인다. 어떤 소비자들은 단순히 탐색을 싫어해서 탐색하는 일은 거의 없다.

마케팅학자들은 인터넷 탐색자 유형을 두 그룹으로 구분하였다. 경험이 풍부한 탐색자들은 인터넷에 대해 대단히 열광하고 있으며 상당히 많이 인터넷을 사용하고 있는 반면 중간 및 소량 사용자들은 인터넷을 재미나 오락으로 보지 않고 오로지 정보의 출처로만 간주하고 있다. 이러한 유형의 그룹에 소구하기 위해서 몇몇 회사들은 소비자들이 탐색하는 것을 자극하기 위해서 재미있고 매력적인 게임을 만들게 되었다.

6. 정보의 불일치

소비자들은 '내가 가지고 있는 정보'가 있는데 새로운 정보가 다르면 더 많은 정보를 추구해서 어떤 것이 맞는지에 대한 동기부여가 올라간다.

소비자들은 뭔가 새로운 것에 직면할 때마다 자신들의 저장된 지식을 이용해서 그것을 범주화하려고 노력한다. 만약 어떤 자극이 기존의 범주에 잘 들어맞지 않는다면 소비자들은 정보탐색에 빠져들고 이러한 부조화를 해결하려고 한다. 마케터들은 자사 브랜드와 타사 브랜드 간의 적당한 불일치를 도입함으로써 이러한 경향을 활용할 수 있다. 예를 들어, Miele 진공청소기에 대한 광고는 '폐 손상 통제(Lung damage control)'라는 문구를 보여주고 있다. 이러한 특성은 일반적으로 진공청소기와 연관되어 있지 않으며(중간수준의 불일치) 그래서 그 메시지는 소비자들로 하여금 탐색하도록 동기를 부여하고 결과적으로 그 브랜드가 오염과 알레르기 유발 항원을 통제하기 위해서 필터를 장착하고 있음을 발견하게 된다.

이러한 일반과정은 신제품에 대한 정보탐색에도 동일하게 적용된다. 만약 신상품이 기존 제품들과 적당히 불일치하거나 부적합할 경우, 소비자는 이러한 불일치를 해결하고 싶다는 동기가 부여될 것이다. 특히 소비자들은 일반적으로 많은 추가적 속성들에 대한 탐색보다는 가장 중요한 속성을 탐색하게 된다. 마케팅 관점에서 보더라도 이러한 행동은 신상품을 기존 브랜드 제품들과 적당히 다르게 포지셔닝시키는 것이 의사결정과정에 영향을 미칠 수 있는 보다 많은 정보를 찾도록 소비자들을 유도할 수 있다는 점에서 많은 시사점을 보여주고 있다. 바로 좋은 사례가 기존의 재생만 하는 DVD 플레이어와 비교되는 녹화 기능 추가 DVD 플레이어다. DVD 플레이어들 간의 이러한 적당한 불일치는 소비자들을 자극해서 궁극적으로 그들의 구매의사결정에 영향을 줄 수 있는 제품정보를 추가적으로 탐색하도록 만들어 주고 있다.

1.1.4.2 정보처리를 위한 '능력'(A)

정보를 처리하는 아래의 3가지 요소(소비자 지식, 인지적 능력, 인구통계학적 요인)에 의해서 "정보처리능력이 더 많이 제공 받는다." 외적탐색은 또한 정보를 처리할 수 있는 소비자의 능력에 의해서도 강력하게 영향을 받고 있다. 마케팅학자들은 다음과 같은 세 가지 변수가 외적 정보탐색의 범위에 영향을 줄 수 있는 방법들을 연구하였다(그림 7-7).

1. 소비자 지식

첫 번째 외적탐색 시 정보를 처리하는 '소비자 지식'에 의해서 정보처리능력이 더 많이 제공 받는다. 지식이 많은 소비자의 경우는 정보처리를 적게 할 수 있다. 또한 지식이 많은 소비자인데도 까다로운 사람이고 지적인 것을 추구하면 정보처리를 더 할 수 있다. 이렇게 소비자의 지식에 따라 정보처리를 위한 MA0 중에서 'A(Ability : 능력)'에 관한 애기이다. 상식적으로 전문적 수준의 소비자들은 기억 속에 보다 많은 정교한 정보들이 저장되어 있기 때문에 적게 탐색을 한다. 그러나 이 부문에 대한 연구결과는 일치하지 않고 있다.

몇몇 연구들은 지식과 탐색 간의 역관계가 있음을 발견하였다. 적당한 수준의 지식을 가지고 있는 소비자들이 탐색을 가장 많이 한다. 그들은 높은 수준의 동기부여와 최소한도 어떤 기초

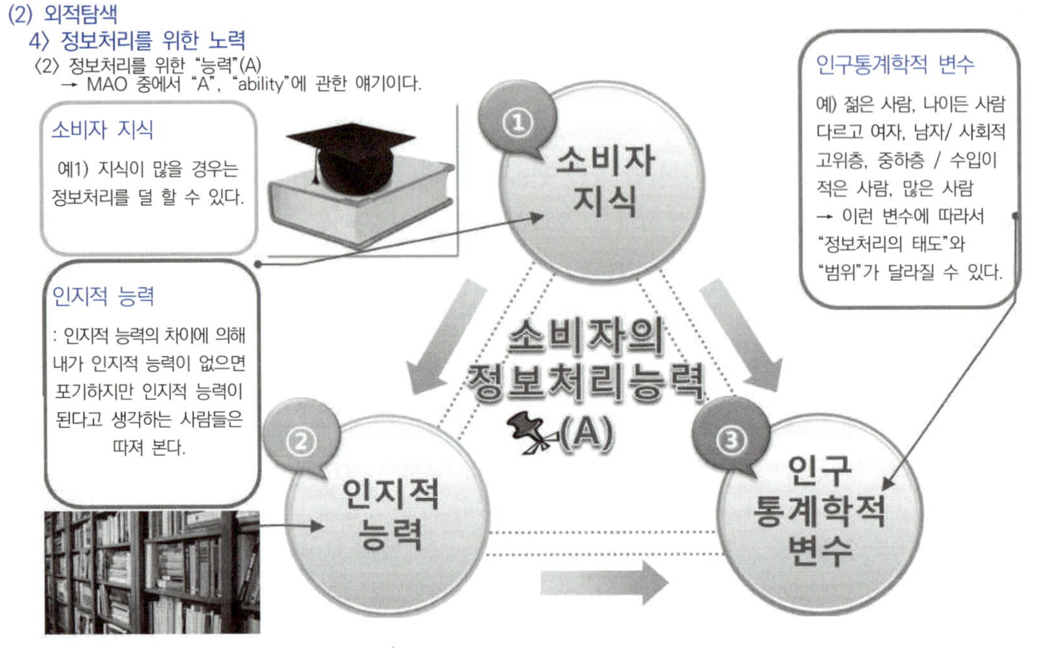

[그림 7-7] 정보탐색 능력이 달라질 수 있는 3가지 요소

지식을 갖는 경향을 보이고 있는데 이러한 것들은 그들이 새로운 정보를 해석하는 데 도움을 주고 있다. 한편 전문적 수준의 소비자들은 탐색을 적게 하는데 이는 기억 속에 많은 지식을 저장하고 있으며 관련성이 없는 것은 무시하고 - 탐색이 신상품과 관련되어 있을 때를 제외하고는 - 그들의 탐색을 가장 관련성이 있거나 분석적인 정보에 초점을 맞추는 방법을 알고 있기 때문이다. 또한 이러한 소비자들은 보다 발전된 기억 구조를 가지고 있기 때문에, 새로운 정보를 학습할 때 나름대로의 장점을 갖게 되고 신상품에 대해서 많은 정보를 습득할 수 있다.

2. 인지적 능력

두 번째 외적탐색 시 정보를 처리하는 '인지적 능력'에 의해서 정보처리능력이 더 많이 제공받는다. 인지적 능력의 차이에 의해 내가 인지적 능력이 없으면 포기하지만 인지적 능력이 된다고 생각하는 소비자들은 따져본다. 어떤 학생들은 교수님들이 보고서 과제를 주면 다양하고 광범위하게 과제를 잘 해온다. 어떤 경우는 박사과정의 학생보다도 잘 해오는 학생의 경우도 있다. 과제를 잘 해오는 학생의 경우 정보탐색능력까지 최대로 확대해서 가져온다. 높은 IQ나 복잡한 정보를 통합하는 능력과 같이 상대적으로 높은 기본적인 지적 능력을 가지고 있는 소비자들은 그렇지 않은 소비자들보다 많은 정보를 습득할 가능성이 높을 뿐만 아니라 보다 복잡한 방법으로 이러한 정보를 처리할 수 있다.

3. 인구통계학적 변수

세 번째 외적탐색 시 정보를 처리하는 '인구통계학적 변수'에 의해서 정보처리능력이 더 많이 제공받는다. 젊은 사람과 나이 든 사람, 고위층과 중하위층, 사회적 고위층과 중하위층, 수입이 적은 사람과 많은 사람과 같은 이런 변수에 따라서 '정보처리의 태도'와 '범위'가 달라질 수 있다. 마케팅학자들이 특정한 형태의 소비자들이 다른 소비자들보다 탐색을 많이 하는지 여부를 지속적으로 연구해 본 결과, 몇몇 일정한 패턴을 발견하였다. 예를 들어, 고학력 소비자들은 저학력 소비자들보다 탐색을 많이 하는 경향이 있다. 이러한 현상은 고학력 소비자들을 저학력 소비자들보다 최소한도 적당한 수준의 지식을 가지고 있고 정보 출처에 대한 접근도 훨씬 용이하기 때문에 나타난다.

1.1.4.3 정보처리를 위한 '기회'(O)

정보를 처리하고자 하는 동기부여와 능력을 가지고 있는 소비자들은 확장된 탐색이 발생할 수 있기 전에 반드시 그 정보를 처리할 수 있는 '기회(O)'를 가져야만 한다. 그 탐색과정에 영향을 줄 수 있는 상황적 요인들은 1. 정보량, 2. 정보 포맷, 3. 시간, 4. 선정 품목의 수 등이다(그림 7-8).

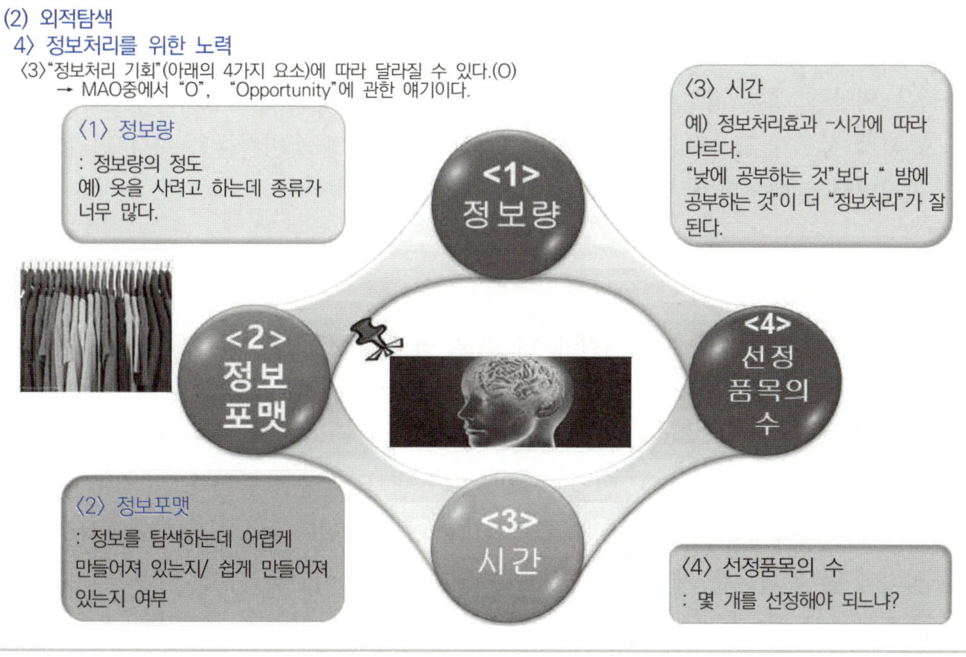

[그림 7-8] 정보탐색의 처리가 4가지 요소에 의해 달라진다.

1. 정보량

옷을 사려고 할 때 정보량이 많으면 정보탐색에 유리하다. 어떤 의사결정 상황에서도 시장에 있는 브랜드 개수, 각 브랜드에 대한 속성 정보, 소매상이나 딜러의 숫자, 잡지나 해당 정보에 정통한 친구들 등과 같은 정보출처의 수에 따라 소비자들에게 가능한 정보량은 상당히 달라질 수 있다. 일반적으로 가능한 정보량이 증가할수록 소비자들은 보다 많이 탐색을 하게 되는데 이는 인터넷이 외적탐색을 확대시킬 수 있다는 점과 같은 맥락이다. 그러나 만약 정보가 제한적이거나 아예 없다면 소비자들은 외적탐색을 확대해서 수행해 나가는 데 어려움을 겪게 된다.

2. 정보 포맷

옷을 사려고 할 때 정보탐색의 방법이 쉬우면 더 많은 정보를 받아들일 수 있다. 정보를 탐색하는데 플랫폼이 어렵게 만들어져 있는지 쉽게 만들어져 있는지 여부에 따라 쉽게 만들어져 있는 것이 더 정보를 받아들이기 좋다. 정보가 제시되는 탐색과정에 강력하게 영향을 미칠 수 있다. 때때로 정보는 다양한 출처나 위치에서 가능하지만 소비자들은 그 정보를 수집하기 위해서 상당한 노력을 기울여야만 한다. 예를 들어, 보험에 가입할 때 소비자들은 개별 보험약관에 대한 정보를 수집하기 위해서 다른 대리점이나 회사들을 접촉해야 할 것이다. 반면에 소비자 노력을 줄이는 방법으로 정보를 제시하는 것은 정보탐색과 사용에 대한 효율성을 향상시킬 수 있으며 특히 소비자가 의사결정을 내리는 경우에서는 더욱 그렇다. 예를 들어, 영양에 대한 정보 사용을 증대시킬 목적으로 마케팅학자들은 이 정보를 소비자들이 보다 쉽게 탐색할 수 있도록 상세표를 제공하고 있다. 한 관련 연구는 영향의 혜택이 훌륭하게 보다 구체적으로 드러날 때 소비자들은 영양에 대한 정보사용을 더욱 증가시키고 있음을 발견하였다. 게다가 만약 어떤 사물을 둘러싼 정보가 가시적으로 단순하고 깔끔하게 보이면 소비자들은 보다 편안한 상태로 탐험적 외적탐색에 빠져들게 될 것이다.

3. 시간

공부를 할 때 낮 시간보다 새벽시간에 더 많은 정보를 받아들일 수 있다. 정보처리효과는 시간에 따라 다르다. '낮에 공부하는 것'보다 '밤에 공부하는 것'이 더 '정보처리'가 잘된다. 낮에 공부를 하면 자꾸 '분산'이 된다. 이를 '분산효과'라고 한다. 인터넷도 밤에 많이 한다. "언제 더 정보처리 효과가 발생하는가?", "언제 더 집중도가 생기는가?"를 말한다. 또한 시간적 제약이 없는 소비자들은 보다 많은 탐색 기회를 갖게 된다. 만약 소비자들이 시간 압박 상황에 있다면 그들은 심하게 탐색 활동을 제한하게 될 것이다. 더욱이 소비자들은 시간 압박이 증가할수록 다양한 출처로부터 정보를 얻는 데 시간을 덜 사용하게 될 것이다. 시간 압박은 소비자들이 인터넷을 통해서 정보탐색을 하고 구매를 하는 가장 주요한 이유 중 하나이다. 한 연구에서는 소비자들이 정보탐색을 이유로 어떤 웹사이트를 재방문할 때 각 페이지를 보는 데 시간을 덜 사용하기 때문이 아니라 보다 적은 페이지들을 보기 때문에 그 사이트에서 전체 시간을 덜 쓰게 된다는 사실을 발견하였다.

4. 선정품목의 수

옷을 사려고 할 때 선정품목이 많으면 정보탐색을 포기할 수도 있다. 선정 수가 많으면 탐색을 포기하기도 한다. 소비자들이 여러 개의 품목들에 대해서 의견결정을 내릴 때 의사결정이 오직 한 품목인 경우에 비해서 상대적으로 일관된 탐색 패턴을 가지고 보다 광범위한 탐색을 수행하고 있는 것으로 나타났다.

1.1.5 외적탐색에서 어떤 종류의 정보가 얻어지는가

소비자들은 외적탐색을 통해 얻어지는 정보 3가지(브랜드명, 가격, 다른 속성들)에 대해서 알아보고자 한다(그림 7-9). 외적탐색 기간에 소비자들이 획득하는 정보의 형태에 관심을 기울였는데 이는 이러한 정보가 소비자들의 판단과 의사결정에 영향을 미치는 데 잠재적으로 결정적 역할을 할 수 있기 때문이다. 외적정보를 탐색할 때 소비자들은 보통 브랜드명, 가격 그리고 다른 속성들에 대한 정보를 얻게 된다.

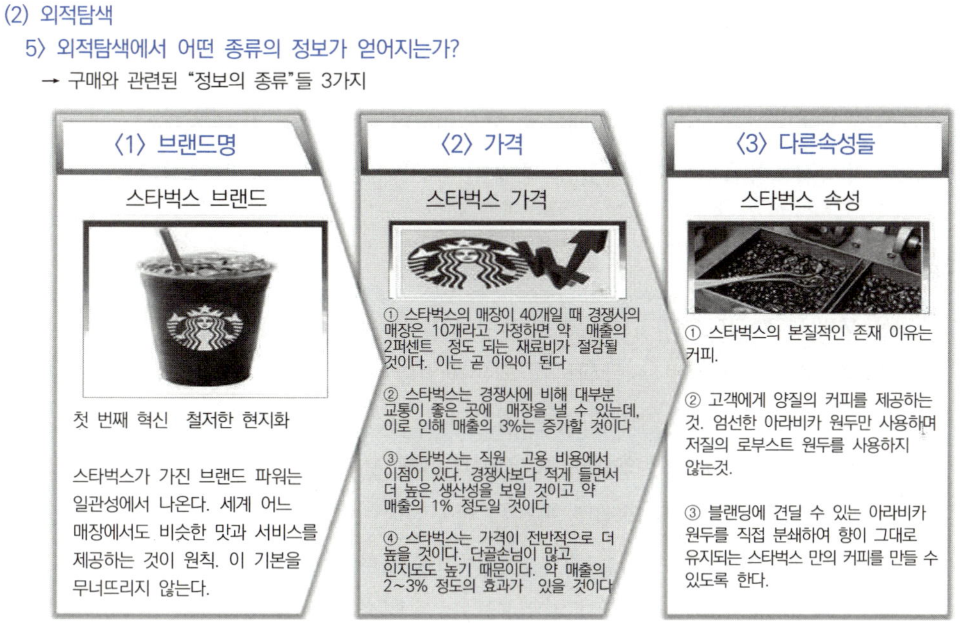

[그림 7-9] 외적탐색을 통해 구매에 영향을 주는 3가지 요인

1. 브랜드명

브랜드명은 가장 빈번하게 접근되는 정보 형태인데 이는 그 주위에서 다른 정보가 기억 속에서 조직될 수 있는 중심 결정(Central node)이기 때문이다. 따라서 우리가 브랜드명을 알게 될 때 우리는 즉각적으로 다른 관련된 결절들을 활성화시킬 수 있게 된다. 예를 들어, 스타벅스 브랜드 정책을 보면 첫 번째 혁신으로는 철저한 현지화를 들 수 있다. 스타벅스가 가진 브랜드 파워는 일관성에서 나온다. 세계 어느 매장에서도 비슷한 맛과 서비스를 제공하는 것이 원칙이며 이 기본을 무너뜨리지 않는 범위 안에서 최대한 차별화를 꾀한다.

2. 가격

진단적인 경향이 있으며 품질 및 가치 등과 같은 다른 속성들에 대해서 참고할 수 있기 때문에 가격은 종종 소비자 탐색의 중심에 있다. 한 연구는 어떤 제품 범주에서 가격과 품질이 직접적으로 상관관계가 없을 때도 온라인으로 구매 대안을 찾기 위해서 품질 선별 인자를 이용하는 소비자들은 실제로 가격 차이에 보다 민감하다는 것을 발견하였다. 그러나 가격에 대한 탐색은 예상보다는 덜 중요하며 가격 변화가 커지고 비용이 높을 때 가격은 더 중요해지지는 않고 있다. 그러한 사례로, 스타벅스의 가격정책에 대해서 알아보면 스타벅스의 매장이 40개 일 때 경쟁사의 매장은 10개라고 가장하면 약 매출의 2% 정도 되는 재료비가 절감될 것이다. 이는 곧 이익이 된다. 스타벅스는 경쟁사에 비해 대부분 교통이 좋은 곳에 매장을 낼 수 있는데 이로 인해 매출의 3%는 증가할 것이다. 또한 스타벅스는 직원 고용 비용에도 이점이 있다. 경쟁사보다 적게 들면서 더 높은 생산성을 보일 것이고 약 매출의 1% 정도일 것이다. 스타벅스는 가격이 전반적으로 더 높을 것이다. 단골손님이 많고 인지도도 높기 때문이다. 약 매출의 2~3% 정도의 효과가 있을 것이다. 스타벅스는 저렴한 원재료에 고용비용에 비싼 커피값이 성공에 요인이다. 그러므로 이러한 가격정책에 의해 비싼 곳에 매장이 위치해도 살아남을 수 있다.

3. 다른 속성들

외적탐색을 통해서 브랜드명과 가격, 제품의 속성을 알게 된다. 브랜드명과 가격에 대해 탐색한 후 소비자들은 추가적인 정보를 탐색하게 되는데 이는 제품 및 서비스 범주에서 어떤 속성들이 현저하고 진단적이냐에 따라 달라진다. 소비자들은 자신들의 목적에 관련된 정보에 접근하는 경향이 있다. 예를 들어, 스피드가 뛰어난 자동차 대신에 경제적인 자동차를 찾는 것처럼 소비자들이 한 구매 과제에서 다음 구매 과제로 목적을 바꾸었다면 그들이 두 번째 과제를 위해 수행하는 탐색은 첫 번째 과제로부터 지식을 전수받을 수 있기 때문에 보다 효율적으로 된다. 다음의 예시로 스타벅스의 속성 정책에 대해서 알아보면 스타벅스의 본질적인 존재 이유는 커피이다. 고객에게 양질의 커피를 제공하는 것으로 엄선한 아라비카 원두만 사용하며 저질의 로비스트

원두를 사용하지 않는 것이다. 커피블랜딩 – 각각의 원두가 지닌 특성을 적절하게 배합하여 균형 잡힌 맛과 향을 내는 과정 – 에 견딜 수 있는 아라비카 원두를 블랜딩시켜 원두 향이 신선도를 오랫동안 유지하며 매장에 적당한 이는 매장에서 직접 분쇄하여 향이 그대로 유지되는 스타벅스만의 커피를 만들 수 있도록 한다. 이러한 스타벅스의 제품에 대한 속성들은 소비자들이 외적탐색을 통해 스타벅스 커피의 속성을 알게 된다.

1.1.6 어떻게 우리는 외적탐색을 수행하는가

어떤 소비자들은 '브랜드를 중심'으로 어떤 소비자들은 '속성을 중심'으로 '제품을 구매'하는 소비자가 있다. 소비자들은 머릿속에 어떤 정보가 있냐면 경험 정보, 브랜드 정보, 속성 정보가 있다(그림 7-10). 이러한 의사결정을 할 때 소비자에 따라서 경험, 브랜드, 속성 정보에 의해서 의사결정을 하므로 기업은 어떤 방향으로 마케팅을 할 것인지 잘 파악해야 한다. 우리 제품에 대한 카테고리에서 소비자들은 3가지 중 어떤 것에 의한 의사결정을 하는지 잘 파악해서 '브랜드'로 광고할지, '속성 정보'의 광고를 할지를 소비자들이 '속성중심'으로 제품 구매하려는 데 '브랜드' 광고를 한다는 것은 잘못된 방향이다. 정확한 소비자가 원하는 정보를 광고나 인터넷에 주어야 한다.

1.1.6.1 탐색단계

소비자들은 각기 다른 탐색 과정의 단계에서는 다른 정보 출처들에 접근하고 다른 의사결정

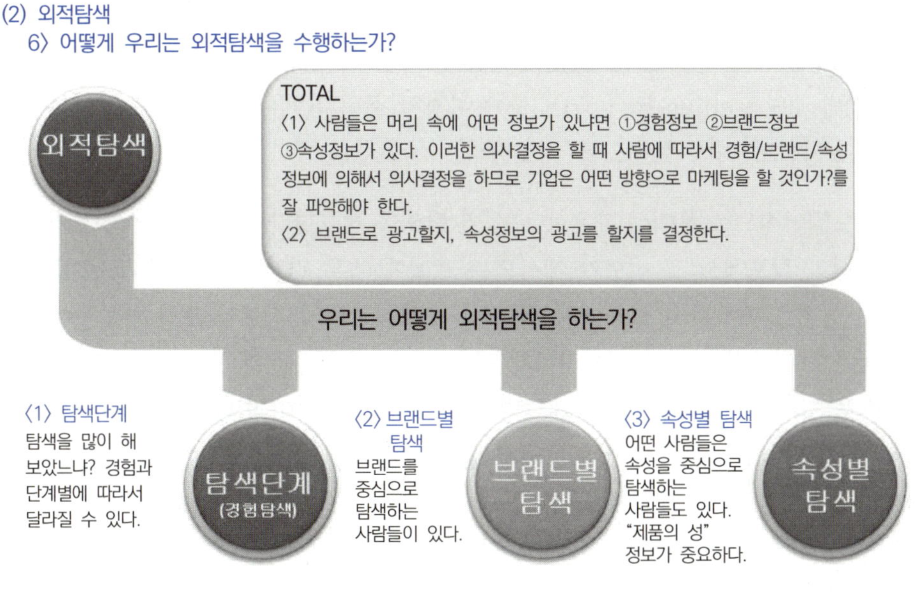

[그림 7-10] 외적탐색을 하는 경로

기준들을 사용하게 된다. 초기 단계에서 언론과 마케터 관련된 정보 출처들이 보다 영향력이 있는 것으로 보이고 반면에 개인적으로 주고받는 정보들은 실제 의사결정이 이루어질 때보다 중요해진다. 탐색 초기에 소비자들은 특별히 현저하고 진단적이며 목적에 관련된 정보에 접근할 가능성이 크다. 그러나 만약 그들이 기억으로부터 현저하고 진단적인 정보를 회상할 경우 외부적으로 그 정보를 탐색할 필요는 거의 없다. 그러므로 소비자들은 커다란 불확실성을 유발하거나 덜 호감이 가는 속성들에 대한 정보를 먼저 탐색하게 될 것이다.

탐색 초반에 소비자들은 대안들을 선별해 내기 위해서 보다 단순한 결정 기준을 사용할 것이며 그 다음에 탐색 과정 후반에 보다 상세한 의사결정 규칙을 적용할 것이다. 어떤 브랜드가 탐색 초반에 얼마나 상위로 등급이 매겨졌는지는 소비자가 나중에 그 브랜드를 선택할 가능성에 그리 큰 영향을 주지 않게 된다. 소비자들은 가장 매력적으로 인식되고 있는 브랜드를 가장 먼저 탐색하는 경향이 있기 때문에 마케터입장에서 소비자들이 자사 브랜드에 긍정적 태도를 갖도록 조장하는 것은 중요하다. 어떤 제품이나 서비스 범주에 새로 접하는 소비자들은 위험이 낮고 잘 알려진 브랜드에 대해 정보를 탐색함으로써 구매과정을 시작하게 된다. 그 다음에 덜 알려진 브랜드를 탐색하고 그리고 난 다음에 최고의 효용을 제공하는 브랜드를 선호하는 쪽으로 정보를 통합하게 된다.

1.1.6.2 브랜드별 혹은 속성별 탐색

탐색 과정의 두 가지 주요 형태는 다음과 같다.

① 브랜드별 탐색(Searching by brand) : 여기서 소비자들이 다음 브랜드로 넘어가기 전에 한 브랜드에 대해서 모든 필요한 정보를 획득한다.
② 속성별 탐색(Searching by attribute) : 여기서 소비자들은 가격대별로 구분하듯이 한 번에 한 속성별로 여러 브랜드를 비교한다.

소비자들은 일반적으로 용이성 때문에 속성별 탐색을 선호한다. 소비자들은 정보가 기억 속에 저장되는 방식과 점포에서 그 정보가 제시되는 포맷에 매우 민감하다. 만약 정보가 브랜드별로 되어 있다면 실제로 대부분의 점포에서 취급하는 모든 상품의 정보가 포장지에 들어 있는 것처럼 소비자들은 브랜드별로 정보를 처리하게 될 것이다. 특히 전문적 소비자들은 보다 많은 브랜드기반 지식을 가지고 있기 때문에 브랜드별 처리를 하는 경향이 있다. 그러나 소비자들이 브랜드별 처리에 익숙하다는 사실은 정보가 속성별로 구성되어 있을 경우에는 정보처리를 왜곡할 수 있다. 게다가 다른 탐색 전략은 소비자들의 의사결정과정에 다르게 영향을 줄 수 있다. 브랜드별로 정보를 처리하는 소비자들은 탐색 과정이 끝날 때까지 상당히 불확실한 상태로 남아 있는데 반해 속성별로 탐색하는 소비자들은 점차적으로 그들의 불확실성을 줄여나가게 된다.

학습정리

1. 외적탐색

1) 정보탐색의 형태(외적탐색의 종류)

(1) 구매 전 탐색

① 결정인자 : 구매 관여, 시장 환경, 상황 요인

② 동기 : 구매 결정을 더 잘 내리기 위함

③ 결과 : 제품 및 시장 지식 증대, 더 좋은 구매 결정, 구매 결과에 따른 만족 증대

(2) 지속적 탐색

① 결정인자 : 제품 관여(산다는 것에 관심), 시장 환경, 상황 요인(나의 상황)

② 동기 : 미래사용을 위한 정보 구축, 재미와 즐거움을 체험

③ 결과 : 미래 구매 효율 및 개인적 영향과 연결되는 제품 및 시장 지식 증대, 충동구매 증가, 탐색 및 다른 결과에 따른 만족 증대

2) 정보의 외적탐색 방법

(1) 소매점탐색 : 소매점에 가서 물어본다.

(2) 미디어탐색 : 정보를 전송하는 매체(=미디어)

① 미디어 1기(활자), 2기(전파), 3기(비디오), 4기(미디어)

② 미디어 종류

- 구미디어(우편, 전보, 신문, 잡지),
- 뉴미디어(팩시밀리, 텔레비전, 전화, 전자우편, 케이블 TV, 인터넷)

(3) 개인상호간 탐색 : 친구에게 물어보거나 댓글을 본다.

(4) 독립적탐색 : 인터넷으로 사람들이 독립적으로 탐색한다.

(5) 경험적탐색

① 실제경험 : '진짬뽕 '경험을 통해 현재의 짬뽕이 맛있는지 없는지 경험에 의해 탐색

② 간접경험 : 댓글을 통해 간접적으로 경험을 탐색

3) 정보의 외적탐색에서 중요한 것

(인터넷사이트 기업이 고객에게 신뢰를 주기 위해 하는 4가지 시도)

(1) 인터넷 출처 : 소비자들은 인터넷을 이용하여 무궁무진한 정보를 온라인으로 탐색

(2) 정보과부하 : 인터넷이 너무 과부하되어 신뢰도에 문제가 발생하여 어떤 정보를 받아들이고 버려야 되는지에 대한 효율적인 탐색기법 적용

(3) 시뮬레이션 : 웹사이트 개발자들은 현재 조정 가능한 3D로 제품시연 사이트를 만들어 제품시연은 물론 소비경험까지 시뮬레이션으로 제공

(4) 온라인커뮤니티 : 아마존 마케터는 소비자로부터 부정적 댓글이 올라와도 삭제하지 않는데 그 이유는 소비자에게 신뢰를 지키는 것이 중요하다고 생각하기 때문이다.

4) 정보처리를 위한 노력

(외적탐색을 할 때 노력(MAO)을 많이 하기도 적게 하기도 한다.)

(1) 정보처리를 위한 '동기부여'(M) : 정보처리 노력(MA0)가 강해지는 요인 6가지

① 관여 및 지각된 위험 : 500원짜리 껌을 살 때와 5,000만 원짜리 차를 살 때의 관여도가 틀리다.

② 지각된 비용 및 혜택 : 비용과 혜택이 크면 지각위험이 크다.

③ 고려상품군 : 동기부여가 크면 클수록 고려상품군을 깊게 넓게 가져갈 수 있다.
④ 브랜드의 상대적 불확실성 : 두 개의 브랜드가 어떤 브랜드인지 모를 때 어떤 브랜드가 더 좋은 것인지에 대한 동기부여가 되므로 정보처리를 많이 하게 된다.
⑤ 탐색태도 : 지적추구형 소비자(까다로운 소비자)는 탐색 정도가 다르다.
⑥ 정보의 불일치 : '내가 가지고 있는 정보'가 있는데 '새로운 정보'가 다르면 더 많은 정보를 추구해서 어떤 것이 맞는지에 대한 동기부여가 올라간다.

(2) 정보처리를 위한 '능력'(A) : 정보탐색 능력이 달라질 수 있는 3가지 요소
① 소비자 지식 : 지식이 많을 경우는 정보처리를 덜 할 수 있다.
② 인지적 능력 : 인지적 능력이 된다고 생각하는 사람들은 따져 본다.
③ 인구통계학적 변수 : 젊은 사람, 나이 든 사람 다르고 여자, 남자, 사회적 고위층, 중하층, 수입이 적은 사람, 많은 사람과 같이 변수에 따라서 '정보처리의 태도'와 '범위'가 달라질 수 있다.

(3) 정보처리를 위한 '기회'(O) : 정보탐색의 처리가 4가지 요소에 의해 달라진다.
① 정보량 : 옷을 사려고 하는데 옷의 종류가 너무 많다.
② 정보 포맷 : 정보탐색이 쉬우면 더 많은 정보를 받아들인다.
③ 시간 : 정보처리 효과의 시간대는 낮보다는 저녁이 잘된다.
④ 선정품목의 수 : 선정품목이 많으면 정보탐색을 포기할 수도 있다.

5) 외적탐색에서 어떤 종류의 정보가 얻어지는가?

외적탐색을 통해 구매에 영향을 주는 3가지 요인

(1) 브랜드명 : 스타벅스의 브랜드 파워는 일관성에서 나온다. 세계 어느 매장에서도 비슷한 맛과 서비스를 제공하는 것이 원칙으로 이 기본을 무너뜨리지 않는 범위 안에서 최대한 차별화를 꾀한다.

(2) 가격
① 스타벅스의 매장이 40개일 때 경쟁사의 매장은 10개라 가정하면 재료비가 절감될 것이다. 이는 곧 이익이 된다.
② 스타벅스는 경쟁사에 비해 교통이 좋은 곳에 매장을 낼 수 있으므로 매출의 3%는 증가할 것이다.
③ 스타벅스는 직원 고용 비용에서 이점이 있다. 경쟁사보다 적게 들면서 더 높은 생산성을 보일 것으로 약 매출의 1% 정도일 것이다.
④ 스타벅스는 가격이 전반적으로 더 높다. 단골손님이 많고 인지도도 높기 때문에 매출의 2~3% 정도의 효과가 있을 것이다.

(3) 다른 속성들
① 스타벅스의 본질적인 존재 이유는 커피
② 고객에게 양질의 커피를 제공하는 것
③ 직접 분쇄하여 향이 그대로 유지되는 스타벅스만의 커피를 만들 수 있도록 한다.

6) 어떻게 우리는 외적탐색을 수행하는가?

외적탐색을 하는 경로

(1) 탐색단계 : 탐색을 많이 해 보았느냐? 경험과 단계별에 따라서 달라질 수 있다. 초창기(정보 수집) → 결정단계(확장단계) → 단계별에 따라 달라질 수 있다.

(2) 브랜드별 혹은 속성별 탐색
① 브랜드별 탐색 : 브랜드를 중심으로 탐색하는 사람들이 있다. '브랜드의 선호도'가 중요하다.
② 속성별 탐색 : 어떤 사람들은 속성을 중심으로 탐색하는 사람들도 있다. '제품의 속성' 정보가 중요하다.

연습문제

해설 및 정답

1. 다음 소비자행동론의 외적탐색에 해당하는 이론은?

① 소비자 구매의사결정과정
② 소비자 정보처리과정
③ 소비자 구매행동모델
④ 하이어라키모델

소비자행동론의 빅 이론 중 한가지로 소비자구매의사결정과정은 문제인식 → 정보탐색(내적탐색, 외적탐색) → 대안평가 → 구매 → 구매 후 행동을 통해 소비자들은 제품을 구매하는 과정을 분석한 이론이다.
[정답] ①

2. 다음 소비자 구매의사결정과정 중 '구매 후 행동' 중 만족 시 나타나는 현상은?

① 재구매할 가능성이 높다.
② 광고를 늘린다.
③ 인지부조화현상이 발생한다.
④ 경쟁상표의 광고에 귀를 기울인다.

소비자들의 구매 후 행동은 만족 시 재구매할 가능성이 높으며 호의적인 구전을 행하고 경쟁상표의 광고에 관심을 덜 갖고 자사에서 나온 다른 제품도 구매하는 경향을 보인다.
[정답] ①

3. 다음 소비자 구매의사결정과정 중 '구매 후 행동' 중 불만족 시 나타나는 현상은?

① 재구매할 가능성이 높다.
② 호의적인 구전을 행한다.
③ 경쟁상표의 광고에 관심을 덜 갖는다.
④ 광고를 늘린다.

기업들은 소비자의 구매 후 행동으로 불만족 시 광고를 늘려 소비자의 인지부조화현상을 줄이는 데 도움을 주고자 한다.
[정답] ④

4. 다음 소비자의 구매의사결정과정 중 정보탐색의 종류를 바르게 연결한 것은?

① 내적탐색, 소매점탐색 ② 외적탐색, 독립적탐색
③ 내적탐색, 외적탐색 ④ 외적탐색, 경험적탐색

소비자 구매의사결정과정 중 정보탐색의 종류로는 내적탐색과 외적탐색으로 나누어진다.
[정답] ③

5. 다음 외적탐색 중 '정보의 외적탐색 방법'이 아닌 것은?

① 소매점탐색 ② MAO
③ 미디어탐색 ④ 경험적탐색

외적탐색 중 정보의 외적탐색 방법은 소매점 탐색, 미디어 탐색, 개인상호간 탐색, 독립적 탐색, 경험적 탐색이 있다.
[정답] ②

6. 다음 인터넷기업이 소비자에게 신뢰를 얻기 위해하는 시도가 아닌 것은?

① 인터넷 출처 ② 정보과부하
③ 시뮬레이션 ④ 정보 불일치

인터넷기업이 소비자에게 신뢰를 얻기 위해서 하는 시도는 인터넷 출처, 정보과부하, 시뮬레이션, 온라인커뮤니티가 있다.
[정답] ④

7. 다음 외적탐색을 할 때 우리는 노력을 많이 하기도 하고 적게 하기도 한다. 이런 MAO의 의미를 잘 연결한 것은?

① 동기부여 – 니즈 – 기술 ② 동기부여 – 능력 – 기회
③ 동기부여 – 수요 – 기회 ④ 동기부여 – 니즈 – 수요

MAO란 동기부여(Motivation), 능력(Ability), 기회(Opportunity)의 영문자를 딴 단어이다.
[정답] ②

8. 다음 소비자의 외적탐색을 하는 욕구가 강해지는 요인이 아닌 것은?

① 정보의 일치 ② 관여 및 지각된 위험
③ 고려상품군 ④ 브랜드의 상대적 불확실성

소비자의 외적탐색을 하는 욕구가 강해지는 요인은 6가지가 있다. 그 중 알고 있는 정보와 불일치할 경우 외적탐색을 강하게 하게 된다.
[정답] ①

9. 다음 외적탐색 시 정보처리 능력을 더 많이 제공받는 요소가 아닌 것은?

① 소비자 지식 ② 시간
③ 인지적 능력 ④ 인구통계학적 변수

다음 외적탐색 시 정보처리 능력을 더 많이 제공받는 요소로는 지식이 많을 경우 정보처리를 덜 할 수 있고 인지적 능력이 된다고 생각하는 사람들은 더 따져 본다. 인구통계학적으로 젊은 사람인지 나이가 든 사람인지 남자인지 여자인지 등에 따라 정보를 받아들이는 능력에 차이가 있다.
[정답] ②

10. 다음 정보처리 기회를 더 잘 받아들이는 요소가 아닌 것은?

① 정보량 ② 시간
③ 소매점 탐색 ④ 선정품목의 수

정보처리 기회를 더 잘 받아들이는 요소로는 정보량이 많으면 정보탐색에 유리하고 정보탐색이 쉬우면 더 많은 정보를 받아들이고 시간대별로 정보처리를 받아들이는 효과가 다르고 선정품목이 많으면 정보탐색을 포기할 수도 있다.
[정답] ③

[주관식 문제]

11. 정보의 외적탐색방법 중 미디어탐색의 종류에서 '뉴미디어의 종류'는?

미디어의 종류에는 '구미디어'와 '뉴미디어'로 나누어지며 '구미디어'는 우편, 전보, 신문, 잡지가 해당되며 '뉴미디어'는 팩시밀리, 텔레비전, 전화, 전화우편, 케이브 TV, 인터넷이 해당된다.
[정답] 팩시밀리, 텔레비전, 전화, 전화우편, 케이브 TV, 인터넷

12. 정보의 외적탐색에서 중요한 요소로 '인터넷사이트 기업이 고객에게 신뢰를 주기 위해 하는 4가지 시도'는?

'인터넷사이트 기업이 고객에게 신뢰를 주기 위해 하는 4가지 시도'로는 인터넷 출처, 정보과부하, 시뮬레이션, 온라인커뮤니티가 있다.
[정답] 인터넷 출처, 정보과부하, 시뮬레이션, 온라인커뮤니티

13. 외적탐색을 통해 구매에 영향을 주는 3가지 요인은?

외적탐색을 통해 구매에 영향을 주는 3가지 요인으로는 브랜드명, 가격, 다른 속성들이 있다.
[정답] 브랜드명, 가격, 다른 속성들

[토론식 문제]

14. 정보처리를 위한 노력(MAO)에서 동기부여(M)가 강해지는 요인 6가지에 대해서 토론해 봅시다.

15. 정보처리를 위한 노력(MAO)에서 능력(A)로 정보탐색 능력이 달라질 수 있는 3가지 요소에 대해서 토론해 봅시다.

제 8 장

의사결정 후 과정

이 장에서 학습하는 내용

- 의사결정 후 과정
  불일치 및 후회
  소비자 경험학습(조작적 정의 이론)
  소비자들의 만족 또는 불만족
  불일치패러다임 모델이론
  귀인이론, 공정성이론, 감정모델이론
  불만족에 대한 반응
- Jet Blue Airways
  Jet Blue 소개, 고객중심, 발전
  Jet Blue 작은 고비/작은 사건
  Jet Blue 문제의 발생, 위기관리

이 장의 학습목표

- 의사결정 후 과정에 대해서 이해한다.
- 불일치 및 후회의 정의를 이해한다.
- 조작적 정의 이론에 대해서 이해한다.
- 소비자들의 만족 또는 불만족이 되는 판단의 기준이론에 대해서 이해한다.
- 불일치패러다임 모델이론을 이해한다.
- 귀인이론과 공정성이론을 이해한다.
- 감정모델이론을 이해한다.
- 불만족에 대한 반응에 대해 이해한다.
- Jet Blue Airways에 대해 이해한다.

소비자행동론의 BIG PICTURE의 이론은 3가지 이론으로 구성되어 있으며 기업은 소비자들이 어떻게 생각하고 행동하는지와 관련한 욕구를 분석하기 위해서 다음의 소비자행동론의 3가지 이론인 소비자의 행동을 분석하는 '소비자 구매의사결정과정'과 소비자의 정신을 분석하는 이론인 '소비자 정보처리과정' 그리고 소비자의 정신과 행동을 같이 분석한 이론인 '하이어라키 모델'을 통해서 마케팅전략 보고서를 만들고 촉진전략 만들 때 특히 여러 촉진전략 중 광고를 제작하는 데 있어 소비자 정보처리과정의 어떠한 관점에 근거하여 광고를 제작하는지에 대해서 배워보고자 한다.

이번 단원에서는 소비자행동론 BIG PICTURE의 3가지 이론 중 첫 번째 이론인 소비자 구매의사결정과정의 5단계 중 마지막 단계인 '구매 후 행동'에 대해서 공부해 보고자 한다(그림 8-1).

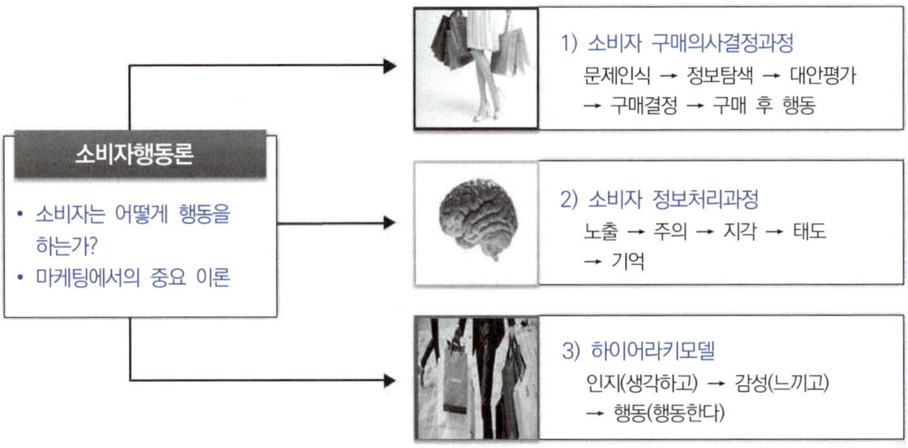

[그림 8-1] 소비자행동론 BIG PICTURE

1 의사결정 후 과정

소비자들은 구매한 제품에 대해서 만족을 하기도 하지만 불만족을 하기도 한다. 소비자들은 의사결정 후 생길 수 있는 감정으로서 '불일치와 후회', '만족과 불만족'이 있다(그림 8-2). 이러한 감정은 3세 이전에 어머니와 형성되는 애착이론을 통해 8개의 기본 감정이 형성된다고 '플루

칙의 다차원적 정서모형'에서 언급한 바가 있다. 소비자들이 자신들의 획득, 소비 또는 처분에 대해서 항상 확신하는 것은 아니다. 다음 제8장에서 보여주듯이, 그들은 정확한 선택을 했는지에 대해서 불확실하게 느낄 수도 있으며 심지어 자신들이 내린 의사결정을 후회할 수도 있다.

1.1 불일치 및 후회

1.1.1 불일치

소비자들은 제품 구매 후 '불일치'라는 감정이 발생할 수 있는데 불일치는 "내가 기대했던 것에 못 미치는 감정상태'를 말한다. 만약 여러분이 학교 수업을 마치고 '황제짬뽕'을 먹으로 식당에 갔다고 하자 여러분은 황제짬뽕이 다른 짬뽕에 비해 가격이 두 배 이상 비쌌다면 여러분은 황제짬뽕에는 살아있는 낙지도 있을 것 같고 조개들도 푸짐하고 새우도 많을 것이라고 생각할 수 있다. 그런데 실제로 작은 오징어에 조개도 없고 작은 홍합만 몇 개 들어 있었다면 여러분이 생각했던 기대에 못 미치게 되고 여러분은 '불일치'라는 감정이 생기면서 불만족이란 감정이 생기게 된다.

의사결정 후 불일치(Post-decision dissonance)는 한 개 이상의 대체안들이 매력적이며 의사결정이 중요할 때보다 자주 발생하게 된다. 의사결정 후 불일치는 특히 동기부여, 능력, 기회(MAO) 수준이 높을 때, 소비자들이 줄이고 싶어 하는 불안감을 만들기 때문에 소비자행동에 영향을 미칠 수 있다. 불일치를 줄이는 한 가지 방법은 전문가 및 잡지 등과 같은 추가적인 출처들로부터 추가적인 정보를 탐색하는 것이다. 이러한 탐색은 매우 선택적이며 선택된 대체안을 보다 매력적으로 그리고 거부된 대체안을 덜 매력적으로 만들도록 고안되어 있어서 불일치를 줄이게 된다.

1.1.2 후회

구매 후 후회(Post-decision regret)는 소비자들이 선택된 대안의 성과와 선택되지 않은 대안의 성과 간의 불리한 비교를 인식하게 될 때 발생한다. '후회'는 소비자가 잘못했다고 후회하는 것으로 소비자가 잘못한 것에 대해서 '확신'을 하는 것이다. '불일치'와 '후회'의 감정의 차이는 '불일치'는 '생각했던 것과 다르다는 감정'이지만 '후회'는 '잘못 선택했다는 것에 대한 확신의 감정'으로 후회의 감정이 들면 다시는 소비자는 그 제품을 구매하지 않는다는 것이다. 레스토랑에 들어갔는데 내가 생각했던 것과 다르게 서비스가 좋지 않는 것은 '불일치'라고 할 수 있지만, 레스토랑에 간 것에 대해서 '후회'한다는 것은 다시는 그곳에 가지 않을 것이라는 '확신의 감정'이 들어 있다고 할 수 있다.

사실, 만약 여러분이 선택되지 않은 대체안에 대한 정보를 갖고 있지 않은 경우, 특히 여러분의 의사결정을 뒤집을 수 없거나, 선택된 대체안으로 인해서 부정적 결과가 나오거나 현상(The status quo)을 바꾸어 버릴 경우에 여러분이 후회하게 될 것이라는 점을 지적하고 있다.

더군다나, 만약 제한적인 구매기간 동안에 구매하지 않았을 경우, 비록 소비자들이 단기간의 후회를 느끼고 있다고 하더라도, 이 후회는 시간이 지나면서 사라져 버린다. 자기를 통제하고 값이 비싸지만 흥미로운 휴가와 같은 쾌락적 선택(Hedonic choice)에 빠지지 않으며 죄의식을 느끼지 않으려 하는 소비자들은 나중에 이 결정에 후회를 느낄 수도 있으며 그 순간을 보내지 않음으로써 좋은 기회를 놓쳤다고 느낄 수도 있다.

소비자들이 어떤 구매결과에 실망해서 다른 대체안으로 전환하고자 결정했다고 가정해 보자. 그들은 그 전환을 후회할까? 비록 이 새로운 대체안이 부정적 결과로 판명났다고 하더라도, 소비자들은 자신들의 전환에 대한 의사결정이 타당하다고 믿기 때문에 덜 후회하게 될 것이다. 소비자들은 또한 미래의 의사결정을 향상시키기 위해 이 의사결정으로부터 배울 수 있는 것에 초점을 맞춤으로써 구매 후 후회를 조절할 수 있다. 마지막으로, 주요 의사결정을 몇 개의 소규모 의사결정으로 분할하는 것은 이러한 선택을 하는 데 대한 어려움을 줄여주고 총체적 의사결

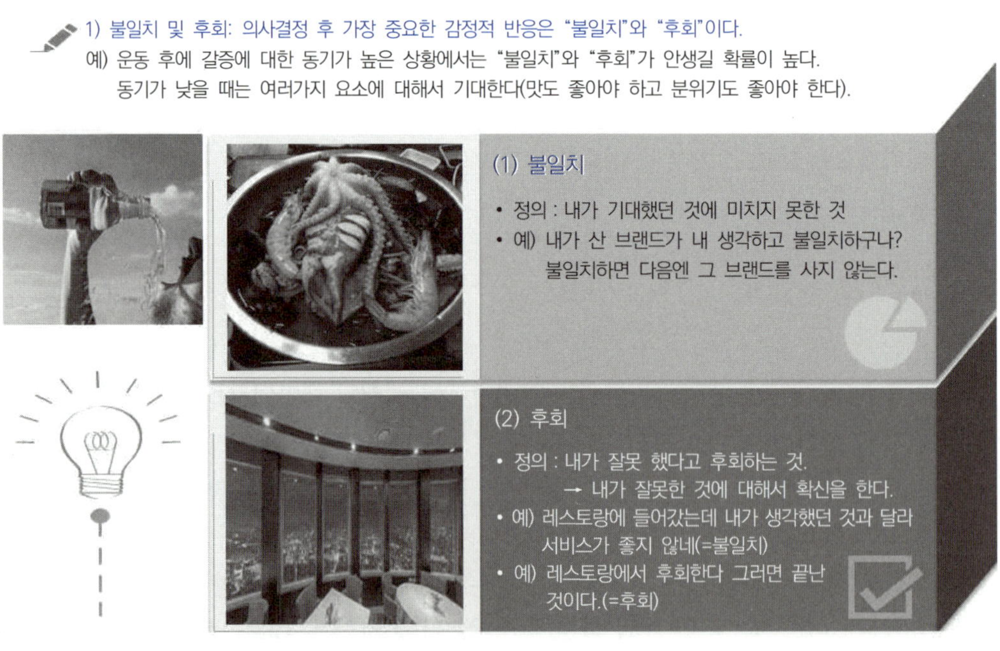

[그림 8-2] 불일치 및 후회

정에 대해 후회를 느끼는 경향을 줄여줄 수 있다.

1.2 소비자 경험학습

1.2.1 소비자 경험학습(조작적 정의 이론)

'조작적 정의 이론'은 '소비자들이 어떻게 신념을 바꾸는지를 보여주는 모델'이다. 사전에 가지고 있는 경험이 이렇게 될 것이라고 '예상'해서 '가설'을 '설정'하고 외부로 노출하고 자신의 마음속에 코딩하고 증거(친숙성, 동기부여, 애매성)와 사전신념을 통합해서 개정된 신념이 형성된다(그림 8-3). 박근혜 대통령은 육영수 여사의 이미지를 받아서 온화하고 국민만을 생각할 것이란 예상을 하고 가설을 세우고 주위에 칭찬을 하고 나의 마음속에도 코딩하였다. 그러나 이러한 신념은 박근혜 대통령의 행동과 육영수 여사의 성격들이 지식(친숙성)과 동기부여(연구)하고 정보환경을 통해 잘못된 신념이라고 생각하여 바꾸게 되었다(그림 8-3). 모델은 소비자의 친숙성, 동기부여, 정보의 애매성에 따라 '학습모델'이 바뀔 수도 있다. 육영수 여사의 성격이 강인하고 이성적이며 박정희 대통령보다 '강한 인물이었다.'로 기존의 온화한 이미지에서 신념이 바뀔 수도 있다.

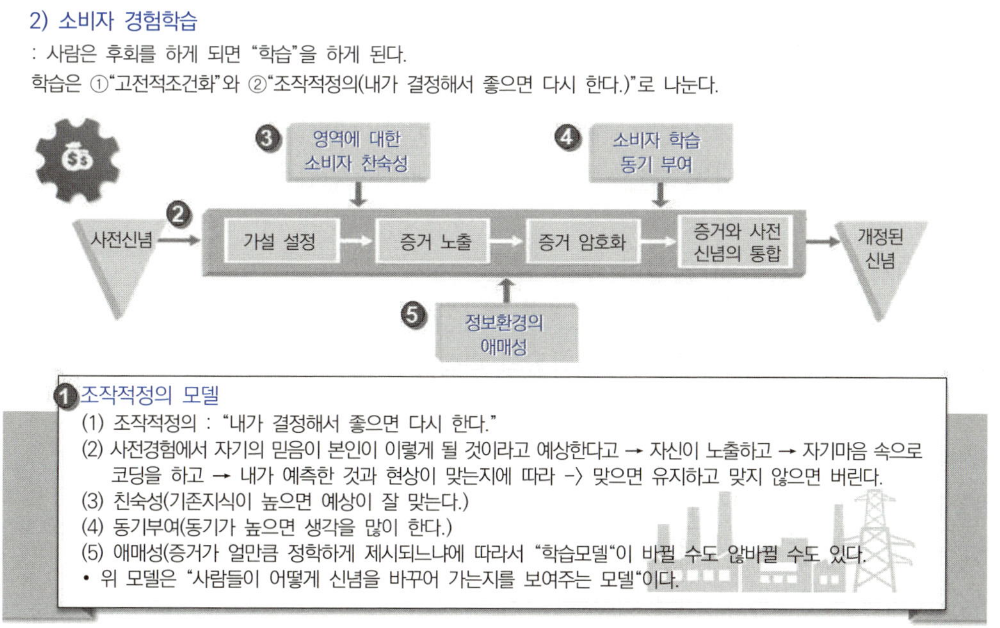

[그림 8-3] 소비자 경험학습(조작적정의 이론)

소비자들은 가설 검증(Hypothesis testing)과정에 참여함으로써 경험으로부터 학습할 수 있다. 과거 경험이나 구전 및 광고와 같은 다른 출처에 근거해서, 소비자들은 제품 및 서비스, 소비경험, 또는 처분에 대한 가설이나 기대를 형성할 수 있고 그 다음에 검증할 수 있다. 이와 같은 가설들은 만약 소비자들이 이러한 것들이 없는 경우에는 학습할 필요가 있는 증거를 수집하는 경향이 줄어들 수 있기 때문에 중요하다. 마케팅학자들은 소비자들이 학습에 대한 가설을 검증하는데 있어서 다음과 같은 네 가지 기본적인 단계를 거친다고 제안해 왔다.

① 가설 설정(Hypothesis generation)
② 증거 노출
③ 증거 암호화
④ 증거와 사전신념의 통합

한 여성 소비자가 새로운 007 영화에 대한 광고를 보고 있다고 가정해 보자. 그녀는 또한 007시리즈 같은 이전에 나왔던 영화를 기억하게 될 것이다. 이러한 모든 정보에 기초해서 그녀는 새로 나온 영화의 품질에 대해서 예를 들면, "분명히 재미있을 거야"와 같은 가설을 세우게 된다. 그 다음으로, 그녀는 새로운 영화를 보러감으로써 이 가설을 확인하거나 틀렸음을 입증하기 위해서 증거 노출(Exposure to evidence)을 찾게 된다. 영화를 보는 동안, 그녀는 실제로 그 영화가 재미있는지 아닌지를 평가할 수 있는데 이 과정을 증거 암호화(Evidence encoding)라고 부른다. 영화를 보고 난 후 그녀는 자신의 기존 지식이나 신념과 그 증거를 통합(Integrate the evidence)시킬 수 있다. 만약 그녀가 그 영화를 정말 좋아한다면, 자신의 가설을 확인하는 것이 되며, "007의 영화는 재미있다는 점을 언제나 믿을 수 있어"라고 학습하게 된다. 그러나 만약 그 영화를 좋아하지 않는다면, "제임스본드가 출연한 영화가 언제나 재미있는 것은 아니며 다음에는 영화 선택에 보다 신중을 기해야지"라는 새로운 신념을 형성하게 된다.

1.2.2 소비자들이 학습 시 영향을 주는 요소

다음과 같은 네 가지 요인들이 '소비자들의 학습에 영향을 주는 요소들'이다(그림 8-4).

① 동기부여
② 사전 친숙도(Prior familiarity), 사전지식 또는 능력(Prior ability),
③ 정보의 모호성, 불확실성 또는 기회부족
④ 정보처리 편향(Processing biases)

1.2.2.1 동기부여

소비자들의 학습에 영향을 주는 첫 번째 요소로는 '동기부여'가 있다. 동기부여는 학습하고자 하는 동기가 강하면 학습에 긍정적인 영향을 준다. 소비자들에게 정보를 처리하고자 하는 동기부여가 이루어진다면, 그들은 수많은 가설들을 만들고 이 가설들을 확인하거나 틀렸음을 입증하기 위해서 정보를 찾게 될 것이다. 구매자들이 '쿠팡'에게 제품사진만으로는 어떤 핸드백 사이즈를 판단할 수 없다고 말했을 때 어떻게 되었는지를 고려해 보라. 그 기업은 가방을 들고 있는 다른 키의 여인들 사진을 재빨리 게재했다. 이러한 정보는 소비자들이 그 가방에 대해 보다 많은 것을 학습하도록 도와주었다. 사실, 게재된 사진들을 보았던 소비자들은 보지 않았던 소비자들보다 그 가방을 구매하는 경향이 높은 것으로 나타났다. 동기부여가 낮을 때, 소비자들은 가설을 거의 설정하지 않을 것이며 학습 과정이 보다 단순한 고전적 혹은 도구적 조건화(Classical or operant conditioning)의 과정이 아니라면 학습하고자 하는 경향이 덜 생기게 된다. 그러나 이 상황에서도 기업들은 학습을 촉진시킬 수 있다.

1.2.2.2 사전친숙도, 사전지식 또는 능력

소비자들의 학습에 영향을 주는 두 번째 요소로는 '사전친숙도, 사전지식 또는 능력'이 있다. 사전지식 또는 능력을 가진 소비자들은 사전지식에 의해 새로운 지식을 받아들이지 않으려는 편견이 있으며 사전친숙도를 가진 소비자들은 얼마나 잘 알고 있는지 그 소비자의 사전지식이 얼마나 높은지에 관한 사전능력을 가진 소비자를 말한다. 사전지식과 사전친숙도, 능력이 많을수록 새로운 지식을 받아들이지 않으려는 학습에 부정적인 영향을 준다. 소비자들의 사전지식(Prior knowledge)이나 능력은 경험으로부터 학습하는 정도에 영향을 미친다. 지식이 높은 수준에 있을 때, 소비자들은 잘 정의된 신념을 가지는 경향이 있으며 그러므로 새로운 가설을 설정할 가능성이 낮다. 또한 전문적 지식을 갖춘 소비자들은 보통 수준의 지식을 갖춘 소비자들보다 정보를 탐색할 가능성이 낮다. 이러한 요인 모두는 학습을 방해한다. 반대로, 낮은 수준의 지식을 갖춘 소비자들은 학습 과정을 이끌어 나갈 가설들을 개발할 기술이 부족하다. 선행 가설들이 없다면, 소비자들은 증거를 수집하고 학습하는 데 어려움을 겪게 된다. 따라서 보통 수준의 지식을 갖춘 소비자들이 가설을 설정하고 경험으로부터 학습할 가능성이 가장 높다고 할 수 있다. 흥미롭게도, 전문적 지식을 갖춘 소비자들은 자신들의 광범위한 데이터베이스 덕분에 신상품이나 새로운 서비스에 대한 정보를 학습하는 데 상당한 장점을 지니고 있다.

1.2.2.3 정보의 모호성, 불확실성 또는 기회부족

소비자들의 학습에 영향을 주는 세 번째 요소로는 '정보의 모호성, 불확실성 또는 기회부족'이 있다. 정보가 불확실하면 할수록 경험을 더 해 보려고 한다. 소비자들은 포도주를 마셔보고 이태

리산인지 프랑스산인지 잘 모른다. 그러므로 다시 맛을 봄으로써 경험을 늘리려고 한다. 소비자들은 잘 모르거나 모호하면 반복적으로 경험을 늘리려고 한다. 모호성은 학습하고자 하는 동기를 강하게 하는 긍정적인 영향을 준다. 남자대학생들은 여자친구를 만나는 데 있어 여자친구가 어떤 성격의 친구인지를 모르면 더 많이 만나보고 싶어 한다. 이와 같이 정보에 대해 모호하면 경험을 늘려 불확실성을 해소하려고 한다.

애매모호한 상황에서 선택을 시작하는 것은 의사결정에 대한 소비자들의 확실성에 영향을 미치며, 만약 실제 경험이 정보를 줄 수 없다면, 이러한 첫 번째 선택은 소비자들이 지속적으로 선호도를 느끼는 대안이 될 수 있다.

애매모호한 정보는 경험으로부터 학습할 수 있는 소비자들의 능력에 강력하게 영향을 미칠 수 있다. 소비자들이(맥주나 자동차 윤활유와 같은) 제품들의 품질을 결정하는 데 어려움을 갖고 있을 때, 광고 또는 구전 정보를 토대로 만들어진 가설들을 지지하는 경향이 있다. 소비자들이 제품경험을 통해서 그 정보의 허구성을 입증할 수는 없기 때문에, 그들은 자신들의 사전기대와 일치하는 것으로 그 제품을 보게 된다. 따라서 수년간 소비자들은 사용에 의해서 광고 주장이 잘못되었다고 입증할 수 없었기 때문이다.

한편, 증거가 확실하고 제품이 좋은지 아니면 나쁜지 분명할 때, 소비자들은 실제 경험에 기초해서 인식하게 되며 이를 통해서 많이 학습하게 된다. 확실한 정보는 더욱 잘 기억되는 경향이 있으며 미래의 의사결정에도 큰 영향력을 가지고 있다. 증거가 애매모호할 때, 전문적 지식을 갖춘 소비자들(Experts)과 낮은 수준의 지식을 갖춘 소비자들(Novices) 모두의 평가는 원산지(Country-of-origin)에 대한 기대(예를 들면, 어떤 제품이 일본산이라는 것을 아는 것)에 의해 강력하게 영향을 받으나, 증거가 명백할 때 전문적 지식을 갖춘 소비자들은 이러한 정보를 무시하며 실제 품질에 기초해서 평가를 하게 된다.

1.2.2.4 정보처리 편향

소비자들의 학습에 영향을 주는 네 번째 요소로는 '정보처리 편향'이 있다. '확증편향(Confirmation bias)'과 '과신'(Overconfidence)은 학습 과정에 주요한 장애로 작용할 수 있다. '확증편향'은 사전지식에 의해 새로운 지식을 받아들이지 않으려 하는 편견을 말하며 '과신'은 자신이 가지고 있는 지식이 100% 확실하다고 과신하는 편견이다. 나이가 많을수록 고집이 세진다는 것은 '확증편향'이나 '과신'이 생긴다는 것과 같은 말이다. 그러므로 나이가 들수록 편견이 많이 생긴다(bias=고집). 그러므로 정보처리의 편향 때문에 학습에 영향을 끼치게 된다. 우리는 나이가 들수록 지식이 없어진다고 생각하는데 지식은 계속 쌓이는 것이다. 단지 가지고 있는 지식을 인출(끄집어내는 시간)이 느린 것뿐이다.

확증편향(Confirmation bias)과 과신(Overconfidence)은 학습 과정에 주요한 장애로 작용

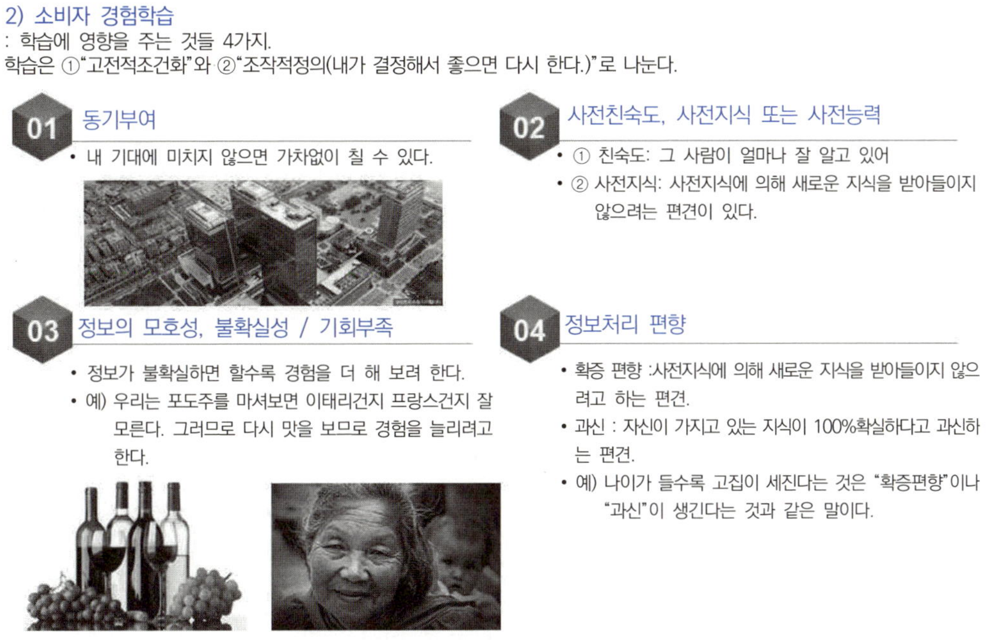

[그림 8-4] 소비자들이 학습 시 영향을 주는 4가지 요소

할 수 있으며, 특히 증거가 애매모호할 때 더욱 그러하다. 특별히 이러한 편향들은 소비자들로 하여금 부정적이며 동시에 상당히 분석적인 정보를 회피하도록 만듦으로써 학습을 방해한다. 예를 들어, 모든 일본산 제품들은 높은 품질을 지니고 있다고 믿는 소비자는 반대되는 증거를 무시하게 되며 이러한 제품에 대해서 새로운 것을 전혀 학습할 수 없게 된다. 또한 부정적 정보는 상황에 대해서 더욱 균형 잡힌 그림을 제공해 주고 소비자들이 보다 정확하게 가설을 검증할 수 있도록 만들어 주기 때문에 학습 과정에 매우 중요하다. 마케팅 연구는 또한 소비자들이 틀림을 입증할 수 있는 증거를 가졌을 때 소비자 학습에 강력하고 신속하게 영향을 줄 수 있음을 보여주고 있다.

1.3 소비자들의 만족 또는 불만족(판단의 기준)
(불일치패러다임 모델이론/귀인이론/공정성이론/감정모델이론)

1.3.1 구매 후 의사결정 시 감정반응으로 만족과 불만족

소비자들이 획득, 소비 또는 처분 결정을 내린 후 그들은 자신의 의사결정에 대한 결과를 판단할 수 있다. 만약 그들의 판단이 긍정적이라면(만약 그들의 니즈나 목표가 충족되어졌다고 믿는다면) 그들은 만족(Satisfaction)을 느낀다. 소비자들이 어떤 결과에 대해서 부정적 평가를 내릴 때, 그들은 불만족(Dissatisfaction)을 느낀다. 만약 영화관람에 몰입이 되지 않는다거나 판매원에 대해서 기분이 상한 경우에 불만족이 발생한다(그림 8-5). 불만족은 관용, 고통, 슬픔, 후회, 불안, 분노 등의 감정들과 관련될 수 있다.

만족 및 불만족에 대한 대부분의 연구는 소비자들이 '효용주의적 차원(utilitarian dimensions)' - 제품이나 서비스가 어떻게 잘 작동할 것인가(좋게 혹은 나쁘게) - 또는 '쾌락적 차원(hedonic dimensions)' - 제품이나 서비스를 어떻게 느끼도록 만들 것인가(행복하게, 재미있게, 즐겁게, 슬프게, 후회하게, 화나게) - 에 대해 소비자들이 평가할 수 있는 제품들에 초점을 맞추어 왔다. 효용주의적 차원의 경우 "가방을 샀는데 튼튼해 그래서 좋아"와 같이 가방의 효용적인 차원을 말하며 쾌락적 차원의 경우 "이 가방은 튼튼하지 않은데 디자인이 예뻐 사람들이 내가 들고 다니면 이쁘다고 한다."와 같이 가방의 디자인적인 차원을 말한다. 그러므로 마케팅에서는 어떤 요소 때문에 우리 제품을 소비자들이 사용하는지 혹은 다른 회사의 제품을 사용하는지 알아야 한다. 이것이 소비자의 만족과 불만족에 직접적으로 영향을 준다. 그러므로 기업들은 자사의 제품에 소비자들은 어떤 차원에 더 만족하는지 잘 알아야 하므로 모니터링을 해야 한다. 그로 인해 조사를 하므로 '비용'이 많이 들게 된다.

소비자들은 어떻게 만족/불만족을 판단 하는가?

만족

- 우리는 만족한다고 해서 100%만족이라는 것이 없다.
- 예) 70% 만족과 같이 불만족 30%와 만족 70%가 복합적인 비율로 이루어져 있다.

부정적	단순일치	긍정적
(-)	(-/+)	(+)

불만족

- 우리는 만족한다고 해서 100%만족이라는 것이 없다.
- 예) 70% 만족과 같이 불만족 30%와 만족 70%가 복합적인 비율로 이루어져 있다.

부정적	단순일치	긍정적
(-)	(-/+)	(+)

(1) 차원

- 효용주의적 차원: 예) 어떤 때는 효용적으로 만족한다. "가방을 샀는데 튼튼해 그래서 좋아"하고 만족한다.
- 쾌락적 차원: 예) "이 가방은 튼튼하지 않은데 디자인이 예뻐 사람들이 내가 들고 다니면 이쁘다고 한다."
- → Hedonic(쾌락적)인 차원도 있다.

(2) 만족/불만족의 수준

- 모니터링: 그러므로 ①소비자우리들은 소비자가 만족하는지 잘 알아야 하므로 모니터링을 해야 한다.

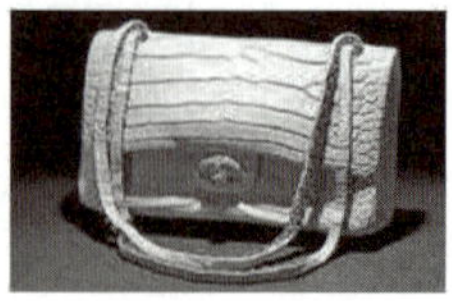

[그림 8-5] 구매 후 의사결정 시 감정반응으로 만족과 불만족

1.3.2 미국과 한국의 고객만족지수

미국고객만족지수(ACSI : American Customer Satisfaction Index)는 다양한 산업에 걸쳐 고객 만족 지수를 측정한다. 여기에 몇 가지 사례가 있다.

만약 반복적으로 제품을 구매할 경우 만족스러운 고객들은 기꺼이 높은 가격도 지불할 용의가 있기 때문에 고객만족은 기업 경영에 매우 중요하다. 이러한 고객들은 또한 브랜드 로열티를 갖고 있고 그 제품에 몰입하는 고객으로 남을 가능성이 크다. 또한 그들은 다른 사람들에게 자신들의 경험에 대해서 말을 할 것이며 이는 다른 고객들이 그 제품을 구매할 가능성을 증가시킨다. 신규고객을 끌어들이는 것은 기존고객에게 마케팅하는 것보다 훨씬 비용이 많이 들며 만족스러운 고객을 유지하는 상황은 비용효율적임을 의미한다. 제품 범주가 소비자에게 중요할 때 만족은 또한 빈번한 구매로 이어질 수 있으며 특히 소비자가 구매하는 것이 편리할 때 더욱 그러하다. 그리고 소비자들이 그 제품 범주에서 구매를 할 때 만족스러운 브랜드에 대해서 더욱 많이 소비하는 경향이 있다.

예상대로 많은 기업은 고객만족을 적극적으로 모니터링하고 있다. 미국고객만족지수(ACSI)는 다양한 산업과 기업에 대한 만족을 모니터링하고 있다(그림 8-6). [그림 8-6]의 미국고객만족지수(ACSI)는 왼쪽 도표 위쪽으로는 만족하는 산업이 아래쪽으로는 불만족하는 산업에 고객만족

미국고객 만족지수

- ACSI는 다양한 산업에 걸쳐 고객만족 성과를 측정함
- 위쪽: 만족하는 산업 / 아래쪽: 불만족하는 산업
- 미국의 경우 ACSI를 많이 한다. 정기적으로 만족지수를 산업카테고리 별로 얼마나 만족을 하고 있는지 보는 것이다.

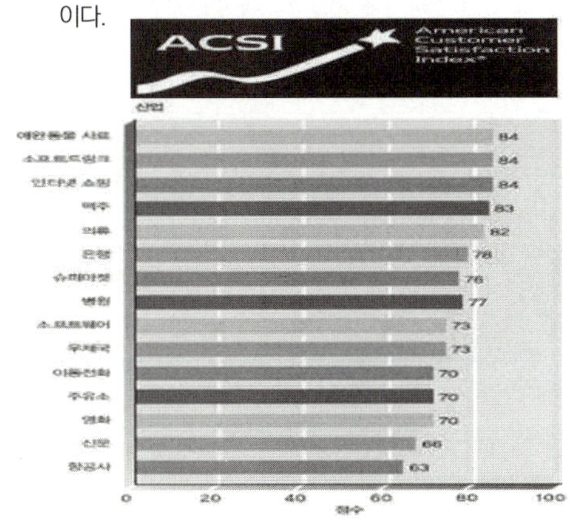

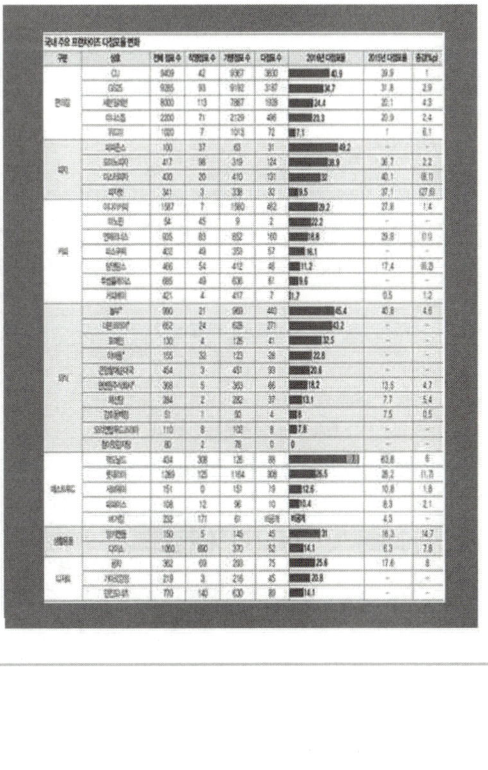

[그림 8-6] 미국과 한국의 고객만족지수

지수이다. 미국의 경우 항공사의 고객만족도가 떨어진다. 외국항공사는 타보면 우리나라처럼 상냥하게 인사하고 웃어주는 스튜어디스들이 별로 없는 것을 알 수 있다. 대체로 스튜어디스들이 무뚝뚝하다. 외국 필리핀 항공사에도 한국인 스튜어디스가 가끔 있는데 필리핀 스튜어디스보다 친절하긴 하지만 국내 비행사 스튜어디스보단 불친절함을 알 수 있다. 우리나라의 경우 고객만족지수(NCSI)의 경우는 미국과 다르게 [그림 8-6]의 오른쪽 도표와 같이 산업별 프랜차이즈의 다점포 리스트로 표기되어 있음을 알 수 있다.

마지막으로 기업들은 부정적 구전 커뮤니케이션, 불만 그리고 낮은 판매량 및 수익 등과 같은 부정적 결과의 잠재성 때문에 불만족의 근본 원인을 반드시 이해해야만 한다. 만약 백화점이 한 달에 167명의 고객을 잃는다면 1년에 240만 달러(29억)의 판매액을 잃게 될 것이다. 한 마케팅 연구에서는 단 한 번의 부정적 경험을 만회하기 위해서 열두 번의 긍정적 경험이 이루어져야 하며 한 명의 신규고객을 창출하는 것은 기존고객을 유지하는 비용의 5배가 소요된다는 사실을 밝혀냈다.

1.3.3 만족과 불만족의 판단기준 – 불일치 패러다임 이론

소비자들은 제품을 구매한 후에 만족과 불만족의 감정이론 중 첫 번째 이론은 '불일치 패러다임 이론'이다. 불일치 패러다임 이론은 소비자는 의사결정 후에 '기대'와 의사결정 후의 '성과'의

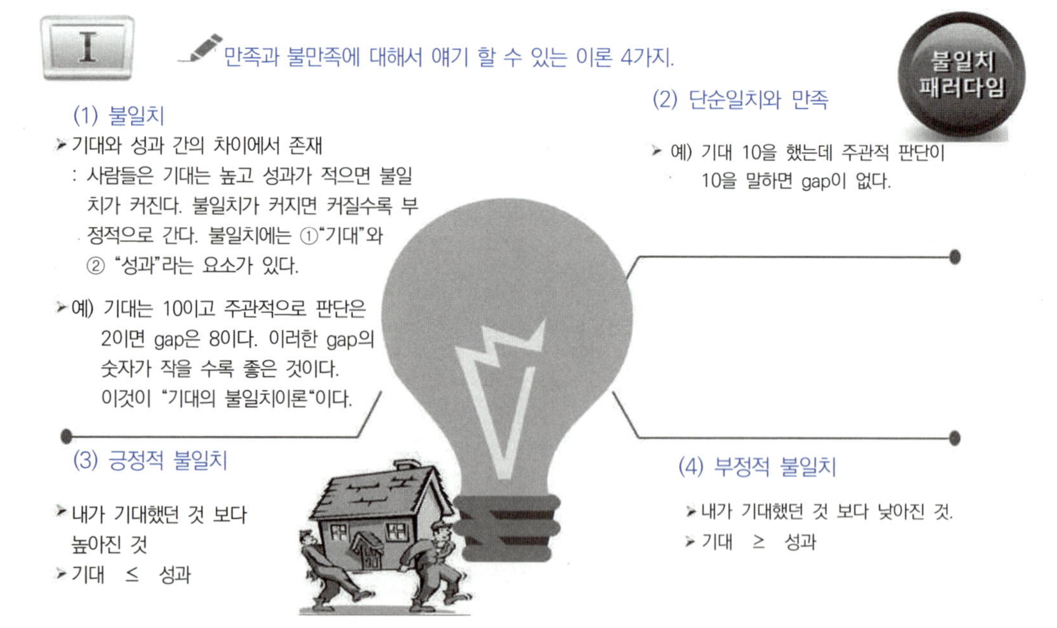

[그림 8-7] 만족과 불만족의 판단기준 – 불일치 패러다임 이론(1)

갭(Gap)을 말하며 종류에 따라 불일치, 단순일치와 만족, 긍정적 불일치, 부정적 불일치 4가지로 나눈다(그림 8-7). 어느 나라든 새로운 대통령의 선출하는 기간이 되면 '기대'를 하게 되고 기대치가 크면 클수록 '성과'를 이루지 못하면, 즉 '기대' 대비 '성과'의 '갭'이 클수록 국민은 만족보다 불만족을 하게 된다. 이러한 갭의 종류 4가지 중 첫째, '불일치'란 '기대'는 10이고 주관적으로 판단은 2이고 갭은 8이면 갭이 클수록 불만족이 높고 숫자가 작을수록 좋은 것이다. 이것이 '기대의 불일치이론'이다. 둘째, '단순일치와 만족'은 '기대'는 10을 했는데 주관적 판단이 10을 말하면 갭이 없는 상태를 말한다. 셋째, '긍정적 불일치'란 내가 '기대'했던 것보다 '성과'가 높아진 것을 말한다. 넷째, '부정적 불일치'로 '기대'했던 그것보다 '성과'가 낮아진 것을 말한다.

소비자들이 사고와 감정에 기반해서 의사결정을 내리는 것처럼 사고와 감정에 기반해서 만족과 불만족을 판단한다. 만족 · 불만족에 대한 사고기반 판단은 다음과 같이 관련될 수 있다.

① 제품에 대한 소비자들의 사고와 기대가 실제 성과에 의해 확인되거나 틀림이 입증되었지 여부
② 인과성 및 책임에 대한 사고
③ 공평성(Fairness)과 공정성(Equity)에 대한 사고와 관련

불일치(Disconfirmation)는 사전기대와 제품의 실제 성과 사이에 부정적 혹은 긍정적 차이가 존재할 때 발생한다. 이 경우 기대(Expectations)는 바람직한 제품/서비스 결과이며 '전체 성과에 대한 소비 전 신념 또는 제품(서비스)에 의해 처리된 수준 또는 속성'을 포함한다.

성과(Performance)는 이러한 기대된 결과가 얻어졌는지 여부를 측정한다. 성과는 객관적(실제 성과에 근거한 소비자들 사이에 꽤 일정한)이거나 주관적(개인적 감정에 근거한 소비자들 사이에 달라질 수 있는)일 수 있다. 자동차의 객관적 성과는 얼마나 잘 달리며 얼마나 연비가 경제적인지를 묘사하고 반면에 주관적 성과는 얼마나 맵시가 있거나 "얼마나 내 기분을 좋게 만드나"의 평가를 포함하고 있다. 기대된 성과보다 더 좋은 경우는 긍정적 불일치(Positive disconfirmation)로 이어지며 결국 만족으로 귀결된다(그림 8-8).

서비스에 대한 소비자들의 평가 또한 불일치에 민감하다. 여기서 고객들은 가격과 서비스 성과에 관련된 기대를 가지고 있으며 설비 및 직원의 무형적 특성과 관련된 기대도 가지고 있다. 만약 소비자들이 체중감량과 같은 목표달성을 기대하면서 어떤 서비스를 받고자 할 경우 지시내용을 성공적으로 따라 해서 목표를 달성할 때 소비자들이 보다 만족해 한다는 사실을 밝혀내고 있다.

많은 선택 안들을 가지고 있는 소비자들은 처음에는 자신들이 선택한 제품의 성능에 대해서 낙관적이 되지만 이러한 낙관주의는 시간이 경과하면서 수그러들게 될 것이다. 소비자들이 어떤 제품을 평가하고자 했을 때, 그들은 소비 중에 부정적 양상에 보다 더 주의를 기울일 것이며

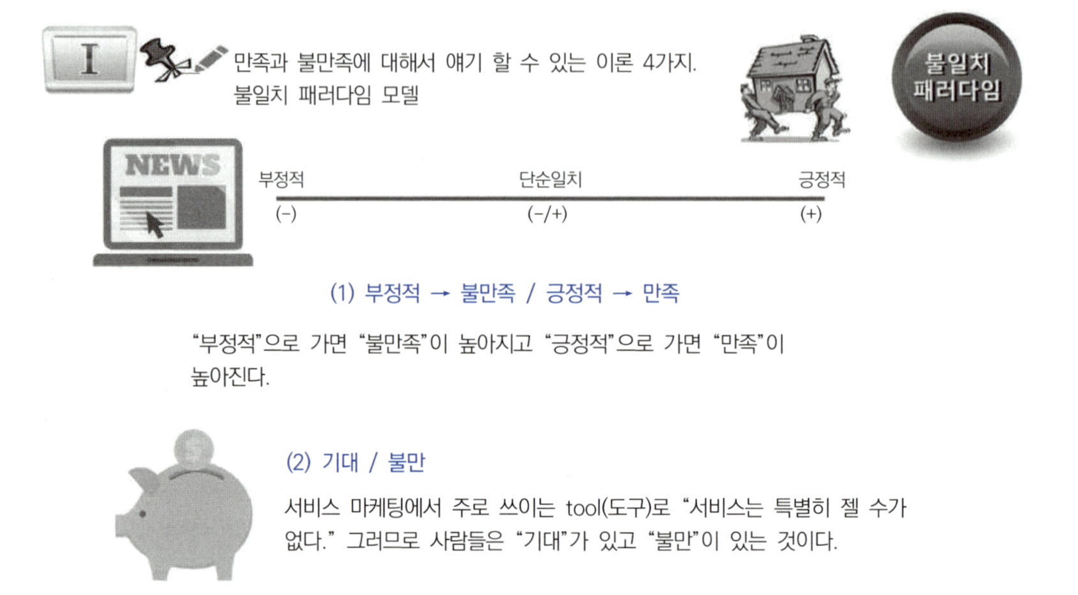

[그림 8-8] 만족과 불만족의 판단기준-불일치 패러다임 이론(2)

결과적으로 품질 및 만족평가에 덜 호의적으로 될 것이다. 또한 할인을 받아 구매한 고객들은 정가를 다 지불한 경우보다 제품의 소비로부터 덜 혜택을 보고 있다고 인식하게 될 것이다. 비록 가격이 제품 품질에 어떤 영향력도 갖고 있지 않을 때에도 가격·품질 관계에 대한 소비자들의 신념은 제품성능에 대한 그들의 경험에 영향을 주게 될 것이다.

[그림 8-9]는 소비자들의 '기대'와 '성과'는 '불일치패러다임'을 거쳐서 긍정적으로 가면 '만족'을 초래하고 부정적으로 가면 '불만족'을 초래한다. 그 후 '감정'이 생겨서 '기대'를 하고 '성과'에 대해서 판단을 한다. 소비자들은 '기대'가 있고 거기에 대한 '성과'가 있다. 그것을 머리에 '불확신'을 갖게 되는데 '긍정적'으로 가느냐 '부정적'으로 가느냐 '서비스 업종'에서는 많이 쓰는 모델이다. 그러므로 업체에서는 소비자의 '불확신'에 의해서 '만족'이 어떻고 '불만족'이 어떤지 알아보아야 한다. 지방 시장의 경우 외국의 자산을 들여서 '스마트 시티'를 우리 시에 건설하겠다는 공약을 한 경우 시민들은 시에 대한 발전을 생각하며 기대가 커지게 된다. 그러나 시장의 말이 거짓으로 증명이 되었을 때는 시민들의 기대가 10이라면 성과는 -10이 되었다면 갭(Gap)는 -20이 되어 버린다. 시민은 시장에 대한 불만족은 불일치패러다임 이론에 의해 -20이 되고 시장에 대한 부정적인 감정이 생기며 불만족한 감정이 생기게 되는 것이 '불일치패러다임 모델'이다.

만족과 불만족에 대해서 얘기 할 수 있는 이론 4가지.
불일치 패러다임 모델

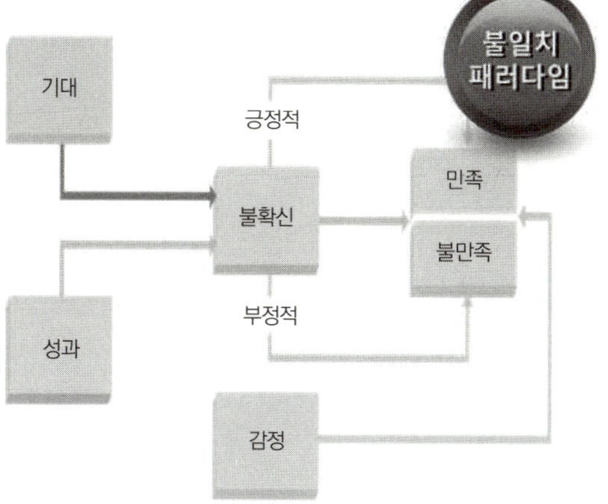

(3) 불일치 패러다임 모델

- ① 사람의 "기대"와 "성과"는 "불일치 패러다임"을 거쳐서 긍정적으로 가면 "만족"을 초래하고 ②부정적으로 가면 "불만족"을 초래한다. ③그 후 "감정"이 생겨서 "기대"를 하고 "성과"에 대해서 판단을 한다.

(4) 불일치 패러다임 모델의 적용

- 소비자들은 "기대"가 있고 거기에 대한 "성과"가 있다. 그것을 머리에 "불확신"을 갖게 되는데 "긍정적"으로 가느냐 "부정적"으로 가느냐 "서비스 업종"에서는 많이 쓰는 모델이다.
- 그러므로 업체에서는 소비자의 "불확신"에 의해서 "만족"이 어떻고 "불만족"이 어떤지? 알아보아야 한다.

[그림 8-9] 만족과 불만족의 판단기준 - 불일치 패러다임 이론(3)

1.3.4 만족과 불만족의 판단기준 - 귀인이론

귀인이론(Attribution theory)은 개인들이 '원인과 규명(행동)'을 통해서 만족과 불만족의 감정이 형성된다는 이론이다(그림 8-10). 소비자의 만족과 불만족의 감정이 생기는 데 있어 원인과 규명(행동)을 통해 누구의 잘못으로 인해 발생한 것인지에 대한 책임을 물어 만족과 불만족을 규명한다. 다음 3가지 요소를 가지고 누구의 잘못인지 찾아낼 수 있다. 제품이나 서비스가 소비자들의 니즈를 충족시키지 못할 때 다음과 같은 세 가지 요인에 입각해서 설명을 찾고자 할 것이다.

① 안정성(Stability) 사건(Event)의 원인이 일시적인가 아니면 영속적인가?
② 초점(Focus) 소비자나 마케터가 관련된 문제인가?
③ 제어성(Controllability) 사건이 소비자나 마케터의 통제에 있는가?

고객들은 만약 원인이 영속적이고 마케터와 관련된 것이거나 그리고 고객의 통제에 있는 것이 아니라고 인식되는 경우에 보다 불만족스러워 하는 경향이 있다. 여러분이 새로운 자동차를 구입했을 때 앞 유리에 금이 가 있는 것을 발견했다고 가정해 보자. 만약 여러분은 이러한 것이 마케터의 통제를 넘거나(어쩌면 운전하고 있는 도중에 돌이 창문을 쳤을 수도 있다) 어쩌면 여러

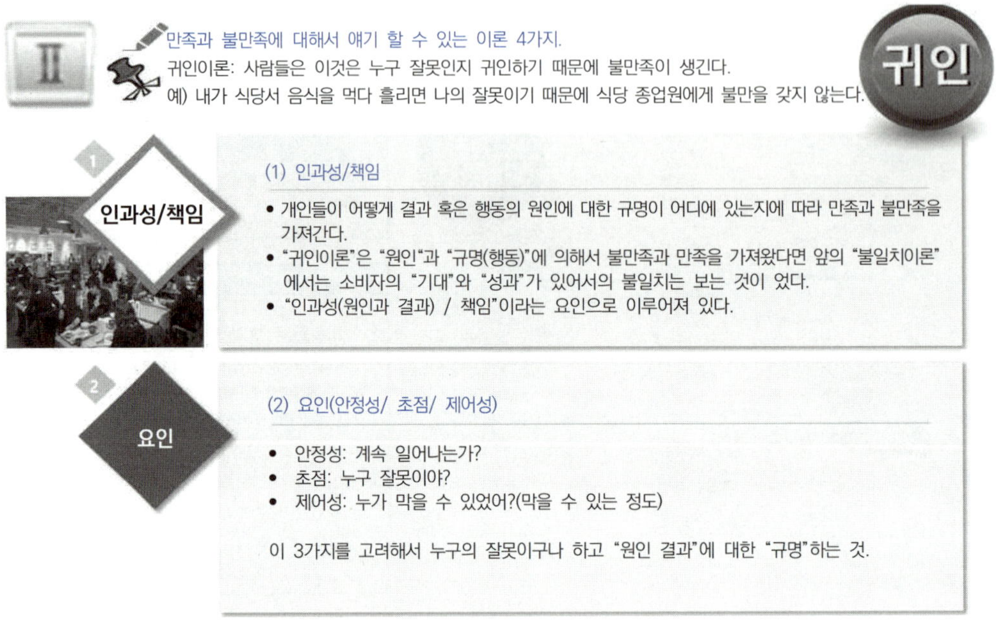

[그림 8-10] 만족과 불만족의 판단기준 – 귀인이론

분의 잘못으로 우연히 혹은 일시적으로 발생한 것으로 인식한다면 불만족스럽지 않을 수도 있다. 한편, 만약 다른 소비자들도 유사한 문제(즉 원인이 보다 영속적이며 기업이 관련되어 있고 그리고 기업의 통제 하에 있다는 것)를 가졌음을 발견한다면 여러분은 아마도 불만족스러울 것이다.

귀인이론 또한 서비스 분야에 적용된다. 예를 들어, 소비자들은 만약 그들이 경험한 문제가 영속적이며 기업의 통제에 있다면 여행사에 대해서 불만족스러워한다. 공항에 항공기의 착륙 지연으로 늦게 온 승객들 연구에서 귀인들(Attributions)은 불평을 늘어놓거나 같은 항공사를 다시 이용하겠다는 바람을 설명하는 데 발견된다. 만약 소비자들이 착륙 지연을 영속적이며 항공사의 통제에 있는 것으로 간주한다면 보다 더 많이 불평할 가능성이 있으며 그 항공사를 다시 이용할 가능성은 그만큼 낮아질 것이다. 어떤 서비스에 참여할지 여부를 선택할 수 있는 소비자들은 적어도 부정적 결과의 일정 부분을 자신들의 관여도 탓으로 돌릴 가능성이 높으며 반면에 긍정적 결과의 상당 부분을 자시들의 참여 덕분으로 돌리게 될 것이다. 서비스에 대한 만족은 역시 소비자들이 그 결과에 대한 책임을 기업에 물을 것인지 여부 및 그 결과가 안정적 혹은 불안정적 원인에서 파생된 것인지를 믿는지 여부에 따라 달라진다. 마지막으로 소비자들은 제품이 그만큼 대단하지 않을 때에도 기업들이 추가적인 노력을 기울일 때보다 더 만족한다.

1.3.5 만족과 불만족의 판단기준 – 공정성이론

공정성이론(Equity theory)은 개인들이 '투입 대비 결과'에 의해 만족과 불만족의 감정이 형성된다는 이론이다(그림 8-11). 개인들 간의 '교환'의 공평성에 초점을 맞추어 소비자 만족 및 불만족을 이해하는 데 도움을 주는 이론(투입 대비 결과)으로 A와 B 개인 간에 교환을 했을 때 A, B가 모두 만족을 하느냐 아니면 B는 불만족한지에 관한 공정성 이론으로 대형할인점을 가는데 기름값과 주차비, 자동차 감가상각비, 시간 소비를 해서 스낵과자 한 봉지를 800원에 살 수 있으며 가까운 집 앞에 편의점에서는 스택과자가 1,000원이라면 투입대비 '산출'에서 집 앞 가게에서 살 수 있다면 대형할인점이 800원으로 가격이 싸지만 기름값과 주차비 등 부대 비용이 추가로 들기 때문에 집 앞 편의점서 1,000원에 과자를 구입하는 것이 더 싸다는 '투입 대비 결과'의 값에 의해 집 앞의 편의점에서 구매했을 때 만족과 불만족의 감정 중 만족의 감정이 발생한다는 이론이 '공정성이론'이다.

공정성 이론은 개인들 간 교환의 성격과 이러한 교환에 대한 그들의 인식에 초점을 맞추고 있다. 마케팅에서 이 이론은 구매자와 판매자 간의 교환을 분석하는 데 적용되어 왔다. 공정성 이론에 따르면 소비자들은 특정 교환에 들어간 투입과 산출요소에 대한 인식을 형성하고 이러한 인식을 판매원, 딜러 또는 기업의 투입이나 산출 요소에 대한 그들의 인식과 비교한다. 예를 들어, 자동차를 구매할 때, 소비자의 투입 요소에는 정보탐색, 의사결정의 노력, 심리적 열망

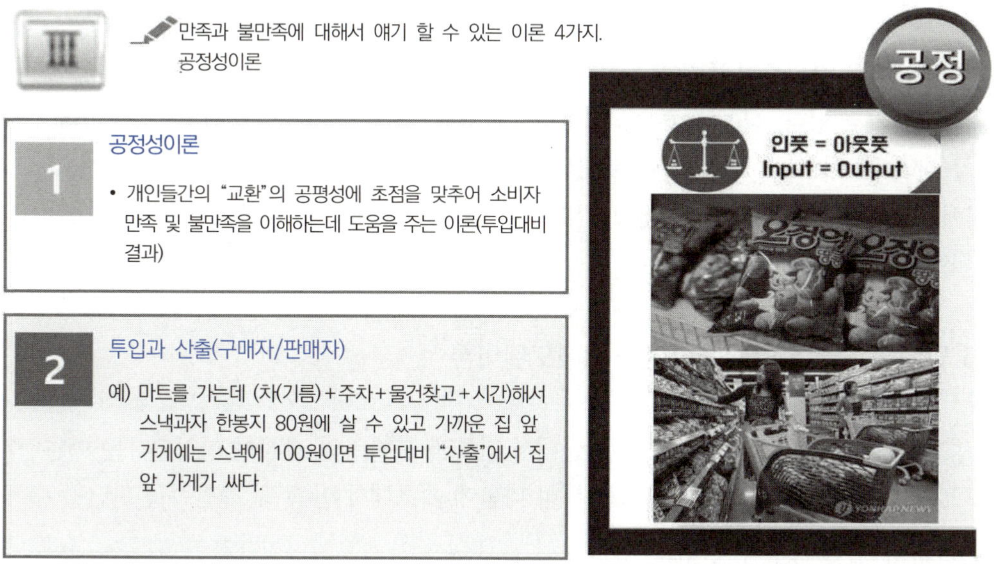

[그림 8-11] 만족과 불만족의 판단기준 – 공정성이론

그리고 돈이 포함될 수 있을 것이다. 산출 요소는 만족스러운 자동차가 될 수 있다. 판매자 투입 요소에는 고품질 제품, 판매 노력 그리고 대출 계획이 포함될 수 있으며 판매자 산출 요소는 적정 수익이 될 것이다.

공정성(Equity)이 발생하려면, 구매자는 반드시 교환에서는 공평성(Fairness in the exchange)을 인식해야만 한다. 따라서 자동차 구매자는 만약 바람직한 자동차를 적정한 가격에 구매했을 경우 공평한 교환을 인식하게 된다. 만약 소비자들이 정상가보다 싸게 구입했다고 인식하게 되면 만족은 더욱 높아진다. 소비자들은 만약 교환에서 부등성(Inequity)을 인식하게 될 경우) 예를 들면, 만약 판매원이 자신들에게 별로 주의를 기울이지 않았을 경우(불만족스러워 할 것이다. 공정성이 발생하려면 소비자는 반드시 판매자 또한 적정하게 대우받고 있음을 인식해야만 한다. 그럼에도 불구하고 공평성 인식은 자기중심적인 경향이 있으며 구매자 투입 요소 및 판매자 산출 요소보다는 구매자 결과 및 판매자 투입 요소에 편향된 경향이 있다.

더군다나, 마케팅 연구는 소비자들이 서비스 사용과 교환된 지불에 대한 동등성을 "지금 나는 내가 지불한 만큼 이 서비스를 충분히 이용하고 있는가?"라고 자신들에게 물어봄으로써 판단하고 있음을 보여주고 있다. 그들이 처음에 서비스 사용 수준에 대한 높은 기대를 가지고 있을 때 혹은 서비스 성과가 그들의 규범적인 기대를 능가할 때 그들은 교환을 보다 동등한 것으로 인식하게 될 것이다. 가격/사용 교환이 보다 동등하다고 느낄 때, 그들은 보다 만족해할 수 있다. 또한 동등성에 대한 인식은 시간이 지나면서 바뀔 수 있다. 예를 들어, 자동차의 보증기한이 가까워지면 소유자들은 자신들이 생각하기에 고쳐져야만 하는 속성들에 대해서는 더욱더 불만족스럽게 된다. 바꿔 말하면, 이러한 속성들은 제품 품질에 대한 만족과 보다 밀접하게 관련이 있다.

공정성 이론은 불만족이 발생할 수 있는 또 다른 방법을 상술하고 있다는 점에서 불일치 패러다임을 보완하고 있다. 다시 말하면, 이 두 가지 형태의 과정은 동시에 작동할 수 있다. 그러나 불일치 패러다임이 기대 및 성과에 초점을 맞추고 있는 반면, 공정성 이론은 무엇이 옳고 그른가를 지배하는 보다 일반적인 인간 상호간의 규범 및 판매자와 구매자 모두의 결과에 대한 고려와 관련되어 있다.

1.3.6 만족과 불만족의 판단기준 – 감정모델이론

감정모델이론은 개인들이 '감정'을 기반해서 만족과 불만족의 감정이 형성된다는 이론이다(그림 8-12). 소비자들은 감정에 기반해서 특히 다음에 기초해서 만족 및 불만족을 판단할 수 있다.

① 경험된 정서(그리고 이러한 정서에 대처하기)
② 정서에 대한 오류(Misprediction)

IV

만족과 불만족에 대해서 얘기 할 수 있는 이론 4가지.
감정모델이론: 감정에 기반해서 만족과 불만족을 한다.

감정

1. 의사결정 후 감정

- 제품이나 서비스를 사용하는 동안 경함된 긍정적 혹은 부정적 감정
- 예) 고급레스토랑 식사를 만원에 하고 동네식당 식사는 오천원에 한다. 그런데 의사결정 후에 기분은 고급레스토랑을 갔을 때 기분이 좋기 때문에 비싸도 만족하기 때문에 다음에 다시 고급레스토랑을 찾게 된다.
- 긍정적 감정이 생기면 그 식당을 간다.

2. 정서에 대한 오류

- 감정적 예측: 제품이 우리에게 어떻게 느끼게 할 것인지를 예측하는 것이다.
- 예) 다른 사람보다 내 접시만 쓰던 접시를 가지고 왔다면 쓰던 접시를 주었다는 것에 대해서 부정적인 감정을 갖게 되는데 같이 간 사람은 서비스에 만족을 하게 된다. 이것이 "개인적인 차이"에 의해서 정서에 오류가 생길 수는 있다.

[그림 8-12] 만족과 불만족의 판단기준 - 감정모델이론

1.3.6.1 경험된 정서와 대처

우리가 경험한 긍정적 및 부정적 의사결정 후 감정(Post-decision feelings)은 만족이나 불만족 판단을 설명하는 데 도움을 주고 있다. 만약 제품이나 서비스를 사용하는 동안 기분이 좋거나 혹은 나쁠 경우, 우리의 기대 및 그 성과에 대한 평가에 관계없이, 우리는 더 만족스러워 하든지 혹은 불만족스러워 할 것이다. 행복하거나 만족한 소비자들은 대부분 만족해할 것이며 즐거운 놀람을 경험하는 소비자들로 이어진다. 사실 세상에 있는 대부분 소비자는 자신들의 구매경험에서 즐거움과 만족을 발견한다. 한 마케팅 연구에서는 내구재 구매의 90% 이상이 긍정적 감정과 관련되어 있음을 밝히고 있다. 불만족은 대부분 분노를 느끼는 소비자들에게 오기 쉬우며 불쾌한 놀람을 경험하는 소비자들로 이어진다. 서비스 종업원들이 표현되는 감정들 역시 고객만족에 영향을 미친다. 종업원들이 순수하게 긍정적 정서를 표현하고 있는 것으로 보일 때, 소비자들은 서비스 접점에서 보다 만족스러워 한다.

우리는 고급레스토랑에서 식사를 만원에 하고 동네식당 식사는 오천원에 한다. 그런데 의사결정 후에 기분은 고급레스토랑을 갔을 때 기분이 더 좋기 때문에 비싸도 만족하기 때문에 기분이 좋기 때문에 비싸도 만족하기 때문에 다음에 다시 고급레스토랑을 찾게 된다. 혼자 먹을 때에는 동네식당에서 먹지만 여자친구와 같이 식사하러 갈 때는 예전에 고급레스토랑에서 먹던 좋은 감정이 있어서 다시 찾게 된다. 긍정적 감정이 생기면 그 식당을 다시 찾아간다. 의사결정 후

감정(Post-decision feelings)이 만족했기 때문에 다시 그 장소를 찾게 된다는 것이 '감정모델이론'이다.

구매, 소비 그리고 처분에 대한 의사결정에 불만족한 소비자들은 불만족과 관련하여 생긴 스트레스에 대처할 필요가 있을 것이다. 어떻게 대처할지는 스트레스에 의해 위협이나 도전을 느꼈는지 여부 및 그들이 그 스트레스를 처리할 수 있는 동기부여, 능력 그리고 기회를 그들 자신이 가지고 있다고 생각하고 있는지 여부에 달려있다.

비록 우리가 현재는 만족한다고 하더라도 다음에 우리가 사용할 때는 만족스럽지 않을 수도 있는 것이다. 따라서 만족은 태도와 다르며 여기서 태도는 상대적이며 지속적이며 특정 상황에 덜 영향을 받는다. 사후 의사결정 평가는 소비자들이 사용 전에 가지고 있던 것과 비교해서 제품 사용 후에는 속성 및 기준에 대해서 다르게 판단한다는 점에서 사전 의사결정 평가와 다를 수 있다. 예를 들어, 냉동 마이크로웨이브 피자를 시식한 이후, 여러분은 전보다 그 맛을 덜 좋아한다고 결정할 수도 있다.

1.3.6.2 정서에 대한 오류

감정적 예측은 제품이 우리에게 어떻게 느끼게 할 것인지를 예측하는 것이다. 개인적인 차이 때문에 '정서에 대한 오류'가 생길 수도 있다. 식당을 갔는데 다른 사람보다 내 접시만 쓰던 접시를 가지고 왔다면 쓰던 접시를 주었다는 것에 대해서 부정적인 감정을 갖게 되는데 같이 간 사람은 서비스에 만족을 하게 된다. 이것이 '개인적인 차이'에 의해서 정서에 오류가 생길 수는 있다. 앞의 '불일치패러다임 이론', '귀인이론', '공정성이론'은 따져보는 '이성'에 관한 이론이었다면 '감정모델이론'은 '감정'에 대한 이론이라고 할 수 있다.

사후 의사결정 감정이 만족 판단에 영향을 미치는 동안, 우리가 생각하기에 제품이 어떻게 우리를 기분 좋게 만들어 줄 것인지(감정적 예측(Affective forecasting)으로 알려져 있는 현상)와 그 제품이 실제로 어떻게 기분 좋게 해주는지 와의 차이도 역시 영향을 미친다. 다시 말하면, 기대했던 것보다 성능이 떨어질 때뿐만 아니라 기대했던 것보다 기분을 상하게 했을 때도 우리는 보다 불만스러워 하는 경향이 있다. 사람들은 의사결정, 경험 그리고 결과가 어떻게 자신들에게 느끼게 하는지를 잘 모르는 경향이 있기 때문에, 이러한 현상은 다반사로 발생한다.

1.4 불만족에 대한 반응

1.4.1 불만족이 생기면 소비자들의 행동유형

부정적 결과가 다양하게 발생할 수 있기 때문에 기업들은 불만족에 대한 소비자들 반응의

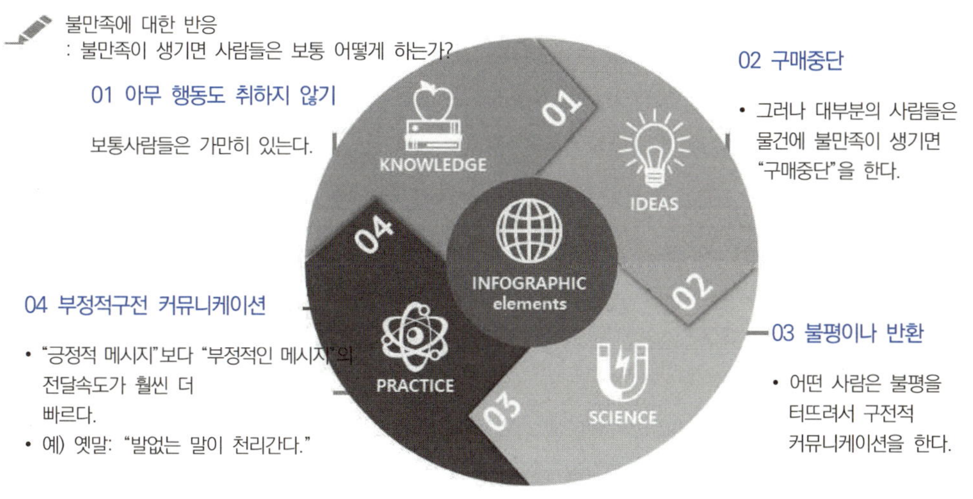

[그림 8-13] 불만족이 생기면 소비자들의 행동유형 4가지

특성을 반드시 이해해야만 한다. 특히, 불만족스러운 소비자들은 아무런 행동도 취하지 않거나, 제품이나 서비스 구입을 중단하거나, 기업이나 제3자에게 불평을 하고 제품을 반환하거나, 아니면 부정적 구전 커뮤니케이션을 참여하는 의사결정을 내릴 수 있다(그림 8-13). 마지막 두 가지 행동은 소비자행동을 연구하는 학자들에게는 특별한 관심의 대상이다.

1.4.2 불평하는 소비자들의 형태

놀랍게도, 불만족스러운 대다수의 소비자들은 불평을 하지 않는다. 그럼에도 불구하고 소수의 소비자들 불평이 주목해야 하는 마케팅 관련 문제를 지적할 수 있다. 소비자들이 불평할 때, 그들은 제조업자, 유통업자, 법적 대행사 혹은 언론에게 자신들의 불만족을 표할 수 있다. 어떤 때 소비자들은 합법적 수단 및 정부기관을 통해서 공식적인 시정을 요구하기도 한다. 따라서 기업들은 언제 불평등이 발생할 만하며 소비자들이 어떤 불평을 제기하는 경향이 있는지에 대해 초점을 맞출 필요가 있다.

불평을 하는 것은 동기부여, 능력 그리고 기회가 많을 때 더욱 가능성이 크다. 또한 불만족 수준이나 문제의 심각성 정도가 커질 때 그 가능성이 커진다. 공정성 이론에서 교환의 불공평함이 클수록 소비자는 행동에 대한 동기부여를 더욱 크게 받는다. 그러나 불만족의 심각성 하나만으로 소비자의 불평행동을 설명할 수는 없다. 특히 만약 소비자들이 불평하는 것이 상당한 시간과 노력이 들고 그렇게 해서 얻을 수 있는 혜택이 적고 또는 제품이 그렇게 중요하지 않다고 인식할 경우 그들이 행동할 가능성은 크지 않다.

불평: 불평하는 사람들의 "형태"
불평하는 사람들의 형태

(1) 수동형

- 어 그랬어? 하는 사람

(2) 목소리형

- 목소리를 높여서 다니는 사람

(3) 분노형

- 어떤 사람은 분노해서 화를 낸다.

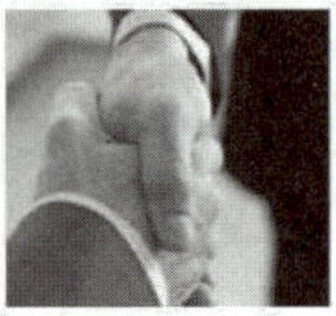

(4) 활동가형

- "커뮤니티를 형상하는 사람"
- 예) 인터넷의 발달로 댓글을 올려서 불평에 대한 커뮤니티를 형성하는 사람.

[그림 8-14] 불평하는 소비자들의 형태 4가지

마케팅 연구는 네 가지 형태의 불평가들(Complainers)을 제안하고 있다. 수동형(Passives)은 불평할 가능성이 가장 작다. 목소리형(Voicers)은 유통기관이나 서비스 제공자에게 직접적으로 불평을 한다. 분노형(Irates)은 대부분 부정적 구전에 참여하고 애용하던 것을 중단하며 서비스 제공자에게 불평할 가능성이 크나 언론이나 정부기관 등 제3자에게 소원할 가능성은 크지 않은 화난 소비자들이다. 활동가형(Activists)은 제3자에게 소원하는 것 등을 포함해서 모든 종류의 불평행동에 적극적으로 참여한다. 활동가형은 현재 블로그나 웹사이트에 부정적 글을 올리는 등 제품이나 서비스 단위당 수천만 명 수준으로 확대되고 있다(그림 8-14).

1.4.3 고객유치전략(1)

비록 고객만족이 모든 기업들에게 가장 중요한 목표임에는 분명하지만 어떤 기업들은 단지 고객만족으로만 고객들의 로열티를 유지하는 데 충분한지의 여부에 대해서 의문을 표시해 왔다. 그들은 증거로서 경쟁사의 브랜드로 전환한 고객들의 65~85%가 그들이 버린 제품이나 서비스에 대해서 만족했거나 매우 만족했었다라고 말하고 있는 점을 지적하고 있다. 소비자들이 강력하게 만족하지 않을 때 그들은 다른 브랜드로 전환할 가능성이 그만큼 커진다. 다른 연구들은 고객만족과 재구매 간의 낮은 상관관계를 밝혀내고 있다. 따라서 고객들은 "굉장히 만족되어야 할" 필요가 있거나 특정 브랜드나 기업과 가깝게 지내야 할 보다 강력한 이유가 필요하다. 더군다나, 로열티는 그 제품이 경쟁우위를 지니고 있는지 여부에 달려 있으며 소비자들은 그 우위성이 바람직하다는 것을 알게 되고 그리고 그 제품은 해당 기업이 지속할 수 있는 사회적 네트워크의 한 부분이 될 수 있다.

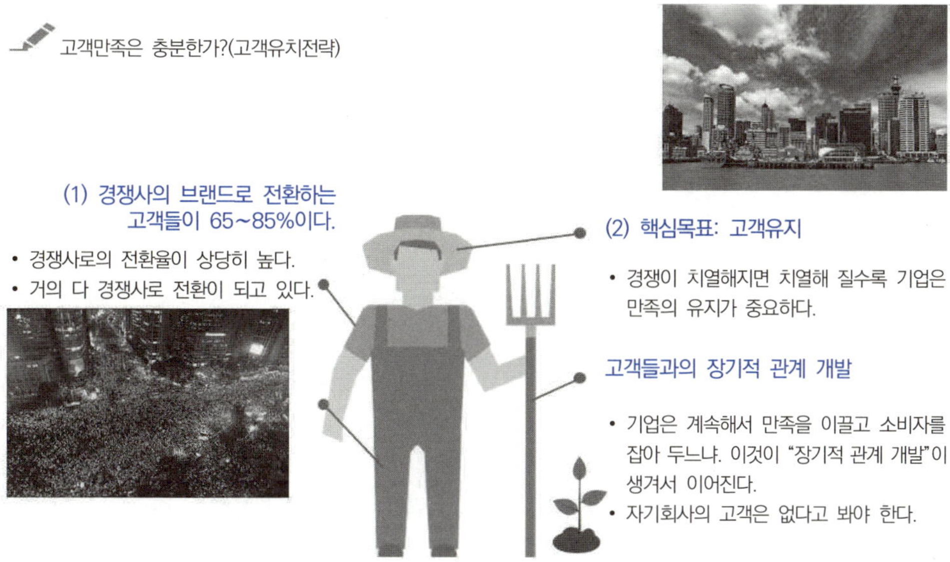

[그림 8-15] 고객유치전략1

그러므로 모든 마케터들의 핵심목표는 고객유지(Customer retention)가 되어야 하며 이는 고객들과의 장기적 관계를 개발하려는 의도를 가지고 고객들을 만족시키기 위한 실천 활동이 되어야 한다. 고객유지 전략은 고객과의 상호작용의 모든 측면, 특히 애프터서비스에 지속적으로 밀접하게 주목을 함으로써 고객몰입(Customer commitment) 및 로열티를 구축하고자 한다.

1.4.4 고객유치전략(2)

신규고객의 창출비용 및 반복구매의 잠재적 수익이 알려져 있는 경우, 기업들은 고객들을 유지하기 위해서 다음과 같은 단계를 밟아야 한다.

첫째, '고객에 대한 관심'으로 소비자들의 2/3 정도가 기업이 자신들에게 관심이 없다고 믿기 때문에 그 기업을 떠난다. 따라서 약간의 관심표명은 장기적 관계까지 발전시킬 수 있다. 한 Starbucks 고객은 개인적 주목에 대해 열변을 토하고 있다(Starbucks에서 종업원들은 실제로 웃으며 여러분을 기억한다. 그들은 여러분을 마치 친구처럼 대한다. 나는 많은 기업이 그들로부터 배울 수 있으리라 생각한다).

둘째, "판매가 없을 때도 고객을 기억하라"로 기업들은 제품을 판매하는 데 아무런 이상이 없다는 점을 확실히 하기 위해서나 생일과 같은 특별한 경우를 인정하기 위해서 소비자들을 접촉할 수 있다. 뉴질랜드의 오클랜드(Auckland)에 있는 Number 5 레스토랑의 주인은 주간

뉴스레터를 이메일로 보내고 자신의 레스토랑에서 가진 식사 경험이 얼마나 좋았는지를 물어보기 위해서 전화를 건다. "이러한 일들은 비용이 별로 들지 않지만 고객들로 하여금 배려받고 있고 특별히 대접받고 있다는 느낌을 갖도록 만들지요"라고 주인은 말한다.

셋째, "신뢰관계를 구축하라"인데 소비자들에게 전문적이고 고품질의 제품이나 서비스를 제공하라. 이 점이 바로 Craigslist가 450개 도시 특유의 웹사이트에 취업/구인, 아파트 월세/매매, 그리고 다른 일상용품들에 대한 안내광고를 게재하고 구독 소비자들을 매달 3,000만 명씩 끌어 들이는 방법이다. "나는 단지 다른 기업들에게 내가 받았으면 하는 그런 서비스를 제공하고 싶었을 뿐입니다. 만약 여러분이 사람들에게 서로 신뢰할 수 있고 공정할 수 있는 환경을 준다면 대부분의 경우에 사람들은 거의 대부분 그 신뢰를 되돌려 줍니다"라고 설립자 Craig Newmark은 설명한다.

넷째 "서비스 배달 과정을 모니터링하라"로 제품이 서비스나 수선을 필요로 하는 경우에 기업들은 반응하고 관심을 보여주기 위해서 모든 노력을 경주해야 한다. Pennsylvania주 Mt. Lebanon에 있는 Mr. Magic Car Wash의 주인은 고객들이 장시간 기다려야 하는 것에 불만을 터뜨리는 것을 보고나서, 두 개의 차선을 만들었다. 자동화된 차선은 단순 세차를 원하고 충전식 지불카드를 사용하고 있는 고객들을 위한 것이다. 풀서비스(Full-service) 차선은 자동차에 대해서 보다 다양한 서비스를 원하는 고객을 위한 것이다. 이러한 변화는 고객만족 및 로열티를

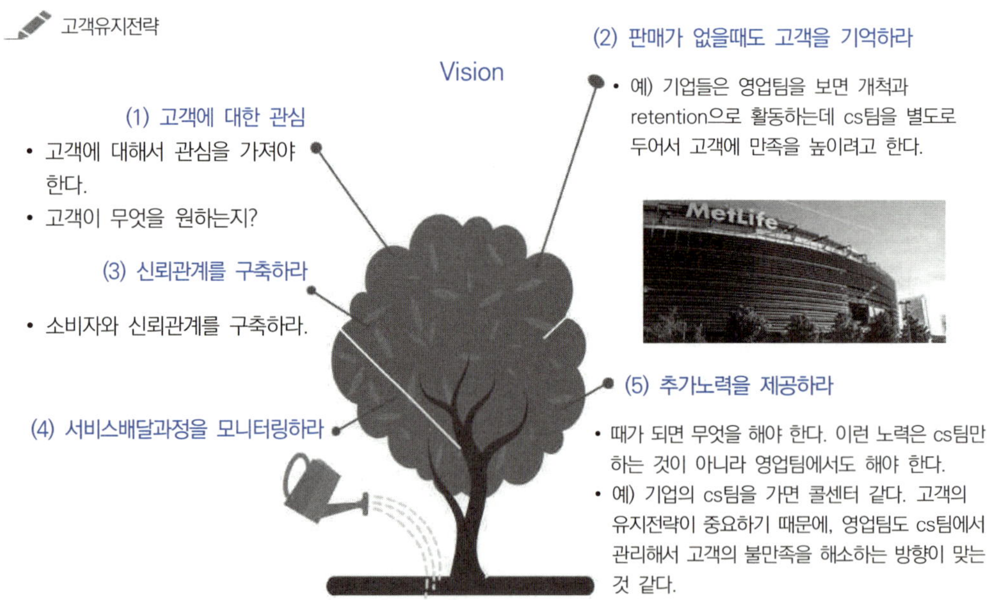

[그림 8-16] 고객유치전략2

증대시켰다.

다섯째 "추가 노력을 제공하라"로 고객을 만족시키는 데 추가적인 노력을 기울이는 기업들은 최소의 노력만을 수행하는 기업들에 비해서 지속적인 고객관계를 구축할 가능성이 커진다. 예를 들어, Dell 사는 다른 지역에 있는 고객들도 자신의 시스템을 가능한 한 빨리 복원시키고 작동하게 할 수 있도록 기술적 지원을 제공하기 위해서 중국에 서비스센터를 개설하였다.

1.4.5 불만족 후 구매처분 방법

가장 기초적 수준에서 생각해 본다면 처분(Disposition)은 더 생각할 필요도 없이 의미가 없거나 다 사용한 물품들을 버리는 행위인 바, 아직도 마케팅 연구는 처분이 실제로 상당히 풍부하고 보다 상세한 과정임을 보여주고 있다. 우리는 소유를 물리적인 물건으로 생각하는 경향이 있으나 소유는 물건과 물건의 부품, 다른 사람들, 애완동물, 장소, 서비스, 시간, 기간 그리고 사건 등을 포함해서 그 자체의 확장을 반영하는 모든 것으로 상당히 광범위하게 정의될 수 있다. 예를 들어, 여러분은 관계를 끝낼 수도 있고 친구에게 아이디어를 줄 수도 있으며 오르간을 기부할 수도 있고 건강에 안 좋은 라이프스타일을 포기할 수도 있고 모든 휴가시간을 다 써 버릴 수도 있으며 혹은 Costco 멤버십을 중단할 수도 있다. 따라서 처분에 관한 연구는

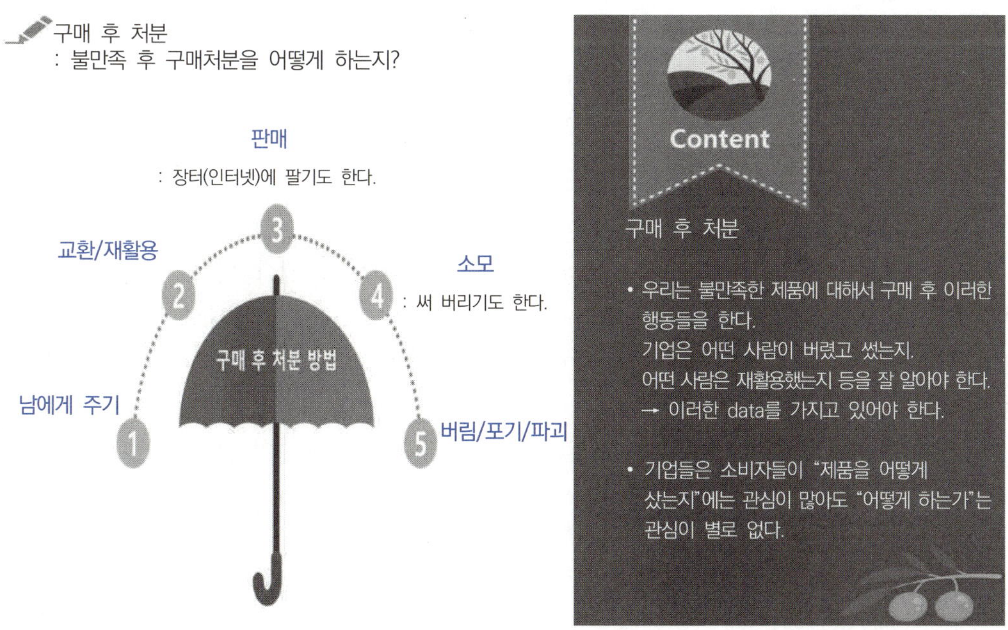

[그림 8-17] 불만족 후 구매처분 방법 5가지

이러한 모든 형태의 소유와 관련이 있는 것이다.

소비자들은 종종 자신들의 처분행동 뒤에는 논리적이고 이성적인 동기를 가지고 있다. 예를 들어, 사람들은 경제적 보상을 얻고 결국에는 이득을 보기 위해 물건을 팔고 있다. 이와 대조적으로 사람들은 세금을 공제하지도 않고 뭔가를 기부하는 것을 선택할 수도 있으며 혹은 누군가를 돕기 위한 바람으로 또는 쓰레기로 되는 것을 막기 위한 바람으로 어떤 물건을 전달하기도 한다. 상황적 및 제품 관련 요인들은 또한 처분 선택에 영향을 줄 수 있다.

마케팅 연구는 어떻게 소비자들이 원하지 않은 선물들을 처분하는지를 조사하였다. 그것들은 유사한 형태로 재활용될 수도 있고(바꾸든지, 팔든지 아니면 다른 누군가에게 건네지든지), 파괴될 수 있으며 혹은 반품될 수도 있다. 파괴는 선물을 준 사람에게 복수하는 방법 중 하나이지만 보통 실제 행동보다 기분 좋은 공상일 경우가 많다. 선물을 상품에 반품하는 것은 소비자들에게는 부정적인 정서적 경험이 될 수 있음을 유통기관에 있는 사람들은 알아 둘 필요가 있다. 왜냐하면 소비자들이 오래된 옷들을 다른 사람에게 주고 차를 남에게 팔고 혹은 이웃 청소에 참여할 때, 낭비된 물을 재활용하는 것처럼 집단적 혹은 사회적 특성을 지닌 활동으로 구성될 수 있기 때문에 처분은 한 개인 이상의 일이 된다.

1.4.6 의미있는 물건의 처분 및 재활용

비록 처분은 원하지 않거나, 의미 없거나 혹은 다 써버린 소유물을 단순히 없애 버리는 것을 종종 의미하고 있더라도 그 과정은 일반적으로 어떤 의미 있는 물건과 더욱 가깝게 연관되어 있다. 소유물들은 어떤 때는 중요한 상징적 의미를 가지고 주입된 자아(Self)에 대한 중요한 반영물이 될 수 있다. 또한 소유물들은 우리가 누구인지를 정의하고 그리고 우리의 개인사를 일목요연하게 작성하고 있다. 이러한 상황에서 처분은 다음과 같은 두 가지 과정을 포함하고 있다(물리적 분리와 정서적 분리).

우리는 대부분 처분을 물리적 분리(Physical detachment)로 생각하는데 이는 물건이 다른 사람이나 장소로 물리적으로 이전되는 과정을 말한다. 그러나 정서적 분리(Emotional detachment)는 보다 구체적이며 지루하며 그리고 어떤 때는 고통스럽기도 한 과정이다. 종종 소비자들은 물리적으로 분리된 후에도 오랫동안 소유물에 정서적으로 애착을 갖는다. 예를 들어, 어떤 사람이 가치있는 집이나 자동차를 팔았다는 사실을 이해하게 되기까지는 수년이 걸릴 수도 있다. 어떤 때는 아기나 애완동물을 입양 때문에 포기하는 것은 슬픔과 우울함으로 귀결되는 어려운 정서적 분리의 사례이다. 사실, 잡동사니를 즐겨 수집하는 사람이라 하더라도 가치가 거의 없는 소유물들을 처분하는 데에도 어려운 시간을 보낸다. 심지어 어떤 물품이 새로운 물품과 할인되어 교환될 때에도 정서적 애착은 소비자들이 기존 물품에 대해 인식하는 가치를 제고시키기 때문에 처분과 구매에 대한 의사결정을 복잡하게 만들고 있다.

처분 과정은 사춘기, 졸업 그리고 결혼 등 역할의 전환기 동안에 특히 중요해질 수 있다. 이러한 예에서 소비자들은 과거 역할의 상징이었던 소유물들을 처분한다. 예를 들어, 결혼하자마자 많은 사람은 사진, 장신구 그리고 선물 등 옛날 관계를 표현해 주는 물품들을 처분한다. 공유한 물품들을 처분하는 것은 이혼 시 중요한 과정이다. 두 가지 종류의 처분이 규명되었다.

① 떨어지기 편하기 위한 처분(Disposition to break free) : 이 경우의 목표는 기존 관계로부터 자유로워지는 것
② 멈추기 위한 처분(Disposition to hold on) : 이 경우의 의도는 관계가 교정될 수 있었으면 하고 바라면서 소유물에 매달리는 것

소비자들은 또한 죽음을 앞두고 자신들의 소유물이 어떻게 분배되어야 하는지를 상세히 기술한다. 이는 중요한 가족 구성원들, 다른 개인들 그리고 자선기관과 학교와 같은 단체들에 자신의 재산을 수여하고 아울러 유언장을 통해서 금전적 부를 나누어 주는 것을 포함할 수 있다.

자연자원 보존에 대한 관심 때문에 처분행동에 대한 연구는 재활용(Recyeling) 프로그램 개발에 대한 소중한 통찰력을 제공해 주고 있다. 이러한 사실에서 본다면 수많은 연구가 재활용에 관련된 요인들을 검토하는 데 관심을 기울여 왔다. 예를 들어, 많은 연구에서는 재활용에 대한 태도가 쓰레기 재생과 재활용품 쇼핑행동에 영향을 미치고 있음을 보여주고 있다. 소비자 재활용을 이해하는 데 있어서 가장 유용한 변수들은 재활용에 대한 동기부여, 능력 그리고 기회라 할 수 있다.

첫째, '재활용에 대한 동기부여'는 소비자들은 돈, 시간 그리고 노력을 포함해서 비용보다 이익이 더 많다고 인식할 때 재활용할 가능성이 커진다. 즉각적인 혜택이나 목표는 쓰레기 매립 회피, 쓰레기 감소, 물건 재사용 그리고 환경보존 등을 생각해 볼 수 있다. 고차원의 목표는 건강증진 및 질병예방, 생명연장 목표달성 그리고 미래세대를 위한 준비 등이다. 이러한 혜택은 상황에 따라 달라질 가능성이 있다. 예를 들어, 환경 효과에 초점을 맞추는 것은 폭력이 주요 문제가 되고 있는 이웃에게는 별 의미를 가지고 있지 않다. 또한 그들의 노력이 효과를 갖게 될 것이라고 인식하고 있는 소비자들은 그렇지 않은 소비자들보다 재활용에 대한 동기부여가 크게 이루어진다. 마찬가지로 재활용이 가능한 자원들을 가지고 오기 위해서 깨끗하고 편리한 장소를 소유하는 것은 소비자 동기부여를 향상시킨다.

둘째, '재활용 능력'으로 어떻게 재활용하는지를 알고 있는 소비자들은 그렇지 않은 소비자들보다 그렇게 할 가능성이 더욱 크다. 독일 소비자들에 대한 한 연구에서는 지식의 결여가 잘못된 처분으로 연결되고 결국은 재활용이 덜 이루어지게 하는 것으로 밝혀졌다. 소비자들은 또한 재활용의 긍정적 환경 효과에 대한 일반적인 지식을 반드시 가지고 있어야 하며 그들의 일상생활의 한 부분으로서 재활용을 기억해야만 하는 것이다.

셋째, '재활용 기회'로 만약 재활용이 가능한 물체를 분리하고 저장하며 치우는 것이 어렵거나

의미있는 물건의 처분/재활용

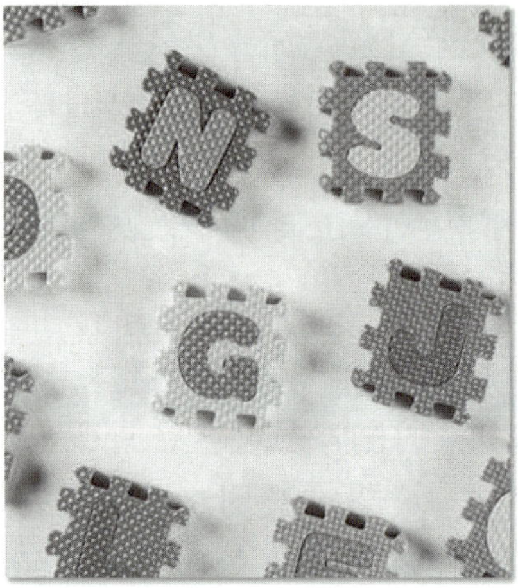

의미

- 의미 있는 물건의 처분

(1) 물리적분리: 물건을 물리적으로 버리기도 한다.

(2) 정서적 분리: Feeling(감정)까지 사라지게 되면
그 brand 싫어 한다.
그러므로 정서적 분리까지 되면
다음에는 구매하지 않는다.

- 재활용: 재활용은 어떻게 하는지

(1) 동기부여: 재활용을 하는 사람들은 대체로 "검소"
한 사람이고 "자연보호주의자"이다.
소비자들의 가치관이 어떻느냐? 어떤
가치관과 능력, 기회를 가지고 있느냐?

(2) 능력

(3) 기회

[그림 8-18] 의미있는 물건의 처분 및 재활용

불편하다면 소비자들은 일반적으로 그렇게 하는 것을 회피하게 될 것이다. 재활용이 가능한 물체를 넣기 위해 눈에 띄는 색으로 기호를 쓴 바퀴달린 커다란 플라스틱 용기를 제공하는 독일의 한 프로그램은 상당히 성공적이었다. 게다가 소비자들은 쓰레기 처분에 대한 옛 습관을 버리고 새로운 재활용 행동을 개발해야만 했다. 사용이 편리한 용기를 제공하는 것 역시 이러한 관점에서 소비자들을 도울 수 있다. 또한 끊임없이 소비를 위해서 소프트드링크 같은 제품을 구매하는 소비자들은 빈 병이나 빈 캔을 재활용할 수 있는 기회를 거의 갖지 못한다.

2 JetBlue Airways

2.1 Case Study-JetBlue

2.1.1 JetBlue 소개

Jet Blue 항공사는 모든 항공편이 승객들을 만족시키며 그들의 로얄티를 강화시킬 수 있는

[그림 8-19] JetBlue 소개 4가지

또 다른 기회임을 잘 알고 있다. 뉴욕의 JFK 공항에 근거지를 두고 있는 JetBlue는 2000년도에 처음으로 운항을 개시했으며 현재는 10개 이상의 미국 도시들과 카리브 연안의 휴가지역들을 비행하고 있다. 이 항공사는 많은 저가 항공사들이 제공하지 않은 낮은 항공운임과 특별함이 있는 친절한 서비스를 자랑하고 있다. JetBlue는 넉넉한 공간의 가죽시트, 모든 승객을 위한 위성 TV 및 라디오 그리고 무료 Dunkin Donuts 커피를 모든 항공편에서 제공하고 있다(그림 8-19).

로열티가 있는 고객들은 항공부문의 많은 조사에서 JetBlue를 최고로 꼽고 있으며 기회가 있을 때마다 이 항공사를 이용하고 있다는 사실은 놀랄 만한 일이다. JetBlue는 이러한 수상 사실뿐만 아니라 시작부터 끝까지 제공되는 탁월한 여행 경험에 대한 고객들의 기대를 제고시키는 것에 대해서 대대적으로 홍보를 해 왔다. 이러한 서비스 약속을 이행한 것은 JetBlue가 거의 30억 달러(3조 6천억 원)까지 연간 매출을 늘리는 데 도움을 주었다.

2.1.2 JetBlue 고객중심

JetBlue 저가항공사의 경우 다른 항공사에 비해 전개한 차별화전략 4가지에 대해서 설명하고자 한다(그림 8-20).

[그림 8-20] JetBlue 고객중심 추구 4가지

첫째, '여유로운 공간 확보'이다. 저가항공사의 경우 특히 앞좌석과 뒷좌석 간의 간격이 좁은 것이 가장 큰 단점이다. 이러한 좌석간의 간격을 여유롭게 하여 고객들에게 편리함을 증대시켰다.

둘째, '조기탑승'을 시킨다. 소비자들이 비행기 밖에서 지연이 되어 오랫동안 기다리게 하는 것은 소비자에게 불만을 증대시키는 행동 중에 하나이다. 이러한 지연이 아닌 조기탑승을 통해 소비자의 불만을 최대한 축소시켰다.

셋째, '오버 헤드 빈(bin)을 조기오픈' 시킨다. 소비자들이 탑승을 할 때 좌석위에 짐을 싣는 과정에서 '오버 헤드 빈'을 여는 불편함과 탑승소비자의 좌석에 탑승하는 대기시간이 길어지는 것을 최소화하기 위해 '오버 헤드 빈을 조기에 오픈'시켜 소비자의 불편을 최소화시켰다.

넷째, '스낵, 음료를 무료제공' 하였다. 미국 항공사의 경우 스낵과 음료를 제공받기 위해서는 한국과 달리 5불(6천 원)을 내야 한다. 스낵과 음료를 미국인에게 무료 제공하는 것은 미국인들에게는 큰 혜택에 해당이 된다. 이와 같이 4가지의 차별화전략으로 JetBlue 항공사는 고객중심의 항공사로 성장하게 되었다.

2.1.3 JetBlue 발전

JetBlue 항공사의 경우 다음 4가지의 실적을 내며 발전하였다(그림 8-21). 첫째, 운항개시 6개월 만에 흑자로 전환이 되었다. 둘째, 71.6%라는 경이로운 탑승률을 기록하였다. 셋째, 첫해에만 100만 명이 넘는 승객이 이용하였다. 넷째, 설립 후 3년째 되는 해에 영업매출 9억 9,840만 달러(1조)로 급상승하였다.

[그림 8-21] JetBlue의 발전

2.1.4 JetBlue 작은 고비/작은 사건

JetBlue 항공사의 경우도 항상 좋은 일들만 있었던 것은 아니다. 그동안 있었던 작은 고비 2가지에 대해서 설명하고자 한다(그림 8-22).

첫째, 테러위협 요인으로 간주될 수 있는 위험인물을 찾아내기 위해 FBI에 승객 개인정보를 유출하여 소비자들에게 부정적인 인상을 주었다. 고객정보의 비밀유지는 기업으로서 소비자들의 신뢰를 줄 수 있는 중요한 요인인데 이런 부분을 지키지 못하여 소비자들에게 부정적인 인상을 주었다.

둘째, 비행기 앞바퀴 문제로 비행사고가 발생하였다. 귀인이론에 의해서 어떤 원인으로 어떤 결과가 나왔는지 파악했고 실수로 판정이 나서 넘어가게 된 사건도 있었다.

2.1.5 JetBlue 문제의 발생

JetBlue의 고객들이 편안한 비행을 기대하면서 공항에 도착했을 때 이 대신에 공항에서 잠을 자야 한다거나 머물고 있는 비행기 내에 갇히게 된다면 어떤 일이 발생할까? 이러한 서비스

JetBlue 작은 고비/작은 사건사고
: JetBlue는 작은 고비와 사건사고가 일어 났다.

작은 고비

- 2003년 9월 테러위협 요인으로 간주될 수 있는 위험인물을 찾아내기 위해 FBI에 승객 개인정보 유출을 하여 소비자들에게 부정적인 인상을 주었다.

작은 사건사고

- 2005년 9월 21일 이륙 직후 앞바퀴 문제로 비행사고가 발생하였다.
- 귀인이론에 의해서 어떤 원인으로 어떤 결과가 나왔는지 파악했는데 실수로 판정이 나서 넘어가게 되었다.

[그림 8-22] JetBlue의 작은 사건

악몽은 2007년 발렌타인데이 뉴욕에 얼음폭풍이 불어 닥쳤을 때 시작되었다. 그 얼음폭풍이 이내 그치고 다른 항공편들도 이륙할 수 있다고 믿었기 때문에 JetBlue는 승객들을 아홉 편의 비행기에 탑승하도록 했으며 문을 잠그고 활주로를 향해 비행기를 움직였다. 그러나 그 얼음폭풍은 계속해서 공항을 강타했으며 JetBlue는 활주로 부근에 정지할 수밖에 없었다. 얼음폭풍은 더 심해졌고 음식과 식수는 동이 났으며 화장실은 말할 수 없을 정도로 더러워졌으나 항공기들은 본부에서 다른 비행기를 보내 터미널로 데려오고 성난 승객들을 내리게 할 때까지 9시간 동안 밖에서 멈추어 서 있었다.

그날, JetBlue는 250편 이상의 항공편을 취소하였으며 JFK 터미널에 수천 명의 승객을 오도 가도 못하게 만들었다. 다음 날도 상황은 호전되지 못했다. 왜냐하면 JetBlue는 발이 묶인 승객들을 각자의 목적지까지 신속하게 공수할 수 있을 만큼 충분한 비행기들과 승무원들을 확보할 수 없었기 때문이었다. 뿐만 아니라 New York 공항에 묶여 있는 비행기들은 JetBlue에 의해 운행 중인 다른 도시로 운항시킬 수 없었으며 이는 항공사 전체 스케줄을 혼란에 빠뜨린 재앙이었다. 얼음폭풍이 발생하고 나서 이틀이 지났지만, 이 항공사는 11개 도시로의 운항을 전면 중단했으며 비행기들을 이동시키고 직원들을 재배치하는 동안 23%의 항공편을 취소하였다. 결국, 5일 동안에 1,000편 이상의 항공편이 최소 되었으며 이로 인해 JetBlue 고객들은 격분하고 좌절하였다.

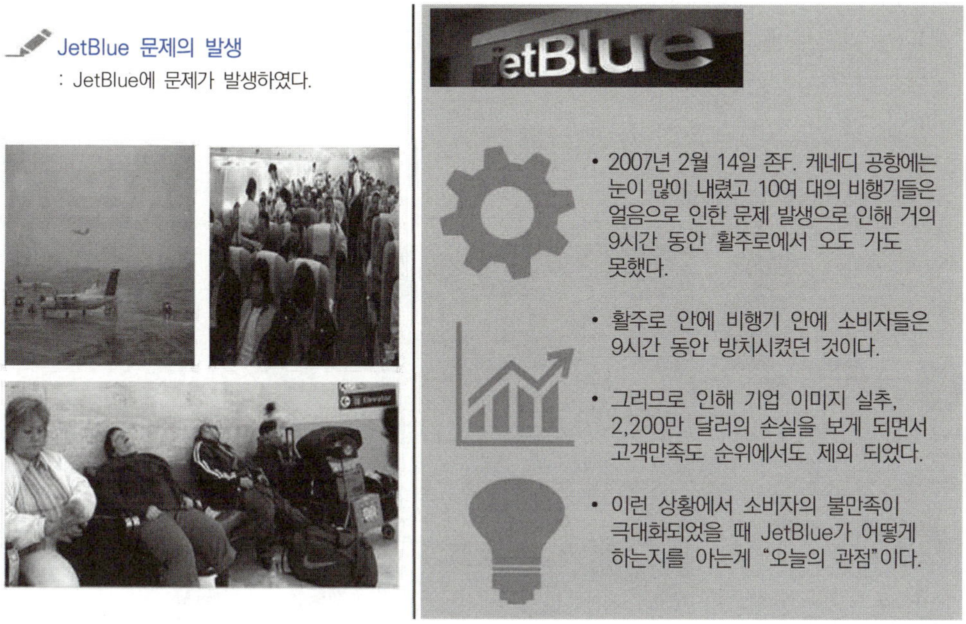

[그림 8-23] JetBlue의 큰 사건

2.1.6 JetBlue 위기관리

그러나 비록 이러한 서비스 악몽이 전국적으로 모든 언론 매체의 헤드라인을 장식했지만, 항공사의 최고경영자는 혼란을 수습하고 재발을 방지하며 그리고 활화산처럼 번지는 고객불만에 대해 고심하기 위해서 나름대로의 수순을 밟고 있었다. "이 일로 인해서 우리 회사는 전혀 다른 회사로 거듭 태어날 것입니다. 물론 이에 대한 준비는 비싼 비용을 치룰 것입니다. 그러나 이보다 더 중요한 것은 고객의 신뢰를 회복하는 것입니다"라고 최고경영자는 맹세하였다. 그러고 난 수일 후에, JetBlue는 고객권리장전(Customer Bill of Rights)을 발표하였는데 이는 항공편이 취소되거나 지연되는 고객들에게는 환불이나 탑승보증서를 제공하고 고객들이 이륙을 위해 5시간 이상 기다릴 경우 승객들을 전원 내리게 할 것을 서약한 것이었다.

결국, JetBlue는 얼음폭풍에 영향을 받은 고객들에게 환불하고 탑승보증서를 주기 위해서 4,000만 달러를 지불하였다. 그러나 결과적으로 이처럼 커다란 도전은 JetBlue의 손상된 명성을 바로잡아 주었다. 얼음폭풍 후, Business Week는 JetBlue를 2007년 고객서비스 챔피언 리스트에서 제외시켰다 : 위기 전에는 그 항공사는 4위에 올라 있었다. JetBlue는 고객권리장전을 계속 홍보했고 운항지연에 보다 효과적으로 대처하기 위해서 직원들 훈련을 더욱 강화하였고 매 항공편마다 모든 고객들의 만족시키는 노력을 2배로 하였다. 이러한 서비스 복구 단계들은

결실을 맺었다 : JetBlue의 매출은 계속 상승하였고 마침내 2008년 Business Week의 고객서비스 챔피언 리스트에 7위로 올랐다.

순위	저가 항공사	일반 항공사
1	제트블루	알래스카
2	사우스웨스트	컨티넨탈
3	웨스트제트	아메리칸
4	에어트랩	델타
5	프론티어	에어 캐나다

[그림 8-24] JetBlue의 위기관리 대응방법 5가지

학습정리

1. 의사결정 후 과정

1) 불일치 및 후회

(1) 불일치 : 내가 기대했던 것에 미치지 못한 것을 말한다.

(2) 후회

① 내가 잘못했다고 후회하는 것으로 내가 잘못한 것에 대한 확신을 말하며 불일치보다 강한 불만족의 감정을 말한다.

② 동기가 높은 상황에서는 불일치가 후회의 감정이 잘 생기지 않는다.

2) 소비자 경험학습(조작적정의 모델)

(1) 조작적정의 모델

"사람이 어떻게 신념을 바꾸어 가는지를 보여주는 모델'로 사전경험에서 자기의 믿음이 본인이 어떻게 될 것이라고 예상한다고 → 자신이 노출하고→ 자기 마음 속으로 코딩하고 → 내가 예측한 것과 현상이 맞는지에 따라 → 맞으면 유지하고 맞지 않으면 버린다.

① 친숙성 : 기존지식이 높으면 예상이 잘 맞는다.

② 동기부여 : 동기가 높으면 생각을 많이 한다.

③ 애매성 : 증거가 얼마큼 정확하게 제시되느냐에 따라서 '학습모델'이 바뀔 수도 안 바뀔 수도 있다.

위 모델에 영향을 주는 것이 있다. 소비자들의 친숙성, 동기부여, 정보의 애매성에 따라서 '학습모델'이 바뀔 수도 있고 안 바뀔 수도 있다.

(2) 소비자들이 학습을 하는데 영향을 주는 요인

① 동기부여 : 학습을 하고자 하는 동기(=결핍) 강할수록 학습에 고노력을 들인다.

② 사전친숙도, 사진지식 또는 사전능력 : 친숙도, 사전지식

③ 정보의 모호성, 불확실성, 기회부족 : 정보가 불확실하면 할수록 경험을 더 해 보려 한다.

④ 정보처리 편향 : 확증편향, 과신

3) 소비자들의 만족 또는 불만족(판단의 기준)

(불일치 패러다임 모델이론/귀인이론/공정성이론/감정모델이론)

(1) 구매 후 의사결정 시 감정반응으로 만족과 불만족 : 우리는 만족한다고 해서 100% 만족이라는 것이 없다. 예를 들면, 70% 만족과 같이 불만족 30%와 만족 70%가 복합적인 비율로 이루어져 있다.

① 효용주의적 차원 : "가방을 샀는데 튼튼해 그래서 좋아"와 같이 가방의 기능적인 부분을 만족한다는 효용주의적 만족이다.

② 쾌락적 차원 : "이 가방은 튼튼하지 않은데 디자인이 예뻐서 사람들이 내가 들고 다니면 이쁘다고 한다"와 같이 가방의 디자인적인 부분을 만족한다는 쾌락적 만족이다.

포미족(for me)

'자신을 위한다는 의미'로 자신을 위해 만족한다면 지갑을 연다.

스트레스가 원인인 강박 구매적 성향이 있으며 혼자 즐겁게 사는 특징을 가진다.

(2) 미국과 한국의 고객만족지수

① 미국 고객만족지수(ACSI) : 정기적으로 만족지수를 산업카테고리 별로 얼마나 만족을 하고 있는지를 보여준다.

② 한국 고객만족지수(NCSI) : 정기적으로 만족지수를 프랜차이즈 종류별로 다점포 수에 보여주며 이러한 모니터링은 자금이 많이 든다.

(3) 만족과 불만족의 판단기준 – 불일치 패러다임 이론

① '기대와 성과'의 불일치로 인한 불만족이 커진다.

예 기대는 10이고 주관적으로 판단은 2이면 gap은 8이다. 이러한 gap의 숫자가 작을수록 좋은 것이다. 이것이 '기대의 불일치이론'이다.

② 기대와 성과의 주관적인 판단이 부정적으로 치우치면 불만이 생긴다(서비스에서도 중요한 이론).

(4) 만족과 불만족의 판단기준 – 귀인이론

① '원인과 규명'에 의해 누구 잘못인지 귀인하기 때문에 불만족이 생긴다.

예 내가 식당서 음식을 먹다 흘리면 나의 잘못이기 때문에 식당 종업원에게 불만을 갖지 않는다. 그러나 식당 종업원이 음식을 나에게 흘렸다면 불만을 갖는다.

② 원인 규명 3가지 요소

- 안정성 : 계속 일어나는가?
- 초점 : 누구 잘못인가?
- 제어성 : 누가 막을 수 있었어?(막을 수 있는 정도)

(5) 만족과 불만족의 판단기준 – 공정성이론 : '투입 대비 결과'에 의해 만족과 불만족이 생긴다.

예 마트를 가는데 (차(기름)+주차+물건 찾고+시간)해서 스낵과자 한 봉지 : 80원에 살 수 있고 가까운 집 앞 가게에는 스낵이 100원이면 투입대비 '산출'에서 집 앞 가게가 싸다.

(6) 만족과 불만족의 판단기준 – 감정모델이론 : '감정'에 기반해서 만족과 불만족을 한다.

예 고급레스토랑 식사를 만원에 하고 동네식당 식사는 오천원에 한다. 그런데 의사결정 후에 기분은 고급레스토랑을 갔을 때 기분이 좋기 때문에 비싸도 만족하기 때문에 다음에 다시 고급레스토랑을 찾게 된다.

4) 불만족에 대한 반응

(1) 불만족이 생기면 소비자들의 행동유형

① 아무 행동도 취하지 않기 ② 구매중단 ③ 불평이나 반환

④ 부정적 구전 커뮤니케이션

(2) 불평하는 소비자들의 형태

① 수동형 : 어 그랬어? 하는 사람 ② 목소리형 : 목소리를 높여서 다니는 사람

③ 분노형 : 분노해서 화를 내는 사람 ④ 활동가형 : 커뮤니티를 형성하는 사람

(3) 고객유치전략1

① 불만족으로 인해 경쟁사의 브랜드로 전환하는 고객들이 65~85%이다.

② 핵심목표 : 고객유지

경쟁이 치열해지면 치열해질수록 기업은 만족의 유지가 중요하다.

(4) 고객유치전략2

① 고객에 대한 관심 ② 판매가 없을 때도 고객을 기억하라

③ 신뢰관계를 구축하라 ④ 서비스 배달과정을 모니터링하라

⑤ 추가노력을 제공하라

(5) 불만족 후 구매처분 방법
① 남에게 주기 ② 교환/재활용
③ 판매 ④ 소모
⑤ 버림/포기/파괴

(6) 의미있는 물건의 처분 및 재활용
① 처분 : 물리적 분리, 정서적 분리 ② 재활용 : 동기부여, 능력, 기회

2. JetBlue Airways

1) JetBlue 소개

(1) 2000년대 처음 운항
(2) 작은 항공사
(3) 넉넉한 공간/가죽시트
(4) 모든 승객 TV 및 라디오

2) JetBlue 고객중심

(1) 여유분의 공간
(2) 조기탑승
(3) 오버 헤드 빈(bin) - 조기 오픈
(4) 무료제공 스낵, 음료, 부가엔터테인먼트

3) JetBlue 발전

(1) 운항개시 6개월 만에 흑자
(2) 71.6%라는 경이로운 탑승률
(3) 첫 해에만 100만 명이 넘는 승객
(4) 설립 3년 영업매출 상승

4) JetBlue 작은 고비/작은 사건

(1) 작은 고비 : 테러위협 요인으로 간주될 수 있는 위험인물을 찾아내기 위해 FBI에 승객 개인정보 유출하여 소비자들에게 부정적인 인상을 주었다.
(2) 작은 사건사고 : 이륙 직후 앞바퀴 문제로 비행사고가 발생하였다. 귀인이론에 의해서 어떤 원인으로 어떤 결과가 나왔는지 파악하여 실수로 판정이 나서 넘어가게 되었다.

5) JetBlue 문제의 발생

죤F. 케네디 공항에서 눈이 많이 내려 9시간 동안 활주로에서 고객을 방치시키는 사건이 발생하여 기업의 이미지 실추, 2,200만 달러의 손실을 보게 되면서 고객만족도 순위에서도 제외되었다.

6) JetBlue 위기관리

(1) 빠른 대응
(2) 고객중심으로 생각
(3) 유튜브 진심 사과 CEO 사과문
(4) 트위터 활동한 고객과 관계유지
(5) 고객권리장전 발표

연습문제

해설 및 정답

1. 다음 소비자행동론 이론 중 '인지→감성→행동'을 통해 소비자가 행동한다고 주장하는 이론은?

① 소비자행동 모델　② 소비자 구매의사결정과정
③ 소비자 정보처리과정　④ 하이어라키모델

하이어라키모델은 소비자의 정신과 행동을 분석한 이론으로 소비자는 이성과 감성을 통해 제품에 대한 태도를 형성하고 태도를 형성 후 제품을 구매하는 행동을 한다는 이론이다.
[정답] ④

2. 다음 의사결정 후 가장 중요한 감정적 반응으로 무엇을 말하는가?

> 내가 잘못한 것에 대해서 확신을 한다.

① 불만　② 불일치
③ 후회　④ 불안

소비자들은 제품 구매 후 만족과 불만족의 감정이 생기는데 불만족 시 불일치에 의한 후회라는 감정이 생기면 다시는 그 제품을 구매하지 않으려는 확신이 생긴다.
[정답] ③

3. 다음 '사람이 어떻게 신념을 바꾸는지를 보여주는 모델'은?

① 소비자 구매의사결정과정　② 조작적 정의모델
③ 소비자행동 모델　④ 하이어라키모델

소비자들은 사전신념에 대한 새로운 지식과 연구결과 그리고 증거의 정확한 제시에 의해 신념을 바꾸게 된다는 모델이 조작적 정의모델이다.
[정답] ②

4. 다음 '학습에 영향을 주는 4가지 요인'이 아닌 것은?

① 동기부여　② 사전지식
③ 정보처리 편향　④ 불일치

소비자들의 학습에 영향을 주는 4가지 요인으로는 동기부여, 사전지식, 불확실성, 정보처리 편향이 있다.
[정답] ④

5. 다음 소비자들이 만족과 불만족을 하는데, 있어 판단의 기준이 되는 이론이 아닌 것은?

① 불일치이론　② 귀인이론
③ 불공정이론　④ 감정모델이론

소비자들은 제품 구매 후 만족과 불만족을 하는데, 판단기준이 되는 이론으로 불일치 패러다임 이론, 귀인이론, 공정성이론, 감정모델이론이 있다.
[정답] ③

6. 다음 '감정을 기반으로 만족과 불만족'을 일으키는 이론은?

① 불일치이론　② 감정모델이론
③ 귀인이론　④ 불공정이론

소비자들은 제품 구매 후 만족과 불만족을 하는데 판단기준이 되는 이론으로 '감정'을 기반으로 만족과 불만족을 일으키는 이론은 감정모델이론이다.
[정답] ②

7. 다음 '투입 대비 결과를 기반으로 만족과 불만족'을 일으키는 이론은?

① 불일치이론 ② 공정성이론
③ 귀인이론 ④ 불공정이론

소비자들은 제품 구매 후 만족과 불만족을 하는데 판단기준이 되는 이론으로 '투입 대비 결과'를 기반으로 만족과 불만족을 일으키는 이론은 공정성이론이다.
[정답] ②

8. 다음 '원인과 규명(행동)을 기반으로 만족과 불만족'을 일으키는 이론은?

① 공정성이론 ② 귀인이론
③ 불일치이론 ④ 일치이론

소비자들은 제품 구매 후 만족과 불만족을 하는데 판단기준이 되는 이론으로 '원인과 규명'을 기반으로 만족과 불만족을 일으키는 이론은 귀인이론이다.
[정답] ②

9. 다음 '기대와 성과의 gap의 결과를 기반으로 만족과 불만족을 일으키는 이론'은?

① 불일치이론 ② 감정모델이론
③ 공정성이론 ④ 일치이론

소비자들은 제품 구매 후 만족과 불만족을 하는데 판단기준이 되는 이론으로 '기대와 성과'를 기반으로 만족과 불만족을 일으키는 이론은 불일치 패러다임 이론이다.
[정답] ①

10. 다음 고객만족도를 증가시키기 위해 '고객권리장전'을 만든 항공사는?

① 상하이항공 ② Haneda
③ 아시아나항공 ④ JetBlue

JetBlue 항공사는 '고객권리장전'을 만들어서 고객이 불이익을 당했을 때 어떠한 보상을 해줄 것인지에 대한 매뉴얼을 만들어 신속한 보상을 처리한다. 그러므로 고객만족도가 증가하게 되었다.
[정답] ④

[주관식 문제]

11. 소비자가 학습을 하는 데 영향을 주는 요인은?

동기부여는 학습을 하고자 하는 동기가 강할수록 학습에 고노력을 들이며 사전친숙도, 사전지식 또는 사전능력은 친숙도, 사진지식을 말하며 정보의 모호성, 불확실성, 기회부족은 정보가 불확실하면 할수록 경험을 더 해 보려 한다. 정보처리 편향은 확증편향, 과신을 말한다.
[정답] 동기부여, 사전친숙도, 사전지식 또는 사전능력, 정보의 모호성, 불확실성, 기회부족, 정보처리 편향

12. 소비자들의 만족 또는 불만족의 판단의 기준이 되는 이론 4가지는?

'불일치 패러다임 모델이론'은 '기대와 성과'의 불일치로 인한 불만족이 커진다는 이론이며 '귀인이론'은 '원인과 규명'에 의해 누구 잘못인지 귀인하기 때문에 불만족이 생긴다는 이론이다. '공정성이론'은 '투입 대비 결과'에 의해 만족과 불만족이 생긴다는 이론이며 '감정모델이론'은 '감정에 기반'해서 만족과 불만족을 한다는 이론이다.
[정답] 불일치 패러다임 모델이론, 귀인이론, 공정성이론, 감정모델이론

13. 불평하는 소비자의 형태 4가지 유형은?

불평하는 소비자 유형으로는 '수동형'으로 어 그랬어? 하는 소비자이며 '목소리형' 소비자로는 목소리를 높여서 다니는 소비자를 말한다. '분노형' 소비자는 분노해서 화를 내는 소비자이며 '활동가형' 소비자는 커뮤니티를 형성하는 소비자를 말한다.
[정답] 수동형, 목소리형, 분노형, 활동가형

[토론식 문제]

14. 소비자의 불만족 후 구매처분 방법에 대해서 토론해 봅시다.

15. JetBlue의 위기관리 방법에 대해서 토론해 봅시다.

제 5 부
TV 광고의 이해

제5부 제9장에서는 '소비자 정보처리과정 이론에 근거한 주의를 증대시키는 광고를 만들기 위한 사례연구'에 대한 부문이다. 소비자행동론의 BIG PICTURE의 3가지 이론인 '소비자 구매의사결정과정', '소비자 정보처리과정', '하이어라키모델' 중에서 '소비자 정보처리과정'의 노출, 주의, 지각, 태도, 기억의 단계를 거치면서 기업들의 광고는 소비자의 기억 속에 오래도록 남는다. 이러한 5단계를 거치면서 광고를 제작하는 프로세스에 대한 사례를 여러 광고별로 혹은 한 개의 기업에 대한 광고를 소비자 정보처리과정에 근거하여 만드는 방법에 대한 사례 3가지에 대해서 소개하고자 한다.

제5부에서는 소비자 정보처리과정을 근거로 한 광고제작 방법의 사례에 대한 각 5단계에 대한 사례를 제시하였으며 본 9장은 제1부에서 제4부까지 배운 내용을 토대로 주의를 증대시키는 실질적인 광고 작성 내용으로 구성하였다.

제 9 장

소비자 정보처리과정에 근거한 광고 분석

이 장에서 학습하는 내용

- 소비자행동론
- 소비자 정보처리과정
  노출, 주의, 지각
  태도, 기억

이 장의 학습목표

- 소비자행동론에 대해 이해한다.
- 소비자 정보처리과정에 대해 이해한다.
- 노출의 종류에 이해한다.
- 주의를 증대시키는 광고를 이해한다.
- 지각을 증대시키는 종류를 이해한다.
- 정교화 가능성 모델에 대해 이해한다.
- 기억의 종류에 대해 이해한다.

1 광고 분석

'소비자 구매행동 모델'은 마케팅부서가 소비자의 행동을 분석하는 '소비자행동론'의 3가지 이론인 소비자의 행동을 분석하는 '소비자 구매의사결정과정'과 소비자의 정신을 분석하는 이론인 '소비자 정보처리과정' 그리고 소비자의 정신과 행동을 같이 분석하는 이론인 '하이어라키모델'이 서로 어떻게 연결되어 있는지 보여주는 모델이다(제3장 참조).

이번 제9장에서는 소비자행동론 BIG PICTURE의 3가지 이론 중 첫 번째 이론인 '소비자 구매의사결정과정의 5단계'와 두 번째 이론이 '소비자 정보처리과정의 5단계'에 대한 이론을 근거로 광고가 마케팅전략보고서에서 어디쯤 위치하고 있고 이런 광고를 제작하기 위해 소비자 행동론의 BIG PICTURE 3가지 중 '소비자 정보처리과정'에 근거한 이론을 근거로 '소비자의 주의를 증대시키는 광고의 유형'에 대한 4가지와 태도이론(정교화 가능성 모델)을 통해 소비자들이 광고를 기억할 때 이성과 감성, 중심경로와 주변경로를 통해 기억에 오래 남을 수 있는 태도를 형성하는 과정에 대해서 소개하고자 하며 그러한 예를 적용한 광고를 예시로 소개하고자 한다(그림 9-1).

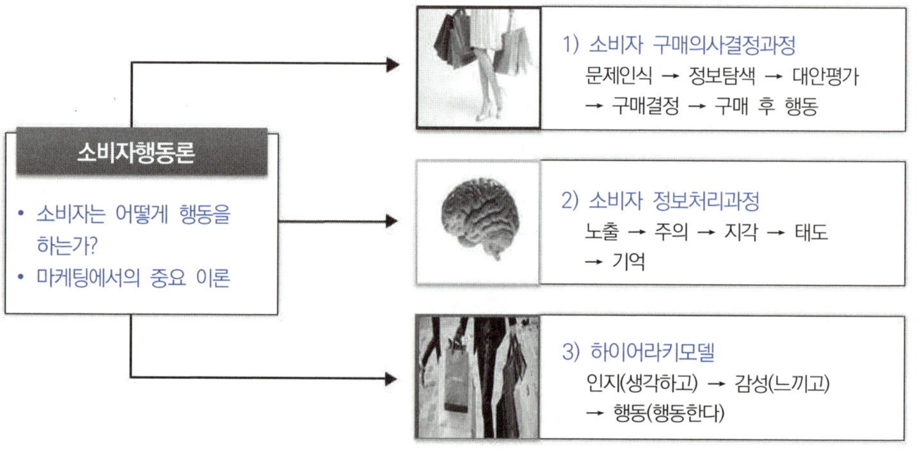

[그림 9-1] 소비자행동론의 BIG PICTURE

2 소비자 정보처리과정에 근거한 광고 분석

산업사회부터 21세기 정보화 사회로 넘어오면서 마케팅의 중점도 제품 위주에서 고객 지향적으로, 이성적 소비에서 감성적 소비로 바뀐다고 한다. 이와 병행하여 마케팅, 심리학 분야에서는 설득에 관한 감성 요인의 역할에 대한 관심이 고조되어 왔다. 전체적으로 소비자행동 연구의 초기 성향은 소비자의 이성적 선택이나 동기적 욕구, 그리고 합리적 정보처리과정에서 초점을 맞춘 것들이었다. 즉 이성적 소비자를 가정한 소비자행동 연구였던 것이다. 그러나 소비자행동의 합리적 측면에 초점을 맞춘 이론들만으로 그 전부를 이해하는데 부족하다는 자각이 일어나면서, 행동의 비이성적 측면에 대한 관심이 고조되기 시작하였다.

광고소구에 대한 기존 연구들은 이성적 소구에 근거한 특정한 소구의 효과만을 설명하고자 하였다. 즉 소비자의 주의를 집중시키는 광고 유형 4가지(관련성 있는 광고, 즐거운 광고, 놀라운 광고, 처리하기 쉬운 광고) 소구와 관련된 논문(Arch and Davenport Jr; Jeffrey and Richard; Richard and Jerry; Robert and Daniel)은 있으나 현존하는 주의를 증대시키는 광고의 사례별로 광고 태도를 형성하는 4가지의 감성적 요인을 분석하여 광고별 긍정적 광고 태도 증가시키는 요인을 분석한 연구는 없는 상황이다.

본 교재에서는 소비자들이 광고에 의해 형성된 태도에 의해 제품 구매로 연결되는 과정 속에 광고의 영향력은 지대하다고 할 수 있다. 그러므로 Hoyer and Maclnnis에서 제시한 소비자의 주의를 집중시키는 광고 유형 4가지, 즐거운 광고, 놀라운 광고, 처리하기 쉬운 광고별로 Kevin, Eric and Bianca가 제시한 광고 태도를 형성하는 4가지 감성 요인 중 어떠한 요인에 의해 긍정적인 광고 태도에 형성하는 데 영향을 미치는지 제3장에 이어 제9장에서는 예시를 통해 살펴보고자 하였다.

2.1 주의를 증대시키는 광고 유형

주의(Attention)는 '소비자 정보처리과정'의 두 번째 단계로 소비자들의 주의를 집중시키는 단계로 광고를 소비자들이 기억시키기 위해서는 노출된 광고를 주의를 통해 집중을 시켜야 한다. 주의는 특정 자극을 처리하는 활동의 정도를 말한다. 소비자들은 그들이 처리할 수 있는 수준보다 더 많은 정보에 노출되는 감각 과잉(Sensory overload) 상태에 있다. 우리 사회에서, 이러한 현상은 상업적인 쪽에서 많이 생기며, 주의에 대한 경쟁은 점차 더 심해지고 있다. 현대인들이 하루에 접하게 되는 광고의 숫자는 3천여 개에 달한다고 한다. 이처럼 현대인들은 매일 매일 수천 개의 정보에 노출되어 원하든 원하지 않든 간에 정보의 포화상태에 빠져 있으며 이로 인한 심리적 정보처리 과부하 상태를 경험하고 있다고 볼 수 있다.

정보를 처리하는 뇌의 능력은 한정되어 있기 때문에, 소비자들은 무엇을 주목할 것인가에 대해 매우 선택적이다. 인지적 선택의 과정은 사람들이 그들이 노출되는 자극의 아주 작은 부분에 대해서만 주의를 기울인다는 것을 의미한다.

이와 같이 소비자들의 기억에 남기 위해서는 처음 대하는 다른 형태의 많은 자극들은 경쟁을 하여야 하며 그중 광고회사들이 만든 광고들은 소비자들의 주의를 끌어내기 위해서는 광고 제작 시 몇 가지의 광고 유형을 통해 주의를 증대시킬 필요가 있다.

2.1.1 관련성 있는 광고

주의를 증대시키는 광고의 유형 네 가지 중 첫 번째로는 '관련성 있는 광고'이다. 소비자들은 본인과 관련되어 있는 광고(Relevant advertising)에 주의를 더 집중하게 되는데 이러한 주의를 증대시키는 광고의 특징은 다음과 같다.

첫째, 광고 제작 시 개인적으로 가장 연관이 있는 내용의 광고를 통해 감각기관을 지각(인식)시키는 방법으로 현재 소비자의 감정과 목표 그리고 니즈와 가치에 호소하도록 광고를 제작하는 것이다. 현재 소비자가 필요로 하는 욕구에 해당하는 광고를 노출 시 소비자들은 그 광고에 더 주의를 집중하게 된다. 예를 들면 배가 고프면, 소비자들은 음식 광고에 주의를 더 많이 집중하게 되며 더운 한여름 저녁시간에 갈증이 날 때 맥주 광고가 나오면 더 많은 주의를 집중하게 되는 경우 그리고 다른 예시로 KB금융광고는 광고 속에 등장하는 젊은 아버지들에게 퀴즈를 통해 어린 자녀에 대한 여러 가지 질문을 던지던 도중 같은 질문 문항지로 아버님에 대해서 질문을 하게 된다. 우리 일상에서 항상 마주치는 아버님과 자녀에 대한 관련된 일상의 이야기를 통해 아이에 비해 아버님에 대해 소홀하게 대하는 현실 속의 이야기를 광고의 스토리로 만듦으로써 소비자들에게 광고에 대해서 좀 더 긍정적이며 주의를 집중시킬 수 있도록 하였다.

둘째, 광고 제작 시 소비자 본인과 유사한 광고모델을 선정하여 등장시킴으로써 소비자들은 본인과 비슷하다고 지각되는 광고모델이 등장하는 광고에 더 주의를 집중한다. 즉 소비자들은 자신과 비슷하게 생겼다든지 본인과 연관이 있다고 생각되는 광고 등장 모델을 보면 그 광고에 더 주의를 집중하게 된다.

마지막으로 광고 제작 시 결과에 대해 물어볼 때 수사적인 질문(실제로 대답을 전제로 하는 것이 아니라 수사학적 효과를 위하여 사용하는 의문문)으로 물어보는 것이다. "여러분~부자되세요."와 같은 수사적 질문에는 대답을 전제하는 것이 아니므로 아무도 대답하지 않는다. 이러한 대답은 너무나 명료하기 때문이다. 수사적 질문은 "여러분" 이란 단어와 같이 수사적인 질문을 소비자들이 받았을 때 주의를 기울이게 되며 그 질문에 대해서 집중하게 되고 생각하게 되므로 소비자들은 그 광고에 집중하게 된다.

2.1.2 즐거운 광고

주의를 증대시키는 광고의 유형 네 가지 중 두 번째로는 '즐거운 광고'이다. 광고회사는 선천적으로 소비자들의 기분을 좋아지게 하는 행동에 다가가려고 하는 경향을 가지고 있다. 광고회사는 소비자들의 주의를 증가시키기 위하여 매력적인 광고모델, 친숙한 음악, 유머 다음 세 가지와 같은 즐거운 광고(Pleasing advertising)를 통해서 광고 제작 시 주의를 증가시킬 수 있다.

첫째, 사람들은 매력적인 사람에게 더 긍정적인 태도를 보이고 신체적으로도 매력적인 광고모델이 사람들의 신념을 변화시키는데 더 효과적이다. 또한 신체적으로 매력적인 모델이 구매의도도 증가시킨다. Petty and Cacioppo는 고관여 상황에서는 광고 메시지의 질이 설득에 큰 영향을 미치지만, 저관여 상황에서는 주변 단서인 모델의 매력성과 신뢰성이 설득에 더 큰 영향을 미친다고 한다. 즉 광고 제작 시 매력적인 광고모델은 소비자들에게 신뢰성과 매력성을 통해 주의를 증대시킬 수 있다.

둘째, 소비자들에게 광고 시 친숙한 음악을 적용하는 것이다. 친숙한 음악은 우리의 기분을 긍정적으로 만드는 힘을 가지고 있다. 그 예로서, 광고대행사 GM의 대표는 '음악은 강력한 감정과 정서를 불러오고 즉각적인 인지능력을 창출시키게 하는 가장 좋은 방법이다."라고 말했다. 즉 광고 제작 시 소비자들이 젊은 시절에 좋아했던 음악을 광고에 삽입할 경우 그 광고에 대해 긍정적인 태도가 형성되고 그 광고에 주의를 집중하게 된다.

셋째, 유머를 사용하는 광고이다. Webster는 유머를 세 가지 차원으로 정의하고 있다.

① 유머는 우연한 상황, 사건, 행동 혹은 아이디어의 표현을 하는 데 있어서 나타나는 특질로서 어색함이나 웃음 혹은 부조화를 유발하는 것(웃음이나 즐거움)
② 상황, 아이디어, 해방 혹은 우연한 사건 등에서 우스움이나 부조화스러운 요소를 발견, 표현하고 평가하는 정신적인 능력(우스꽝스러운 표현 혹은 모방)
③ 우습게 하려는 행동이나 노력

즉 광고 제작 시 소비자에게 즐거움을 주는 스토리로 광고를 만들면 소비자들은 그 광고에 집중하여 주의를 증대시킬 수 있다. 캐논 광고- 안정환 편에서는 안정환 축구선수가 범인을 쫓고 있는 경찰관을 돕기 위해 공을 차서 범인을 잡으려고 찬 공이 경찰관이 맞고 범인이 도주한 스토리를 통해 웃음을 유발하는 광고를 통해 소비자들에게 재미와 웃음을 줌으로써 광고에 집중하게 한다. 유머를 통해 광고에 대해 긍정적인 태도가 형성되고 그 광고에 주의를 집중하게 된다.

2.1.3 놀라운 광고

주의를 증대시키는 광고의 유형 네 가지 중 세 번째로는 '놀라운 광고'이다. 노출된 자극이 예상하지 못한 진기하고 기이함을 가졌거나 수수께끼적인 특성을 가지고 있을 때 소비자들은 놀라움을 느끼게 되고 이런 놀라운 광고(Amazing advertising)는 주의를 집중할 가능성이 높아진다. 이러한 놀라움을 느끼는 독특함, 예상하지 못한 자극, 수수께끼 세 가지와 같은 마케팅 자극을 통해서 광고 제작 시 주의를 증가시킬 수 있다.

첫째, 광고 제작 시 독특함으로 소비자의 주의를 증대시킨다. 소비자들은 독특하고 새롭게 노출된 마케팅 자극에 대해서 주의를 증대시킬 가능성이 높다. 예를 들면 중국 소비자들에게는 우편물 광고나 이메일 광고는 새롭게 끌리는 수단이다. 따라서 그들은 그런 메시지에 유럽이나 미국 소비자들 보다 더 주의를 집중하고 마음을 연다. 이렇듯 진귀하고 기이함이 주의를 집중시키기도 하지만 항상 소비자들은 그렇다고 그것을 더 좋아하지 않을 수도 있다. 우리는 맛이 다른 음식과 항상 먹던 음식을 싫어할 수도 있다. 자극을 좋아하게 만드는 요인과 신기하게 만드는 자극 요인은 다르다.

둘째, 광고 제작 시 예상하지 못한 자극으로 소비자의 주의를 증대시킨다. 예상하지 못한 자극을 꼭 새롭게 만들 필요는 없으며, 다만 그것의 내용과 배치는 우리가 익숙해져 있던 것과 조금 다르게 바꾸므로 호기심을 불러일으키게 만들고 이런 자극을 확실하게 이해하기 위해서는 더욱더 많은 양의 분석이 필요하다. 사실, 예상 이외의 자극은 소비자들에게 그 광고가 유머가 담겨 있는 것으로 인식하게 만들기도 한다. 예를 들면, IBK 광고-송해 편은 송해 씨의 경우 96세의 나이에 어울리지 않게 IBK 광고에서 20대의 음악이라고 할 수 있는 랩(Rap music)을 하면서 예상하지 못한 모습의 자극을 보여주므로 광고 시청 시 소비자들이 광고에 집중하도록 만듦으로써 IBK 은행 광고는 더욱 잘 소비자들에게 기억하게 만들었다.

셋째, 광고 제작 시 수수께끼로 소비자의 주의를 증대시킨다. 수수께끼는 해답을 풀어나가는 과정에서 시각적 익살, 대조, 은유, 은율 등에 의해서 주의를 이끌어 낼 수 있다. 이런 요소들을 포함하고 있는 광고에 대해서 소비자들은 심도 있게 사고하는 심리가 있다. 그러나 다른 문화적 배경을 가지고 있는 소비자들은 미국 소비자들에게 친밀한 미국 광고의 은유와 해학을 이해하기 어렵다.

즉 광고 제작 시 수많은 자극에 노출되어 있는 소비자에게 놀라움을 주는 스토리로 광고를 만들면 소비자들은 그 광고에 집중하며 주의를 증대시킬 수 있다.

2.1.4 처리하기 쉬운 광고

주의를 증대시키는 광고의 유형 네 가지 중 네 번째로는 '처리하기 쉬운 광고'이다. 소비자들의 구매동기를 이끌어 내기 위해 광고는 노출된 자극에 주의를 집중시키기 위해서 개인적 관련성, 즐거움, 놀라움이 소비자들의 관심을 극대화하기는 하지만, 광고회사는 많은 광고 속에서 자사가 만든 광고를 소비자들에게 기억시키기 위해서는 소비자들이 느끼는 자극을 더욱더 증가시키는 데 집중할 필요성을 가지고 있다. 광고 제작 시 소비자의 입장에서 광고에 대한 자극을 쉽게 처리(두드러지게 처리)할 수 있다면 그 광고(Easy-to manage advertising)는 더욱더 주의를 집중시킬 것이다. 자극을 처리하기 쉽게 만드는 방법에는 크게 네 가지로 두드러진 자극, 구체적인 자극, 다른 정보에 비해 경쟁력이 있는 자극, 주변과 대조적인 자극이 있다.

첫째, 두드러진 자극으로 강도를 줌으로써 주위에 다른 것에 비해 눈에 잘 띄는 자극을 말한다. 이런 두드러짐(prominence)에 영향을 주는 요소로는 자극의 크기와 길이가 있다. 예컨대, 소비자들은 짧거나 작은 광고보다 크고 긴 광고에 더 많은 관심을 갖게 된다. 예를 들면, 작게 실린 광고 전화번호부 광고보다 크게 실린 광고에 더 많은 문의전화를 한다. 이것은 바로 위와 같은 이유를 잘 증명해 준다.

둘째, 구체적인 자극으로 광고 시 광고 슬로건(Advertising slogans)을 보면 추상적인 단어(태도, 배신, 기회, 기준, 충성, 자비 등)로 표현한 슬로건보다 구체적인 단어(사과, 접시, 고양이, 바다, 산, 망치 등)로 표현한 슬로건에 쉽게 주의를 집중하고 처리하기가 훨씬 쉬워진다. 구체성(Concrete)의 정의를 보면 '어떠한 자극을 구상할 수 있는 수준'을 말한다. 이것은 추상적인 단어 보다 구체적인 단어를 연상할 때 소비자들이 얼마나 더 쉽게 이미지를 연상하는지 보면 알 수 있다. 상표명에서도 구체성은 적용될 수 있다. 잘 알려진 주방 세제 중에서 Sunlight라는 주방 세제의 상표명이 Dawn, Joy, Palmolive보다 주방 세제의 상표명이 더 구체적이다. 햇빛(sunlight)이란 라벨이 다른 세제 명에 비해서 주의에 대한 획득 능력에 있어서 많은 장점을 가지고 있다.

셋째, 다른 정보에 비해 경쟁력이 있는 자극으로 처리하기 쉽도록 만드는 요인으로 '대조'를 들 수 있다. 흑백 신문의 경우 흑백 신문 속에 컬러 신문광고는 더욱 관심을 잘 이끌어 낸다. 또한 컬러로 방송하는 쇼 프로그램 사이에 흑백의 TV 광고는 더욱 두드러지게 보인다. 야쿠르트 -1976편의 광고를 보면 1976년도에 흑백으로 만든 광고를 현재의 컬러 TV 시대에 보여줌으로써 50대 이상의 소비자들에게 예전의 향수를 불러일으키며 시각적으로 컬러 색과 흑백색의 대비 광고를 통해 주의를 집중시키는 효과를 불러일으킨다.

넷째, 주변과 대조적인 자극으로 주변에 경쟁하는 다른 기업에 대한 정보가 없으면, 그 자극은 더 잘 눈에 띄게 된다. 예를 들면 간판으로 가득 둘러싸여 있는 도심의 한복판의 광고 간판보다 사람의 왕래가 거의 없는 교외의 한적한 도로의 간판 광고가 더 눈에 잘 띌 수 있다. 마찬가지로, 시각적으로 단순한 광고의 상표명이 혼란하고 복잡한 광고보다 더 소비자들에게 주목할 가능성이 높다.

2.2 태도를 형성 요인

소비자 정보처리과정 5단계 중 '태도'는 네 번째 단계로 소비자들이 광고를 기억하는 데 있어 '주의' 다음으로 광고를 분석하는데 중요한 단계가 바로 '태도'이다. 광고태도(Advertising attitude)는 어떤 대상이나 문제, 사람 또는 행위에 대해 우리가 좋아하거나 싫어하는 정도를 표현하는 전반적인 평가를 지칭한다.

첫 번째 접근방법은 태도가 인지 또는 신념에 기초를 둔다는 것이다. 이것은 태도가 외부로부터 받은 정보(광고, 판매원, 인터넷, 믿을 만한 친구 등)에 대해서 가지는 생각이나 기억으로부터 회상해 낸 정보에 기초할 수 있음을 의미한다. 한 연구에서, 제품 기능에 관한 정보를 전달하는 광고는 그 제품에 대한 생각을 불러일으키고 긍정적인 제품 태도를 자극한다는 것을 보여주고 있다.

두 번째 접근방법은 광고태도가 감정에 기초를 둔다는 것이다. 우리는 때로 단순히 좋게 느껴지거나 아름답게 보이기 때문에 그 제품광고에 대한 호의적인 태도를 가지는 경우가 있다. 마찬가지로, 우리는 제품을 사용하고 있는 다른 사람들의 감정을 대리적으로 경험하고 관찰함으로써 태도를 형성할 수 있다. 예를 들면, 스케이트보드를 타는 사람이 재미있게 보이면, 나도 저것을 타보면 재미가 있을 것이라고 믿을 수 있다. 사실, 한 연구에서 쾌락적 특성(제품 사용과 관련)과 효용적 특성(제품의 기능과 관련) 모두 제품 범주와 개별 브랜드에 대한 광고태도에 영향을 준다.

소비자들은 제품과 사람, 브랜드 등에 대한 태도를 형성할 때 이성과 감성으로 태도를 형성한다. 이렇게 이성과 감성은 태도를 형성하는 근거, 즉 기초가 되며 또한 소비자들이 쏟아부은 생각과 노력의 분량(MAO)은 자신들의 태도 형성과 변화과정에 영향을 준다(그림 9-2). '심리적 핵심요인'에서 언급한 대로, 소비자들은 정보처리와 의사결정을 하기 위해 심리적 핵심요인의 영향을 받는데 그 중 동기(Motivation), 능력(Ability), 기회(Opportunity) 등을 MAO라고 한다. 이른바 MAO가 높은 경우, 소비자들은 태도의 형성과 변화 및 의사결정에 매우 몰입하게 되고 많은 노력을 기울일 수 있다. 메시지를 생각하는 데 많은 노력이 요구되는 경우, '중심경로를 통한 처리(Central-route processing)'라는 용어를 연구자들이 사용하였다.

그러나 MAO가 낮으면, 소비자들의 태도는 진정한 장점의 분석 노력에 근거하지 않고 별로 관계가 없거나 피상적인 메시지 분석에 기초하여 이루어진다. 이러한 태도는 메시지 안에 포함된 주변적이거나 피상적인 단서에 기반을 두는 경향이 있기 때문에, '주변경로를 통한 처리(peripheral-route processing)'라는 용어가 사용되었다(그림 9-2).

이렇게 소비자들은 어떠한 제품이나 사람, 혹은 브랜드 등의 태도를 형성할 때 이성과 감성, 중심경로(MAO높음), 주변경로(MAO낮음)의 4가지 요소를 가지고 태도를 형성하게 되며 [그림 9-2]에서 제시한 15가지의 요인에 의해 좋은지 좋지 않은지 태도를 형성하게 되는데 이렇게 4가지 요소와 15가지 요인에 의해 태도를 형성한 이론을 '정교화 가능성 모델(ELM : Elaboration Likelihood Model)'이라고 한다.

광고 분석에 있어 앞에서 제시한 바와 같이 소비자 정보처리과정 다섯 단계 중 '주의'와 '태도' 단계가 가장 중요하다고 할 수 있다. 특히 '주의'는 광고를 기억하는 데 있어 소비자가 광고를 기억하는 데 있어 노출된 광고가 '주의', 즉 집중을 시키지 못하면 그 광고는 아무리 잘 만들고 아무리 많은 비용을 들여서 만들었다고 해도 기억할 수 있는 광고가 될 수밖에 없다. 기업들은

정의	• 태도는 어떤 대상, 문제, 사람, 또는 행위에 대해 좋아하거나 싫어하는 정도를 표현하는 전반적인 평가를 지칭한다.
태도의 중요성	1) 소비자의 반응은 자연스럽게 떠오르는 생각인 인지적 반응과 느낌이나 감정인 정서적 반응으로 구분된다. 2) 소비자의 태도는 고관여 제품일 경우에는 인지적 반응이 효과적이며 저관여 제품의 경우는 정서적 반응이 효과적인 것으로 알려져 있다.
태도의 기초	1) 인지: 태도형성의 한가지 접근 방법 : 외부로부터 받은 정보(광고, 판매원)에 대해서 기억으로부터 회상해 낸 정보에 기초 2) 감정: 태도형성의 한가지 접근 방법 : 단순히 좋게 느껴지기 때문에 그 제품에 대한 호의적인 태도를 가지는 경우
태도 형성과 변화의 역할	소비자가 쏟아 부은 생각과 노력 1) MAO(노력)가 높을 경우: 의사결정에 매우 몰입하고 노력을 기울일 수 있다. → 중심경로를 통한 처리 2) MAO(노력)가 낮을 경우: 주변적이거나 단서에 기반을 두는 경향이 있다. → 주변경로를 통한 처리

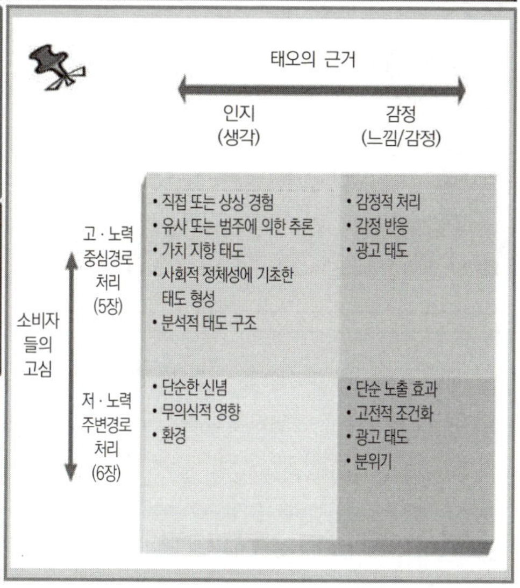

[그림 9-2] 태도(Attitude) - 정교화 가능성 모델

소비자들에게 기억할 수 있는 광고를 만들기 위해서는 첫 번째, '주의', 즉 집중을 시킬 수 있는 광고(관련성 있는 광고, 즐거운 광고, 놀라운 광고, 처리하기 쉬운 광고)로 소비자에게 시선을 끌 수 있는 광고를 만들어야 하며 두 번째 '태도'를 형성할 수 있는 광고를 만들어야 한다. 소비자들은 '주의'를 집중한 광고에 의해 지각하게 되며 지각된 광고는 '태도'를 형성하는데 '정교화 가능성 모델'에 의해 이성과 감성, 고관여와 저관여의 요소에 의해 광고가 좋은지 좋지 않은지 판단하여 그 광고를 긍정적으로 혹은 부정적인 광고로 기억하게 된다. 그러므로 광고는 '주의'를 집중시킬 수 있어야 하면 '태도'를 통해 긍정적인 광고로 기억시킬 수 있는 광고가 좋은 광고라고 할 수 있다.

다음 〈광고 예시〉에서는 기업에 대한 광고 예시를 통해 '소비자 정보처리과정' 프로세스 다섯 단계를 통해 기존의 광고를 적용해 광고를 분석한 예시를 제시하고자 한다.

〈광고예시〉

광고 속 소비자 정보처리 프로세스와 태도 이론
1

광고 속 소비자 정보처리 프로세스와 태도 이론
◀ 목 차 ▶
1. 소비자 정보처리 프로세스
- 노출
- 주의
- 지각
- 반응/태도
- 기억
2. 태도 이론
3. 참고 문헌
Movie Rain
2

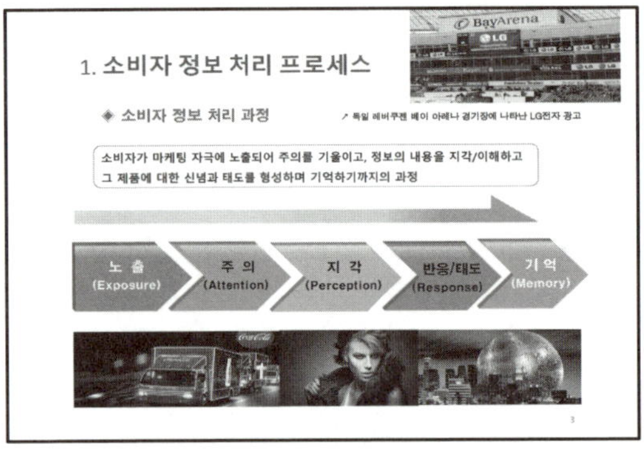
1. 소비자 정보 처리 프로세스
◈ 소비자 정보 처리 과정
↗ 독일 레버쿠젠 베이 아레나 경기장에 나타난 LG전자 광고
소비자가 마케팅 자극에 노출되어 주의를 기울이고, 정보의 내용을 지각/이해하고
그 제품에 대한 신념과 태도를 형성하며 기억하기까지의 과정
노 출 (Exposure)
주 의 (Attention)
지 각 (Perception)
반응/태도 (Response)
기 억 (Memory)
3

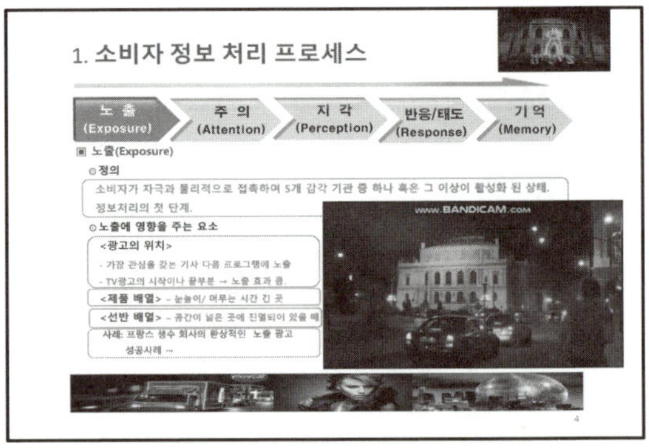
1. 소비자 정보 처리 프로세스
노 출 (Exposure)
주 의 (Attention)
지 각 (Perception)
반응/태도 (Response)
기 억 (Memory)
▣ 노출(Exposure)
⊙ 정의
소비자가 자극과 물리적으로 접촉하여 5개 감각 기관 중 하나 혹은 그 이상이 활성화 된 상태.
정보처리의 첫 단계.
⊙ 노출에 영향을 주는 요소
<광고의 위치>
- 가장 관심을 갖는 기사 다음 프로그램에 노출
- TV광고의 시작이나 끝부분 → 노출 효과 큼.
<제품 배열> - 눈높이/ 머무는 시간 긴 곳
<선반 배열> - 공간이 넓은 곳에 진열되어 있을 때
사례: 프랑스 생수 회사의 환상적인 노출 광고 성공사례 →
www.BANDICAM.com
4

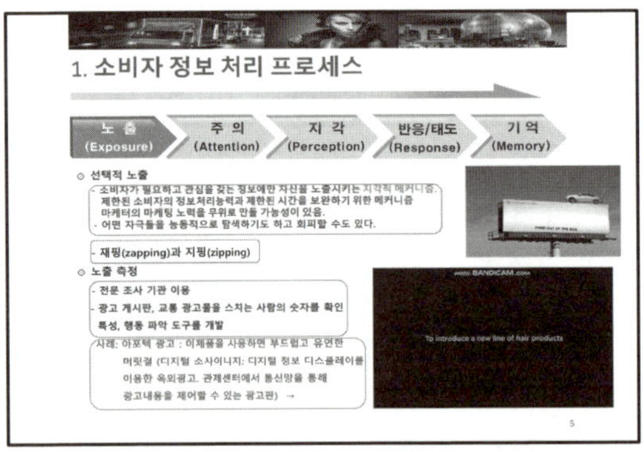
1. 소비자 정보 처리 프로세스
노 출 (Exposure)
주 의 (Attention)
지 각 (Perception)
반응/태도 (Response)
기 억 (Memory)
⊙ 선택적 노출
- 소비자가 필요하고 관심을 갖는 정보에만 자신을 노출시키는 지각적 메커니즘.
제한된 소비자의 정보처리능력과 제한된 시간을 보완하기 위한 메커니즘
마케터의 마케팅 노력을 무위로 만들 가능성이 있음.
- 어떤 자극들을 능동적으로 탐색하기도 하고 회피할 수도 있다.
- 재핑(zapping)과 지핑(zipping)
⊙ 노출 측정
- 전문 조사 기관 이용
- 광고 게시판, 교통 광고물을 스치는 사람의 숫자를 확인
특성, 행동 파악 도구를 개발
사례: 아모렉 광고 : 이제품을 사용하면 부드럽고 유연한 머릿결 (디지털 소사이니지: 디지털 정보 디스플레이를 이용한 옥외광고. 관제센터에서 통신망을 통해 광고내용을 제어할 수 있는 광고판) →
To introduce a new line of hair products
5

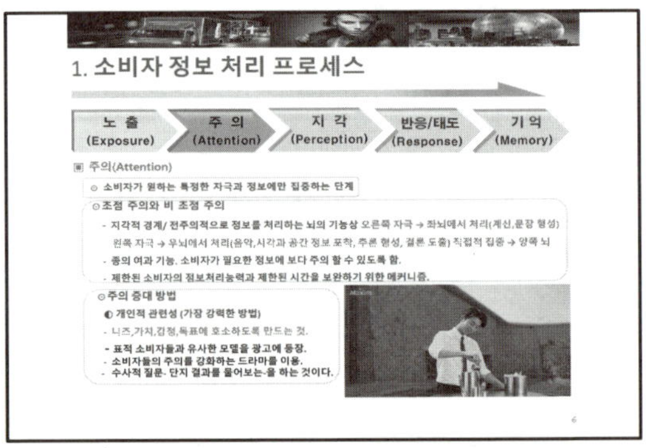
1. 소비자 정보 처리 프로세스
노 출 (Exposure)
주 의 (Attention)
지 각 (Perception)
반응/태도 (Response)
기 억 (Memory)
▣ 주의(Attention)
⊙ 소비자가 원하는 특정한 자극과 정보에만 집중하는 단계
⊙ 초점 주의와 비 초점 주의
- 지각적 경계/ 전주의적으로 정보를 처리하는 뇌의 기능상 오른쪽 자극 → 좌뇌에서 처리(계산,문장 형성)
왼쪽 자극 → 우뇌에서 처리(음악,시각과 공간 정보 포착, 추론 형성, 결론 도출) 직접적 집중 → 양쪽 뇌
- 종의 여과 기능. 소비자가 필요한 정보에 보다 주의 할 수 있도록 함.
- 제한된 소비자의 정보처리능력과 제한된 시간을 보완하기 위한 메커니즘.
⊙ 주의 증대 방법
◐ 개인적 관련성 (가장 강력한 방법)
- 니즈,가치,감정,목표에 호소하도록 만드는 것.
- 표적 소비자들과 유사한 모델을 광고에 등장.
- 소비자들의 주의를 강화하는 드라마를 이용.
- 수사적 질문- 단지 결과를 물어보는-을 하는 것이다.
6

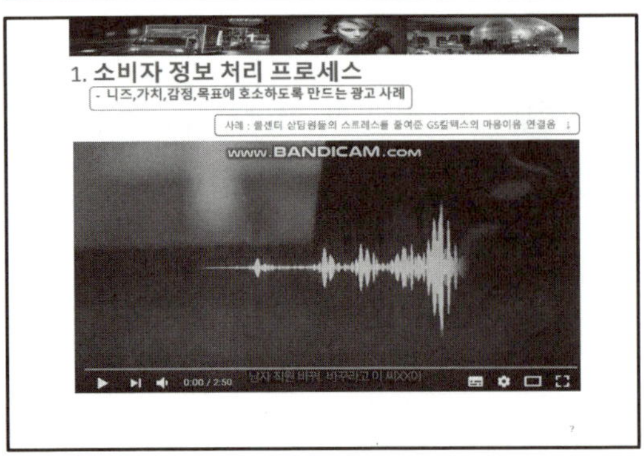
1. 소비자 정보 처리 프로세스
- 니즈,가치,감정,목표에 호소하도록 만드는 광고 사례
사례 : 콜센터 상담원들의 스트레스를 풀어준 GS칼텍스의 마음이음 연결음 ↓
www.BANDICAM.com
0:00 / 2:50
7

1. 소비자 정보 처리 프로세스
노 출 (Exposure)
주 의 (Attention)
지 각 (Perception)
반응/태도 (Response)
기 억 (Memory)
▣ 주의(Attention)
◐ 즐거운 자극 - 매력적인 모델의 이용/ 음악사용/ 유머사용
사례 : 캐논 광고 ↓
www.BANDICAM.com
3:23 / 27:12
8

1. 소비자 정보 처리 프로세스
노 출 (Exposure)
주 의 (Attention)
지 각 (Perception)
반응/태도 (Response)
기 억 (Memory)
주의(Attention)
즐거운 자극
- 매력적인 모델의 이용/ 음악사용/ 유머사용
놀라운 자극
- 진기함/ 예상치 못한 자극/ 수수께끼 사용
처리하기 쉬운 자극
- 두드러진 자극/ 구체적인 자극/ 대조적인 자극/ 경쟁사의 정보량
사례 →Car-V
www.BANDICAM.com
9

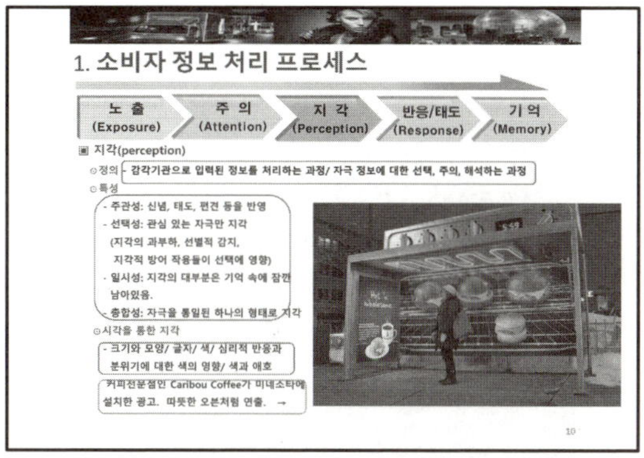
1. 소비자 정보 처리 프로세스
노 출 (Exposure)
주 의 (Attention)
지 각 (Perception)
반응/태도 (Response)
기 억 (Memory)
지각(perception)
정의 - 감각기관으로 입력된 정보를 처리하는 과정/ 자극 정보에 대한 선택, 주의, 해석하는 과정
특성
- 주관성: 신념, 태도, 편견 등을 반영
- 선택성: 관심 있는 자극만 지각
(지각의 과부하, 선별적 감지, 지각적 방어 작용들이 선택에 영향)
- 일시성: 지각의 대부분은 기억 속에 잠깐 남아있음.
- 총합성: 자극을 통일된 하나의 형태로 지각
시각을 통한 지각
- 크기와 모양/ 글자/ 색/ 심리적 반응과 분위기에 대한 색의 영향/ 색과 애호
커피전문점인 Caribou Coffee가 미네소타에 설치한 광고. 따뜻한 오븐처럼 연출. →
10

1. 소비자 정보 처리 프로세스
노 출 (Exposure)
주 의 (Attention)
지 각 (Perception)
반응/태도 (Response)
기 억 (Memory)
지각(perception)
사례: 펩시 광고 ↓
www.BANDICAM.com
PEPSI MAX
PRESENTS
11

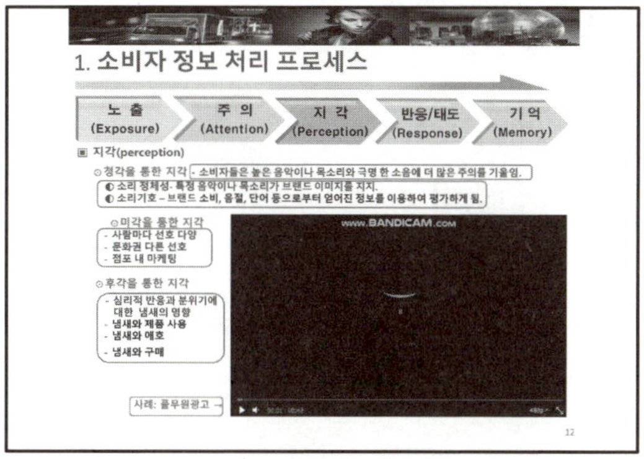
1. 소비자 정보 처리 프로세스
노 출 (Exposure)
주 의 (Attention)
지 각 (Perception)
반응/태도 (Response)
기 억 (Memory)
지각(perception)
청각을 통한 지각 - 소비자들은 높은 음악이나 목소리와 극명 한 소음에 더 많은 주의를 기울임.
소리 정체성: 특정 음악이나 목소리가 브랜드 이미지를 지지.
소리기호 - 브랜드 소비, 음절, 단어 등으로부터 얻어진 정보를 이용하여 평가하게 됨.
미각을 통한 지각
- 사람마다 선호 다양
- 문화권 다른 선호
- 점포 내 마케팅
후각을 통한 지각
- 심리적 반응과 분위기에 대한 냄새의 영향
- 냄새와 제품 사용
- 냄새와 애호
- 냄새와 구매
사례: 풀무원광고 →
www.BANDICAM.com
12

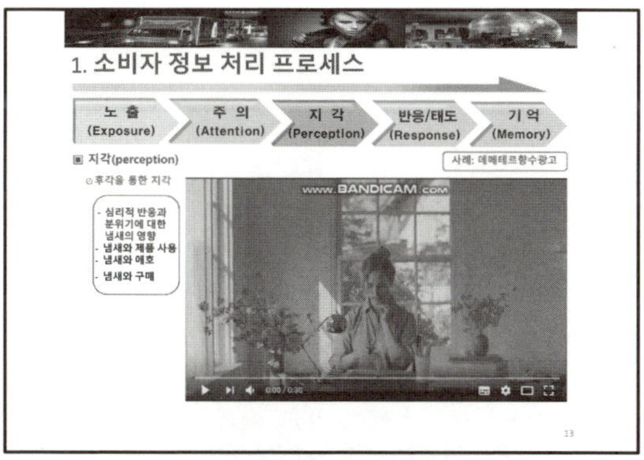
1. 소비자 정보 처리 프로세스
노 출 (Exposure)
주 의 (Attention)
지 각 (Perception)
반응/태도 (Response)
기 억 (Memory)
지각(perception)
사례: 에떼테르향수광고
후각을 통한 지각
- 심리적 반응과 분위기에 대한 냄새의 영향
- 냄새와 제품 사용
- 냄새와 애호
- 냄새와 구매
www.BANDICAM.com
13

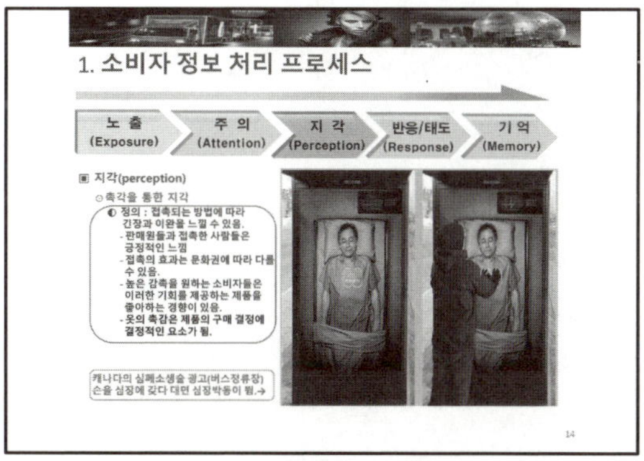
1. 소비자 정보 처리 프로세스
노 출 (Exposure)
주 의 (Attention)
지 각 (Perception)
반응/태도 (Response)
기 억 (Memory)
지각(perception)
촉각을 통한 지각
정의 : 접촉되는 방법에 따라 긴장과 이완을 느낄 수 있음.
- 판매원들과 접촉한 사람들은 긍정적인 느낌
- 접촉의 효과는 문화권에 따라 다를 수 있음.
- 높은 감촉을 원하는 소비자들은 이러한 기회를 제공하는 제품을 좋아하는 경향이 있음.
- 옷의 촉감은 제품의 구매 결정에 결정적인 요소가 됨.
캐나다의 심폐소생술 광고(버스정류장) 손을 심장에 갖다 대면 심장박동이 됨.→
14

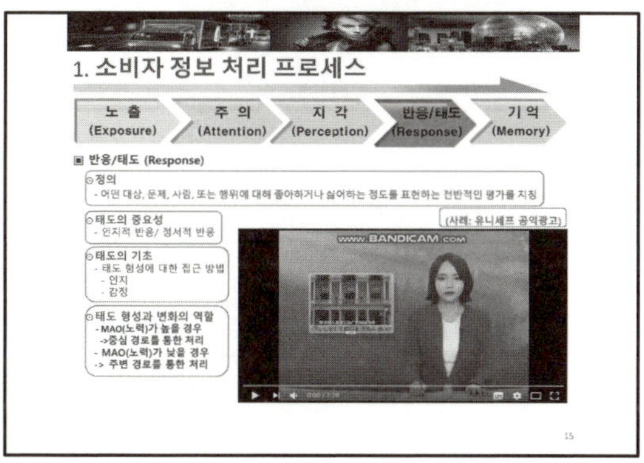
1. 소비자 정보 처리 프로세스
노 출 (Exposure)
주 의 (Attention)
지 각 (Perception)
반응/태도 (Response)
기 억 (Memory)
반응/태도 (Response)
정의
- 어떤 대상, 문제, 사람, 또는 행위에 대해 좋아하거나 싫어하는 정도를 표현하는 전반적인 평가를 지칭
태도의 중요성
- 인지적 반응/ 정서적 반응
태도의 기초
- 태도 형성에 대한 접근 방법
- 인지
- 감정
태도 형성과 변화의 역할
- MAO(노력)가 높을 경우 ->중심 경로를 통한 처리
- MAO(노력)가 낮을 경우 -> 주변 경로를 통한 처리
(사례: 유니세프 공익광고)
www.BANDICAM.com
15

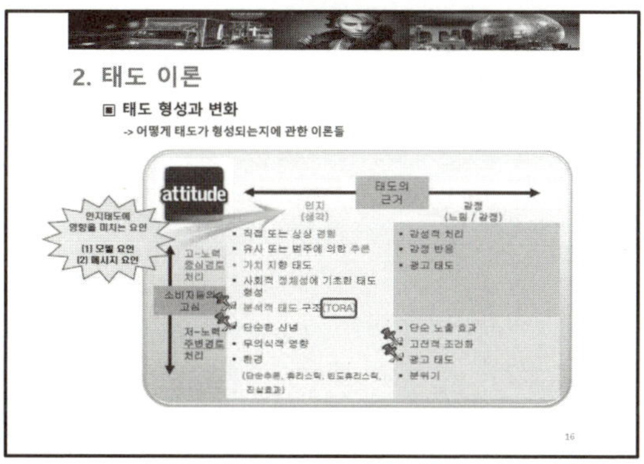
2. 태도 이론
태도 형성과 변화
-> 어떻게 태도가 형성되는지에 관한 이론들
attitude
태도의 근거
인지 (생각)
감정 (느낌 / 감정)
태도에 영향을 미치는 요인
(1) 모델 요인
(2) 메시지 요인
고-노력 중심경로 처리
소비자들의 고심
저-노력 주변경로 처리
16

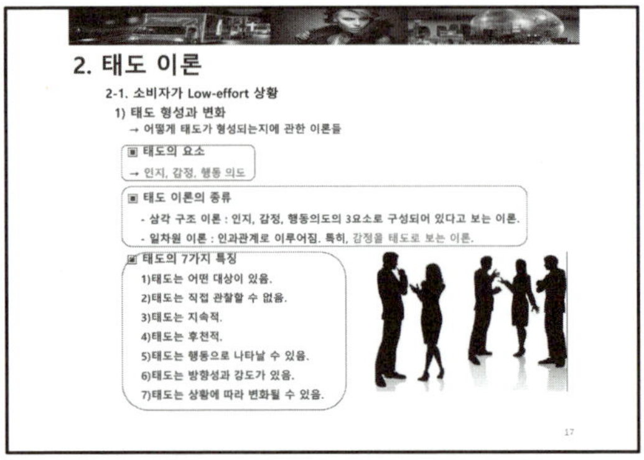
2. 태도 이론
2-1. 소비자가 Low-effort 상황
1) 태도 형성과 변화
→ 어떻게 태도가 형성되는지에 관한 이론들
▣ 태도의 요소
→ 인지, 감정, 행동 의도
▣ 태도 이론의 종류
- 삼각 구조 이론 : 인지, 감정, 행동의도의 3요소로 구성되어 있다고 보는 이론.
- 일차원 이론 : 인과관계로 이루어짐. 특히, 감정을 태도로 보는 이론.
▣ 태도의 7가지 특징
1)태도는 어떤 대상이 있음.
2)태도는 직접 관찰할 수 없음.
3)태도는 지속적.
4)태도는 후천적.
5)태도는 행동으로 나타날 수 있음.
6)태도는 방향성과 강도가 있음.
7)태도는 상황에 따라 변화될 수 있음.
17

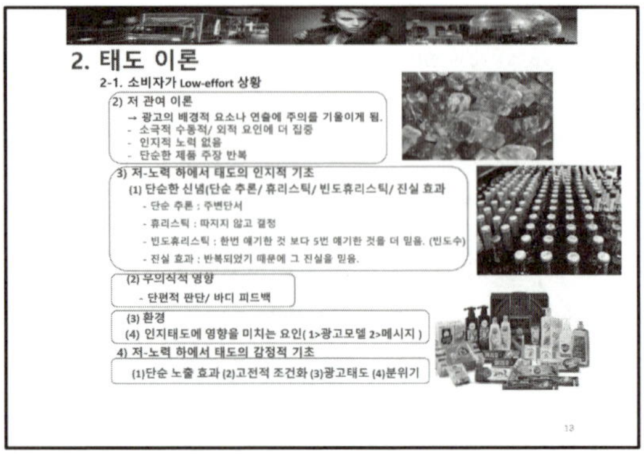
2. 태도 이론
2-1. 소비자가 Low-effort 상황
2) 저 관여 이론
→ 광고의 배경적 요소나 연출에 주의를 기울이게 됨.
- 소극적 수동적/ 외적 요인에 더 집중
- 인지적 노력 없음
- 단순한 제품 주장 반복
3) 저-노력 하에서 태도의 인지적 기초
(1) 단순한 신념(단순 추론/ 휴리스틱/ 빈도휴리스틱/ 진실 효과
- 단순 추론 : 주변단서
- 휴리스틱 : 따지지 않고 결정
- 빈도휴리스틱 : 한번 얘기한 것 보다 5번 얘기한 것을 더 믿음. (빈도수)
- 진실 효과 : 반복되었기 때문에 그 진실을 믿음.
(2) 무의식적 영향
- 단편적 판단/ 바디 피드백
(3) 환경
(4) 인지태도에 영향을 미치는 요인(1>광고모델 2>메시지)
4) 저-노력 하에서 태도의 감정적 기초
(1)단순 노출 효과 (2)고전적 조건화 (3)광고태도 (4)분위기
13

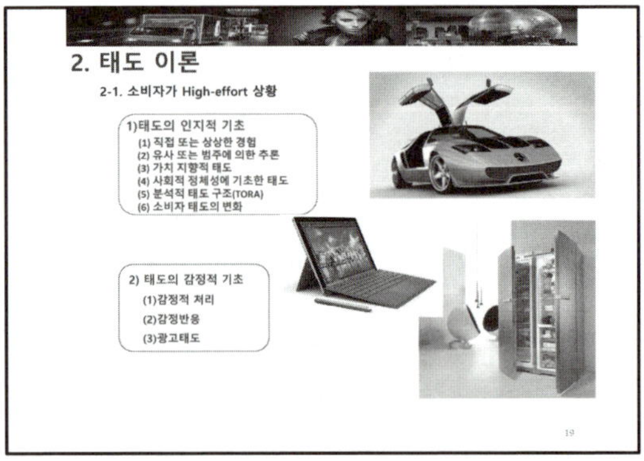
2. 태도 이론
2-1. 소비자가 High-effort 상황
1)태도의 인지적 기초
(1) 직접 또는 상상한 경험
(2) 유사 또는 범주에 의한 추론
(3) 가치 지향적 태도
(4) 사회적 정체성에 기초한 태도
(5) 분석적 태도 구조(TORA)
(6) 소비자 태도의 변화
2) 태도의 감정적 기초
(1)감정적 처리
(2)감정반응
(3)광고태도
19

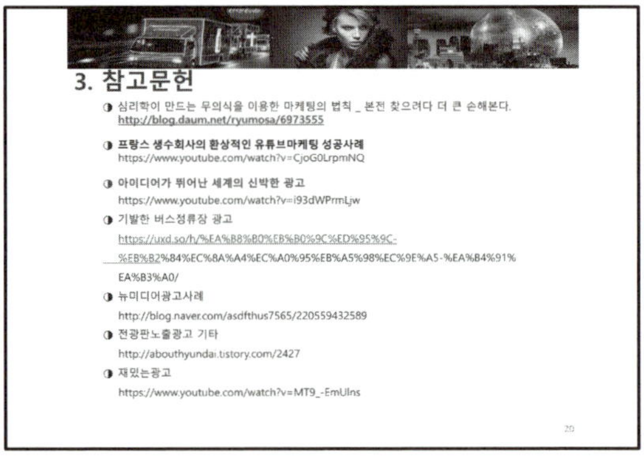
3. 참고문헌
◑ 심리학이 만드는 무의식을 이용한 마케팅의 법칙 _ 본전 찾으려다 더 큰 손해본다.
http://blog.daum.net/ryumosa/6973555
◑ 프랑스 생수회사의 환상적인 유튜브마케팅 성공사례
https://www.youtube.com/watch?v=CjoG0LrpmNQ
◑ 아이디어가 뛰어난 세계의 신박한 광고
https://www.youtube.com/watch?v=i93dWPrmLjw
◑ 기발한 버스정류장 광고
https://uxd.so/h/%EA%B8%B0%EB%B0%9C%ED%95%9C-
%EB%B2%84%EC%8A%A4%EC%A0%95%EB%A5%98%EC%9E%A5-%EA%B4%91%
EA%B3%A0/
◑ 뉴미디어광고사례
http://blog.naver.com/asdfthus7565/220559432589
◑ 전광판노출광고 기타
http://abouthyundai.tistory.com/2427
◑ 재밌는광고
https://www.youtube.com/watch?v=MT9_-EmUlns
20

감사합니다.
AIRFRANCE
21

■ 참고문헌 ■

1. 박기안 공저, 마케팅, 무역경영사.
2. 박종오 공저, 마케팅, 북넷.
3. 이문규 공저, 소비자 행동의 이해, 법문사.
4. 이명식 옮김, 제5판 소비자행동, 한경사.
5. 이종명, BIG PICTURE로 보는 마케팅원론, 도서출판 라온.
6. 최정권 공저, 마케팅, 동방의 빛.
7. 황안숙, 혁신전략, 형설출판사.
8. 이종명(2020), "TV광고 유형별 광고 위치에 따른 유의성 차이에 대한 분석 : 신뢰성, 긍정성, 부정정서, 실망감," 한국상품학회, 38(4), pp. 119~129.
9. 이종명(2022), "TV광고의 광고소구 유형별 긍정적 광고 태도를 형성하는 감성요인 분석 : 선호도, 효과성, 신뢰성, 정보성," 한국비즈니스학회, 5(3), pp. 1~7.
10. Adam Finn, "Print Ad Recognition Readership Scores : An Information Processing Perspective," Journal of Marketing Research, May 1988, pp. 168~177.
11. Americus Reed II, "Activating the Self-Importance of Consumer Selves : Exploring Identity Salience Effects on Judgments," Journal of Consumer Research 31, no.2, 2004, pp.286-295.
12. Amy L. Webb, "More Consumers Are Ignoring Ads, Survey Shows," Wall Street Journal Europe, June 18, 2001, p. 29.
13. Arch Woodside and J. William Davenport Jr., "The Effect of Salesman Similarity and Expertise on Consumer Purchasing Behavior," Journal of Marketing Research, May 1974, pp. 198-202.
14. As quoted in John J. Burnett, Nonprofit Marketing Best Practices(New York : John Wiley & Sons, 2008), p. 21.
15. Avery M. Abernethy and David N. Laband, "The Impact of Trademarks and Advertisement Size on Yellow Page Call Rates," Journal of Advertising Research, March 2004, pp. 119-125.
16. Banwari Mittal, "I, Me, and Mine : How Products Become Consumers' Extended Selves," Journal of Consumer Behaviour5, no.6, 2006, pp. 550-562.
17. Benjamin Spillman, "Shiny New Shoppes at Palazzo," Las Vegas Review-Journal, January 18, 2008, http://www.lvrj.com/business/13890922.html.
18. Brian Sternthal and Samuel Craig, "Humor in Advertising," Journal of Marketing, October 1973, pp. 12-18.
19. C. Miguel Brendl, Arthur B. Markman, and Claude Messner, "The Devaluation Effect : Activating a Need Devalues Unrelated Objects," Journal of Consumer Research, March 2003, pp. 463-473.
20. Catherine A. Cole and Gary J. Gaeth, "Cognitive and Age-Related Differences in the Ability to Use Nutrition Information in a Complex Environment," Journal of Marketing Research, May 1990, pp. 175-184.
21. Chris Janiszewski, "Preattentive Mere Exposure Effects," Journal of Consumer Research, December 1993, pp. 376-392.
22. Christopher Conkey, "FTC Wins Order to Shut Down Spam from Adult Web Sites," Wall Street Journal, January 12, 2005, p. D2.

23. Chris Janiszewski, "Preconscious Processing Effects : The Independence of Attitude Formation and Conscious Thought," Journal of Consumer Research, September 1988, pp. 199 - 209.
24. Chris Janiszewski, "The Influence of Display Characteristics on Visual Expolratory Search Behavior," Journal of Consumer Research, December 1998, pp. 290 - 301.
25. Cynthia Crossen, "Merry Christmas to Moi' Shoppers Say," Wall Street Journal, December 11, 1997, pp. B1, B14.
26. Cynthia H. Cho, "Outdoor Ads, Here's Looking at You," Wall Street Journal, Journal, July 12, 2004, p. B3.
27. Deborah J. Macinnis and C. Whan Park, "The Differential Role of Characteristics of Music on High-and Low-Involvement Consumers' Processing of Ads," Journal of Consumer Research, September 1991, pp. 161-173.
28. Eric J.Johnson and J. Edward Russo, "Product Familiarity and Learning New Information," Journal of Consumer Research, June 1984, pp.542-550.
29. Finn, "Print Ad Recognition Readership Scores."
30. Giles D'Sousa and Ram C. Rao, "Can Repeating an Advertisement More Frequently Than the Competition Affect Brand Preference in a Mature Mardet?" Journal of Marketing 59, no.2, 1995, pp.32-43.
31. Gilles Laurent and Jean - Noel Kapferer, "Measuring Consumer Involvement Profiles," Journal of Marketing Research, February 1985, pp. 41-53.
32. Greg Morago, "Shapely Stuff Makes Waves," Hartford Courant, March 23, 2007, p. H1.
33. Hoyer Macinnis, "Consumer Behavior," SOUTH - WESTERN CENGAGE Learning.
34. Janiszewski, "Preonscious Processing Effects"; Chris Janiszewski, "The Influence of Print Advertisement Organization on Affect Toward a Brand Name," Journal of Consumer Research, June 1990, pp. 53-65.
35. John T. Cacioppo and Richard E. Petty, "The Need for Cognition," Journal of Personality and Social Psychology, February 1982, pp. 116-131.
36. Jennefer Gregan-Paxton and Deborah Roedder John, "Are Young Children Adaptive Decision Makers? A Study of Age Differences in Information Search Behavior," Journal of Consumer Research, March 1995, pp.567 - 580.
37. John Battle, "Cashing in at the Register," Aftermarket Business, September 1, 1994, pp. 12 - 13.
38. John R. Doyle, Paul A. Bottomley, "Dressed for the Occasion : Font - Product Congruity in the Perception of Logotype," Journal of Consumer Psychology 16, no. 2, 2006, pp. 112 - 123.
39. Joseph W.Alba and J.Wesley Hutchinson, "Dimensions of Consumer Expertise," Journal of Consumer Research, March 1987, pp.411 - 454.
40. Josephine L. C. M. Woltman Elpers, Ashesh Mukherjee, and Wayne D. Hoyer, "Humor in Television Advertising : A Moment - to - Moment Analysis," Journal of Consumer Research, December 2004, pp. 592 - 598.
41. Judy Harris and Michael Lynn, "The Manifestations and Measurement of the Desire to Be a Unique Consumer," Proceedings of the 1994 AMA Winter Educators' Conference, Chicago.
42. Kevin Downey, "Commercial Zapping Doesn't Matter," Broadcasting & Cable, September 3, 2007, p. 8.

43. L. Hasher and R. T. Zacks, "Automatic and Effortful Processes in Memory," Journal of Experimental Psychology : General, September 1979, pp. 356-388.
44. Mackenzie, "The Role of Attention in Mediating the Effect of Advertising on Attribute Importance."
45. Margaret C. Campbell and Kevin Lane Keller, "Brand Familiarity and Advertising Repetition Effects," Journal of Consumer Research, September 2003, pp. 292-304.
46. Oscar Suris, "New Data Help Car Lessees Shop Smarter," Wall Street Journal, July 11, 1995, pp.1, B12.
47. Paul Surgi Speck and Michael T. Elliott, "Predictors of Advertising Avoidance in Print and Broadcast Media," Journal of Advertising, Fall 1997, pp.61-76.
48. Peter H. Lindsay and Donald A. Norman, Human Information Processing : An Introduction to Psychology(New York : Academic Press, 1973).
49. Philip Kotler, Gary Armstrong, Principles of Marketing, PEASON.
50. Priya Raghubir and Eric A. Greenleaf, "Rations in Proportion : What Should the Should the Shape of the Package Be?" Journal of Marketing, April 2006, pp. 95-107.
51. P. S. Raju, "Optimum Stimulation Level : Its Relationship to Personality, Demographics, and Exploratory Behavior," Journal of Consumer Research, December 1980, pp. 272-282.
52. Richard L. Celsi and Jerry C. Olson, "The Role of Involvement in Attention and Comprehension Processes," Journal of Consumer Research, September 1988, pp. 210-224.
53. Richard Yalch and Rebecca Elmore-Yalch, "The Effect of Numbers on the Route to Persuasion," Journal of Consumer Research, June 1984, pp.522-527.
54. Rik Pieters, Edward Rosbergen, and Michel Wedel, "Visual Attention to Repeated Print Advertising : A Test of Scanpath Theory," Journal of Marketing Research 36, November 1999, pp. 424-438.
55. Russell W. Belk, Guliz Ger, and Soren Askegaard, "The Fire of Desire : A Multisited Inquiry into Consumer Passion," Journal of Consumer Research, December 2003, pp. 351-632.
56. Sarah Ellison, "Kraft Limits on Kids' Ads May Cheese Off Rivals," Wall Street Journal, January 13, 2005, p. B3.
57. Scott B. MacKenzie, "The Role of Attention in Mediating the Effect of Advertising on Attribute Importance," Journal of Consumer Research, September 1986, pp. 174-195.
58. Steven M. Edwards, Hairong Li, and Joo-Hyun Lee, "Forced Exposure and Psychological Reactance," Journal of Advertising, Fall 2002, pp. 83-95.
59. Stewart Shapiro, "When an Ad's Influence Is Beyond Our Conscious Control : Perceptual and Conceptual Fluency Effects Caused by Incidental Ad Exposure," Journal of Consumer Research 26, June 1999, pp. 16-36.
60. Walter Nicholls, "The U. S. Is Turned On to Wine," Washington Post, January 2, 2008, www.washingtonpost.com.
61. Wayne D. Hoyer and Deborah J. MacInnis, Fifth Edition Consumer Behavior, SOUTH-WESTERN CENGAGE Learning.

저자 소개

문천 이종명 교수는 중앙대학교 경영학과를 졸업하고 경희대학교 경영대학원에서 경영학석사(MBA), 경희대학교 교육대학원 교육학석사, 연세대학교 정경대학원(AMP) 과정을 수료하였으며 경희대학교 일반대학원에서 경영학박사학위(Ph.D.)를 취득했다. 유한공업고등학교에서 교편생활을 하였으며 현재는 경희대학교와 한양대학교에서 경영학과 교수로 재직하고 있으며 한국생산성본부 전문위원, 국토교통과학기술진흥원 자문위원, 경기도경제과학진흥원 평가위원, 중소기업기술정보진흥원 평가위원, 한국디자인진흥원 평가위원, 대한상공회의소 전문위원 및 지성산업개발(주) 경영고문으로 활동하고 있다. 수행과제로는 산업통상자원부 국가 R&D 사업과제 '복합외피시스템 실증사업' 참여연구원, 현대산업개발 녹색경영확산사업 수행위원으로도 활동하였으며 한국마케팅학회, 한국소비문화학회, 한국상품학회, 한국전략마케팅학회 등의 학회 활동 및 한국광고학회 이사로 재직하고 있으며 서울한영대학교 교수, 서울호서전문대학교 경영학과 교수/학과장과 IGM 세계경영연구원 교수/부본부장으로 재직한 바 있다. 연구논문으로는 'Analysis of Significance Difference According to Advertisement Location by TV Advertisement Type : Reliability, Positiveness, Negativeness, Disappointment' 외 다수가 있으며 최근에는 마케팅과 보복 소비, 정서 심리학 분야에도 관심을 두고 연구를 진행하고 있다.

BIG PICTURE로 보는 소비자행동론

2022년 12월 8일 초판 인쇄
2022년 12월 16일 초판 발행

지은이 | 이 종 명
발행인 | 오 영 환
발행처 | 세명서관
등행록 | 1989. 2. 20. 제2-409호

주 소 | 서울특별시 중구 다산로 87-1(지층)
전 화 | (02) 2238-9055, 2235-9601
FAX | (02) 2234-9291
E-mail | semyoungbook@hanmail.net

값 35,000원 ISBN 978-89-89097-60-0 93320